제3판 서문

　이 책을 처음 저술한 지 10년이 흘렀습니다. 당시에는 조석준 교수님의 『한국행정학』과 같이 한국행정현상을 한국적인 시각에서 분석하는 책이 목표였습니다. 사회과학으로서 행정학이 크게 발달했음에도 불구하고, 외국 이론을 단순히 요약하고 정리하는 것이 과연 한국행정을 이해하고 분석하는 데 얼마나 유용한가에 대해 의문을 가졌기 때문입니다. 외국의 개념과 이론도 하나의 시각에서 정리함으로써, 일종의 '행정학의 한국화'를 시도한 것이었습니다.

　책이 출간된 이후 독자들의 반응은 뜨거웠으며, 그 사이 세상도 크게 변했습니다. 코로나19로 인해 개정 작업이 늦어졌지만, 마침 출판사의 요청을 계기로 개정작업을 시작하게 되었습니다. 기존 개정판을 되돌아보니, 이 책을 읽는 독자들의 요구에 맞추기에는 다소 애매한 책이라는 생각이 들었습니다. 시중에는 행정학 책들이 공무원 시험 준비서로 주로 활용되기 때문에, 암기 중심으로 지식을 요약하고 정리한 교재가 많습니다. 특히, 새로운 세대에 맞게 그림과 도표를 활용한 요약 정리가 잘 된 책이 선호되는 시대가 되었습니다. 논리적인 설명보다는 시험 문제에 답할 수 있도록 체계화되고, 정돈된 정보가 들어 있는 책이 인기 있는 것 같습니다. 팽이모델로 정리하기는 하지만 종전의 책은 학술적 색깔도 들어 있어서 이런 시장의 요구를 충족시키기에 애매한 성격을 띠고 있었습니다.

　이번 개정을 계기로 이 책을 두 가지 버전으로 발전시키기로 했습니다. 첫째는 행정대학원의 이진수 교수님과 함께 참여하는 『행정학의 이해』라는 책으로의 변화입니다. 이는 학부 학생들이 더 쉽고 친근하게 행정학을 이해할 수 있도록 만든 교재입니다. 둘째는 대학원 수준 이상의 연구서로 심화 발전시킨 것입니다. 책 이름을 그대로 유지하면서, 행정학의 한국화를 통한 이론화를 시도하는 것이 이번 개정판의 특징입니다.

　무엇보다도 기존 개정판에 있던 지나치게 친절하거나 부가적인 내용을 과감히 삭제했습니다. 예를 들어, '차 한 잔의 사색', 각 페이지에 개념설명을 하던 공간은 완전히 삭제하고, '읽을 거리'는 대폭 제거하고, 행정학 초보자에게 도움을 주던 그림과 표도 제외했습니다. 이를 통해 분량이 수십 페이지 줄었고, 새롭게 추가된 내용은 A4 용지 기준 80장을 넘어설 정도로 대대적인 교체 작업이 이루어졌습니다. 개정판에 비하여 제3판은 거의 새 책이라고 봐도 될 것 같습니다.

군살빼기의 일환으로 매년 변하는 통계 수치는 과감히 삭제하고, 원칙이나 원리가 되는 설명을 강화했습니다. 꼭 필요한 정보의 경우, 이를 확인할 수 있는 웹사이트를 소개하는 방식을 택했습니다. 행정학은 응용 사회과학이기 때문에 이론만으로는 부족할 수 있습니다. 온라인 정보원을 찾아 관련 지식과 정보를 얻어서 보면 더욱 깊이 있고, 흥미로운 행정학 연구에 도움이 될 것입니다.

대신 행정학 이론의 한국적 적실성을 높이기 위해 시간적 관점에서 심화시켜 분석적으로 설명하는 데 집중했습니다. 모든 행정현상에는 시간이 내재되어 있으며, 적절한 시작점과 종점, 그리고 시간의 속도가 중요합니다. 시간변수를 고려하지 않은 채 도입된 각종 제도들이 오늘날 우리 행정을 겉돌게 한다는 문제점을 발견할 수 있을 것입니다. 이러한 관점을 바탕으로 한국행정을 진단하고, 장기적 안목 속에서 시간적 개입을 논의할 수 있는 통찰력을 키우는 데 중점을 두었습니다.

이번 개정판 작업에서는 처음부터 끝까지 거의 모든 문장을 다듬고, 순서를 재배치했습니다. 난필로 빽빽하게 적어 놓고, 미로같은 화살표로 재배치한 개정원고를 꼼꼼히 작업해 주신 박영사 편집부 박세연 선생님께 깊이 감사드립니다.

제3판을 완성하며 느끼는 뿌듯함은, 단순한 제도 설명을 넘어 시간적 관점에서 행정현상을 재해석할 수 있었다는 점에서 나옵니다. 매일 행정실무를 담당하는 분들에게 조금이라도 도움이 되고, 한국행정학을 연구하는 행정학도들에게도 도움이 되었으면 하는 바람입니다.

끝으로, 어려운 출판 환경 속에서도 출판을 허락해 주신 박영사 안종만 회장님과 안상준 대표님, 출판과정에 많은 도움을 주신 최동인 대리님께 진심으로 감사드립니다.

2025년 2월 10일
임도빈

아마 대학 2학년 때부터 행정학 강의를 수강하면서, 행정학 책을 접하였던 것 같다. 직장생활 경험이 없던 풋내기 대학생인 저자에게는 대부분의 책이 지루하고 이해하기 어려웠던 기억이 있다. 그러나 조석준 교수님께서 1980년에 저술하신 '한국행정학'(박영사)은 그렇지 않았다. 일단 내용이 현실적이고 살아 있어 이해하기가 쉬웠다. 학계에 발을 들여놓으면서, '언젠가는 그런 책을 써야겠다'는 생각을 했었다.

서울대학교에 부임한 이후, 조석준 교수님이 강의하시고 저자가 학생으로 수강했던 그 과목을 현재 저자가 강의하고 있다. 시대에 맞는 강의명도 많겠지만, 그때의 것을 그대로 사용하고 있다. 포장보다는 내용이 중요하다는 생각에서이다. 오히려 학부생을 대상으로 알기 쉽지만 뼈가 있는 행정학 강의를 해야겠다는 강박관념에 사로잡혀 마음고생을 하고 있다. 게다가 조석준 교수님의 책은 데이터가 오래되고, 최근에는 개정이 중단되어 어떤 교과서를 사용해야 할지 막막한 기분도 있었다. 그리하여 수업이 시작되면 이런저런 교재도 써보고, 저자 나름대로 인쇄물을 만들어 사용해 보기도 하였다.

학생들은 '행정학은 범위가 넓다', '무엇을 공부해야 할지 막연하다', '명확한 것이 없다'는 등의 불평을 한다. 이는 저자도 학창시절 경험했던 부분이기 때문에 이해가 가지 않는 것은 아니다. 그럼에도 불구하고 행정학은 사회과학 분야 내에서도 다수의 학생이 관심을 갖는 주요 분야이다. 그렇기 때문에 저자가 강의하고 있는 대학뿐만 아니라, 대한민국 내 수많은 대학에서 학생들에게 행정학을 가르치고 있다. 학생들의 관심을 키우고 행정학에 대해 보다 명확한 틀을 갖춰 나가기 위해서는 행정에 관련된 모든 현상들이 살아 움직이는 것과 같이 기술하는 책이 필요하다.

저자는 최근 3년간 한국연구재단의 사회과학연구지원사업(Social Science Korea)에 선정되어 '정부경쟁력(Government Competitiveness)'의 관점에서 행정학을 정리하고 심화시킬 수 있는 행운을 가졌다. 지금까지 산만하게 해 오던 행정학 연구를 정부경쟁력이라는 키워드로 정리할 수 있게 된 것이다. 저자가 이 책을 저술하면서 역점을 둔 것은 다음과 같다.

첫째, 기존의 행정학이 가지고 있던 패러다임이 바뀌어야 한다고 생각한다. 겉으로는 그렇지 않은 것 같지만, 대부분은 행정학의 연구대상을 기본적으로 관료제 내부의 폐쇄체제라고 암묵적으로 전제하고 있다. 이에 반해 새로운 행정학은 정부를 포함한 사회전체가 연구대상이다. 그리고 행정학은 사회현상을 자세히 들여다보고 설명하여, 더 나은 상태로 바꿀 수 있는 처방을 제시하는 학문이다. 순수자연과학이론을 바탕으로 의학의 처방이 이루어지듯이, 행정학은 순수사회과학이론을 바탕으로 현 시대의 사회가 더 발전해 나갈 수 있도록 정부가 어떻게 영향을 미치는지를 연구한다. 한 국가의 정부에만 초점을 맞추어 보더라도 현대사회에서 정부의 역할은 상상외로 더 광범위하다. 국민의 일상(日常) 대부분에 직·간접적으로 관여하고 있으며, 나아가 국민들이 모인 국가의 안위와 번영을 이루어야 한다는 중요한 목표가 존재하기 때문이다. 이러한 광범위한 정부의 역할만큼 이를 연구하는 행정학은 폭넓은 영역을 다룬다.

둘째, 이해하기 쉬워야 한다. 학술서이기 때문에 이론에 중점을 둬야 하지만, 외국이론을 장황하게 늘어놓는 것은 바람직하지 않다고 생각한다. 이에 따라 본서에서는 다음의 흐름에 따라 내용을 서술하였다. 우선 주요 개념들을 숙지할 수 있도록 설명하였다. 그리고 학생들의 이해를 최대한 돕기 위해 한국행정의 사례로 설명을 부연하였다. 꼭 필요한 외국의 이론만을 언급하였고, 그것도 한국행정현상을 이해하는 데 도움이 되는 것만을 엄선하기 위해 노력하였다.

셋째, 저자 나름대로의 하나의 시각을 선택하여 구성하였다. 시각은 색안경과 같아서, 관련된 여러 내용들을 통일적인 색깔로 보게 하는 장점이 있다. 그러나 불가피하게 보이지 않는 부분도 있다. 그럼에도 불구하고 하나의 시각을 통해 살펴본다면, 행정학 전체의 흐름과 틀을 이해하는 데 도움이 될 수 있을 것이다. 본서에서는 시간(time)에 주목한다. 모든 현상과 관련 있을 수밖에 없는 시간(time)을 중심으로 일관성 있는 설명을 추구하고자 한다. 저자는 시간의 관점에서 한국 정부를 대표하는 이론모델로서 '팽이'를 생각하였다. 여기서 팽이는 하나의 국가를 의미하는 유기체로서, 계속해서 동력을 잃지 않고 회전해야 생존할 수 있다.

그럼에도 불구하고, 저자가 모든 내용을 직접 연구한 것은 아니다. 현재의 책이 드디어 세상 빛을 보게 된 것은 그동안 한국행정학의 발전을 위해 다양한 연구를 진행한 은사, 선·후배, 동료들의 연구에 힘입은 바가 크다. 또한 저자의 행정학 학부수업을 수강한 매년 100여 명의 수강생들의 도움도 컸다. 학부강의를 진행하면서 학생들과 주고받은 여러 가지 질의응답과 토론을 통해 학생들이 무엇을 잘 이해하고 있으며, 또 어떤 부분을 이해하는 데 어려움을 겪고 있는지 깨달을 수 있었다.

이러한 수업과정에는 수년 동안 함께 노력한 조교들의 공도 매우 크다. 강의교재를 만들고 수업을 준비하는 과정에 일일이 언급하기 어려울 정도로 많은 조교들이 도움을 주었다. 특히 마지막 저술 작업을 한 올해에는 이승현 석사과정 학생이 수업내용을 정리하고, 자료를 찾는 데 많은 도움을 주었다. 이민아 박사과정 학생도 초고가 나온 이래 최종 저서가 발간되기까지 전 과정에 도움을 주었다. 전체적으로 30여 명의 역대 조교들이 다양한 측면에서 도움을 주지 않았나 생각한다. 일일이 이름을 거론하지 못한 것을 안타깝게 생각하며, 그들 모두 각자의 분야에서 성실하고 훌륭하게 잘 해 나가길 바란다.

마지막으로 본서의 출판을 허락해 주신 박영사에도 깊은 감사를 드린다. 원고를 끊임없이 고치는 저자의 습관을 인내로 반영해 준 편집부 이승현 선생께 특히 감사한다. 출판과정 내내 박영사에서 보여 준 호의로 인해 최종 출간까지 원만한 과정을 거칠 수 있었다.

아무쪼록 이 책을 통해 행정학을 공부하고자 하는 많은 학생들이 행정학의 기본 내용을 숙지하고, 나아가 행정학을 쉽게 이해할 수 있기를 바란다. 또한 다수의 학생들을 대상으로 행정학에 대한 관심을 높이고, 학문적 호기심을 자극시키는 데 조금이나마 기여할 수 있기를 바란다.

2014년 여름
관악산에서

임 도 빈

차   례

제 1 장   행정현상과 행정학

제 2 장   세계 속의 행정

제 5 장   신기술과 행정

제 6 장 정   책

제 7 장 정   부

제 8 장   지방정부

제 9 장   돈에 관한 행정

제10장   사람에 관한 행정

제11장 조직에 관한 행정

제 **1** 장

행정현상과 행정학

본서는 행정현상을 시간이라는 관점에서 분석한다. 동서고금을 불문하고 존재해 온 행정현상은 단절이 없이 계속되는 시간적 특성을 가지고 있다. 행정이 가지고 있는 문제를 시간적 특성에서 보면 다음의 Cleveland의 말을 통해서도 확인할 수 있다.

"우리는 20년 걸려 해결될 성질의 문제를 다루는데, 5년 계획(five-year plan)에 근거하여, 2년 정도 재임하는 관료의 손을 통하여, 단년도 예산에 의존하고 있다"(Cleveland, 1979: 5).

여기서 Cleveland는 행정의 업무를 20년에 걸쳐 해결될 성질의 정책문제, 5년 계획, 2년, 단년도 예산 등 시간적 길이의 관점에서 보고 있다. 20년이라는 장기적인 업무에서부터 단년도 예산이라는 단기적 업무까지, 장기적 안목과 단기적인 안목 두 가지를 모두 고려한 시각이며 이는 곧 두 가지의 안목을 모두 고려하였을 때 바람직한 결과가 나옴을 뜻하기도 한다.

본서는 행정의 다이내믹한 측면을 강조하기 위해 '팽이모델'을 제시한다. 팽이는 동력을 잃으면 쓰러진다. 우리나라가 국제적으로 경쟁력이 있으려면, 이러한 동력을 잃어서는 안 된다. 팽이모델은 행위자들 간의 역할분담과 더불어 이들 간 협력을 강조한다. 체제모형에서 말하는 환경과 행정체제와의 명확한 구분도 필요 없다. 이를 위해 민·관관계가 가장 중요하다.

제 1 장
행정현상과 행정학

제1절 행정이란 무엇인가

I. 행정현상

광의로 보면, '국가' 혹은 '정부'라는 권력체가 존재할 때, 이 권력체의 의지를 실제로 국민에게 실현시키는 과정이 행정이다. 행정현상은 동서고금을 막론하고 존재해 왔고 앞으로도 사라지지 않을 것이다. 행정관료는 역사상 가장 오래된 직업 중 하나이다.

실제로 존재하는 행정의 모습은 그 국가사회의 특성에 따라 다양하게 나타난다. 오늘날에도 공공업무를 담당하는 관료가 사회 곳곳에 있다. 그런데 반국가론자들은 관료들의 인건비 등이 낭비라고 하면서 감축 및 폐지를 주장한다. 이들은 쓸데없는 존재로서 오히려 나라 발전이 안 된다고까지 한다. 그러나 관료들의 말을 들어보면 다르다. 예컨대, 직원의 임용서류, 학교의 합격서류가 가짜이면 임용 또는 합격이 취소된다는 것을 공지했음에도 불구하고 허위서류로 응시하는 사람이 있다. 이런 문제를 사전검토, 혹은 사후검증하는 업무를 관료들이 한다.

본서의 연구대상인 '행정현상'은 근대국가의 형성, 그리고 민주국가를 전제로 하는 행정을 말한다. 공산주의나 권위주의 국가에도 행정현상이 있기는 하지만, 민주주의가 되어야 비로소 온전한 형태의 행정현상이 나타난다. 정부가 주민들을 위해서 나라살림을 하는 현장에서 행정현상이 나타난다. 행정의 가장 기본적인 정의는 행정부가 하는 일 또는 활동이다. 특히 삼권분립이 이루어진 민주국가의 경우, 입법부, 사법부, 행정부 가운데 행정부가 하는 일을 행정이라고 한다. 본서에서는 시간적 특성을 고려하여 행정을 다음과 같이 정의한다.

"정부가 국가 전체의 안위와 번영을 이루는 기반 위에서 국민들이 시간의
흐름선상에서 하고 싶은 일을 마음껏 할 수 있도록 지원하는 활동"

'국가 전체의 안위와 번영을 이루는 범위'는 국가 행정의 기본이 국가의 영속성임을 의미한다. 또한 '국민들이 시간의 흐름선상에서 하고 싶은 일을 마음껏 할 수 있도록 지원하는 것'은 아무 제약 없이 국민들의 행복을 추구하도록 돕는 것이다. 역으로, 시간의 흐름선상에서 국민들이 하고 싶은 일을 마음껏 할 수 없게 통제하는 국가는 전제주의 국가이다. 정부는 '국민생활에 있어 한 시점에서 다른 시

점 사이에 무엇인가 변화를 이뤄 내려는' 노력을 한다. 특히 국민의 생활에 바람직한 변화를 가져와야 한다.

행정현상은 '정부의 활동'이 있음으로써 발생한다. 행정부가 실제로 담당하는 활동을 열거하면 수천 가지이다. 보통 예산이 집행되는 분야를 바탕으로 하여 유사한 기능을 유형화한다면 법과 질서유지, 국방 및 외교, 경제, 사회, 교육,문화 등이 있다. 행정활동의 주체는 중앙정부, 준정부기구, 공공기관, 지방자치단체처럼 넓은 의미의 행정기구이다. 이들은 공적 자원배분을 통한 재화 및 서비스의 제공뿐만 아니라 각종 규제 마련 및 준수 강요와 그 위반에 따른 제재를 가하는 활동도 한다.

이처럼 다양하고 복잡한 행정현상을 설명하기 위해 학자들은 '행정'이라는 실재를 개념화하여 정의한다. 즉, 존재하는 행정현상은 주로 학자들에 의해 연구대상으로서 의미를 부여받는다. 이때 행정이 무엇을 위해 이루어지며 그 성격이 무엇인지에 대한 고민을 해야 한다.

행정이란 단순한 회사의 내부관리와는 달리, 정부의 공권력 행사에 밀접히 관련되어 있다. 따라서 공권력의 행사방향이나 방법에 대한 고민이 당연히 포함되어야 한다. 즉, 행정이란 행정부가 행정서비스를 가장 효율적으로 국민에게 전달하는 '단순한 수단' 이상이다. 따라서 각 나라 행정의 목적과 특성이 중요한 변수가 되고 이 행정의 목적과 특성에 따라 행정의 개념과 행정이론의 범위가 달라질 수 있다.

Ⅱ. 행정현상의 독특성

행정은 국가 관료체제를 효율적으로 경영해야 하는 '경영'의 측면과 민주주의 정치체제로서 정치적 요구와 지지를 얻어야 하는 '정치'의 측면을 동시에 가지고 있다. 학문적으로는 권력변수를 다루는 '정치학'과 효율적 관리를 다루는 '경영학' 양자의 교집합적인 측면을 가지고 있다. 교집합이라고 할 수 있는 행정의 영역은 두 마리의 토끼를 잡아야 하는 운명을 가진 것이다.

1. 경영과의 차이

　　행정(public administration)을 정책을 형성, 집행하는 관료들의 모든 행위라고 볼 때, 이를 얼마나 효율적으로 할 수 있는지가 1차적인 관건이다. 그러나 효율성이라는 가치만을 추구한다면 결국 사기업과 본질적으로 차이가 없다. 효율성만을 추구하는 행정은 사기업이 사적 이익을 추구하는 조직목표를 달성하기 위한 활동인 '경영'에 가까워진다.

　　행정과 경영의 유사점은 다음과 같다. 첫째, 조직구조의 측면이다. 행정은 공무원 조직이라는 조직을 갖고 있다. 한국의 총 국가·지방공무원의 수는 100만 명이 훨씬 넘는 대규모의 조직이다. 조직은 일정 규모 이상이 되면 효율적 운영을 위해 계서적인 조직구조 형태를 지니게 된다. 따라서 대규모의 조직을 운영하는 데 있어 계층제적 구조와 상명하복 체제, 채용과 인사관리의 방식에서 기업과 유사한 면을 찾을 수 있다. 둘째, 행정과 경영은 모두 목표에는 차이가 있지만 목표를 달성하는 데 있어서 능률성과 효율성을 강조하는 측면이 있다. 즉, 비용을 줄이거나 효과를 더 창출하는 방향으로 비용대비 효과를 늘리는 것을 강조하게 된다. 셋째, 협동행위이다. 대규모 조직의 구성원들이 목표를 위해 협동하는 행위가 있는 것이다. 문제에 대한 해결책을 찾기 위해, 혹은 추구하는 목표를 달성하기 위해 구성원 개개인이 각자 노력하기도 하지만 공동적으로도 대응한다.

　　하지만 행정과 경영에는 분명한 차이점이 있다. 뛰어난 기업가가 정부를 이끈다면 행정에 최선의 결과를 가져올까? 이 문제에 대한 답을 얻기에 앞서 우선 행정과 경영의 근본적 차이를 알아야 한다. 행정과 경영의 가장 큰 차이는 목적과 주체이다. 행정은 행정기관과 공무원이 추구하는 공익이라는 목적을 가지고 있다. 반면에 경영의 목적은 기업과 경영자가 추구하는 사익이라 할 수 있다.

　　공익이 무엇인가에 대한 정의는 여전히 논란거리이다. 대체로 공익이란 공동체 전체의 이익, 또는 국가 전체의 이익을 지칭하며 물질적인 것 외에도 정의나 형평성과 같은 비물질적인 것을 포함한다. 사익은 이와는 반대로 개인의 이익에 해당하고, 주로 금전적 이익에 강조점이 있다. 기본적으로 기업의 경영활동은 매출향상, 높은 순이익과 같이 사익을 추구하는 것이 최우선 목표이다. 기업의 경영활동이 공익을 크게 저해할 경우 제재를 받아야 하고, 이것이 행정의 존재 이유 중 하나이다. 특히 준법문화가 발달하지 않은 나라일수록, 기업들이 탈법을 하면 돈 벌 기회가 커지기 때문에 기업은 '법을 교묘히 위반하기', 행정은 '법을 지키게 하기'로 각각 정반대로 행동한다.

관리적 측면에 있어서도 차이점이 있다. 우리나라에는 직원이 100만 명 이상인 초대형 기업이 없다. 따라서 규모의 측면에서 행정은 기업보다 조직관리가 매우 어렵다. 행정은 집행과정에서 법적, 정치적 통제를 받는다. 집행은 법적 테두리에서만 가능하며, 정치적 통제도 작용하고 있다. 이에 따라 행정조직의 법률과 제도적 제약은 책임성은 높일 수 있지만 사회변화에 대한 대응은 느릴 수 있다.

이에 반해 경영은 조직 내부의 규율을 제외한다면 자체적으로 가진 제도상의 제약은 적은 편이다. 또한 환경과 사회의 변화에 대해서는 빠르게 대응하지 못하면 매출에 악영향을 줄 뿐만 아니라 나아가서는 시장에서 도태될 수도 있는 위험이 있기 때문에 환경(시장) 변화에 민감하다. 민간부문이 공공부문보다 변화 대응에 민감하게 반응하는 이유는 의견수정 과정과 관련 있다. 민간부문은 공공부문보다 자체적으로 변화가 가능하지만, 공공부문에서는 항상 법적 제약이 많기 때문에 변화가 늦을 수밖에 없다. 따라서 환경변화에 비교적 느리게 반응하는 편이다. 법은 소수 위반자 '방지'를 위해 여러 가지 장치를 만들지만 이를 집행하는 행정이 걸림돌이 되기도 한다.

시장에 대한 노출의 측면에서도 차이가 있다. H. G. Rainey et al.(1976)은 기업경영과 대조적인 행정의 특성 중 하나로 시장에 대한 노출 정도가 낮다는 점을 꼽았다. 기본적으로 행정부문이 가지는 독점적 특성으로 인해 X-비효율성이 존재할 수 있는 것이다. X-비효율성이란 Leibenstein이 주장한 개념으로 주어진 투입(input)에 대하여 적절한 산출(output)이 이뤄지지 못하는 현상이다. 하지만 경영은 국내외 시장경쟁을 통해 효율성을 확보한다.

활동범위와 방법에 있어서도 차이가 있다. 행정은 합법적 권력을 바탕으로 한 공권력을 행사할 수 있는 강제성을 가지고 있는 반면 경영은 구매력이 있는 고객 대상이므로 강제력이 없다. 고객은 '왕'이라는 말과 같이 오히려 역의 권력관계가 형성된다. 영향의 범위 면에서도 전 국민이 대상이기 때문에 행정의 파급효과가 경영에 비해 넓고 크므로 정책결정에 있어서 다양한 참여와 신중한 결정이 요구된다. 행정은 다양한 이해당사자(stakeholder)가 존재하므로 감시가 많고, 정책에 대한 피드백(feedback)도 많다.

당사자(즉, 국민)의 행정에 대한 반응 형태는 Hirschman(1970)의 '이탈(exit), 항의(voice), 충성(loyalty)' 개념으로도 설명이 가능하다. 여기에 Golden(1992)이 추가한 무시(neglect) 개념도 있다. 대부분의 국민은 이탈(즉, 이민 등 국적 이탈)이 불가능하다. 따라서 무시를 택한다. 무시(neglect) 개념이 충성(loyalty) 개념과 다른 점은 정책에 대해서 동의하지 않지만 저항하지도 않는다는 점이다. 이는 또한 정책이 모순을 가질 경우에도 생긴다. 무시(neglect)의 개념은 정치적 소외감, 무관심, 무기력 등이 특징이다.

생산되는 재화와 서비스의 특성도 공공재와 사적재로 구분된다. 소비와 공급이라는 측면에서 볼 때 행정은 다양한 국민들의 복합적인 소비와 공급이 이루어지지만, 경영은 개별 소비자의 소비와 수요에 따른 공급이 이루어진다. 공급을 위한 재원 면에도 행정은 조세로 충당하지만 경영은 수익자 부담이다. 정책과 의사결정의 원리도 '정치적 대표성'에 기반한 행정과, '시장원리'에 기반한 경영에는 차이가 존재한다.

미국에서는 행정현상 중 하나인 행정의 관리적인 측면을 강조하면서 공공관리(Public Management)라는 용어가 많이 쓰인다. 우리나라에서는 '행정'이 많은 비판을 받다보니, 부정적 뉘앙스를 가지는 용어로 인식되기도 한다. 이러한 점에서 '행정'이 아닌 새로운 개념으로서 공공관리가 더 주의를 끌게 되었다. Graham T. Allison(1980)은 공공관리(Public Management)에 대해서 〈표 1-1〉과 같이 세 가지로 정의하고 있다.

이 정의가 포괄적이기 때문에 해석에 따라서는 종전의 '행정'과 큰 차이가 없다고 볼 수도 있을 것이다. 그러나 관리(management)라는 개념은 미시적이고 기술적(technical) 차원의 하위개념이기 때문에 행정학의 발전에 저해가 될 수도 있다. 특히 우리나라와 같이 행정의 역할이 중요하고 학문으로서의 행정학이 발달한 나라에서는 미국에서 통용되는 management라는 개념을 그대로 쓰는 것은 바람직하지 않다. 개념은 사람들의 사고를 제약할 수 있기 때문에 좀 더 넓은 의미로 사용해야 한다.

표 1-1 | Graham T. Allison(1980)의 공공관리

정책관리 (Policy Management)	정책수요 확인, 선택 가능한 대안 분석, 프로그램 선택, 관할권에 근거한 자원의 할당
자원관리 (Resource Management)	기본적인 행정 보조 시스템(예산, 재정, 조달, 공급, 인사 등)의 확립
프로그램관리 (Program Management)	정책집행 또는 기능(교육, 법률 집행 등)에 따른 기관의 일상적인 정책이행

행정과 경영의 차이

시간에 대한 관점	- 정치인은 정치적 필요성과 정치일정 때문에 상대적으로 짧을 수 있으나 직업관료들은 시계가 긺 - 민간관리자는 경쟁하는 기업에서 상품을 빨리 생산하고 팔아야 하기 때문에 시계가 짧음
지속성	- 행정서비스는 항상성이 있기 때문에 관료들의 인식 면에서 행정서비스 제공 기간이 길고, 정치인은 상대적으로 짧음 - 민간관리자는 서비스 제공을 일시적으로 하여 수익을 창출하고, 경쟁력이 없을 때는 업종전환을 해야 함
성과의 측정	- 행정의 성과를 측정할 도구나 기준에 대한 합의의 부재 - 민간영역에서는 성과 측정 도구가 다양하게 발전하고, 특정 기간의 특정 역할에 대한 평가도 명확하게 이루어짐
인사 제한	- 정부부문의 경우 민간조직보다 인사관리에 있어서 제한이 많음 - 정부부문은 정무직과 일반직 간의 갈등이 존재할 가능성이 높고, 상위 직급도 노조에 가입되어 있는 상황이기 때문에 민간부문이 인사관리에 있어 재량이 큼
형평성과 효율성	- 정부부문은 형평성을 강조 - 민간부문은 효율성을 강조
과정(process)	- 정부부문은 민간부문에 비해 공공의 감시에 노출되어 있어 더 개방적임
언론과 미디어의 역할	- 정부부문은 일반적으로 언론미디어와 대결적(논쟁적) 관계이고, 그 영향을 많이 받음 - 정부의 결정은 종종 언론에 의해서 그 결과가 미리 부정적으로 예측됨
설득과 지시	- 행정은 다양한 압력에 반응하는 중재적 결정을 추구해야 함 - 행정은 조직의 생존을 위해 조직 내외의 집단과 연합을 고려해야 함
입법 · 사법부의 영향력	- 정부부문은 입법부에 의한 감시, 심지어 사법부의 명령을 받음
핵심목표	- 공직자들은 핵심목표를 알기 어려움 - 경영자들은 이윤, 시장 성과, 생존 등의 명확한 목표가 있음

출처: Graham T. Allison. (1980). "Public and Private Management: Are They Fundamentally Alike in All Unimportant Respects?". 시간, 지속성 부분은 한국의 특수성을 감안하여 저자가 원전과 반대로 수정.

2. 정치와의 관계

(1) 정치행정이원론

정치와 행정은 서로 다르다는 시각이다. 정치가 국가목표 설정과정이라면 행정은 설정된 목표를 달성하기 위한 효율적인 수단 모색 과정이라고 할 수 있다. 정치는 국민 전체의 합의에 의해 정책방향을 설정하고, 그 목표를 달성하기 위한 수단인 집행기능을 행정이 한다. 또한 관료들은 행정부에서 정책결정과 집행의 핵심적인 기능을 수행하고 있지만 직접적으로 정치적 책임을 지지 않는다. 이러한 상황은 관료들이 정치권의 영향력에서 벗어나 국가정책을 일관성 있게 추진할 수 있다는 장점도 있지만 민주적 정통성이 없다는 문제가 있다.

정치와 행정을 담당하는 기관은 기능별로 분화되어 입법부가 정치, 행정부가 행정을 수행한다. 정치의 기능을 국민 전체의 삶에서 옳고 그름의 민주적 가치와 같이 근본적이고, 광범위한 것이다. 즉, 민주적 가치를 실현하기 위한 목표 설정, 방향 설정에 해당하는 것이 정치의 기능이다. 이에 반해 행정은 가치중립적이며 영향 범위가 정치에 비해 상대적으로 국한되어 있다. 법률에 명시된 것을 해석할 여지없이 단순 집행하는 것이 행정이다. 즉, 정치를 보좌하는 것이 행정의 기능이라고 본다.

예컨대, 한국사회에서 통일문제를 정치행정이원론의 관점에서 볼 때 정치학자와 행정학자의 관점은 서로 다르다. 정치학자들은 통일을 이루기 위한 국제정치무대에서 시나리오 그 자체에 관심을 갖지만 행정학자의 관심은 통일을 이루고 난 이후에 있다. 통일 이후부터의 집행은 행정부문이 해야 할 일이다. 빠른 시일 내에 북한 주민들 각자가 하고 싶은 일을 마음껏 할 수 있도록 해 주는 것이 행정의 역할이다. 행정부문이 원활히 기능하지 못하면 북한 주민뿐 아니라 전 국민의 혼란을 초래할 것이다.

(2) 정치행정일원론

정치와 행정의 구분은 이원론에서 얘기하는 것과 같이 그리 단순하지 않다. 예컨대 행정관료들도 주민들을 만나고 의견을 수렴하여 크고 작은 결정을 하는데, 이것도 넓게 보면 정치행위가 아니냐는 것이다. 즉, 정치와 행정은 동전의 양면과 같다는 시각이다. 정책의 내용을 행정부에서 결정함으로써 행정이 실질적으로 정치기능을 하기도 한다. 정책결정과정에서의 재량권 행사, 가치의 선택 등은 행정관료의 특성이자 기능이기 때문에 실제 행정관료들은 정치에 개입하는 것과 마찬가지의 효과가 있다. 여기서 선출직 공무원에 대한 행정관료들의 책임성과 반응성이라는 문제가 있기는 하다(Sayer, 1958).

행정이 정치기능까지 담당해야 한다는 행정국가론(administrative state)적 입장이 있다.[1] 행정국가론은 Weber에게서 영향을 받은 D. Waldo가 주창한 개념으로, 행정관료제가 민주정체에서 중추적인 역할을 하는 것을 의미한다. 민주화가 진행될수록 적극적으로 행정부의 기능이 더 커진다는 이론이다. 다양한 요구가 분출하는 민주사회에서 입법부가 세세한 집행단위의 결정까지 하기엔 분명 무리가 따르기 때문이다.

그러나 관료가 '정치기능'을 전적으로 담당하는 것은 행정부의 정통성이 결여돼 있기 때문에 문제가 있다. 즉 "임명직인 행정관료가 국민 전체 이익을 대변할 수 있는가?"에 대한 의문이다. 이와 더불어, 국회도 국민의 대리인에 불과하니 그때그때 시민이 참여해야 한다는 시민참여론 혹은 거버넌스이론이 행정부의 역할을 희석시키는 이론적 근거가 된다.

현대행정학은 행정이 정확히 어느 위치에서 정치의 속성을 함께 가지고 있는지에 대해서는 명확한 답이 없다. 이러한 점은 행정·경영 간의 관계와 마찬가지로 시·공간적 제약에 따라 국가별, 시대별로 각기 다르게 바라볼 수 있을 것이다. 재해의 발생, 코로나 이후 공중보건에 대한 관심 제고, 인공지능의 발달 등 환경의 급변 속에 행정의 역할은 점점 커지고 있는 추세이다.

제 2 절   사회과학으로서의 행정학

행정학은 영어 'Public Administration'의 번역어이다. 이렇게 번역한 데에는 서구문물을 먼저 도입한 일본의 영향이 있었던 것 같다. 이를 번역하는 과정에서 정치의 결정(즉, 법)을 행동에 옮기는 行法이라고 하다가 '행정'이 된 것이다. 우리보다 늦게 행정학을 받아들인 중국은 '행정'보다는 '公共管理'라는 용어로 통일된 듯하다. 공산주의체제이기 때문에 행정에서 정치성을 배제하고 관리적인 차원으로 제한하여 받아들인 것 같다.

---

1 행정국가론과 정치행정이원론 두 가지 축의 중간에 상호작용론(절충형)모델을 추가하면 총 9개의 유형이 나온다. 박재창(2008)은 9개 유형론을 도출하고, 행정기능을 행정부가 주체적으로 할 수 있는 유형(행정학의 고유성 확보)과, 정치행정일원론으로 정치와 행정의 구분이 없고 행정의 주체는 시민사회가 되어야 한다는 극단적 모델(행정학의 존재기반 위협)로 유형화하였다.

어느 학문이 사회과학으로서 독립된 학문 분야로 성립하기 위해서는 다음과 같은 조건이 충족되어야 한다. 첫째, 다른 학문의 것과 구분되는 연구의 대상이 있어야 하고, 둘째, 이 연구대상을 연구함에 있어서 독자적인 방법론이 있어야 하며, 셋째, 이를 설명할 수 있는 구분되는 이론적 총체 혹은 시각 등이 있어야 한다. 우선 외국의 행정학에 관해서 개관해 보기로 한다.

I. 외국의 행정학

1. 독일의 행정학

독일의 행정학은 크게 프러시아(혹은 프로이센)의 16세기 말−18세기 말까지의 관방학, 18세기 말부터 발전된 공법학, 18세기 말부터 19세기 말에 존재했던 슈타인(L. V. Stein)의 관방학(Cameralism)으로 나누어진다. 정치적으로는 절대주의체제 속에서 이루어진 것이며 사회적으로는 영국의 중상주의나 프랑스의 중농주의의 독일적 변형이었다. 2세기 동안에 걸쳐 발전한 독일의 관방학은 할레(Halle)대학과 프랑크푸르트(Frankfurt)대학에 관방학의 강좌를 개설한 1727년을 기점으로 전기와 후기로 나뉜다.

전기 관방학의 시대는 프리드리히 1세가 폴란드의 지배에서 벗어나 1701년 브란덴부르크를 중심으로 왕국을 건설하고, 프리드리히 2세를 거쳐 중앙집권국가체제를 형성하고 강력한 관료제를 수립한 시기이다. 이 당시의 국가융성은 강력한 행정체제의 확립을 기반으로 이뤄졌다. 관방학은 공공복지의 사상적 기초가 신학(神學)에서 기인한 것으로 보았으며 주로 국가수입획득에 관한 연구가 이뤄졌다.

후기 관방학의 시기는 Frankfurt대학과 Halle대학에 관방학(Kammeral-wissenschaft) 연구를 위한 석좌교수(chair professor)자리를 마련한 시기이다. 두 대학에 관방학 강좌를 설치한 것을 시초로 독일행정학이 본격적으로 시작하였다.

18세기 중엽부터 농업, 임업(사실상 왕실재산을 관리하기 위한 지식), 재정과 세학, 통계학, 경찰 등의 학문을 바탕으로 법학적이기보다 재정학적인 내용을 중심으로, 과학이 아닌 기법 위주의 관방학이 발달하였다. 후기 관방학의 시기에 분화된 경찰학의 토대는 유스티(J. H. G. von Justi)의 '경찰학 원리(Grundsatz der Polizeiwissenschaft, 1756)'라는 저서이다. 그는 이 저서에서 '국가 목적'을 국가재정의 유지 및 확대를 다루는 '경찰학'과 국가재산의 유효한 사용을 다루는 '재정학'으로부터 분리시켰다.

이 시기 독일의 행정조직은 아직 기능이 미분화된 관방(Kammer) 상태였다. 이것이 1806년 Friedrich Wilhelm 3세가 나폴레옹에게 패한 후, 프랑스식 과(Bureau) 조직형태로 분화되었다. 즉, 프랑스식 관리기법을 적극적으로 받아들였다. 또한 프랑스 혁명 이후 절대군주제가 쇠퇴하고 민주사상이 대두됨에 따라, 국가에 대한 국민의 권리가 중시되면서 행정법 분야가 발달하였다. 프랑스의 영향으로 관방학이 쇠퇴하고 행정법(공법학)이 등장한다. 이러한 공법학(행정법학)은 18세기 말 몰(R. von Mohl)에 의해 창시되었다. 몰은 법치국가의 관념을 처음으로 제시하였으며, 자유주의적 국가관에 입각하여 국가권력으로부터 개인의 자유와 평등을 보장받기 위하여 행정의 적법성을 갖추고 있는 근대적 입헌국가야말로 가장 합리적인 국가형태라고 보았다. 따라서 이러한 공법학의 시각에서 행정은 법률의 하위 개념으로 인식되었고 법치행정의 원리가 강조되었다.[2]

관방학의 쇠퇴기에 관방학의 대가로 등장한 사람이 슈타인(L. von Stein, 1815-1890)이다.[3] 슈타인은 관방학과 전통적인 공법학에 비판을 가하고 부국강병을 위한 독자적인 행정체계를 정립하였다. 그는 국가적으로 실용적인 지식과 기술을 제공하는 것을 강조하고, 헌정(Verfassung)과 행정(Verwaltung)을 분리했다. 헌정은 국가의 구성원인 개인이 국가의 의사결정에 참여하는 국가적 권리이며, 행정은 사실적인 정책집행기능으로 본 것이다. 또한 헌정과 행정은 불가분의 상호의존관계에 있지만 각각 독자의 영역을 보유하는 것으로 인식하였다. 즉, 절대적 우월관계에 있는 것이 아니라 양자 간에 서로가 우위를 점할 수 있는 이중의 관계를 형성하고 있는 것으로 본 것이다. 3권으로 구성된 '행정학강요(Die Verwaltungslehre)'는 총론(행정조직, 행정명령, 행정법의 3부)과 각론(외무행정, 군무행정, 재무행정, 법무행정, 내무행정의 5부)으로 되어 있다. 따라서 슈타인은 서구 최초로 시민사회적인 행정과학을 창시한 시조로 여겨진다.[4]

19세기 후반 독일에서 법치국가이념이 지배적 이데올로기를 형성하면서, 독일행정학의 사회과학적 성격은 쇠퇴하고 행정법학적 전통이 자리잡았다. 이후 독일의 행정은 법치주의를 강조하는 동시에 국민전체의 생존배려를 보장하는 행정으로 지금까지 계속되고 있다(정창화, 2017: 379-408). 독일은 거대한 관료제를

---

2 이러한 독일의 행정법학적 전통은 아시아, 라틴아메리카 등지로 전파되었다.
3 1861년 철혈수상 비스마르크가 등장하여, 독일의 영토를 넓히고 국력을 키웠다. 그리고 마침내 1871년 독일통일을 상징하는 황제취임식이 프랑스 베르사유 궁 내 거울의 방에서 치러진다.
4 이를 서구 행정학의 시조라고 할 수 있다. 미국의 Wilson보다 거의 100년이 앞선다.

가지고 있는데, 보통 법학을 전공하는 대학생들이 재학 중 행정실무(인턴)를 익히면서 공직에 진출하는 방식으로 이뤄진다. 독일에는 슈파이어 대학 등 소수의 대학에서 협의의 행정학 교육과 연구가 이뤄진다. 광의의 행정학은 법학, 정치학, 경제학 등 여러 학문 분야에서 연구된다.

법치행정 전통이 견고한 독일에서는 동독과 서독의 통일 후 행정부문의 역할이 커졌다. 수상민주주의를 통하여 정치의 안정이 독일사회의 안정을 가져왔고, 유럽연합에서 지도적 위치를 점하게 하고 있다. 또한 독일의 사회민주주의(social democracy)는 형평성을 중요한 가치로 내세우고 있는데 역시 경제 분야에서 국가의 역할이나 개입이 크게 작용한다. 독일사회는 견고한 법치주의 전통하에 행정이 국민의 수요를 충족시켜주는 역할을 함으로써 경제대국으로서의 국제적 위상을 가능하게 하고 있다.

2. 영국의 행정학

영국은 절대군주시대에 체계화된 공무원 제도를 갖추었던 몇몇 유럽 국가와 달리 국왕에 의한 정실주의가 계속되었다. 따라서 영국은 미국과 같이 공무원 제도 개혁을 계기로 이루어진 행정에 대한 체계적인 연구나 교육이 있었던 것도 아니었고, 독일의 관방학과 같이 대학에 바탕을 둔 학문이 나타난 것도 아니었다.

영국행정학의 기원을 구태여 밝힌다면 영국의 대표적인 철학자이자 법학자인 벤담(Jeremy Bentham)의 저작이다. 그의 대표저작인 '헌법전(the Constitutional Code)'은 당시 영국에서 시행되고 있던 헌법에 대한 내용보다도 이상국가의 건설을 위한 이상적 법전(ideal code for the ideal republic)의 내용을 담으면서 법전 내용의 반 이상을 행정(administration)에 관한 것에 할애하였다(유완빈, 1982: 14).

근대적 의미의 영국행정학을 발전시킨 주체는 1921년에 창설된 왕립행정학회(Royal Institute of Public Administration)라고 할 수 있으며 이 학회는 1922년부터 학술지 'Public Administration'을 발간하기 시작하였다. 그러나 독일의 슈타인과 같이 행정학을 집대성한 사람은 찾아보기 어렵다. 영국의 학문적 전통은 역사학, 철학 등 인문학을 강조하고 사회과학적 전통이 약하기 때문이다.

영국은 앵글로색슨 국가로서 미국과 유사한 점이 많지만, 공공부문의 범위 등 다른 점도 많다.[5] 영국이 미국과 핵심적으로 다른 정책은 공공복지부문의 팽창

---

5 이것은 미국이 영국의 과도국가형태를 피해 이민한 사람들로 생긴 나라라는 점을 생각하면 된다.

이다. William Henry Beveridge가 1942년에 제출한 최저 생활급제도 등 영국사회보장제도의 근간이 될 6대원칙을 담고 있는 Beveridge보고서는 영국의 근대행정제도의 형성에 초석이 되었다. 의료복지제도(National Health System)가 대표적인 예이다. 실제로 1인당 사회복지비 지출수준은 유럽연합국가 중 상위권에 속한다(Flynn, 2007: 24). 전 국민 복지 분야에 종사하는 공무원의 비중 역시 높다.

영국은 행정의 문제를 해결하기 위한 방법으로서 미국적 접근을 취하기도 한다. 예컨대 대처 수상 이후 추진된 민영화, 민간위탁, 시장주의정책 등 시장 중심적 행정개혁은 마치 영국행정학이 미국행정학과 맥을 같이 하는 것처럼 보인다. 그러나 깊이 들여다보면, 민간기업에 완전히 맡기는 식의 민영화가 아니고 내부에서 제한된 경쟁을 하는 정도에 불과한 경우가 많다. 그 이유로 영국은 미국과 사회제도적 여건 자체가 근본적으로 다르다는 점을 꼽을 수 있다(임도빈, 2025).

영국은 다른 유럽국가에 비하여 대학에 행정학과가 많이 설치된 편이나 미국보다는 발달하지 않았다. 그리고 행정의 실제작동을 보았을 때 법치행정을 중시하고 복지 분야 확대 등 유럽적 특성을 아울러 가지고 있다(최영출, 2017: 267-324). 따라서 영국의 행정학은 미국보다는 유럽형에 가깝다.

3. 프랑스의 행정학

프랑스에서는 18세기 이래 발달한 경찰학에 토대를 두고 법학적인 접근법을 중심으로 행정학이 발달하였다. Montesquieu의 3권분립론 등 정치학, 철학, 역사학 계통의 행정에 대한 저서는 많이 출판되었으나, 행정학이라는 용어를 사용하지는 않았다. 프랑스어로 행정학, 'science(s) administrative(s)'는 현재에도 그리 통용되는 말은 아니다(J. Chevallier, 2007). 즉, 학문분과로서의 행정학이 별도로 존재하지 않는다고 봐도 과언이 아니고, 대학의 공법학과(droit public)에서 행정법의 일환으로 행정학과 유사한 부분을 가르치고 있는 정도가 고작이다.

오늘날의 시각에서 가장 행정학에 가까운 저서는 30년간의 관리자 경험을 이론화하여 행정학(administration)이라고 명명한 앙리 파욜(Henri Fayol)의 '산업 및 일반행정학(l'Administration Industrielle et generale, 1916)'이다. 이것은 행정관리의 일반원칙을 찾아서 나름대로 체계화한 것으로, 미국학자 Urwick이 미국에 소개하여 행정관리학파의 대표 저서로 꼽힌다. 그러나 해당 내용이 프랑스의 대학교육에 체계적으로 계승되어 행정학이 교육되거나 연구되지는 않는다.

사회과학으로서 행정'학'이 발달하지 않았지만 '행정제도'는 매우 발달하였다. 프랑스의 행정실무와 행정체제는 자유, 평등, 박애라는 프랑스 혁명정신에 기초한 좋은 행정으로서 세계적으로 알려져 있다(윤광재, 2017: 409-446).

나폴레옹은 중앙집권적 행정체제의 체계화로 효율적인 행정체제를 마련했다. 국가 전역을 하나의 통치체제로 통일시키기 위해 전국을 분할하여 담당자(즉, 국가도지사)를 임명하고, 이들을 통하여 전국을 효율적으로 관리했다. 또한 행정법 중심의 특별권력관계가 형성되었으며, 행정기관의 권력남용이나 피해에 대한 심판제도 및 행정법정의 체계화가 이루어졌다.

독일의 관방학이 국가융성학이었다면, 나폴레옹의 개혁들은 국가의 권력관계를 설계하는 작업이었다. 부정한 목적으로 권력을 남용하는 것을 막기 위해 노력했고, 이런 전통이 프랑스의 공법학을 발달시켰다. 행정제도 형성·발전의 중심에는 최고행정법원인 국사원(Conseil d'Etat)이 있다(임도빈, 2025a: 157). 국사원은 법 관련 심판과 연구, 자문기능을 모두 갖춘 곳으로 막강한 권력기관이다.

이는 2차 세계대전 이후 국립행정학교(ENA, INSP의 전신)라는 공무원양성기관이 설립되면서 관료 충원의 일원화가 이루어지는 것과 관련된다. 국립행정학교는 대학과 달리 실무가를 교육하는 공무원교육원이다. 교육내용으로는 행정학이론보다 그 당시 사회의 가장 문제가 되는 사안을 사례연구하여 정책에 적용하는 것을 배운다. 즉, 지식의 습득보다는 문제해결을 위한 사고방식과 해결방법을 배운다. 입학과 동시에 수습생으로서 공무원 신분을 획득하는데, 이 학교를 졸업한 엘리트 그룹들이 프랑스의 정치행정 분야를 주도하면서 프랑스 사회의 지배층을 형성한다고 볼 수 있다.

이처럼 독일, 영국, 프랑스는 학문으로서의 행정학은 발달하지 않은 국가들이다. 그러나 실무 행정 자체는 발달 정도가 높다. 이들 나라에서의 행정학 연구는 주로 권력 관계의 규제를 다루는 분야이다.

오늘날의 유럽은 축적된 행정의 역량 덕분이다.

한때 유럽을 지배했던 프랑스는 하루 아침에 이뤄진 것이 아니다. 과거에는 지리멸렬한 제후국이었던 독일이 오늘날의 강국이 된 것도 마찬가지다. 역사는 당시의 왕들만을 주목하지만, 실제 이들 뒤에는 뛰어난 행정가(재상)가 있었다. 프랑스의 장 바티스트 콜베르와 독일의 비스마르크가 대표적인 예이다.

베르사유 궁전을 지은 프랑스의 왕 루이 14세의 뒤에는 천재적 행정가 콜베르가 있었다. 1664년 N. Fouquet의 부패사건을 적발한 후, 후임으로서 막강한 권력을 휘두르며 프랑스의 국부를 증진시켰다. 특히 경제개혁에 주력하였는데, 당시 모든 유럽국가의 금·은의 보유량은 한정되어 있었으므로, 국부를 증대시키기 위해서는 무역을 증진시켜야 한다는 소위 콜베르티슴(Colbertisme)을 만들어 냈다. 기본적으로 수입을 억제하고 수출을 증가시킨다는 원칙인데, 국내적으로는 산업을 진흥시켜 상품생산을 늘리고, 국외적으로는 상선(商船)을 증가시키는 등 무역을 증진시켰다. 이를 통해 금·은의 보유량을 늘리는 것을 목표로 하였다. 국내생산을 촉진하기 위해 당시 산업조직이었던 길드조직을 개혁하여 생산부문에 필요한 인력을 증강하고, 아울러 왕립 공장(오늘날의 공기업)에서 국가가 직접 전략적 상품을 생산하였다. 이러한 콜베르티슴은 1683년 콜베르의 사망 이후 이어지지 못했다.

독일은 중세 이후 이리저리 흩어져 있는 제후국이었다. 1861년 빌헬름 1세가 프로이센 왕위에 오르면서 국가체제가 정비되고 국력이 증진되기 시작하였다. 그는 1862년 비스마르크를 수상으로 등용함으로써, 강력한 행정체제를 통한 독일절대주의 체제를 확립하게 된다. 행정가 비스마르크는 '군대와 강력한 통치(철혈, 鐵血)'를 통해서만이 독일이 강대국이 된다고 설득하였다. '실력'이 명분보다 중요하다는 신념으로 그는 취임 후 의회의 기능을 4년 동안 정지시키고, 국민에게 무거운 세금을 물렸다.[6]

비스마르크는 국력을 키운 후, 유럽의 세력들과 전략적으로 제휴하고 동시에 전쟁을 치르면서 독일통일을 완수해나갔다. 처음에는 프랑스와도 제휴하였다. 그러나 비스마르크가 독일의 통일 사업을 완수하기 위해 합스부르크가(家)의 강국인 오스트리아를 공격하자 프로이센의 성장을 견제하고자 하는 나폴레옹 3세도 참전을 하게 된다. 비스마르크와 같은 뛰어난 정치가가 아닌 나폴레옹 3세의 프랑스는 힘없이 1871년 1월 29일 파리가 함락되는 치욕을 당해야 했다. 이 두 명행정가가 없었다면, 오늘날의 프랑스와 독일이 어떻게 되었을까 궁금하다.

4. 미국의 행정학

미국의 행정학은 정치와의 관계에서 발전해 왔다. 1세대의 미국은 주로 종교의 자유를 찾아 신대륙을 찾은 영국이민자들이 주축이 되어 만든 나라여서 독특한 특성을 띤다. 미국행정학의 발달 계보를 간략히 서술하면 다음과 같다.

(1) 고전적 행정학: 1880-1930년대

1829년 Jackson 대통령 취임 당시에는 행정이라는 업무의 전문성이 인정되지 않았다.[7] 행정은 결정된 정책을 수동적으로 집행해 주는 도구에 불과하다 여겼기

---

6 아울러 각종 사회복지정책도 실시되었다.
7 Hamilton 사상은 해밀튼의 저서 '연방주의자'에서 드러나는데, 능동적이고 능률적인 행정과 국가기능의 확대를 강조하였으며 중앙집권성을 강조하였다. Jefferson 사상은 지방분권화를 통한 민주주의의 실현을 제창하고 국민의 이익을 중시하는데, 이를 제퍼슨의 자유주의라 한다. 또한 Jackson 사상은 현실주의적 정치가인 잭슨이 공직에 대한 기회균등과 공직을 선거운동원에게 배분하여 주는 엽관주의를 통해 민주주의를 실현시키는 것을 역설하였다.

때문에 선거 이후 정권이 교체되면 공무원이 대거 바뀌었다. 선거의 전리품처럼 선거에 기여한 사람들에게 관직을 나누어 주었다. 정치만이 존재하고 행정은 정치의 부속물처럼 경시했다. Jackson 대통령의 이후 이러한 엽관주의는 더욱 공고해졌다.

엽관주의의 폐단이 야기되면서, 행정이 정치로부터 독립해야 한다는 주장이 대두되었다. 1883년에는 펜들턴 법(Pendleton act)이 제정되어 실적주의의 기초가 마련되었다. 미국의 고전적 행정학은 행정을 정치권력의 현상이 아닌 관리기술로 파악해야 한다고 주장한다.

그 주요 내용을 살펴보면, 우선 기술적 행정학은 행정을 정치현상이 아닌 사무·관리·기술·집행의 현상으로 파악함으로써 정치행정이원론과 공사행정일원론을 취하며 행정의 독자성과 능률성의 제고를 강조하였다. 구체적으로 실적주의 인사를 통해 직업공무원제를 확립하고, 행정의 효율성 및 전문성을 확보하는 측면에서 능률성을 강조한다고 할 수 있다. 또한 이에 입각하여 행정에 대한 정치적 간섭을 배제하는 반엽관주의를 띤다. 아울러 행정관료제 내부를 들여다보는 폐쇄체제 이론으로, 비공식적 관계나 환경과의 교호작용에 따른 영향을 소극적으로 다루는 것이 특징이다.

미국행정학에 대한 기독교 사상의 영향

미국의 행정사를 보면 Jackson의 엽관주의, 실적주의 등 몇 번의 대전환기가 있었다. 이런 개혁을 주도하거나 미국행정학을 발전시킨 주요 인물들은 독실한 기독교인이 많았다. 특히 조직론을 발달시킨 Gulick, Goodnow 등 장로교 목사의 자녀들이 많이 있었다(R. Stillman 좌담. 2012. 2. Leuven, 벨기에). 즉 한국의 행정문화는 유교에 기반하고 있듯이, 미국행정학은 장로교를 중심으로 한 기독교 사상에 기반을 두고 있다.

W. Wilson의 '행정의 연구(The Study of Administration, 1887)'는 정부가 수행하는 업무는 정치적 측면이 아닌 과학적으로 연구할 필요가 있다고 지적하면서, 정치와 행정을 구별하여 연구를 수행하여야 한다고 주장하였다. 따라서 행정영역은 고유한 것이며 경영과 유사한 것으로 간주했다. 당시 미국은 비옥하고 넓은 국토와 방대한 자연자원에 비해 국민이 사용할 물품들이 부족한 상황이었다. 따라서 수요를 충족시키기 위해서는 싼 가격에 빠른 속도로 공산품을 생산하여 공급하는 것이 중요했다. 즉, 능률성이 중요시되는 기업가 정신이 필요했다. 이렇듯 미국은 정부가 모든 것을 떠안기보다는 시장에 맡길 수밖에 없는 환경이었다.

표 1-2 | 미국의 정치-행정관계에 대한 인식변화

윌슨 등의 고전파 행정학 - 관리적 행정론(이원론)	행정의 경영관리적 측면 부각
경제공황 및 세계대전 이후 - 기능적 행정론(일원론)	행정의 정치기능, 정책결정 등 정치적 활동에 의한 행정통제 강조. 행정은 정부조직에서 이루어지며 가치판단을 동반하는 활동이므로 정치와 가까움
1960년대 행태주의 등장 - 행정행태론(이원론)	개인의 행태와 조직의 의사결정에 초점. 공공조직과 사조직 자체를 구분하지 않고 사실판단에만 근거. 행정과 경영을 동일한 성격을 가진 것으로 간주
후진국에서의 행정 역할 강조 - 비교발전행정론(일원론)	국가 발전은 오히려 행정주도로 이루어짐. 행정관료는 국가 발전의 주역이며 행정에 의한 지배(administocracy)가 나타남
신공공관리론(이원론)	정부 비효율을 해결하기 위해 사기업의 경영기법을 공공부문에 적용해야 한다고 봄
신공공서비스론(일원론)	주권자로서 국민의 적극적 참여 속에 사회문제를 해결해야 한다고 봄. ESG 등 강조

(2) 인간관계론: 1930-1940년대

1940년대에는 정통행정학을 지배하던 능률과 절약은 약화되고, 민주적 가치와 행정과정의 연계에 대한 관심이 높아졌다. 이 시기에는 행정이 팽창하고 행정국가화가 촉진되었으며, 기계론적 조직관을 비판하면서 인간에 대한 관심이 높아졌다. 인간관계론은 비공식조직의 형성에 관한 이론에서 출발하여 조직구성원의 내면의 심리를 대상으로 관리기법을 개발하고 비공식적인 관계를 연구하는 데 주안점을 두었다. 인간은 감정적인 동물이기 때문에 인간 심리의 복잡함을 인정하고, 기계적으로 일하고 금전적 인센티브를 받는 것보다 사회적 욕구나 인간적 욕구가 더 중요함을 발견하였다.

(3) 행태과학과 의사결정연구의 발달: 1950-1960년대

1950년대부터는 미국 사회과학계에 행태주의 혁명이 일어났다. 행태과학을 행정학에 도입한 선구자는 노벨경제학상 수상자인 Herbert A. Simon이다. 그는 그의 저서 '행정행태론(administrative behavior)'에서 첫째, 조직 내 개인들의 행태에 초점을 두며, 둘째, 의사결정(decision-making)을 중요 변수로 하고, 셋째, 신 정치행정이원론으로써 정치적 요인의 연구대상을 제외하고자 하였으며, 넷째, 논리실증주의적 접근을 통해 가치문제들 역시 연구대상에서 제외하였다. 마지막으로 사람의 행동을 관찰하는 행태과학으로 행정의 과학화를 추구하였다.

(4) 개도국을 위한 비교행정과 발전행정-행정연구의 국제화

1950년대에는 Gaus, Riggs 등을 중심으로 생태론적 접근방법이 활용되어 환경이 행정에 미치는 영향을 주로 연구하기 시작하였다. 생태론은 고전적 행정학의 폐쇄체제 이론을 비판하면서 행정에 영향을 주는 환경요인에 관심을 두었다. 즉, 정치·경제·사회적 요인 등이 행정에 미치는 영향을 연구하였다. 동서 냉전체제가 본격 진행되면서 행정학의 관심영역이 확대되어 비교행정과 발전행정의 성장이 이루어졌다(임도빈, 2025a).

개발도상국가의 행정에 대한 기술원조가 전개되는 과정에서 미국행정학의 문화지속적 속성과 보편타당성의 한계가 노정되었다. 이는 선후진국을 막론하고 공통으로 타당한 행정학을 만들기 위해 비교행정 연구가 등장하는 계기가 되었다. 1960년대에 Fred Riggs는 '프리즘사회(Prismatic Society)'라는 저서에서 거대이론 모델수립을 시도하였다. 이후 후진국의 국가발전과 행정발전에 대한 연구가 활성화되면서 행정이 사회를 주체적으로 발전시키는 것을 고민하는 발전행정론이 형성되었다.

(5) 관리과학과 정책과학의 발전

1960년대는 미국행정학이 비약적으로 성장·발전한 시기이다. 우선 주로 국방 분야에서 개발된 고도의 계량모델을 기초로 하는 관리과학이 등장하였다. 즉, 공공문제에 OR, 체제분석 기법을 본격적으로 도입·활용한 행정개혁이 추진되는 등 관리과학의 학문적 체계가 완성되었다. 또한 '위대한 사회(Great Society)' 건설 프로그램의 성과에 대한 관심이 높아지면서 정책연구 붐이 일었다.

1960년대의 정부개혁, 특히 민권운동과 빈곤퇴치사업 등의 전개는 행정이 개인에게 미치는 영향에 대한 관심을 환기시켰다. 이러한 배경에서 과거 기술합리성(technical rationality)에 국한되던 행정학에 대한 반발로서 신행정학(new public administration) 운동이 일어났다.[8] 신행정학은 미국 내부의 형평성, 인종차별, 인권 등의 가치문제가 등한시되어 온 점을 비판한다. 연구의 관심을 외국과의 비교행정과 같은 다른 나라의 문제로부터 미국 내 자신의 문제로 환기시켜 가치중립적이기보다는 오히려 규범적이며, 기술적(descriptive)이기보다는 처방적이고, 제도지향적이기보다는 정책지향적인 행정과 행정학을 강조하고 있다.

---

8 '신행정학' 운동은 1968년 9월 Waldo 교수의 주관하에 George Fredrickson 등 50명의 소장학자와 실무가들이 모여 기존의 행정학에 반발하며 출발하였다. 적실성, 참여, 변화, 가치, 사회적 형평성 등에 기초한 행정학의 독자적 주체성을 강조하였다.

　　1970년대 미국은 민권운동, 베트남 전쟁, 워터게이트 사건, 석유파동 등과 같은 변화의 소용돌이에 휩싸이며, 정부와 개인의 관계, 정부 간 역할분담 관계, 국제관계 등을 새롭게 검토하기 시작하였다. 특히 두 차례의 석유파동을 거치면서 인플레이션과 경제침체가 가속화되고, 재정압박과 재정적자가 발생하였다. 이러한 가운데 정부의 한계에 대한 인식이 형성되기 시작하였다.

　　한편 정부정책을 연구대상으로 하는 정책학이 제창되기 시작했다. Y. Dror, Lindblom 같은 학자들이다. 이후 '정책'을 연구대상으로 하면서 계량적 방법론을 활용하여 정책을 분석함으로써 실무계에 큰 도움을 주고 있다. 아울러 노벨경제학상 수상자인 J. Buchanan은 미국의 '지적 위기'문제를 지적하면서 이를 극복하기 위한 대안으로 공공선택론(public choice)을 제안하였다. 마치 시장에서 상품이 경쟁하듯 공공부문에서도 가격을 통한 경쟁을 하고 국민들이 선택토록 해야 한다는 논리이다. 공공선택론은 행정의 고객 주의·소비자 중심주의, 그리고 행정학이론의 이론모델화에 기여해 왔다.

(6) 신공공관리론

　　신자유주의 경제관에 입각한 신공공관리론은 1980년대 중반 이후 더욱 큰 영향력을 발휘하였다. 그 결과 규제 완화와 민영화가 확산되면서 점차 정부부문의 독점성이 파괴되고 정부도 공공서비스 공급 면에서 하나의 경쟁주체로서 민간부문 또는 사회부문과 동등한 입장에서 경쟁해야 하는 상황이 전개되고 있다. 행정에의 민간경영기법 도입·활용, 공공서비스의 품질 혁신, 경쟁원리의 활용 등이 행정학연구의 중심 주제가 된 것은 신공공관리론의 영향을 받은 것이다. '행정의 경영화'라고 요약할 수 있다.

(7) 신공공서비스론

　　신공공관리론이 국민을 '소비자'로 보는 데에 대한 반발로서 일어난 이론으로 주권자로서 권리와 의무를 강조한다. 즉, 민주국가의 국민은 객체가 아니라 주체로서 행정서비스를 생산하고, 정부정책에 적극적으로 참여하는 것을 지향한다. 신거버넌스 이론과 같이 민주성을 강조한다.

(8) 소　　결

　　이상을 종합해 보면, 행정학은 '(행)정부'라는 연구대상이 있는 것은 분명하다. 독일, 영국, 프랑스 모두 근대국가의 성립, 국가부강과 더불어 행정체계가 정립되고 이를 뒷받침하는 연구가 이뤄졌다는 것도 알 수 있다. 즉, 국가의 권력성이 중심부에 있다는 것이다. 그러나 단일 사회과학으로서 필요한 조건인 이론들의 체계가 견고하게 확립되어 있거나 행정학만이 독점적으로 사용하는 방법론이 있는 것은 아니다.[9] 그 후, 합리성과 논리성을 강조하는 근대과학의 입장을 근본적으로 부정하는 포스트모더니즘이 행정학을 포함한 전 사회과학에 영향을 미친다.

포스트모더니즘

서구에서 16세기부터 18세기까지 형성된 근대성의 특성은 산업화이다. 농업사회에 비해 산업사회에서는 인구의 규모와 분포가 변화했고, 경제관계의 상업화와 그것이 수반한 상품화, 자본주의 발흥도 나타났다. 이러한 근대사회에 발달한 사회과학의 사고방식과 실증주의 방법론을 기반으로 정부의 활동에 대한 연구를 하는 것이 전통적 행정학이다.

그리고 행정학의 전통적 견해에 대해 근본적으로 비판하는 이론이 포스트모더니즘이다. 이는 실증주의와 같은 모더니티 접근법에 대한 반론으로부터 시작한다. 즉, 모더니티에서는 인간이 세상의 중심에 있고, 인간이 세상의 많은 일들을 합리적으로 인식하고 판단할 수 있다는 믿음을 전제로 하는 반면, 포스트모더니티에서는 "진리의 기준은 맥락 의존적(context dependent)"이라 보고 있으며, 주체가 중심에 서 있다는 것, 인식론적인 연구사업, 이성의 성격과 역할, 거시이론 등을 부인한다.

시간적으로 연속선상에 있는 과거에 통합, 논리적인 일관성과 통일성, 중앙집권적 조정, 계서제적 경직성, 전체주의화 등이 유행하던 모더니즘의 시대에 대응하여, 새로이 등장하는 포스트모더니즘의 시대에는 분산, 다양성, 분권화, 유연성, 무작위성 등이 중요시된다(김동원, 2005).

포스트모더니즘은 오늘날 발달한 정보화기술을 통해서 변화해 온 한국사회의 많은 부분을 설명한다. 즉, 시공을 초월한 정보교환을 가능케하는 ICT가 이러한 포스트모더니즘의 주장을 현실로 만들었다는 점을 부인하기 어렵다.

한편, 독일의 철학자 에른스트 블로흐(Ernst Bloch)는, 다른 시대에 존재하는 사회적 요소들이 같은 시대에 공존하는 현상을 '비동시성의 동시성(contemporaneity of the uncontemporary)'이라는 형용모순으로 표현했다. 그는 1930년대 독일사회를 규정하기 위해 이 용어를 사용했지만, 개화기를 거쳐 서구의 모더니즘을 활발히 수입하기 시작한 식민지 조선의 사회상은 물론, 여전히 유교적인 도덕관과 개발도상기의 전체주의적 규범, 그리고 최첨단의 포스트모더니티가 공존하는 현재의 한국사회 역시 '비동시성의 동시성' 개념으로 설명될 수 있다.

---

9 이 점에서 '행정학의 정체성 위기(identity crisis)'라는 표현이 나온다. 그러나 현재는 사회과학이 많은 분화를 한 동시에, 이들 간 경계를 줄이려는 통섭의 시대이기 때문에 상술한 조건들은 독립학문으로서 필수조건이라고 보기는 어렵다.

Ⅱ. 한국행정학의 역사적 발달

한국의 행정학은 미국행정기법 혹은 행정이론을 직수입하는 것에서 시작하였다. 특히 1세대 행정학자들은 미국행정학을 한국에 소개하는 데 중점을 두었다. 이들은 미국행정학의 수입자로서 조직, 인사, 재무 등 관리중심의 행정학에 중점을 두었다. 또한 60년대 말 70년대 초까지 발전행정론이 정부주도의 사회변동, 경제발전, 지역개발 등의 동태적 발전관리학으로서 행정학의 새로운 패러다임으로 등장하였다(정용덕 외, 2021: 38).

1. 한국의 행정학의 발달과정

광의로 볼 때, 한국 최초의 행정학 연구는 무엇인가에 대해서 생각해 볼 필요가 있다. 한국은 세계에서 보기 드물게 고대로부터 국가중심의 역사발전을 해 온 나라이기 때문에 적어도 신라시대부터 관제가 정립되었고, 관료등용시험이 있었다. 이러한 지식체계로서 행정이론에 관한 유산은 그 전통적인 문화와 우리의 생각 속에 녹아들어 있다. 예컨대 관료들의 윤리적 태도를 서술한 정약용(丁若鏞)의 '목민심서(牧民心書, 1818)'는 현대적 시각에서 볼 때도 부족함이 없는 행정학 저서이다. 따라서 독자적인 형태의 행정학은 적어도 조선시대의 실학(實學)으로 거슬러 올라갈 수 있다고 하겠다. 또한 중앙집권적 왕조의 통치를 경험한 한국의 경우에는 조선왕조실록 등 각종 통치 자료가 모두 행정학적인 가치가 있는 문헌이라고 할 수 있다.

이러한 한국적 행정 전통이나 행정연구에 관한 유산은 식민지 통치기간 동안 일제의 학문체계에 의한 왜곡과 편견으로 인하여 전통적 지식체계의 흐름이 거의 단절된 채 광복을 맞게 되었다. 광복이 되자 과거 한국적 행정 전통은 물론이거니와 일제가 한국을 지배하기 위해 실시한 행정제도와 행정학이 그대로 전이된다. 이와 더불어 미군정에 의해 미국의 행정제도가 전파·이식되기 시작한다.

학문적으로 초기에는 일본을 거쳐 수입된 유럽 국가학의 전통과 학풍에 따라 행정학도 법과대학의 학문적 제도 속에서 연구와 교육이 이루어졌다(박동서, 1988). 우리나라에서 최초로 '행정학'이란 명칭을 가진 강의가 대학에서 시작된 것은 1952년 한국전쟁이 한창 진행되고 있을 당시였다. 미국 하버드대학에서 MA학위를 취득하고 귀국해 재무부 예산1과장으로 재직 중이던 이한빈이 부산에 피난 중인 연세대학교(당시 연희대학교) 상경대학에서 '행정학통론' 강의를 시작하였다. 이후 서울대 법대에서 정인흥 교수가 행정학 강의를 시작하고, 우리나라 최초의 행정학 교재인 『행정학(1955)』을 출간하였다.[10] 1956년 10월에는 당시 종로구 계동에 자리 잡고 있던 중앙공무원훈련원에서 행정학을 연구하고자 하는 학자들이 행정연구회를 발족시켰다. 이 한국행정연구회가 오늘의 한국행정학회의 모태이다.[11]

그 후 미국의 행정학이 우리나라에 본격적으로 도입되어 확산되기 시작한 것은 1959년 서울대학교 행정대학원이 정식으로 출범한 이후였다. 1957년 서울대학교와 미국의 Minnesota대학 간에 맺어진 교환계획에 행정학의 도입계획이 포함됨에 따라, 서울대학교 법과대학 대학원생을 행정학 교수요원으로 선발, Minnesota대학에 파견하여 1-2년 동안 행정학 전반에 관한 공부를 시켰다. 1, 2차에 걸쳐 파견된 요원들이 Minnesota에서 수학하고 귀국한 후 이들이 중심이 되어 서울대학교 행정대학원이 본격적으로 행정학을 연구, 강의, 확산하기 시작하였다.

이 시기는 전 세계가 자본주의와 공산주의라는 양 진영으로 나뉘어 경쟁하던 시대였다. 특히 한반도는 미국과 소련의 냉전체제의 최전방에서 첨예한 대립의 상태를 견지하고 있었다. 당시 북한은 경제력과 군사력이 남한보다 우월하였다. 남한은 제2차 세계대전 이후 약 15년 동안 미국으로부터 유상·무상의 많은 원조를 받았음에도 국가발전에 연결시키지 못하였다. 이의 주원인은 원조받은 지원을 국가발전으로 전환시킬 수 있는 노하우를 가지고 있는 인력이 부족했다는 점에 있었다. 미국의 원조를 낭비하지 않고 효율적으로 한국의 경제발전에 기여할 수 있는 인적자원을 양성할 필요가 있고, 물고기를 주기보다는 물고기 잡는 법을 가르치는 것이 더 중요함을 깨달은 것이다.

서울대학교 행정대학원 제1회 졸업생이 배출된 것은 1961년이었다. 이들은 행정실무가와 행정학자로 활동하기 시작하였다. 그들의 능력과 지식이 좋은 평가를 받기 시작하면서 행정대학원의 명성과 행정학에 대한 인식이 높아갔다. 1961년 5·16 군사혁명의 발발 이후 군사정권과 제3공화국의 시대를 거치는 동안 행정학에 대한 인식이 높아졌고 행정실무가와 행정학자의 수요는 계속 늘어났다. 행정학자들은 국가의 자문위원 역할을 많이 했고, 국가에서는 학자들의 의견을 적극적으로 수용했던 시기이다. 해방 후 15년의 세월이 흐르는 동안 60만 명으로 늘

---

10 이 책은 독일의 관방학적 시각을 띠고 있다.

11 한국행정연구회의 첫 번째 사업은 L.D. White의 'Introduction to the Study of Public Administration'을 번역하여 '행정학원론'이라는 이름으로 출판한 것이다. 두 번째 사업으로 '행정학사전(Public Administration Terms and Phrases)'을 발간하였다. 이후 행정연구회는 1961년 사단법인 한국행정학회로 바꾸어 지금에 이르렀다.

어난 국군의 관리방법은 미국적인 행정기술과 지식을 원용함으로써 가능했다. 정권을 장악한 군부세력이 대규모의 군대조직의 관리에서 습득한 행정지식과 행정기술을 행정관리에 적용한 것은 당연한 일이었다.

일제시대의 잔재로서 통제중심의 행정현실이 지배적이었다. 그러나 행정학자들의 눈부신 활약으로 관리과학으로서 행정학이 도입되기 시작한다. 1950년대에는 존재조차 하지 않았던 행정학이 1960년대 이후 각종 고등고시의 필수 또는 선택과목으로 채택되었다. 그 당시의 정치·사회적 분위기는 군사정권에 대한 반체제 움직임이 심각하였기 때문에 국가적 정책으로 각 대학에 정치학과의 설치가 금지되는 반면, 행정학과의 설치만 허용될 정도였다. 대학마다 경쟁적으로 특수대학원으로서의 행정대학원을 설치하여 많은 공무원을 비학위 단기과정으로 교육하였다.

1950년대 말부터 약 20여 년 동안 행정학은 미국행정학을 거의 무비판적으로 수용하였다. 그러나 1970년대 후반부터 급속한 국가주도의 경제발전에 대한 비판적 시각이 등장하였다. 이는 제3세계를 중심으로 발달한 국가론, 세계체제론의 영향을 받은 측면이 있으며(정용덕, 2001: 2), 대부분은 마르크스 이론에 뿌리를 둔 것이었다. 특히 운동권 학생들의 요구가 큰 동인이 되었고, 이에 따라 정치학이나 사회학계에서 논의되는 국가론이 등장하였다. 이러한 논의는 1987년 6월 항쟁 등을 계기로 정치민주화를 가져오는 데 일조하였다. 또한 지방자치실시도 행정학자들의 주도로 이뤄졌다.

1970년대 중·후반부터 일부 행정학자들이 당시 군사정권에 비판적인 자세를 취한 것은 대단히 중요한 의미를 지닌다. 국적 있는 학문을 하자는 뜻에서 '행정학의 한국화' 논의도 시작하였다. 1970년대 말에서 1980년대 초에 이르러 한국행정학, 한국적인 행정학, 행정학의 한국화를 시도하는 원론 및 개론급의 저서가 등장하기 시작하였다.

주목해야 할 점은 이들 2세대의 노력도 사실상 그 내용을 깊이 들여다보면 그 아이디어와 내용은 외국의 변화를 좇은 것이었다는 점이다. 이 2세대 학자들도 대부분 미국에서 박사학위를 취득하였으며, 1세대보다는 좀 더 충실히 미국행정학을 이식하려 노력하였다.

1991년 김영삼 대통령의 소위 '시드니 선언'으로 시작된 세계화 바람은 자발적으로, 1997년 외환위기 이후에는 비자발적인 요소가 포함되어 더욱 가속화되었다. 이것은 한국행정학의 토착화와 정반대로 세계 보편적 관리이론으로서의 행정학이 다시 직수입된 것을 의미한다. 대표적인 것이 신공공관리론과 거버넌스론이다. 신공공관리론은 시장주의와 신관리주의를 결합하여, 전통적인 관료제 패러다임의 한계를 극복하고 작은 정부를 구현하고자 하는 행정흐름으로서, 기본적 이념은 효율성과 민주성이다. 그러나 그 이면을 보면, 개발연대 이후 효율적 행정체제로 개혁을 시도해 온 것과 크게 다르지 않다(임도빈, 2000: 201). 오히려 이런 개혁과정에서 공무원들을 정치권력에 예속시키고, 관료제의 집행적 성격을 정당화시켜왔다(윤견수, 2018). 많은 변화에도 불구하고, 발전행정적 패러다임이 어느 정도 잔존하고 있는 것이다.

2. 한국의 행정학 연구의 반성과 과제

행정학은 무엇보다도 현실문제를 해결하는 처방을 하는 응용학문이라는 특징이 있다. 사회학, 정치학, 경제학 등 비교적 순수학문적 특성을 띤 학문을 기반으로 정부의 활동에 적용하는 것을 연구한다. 마치 의학이 생물학, 화학 등에 기반을 두고 인간의 건강증진을 위해 처방하는 학문이라는 점과 유사하다. 즉, 행정학은 정부활동에 관한 '의학(medical science for the society)'이다.

그러나 서양이론의 수입에 치중된 행정학은 학문의 보편성과 특수성이라는 시각에서 근본적인 고민을 할 때이다. 서양 사람과 한국 사람의 체질이 다르듯이 행정의 현실도 다르다. 따라서 한국행정학의 토착화가 미흡했다는 지적을 뼈저리게 받아들여야 한다. 특히 미국행정학의 과도한 영향을 받았고, 검증도 되지 않은 미국의 사례를 가지고 행정학자들이 정부업무에 과도하게 현실참여를 하였다. 이제 이런 행정학자들이 현장의 행정실무자들로부터 외면당하기 시작하였다. 행정학의 정체성 위기(identity crisis)문제는 미국에서 나온 용어이지만, 한국행정학 또한 위기를 맞고 있다. 이를 위해서 다음과 같은 연구방향을 제시할 수 있다.

- 가치적, 철학적 측면을 더 연구해야 한다.
- 정치와의 관계, 즉 권력적 측면을 더 연구해야 한다.
- 한국적 맥락이나 독특성에 대해 더 논의해야 한다.
- 단기적, 관리적 측면보다는 공익이라는 관점에서 장기적 측면을 더 강조해야 한다.

무엇보다도 미국행정학이 끼친 지나친 영향에서 벗어나야 한다. 그렇다면 미국행정의 특징을 정확히 알아야 한다. 미국사회는 서로 모순되는 면도 있지만, 다음의 4가지 원칙에 근거한다(Gulick, 1990: 60). 철저한 민주주의적 이념 (democracy), 집단보다는 철저히 개인을 단위로 하는 개인주의(individualism), 전문성을 중시하는 전문화(specialization), 그리고 시장의 원리를 중시하는 시장 주의(the market)를 특징으로 한다. 미국의 민주주의제도를 우리나라에 그대로 적용하는 것은 한계가 있다. 또한 미국의 개인주의, 전문화, 시장주의는 단기적인 이익을 추구하는 개인을 상정하는 데 생기는 문제가 있다. 장기적 관점에서 공정성과 정의, 그리고 공동체의 이익을 생각해야 하는데도 말이다.

행정학은 다양한 학문적 접근법이나 시각을 포괄해야 한다. 경험주의적이고 법칙을 찾아 가설을 검증하는 실증주의만이 사회과학이라고 믿는 편협성에서 벗어나야 한다. 전통과 현대가 공존하는 비동시성의 동시성과 같은 현상이 많아지고, 권위를 타파하려는 포스트모던적 특성도 발견할 수 있기 때문이다. 행정이 보편적 이론을 추구하는 동시에, 한국적 특수성을 담아내야 한다(권향원, 2017). 이제 이런 학문적 시각에 대한 독점시대는 지났고 다양한 접근법이 필요하다. 인식론적으로 다음과 같은 접근법을 제시할 수 있다.

표 1-3 | 행정학의 인식론적 접근방법

	해석주의 interpretivism	합리주의 rationalism	경험주의 empiricism	실증주의 positivism	후기실증주의 postpositivism	포스트모더니즘 postmodernism/ critical theory
지식	마음을 통한 해석으로부터 나옴	이성을 통해 생김	감각을 통해 얻어짐	가설의 경험적 검증을 통함	사유를 통하고, 반증의 대상	사회적 구성물
방법론	질적	질적	질적/양적	양적	질적/양적	질적
연구 기법	민속지, 내용분석	개념분석, 규범적 담론분석	사례연구, storytelling	회귀분석, 실험설계	민속지, storytelling, Q-방법	문헌비평, 변증법, 담론분석

출처: Riccuci. Norma M. (2010). Envisionning Public Administration as a Scholarly Field in 2020: Rethinking Epistemic Tradition, PAR, Supplement to vol. 70: s305 표 1 발췌.

제3절 본서의 시각

I. 시간의 중요성

학문적 시각은 연구대상의 모든 부분을 포괄하는 것이 좋다. 특정 부분만 설명된다면 설명되지 못한 부분이 사각지대가 되기 때문이다. 예컨대 체제론(system)은 체제와 환경을 분리하기 때문에, 오늘날과 같이 정부(즉, 행정체제)와 사회(즉, 환경)가 구분이 안 되는 점을 잘 보지 못하는 한계가 있다. 거버넌스이론이 등장한 것도 그동안 폐쇄체제로서 행정학을 보는 것에 대한 비판이다.

본서는 '시간'이라는 일관된 시각에서 행정학을 정립하는 데 목적이 있다. 시간은 행정이 주요 대상으로 하는 사회, 즉 모든 인간이 벗어날 수 없는 불가분의 관계에 있기 때문에 매우 좋은 시각이다. 정부활동도 시간의 연속선상에 이뤄진다는 점에서 예외는 아니다. 특히 그동안 보지 못했던 정부활동에 관한 지식을 제공할 수 있다(임도빈, 2007).

시간학파

이한빈은 시관이론(time perspective)을 한국의 독특한 이론으로 제시한 바 있다. 시관이론에서는 인간이 가진 시간적 지향성이 그 인간의 성과를 좌우한다는 전제를 하고 있다. 그는 행정의 환경에서 사회변동과 행정가의 능력은 중요한 요소가 된다고 보면서, 행정가의 시간지향과 시간특성에 주목하였다. 시관은 시간지향과 동의어로서, 인간의 변동에 대한 태도와 긴밀히 관련되어 있으며 적극적/소극적/양성적(즉, 애매한 것)인 것으로 나눌 수 있다.

변화에 대하여 적극적인 태도를 가진 개인이나 집단은 시간과 미래에 대한 신뢰를 가진다. 이를 발전형(Developmentalist)이라 부른다. 이와 반대로 미래가 중압으로 다가오며 미래를 불신하고 과거에 집착하는 무기력한 도피형(Escapist)시관이 있다. 이런 두 태도 사이의 양성적인 태도로서 존재하는 환경의 조작을 통한 단기적 이득을 극대화하려는 착취형(Exploitationist)시관(즉, 과거와 미래에 대한 고려 없이 현재에 있어서의 욕구충족이 최대 모토)이 있다. 이를 다음 표와 같이 정리할 수 있다(이한빈, 1966).

<시간지향의 관료유형>				
		변동에 대한 태도		
		소극적	양성적	적극적
시관 (Time Perspective)	과거	도피형 향수형(Nostalgic)	회한형	전승형
	현재	무관심형	착취형 향락형(Hedonistic)	저축형
	미래	공상형	조급형	발전형 기업가형(Entrepreneurial)

2000년대에 들어와 많은 정책실패를 보면서 시간의 특성에 대해 다시 주목을 한 것은 정정길 교수이다. 시차연구(time lag)라고 명명한 그의 이론은 사회현상을 발생시키는 주체(개인, 집단, 조직, 사회, 국가 등)의 속성이나 행태가 시간적 차이를 두고 변화되는 사실을 정책현상에 적용하려는 것이라고 요약할 수 있다. 즉, 원인이나 결과 등의 사회현상 변화에는 변화의 시차(선후관계: 변화시작의 시간적 차이, 시간적 장단: 변화지속의 시간적 차이)가 존재하기에 성공적인 제도적 개혁전략 마련을 위해서는 시간적 요소를 고려한 시차적 접근이 고려되어야 한다는 것이다.

시차연구의 주요주장은 다음과 같다. 우선, 많은 원인변수가 시차를 두고 영향을 미칠 때 작동의 선후관계(sequence)가 인과관계를 다르게 만드는 것을 의미하는 원인변수의 선후관계와 인과관계, 두 번째로, 정책을 통해 변화시키고자 하는 결과변수나 이를 좌우하는 원인변수는 계속적으로 변화한다는 변화역사와 인과법칙, 그리고 정태적으로 파악된 인과관계는 완전히 성숙된 원인변수와 충분한 시간 후에 성숙된 결과변수와의 관계를 의미하는 것으로 동태적인 관계를 봐야 한다는 동태적 인과법칙에 관한 주장을 한다.

(1) 시간적 길이와 속도

정부활동과 관련된 것은 시간적 장단에 따라서 다른 현상으로 나타날 수 있다. 행정은 국가의 영속성이라는 역사적 관점에서 장기성을 추구해야 한다. 한편으로는 장기적으로 이상적인 세계를 생각하는 철학과 가치를 추구하면서 다른 한편으로는 상황변화에 따라 빠르게 대처하는 속도도 필요하다.

(2) 시　　점

흐르는 물과 같은 시간의 연속선상에서 정책이라는 내용물을 채워 넣는 것이 행정이다. 정부활동의 시간적 위치(temporal location)에 따라 그 효과가 달라질 수 있다. 화폐개혁이나 암시장을 단속하기 위한 8·3조치는 밤 12시에 전광석화

같이 실시하여야 정책효과를 볼 수 있다. 어느 시점에 정부정책을 도입하는지, 혹은 폐지하는지에 따라 그 결과나 평가가 달라진다.

(3) 반복과 주기

정부의 어떤 활동은 단 한 번만 일어나기도 하지만, 많은 활동이 일정한 간격을 두고 반복된다. 매우 유사하거나 동일한 것이 반복되기도 하고, 내용은 다를지언정 형식이나 방식이 반복되는 경우도 있다. 그러므로 반복성과 주기성을 고려하면, 행정의 효과성과 효율성을 높일 수 있다. 과거의 실패를 답습하지 않음으로써 더 나은 행정이 될 수 있다.

II. 정부경쟁력 모델: 팽이모델

행정학의 연구대상은 정부를 포함한 한국사회(+세계)이다. 행정학자들은 자신만의 '돋보기'를 들고 복잡한 행정현상을 관찰한다. 그 과정에서 몇 가지 특징만을 선별하여 비교적 단순하고 명료하게 설명하는 이론모델을 만든다.

본서에서 채택하는 이론모델은 유기체로서 한 나라를 나타내는 팽이(top)이다. 한반도에 위치한 한국사회를 팽이로 보자는 것이다.

행정현상(연구대상)　　　　연구자　　　　이론모델

사람 중심으로 고려해 볼 때 팽이의 측면은 다음의 〈그림 1-1〉과 같이 네 가지 구성요소로 이루어져 있다. 팽이의 아랫부분은 행정부의 관료들이다. 그 다음으로는 광의의 정부가 있다. 여기서 광의의 정부란 관료를 제외한 부분으로 대통령,

그림 1-1 | 팽이모델: 사람중심모형

국민

민-관관계

정부

관료

국회, 사법부 등을 의미한다. 그리고 가장 윗부분은 행정이 떠받들어야 하는 국민으로 보기로 한다. 관료가 정부체제를 받들고, 정부가 국민을 받드는 것이 민주사상이다.

이상 3가지의 행위자 구분은 명확하다. 그런데 정부(관료포함)와 국민을 연결 시키는 것은 복잡하다. 이는 행위자가 아닌 행위(action)이고, 상호작용(interaction)이다. 어떻게 보면, 정부와 관료가 하는 활동이 모두 여기에 해당한다. 본서에서는 이해의 편의상 국민과 정부 사이를 연결해 주는 것으로서 민-관관계로서의 정책, 거버넌스, 행정서비스 등을 다루기로 한다.

팽이는 적당한 무게를 갖고 있어야 잘 회전할 수 있다. 그 무게가 너무 무겁다면 팽이를 돌리는 사람의 힘이 부족할 수 있고, 너무 가벼우면 쉽게 외부 환경의 영향을 받을 수 있다. 이처럼 정부조직 자체의 힘이 너무 크다면 국민의, 국민에 의한, 국민을 위한 조직이 아닌 관료를 위한 조직이 될 위험이 존재한다. 반면 정부조직의 힘이 너무 약하다면 여론에 휘둘려서 정책을 결정하거나 집행하는 데 있어 비효율을 초래할 수도 있다. 더불어 팽이 자체의 표면이 비교적 매끈하고 팽이가 도는 판과의 마찰이 적을수록 회전하기에 유리하고, 마찰력이 커서 힘의 저항을 받게 되면 회전에 불리하다. 특히 팽이가 바닥과 접촉하는 부분과 이를 관통하는 정중앙부의 축이 중요하다. 관료, 정부, 정책, 국민의 구성요소가 축을 중심으로 에워싸고 있다. 이와 같이 팽이가 오래 그리고 빨리 돌 수 있도록 균형을 맞추는 역할을 하는 축이 바로 행정철학과 윤리라고 할 수 있다. 이는 그동안 행정학 연구에서 등한시되어 왔던 부분이다.

국제상황과 연관시켜 볼 수도 있다. 옆에서 돌던 팽이가 와서 부딪히는 것처럼, 국제정세가 안정되지 못할 경우, 혹은 국제적으로 우리나라에서 시행하는 정책에 대한 비난이 크고 지지받지 못할 경우 정부는 정책결정에 어려움을 겪게 될 것이다. 글로벌화된 사회에서 국제적인 저항이나 지지는 결코 무시할 수 없는 부분이기 때문이다.

Ⅲ. 본서의 구성

편의상 팽이의 윗면에서 팽이전체의 내부를 꿰뚫어서 본다고 상상해 보자. 상술한 행위주체별로 〈그림 1-2〉와 같이 서로 다른 크기의 원이 생길 것이다. 해당 행위주체별로 특히 행정학의 분과 혹은 이슈들이 이들 원을 중심으로 정리될 수 있을 것이다. 즉, 옆면에서 본 것이 행위자(사람) 중심이라면, 윗면에서 본 것은 행정학 연구 분야라고 보기로 한다. 이를 기준으로 본서의 장이 구성되었다.

이미 제1장에서는 서론으로서 '행정현상과 행정학'이라는 주제로 행정현상의 특성과 사회과학으로서의 행정학에 대해 알아보았다.

제2장에서는 팽이의 바깥에 존재하는 '세계 속의 행정'을 다룬다. 세계 각국에는 그들 고유의 팽이가 존재하고 이러한 팽이들이 세계를 이룬다고 본다면, 한국 사회의 팽이를 타 국가의 팽이와 비교할 수 있다. 이를 통해 타 국가 행정체계와의 비교를 통해 행정체계의 의미를 찾아내고 시사점을 발견할 수 있을 것이다. 세계 환경은 무정부상태에 가깝기 때문에 국가 간 규율, 협력을 위해서 국제기구가 존재한다. 따라서 국제기구의 역할 및 국제협력행정에 대해 살펴보고, 세계 빈부격차문제를 해결하기 위한 개발협력에 대해 다룰 것이다.

제3장에서는 한국사회에서 행정의 행위자를 중심으로, 적극적 행위자와 경제 행위자, 새로운 행위자를 다룬다. 팽이의 가장 최상위 부분을 차지하는 국민의 개념은 국민 개개인을 지칭하는 것뿐 아니라, 시장, 시장을 형성하고 운영하는 의미에서의 국민, 다민족 개념의 국민 등을 통칭하는 개념이다. 적극적 행위자로는 입법, 행정, 사법의 제3부에 더하여 제4부로 일컬어지는 언론기관과 국민의 목소리를 대변하는 시민단체가 있다. 또한 경제를 둘러싸고 시장이 있고, 시장에서의 주체적 행위자인 기업, 노동자의 목소리를 대변하는 노동조합이 있다. 행정은 소비자와 생산자를 보호하기 위해 시장을 규제하기도 한다. 적극적 행위자인 시민단체와 경제 행위자인 시장의 중간 형태로 사회적 기업이 발달하고 있는데, 이 부분에 대해서도 제3장에서 살펴보기로 한다.

제4장은 국민과 행정이 어떻게 상호작용하고 있는지를 본다. 행정은 국민들이 편안한 삶을 영위할 수 있게끔 항상 국민 곁에서 준비 자세를 갖추고 있다. 제공하는 공공서비스의 유형이나 제공하는 방법으로서의 행정수단은 다를지언정 국민 모두를 위해 행정은 항시 활동 중이다. 재난관리에 있어서도 마찬가지다. 재난이 일어났을 때 이에 대처해야 하는 주요 주체가 행정이고, 재난이 발생하지 않도록 예방하고 관리하는 것 역시 행정이 나서야 하는 부분이다.

그림 1-2 | 윗면에서 본 팽이모델 – 각 장의 구성

제5장에서는 최근 화두로 떠오르고 있는 신기술과 행정을 접목한다. AI, Big data 등 4차 산업혁명의 발달은 경제, 사회, 인간관계를 근본적으로 변화시키고 있다. 신기술 발달로 인한 행정의 변화와 더불어 전자정부 등 공공부문의 변화를 본다.

정부와 국민의 매개역할을 하는 데에는 정책이라는 구성요소가 정부 바깥에 존재한다. 정책과정, 정책형성, 정책결정, 정책집행, 정책분석 및 평가 등의 정부와 국민 사이를 잇는 도구와 같은 역할을 하는 정책 단계별 특성을 제6장에서 살펴본다.

제7장은 정부를 주제로 한다. 여기서 정부는 행정부 관료를 제외한, 입법부, 사법부, 그리고 대통령을 대상으로 한다. 민·관관계와 행정부 사이에서 국회의원은 각종 입법 활동을 관장한다. 행정부에서는 법의 테두리 안에서 행정 활동을 하고, 법조계는 법으로써 심판한다. 때문에 국회의원과 법조계는 행정과 밀접하게

연결되어 있다. 대통령은 행정부의 수장이자 대한민국을 대표한다. 관료의 안팎에서 행정부 조직을 관리하고, 대통령령 발포와 같은 입법에 관한 권한, 사법부에 대한 임명권 등을 가진다.

제8장에서는 거버넌스의 대두에 따른 권력 분권과 지방정부에 대해 다룬다. 또한 정부와 시민 협력관점에서의 주민참여, 지역갈등과 협동 등의 현안과 함께 한국형 지역거버넌스모델로 꼽히는 새마을운동 사례의 의미를 찾는다.

팽이가 잘 돌기 위해서는 내부 구성요소가 균질적이어야 한다. 한쪽이 특별히 무겁거나 혹은 가볍다면 평행을 유지하기가 어려울 것이다. 이렇듯 행정부 조직 내부 역시 부문 간의 균형이 중요하며, 조직 차원에서도 부서 간의 권력 편중이 심하다면 부서 간 균형을 이루기가 힘들 것이다. 따라서 제9, 10, 11장은 행정조직 내부의 역할 부문을 나누어 본다. 크게 돈에 관한 행정인 예산과 회계, 사람에 대한 행정인 인사, 조직에 관한 행정이 그것이다. 각 부문의 개념과 해당 부문에서 행정의 기능 및 역할, 특성 등에 대해 각 장에서 다루게 될 것이다.

정부조직은 행정철학과 가치에 따라 운영될 뿐 아니라, 정책이 형성되고 집행되는 데에도 철학과 가치가 기준이 된다. 국민의 요구 역시 가치에 따라 달라질 수 있다. 행정철학이 바로 잡히지 않거나 윤리 정신이 부족한 정부조직은 '신뢰'라는 사회적 자본을 구축하지 못하고, 부패문제를 낳을 수도 있다. 균형감 있게 회전하는 팽이처럼, 중심이 바로 선 행정철학과 가치는 정부조직을 올바른 방향으로 이끌어 갈 수 있는 핵심 원동력이다. 게다가 행정철학과 가치는 관료들의 행정 활동의 중심축이 되고 이것은 나아가 정부, 정책, 그리고 최상위에는 국민에게까지 영향이 전달된다. 제12장은 이러한 행정철학과 가치에 대해 고민해 보는 장이다.

마지막 제13장은 우리나라 고유의 문화적 특성과, 이에 반응해야 하는 행정의 악순환 고리를 밝히는 '악순환모델'을 설명한다. 그리고 '정부경쟁력' 관점에서 행정의 의미를 찾는다. 악순환을 선순환으로 변화시키는 것, 세계 무대에서 팽이가 힘차게 돌아가듯 정부경쟁력을 키우는 것, 이것이 대한민국행정이 앞으로 풀어나가야 할 숙제이다.

그렇다면 바람직한 행정이란 무엇인가? 이론은 그 이상적인 상태가 무엇인가를 제시할 때보다 가치가 있다. 이 책은 정부경쟁력을 제고시키기 위한 행정의 모델이 무엇인가에 대한 것을 중심주제로 한다. 이를 위해서 다음과 같은 명제를 기초로 분석한다.

제1명제	정부의 활동은 지속 가능성이라는 관점에서 장기적 안목을 필요로 한다. 행정은 정치, 경제, 언론 등 다른 분야에 비하여 '장기적 시각'이란 점에서 구분된다.

제2명제	행정활동은 적절한 속도를 필요로 한다.
	  – 신속성이 요구되는 것 혹은 천천히 해야 하는 것
	  – 적절한 시점(timing)에서 할 것
	  – 주기, 리듬을 잘 활용할 것

참고문헌

권향원(2017). "행정이론의 한국화를 위한 연구방법 및 이론화 전략". 「한국행정학보」 51(2): 1-31.

김동원(2005). "행정학의 규범이론을 위한 포스트모더니즘의 인식론적 함의". 「한국행정학보」 39(3): 1-20.

박동서(1988). "한국행정연구의 사적변천". 「행정논총」 26(2): 220-249.

박재창(2008). "행정학에서 정치와 행정". 「한국행정학보」 42(4): 95-115.

백완기(1978). "한국행정학의 학문성 정립문제: 과학주의의 입장에서". 「한국정치학회보」 12: 73-91.

유민봉(2022). 「한국행정학」. 서울: 박영사.

유완빈(1982). "유럽행정학과 한국행정학: 영국에 있어서의 행정학". 「한국행정학보」 16: 13-27.

윤견수(2018), "한국행정의 오래된 미래: 관료제와 정치". 「한국행정학보」 52(2): 3-35.

윤광재(2017), "제11장 프랑스의 국가행정과 좋은 행정". 임도빈(편). 「국가와 좋은 행정」. 서울대 출판원: 409-446.

이한빈(1966). "[발전형 시관론]—발전행정에 응용할 수 있는 시간지향의 유형론의 모색을 위한 소고". 「행정논총」 4(2): 201-202.

_____(1970). "법학에서 행정학으로—해방후 한국행정학의 수립과정에 관한 고찰". 「한국행정학보」 4: 321-344.

임도빈(2000). "신공공관리론과 베버 관료제이론의 비교". 「행정논총」 38(1): 51-72.

임도빈(2007). "시간의 개념분석". 「한국행정학보」 41(2): 1-21.

임도빈(2010). "관료제 개혁에 적용한 신공공관리론, 무엇이 문제인가". 「한국사회와 행정」 21(1): 1-27.

임도빈(2025a). 「비교행정학」. 서울: 박영사.

임도빈(2025b). 「대한민국을 바꾼 정책가」. 서울: 윤성사.

정용덕 외(2021). 「현대국가의 행정학」. 파주: 법문사.

정창화(2017), "제10장 독일의 국가행정과 좋은 행정". 임도빈(편). 「국가와 좋은 행정」. 서울대 출판원.

최영출(2017), "제8장 영국의 국가행정과 좋은 행정". 임도빈(편). 「국가와 좋은 행정」. 서울대 출판원.

Allison, Graham T. (1980). *Public and private management: are they fundamentally alike in all unimportant respects?*. John F. Kennedy School of Government, Harvard University.

Barket Earnest (1944). *The Development of Public Service in Western Europe 1660–1930*. London: Oxford University Press.

Cleveland, Harlan (1979). "Public management research: The theory of practice and vice versa." *Public Management Research Conference*. Brookings Institute.

Chevalier, Jacques (2007). *Sciences administratives*. Paris: PUF.

Denhart, J. V., Denhart, R. B. (2003). *The New Public Service: Serving, not Steering*. New York: M. E. Sharpe.

Flynn, Norman. (2007). *The Public Sector in the United Kingdom*. CA: Sage.

Golden, M. M. (1992). "Exit, voice, loyalty, and neglect: Bureaucratic responses to presidential control during the Reagan administration." *Journal of Public Administration Research and Theory* 2(1): 29–62.

Hirschman, A. O. (1970). *Exit, voice, and loyalty: Responses to decline in firms, organizations, and states*. (Vol. 25). MA: Harvard University Press.

Jay M. Shafritz, Albert C. Hyde, Sandra J. Parkes (2012). *Classics of Public Administration*. MA; Cengage Learning.

Gulick, Luther H. (1990). "Reflections on Public Administration, Past and Present." *Public Administration* 50(6): 599–603.

Khan, Haroon A. (2008). *An Introduction to Public Administration*. MD: University Press of America.

Mushkin, Selma J. (1962). "Health as an Investment." *The journal of political economy*: 129–157.

Norma M. Riccuci (2010). "Envisionning Public Aministration as a Scholarly Field in 2020: Rethinking Epistemic Tradition." *PAR*, Supplement to vol. 70: s305.

Rainey, Hal G., Robert W. Backoff, and Charles H. Levine (1976). "Comparing public and private organizations," *Public Administration Review*: 233–244.

Sayer Wallace S. (1958). "Premises of Public Administration: Past and Emerging." *Public Administration Review* 18(2).

자료: 1장 도비라(간지) 이미지－ARTYOORAN/Shutterstock.com

세계 속의 행정

한국행정이 처해 있는 환경은 '세계'라는 시간과 공간이다. 지구상의 인류는 오랜 역사를 통하여 여러 민족이 국가를 형성하여 살아오고 있다. 국가행정은 국가단위를 전제로 이뤄지는 활동이다. 어떤 국가는 다른 나라와 비교적 고립되어 있기도 하지만, 세계화시대에 한국의 행정은 전 세계 여러 국가와 매우 긴밀히 상호작용하며 유지발전하고 있다.

우리나라는 자원이 부족한 나라이기 때문에 국제사회에서 고립되어 살 수 없다. 세계화가 진전된 이후, 국제사회도 우리 행정의 참여를 요구하는 방향으로 많이 바뀌었다. 행정학의 관심을 국내에만 국한시켜서는 안 된다. 전 세계와 우리나라를 구분하지 않고 하나의 무대로 생각해야 한다.

그동안 한국행정학이 등한시해 온 국제행정, 비교행정 분야에 더욱 관심을 가져야 한다. 국제개발협력이 행정학을 절실히 필요로 하고 있다.

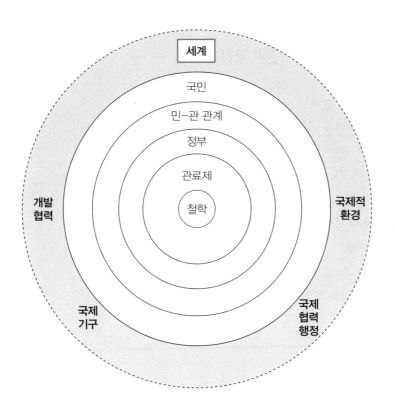

제 2 장
세계 속의 행정

국제적 환경: 시간과 국가

I. 국가형성과 시간

　태초로부터 인간은 그 지역의 자연적 조건에 순응하면서 집단생활을 해 왔다. 어업, 농사와 사냥을 할 때, 일출과 일몰, 계절의 변화 등은 인간이 넘을 수 없는 시간적 제약조건이었다. 농경사회에서 해와 달의 움직임에 따른 자연력이 사용된 것은 이러한 이유에서다.

　권력현상이 작용하기 시작한 것은 집단에서 지배자가 등장하면서부터이다. 권력행사는 주민들의 '시간통제'라는 형태로 나타났다. 봉건시대에는 영주를 중심으로, 점심시간을 알리는 종을 자의적으로 쳤다(스티븐 호킹, 2009). 그리고 가톨릭 교회는 시간을 알리는 권위를 독점하여 하루 6번씩 기도회를 알리는 종을 쳤고, 평민들은 이에 따라야 했다. 조선시대에 아침에 성문을 열고, 저녁에 성문을 닫는 것은 권력행사의 일환이었다. 오늘날 돈을 가진 자들이 권력의 우위를 점하듯이 당시에는 시간을 통제하는 것이 권력의 기반이었다.

　한반도의 경우, 봉건시대가 없었다고 보는 것이 국사학자들의 다수설이다. 한반도라는 외침으로부터 비교적 잘 보호되는 지리적 여건 속에서 봉건제가 발달하지 못했고 통일신라 이후 이미 나름대로 강력하고 잘 정립된 중앙집권적 행정체제가 존재했던 것으로 보인다.

　그러나 유럽은 각국이 전쟁과 무역을 통해 경쟁을 하면서 근대 국가가 형성되었고, 국가행정의 역할은 증대되어 왔다. 국가행정의 주요 역할 중 하나는 시간을 포함한 화폐·도량형의 통일이었다. 교통과 통신수단이 발달하면서 정치, 경제, 사회적 교류가 증가하여 실무적으로 점점 다른 나라의 시간과 맞춰야 할 필요성이 생기게 되었다. 〈그림 2-1〉에서 보는 바와 같이 근대행정체제의 출현은 대체로 14~15세기쯤으로 볼 수 있다.

　이와 때를 맞추어 천동설에서 지동설로 패러다임이 바뀌고, 점차 시간도 초단위 이하까지 측정할 수 있게 되는 등 과학의 발전이 이루어졌다. 세계가 하나의 통일된 체계로 들어선 것은 1675년 영국의 그리니치에 시간의 기준점이 설정된 때이다. 경선 15도를 간격으로 24개로 나누고, 경도 0도인 그리니치의 정반대편에

그림 2-1 I 국가의 발전단계

출처: Held(1992)에 한국 병합

있는 태평양의 경도 180도에 날짜변경선을 설정하였다. 영국이 그리니치 표준시간대를 통해 당시 세계무대에서 중심적 권력행사를 하고 있었음을 알 수 있다. 우리나라는 동경 135도를 중심으로 하는 시간대에 해당하며, 일본 동경과 동일한 시간대에 있다.[1]

그러나 이는 지도상의 위치를 기준으로 당시 세계적 지배세력인 유럽 국가를 중심으로 시간을 체계화했다는 의미이지, 각 나라 국민들의 일상생활까지 통일되었다는 의미는 아니다. 많은 곳에서는 여전히 음력을 기준으로 생활한다.[2] 농경과 어업생활을 중심으로 한 자연조건에 의존하는 경제이기 때문이다.

한 국가가 사용하는 시간대와 정치체제와의 관계도 주목할 필요가 있다. 미국은 동부, 중부, 서부, 그리고 하와이가 4개의 시간대를 사용하고 있다. 하지만 중국의 경우 미국 못지않게 넓게 퍼져 있는 영토임에도 불구하고 중국 전 지역에 베이징을 기준으로 하는 단일 시간대를 사용한다.

---

1 자오선에 대한 아이디어는 스코틀랜드의 Sanford Fleming(1827-1915)이 주장하였다. 이 아이디어를 바탕으로 1884년 미국 Washington D.C.에서 열린 국제자오선회의에서 표준시간대를 설정할 당시 일본의 국제적 입김이 더 커서 오늘날과 같이 되었다는 설이 있다. 결국 우리나라는 보통 12시 30분에 가장 해가 높은 때인데도 불구하고 30분 정도 빠른 시간을 쓰는 셈이다.
2 고종이 음력 1895년 11월 27일을 1896년 1월 1일로 공포한 것이 맨 처음 양력이 공식적으로 도입된 시점이라고 하겠다.

Ⅱ. 세계화 논쟁과 국가

1972년, 그리니치 시간체제가 종지부를 찍었다. 지구 자전을 기준으로 하는 시간체제는 부정확해서, 미국에 소재한 원자의 운동을 기준으로 하는 세계협정시(UTC)로 바뀌게 되었다(임도빈, 2009). 상징적이지만, 팍스 아메리카나 시대가 된 것이다. 물론 초 단위의 소수점 이하 여러 자리까지 정확도를 요구하는 기술이 발달했기 때문이다. 이후 비행기 등 교통수단과 전화, 인터넷 등 통신수단의 눈부신 발달은 세계를 점점 더 하나로 묶는 중요한 역할을 한다. 이와 더불어 최근 세계는 국제적・정치적으로 통합되는 추세이다.

전 세계가 하나로 묶어지는 구심력이 커지고 있다. 세계화가 진행되면서 세계적 분업이 이루어지게 되었다. 토마스 L. 프리드만(Thomas L. Friedman, 2005)의 'The world is flat'에 의하면, 미국이 잠들어 있을 때 인도나 중국에서 깨어서 서로 보완적인 일을 하고 있다. 프리드만은 시간대의 차이를 이용한 세계의 수평적 분업화를 주목한 것이다. 따라서 세계화는 나라 간의 공간적 거리감을 축소시켜 전 세계의 부를 창출하는 좋은 현상이라고 주장한다.

이와는 반대로 반세계화(anti-globalization) 움직임도 만만치 않게 존재한다. 세계화는 일부 강대국을 위한 잔치이고, 나머지 국가들의 희생을 강요한다는 것이다. 수평적 분업은 미국과 같은 부자 나라를 중심으로 수직적 권력관계를 형성한다. 국가 내부에서도 양극화가 심화되는 계기가 된다.

이러한 맥락에서 미국 중심의 세계통합에 대해 유럽연합은 물론, 중국, 이슬람 문화권에서도 강한 반발을 일으키고 있다. 미국의 정치학자 Huntington(1993)은 마치 9・11 테러사태를 예측한 듯이, 종교권을 중심으로 한 '문명의 충돌'을 논한 바 있다. 미국이 중국을 노골적으로 적대시하면서 새로운 블록화가 진행되고 있다.

반세계화 진영이 지적하는 세계화의 부작용은 빈부격차의 증대와 환경의 악화이다. 이에 대한 이론적 근거는 대부분 좌파적 아이디어에 뿌리를 두고 있다. 본질적으로 시장원리가 완전히 작동될 수 없는 성질을 가진 노동, 토지, 화폐와 같은 허구적 재화(fictive commodities)에 시장원리를 더 강력히 적용하고자 규제완화같은 정책을 추진한 데에서 원인을 찾는다(Streeck, 2016: 61). 자꾸만 '더' 생산을 하고 '더' 소비하자고 주장하는 자본주의는 그 자체가 생명파괴적(life destructive)이고, 자기파멸적인 것으로 마치 사회라는 유기체에 암(cancer)과 같이 퍼지고 있다고 보며, 국가의 무역증대현상도 같은 맥락에서 본다(McMurtry, 1999: 2002).

결과적으로 개발도상국이 경제 강대국에 지나치게 의존하고, 결국에는 노예와 같이 예속된다는 점도 우려한다. 경제적 세계화가 정치적 세계화까지 촉진하게 된다는 것이다. 반세계화 이론들은 각 국가 혹은 지역의 독특한 문화적 특성을 살리고, 개인별 개성을 존중하여야 한다는 입장이다. 즉, 미국 등 세계 중심으로의 구심력이 아닌, 개별국가들로의 원심력을 주장한다.

Ⅲ. 국경에 관한 행정

국가의 주권이 미치는 지리적 범위를 국토 또는 영토(territory)라고 하고, 이 국토의 경계선을 국경이라고 한다. 영토 내 배타적인 주권은 그 국가정부만이 가지는 것을 합의한 것이 베스트팔렌 조약이다. 각국의 정부가 영토를 잘 관리하기 위해 국경을 넘나드는 재화와 사람을 통제한다. 이런 점에서 시간의 차원뿐만 아니고 공간의 차원에서 행정을 연구하는 것이 유용하다(임도빈, 2016b).

1. 인적 자원의 이동

한 나라의 계속성을 유지하기 위해서 외국의 침입으로부터 영토를 지켜야 한다. 공간이라는 측면에서 주권을 지키는 데 가장 기본적인 행정활동은 국방(defense)이다. 크고 작은 영토 침해 행위에 대비하여 자기 나라의 영토를 지키는 것이 국방이다. 군대를 유지하고 군수물자를 조달하며 각종 무기를 관리하는 것을 국방행정이라고 한다. 국방이 전쟁을 가정한 국가활동이라면, 평화를 가정한 국가활동은 외교이다. 평화 시에 주권의 배타적 영역인 국경을 넘나드는 사람을 관리하는 것은 매우 중요하다. 국경에는 군대가 배치되어 월경을 막는 활동을 한다. 적대국이 아닌 우방과 국경을 같이 하는 경우에는 군대가 아닌 경찰이 국경을 지키는 나라도 있다.

국경은 통제의 대상이 아니라 관광, 사업 등 관리의 대상이기도 하다. 합법적으로 우리나라 영토로 들어오는 경우를 이민(immigration)이라고 한다. 이민은 소극적으로 우리나라의 안보와 치안에 위협이 되지 않는 사람을 못 들어오게 하는 것과 적극적으로 우리나라에 도움에 되는 사람을 유치하는 것으로 나눌 수 있다.

첫째, 범죄행위가 있었다든지 범죄의 행위를 할 가능성이 있다든지 아니면 경제적인 해를 끼칠 가능성이 있는 사람들에게는 입경을 허락하지 않는다. 이를 출발지에서 검토하기 위해 국경 간 이동수단인 선박, 항공, 철도 등에서 사증(Visa)을 검색하는 활동을 한다. 국경 통과 예정자는 해당국 영사관에서 사증을 미리 발급받아야 한다.

둘째, 이와는 반대로 우리나라의 범죄자가 다른 나라로 도망을 가지 못하도록 막는 활동을 한다. 일단 범죄 혐의가 있고 도주의 염려가 있는 경우에는 법무부에서 출국금지령을 내리고, 출국을 허용하지 않는다.

이런 국경 경찰의 역할을 하는 행정기관이 법무부 출입국 관리소이다. 출입국 관리소 행정인력은 항구, 공항 등 국경 통과지역에 기본적으로 집중돼 있다. 항상 불법체류자가 있기 때문에 이를 단속하기 위해, 외국인이 많이 체류하는 공장지역 등에서도 사무소를 두고 있다. 그러나 산업연수생과 같이 일정기간 합법적으로 우리나라 영토에 거주하는 사람들에 대한 정책도 이민행정의 근간을 이룬다(차용호 외, 2021).

물론 불법적인 체류문제와 이들의 범죄에 관해서는 경찰이 담당한다. 만약 범죄인이 다른 나라로 도피했을 경우에는 해당국 경찰이 체포하여 범인을 인도하는 국제경찰 간 협조체제(interpol)가 있다. 인터폴 본부는 약 8백여 명의 직원을 가진 국제기구로 그 사무소는 프랑스 리옹에 있다.[3] 이러한 활동이 한 나라의 주권보호라는 측면에서 보면 간단해 보이지만, 실제로는 당사자들의 인권보호라는 측면과 어떻게 조화를 이루느냐의 어려운 문제가 있다(유성의, 2016).

한 나라에서 부당한 이유로 정치적 탄압을 받은 사람은 인도적 차원에서 정치적 망명을 받아들이도록 하는 국제적 협약이 있다. 1951년에 발효된 난민의 보호에 관한 협약에 따라 인간적인 생활을 누리지 못하는 사람들에게 난민의 지위를 주어 보호하는 행정활동도 있다. 이와는 달리 우리나라 사람이 외국에 장기 거주하는 경우도 많아졌다. 이들을 보호하기 위한 업무가 대사관의 영사업무라면, 좀 더 장기적인 해외거주자를 위한 행정서비스를 제공하기 위한 것으로는 재외동포청이 있다.

2. 재화의 이동

주로 경제적인 입장에서 자국의 산업을 보호한다는 차원에서 이뤄지는 행정이 관세행정이다. 재화의 이동에 대해 중상주의 시대에 영국, 프랑스, 독일 등 유럽에서 도입된 관세(customs service)라는 제도가 있다. 국경을 넘나드는 재화에

---

3 https://www.interpol.int.

대해서 단순히 관세를 부과하는 것이 관세행정의 전부가 아니다.

첫 번째로 불법물품의 이동에 대한 통제를 수행한다. 총, 화약류, 폭발물 등과 같이 반입되었을 때 우리 국가안보에 위협을 가할 수 있는 것을 통제하는 것이다.

두 번째로는 국보와 같은 중요한 문화재 등을 반출시키는 것을 금지하는 활동이다. 희귀종 동식물의 반출 등도 문제시된다.

세 번째로는 국민의 건강을 해치는 마약류 등이 들어오는 것을 방지하는 것이다. 이것이 얼마나 중요한가는 중국의 아편전쟁과 같이 한 나라의 역사적 우월성을 전체적으로 짓밟은 사례를 통해 알 수 있다.

이상은 원칙적으로 금지되는 물품에 관한 것이다. 그러나 일정한 조건하에서 통관을 허용하는 재화도 많이 있다. Ricardo의 비교우위의 원칙이 말해 주듯이, 상품적 가치가 상대적으로 우월한 나라에서 생산된 물품을 그렇지 않은 나라에 수출함으로써 전 세계적으로는 win-win하는 것이다. 문제는 아무리 자유무역이라고 하더라도 조건에 맞는 물품이 있는지를 확인하고 적절히 세금을 부과하는 활동이 필요하다는 데에 있다. 그것이 관세행정의 핵심이라고 볼 수 있다.

첫 번째로 금괴, 거액의 외화 반출 등에 대해 규제 또는 신고하게 함으로써 부의 대량이동을 관리할 수 있다. 한순간에 다른 나라에 거액의 부를 이동시키기 때문에 경제적인 타격이 클 수가 있다. 우리나라의 경우 외환보유액이 중요하므로 일정액수 이상의 외화를 가지고 나갈 때는 신고를 하도록 되어 있고, 들여올 때도 신고를 해야 한다.

두 번째로는 중상주의적 입장에서 볼 때 자국의 산업을 보호하기 위해서 일정 물품을 들여올 때는 관세를 높게 매기는 방법이 있다. 보호무역주의라는 시각인데, 일정 품목을 제외하거나 고율의 관세를 매김으로써 국내 시장에서 높은 가격으로 판매케 하는 방법이다. 국경을 넘나드는 재화에 부과하는 것이 관세(tariff)이다.

관세는 각국 정부가 행사하는 주권의 일부이지만, 사실상 국제적 제도 안에서 이뤄진다. 1948년 출범한 '관세 및 무역에 관한 일반 협정(General Agreement on Tariffs and Trade: GATT)'에 따라, 이에 서명한 회원국끼리는 최소의 관세를 매기기로 하는 정책이 꾸준히 추진되어 왔다. 관세장벽을 낮추고 자유무역을 활성화시키려는 취지로 발전하면서 분쟁을 해결하는 조직으로서 1995년부터 세계무역기구(WTO)로 전환하였다(구민교·최병선, 2019). 오늘날에는 각국이 자국의 경제적 이익을 지키기 위해, 전략적으로 WTO에 제소하거나 하지 않는 등 고도의 전문화된 방법으로 무역문제를 풀어나가는 무역행정을 펼치고 있다.

관세에 대한 정책이 결정되면 이를 현장에서 집행하는 것이 더욱 중요하다. 이를 담당하는 관세청은 물건이 국경을 넘어 교류되는 지점에 세관을 두고 있다. 출입국 행정이란 측면에서 볼 때 교묘한 밀입국자가 있듯이, 관세행정에서도 다양한 방법으로 밀수를 하는 사람들이 있다. 수법이 점점 교묘해지고 고도화되기 때문에, 세관직원들의 역할도 중요해진다. 그런데 이런 제도가 선의를 가진 기업이나 사람에게는 상당히 불편하고 불필요한 규제로 보일 수 있다. 일반국민에게는 불편을 끼치지 않으면서, 동시에 보통의 방법으로는 찾아내기 힘든 불법행위를 예방 및 검거하는 두 마리의 토끼를 잡아야 한다.

3. 검역과 공공보건

많은 국가에서 살아있는 농수산물 등의 수입을 금지하고 있다. 이들이 반입되어 국내 수목이나 동물의 품종 변화를 가져온다든지, 병원균에 감염되는 문제가 있다. 따라서 입국할 때 외국에서 재배된 과일이나 채소를 허가 없이 들여오면 제재를 가한다. 미국, 호주, 뉴질랜드와 같이 전통적으로 농산물 생산이 중요한 나라에서는 검역이 매우 중요한 행정활동이 된다. 이들은 농수산물의 불법반입에 매우 높은 벌금을 부과한다.

검역소(Quarantine)에서 이뤄지는 행정이 점점 중요해지고 있다. 중국의 황사나 조류인플루엔자(AI) 같이 사람이 아닌 철새가 병원균을 옮기는 것은 우리나라 행정만으로 예방하기가 어려운 문제이지만, 국가행정이 반드시 다뤄야 할 중요한 영역이다. 전염성이 높은 병원균의 경우, 확산되었을 때 그 피해가 엄청나기 때문이다.

조류독감 등 동물에 의한 전염병의 전파를 막기 위해 외국의 동물을 접촉한 사람에 대한 관리도 중요하게 생각하는 것이 보건행정 분야이다. 코로나19는 세계대전 이상으로 전 세계인의 생활을 혁명적으로 바꾼 사건이었다. 팬데믹이 무엇인지도 모르는 상태에서 2019년 12월 중국 우한발 불명의 전염병이 발현되어 세계화의 가장 큰 요소인 사람과 재화의 이동을 완전히 제약시킨 세계사적 사건이다. 비자발급을 중단되어 입국이 허용되지 않는 동안 세계화로의 추세가 멈추게 되었다. 꼭 필요한 인력에 대해서는 검역(Quarantine)이 강화되고, 일정 기간 다른 사람과의 접촉을 금지하는 조치도 취해졌다.

국경이 존재하고 주권이 있는 한, 이러한 행정은 아무리 불편해도 완전히 없앨 수는 없다. 우리가 해외에서 귀국할 때 공항에서는 이미 출입국심사(이민국), 세관

(관세청), 검역(질병관리청, 농림축산검역본부) 등 3단계의 통제를 받고 있다.

인터넷과 빅 데이터 등의 발달이 불편했던 이민행정의 규제를 완화하고 있다. 각국에서 범죄자리스트 등을 완비해 놓고, 비행기 탑승 이전에 승객들을 체크하는 방법을 사용하는 것이 한 예이다.

Ⅳ. 코로나19와 정부경쟁력

전 세계는 미지의 병인 코로나19에 효과적으로 대응하는 역량이 정부에 달려 있음을 깨닫게 되었다. 국가 간뿐만 아니라, 국가 내에서도 확진자와 사망자를 최소화하려는 조치가 취해졌다. 사람의 이동을 제한하니 경제활동이 멈추고 코로나 블루와 같은 증상이 인간의 정신적, 심리적 차원에서 영향을 끼치며 사회에 엄청난 변화를 가져왔다.

바이러스가 국경을 넘어 실시간으로 퍼져가는 새로운 현상이 기존의 행정을 변화시켰다. 근거 없는 소문이 퍼지는 가운데, WHO가 팬데믹을 공식 선언하고 대책을 제안하는 등 일종의 국제 수준의 거버넌스 형태도 등장하였다. 예컨대 Social Distancing, 즉 사회적 거리두기라는 사람 간 접촉을 최소화하고 2미터 이상 거리를 둬야 한다는 개념이 등장했다. 대형 행사는 하지 않는다는 새로운 형태의 생활양식도 만들어 내었다.

그동안 시장주의에 의해 정부와 국가의 역할이 축소되어야 한다는 인식이 강했는데, 코로나19를 통하여 국가의 역할이 중요하다는 점이 다시 한번 확인되었다. 진단키트의 보급, 백신의 개발 및 보급 면에서 선진국과 개도국 간 차이가 현저히 나타났다. 복지국가에서 보건국가로의 개념 전환이 이뤄졌고, 개인의 건강은 사적인 문제로 치부돼 왔던 전통에서 벗어나 공중보건의 필요성이 강하게 인식되었다. 즉, 큰 정부로의 회귀라는 전환이 있었다.

행정학에서 주목할 것은 사회적 통제 즉 정부가 국민 개개인의 시간적·공간적 이동과 접촉을 통제하는 방식이 코로나19의 영향에 큰 차이를 가져왔다는 것이다. 대면활동이 제한됨에 따라 비대면으로 활동할 수 있게 하는 정보화 수준도 통제 정도에 영향을 미쳤다. 예컨대 전체주의인 중국, 베트남 등의 국가는 코로나의 영향이 상당히 적었다. 도시 전체를 봉쇄하고 국민의 이동을 일일이 통제하는 시스템이었기 때문인 것 같다. 유럽에서 도시봉쇄 조치가 시행되었으나 인권이라는 측면에서 국민들의 반발을 받아 지속시키지 못한 것과 달리, 몇몇 강력한 사회주의국가에서는 실효적으로 작동했다. 즉, 국민의 보건권 보장이 민주주의와 부딪히는 측면이 있었다.

표 2-1 | 코로나19에 대응상황비교

	선진국	개도국
국경	출입국 강력통제	약한 통제
진단키트, 백신	신속보급	소외, 지체
봉쇄조치	복종이 어려움, 인권문제	조치 시 순응
피해	의료체제가 뒷받침 경제적 피해 보상	의료체계미비로 피해 큼 경제보상 취약

경제적 피해를 최소화하기 위해서는 정부 역할이 얼마나 중요한가를 깨닫게 되는 계기가 되었다. 갑작스러운 팬데믹으로 인해 경제적 타격을 입은 사람들에게 국가가 그 피해의 일부라도 보상해야 한다는 생각부터, 모든 사람이 피해자이니 모든 사람에게 보상해야 한다는 생각까지 다양한 정책적 문제가 제기되었고, 정책적 선택을 해야 했다. 확진자와 사망자가 속출하는 시간전쟁 가운데 국민의 이동과 접촉이라는 사적 공간에 행정이 개입하게 된 것이다. 이 과정에서 정부의 역량에 따라서 각국의 코로나19 대응 방식과 그 효과에 큰 차이가 났다. 선진국, 즉 유럽의 피해가 상당히 컸으며 오히려 개도국의 경우 예상했던 것보다는 피해가 적은 것으로 나타났다. 그 원인은 알 수 없지만 높은 기온에서 바이러스가 생존하기 어렵다는 점과 정부의 사회적 통제력도 큰 역할을 한 것 같다. 인구규모가 크고, 경제활동이 큰 나라일수록 코로나로 인한 피해가 클 수밖에 없다. 우리나라의 경우는 남에게 피해를 끼치지 않고자 하는 소위 체면문화 때문에 자진해서 마스크를 쓰고, 또 전염자가 되지 않기 위해서 접촉을 꺼려하는 것이 큰 효과를 발휘하지 않았을까 생각된다(Im, 2021).[4] SARS, MERS를 비롯한 이전의 전염병 경험을 살려 한국 정부는 국민에게 코로나라는 새로운 전염병에 대한 정보를 제공하고 필요한 조치를 취하는 모습을 보였다. 초기에 구입이 어려운 마스크를 모든 국민에게 평등하게 나눠주기 위해, 소위 '공공마스크'를 약국 등을 통하여 무료로 공급하였다. 슈퍼전파자에 대한 사회적 눈총이 주어지고, 감염자와의 접촉을 스마트

---

4 영국 등 서구에서는 마스크가 코로나 바이러스를 거를 수 있을 정도로 촘촘하지는 않다는 논리로 마스크 착용을 지체시킨 측면도 있다. 과학적 진실과 권력과의 관계를 생각해 볼 수 있는 논쟁거리이다.

폰 위치로 추적하는 등 인권에 문제가 되는 조치도 취해졌다. 우리 정부의 보건과 통제에 대한 경쟁력을 보여 준 시기라고 할 수 있다.

V. 세계화와 행정학

국가 간 관계에서 원심력이 크다고 보는지 구심력이 크다고 보는지에 따라, 행정학이론의 보편성과 특수성, 그리고 각 국가행정의 국제사회(혹은 다른 나라)와의 관계에서 비중을 달리 본다. 세계화를 옹호하는 입장에서는 행정실무는 전 세계적으로 표준화(standardization)되어야 하고, 행정학 분야에서 전 세계에 적용될 수 있는 보편적 법칙을 발견하는 것이 필요하다고 본다. 이에 비하여, 세계단위를 부정하고 국가 및 지역의 중요성을 믿는 사람들은 학문의 특수성 혹은 각국의 특성에 맞는 문화이론을 더 중시한다고 볼 수 있다.[5]

세계화에 대해서 대립된 이론적 시각이 있음에도 불구하고, 적어도 현실세계는 최근 세계화를 촉진하는 방향으로 가고 있다. 재화, 돈의 국가 간 이동이 괄목할 만하게 증가하였다. 특히 인터넷 등 정보화 기술의 발달은 적어도 정보교환이라는 측면에서는 전 세계를 실시간으로 연결시키는 놀라운 변화를 가져왔다.

이와 같이 부정할 수 없는 세계화 추세에서 우리가 장기적으로 고민해야 할 근본적인 문제들은 다음과 같은 것이다.

- 과연 세계화의 진전은 궁극적으로 국경을 없애고 세계를 하나로 묶는 결과를 가져올 것인가.
- 국가 역할의 감소와 더불어, 정치권력과 경제(권력)의 분리가 가능한 것인가.
- 세계화 시대에 가져야 할 가치관과 세계인으로서 필요한 자질은 무엇인가.

위의 질문에 대한 답은 쉽지 않다. 세계화에 따른 각 정부의 역할은 과거에 비해 약해진 것으로 보일 수도 있다. 그러나 과거에는 국내현상에만 주목하여 정책대상자의 반응을 살피면 되었으나 이제 외국의 현황까지 파악해야 한다는 측면에서 더 복잡한 문제에 대응하기 위한 더 큰 정부역할이 요구되기도 한다. 따라서 국가의 본질적 존재 이유를 생각해 보아야 한다.

---

5 물론, 세계화론자들도 기본적으로는 각국의 특수성이 충분히 있어야 다른 나라와 교류가 가능하다고 보기도 한다. 모든 것이 같으면 교류할 것이 없게 된다는 의미에서다.

표면적으로는 국가의 역할이 축소된 것 같아 보여도 실제로는 국가 고유성을 수호하고 개발하기 위해 국가가 할 일은 더욱 많아졌다. 즉, 단기적으로 세계화에 적응하기보다는 중장기적으로 우리나라가 세계화(지구화, globalization)에 따라 다양한 이슈로 다른 국가와 연결되면서 무엇을 어떻게 해야 하는가를 고민해야 할 것이다.

표 2-2 | 세계화와 행정학

	세계화론	국가(국지)론
움직임	원심력	구심력
행정이론	보편성	특수성
각국 정부	국제규범	국내

제 2 절 국제기구와 국제협력

I. 국가 간 관계

국제사회에서 국가 간 관계는, Hobbes가 표현했듯이, 많은 사람은 '만인의 만인에 대한 투쟁'이라는 데 동의한다. 이를 시간 관점에서 말하면, 국가 간의 적과 동지 관계가 얼마나 지속될지는 전혀 예측이 불가능하다는 뜻이다. 겉으로는 자유, 평화 등 아름다운 이념들이 많이 통용되지만, 실제는 철저한 힘(power)의 관계이다.

이러한 국제사회의 질서에 대한 틀을 마련한 것이 베스트팔렌모델(Westphalian Model)이다. 이의 핵심적인 요소는 다음과 같다(Held, 1995: 78).

• 국제사회에서 주권은 개별국가만이 주체적으로 행사하며 이를 넘어서는 어떤 상위 권력도 인정하지 않는다.

• 입법, 분쟁해결, 사법권은 이들 개별국가의 수중에 있고, 이들 간 경쟁적 권력투쟁관계에 종속된다.
• 국제법은 국가 간 최소한의 공존의 규칙만을 제공할 뿐이며, 국경을 넘은 분쟁은 당사자 국가 간의 문제이다.
• 개별국가들의 자유를 제약하는 것을 최소화한다.

그러나 베스트팔렌 조약의 '힘의 메커니즘'이 한계를 드러냈다. 분쟁이 잦아지며 전쟁마저 잦아지고, 설령 전쟁까지 가지 않는다 해도 국가 간 이해관계의 갈등이 양산되고 있다.

크고 작은 국가 간 갈등 및 전쟁을 경험하면서, 많은 학자가 국제적 평화를 가져오는 방법에 대해서 고민하였다. 여러 아이디어를 구체화하기 위한 회담이 열리고, 초보적이나마 각종 국제기구도 탄생하였다. 예컨대 국제평화유지에 실패한 국제연맹모델을 반복하지 않기 위해 2차 세계대전 후 전쟁방지를 위해 만든 국제연합(United Nations: UN)이 있다. UN은 국가 간 협력을 장기적이고 좀 더 예측 가능(predictable)하도록 제도화하는 결과를 가져왔다.

국가들의 느슨한 집합인 국제사회는 개별국가에서 다루지 않거나 다루지 못하는 일에 대해 서로 협력한다. 국제사회에는 국제평화 유지를 주목적으로 하는 UN을 비롯하여, 선진국 국가의 모임인 OECD, 국가들의 부채문제 등 재정문제를 해결하기 위한 국제통화기금(International Monetary Fund: IMF), 국가 간 투자 등 재원문제를 다루는 세계은행(World Bank), 국가 간의 무역문제에 대한 제도형성과 갈등을 해결하는 세계무역기구(World Trade Organization: WTO), 아시아의 아시아 개발은행(Asia Development Bank: ADB), 아프리카의 아프리카 개발은행(African Development Bank: AFDB) 등도 있다. 이 국제기구들은 처음 신설될 때의 조직목표에 비해 점점 다양한 분야로 활동을 넓히는 경향이 있다(Pease, 2012).

이외에도 적십자사(International Committee of the Red Cross: ICRC), 국경없는 의사회(medecins sans frontieres: MSF), 그린피스(Greenpeace) 등 순수한 민간단체들도 있다. 개발도상국에서 출발한 NGO들이 다른 나라의 문제에도 관심을 갖고 활동하는 추세에 있다. 빌 게이츠 같은 거부가 설립한 재단이 아프리카에서 빈곤퇴치 활동을 하기도 한다. 이들의 활동이 해당 국가에서 점점 더 중요해지고 있다.

Ⅱ. 국제기구의 조직

정부차원에서 형성된 국제기구들은 보통 2가지 차원으로 조직되어 있다. 물론 얼마나 체계적으로 조직화되어 있는지, 그 정도는 국제기구에 따라 다양하다.

국제적 차원에는 각 회원국가 대표들의 모임이 있다. 대부분의 경우 각국의 각료들로 구성되는데, 이를 이사회(council)로 칭하는 경우가 많다. 그런데 이사인 정부수반이나 각료(예: 외무장관)들은 각기 자신의 나라에서 업무를 수행하기 분주하므로, 1년에 한두 번 만나기도 어려울 만큼 시간이 없다. 따라서 중요한 국제기구에서는 각국을 대표하는 상주인력을 둔다(예: UN 대사).

이와 병행해서 각국에는 해당 분야의 정책을 담당하는 부처조직이 있다(예: 외교부, 통상산업부). 이들은 주권국가의 독립된 부처로서 자신의 영토 안에서 필요한 규제를 하거나 정책을 집행하면서, 국제적인 문제에 대해서는 상술한 자신의 대표와 긴밀히 연결하여 업무를 추진한다. 따라서 상술한 국제차원의 조직에서 결정한 사항 중, 각 나라에서 집행해야 할 사안에 대해서는 이들 부처가 매우 중요하다.

국제적 차원에서 별도의 사무처를 두고 있는 국제기구들도 있다. 예컨대 UN의 경우 본부가 있는 뉴욕에 약 6천 명, 제네바에 약 3천 명 등 총 4만의 행정인력이 있다. 이외 유사인력까지 합하면 2백만 명이 훨씬 넘는 것으로 알려져 있다. 정규 총예산은 2023 회계연도에 US$ 3.4 billion이다(출처: UN 예산서).

그림 2-2 I 국제기구 조직의 2차원

재원은 주로 각국의 분담금으로 충당되는데, 우리는 UN 예산의 2.574%를 부담하여 세계에서 9번째로 많이 내는 나라이다. 유엔 사무처 조직은 대단히 큰 매머드급 관료제 조직이다. 국제기구를 연구하는 학자들은 주로 의장의 역할이나 기능, 특성 등 의장 중심으로 국제정치적 차원에서 국제기구를 연구해 왔다. 국제기구가 다양화되고 국제기구 내부적 행정현상이 거대, 복잡화됨에 따라 이제는 행정학에서 국제행정의 영역으로서 실무차원의 국제기구에 대한 연구가 필요할 것이다.

국제기구와 관련하여 행정학적으로 가장 핵심적인 논쟁거리는 과연 회원국 가에 대하여 자율성(autonomy)을 얼마나 갖느냐의 문제이다(Barnett, M. N., & Finnemore, M., 1999). 회원국의 부담금으로 사무국이 운영되고 회원국의 협조가 있어야 비로소 국제기구의 임무(mission)가 달성되므로 회원국에 종속적일 수밖에 없다.

그러나 문제는 특정 회원국의 이해관계와 이들 국제기구의 정책방향이 다를 때 어떻게 하느냐에 있다. 이는 주인-대리인이론(Principal-agent theory)으로 설명이 가능하다. 베스트팔렌조약에서 명시하는 각 국가 차원이 주인에 해당하고, 외교부 장관이나 한국 UN 대사와 같은 이들은 대리인에 해당한다. 실제로 한국은 회원국으로서 기여금을 내기 때문에 UN 사무처 직원들의 일부는 한국인이다. 이러한 상황에서 실무차원의 대리인들 간 이해관계 충돌이 있을 수 있고, 국제기구 공무원으로서 독자적인 목소리를 내는 것은 바람직하거나 혹은 불가피할 수도 있다.

Ⅲ. 국제기구의 활동 방법

국제기구의 주요 기능으로는 정보기능, 규범과 규칙창출기능, 규칙감시기능, 운용활동기능, 토의와 교섭의 장소로서의 기능, 그리고 마지막으로 사회화기능이 있다. 정보기능은 회원국들의 공통 관심사에 대한 정보를 수집, 분석하고 교환 및 전파하는 기능을 의미한다. 규범과 규칙창출기능으로 국제기구는 표준을 정의하고 선포하여 법적 구속력이 없는 규범(norm)과 법적 구속력을 가지는 규칙(rule)을 만들어 내고, 이렇게 만들어진 규칙이 회원국들에 의하여 준수되고 있는지를 감시한다. 국제기구가 운용 가능한 재화나 용역 자원을 통해 재정원조나 기술원조, 군사력 배치 등으로 활용하기도 한다. 국제기구는 국가들이 국제사회에서의 지지와 명분을 확보하고 연대를 형성하기 위한 외교적 노력을 하는 데 있어 소통을 위한 장소를 마련한다. 또한 새로이 정의되는 규범이나 가치, 이익 등에 대해 토론, 설득, 교육, 주장을 가능하게 하고 국제사회에서 이러한 내용들이 수용될 수 있도록 하는 사회화(socialization) 기능을 한다(박재영, 2007: 409-422).

어떻게 보면, 국제기구는 약육강식의 '만인의 만인에 대한 투쟁'인 국제관계에서 각 회원국의 행동을 규제하기 위해 존재한다. 그러나 개별국가에 대한 통제력이 부족하기 때문에 장기적이고 전략적인 차원에서 노력이 필요하다. 따라서 조직 나름대로의 정당화 논리를 만들어내는 사무처 종사자를 비롯한 직업 관료들의 전문성(professionalism)이 중요하다. 이들은 전술한 기능들, 특히 규범과 규칙 창출, 규칙감시기능을 통해 국제사회에서 영향을 미치는데 그 방법은 다음과 같다(Barnett, M. N., & Finnemore, M., 1999: 710-713).

• 유형화(classification): 문제가 되는 현상에 대해 유형들을 만들어 낸다. 공론화 되지 않았던 문제들을 이슈화하고 문제의 심각 여부에 따라 카테고리를 만들어 유형화한다. 예컨대, 지구환경오염의 문제를 논하면서 수질오염, 대기오염 등 오염의 종류, 오염의 원인 등을 규정하고, '생태발자국(ecological footprint)'이라는 개념을 만든다.[6]
• 의미부여(fixing meanings): 유형화한 것에 대해 우리가 공동으로 대처하지 않으면 얼마나 문제가 심각한지 의미를 부여한다.
• 규범확산(diffusion of norms): 각국이 정책으로서 적절한 조치를 취하도록 규범을 만들고, 이를 확산시킨다. 국제기구의 기능 중 사회화 기능에 해당하는 것이다. 대부분의 경우 학자들을 통한 연구용역 발주와 결과를 국제학술대회에 발표, 매스컴 보도 등의 방법이 활용된다.

IV. 국제협약과 국내행정

지구상에 전쟁이 끊이지 않고 있다. 겉으로는 평화적 국제질서가 유지되는 것 같지만, 그 이면에는 치열한 국가 간 '경제 전쟁'이 존재한다. 국제무대는 거의 무정부적 상황이기 때문에 어떤 질서나 동의를 얻어 내는 과정에 많은 시간이 걸린다. 오늘날 미국 위주의 세계화를 가져오는 기초적 개념형성과 질서를 이끌어 낸 우루과이 라운드가 한 예이다.

우루과이 라운드[7] 당시 우리나라에서 가장 문제시된 것은 쌀 시장 개방이었다.

6 이 예는 Barnett, M. N., & Finnemore, M.(1999)에서 가져온 것이다. 필자가 네덜란드 외무부 관료를 인터뷰한 과정에서, 실제로 네덜란드 관료들이 이러한 국제적 작업을 주도했음을 발견하였다.
7 1987년부터 1993년까지 GATT의 새로운 다자 간 무역협상(Multi-national Trade Negotiations)을 위해 우루과이에서 열린 일련의 회의들을 통칭한다. 본교섭에 들어간 우루과이 라운드의 15개 협상그룹은 많은 나라의 격심한 반대에 부딪쳤는데, 특히 서비스 분야와 농산물 분야는

국내의 쌀값은 국제시장의 가격에 비해서 비싸기 때문이다. 즉, 우리 농가를 보호하고, 차후 우리가 일정량의 쌀을 직접 생산하지 못할 때 쌀을 수단으로 우리나라를 위협하는 식량무기화 가능성을 차단해야 하는 문제가 있었다.

1995년부터 10년 동안 쌀시장을 개방하지 않는 대신 일정량의 쌀을 수입하여 떡 등 가공용에 사용하는 최소시장접근법(Minimum Market Access)을 사용하기로 국제적 합의를 이끌어 냈다. 그 사이 우리나라는 대대적인 농업지원정책을 실시하였으나, 그 결과는 오히려 농가부채의 증가라는 역효과를 낳았다(임도빈, 1996).

2004년에도 우리 정부는 쌀 관세화(쌀 시장 개방)를 다시 10년간 유예하는 협상을 타결시켰다. 1995년부터 20년간 쌀 관세화를 유예시킨 결과, 2014년 기준 최소시장접근법에 의해 우리나라가 의무적으로 수입하는 쌀은 약 40만 톤에 이르렀다. 이는 우리나라 전체 쌀 소비량의 9%에 해당한다. 서구화된 식생활로 우리나라의 1인당 쌀 소비량은 해마다 감소하는 추세이고, 늘어난 의무 수입량과 계속된 풍년으로 인해 팔리지 않은 비축미만 늘어가고 있었다.

이러한 상황 속에서 2014년 7월에 결국 정부는 2015년 1월 1일부터 쌀시장을 전면 개방할 것임을 공식적으로 발표하였다. 개방을 선택한 정부의 논리는 쌀 관세화를 또다시 유예할 경우 의무 수입량이 국내 소비 물량의 20%에 달할 수 있으며, 이보다는 쌀시장을 개방하고 수입쌀에 대해 높은 관세를 적용할 때 수입 물량을 줄일 수 있을 것이라는 점이었다. 아울러 향후 다른 통상 협정 과정에서 불이익을 받을 수 있다는 점도 고려한 것으로 보인다.

이와는 달리 쌀 관세화를 반대하는 입장은 국내 쌀 산업을 보호하고 농촌 경쟁력을 확보하기 위해 10년 더 기간을 유예할 필요가 있다는 것이다. 쌀이 단순한 교역상품이 아닌 식량주권으로서의 상징성이 있다는 것도 반대 근거가 된다.

20년 동안의 준비 기간이 있었음에도 불구하고, 우리 정부는 농업경쟁력을 충분히 끌어올리는 데 실패했다. 국제적 압력과 국내 농업보호라는 딜레마에 빠진 상황에서 정부는 쌀소득보전직불제 등 다양한 정책으로 시간을 끄는 지연정책을 썼다(최흥석·김은미, 2011). 이 정책이 일부 효과가 없었던 것은 아니나, 쌀 시장 개방을 할 만큼 충분한 효과를 거둔 것 같지는 않다. 농업정책이 과거 폐쇄적이었던 데 비하여, 이제는 외부환경의 압력에 우리나라 행정이 대처를 할 수밖에 없는 상황이 되었다는 것을 보여주는 사례이다.

가장 많은 논란거리가 된 분야이다. 그 결과, World Trade Organization 협정이 성안되었고 가입국이 이 협정과 4개의 부속협정에 사인하였다. 그로 인해 1995년 세계무역기구(WTO)가 제네바에 설립되었다.

Ⅴ. 국제행정론

국제기구들이 각 회원국에 행사할 수 있는 강제력이나 각국의 자발적 협력의 정도는 분야에 따라, 그리고 사안에 따라 천차만별이다. 즉, 국제협력의 강도는 시간의 흐름선에서 그 부침이 다양한 형태를 보인다. 이들 활동을 중심으로 국가 간의 관계, 그리고 이들 조직이 가진 사무조직의 행정관리를 다루는 것이 '국제행정론(International administration)' 또는 '공공국제행정(public international administration)'이다.

국제행정론은 국제정치론과의 차이는 행정학과 국제정치학과의 차이라는 측면에서 보면 된다. 국제행정 분야에서 다루는 문제가 과연 한 나라의 국내행정 분야에서 다루는 것과 본질적으로 다르냐는 논란의 소지가 있다. 예컨대 UN 사무처의 조직이 관료화되어 있다는 것이나 개별국가의 행정조직이 관료화되어 있다는 것은 본질적으로 같을 수도 있고, 다를 수도 있다.

힘의 논리가 지배하는 국제사회에서 국제기구는 국가 간 협력을 통하여 서로에게 좋은 방안을 찾고자 하는 조직목표를 갖는다. 즉, 세계라는 공간에서 공공재를 창출하는 노력을 한다. 무역의존도가 높은 우리나라의 경우, 이들 기구와의 밀접한 관계가 다른 나라에 비하여 더욱 중요하다.

시간적으로 볼 때, 우리는 급속한 경제성장을 하였고, 그동안 오래전부터 존재해 왔던 이들 국제기구에 상대적으로 소극적인 참여가 이루어져 왔다. 국제기구들이 점점 많이 한국에 유치되고 있고, 우리정부가 주도하여 국제기구를 만들기도 한다. 국제조직이 늘어나고 한국정부가 부담하는 부담금이 커짐에 따라 한국인 직원의 수요가 늘어나고 있는 데 반해, 준비된 인력은 부족한 편이다.

국제행정은 행정학의 중요한 분야가 되고 있다. 많은 국제기구에 많은 일자리가 있고, 각 기구들이 독자적인 사무조직을 갖게 되면서 행정현상이 나타나고, 관료기구화되고 있기 때문이다. 여기서 관료제화란 첫째, 사무직원들의 역할이 국제기구의 성과에 큰 영향을 미친다는 뜻과, 둘째, 이들 사무기구의 내부운영이 이 책에서 다루는 '행정현상'으로 나타난다는 뜻이다.

제3절 빈부격차와 개발협력

I. 경제수준의 차이

근대국가는 영토 내에 주권을 독점적으로 행사하는 정치체인 동시에 국민의 경제활동을 보장하고 증진하는 주체이다. 국가원수와 정부수반은 자신의 국민들에게 세계에서 가장 좋은 삶의 조건을 제공할 책임을 진 사람들이다. 국가체제를 분류해 보면, 정치적으로는 민주주의와 전체주의가 있고, 경제적으로는 자본주의와 사회주의가 있다. 다음 〈그림 2-3〉에서 보는 정치-경제 결합모형에서 민주주의와 자본주의를 결합한 (1)유형이 가장 좋은지는 가치판단에 관한 것으로 학자들 사이에서도 의견이 갈린다.

그림 2-3 | 정치-경제 결합모형

자본주의

(1) 미국	(2) 성립하기 어려움 (중국?)
(3) 유럽	(4) 공산주의 국가 (북한)

민주주의   전체주의

사회주의

출처: 임도빈(2025).

EIU 같은 지표가 있기는 하지만, 한 국가의 민주주의 수준을 정확히 평가하기는 매우 어렵다. 그러나 그 국가의 경제적 수준에 대해서는 비교적 객관적인 지표가 많이 있다. 국가총생산(Gross National Production), 국내총생산(Gross Domestic Production) 등이 대표적이다.

빈부격차가 생기는 이유는 정치나 다른 원인들의 영향도 있지만 정부경쟁력에서 원인을 찾을 수 있다. 세계를 약육강식의 논리로 본다면 미국과 같은 강대국의 큰 팽이는 강력하게 돌고, 아프리카 빈국의 작은 팽이는 멈출 듯 말 듯 힘없이

회전하는 모습일 것이다. 이 두 팽이가 싸움을 하면 작은 팽이가 지게 된다. 이러한 현실에서 작은 팽이가 살아남는 것은 정부에 달려있다. 시장은 개인적이고 단기적인 이익을 취하는 특성이 있지만 정부는 단기적으로는 이익이 없더라도 팽이의 구심점으로서 각종 재분배정책을 통하여 팽이의 회전에 힘을 실어 줄 수 있다. 따라서 정부경쟁력이 중요한 것이다.

표 2-3 | 경제체제의 유형

	자본주의	사회주의
생산수단의 소유	개인	국가 혹은 공공(public)
경제활동의 동기 혹은 목적	이윤창출	국민의 요구(욕구) 충족
경쟁	강한 경쟁(개인중심)	약한 경쟁(공동체중심)
정책결정 메커니즘	가격	중앙(계획)기구
정부의 역할	제한적	팽창(SOC, 복지, 교육 등)
단점	경쟁에서 낙오자 문제	효율성
예	미국	북유럽

시간차원을 고려하면 빈부격차는 경제발전의 속도(speed)의 문제이다. 사실 수억 년 전 구석기 시대에는 어느 지역에 거주하는 사람이든 거의 먹고사는 것을 해결하는 정도의 비슷한 경제수준을 누렸을 것으로 추측된다. 그러나 근대화 이후, 국가 간 중상주의정책에 의해 부를 증진시키려는 경쟁을 해 왔다.

경제발전의 속도는 나라마다 다르다. 과거 60년대 한국의 1인당 GDP는 아프리카의 가나와 비슷한 수준이었다. 하지만 우리나라는 빠른 속도의 경제성장으로 현재 세계 10위권 내의 경제규모를 자랑하게 되었고, 가나는 여전히 세계의 원조를 필요로 하는 최빈국 중 하나로 남아있다. 우리나라는 6·25 전쟁 후 1인당 국민소득이 100불 이하였던 것에 반해, 70년이 지난 현재 4만 불을 향해 가고 있다. 우리나라 행정이 그동안 경쟁력이 있었다는 것을 의미한다.

선진국은 선진국대로, 개도국은 개도국대로 자원 민족주의적 국가전략을 구사하고 있다. 우리나라는 경제의 85%가 무역에 의존되고 있기 때문에 자원의 안정적 확보가 매우 중요하다. 이렇게 자국의 산업경쟁력 유지에 필요한 원자재를 해외에서 충분히 확보하기 위해 글로벌 서플라이 체인(Supply chain)의 관점에서 미국 등 정부가 큰 관심을 기울이고 외교 역량을 집중한다. 나아가서 반도체 생산의 필수원료인 희토류를 중국이 통제하는 등 새로운 접근이 필요한 문제가 생긴다. 세계화 이후 국제적으로 강요되는 규범도 있고, 국가 간에 보이지 않는 무역장벽과 자국 산업보호정책 등이 직간접적으로 실시되고 있기 때문에 정부의 역할이 더욱 중요해진다. 중국 경제가 성장함에 따라 미국과 중국의 패권경쟁은 더욱 치열해지고 있고, 특히 트럼프 대통령은 환율과 관세를 통해 미국의 이익을 극대화하는 정책을 쓰고 있다.

우리정부는 전략물자관리원을 설립하여, 국가적으로 필수적인 전략물자의 수출입을 체계적으로 관리하고 있다. 전략물자관리는 산업보호뿐만 아니라 국가안보에도 중요하기 때문에 각국은 대량 파괴무기 확산 방지를 위해 전략물자의 수출을 통제하고 있다(박언경 외, 2018). 핵비확산조약(NPT), 생물무기금지협약(BWC), 화학무기금지협약(CWC) 등 국제 협약에 의한 통제, UN에 의한 통제, 우리나라의 「대외무역법」과 같은 개별국가의 수출 통제 등의 방법이 활용된다.

Ⅱ. 개발원조

자원 분포의 불균형, 선진국의 자원민족주의 등 제도적 문제, 그리고 다국적 기업 등의 무한 영리추구 등으로 국가 간의 빈부격차는 더욱 심화되고 있다. 마치 한 나라 내에서 빈부격차가 문제되듯이, 지구상에 존재하는 국가 간 지나친 빈부격차도 문제가 되는 것이다. 약 250년 전에는 가장 부유한 국가와 가장 빈곤한 국가 사이 1인당 국민소득 차이가 5배 정도였는데, 현재는 약 400배 이상이다. 경제성장의 속도 차이가 격차를 더욱 벌려 놓은 것이다. 좀 더 현실감 있게 표현하면 이제 지구상에는 다음과 같은 3가지 나라가 있다고 할 수 있다(데이비드 랜즈, 2009: 18).

- 체중 조절을 위해 많은 돈을 소비하는 나라
- 살기 위해 먹는 나라
- 끼니를 걱정하는 나라

끼니를 걱정하는 나라를 어떻게 하면 빈곤에서 탈출하게 할 수 있을까? 오늘날 빈곤국가가 스스로 빈곤을 탈출하는 것은 그리 쉬운 일이 아니다. 일부 자유주의 경제학자들은 빈곤국가 스스로의 책임이라 주장하기도 했지만 최근에는 빈곤국가의 빈곤탈출에 국제사회가 함께 책임을 져야 한다는 공감대가 형성되고 있다. 세계의 질서가 빈국들에게 상대적으로 불리하게 되어 있다는 데에 동의하는 사람들이 많기 때문이다(장하준, 2004).

전 지구적 문제를 해결하기 위해 경제 선진국 그룹인 OECD 국가들이 각국 정부 차원에서 많은 노력을 기울이고 있다. 정부개발원조 혹은 공적개발원조(Official Development Assistance: ODA)가 대표적인 예이다.[8] 우리나라는 오랫동안 ODA 수혜국이었으나 2009년 이를 졸업하고 순공여국이 되었다. 매년 2~3조 원의 예산이 투입되는데, 국민총소득(GNI)의 0.31% 정도로 공여국 평균 수준이다. 이 돈은 예컨대 캄보디아의 지방도로 개선사업, 라오스의 송전사업, 몽골 고속도로 건설사업, 우간다 교육 개선사업 등 주로 수혜국의 인프라 구축에 쓰이고 있다. 앞으로도 이 부분의 예산액은 계속해서 증가될 것이다.

개발도상국에게 제공하는 무상원조나 유상원조가 풀어야 할 가장 큰 질문은 과연 ODA가 그 나라 국민들의 생활을 개선시켰느냐, 아니면 오히려 악화시켰느냐이다(임도빈, 2025). 선진국과 개발도상국 간의 좁혀지지 않는 경제수준격차를 보면, 후자의 견해를 이해할 만하다. 출발점에서는 공여국(donor country)의 예산이 투입되었지만, 도착점인 수혜국들이 받은 것은 돈이나 설비가 아닌 기술과 훈련(technical assistance)이며, 이를 현장에서 전달하는 사람들의 능력과 태도 때문에 별로 도움이 안 된다는 의견도 존재한다(Michiel S. de Vries and Iwona Sobbis, 2006; Knack, S., 2001). 공여국에서 투입되는 예산에서 수혜국에 실제 혜택으로 돌아가는 부분은 매우 적다는 비공식적인 추측도 있다. 즉, ODA 재원이 현장에서 집행되는 과정에 문제가 많음을 반면교사로 삼을 필요가 있다. 박경돈(2017)에 의하면, 원조시기와 수원국의 지리적 위치가 원조탈출의 원인이다.

개도국에 대한 원조가 성과를 거두려면 부패통제가 가능해야 할 뿐만 아니라, 그 나라 정부의 관리능력이 요구된다(Lee, S.H and Im, 2015). 2015년까지 빈곤국가가 달성해야 할 7개 분야 목표를 구체적으로 설정한 새천년 개발목표(Millennium Development Goals: MDGs)가 있었으나, 2016년부터 17개 분야의 지속 가능한 목표(Sustainable Development Goals: SDGs)로 전환하였다. MDGs는 전문가와 관료만이 참여하여 정한 목표이지만 SDGs는 시민사회와 기업의 의견을 수렴했다는 특징이 있다. 또한 개도국이 중심이 되지만 선진국도 참여하는 형태의 목표이며, 빈곤의 개념을 확장하고 개도국과 선진국 간의 파트너십을 강

---

8 ODA의 요건에 대해 1972년 OECD에서 제시한 바에 의하면, 첫째, 정부 또는 정부의 원조기관이 공여의 주체이고 둘째, 피원조국의 경제발전과 복지향상에 기여하는 것이 목적이며 셋째, 개발도상국에게 부담되지 않도록 무상 부분을 일정비율 이상으로 한다는 조건을 갖춰야 한다. 보통 원조는 증여·차관·배상·기술원조 등의 형태를 띤다.

조했다.

SDGs는 너무 이상적이어서, 적어도 한국이 그동안 걸어온 발전과정에 비춰 보면 개도국이 일시에 달성하기에는 비현실적인 제약을 많이 가지고 있다(Im, T. and Park, J., 2010). 각 나라가 동원 가능한 재원은 매우 제약되어 있는 반면, 이들 목표를 집행할 만한 (행정)수단에 대한 고려가 부족하기 때문이다.

시간적으로 볼 때, 이들 빈곤국들이 저개발에서 벗어나는 과정은 한국의 60년 대 이후에 겪은 경험과 유사한 형태의 순환적 과정(cycle)을 겪는다는 것을 전제로 시간단계적 집행을 고려하는 것이 필요하다. 행정학에서는 그 목표를 어떻게 집행할지 고민해야 한다. 예를 들어 농촌 사회를 개량하겠다는 모호한 목표가 아닌 입식 부엌 도입, 좌식 화장실 보급, 농업 기계 임대 사업소 지자체별 운영과 같은 구체적 실행 방안을 설정하며, 정책의 시간적 선후관계를 고려해야 한다.

III. 비교행정연구

많은 빈곤국에서는 정부가 실질적 경쟁력을 갖추지 못하고 있다. 지방은 물론이고 중앙정부마저도 집행 능력이 떨어진다. 이들 국가 국민들의 주권의식이 충분히 함양되지 않은 경우 참여는 중요한 이슈가 아니며 참여의 의미가 크지 않다. 해당 국가의 실정을 고려하여 집행하는 것이 중요하며, 일차적 문제가 해결되지 않은 국가에 선진국의 가치 기준에 따라 부차적 문제해결을 요구하는 것은 무리가 있다.

이러한 현실에서 행정학이 중점을 두고 연구할 것은 각국의 행정체제가 가지고 있는 특성을 심층적으로 이해하는 것이다. 각국의 행정은 나름대로의 역사를 가지고 오랜 시간에 걸쳐 진화해 온 것이다. 그리고 그 나라의 문화와 국민성도 수십 세기에 걸쳐 형성된 것이다. 이런 바탕 위에 입법, 사법, 행정 등 헌법적 정치권력구조와 행정제도가 형성되어 있다.

어떤 나라의 이러한 특성들은 다른 나라와 비교할 때 더욱 쉽게 이해할 수 있다. 두 나라 이상의 행정체제를 비교하여, 공통점과 차이점을 추출하고 그 원인이 무엇인지를 규명하는 학문적 작업이 필요하다. 방법론상으로 사회과학에서는 연구대상의 본질적인 특성상 자연과학적인 진실험 또는 준실험방법을 엄밀하게 적용할 수 없기 때문이다. 따라서 다른 나라 또는 사회의 유사한 경우를 준거로 자국의 경우와 비교하는 방법은 플라톤, 아리스토텔레스로 거슬러 올라간다.[9]

9 Robert Dahl(1947: 1-11)은 "비교연구를 하지 않는 한, 학문으로서 행정학을 주장하는 것은

비교행정론은 미국에서 1960년대 F. Riggs 등에 의해서 시작되었다. 공산주의 체제와 자본주의 체제 중 어느 것이 더 경제발전 등에 좋은 체제인가를 연구하기 시작하였다. 한국에 행정학이 도입된 것도 이러한 배경에서이다. Riggs는 태국, 중국, 한국사회를 관찰한 자신의 경험을 바탕으로 국가를 "융화사회, 프리즘사회, 분화사회"라는 3유형으로 구분하여, 경제, 사회, 정치권력, 상징 등을 살펴 보았다 (Riggs, F. W., 1961).[10]

그는 선교사 부모님 밑에서 자라며 중국, 태국, 한국 등지에서 지낸 경험을 바탕으로 각 사회가 지닌 특징에 주목한다. 이에 비추어 각 사회 안에서 행정의 작동도 다름을 파악하였다. 마치 빛이 프리즘을 통과하여 무지개 색으로 분산되는 것에 착안하여, 중진국의 행정은 빛이 이것저것 섞여 있는 상태(프리즘 내부)이고, 선진국의 행정은 무지개색과 같이 기능과 기관분화가 되며, 후진국의 행정은 기능적 분화가 없다고 설명한다. 그 예로, 아프리카 부족의 족장은 종교의 수장이기도 하지만 정치적으로 그 부족의 대표자이기도 하며, 경제적으로 가장 많은 부를 축적하고 있고 여기에 정치나 행정, 문화 등 모든 것이 섞여 있다. 반면 미국과 같은 선진국에서는 공무원들이 해야 할 일들이 부서별·직급별로 명확히 분화되어 있다.

이러한 분석은 개발도상국의 행정행태를 사회 문화적 맥락에서 파악한 장점이 있으나, 환경을 강조한 나머지 행정의 독자성을 과소평가하여 종속변수로 취급한 한계가 있다. 후진국 모델에서 선진국의 모델로, 즉 기능 분화와 견제, 균형으로 가야한다는 기본 가설을 바탕으로 했기 때문이다. 이에 대해 후대 학자들은 역사적 관점의 일률성에 대해 비판하고, 선진국 모델을 따라야 한다는 주장에 문제를 제기했다.

비교행정론은 개발도상국을 도와서 어떻게 발전시킬까라는 문제를 다루는 '발전행정론(development administration)'과 밀접한 관련을 맺고 발전한 바 있다. 비교행정론이 비교 자체를 목적으로 한다면, 발전행정론은 그 나라를 어떻게 '발전'시키는가라는 구체적인 목표를 가지고 연구를 하는 분야이다. 미국에서는 1960년대 당시 가난했던 나라를 발전시키는 것을 목적으로 하는 발전행정론이 등장하였다. 이후 이 연구는 상당히 위축되었다. 그러나 최근 ODA는 물론이고, 외국과의 상호작용이 급증하면서 특히 동남아시아나 아프리카의 개발에 대한 연구

공허할 뿐이다"라고 하였다. Riggs(2000)는 미국행정을 제대로 이해하고 미국이 자민족중심주의에 빠지지 않기 위해서는 비교연구가 반드시 이루어져야 한다고 주장하였다(임도빈, 2023: 3).
10 그런데 이것이 지나치게 선진국 중심의 사고라는 비판을 받자, 그 후에는 잘 통합된 경우와 잘 통합되지 않은 경우라는 두 가지 축으로 나누어 6가지 유형을 만든다.

의 필요성이 더해지고 있다.

각 나라의 행정체제를 분류하는 기준 중의 하나는 제도와 기구들 간 통합성 (integration)의 정도이다. 입법, 사법, 행정, 교육, 문화 등을 담당하는 기구나 제도 가 분화되어 있다. A국에서는 한 기구에서 수행하는 기능(function)을 B국에서는 여러 기구가 하는 등, 나라마다 다르다. 분화의 정도가 국가에 따라 다를 뿐만 아니 라 이들 간 통합된 정도도 다르다. 다음과 같은 세 가지 유형이 있다(Timsit, 1987; 임도빈, 2025).

- 완전통합(absolute integration)된 국가
- 상대적 자율성이 있도록 통합(relative integration)된 국가
- 비통합(non-integration) 국가

중국 등 공산국가와 중동의 종교국가가 완전통합모델에 해당한다. 정치와 행 정, 그리고 경제가 서로 분화되어 있지 않다. 더 극심한 사례로서 북한의 경우, 김 정은 한 사람에게 입법, 사법, 행정, 군사 등 모든 기능이 속해 있다. 이런 국가는 통합성을 바탕으로 강력하게 정책을 추진할 수 있다는 장점이 있으나, 정책방향 설정 시 오류를 범할 가능성도 크기 때문에 잘못된 정책 또한 강력히 추진할 위험 성이 있다.

미국, 유럽연합, 우리나라 등 대부분의 민주국가는 상대적 통합모형에 속한다. 이들 국가에서는 각기 기능이 분화되어 있고, 분화된 기구들은 담당하고 있는 분 야에서 어느 정도 자율성을 누린다. 여기에는 견제와 균형의 장점이 있으나, 이들 간 조정(coordination)이 문제가 될 수도 있다.

비통합국가에는 아직 제도가 잘 정착되지 않는 빈곤국가, 개발도상국이 있 다. 분화가 안 된 분야도 많고, 일부 분화된 것도 서로 아무런 조화점을 찾지 못하 고 각기 따로 기능한다. 엄연히 정부가 있음에도 불구하고 각종 치안이나 거래질 서에 무장단체들이 활약하고 있는 소말리아 등 많은 빈곤국가가 이에 해당한다.

이들 모형은 시간적 측면에서 각기 다른 의미를 가지고 있다. 완전통합모델 의 국가는 시간통제권이 크다. 노동은 감시하에 이루어지며 노동시간도 정해져 있고, 휴일에도 전시성 행사에 동원되는 경우가 많다. 문화, 예술조차도 국가에서 독점하고 있기 때문에 국민들은 사실상 24시간 통제되고 있다고 봐도 과언이 아 니다. 상대적 통합모델에서는 각각 다른 시간적 리듬, 속도, 시점과 종점을 가지고 작동한다.

비통합모델에서는 정부의 시간통제권이 전혀 작용하지 않는, 무정부 (anarchy)적 특성을 보인다. 대다수의 개발원조사업은 이러한 현실적인 제도 수준을 충분히 고려하지 못한 채, 선진국 모델인 상대적 통합모델에 기초한 원조를 주는 오류를 범하고 있다. 현재 개발도상국의 행정체제를 파악하고, 시간변수를 고려하여 그들 정부의 경쟁력을 높이기 위한 국제개발협력 전략이 필요하다.

참고문헌

구민교·최병선(2019).「국제무역의 정치경제와 법」. 서울: 박영사.

데이비드 랜즈(2009).「국가의 부와 빈곤」. 서울: 한국경제신문사.

박경돈(2017). "국제개발협력의 효과와 원조탈출".「행정논총」 55(4): 31-54.

박언경·서철원(2018). "전략물자 수출관리법제 입법평가와 개선방안".「국제경제법연구」
    16(1): 157-187.

박재영(2007).「유엔과 국제기구」. 파주: 법문사.

스티븐 호킹(2009).「시간의 역사」. 서울: 까치.

유성의(2016). "「출입국관리법」상 행정조사절차의 개선방안에 관한 연구".「토지공법연구」
    74(1): 229-250.

임도빈(1996). "농업지원정책의 효과성연구".「한국정책학회보」 5(2): 136-160.

_____(2009).「정부조직과 시간관리」. 서울: 서울대학교출판문화원

_____(2016). "공간의 행정학: 정부경쟁력제고를 위한 연구의제 탐색".「행정논총」 54(6):
    69-104.

_____(2023).「비교행정학」. 제3판. 서울: 박영사.

_____(2025).「비교행정학」. 제4판. 서울: 박영사.

임도빈 외(2013). "국제개발행정분야 연구동향에 관한 메타분석: 정부경쟁력 관점에서".
    「행정논총」 51(2): 31-59.

장하준(2004).「사다리 걷어차기」. 서울: 부키

존 베일리스·스티브 스미스 편저(2003).「세계정치론」. 서울: 을유문화사.

차용호 외(2021).「이민정책론」. 서울: 윤성사.

최흥석·김은미(2011). "쌀 시장 개방의 딜레마: 시기별 정부대응을 중심으로".「한국행정논
    집」 23(3): 907-927.

크리스토퍼 피어슨(박형신 외 역)(1998).「근대국가의 이해」. 서울: 일신사.

ODA KOREA 홈페이지(http://www.odakorea.go.kr).

UN 예산서(2012. 2).

Barnett, M. N., & Finnemore, M. (1999). "The politics, power, and pathologies of
    international organizations." *International organization* 53(4): 699-732.

Dahl, Robert A. (1947). "The science of public administration: Three problems." *Public
    Administration Review* 7.1: 1-11.

Freidman, Thomas (2005). *The world is flat*. New York: Farrar, Straus and Giroux.

Held, D. (1992). "The Development of the Modern State." in S. Hall and B. Gieben(ed.). *Formations of Modernity.* Cambridge: Polity.

_____ (1995). *Democracy and the Global Order.* Cambridge: Polity.

Huntington, Samuel P. (1993). "The Clash of Civilizations?." *Foreign affairs* 72(3): 22–49.

Im, T., & Park, J. (2010). "Korea's Experiences with Development: Revisiting MDGs from a Time Perspective." *Korean Journal of Policy Studies* 25(3): 125–145.

Knack, S. (2001). "Aid Dependence and the Quality of Governance: A Cross–country empirical analysis." *Southern Economic Journal* vol.68. n.2: 310–329.

Lee, S., & Im, T. (2015). "The Impact of Official Development Assistance on Government Effectiveness: The Mediating Effect of Corruption." *Korean Journal of Policy Studies* 30(2): 193–216.

McMurtry, John (1999). *The Cancer Stage of Capitalism.* London: Pluto Press.

Michiel S. de Vries & Iwona Sobbis (2006). "Beyond Blame: Debunking the myths underlying the foreign aid debate." paper presented a the 2nd International conference, University of Macao.

Pease, K. K. S. (2012). *International organizations.* London: Longman.

Streeck, Wolfgang (2016). *How will capitalism end?.* London: Verso.

T. Im(2021), Facteurs clés pour comprendre le modèle de gestion de la crise de la COVID–19 par la Corée du Sud : dimensions scientifiques et politiques, *Revue de Gestion de Management Public* 9(4): 1–28.

자료: 2장 도비라(간지) 이미지—John Penney/Shutterstock.com

제 **3** 장

한국사회 속의 행정

행정과 국민은 적절한 관계를 맺고 함께 노력해야 한다. 제3장에서는 국민으로서 행위자를 적극적 행정행위자, 경제행위자, 새로운 행위자로 구분하여 한국사회와 행정의 관계를 분석하기로한다. 한국사회는 다양한 행위자의 활동으로 이루어지고, 행위자들의 특성과 권한에 따라, 그리고 행위자들과 행정의 관계에 따라 행정활동이 영향을 받는다. 입법, 행정, 사법부 외의 제4부로 일컬어지기도 하는 언론기관이나 시민단체는 여론의 목소리를 대변하는 적극적 행정행위자이다.

또한 행정은 시장경제와는 불가분의 관계에 있기 때문에 경제행위자들과 행정의 관계를 살펴보는 것은 중요하다. 자본주의가 발달하면서 정부와 시장과의 관계가 그 나라의 경제를 좌우하게 되었기 때문이다. 따라서 경제행위자인 시장과 행정의 관계, 노동조합, 정부의 시장에 대한 규제 등을 살펴보기로 한다. 더불어 인구변화에 따른 한국사회의 변화와 함께 사회적 기업의 특성을 파악하는 것은 한국사회에 새로 부각되고 있는 문제와 이를 해결하기 위한 대안을 모색하는 방법이 될 것이다.

제 3 장
한국사회 속의 행정

적극적 행정행위자

Ⅰ. 언론과 매체

1. 현대사회의 언론

현대사회는 익명성이 지배하는 대중사회(mass society)이다. 대중사회에서는 매스미디어(mass media)가 매우 중요한 영향력을 행사할 수밖에 없다. 사회의 곳곳에서 일어나는 일을 직접 현장에서 확인하거나 상호 간 의사소통하는 것이 제한되어 있기 때문에 우리를 대신하는 눈, 귀, 입으로서 대중매체에 의존할 수밖에 없다.

언론기관 중 현장을 누비며 뉴스거리를 찾아 신속하고 정확하게 알려 주는 역할은 통신사가 한다. 다른 언론사는 국내외 통신사에서 뉴스거리를 받기도 하고, 직접 취재하기도 한다. 전 세계 다른 언론사에 뉴스거리를 보급(판매)하는 AP 로이터와 같은 종합통신사의 역할을 우리나라에서는 연합뉴스가 하고, 민간통신사 역할은 뉴시스가 한다. 연합뉴스는 넓은 의미에서 국가행정기관(즉, 그림자 행정조직)이라고 할 수 있다.

언론기관은 24시간 초 단위로 급박하게 돌아간다. 언론사는 구독률 혹은 시청률로 경쟁을 하기 때문에, 1회성 사건을 일반화하거나 작은 것을 과대 포장하여 보도할 위험성이 있다. 물론 핫미디어(hot media)와 쿨미디어(cool media) 간에 차이가 있기는 하다.[1]

자본주의사회화됨에 따라 언론은 전통적인 권력 견제역할보다는 일종의 기업으로 돈을 추구하는 경향이 있다. 우리나라도 과거에 비하여 신문사, 공중파 방송사, 케이블TV, 종합편성채널 등 다양한 종류의 언론사가 존재한다. 이들 그 자체가 대규모 직원을 거느린 관료제형조직으로 그 운영에는 후술하는 행정관리현상이 존재한다. 이외에도 군소 신문사가 존재한다(조석준·임도빈, 2019: 91-92).

---

[1] H. M. Mcluhan은 미디어를 hot media와 cool media로 구분하였다. 정보의 양이 많고, 논리적이어서 일반인의 참여 여지가 작은 것을 hot media라고 하며, 신문, 잡지, 라디오, 신문이 그 예이다. cool media는 직관적이고 감성적이며, 불분명하여 참여 여지가 많은 것으로 전화, 텔레비전, 만화를 들고 있다.

정보와 통신이 융합되는 최근에는 신문 및 지상파 방송사의 역할은 상대적으로 축소되고 인터넷과 스마트폰의 활성화에 힘입어 유튜브, 인터넷 언론 및 SNS의 영향력이 커지고 있다. 사람들은 자신이 궁금해하는 것을 온라인에서 찾아 다니고, 서로 소통하면서 전통적 매체로부터 멀어지고 있다. 이로 인해 언론사도 경영상의 어려움을 겪고 있기 때문에, 온라인 서비스를 병행하고 있다.

개인이 스스로 정보를 얻는 데 한계가 있기 때문에 정부에 관해서는 대중매체가 여전히 영향력 있다. 행정은 언론에서 정부정책을 어떻게 다루냐에 따라 국민들의 정부에 대한 여론이 달라지기 때문에 언론의 보도내용에 민감하다(조석준·임도빈, 2019: 92).

여론을 좌우하게 된 주요 언론의 그 막강한 영향력으로 인하여 언론인들은 여러 곳에서 관심을 받는 비공식적인 특권 집단이 되고 있다. 행정부에서는 각 부처별로 언론을 담당하는 조직을 만들기도 하며, 부처 내 고위 관료들도 언론매체와 지속적인 관계를 유지하는 것을 주요 업무 중 하나로 인식한다. 이제 언론에 모든 일을 비밀로 한다거나 부정적 보도내용을 막기 위한 소극적 언론관계에서 벗어나, 적극적으로 보도자료를 만들어 주고 긍정적 보도를 유도하는 방향으로 바뀌고 있다. 공공PR과 같이 행정부의 홍보활동이 그만큼 중요해지고 있다.

2. 언론의 단기적 시계

언론의 세계에는 독특한 시간적 속성이 있다. 뉴스거리는 생명력이 짧다. 나오는 순간 자체가 중요하고, 일반인들의 관심은 오래 지속되지 않는다. 그리고 더 큰 사건이 발생하면, 이전에 발생한 다른 큰 사건을 잊는 경향이 있다. 이러한 속성을 이용하여 어떠한 큰 사건이 일어난 이후 부정적 여론이 거세지면 정부에서는 의도적으로 새로운 사건을 집중적으로 보도하게 함으로써 여론을 돌리려 하기도 한다.

언론은 그 속성상, 자극적(sensational)이고 단기적인 행동을 하는 경향이 있다. 보통의 인간은 사건이나 사물을 인지하고 기억하며, 두뇌 속에서 정보를 처리하는 능력이 제약되어 있다. 이러한 국민들의 인지능력의 한계를 잘 활용해야 하는 것이 언론이다. 무책임한 언론일수록 현실의 엄격한 확인 작업을 통한 공정한 보도보다는 국민들의 주의를 끌 수 있는 것이면 무엇이든 과장해서 보도하는 경향이 있다. 이처럼 언론은 근시안적이고 급변하는 시간 속성상에서 활동하기 때문에 행정은 이를 주의해서 다뤄야 한다.

언론의 힘은 공식적, 비공식적 정보들 중에서 일부를 골라서 보도해 주는 기사 선택권에서 나온다. 각 부처에서 발표하는 보도자료들을 선택적으로 보도하면서 그 정책계획이나 시행, 자체 조사 결과 등을 국민들에게 알린다. 나아가서 언론이 마치 사진작가가 사진을 찍는 것과 같이 해석하는 데에서 권력이 나온다. 사진사가 어느 범위(Frame)를 어떤 각도에서 어느 정도로 빛을 노출시켜 찍느냐에 따라 전달하는 사진이 완전히 다르다. 따라서 주관성이 많이 개입되기 때문에 객관성과 공정성을 확보한다는 것은 쉽지 않다. 이를 '프레이밍 이론'이라고 한다.[2] 특히, 언론의 거대한 힘 앞에 시달리는 언론 약자들도 많다. 이를 보호하고 공정한 게임을 하게 하는 것이 행정의 책무이다. 이를 담당하는 기관이 방송통신위원회이다.

언론의 중요기능의 정치권력에 대한 견제이다. 한국언론은 1980년대 민주화 초기에는 정치적 담론을 주도하지 못하였다. 민주화가 진행되면서, 정치문제를 전략적으로 활용하여 영향력을 증대시켜 왔다(이준웅 외, 2009). 즉, 견제하기보다는 자신의 이익을 위해 정치권력, 대기업과 유착관계를 가져왔다(박승관·장경섭, 2001). 여기서 언론의 자유는 민주화의 지표일 정도로 선행조건이다. 중국과 북한 같은 나라에는 관영통신만이 존재하는 것이 그 예이다. 미국과 같은 나라에서도 권력과 거대자본이 언론기관을 소유하면서 통제하려고 한다. 민주화가 미흡한 나라에서 권위주의적인 정부가 언론의 자유를 제한하고 통제하는 것은 일반적 현상이다. 현대민주사회에서 중요한 것은 언론이 얼마나 '공익 수호'에 기여하느냐의 문제이다. 공공성과 언론의 자유 사이에 균형을 이루는 것이 행정학에서 관심을 가져야 하는 주제라고 할 수 있다.

뉴미디어는 국민들이 직접 개입 가능한 참여적 언론이라는 측면에서 좋은 수단이 될 수 있다. 그러나 국민들의 참여가 비단 긍정적으로 작용하기만 하는 것은 아니다. 뉴미디어와 SNS의 등장으로 인하여 미디어 환경은 더욱 경쟁적으로 변했고 구미디어들은 시장을 잃게 되어 더욱 자극적인 기사 제목과 내용으로 주목을 끌기 위해 노력한다. 정보의 출처가 불분명한 경우가 많아 진위를 파악하기 어렵기 때문에 생기는 가짜뉴스가 우리 언론생태계를 위협하고 있다. 이들이 과장하고 단기적으로 반응하며 상업적 본능으로 활동하는 데에 대처하기 위해서는 가짜뉴스를 비판적으로 보는 건전한 시민의식이 필요하다. 정다겸·김서용(2020)의 연구에 의하면 시간 관점에서 볼 때, 연령이 높을수록 가짜뉴스를 신뢰하지 않는다.

---

2 자세한 내용은 제6장 제1절 Ⅱ.의 프레이밍 이론 참조.

Ⅱ. 시민

1. 시민권

시민 또는 국민은 거버넌스 시대에 민주 행정을 실현시키는 데 매우 중요한 존재이다. 역사기록이 발생하기 이전에는 족장 등 일부 권력자가 힘을 바탕으로 권력을 독점하였을 것으로 추측된다. 그 후에는 왕이 신으로부터 권력을 부여받았다는 왕권신수설이 지배하였다.[3] 왕권신수설이 지배하던 때에는 시민이 존재하지 않았다. 다만 왕의 통치대상인 신민(subject)만 존재할 뿐이었다.

왕권신수설에 정면도전한 것은 '국민주권론'이다. 17세기 중반부터 18세기 중반의 Thomas Hobbes(1588-1679), John Locke(1632-1703), Jean-Jacques Rousseau(1712-1778)가 대표적인 이론가이다. 이들은 개인은 각각 주권을 가지고 태어났으나 이를 왕권으로부터 지킬 수 없으므로, 자유의지에 따라 '사회계약'을 맺는다는 주장을 한다. 신과 왕의 절대적 권력으로부터 벗어나 개인으로서의 주권적 권리를 찾아내는 '시민권(civil right)'이라는 혁명적 개념을 등장시킨 것이다.

이후 프랑스 대혁명을 거쳐 민주주의 제도가 점점 발달하면서, 정치체제에 국민들이 참여하는 참정권에 대한 발전이 이뤄진다. 엄밀히 말하면 추상체인 국민 전체에게 주권이 있다는 국민주권론(national sovereignty)보다는 국민 각각에게 주권이 있다는 루소의 인민주권론(popular sovereignty)이 더 큰 기여를 하게 된다. 이러한 '정치권(political right)'의 발달에는 자유, 비밀, 직접, 평등의 원칙에 의한 투표권 발달이 핵심을 이룬다. 왕권을 제약하는 가운데, 소위 '간접민주주의' 제도가 발달하였다.

이와 더불어, 산업혁명을 거쳐 자본축적을 통한 자본가 계급이 등장하면서 육체노동자들이 양산되었다. 자본가와 노동자라는 2계급의 개념이 두드러지게 나타났고, 마르크시즘은 이를 이론화하는 데 기여를 하였다. 마르크시즘과 더불어 유럽 사회주의 운동은 노동자들이 정당한 권리를 보호받고 사회복지를 누려야 한다는 '사회권(social right)' 개념을 발달시켰다.

오늘날에는 시민권, 정치권, 사회권이 모두 보장될 뿐만 아니라, 각 개인이

---

3 성서에서 나오는 왕의 머리에 기름을 붓는 의식에 비추어, 서구에서는 서기 700년경부터 교황이 왕을 공식적으로 취임시키는 관습이 있었다. 왕권신수설은 왕권에 대해 갈등이 있던 영국 튜더왕조 때부터 성문화되기 시작하였다. 프랑스 앙리 4세 때 법률가였던 베로아가 저술한 '왕권론(1587)'이 대표적인 저술이다. 왕권은 신에 의하여 주어진 것으로 왕은 오직 신에게만 책임이 있으며, 백성들은 왕에게 복종할 수밖에 없다고 주장한다.

표 3-1 | 시민권 개념의 진보과정

	시민권	정치권	사회권	행복권
발달시기	18세기	19세기	20세기	21세기
권리내용	개인적 자유	정치적 자유	사회적 복지	행복추구와 자아 실현
구성내용	인신보호, 언론, 사상신앙 의 자유, 법적 계약의 자유	투표권, 의회제도 유급제 의원제도	의무교육, 연금, 의 료복지, 사회복지	잠재력 개발, 자아 실현, 문화권
발달과정	————————————————→ 누적적, 진화적			

출처: Marshall(1964: 70-74)을 기초로 수정보완.

인간적 주체로서 적극적으로 자아실현을 하여 행복하게 살 수 있는 권리가 있다는 '적극적 행복추구권(the right to pursue happiness)'으로 발달하기에 이르렀다. 이상의 권리들은 유럽에서 거의 400여 년에 걸쳐 서서히 시행착오를 겪으며 발달하였고, 이들은 단절적이라기보다는 누적적으로 발달하였다. 이들 단계발달의 가장 중요한 기준은 국민들이 이러한 권리들을 의식한다는 점이다. 그렇기 때문에 계몽주의자들은 국민들의 권리 의식 신장을 위해 힘써 교육했고, 그 계몽사상에서부터 시민사회가 시작되었다고 할 수 있다.

2. 시민단체

우리나라는 절대주의를 겪은 서구와는 달리, 비교적 국민을 우선적으로 생각하는 '민주적'인 왕정시대를 겪었다. 특히 유교를 근간으로 하던 조선시대에는 윤리적으로 절제된 군주의 덕치(德治)를 정치의 근간으로 하였다. 미국의 민주주의 원리인 '국민의, 국민에 의한, 국민을 위한 정부'라는 원리에서 볼 때, 적어도 국민을 위한 정치(for the people)는 우리 민족의 핏속에 흐르는 오래된 제도라고 할 수 있다.

서구에서는 시민권이 오랜 역사를 통해 발달해 온 반면, 우리나라는 제2차 세계 대전 후 해방과 함께 한꺼번에 헌법에 수용되었다. 그 예로 프랑스에서는 1946년, 영국에서는 1928년, 스위스에서는 1972년에 여성의 참정권이 법적으로 인정되었는데, 한국에서는 1948년 제헌헌법에서 남녀 투표권이 인정되었다. 서구에서는 오랜 기간 동안 여성 참정권 운동을 통하여 쟁취되었지만 한국은 서구의 제도를 일시에 수입한 것이다.

헌법에 천명된 민주주의의 원칙이라도 실제로 실천에 옮기는 것은 또 다른 문제이다. 정권에 맞설 수 있는 건전한 시민사회(civil society)가 존재해야 시민권이 보장될 수 있다. 시민사회의 존재를 알 수 있는 방법은 실제로 얼마나 많은 사람들이 특정한 공공목적을 달성하기 위해 공동으로 노력하고 있는지 살피는 것이다. 민간이 자발적으로 결성하여 공익(public interest)을 실현시키기 위해 정치적 압력을 행사하는 단체를 시민단체(civil society organization: CSO)라고 한다. 경제정의실천시민연합, 참여연대, 환경연합 등 1980년대 이후 우리나라 민주화 과정에 중요한 역할을 한 단체들이 그 예이다.[4]

권위주의적 정권이 지배하던 1980년대 중반까지 정부는 시민단체를 정부의 감시와 통제 아래에 두려 하였고, 시민단체는 이에 대항하는 관계였다. 그러나 1987년 6월 민주화 운동 이후 시민단체들은 폭발적으로 성장하여 정치·행정 권력과 자본권력을 감시하고 견제하는 권력의 제5부로까지 여겨지고 있다. 일부 시민단체는 국민들에게 신뢰받는 정책행위자 중 하나로 부상했다(김호기·박태균, 2019: 231-232).[5] 즉, 초기의 '시민'단체는 정권퇴진 등 주로 반정부 운동이었다고 한다면, 민주화 이후의 시민단체는 정책과정에 적극적으로 참여하는 방식의 운동으로 전환되었다.

문제는 과연 이들 시민단체가 한국사회를 진정으로 대표하느냐에 있다. 주로 대학교수나 변호사 등 소수엘리트가 시민단체를 주도하고 있기 때문에 '시민없는 시민단체'라는 비판도 받고 있다. 비록 생업으로 인하여 이런 시민운동에 시간을 투입할 수 없는 시민들도 가입하고 회비를 내기는 하지만, 소수에 불과하다. 이런 현실 탓에 시민단체활동이 정부신뢰에 부정적 영향을 미친다는 연구가 있다(도명록·조선일, 2021). 그럼에도 불구하고 2017년 대통령 탄핵까지 이뤄 낸 촛불혁명에서 볼 수 있는 바와 같이 많은 시민의 동조를 얻는 이 단체들이 시민들과 연결 역할을 하고 있다(Kim. P. & Im·T., 2022). 이에 '시민없는 시민운동'이란 표현은 언론이 만들어 낸 허구(김희송, 2006)라는 재반론도 있다. 또한 정치시민단체가 아닌 종교단체, 지역공공모임, 기부행위, 봉사단체 활동은 정부신뢰에 긍정적 영향을 미치기도 한다.

---

4 여기서 시민단체를 광의로 사용되는 비정부기구(NGO)와 구분하여 시민사회를 대표하여 정치적 견제기능을 하는 정치시민단체로 한정해서 보면 더 분명해진다. 정치학이나 사회학에서는 시민단체를 주로 이런 의미로 사용한다.
5 참고로 제4부는 언론이다.

3. 정부와의 관계

우리나라에서는 시민단체(CSO)란 개념은 비정부기구(NGO, 이것도 '시민단체'로 번역하기도 한다)와 혼용되어 쓰인다. 광의의 의미에서 NGO는 영리를 추구하지 않는 모든 비영리단체인 NPO(Non-Profit Organization)라고 할 수 있으며, 협의로는 정부와 대립되는 개념으로 시민단체라는 의미를 사용할 수 있다(김준기, 2006).

광의의 시민단체(즉, 비정부기구를 의미하는 NGO)로 범위를 넓혀 보면 NGO는 다음의 특성을 갖는다.

- 최소한 일회성 캠페인에 그치지 않고 지속성을 가지는 조직(organization)이다.
- 정부와 독립된 상태에서 정부로부터 정치적 영향을 받지 않는 자율성을 가져야 한다.
- 자발적인 동기로 조직되고, 일반국민들의 광범위한 지지를 받는다.
- 사익을 추구하지 않아야 하고(non-profit), 공익을 추구해야 한다.
- 공식적으로 인정을 받고 공적인 활동을 해야 한다.

민주정치에 참여하는 시민단체 외에 광의의 범주에 들어가는 조직은 매우 많다. 적십자사(International Committee of the Red Cross: ICRC), 국경없는 의사회(Médecins Sans Frontières), 그린피스(Greenpeace) 등 국제적인 NGO로 시작된 것을 우리나라에 도입한 경우도 있다. 우리나라만의 고유한 것으로는 탈북자를 돕는 Crossing Border, 탈북난민인권 연합회 등 많은 단체가 있고, 이들이 연합한 탈북자지원 단체연합도 있다. 이외에도 바르게살기운동 연합회, 공교육 살리기 학부모 연합, 사교육 없는 세상 등 수만 개에 이른다.

정치적 색깔이 전혀 없이 사회봉사에 전념하는 NGO들도 있다. 이런 의미의 NGO가 가장 많이 발달한 미국의 경우, 많은 사회복지 문제를 이를 통해 해결한다. 공익실현을 위해 정부가 미처 다 제공하지 못하는 공공서비스 분야에 이런 단체를 만들어 염가 혹은 무료로 서비스를 생산하고 전달하는 것이다.[6] 그리고 자원봉사자들이나 스태프들은 무료 혹은 저임금으로 일을 한다. 이런 모든 활동은 공익을 위한 활동이므로 면세 대상이 된다.

---

6 따라서 미국대학의 행정학과에는 NGO 관련 과목이 많이 개설되어 있다. 제4장에서 언급할 행정서비스론과 연결하여 생각할 필요가 있다.

우리나라 민주화 운동 초기에는 많은 시민단체가 정부를 비판하고 견제하는 데 큰 기여를 하였다. 그러나 시민의 참여가 절대적으로 부족하고, 구성원의 회비로는 운영이 어렵기 때문에 활발한 운영이 이루어지지 않고 있다. 일부 NGO 대표들이 정부 소속 위원회의 시민단체 위원으로 임명받아 관련 정보를 주고받는 공생의 정책과정참여가 이뤄지고 있다(노성민, 2021). 경실련, 참여연대의 대표들이 시민단체에서의 경험을 기반으로 정치인으로 변신한다. 각 정당들은 비례대표 선거 후보로 시민단체 출신을 포함시킨다. 처음에는 순수하게 시작했을지 모르나 결국 정치화되는 경향을 띤다.

2000년 김대중 정부가 '비영리민간단체지원법'을 제정하여 정부가 앞장서서 NGO를 육성하면서, 시민단체가 활성화되었다. 그런데 이들이 정부지원금을 받게 되면서 자율성의 문제가 생기기 시작하였다. 따라서 NGO가 처한 문제점은 정부와의 관계설정이다. 본래의 목적을 달성하기 위하여 얼마나 자율적으로 활동을 하느냐와 단체활동을 위하여 필요한 재원을 얼마나 자체적으로 해결하느냐의 문제이다. 운영비를 정부의 재원에 많이 의존하는 경우, 활동의 자율성도 문제가 생길 가능성이 있다. 이를 유형화하면 다음과 같다.

표 3-2 | 시민단체(NGO)와 정부의 관계유형

	(−) ← 재원의 자율성 → (+)	
(+) ↑ 활동의 자율성 ↓ (−)	협력형	자율형
	종속형	권위주의적 억압 또는 민주적 포섭

출처: 박상필(1999: 261-278)을 수정.

표에서 재정은 시민단체의 사무실과 조직 운영, 사업에 필요한 재원을 말하고, 활동이란 목표달성을 위한 시민단체의 단독 또는 연대 사업 및 사업과 관련된 행동을 말한다. 재정지원은 시민단체에 대한 정부의 유인수단이지만 활동의 자율성은 정부에 대한 견제 역할을 충실히 수행할 뿐만 아니라, 주체적으로 공익을 생산함으로써 보다 능동적인 사회를 형성하는 조건이다.

제2절 **경제행위자: 시장과 정부**

I. 경제 분야의 행정

1. 자본주의 체제에서의 경제

사유재산권을 인정하지 않는 공산주의 체제와는 달리 자본주의 체제에서는 경제의 3주체인 가계, 기업, 정부 중 기업의 역할이 절대적으로 중요하다. 특히 사기업은 영리를 목적으로 재화나 용역을 생산하는 조직으로서, 비영리조직(Non-Profit Organization)과 대비되는 핵심적 경제주체이다.

시간적 관점에서 볼 때, 기업이 재화와 용역을 생산 및 유통하고, 가계가 이를 소비함으로써 생산 → 분배 → 소비의 경제활동주기가 발생한다. 자본주의 경제체제에서는 정부가 재화나 용역을 직접 생산하기보다는 민간기업에게 맡긴다. 정부는 기업 간의 경쟁이 잘 이뤄지도록 규칙을 만들고, 이를 지키도록 강요하는 실물경제 분야의 경찰역할[7]을 한다. 공공재적 특성을 가진 재화와 용역에 대해서는 국가가 직접 생산을 하기도 한다.

우리는 이런 실물경제와 더불어 교환수단인 화폐의 수요와 공급으로 이뤄지는 화폐경제가 혼합된 사회에서 살고 있다. 정부는 중앙은행을 통해 화폐를 발행할 뿐아니라 금융시장에 유통되는 통화량을 조절하는 금융정책을 실시한다.[8] 금본위제도 시대에는 각국의 중앙은행에 예치되어 있는 금의 가치를 기준으로 그 나라 전체에 통용되는 전체통화량은 몇 % 이내여야 한다는 국제적 약속을 지켜야 했다.

미국은 국제금융부문에서 자국의 이익을 챙기려고 많은 노력을 하여, 루스벨트 대통령 당시인 1944년 달러를 기축통화로 정하는 브레튼우즈 체제로 결실을 맺는다. 지폐를 금으로 교환해 주는 금태환 체제를 폐지한 1971년 이후, 미국은 이로써 세계통화시장의 맹주가 된다.[9] 전 세계 국가의 중앙은행은 통화안정을 위해 달러를 일정량 이상 보유하여야 한다. 우리나라는 1997년 외환보유고의 적정

---

7 주로 공정거래위원회, 금융감독원 등이 담당.
8 주로 한국은행 금융통화위원회가 담당.
9 미국이 유럽의 금융자본가로부터 독립하기 위해 노력한 역사를 담은 하나의 설명은 쑹훙빙(2007). 「화폐전쟁」. RHK 참조. 중국이 위안화로 무역을 하려고 하는 움직임은 이런 맥락에서 이해할 수 있다.

량을 유지하지 못해 큰 희생을 치뤄야 했다.

　정부입장에서는 화폐가 우리 몸의 피와 같이 잘 흘러야 좋은 경제가 된다. 화폐는 실물경제활동을 하는 사람들 사이를 매개해 주는 윤활유와 같은 것이다. 화폐는 미래의 지불능력에 대한 신뢰를 바탕으로 한 교환가치에 대한 약속이기 때문이다.

　금융시장에도 많은 행위자가 있는데, 대표적으로는 은행이 있다. 또한 화폐자본을 축적한 사람이 투자를 하고 이를 거래하는 주식시장도 있다. 모든 투자에는 '미래'에 이익을 더 얻을 것이라는 신뢰가 들어가 있다. 이에 더해 미래의 불확실성에 대비하여 위험을 줄이는 것이 각종 보험이다. 정부는 이러한 실물경제와는 또 다른 하나의 시장인 화폐경제를 포함한 나라의 경제를 총지휘하는 거시경제정책을 담당한다.

　주식시장이 시간을 주어진 것으로 본다면, 시간을 독립변수로 재화를 미리 거래하는 방법도 있다. 보통의 시장은 모두 거래의 시점과 대금결제의 시점이 동일한데, 이를 현물(現物)시장이라고 한다. 이와는 대조적으로 선물시장은 일정한 상품에 대해 일정한 가격으로 먼저 결제한 후 실제 상품의 인수·인도는 나중에 일어나는 시장을 말한다. 선물시장은 농산물이나 지하자원 등 실물 경제적 가치를 지닌 것뿐 아니라 상술한 화폐나 주식 등 무형의 금융자산을 포함한다. 그런데 미래의 신용을 재생산 혹은 확대시킴으로써 큰 이익을 챙기려는 욕심이 존재한다. 과도한 투자행위, 즉 투기행위가 그것이다. 이를 막기 위한 규칙을 정하는 것은 물론이고, 일탈자를 단속하는 것 등은 모두 정부가 해야 하는 역할이다.

　오늘날 모든 것이 경제인 시대가 되었기에 '경제정책'이라는 것이 단순히 고전적인 경제 분야로 국한되지 않는다. 다른 분야와 혼합되어 엄격히 경제라고 분리하기도 어렵고 환경, 고용, 교육, 과학기술 등 다른 분야도 경제와 엉켜 있다. 또한 국제경제와 국내경제와도 엄격히 구분되어 운용되지 않고 연동되는 경향이 점점 강해진다. 정책이 그만큼 복잡해지고, 어려워진다는 것을 의미한다.

　지구온난화로 인한 피해를 최소화하기 위한 노력으로 등장한 탄소(CO_2) 배출권 문제가 대표적인 예이다. 전통적으로 대기오염을 일으키는 온실가스와 관련한 탄소배출권은 환경행정의 고유 분야였다. 그런데 국제적으로 탄소배출의 총량을 규제하려는 노력이 있어 왔고, 이를 위해 탄소를 마치 재화와 같이 거래토록 하자는 의미에서 탄소배출권 거래제가 실시되었다. 또한 한 나라 안에서는 탄소를 많이 배출하는 굴뚝산업과 그렇지 않은 산업 간에도 거래를 하게 했다.

　이를 위해서 정부는 마치 주식시장과 같이 탄소거래소를 만들고, 이를 관리하는 기구를 두게 된다. 경제영역이 넓어지고, 국제시장과 국내시장이 연계되는 제3의 영역이 나타나는 것이다. 이산화탄소 배출량을 0(제로)로 한다는 목표하에, 정부가 다양한 방법으로 노력하는 것이 국가경제에 중요한 요인이 되었다.

시간과 선물시장

한국의 경우 주식이나 외환 등 금융자산이 아닌 실물상품을 다루는 선물시장은 2008년 7월 21일 개장한 돼지고기 선물시장이 그 시초다. 선물시장은 흔히 가격변동에 따른 생산자의 위험을 관리하기 위한 효과적인 수단으로 홍보되지만, 사실상 시세의 변동을 노리고 차익을 추구하는 고위험 고수익의 투기시스템으로 보는 것이 일반적이다.

1921년 5월 당시 서울 시내에는 자동차라고 해봐야 200여 대가 고작이었다. 그나마 서울 시내에 있는 자동차의 3분의 1 이상이 경성역에 대기 중이었다. 스물두 살, 청년 백만장자 반복창의 결혼식에 온 하객들을 실어나를 자동차였다. 결혼식 장소는 하세가와마치(현 북창동 일대)에 있는 조선호텔. 결혼식 비용만 지금 돈으로 30억 원에 달했다. 조선을 대표하는 호화 결혼식으로 역사에 남을 만한 이벤트였다.

열두 살에 남의 집살이로 출발해 스물두 살에 조선 최고의 미녀와 초호화 결혼식을 올리게 된 반복창이 백만장자가 된 비결을 따져보자면 근대 조선의 미두시장을 살펴봐야 한다. 1896년 인천에 개설된 조선미두시장은, 쌀을 현물 없이 10%의 증거금만 가지고 청산거래 형식으로 사고팔던 곳이었다. 오늘날로 치면 '선물시장'에 해당한다.

당시 미두시장에서는 최소 100석 단위로 거래되었으므로 미두를 하려면 요즘 돈으로 적어도 몇천만 원의 밑천은 있어야 했다. 하지만 증거금은 10%밖에 안 되었기 때문에 쌀값이 하루에 10~20원씩만 오르내려도 요새 돈으로 하루에 1~2억 원씩 따거나 잃게 된다. 전형적인 '고위험 고수익' 투기였던 셈이다.

거래성립을 알리는 딱딱이 소리 한 번에 '대박'과 '쪽박'이 판가름나는 미두시장은 실제로 공인된 투기장이나 다름없었다. 당신의 인천 미두시장은 일확천금을 꿈꾸는 사람들로 날마다 들끓었고, 인천 앞바다는 미두로 전답을 날린 사람들의 한숨과 눈물로 날마다 출렁거렸다.

반복창은 열두 살 때부터 일본인이 운영하던 미두중매점에서 점원으로 일을 시작했다. 미두시장에서 잔뼈가 굵은 그는 언젠가 미두로 일확천금을 하겠다는 꿈을 키우며 밤을 새워가며 그날그날의 미두시세를 연구한다. 그렇게 8년 동안 남의 집에서 일하며 악착같이 돈을 모아 밑천을 마련한 반복창은 결국 400원을 들고 잔챙이 미두꾼으로 나서게 된다.

마침내 반복창은 한 섬에 55원씩 1만 섬을 산 후 73원씩에 되팔아 단 한 번 거래로 18만원을 벌어들여 세상을 놀라게 한다. 오늘날로 치자면 55억을 한꺼번에 쏟아부어 며칠 만에 180억 원의 차익을 벌어들인 셈이다. 마치 귀신이 붙은 것처럼 그렇게 맞히기를 몇 달 하고 나니 반복창의 재산은 어느덧 40만 원. 요즘 돈 400억 원으로 불어나기에 이른다. 미두꾼으로 나선 지 불과 1년 만에 '미두왕'으로 이름을 떨치게 된 것이다.

그러나 투기의 말로는 예나 지금이나 비슷한 모양이다. 1년이 지나자 반복창의 시세예측은 번번이 빗나가게 된다. 사면 떨어지고 팔면 오르고, 사면 '꼭지'요 팔면 '바닥'이었다. 2년 만에 400억 원을 다 잃고 …

출처: EBS 지식프라임 제작팀. 지식 프라임. 밀리엄하우스, 272-273 발췌

2. 경제행위자로서 기업

정부 주도로 고도성장을 한 한국은 관치경제에서 자유시장경제로 진화되는 경로를 거친다. 정부가 기업을 통제하는 시대는 이미 지났다고 해도 과언이 아니며, 오히려 기업이 잘해야 경제가 잘되기 때문에 정부가 기업에 의존하게 되었다. 경제는 정권의 인기에 결정적 요인이다. 경제가 불황이면 국민의 불만이 높아가고, 이에 따라 정부 및 정치인에 비판적이 되는 경향이 있다.

경제계 중 가장 중요한 것은 기업이다. 기업이란 영리를 극대화하기 위해 상호 간 경쟁을 하는 조직이다. 우리나라의 경우, 특히 60년대 이후 급속한 경제발전과정에서 기업가정신(entrepreneurship)이 남다른 일부 사람들에 의해 초대형으로 성장한 재벌기업이 중심을 이룬다.

재벌(財閥)은 학술적 용어는 아니지만, 우리나라의 고도성장과정에서 정부의 직·간접적 도움으로 막대한 자본을 축적한 기업집단을 의미한다. 보통 첫째, 가족에 의해 경영권이 승계되고, 둘째, 한두 가지 전문업종에 집중하는 것이 아니라 여러 사업 분야에서 영업활동을 한다는 특징을 가지고 있다. 재벌에 대한 평가는 긍정적, 부정적 시각으로 나뉘지만, 우리나라 경제에 중요한 비중을 차지하고 있다는 점에서는 이의가 없다. 재벌은 다음과 같은 문제가 있다.

첫째, 시장지배력이다. 소수의 기업이 문어발식 확장을 하여 시장을 좌지우지 할 정도의 영향력을 행사한다.

둘째, 재벌기업 내 지배구조의 문제이다. 상호출자 등 교묘한 방법으로 재벌기업 간의 의사결정이 최고경영자에게 있는 '독재'현상이 나타난다.

이러한 점에서 재벌은 대한민국 경제 전체의 건강성을 위협하는 존재가 되었다(박상인, 2016; 2017). 이들 대기업을 중심으로 1961년에 구성된 압력단체인 한국경제인연합회(2023년 이전까지는 전국경제인연합회)는 정부에게는 중요한 행위자이다. 비교적 재원의 여유가 있기 때문에 각종 정책연구를 하고, 매스컴 등 여러 방법으로 정부에 영향력을 행사한다. 이와 유사한 구성으로 이뤄진 협의체로서 무역협회와 상공회의소도 있다.

상대적으로 규모가 작은 중소기업도 많다. 법적으로 중소기업은 상업과 서비스업인 경우 상시 종업원 수 20명과 총자산 5,000만 원 이하인 기업을, 건설업의 경우는 상시 종업원 수 300명과 총자산 5억 원 이하인 기업을 의미한다. 중소기업은 대기업에 비하여 재정력이 부족하여, 투자할 수 있는 여력도 부족하고, 연구개발비에 투입할 돈도 부족하며, 외국시장으로의 진출에도 어려움이 많이 있다. 이들 중소기업들도 중소기업중앙회를 결성하여 정부와 상호작용하고 있다. 중소기업은 고용효과가 크고, 기술혁신도 많이 이뤄지고 있기 때문에 역대 정부는 전담부처를 두고, 다양한 중소기업 육성정책을 펼치고 있다.

　　보통 이들은 독립된 주체로서 마치 사람과 같이 행동할 수 있는 법인(法人)격을 부여받는 점도 주목해야 한다. 우리나라 인구는 약 5천만 명이지만, 실제 법적인 주체는 자연인(즉, 성인)에 법인의 숫자를 합한 만큼이 된다. 법인세 등 세무행정 분야를 비롯하여 우리 행정이 고려해야 할 대상의 실제 숫자는 그만큼 늘어나는 것이다.

Ⅱ. 시장과 정부 간 관계

1. 시장실패와 국가주도형 경제

　　중상주의 이후, 국민들에게 국가로부터의 자유를 최대한 보장하고 시장을 '보이지 않는 손'에 맡기는 자유방임주의 국가가 등장하였다. 하지만 대공황이라는 시장실패를 겪은 후 케인즈주의적 국가론이 대두한다. 케인즈주의적 국가는 국가가 경제에 적극 개입하여 수요를 창출하고 국민의 경제생활에 적극적으로 개입한다.

　　그러나 정부가 경제에 개입하는 것은 이론적으로 합의하기 어려운 문제이다. 정부 개입을 정당화하는 논리는 시장실패론이다. 완전경쟁시장은 거의 존재하지 않는다. 후생경제학적인 시각은 일반균형으로서 파레토균형을 상정하면서, 시장의 불완전성을 근거로 정부개입의 정당성을 인정한다. 예컨대 외부성(externality)은 공공재에만 한정되어 있지 않고 도처에 있다. 사적재는 그 배제성 때문에 소유하지 않는 사람들이 대가를 지불하지 않고 사용하지 못하도록 한다는 전제를 하지만 사실 현실에서 이런 것이 완벽하게 작동하지 않는다. 불완전한 시장 속에서 정보도 부족하고 또 경제 전반에 대한 안정성이 부족하기 때문에 결국은 정부가 개입을 해야 된다고 볼 수 있다.시장이 제대로 작동하기 위해서, 그리고 시장에서 거래비용을 줄이기 위해서 행정이 어떠한 협약을 협상하거나 감독, 강제하는 방식의 개입도 필요하다. 정부가 규제를 통하여 시장에 개입해야 함이 정당화하는 논리이다. 후생경제학자들은 시장에서 나타나는 비효율적인 부분 또는 바람직하지 않은 부분을 바꾸기 위해서 정부 정책을 할 것을 주장한다(랜디 시먼스, 2023: 9-38).

　　우리나라의 역사는 서구와 다르다. 정부가 경제부문에 주도적인 역할을 하여, 고도성장을 했기 때문이다(김준형·엄석진, 2016). 6·25의 폐허 속에서 정부가 근대적 기업과 시장 자체를 만들었다고 해도 과언이 아니다.

정부가 중점적으로 육성하는 산업 분야는 시대적으로 변화를 겪어 왔다. 즉, 발전행정시대에는 다음과 같은 방법으로 정부가 개입했다. 첫째, 정부가 경공업 → 중화학공업 → 정보화산업 순으로 중점적으로 육성하는 분야를 선별했다. 둘째, 부족한 자본문제를 해결하기 위해 외국에서 차관을 들여와 우리 기업에 빌려주기도 하고, 기업의 대출을 보증해 주기도 하였다. 셋째, 외국과 비교하여 경쟁력이 없는 제품은 일단 수입을 금지한 후, 우리 제품이 나아지면 서서히 풀어 주었다.

정부주도형 경제성장이 이뤄지는 과정에서 정경유착, 관료부패 등 여러 가지 문제가 드러났다. 경제계가 행정의 환경이 아니라 행정의 일부 내지 파트너라고 봐도 과언이 아닐 정도로 밀접한 관계였다. 기업이 정치자금 등을 제공하고, 나중에 정부발주 사업에서 이 기업이 특혜를 얻는 일종의 암묵적 교환관계가 있었다. 특히 정권이 바뀔 때마다 이런 현상이 심해진다. 국가 경제에 대한 충격 때문에 대기업은 시장에서 퇴출하지 못한다는 '대마불사'라는 표현과 같이 재벌이 오히려 정부의 정책선택을 제약하는 상황도 생기게 되었다.

2. 정부실패

정부실패에 대한 논리도 상당히 설득력이 있다. 기본 논리는 인간의 이기심이란 누구도 막을 수 없다는 데에서 출발한다. 정부가 이기심을 인위적으로 통제하는 것은 부정적 결과를 가져온다는 것이다. 각자가 사익을 추구하는 시장원리가 결국은 가장 최적의 생산과 소비활동이 이루어진다고 본다. 사익추구 그 자체가 부정적이라기보다는 오히려 타인의 사리사욕을 견제할 수도 있어서 결과적으로는 오히려 사회후생이 증가한다는 것이다.

우선, 정치가 시장의 실패를 바로잡는 역할을 한다는 시장실패론자에 대해 반박한다. 아무리 민주정치라고 하더라도 정치 자체가 사익을 추구하고, 일반 소비자보다는 특정 집단을 옹호하고, 정부 자체에 의해서 착취가 되는 현상이 많다는 것이다. 예컨대 환경, 빈곤문제에서 정부가 규제를 하더라도 실질적으로는 그 보호로 인해서 후생이 손실되고 오히려 전체적으로 부정적인 영향을 가져오게 한다는 것이다.

정보의 부족문제도 중요하다. 정부가 많은 정보를 가지고 시장, 교환에 개입할 것 같지만 오히려 정보가 부족하거나 왜곡된 정보를 가지고, 사익에게 맡겨 놓았을 때보다는 부정적인 결과를 만들어 낼 가능성도 있다는 것이다.

셋째로 정부는 전능하지 않지만, 한 사회에서 가장 강력한 기관이기 때문에 경쟁을 저해하고 독점과 유사한 상태로 이끌 가능성이 높다는 비판이다. 예산에 관해서도 권력이 큰 정치인과 비선출직인 관료 사이에 세금을 얼마나 쓰느냐로 경쟁하는 문제까지 발생시킨다고 본다. 니스카넨의 관료팽창론을 예로 들 수 있다. 소비자 잉여보다는 관료의 이익을 추구하여 적정 규모 이상의 최대 규모의 예산을 지출하기 때문에 결과적으로 '좋은 일이 과도한 현상'이 나타나고, 세금의 낭비가 이루어진다는 것이다(브랜드 시몬스, 2023: 261－295).

실무계에서 정부와 시장의 역할 분담에 대한 논의는 개인의 이데올로기에 많이 좌우된다. 미국과 같이 역사적으로 정부에 대한 불신으로 성립한 나라는 민간기업을 옹호하는 분위기가 지배적이다. 정부의 업무도 가급적 민영화나 민간위탁을 해야 한다는 것이다.

그러나 미국에서도 정부의 업무를 민영화하는 데 한계가 있다는 주장이 타당하다고 받아들여지고 있다(Moe, 2010). 국방, 안보, 치안 등 국가의 본질적 기능은 민영화하기 어려운 대표적인 예이다. 역사상 국방을 저렴한 비용으로 외국의 용병에 의존했던 나라들은 오래가지 못하였다. 정부업무 민영화의 대원칙은 '국민 전체의 주권'이 민영화된 업체의 활동을 통제할 수 없는 경우에는 민간 부분을 이용해서는 안 된다는 것이다. 예컨대 아무리 단가가 싸다고 하더라도 국가정보원의 전산실 소프트웨어 관리를 민영화하는 것은 위험하다.

우리나라와 같이 급속한 경제성장을 이룬 나라는 시장(기업)이 취약점을 많이 가지고 있다. 고도성장 시기의 기업은 짧은 시간에 최대의 이윤창출을 달성하기 위해 수단과 방법을 가리지 않아 왔기 때문이다. 따라서 정부는 시장의 공정한 경쟁을 담보하기 위해 규제정책을 펼쳐야 할 필요가 있다.

3. 중소기업

적어도 기업의 규모라는 측면에서 볼 때, 소수의 대기업과 다수의 중소기업으로 구성된 피라미드형 구조가 바람직하다. 중소기업은 몸집이 작아 몸집이 큰 대기업이 경쟁적이지 못한 부분에 쉽게 창업할 수 있기 때문에, 끊임없이 J. Schumpeter의 '창조적 파괴(creative destruction)'가 쉽게 이뤄진다. 경제계는 행정과는 달리, 경쟁력을 기준으로 새로운 기업과 도산하는 기업이 끊임없이 생기는 역동성이 있어야 생존한다.

문제는 우리나라의 경우, 중소기업들이 이런 건전한 창조적 파괴보다는 대기업에 의존해야 생존하기 쉽다는 점이다. 불공정 하도급이 그 예이다. 기존에는 중소기업이 담당하던 분야여도, 대기업이 막강한 자본력으로 싸고 좋은 품질의 상품을 제공함으로써 시장을 장악한다. 대형할인마트가 동네 곳곳에 들어섬에 따라 동네상점들이 문을 닫는 경우가 한 예이다. 이런 문제를 다루고자 공정거래위원회에서 공정한 시장질서를 만들기 위한 노력을 하고 있다. 그리고 이를 다루는 행정학의 분과과목이 경쟁정책이다.

역대 정부는 중소기업을 육성하고 지원하는 정책을 펼쳐 왔다. 정부조직에는 중소기업부가 기술지원, 세금혜택, 자금지원 등을 하고 있다. 신제품을 위한 연구능력이 부족한 중소벤처기업에게 R&D를 지원하는 것과 불필요한 규제를 줄이는 개혁도 많이 시도된다(김권식, 2021).

조달청은 중소기업의 제품을 우선적으로 조달하는 정책도 시행한다. 자금이 부족한 중소기업의 신용위기를 도와주기 위한 수단도 있다. 과거에는 친족, 친구 등이 무한지불보증을 서게 하여, 그 기업이 도산되면 친족, 친구들도 막대한 피해를 보았다. 이제는 중소기업이 자신의 신용을 위해 스스로 보험료를 지불하는 신용보증(Trade Credit Insurance) 제도가 있다. 1997년부터 정책보험으로서 신용보증기금(정부의 공공기관)이 있고, 서울시 등 지방자치단체도 유사한 제도를 시행하고 있다.

우리나라의 특수한 대기업 지배상황에서 중소기업을 도와주는 것이 '동반성장정책'이다. 이명박 정부에서 동반성장위원회를 설치하여, '동반성장정책'이 본격화되었다. 예컨대 대기업별로 동반성장지수를 산정하여 공표함으로써 해당 기업이 얼마나 중소기업과 상생하려고 노력하였는가를 보여 준다든지, 골목상권 수호 문제에 정부가 개입한다든지, 특정 사업의 경우(예: 두부생산) 중소기업의 업종으로 지정하여 대기업이 끼어들지 못하도록 하는 것이다. 정부개입은 취약한 시장에 정부가 개입하여 약자를 보호하겠다는 의미인데, 경제적 행위자인 시장을 정부가 관리한다는 것이 쉬운 과제는 아니다.

Ⅲ. 노동조합

노동자는 기계와는 달리 하루라도 숨 쉬지 않고는 살 수 없는 인간이다. 시간적으로 볼 때, 고용을 한다는 것은 노동자의 현재가치보다는 미래의 노동을 구매하는 것이다. 근무시간에는 자신의 몸을 개인용도로 사용하지 않고, 고용주를 위해 사용해야 한다(김관욱, 2019).

노동자는 고용주와의 관계에서 열악한 처지에 있기 쉬우며, 노사관계가 지배−복종의 수직적 관계가 되기 쉽다. 이와 같이 잠재적으로 강력한 고용주 측에 대해 약자인 노동자들이 단결하여 대등한 관계로 협상하게 하는 것이 노동조합제도이다. 국제노동기구(ILO)의 규정에 의해, 모든 노동자는 단결권, 단체교섭권, 단체행동권을 보장받도록 되어 있다.

기업에는 노동조합이 결성되어 있다. 그동안은 한 사업장에 하나의 노조만을 허용하는 단일노조체제였으나, 2011년 7월 복수노조를 허용하여 한 사업장 내 복수의 노조가 존립할 수 있도록 정책이 바뀌었다. 이들 개별노조들은 다시 기능 혹은 업종별로 다른 노조와 연대하는 식으로 조직화된다. 예컨대 화물노조, 전국화학노조 등이 있다. 이러한 모든 노조의 전국적 연합으로서 가장 영향력이 큰 것으로 한국노동조합총연맹(한국노총)과 전국민주노동조합총연맹(민노총)이 있다.

경쟁력 있는 정부는 노동자의 정당한 권리를 보장한다. 노동 관련 법률을 통해 공정한 노동환경을 조성할 뿐만 아니라 실제 노동 현장에서 발생하는 분쟁에 대한 중립적 중재 및 판결의 기능을 수행한다. 정부가 시장의 규칙을 정한다는 논리에 따르면, 노동시장에서도 공평한 문제처리를 위해 정부가 개입해야 한다. 노동 현장에서 노동자가 사용자와의 관계에서 불공평하게 대우받지 않도록 하고, 분쟁이 있을 때 공정하게 중재하는 것이 정부의 역할이다.

우리나라의 노동운동은 순수 노동운동을 넘어 정치와의 관계에서 독특한 역사를 가지고 있기 때문에 더욱 행정학에서 다뤄야 하는 주제이다. 군사정권과의 투쟁 과정에서 노조가 매우 중요한 역할을 하였고, 그 후 민주화가 어느 정도 이뤄진 시기에도 노동운동 과정에서 정치적 구호가 등장하는 경향은 계속된다(김철식, 2023).

표 3-3 | 노동조합의 종류

종류	노조원 구성	특징
직업별	동일 직종/직업 종사자	노조의 초기형태
산업별	동일 산업 종사자	유럽의 경우 산업별 노조가 주 한국: 금속노조, 보건노조, 금융노조 등
일반	직종 및 산업 종류에 무관	동일 지역 근무 중소기업 근로자 대상
기업별	동일기업 종사자	개별기업 존립기반 우리나라 일반적 노조 형태

출처: 김식현 · 정재훈(1999). 『노사관계론』의 내용을 재구성.

제3절 새로운 행위자

I. 인구학적 변화

대한민국 국민의 인구학적 구조는 피라미드형에서 역삼각형으로 계속 변화하고 있다. 출산율 저하, 고령화 속도가 전 세계 어느 나라에 못지 않게 심각하다. 많은 학자가 생산가능인구는 점차 감소하고 노년부양비는 점차 증가하여 경제 전반에서 활력을 잃을 것으로 예상하고 있다.

출산율 저하로 전체인구에서 경제활동을 하는 젊은 세대의 비율이 줄어들면서 생산성 저하는 물론이고, 복지비용 증가 등 행정에 많은 과제를 안겨 주고 있다. Buchholz(2017: 33-35)는 국가가 부유해질수록 출산율이 떨어지고 국민의 평균연령은 높아진다고 주장한다. 경제생활에 여유가 있을수록 개인의 삶을 중시하고, 자신의 부를 후대에 물려주기 위해 소수의 자녀를 두는 경향이 있다. 특히 자녀교육의 어려움 때문에 출산을 포기하는 젊은 세대들이 늘어나는 것도 문제이다. 이것은 모두 국가행정이 잘못된 정책을 펼쳤음을 의미한다.

역사적으로 우리나라는 한민족, 한겨레 국가를 강조해 왔지만 민족국가로서의 특성은 서서히 변화하고 있다. 노동력의 부족으로 유입된 외국인 노동자는 물론이고, 주로 농어촌 지역의 미혼 남성과 결혼을 위해 오는 결혼이주여성, 그리고 세계화에 따라 국제결혼이 급격히 증가하면서 단일민족국가인 우리나라 인구에 근본적 변화를 가져오고 있다.

특히 우리나라의 특정산업 분야에서는 필요한 노동자를 구하지 못하여 외국인에게 일정기간 경제활동을 하도록 하고 있다. 1993년 산업연수생 제도를 도입하였고, 여러 가지 문제점을 보완하기 위해 2004년부터 「고용허가제」를 시행하고 있다. 노동력이 부족하여 외국인의 체류기간을 연장하고, 성실근로자는 더 연장하는 등 유연성을 부여하고 있다.

합법이든 불법이든 우리사회에 외국인의 수가 증가하는 것은 한국행정에 많은 새로운 과제를 안겨 주고 있다. 한국국적을 가진 사람과 '외국인'이라는 개념 사이에 합법적으로 장기간 우리나라에 거주하는 '영주권자'라는 개념이 생겼다. 한국 국적을 취득한 이민자는 물론이고 영주권자를 정치적 공동체에 대한 참여자로 포함시키는 문제도 등장한다(김희강 외, 2015). 이러한 사람들을 위한 비자제도 등

비자의 종류

대한민국을 구성하는 국민의 보호를 위하여 대한민국 영토에 입국하는 모든 사람을 관리하는 것이 출입국관리행정이다. 모든 국경을 통과할 때, 그 체류목적에 따라 체류기간과 영토 내에서 할 수 있는 활동을 제한하는 비자(visa)를 취득해야 한다. 우리나라의 비자는 다음과 같다. 비자의 종류에 따라 체류기간이나 우리나라에서 체류중 가능한 활동범위가 제한된다.

(A-1) 외교	(D-2) 유학	(E-1) 교수	(F-1) 방문동거
(A-2) 공무	(D-3) 기술연구	(E-2) 회화지도	(F-2) 거주
(A-3) 협정	(D-4) 일반연수	(E-3) 연구	(F-3) 동반
(B-1) 사증면제	(D-5) 취재	(E-4) 기술지도	(F-4) 재외동포
(B-2) 관광통과	(D-6) 종교	(E-5) 전문직업	(F-5) 영주
(C-1) 일시취재	(D-7) 주재	(E-6) 예술흥행	(F-5) 결혼이민
(C-3) 단기방문	(D-8) 기업투자	(E-7) 특정활동	(G-1) 기타
(C-4) 단기취업	(D-9) 무역경영	(E-9) 비전문취업	(H-1) 관광취업
(D-1) 문화예술	(D-10) 구직	(E-10) 선원취업	(H-2) 방문취업

이민정책 및 이민행정 분야가 새롭게 부각되고 있다.

이들에게 한국어 교육을 포함한 포용정책을 해야 하고 한국인은 이들과 같이 사는 사회를 만들기 위해 노력해야 한다. 행정부에서는 해당 외국어에 능통한 공무원도 충원해야 하고, 외국인의 수요에 맞는 행정서비스도 제공해야 한다.

이와 더불어 북한사회를 탈출하여 남한사회에 정착한 사람들을 적응시키는 문제가 있다. 비록 민족은 같지만, 오랫동안 단절되어 살면서 생긴 문화적 이질감을 극복하는 것이 필요하다. 만약 통일이 된다면, 그때의 행정수요는 막대한 것이므로 미리 대비해야 한다(김병섭·임도빈 외, 2012).

외국인, 탈북자를 막론하고 한국사회에 새로 적응하여 이질감을 느끼지 않도록 완전한 시민으로 전환시키는 과정에는 시간이 중요하다. 혈통이 중요한 것이 아니고, 그 사람을 얼마나 한국사회에 적응시켜 공동체에 도움이 되게 하느냐가 중요하다. 그렇지 않으면, '2등 국민'이란 별칭이 생길 정도로 우리사회의 안녕질서에 위협적인 문제를 안겨주기 때문이다. 유럽이나 미국에서 일어나는 테러가 그것이다.[10] 이들에 대한 한국어 통역서비스나 교육이 가장 시급하고 기초적인 서비스라고 하겠다.

---

10 갈등의 이면에는 종교문제가 있다. 세계 73억 인구 중, 기독교(구교 포함)가 23억(31.2%), 이슬람교 18억(24.1%)에 이른다. 그런데 2015~2060년 사이 인구는 32% 정도 증가하지만 이슬람인구는 70% 증가할 것으로 보인다. 이슬람이 세계 최대의 종교가 될 것이란 예측이다.

이와는 반대의 경우로 외국에 장기거주하는 한국인도 점점 많아진다. 한국국적은 유지한 채, 외국 영주권을 획득하여 외국에 장기간 사는 사람들이 있다. 이중국적을 가지고 외국에 장기 거주하는 숫자도 점점 늘어간다. 이들 재외국민은 각종 선거에 참여하는 등 주권자로서의 역할도 계속하므로, 적절한 행정 서비스를 제공해야 한다. 예컨대 프랑스 하원 내 스위스 등 불어권 외국을 대표하는 지역구 하원의원이 있다.

II. 제3의 행위자

사회와 기술이 발달하면서, 전통적으로 경계를 나누던 방식에서 벗어나는 새로운 행위자가 점점 많아지게 된다. 경제영역에는 프리랜서, 사회적 기업 등이 있고, 국적을 기준으로 한다면 재외국민, 영주권자가 있다.

프리랜서는 시간적으로 볼 때 평상시에는 특정기업, 집단, 조직 등에 속하지 않고 어떤 과업에 대해서만 특정시간을 할애하여 일하는 직업형태를 말한다. 보통 기획, 문화예술, 예능 분야에 많이 있는 고용형태이지만, 알바와 같이 단순 노동제공까지 확대하면 광의의 자영업자라고 할 수도 있다. 그러나 경제활동을 항시 유지하지 않고, 간헐적으로 한다는 점에서 차이가 있다. 어떤 제품이나 서비스의 수요가 다양하고, 시간의 흐름선상에서 변화무쌍하다면 프리랜서로 일하는 것이 잠재적 고용주나 노동자 모두에게 이득이 되는 제도이다. 한 조직 내에서 과업별로 생겼다가 해체되는 프로젝트 조직이 사회적으로 확대된 것과 같은 원리이다. 대리운전자, 퀵서비스 배달자, 앱개발자, 디자이너 등 4차 산업혁명이 이뤄지면서 광의의 프리랜서는 점점 늘어나 긱 경제(gig economy)가 되고 있다.

사회적 기업은 행정이 만들어 낸 새로운 행위자이다. 목적 면에서 NGO와 같이 공익증진과 같은 사회적 목적을 추구하면서, 수단 면에서는 기업과 같이 영리를 추구하는 기업을 말한다. 이론적으로 Anthony Giddens의 '제3의 길' 혹은 생산적 복지모델에 바탕을 두고 있다. 사회적 기업은 비영리조직이나 사회적 책임실천기업과는 다르다.

우리나라에서는 1997년 외환위기 이후 실업이 중요한 사회문제로 대두된 반면, 기업의 고용창출능력은 한계에 부딪치게 되면서 사회적 기업(social enterprise)이라는 제도가 도입되었다. 이후 계속되는 저성장의 문제와 사회양극화로 사회복지에 대한 수요가 급증함에 따라 정부는 사회적 기업을 적극적으로

육성하는 정책을 편다. 즉, 정부는 '사회적 기업 육성법'을 제정하여 다음 요건에
맞는 경우를 보호하고 지원한다.

- 1인 이상 직원이 있을 것
- 영업이익이 인건비의 30% 이상일 것
- 단순 일자리 창출이 아니라, 좀 더 큰 의미에서 공익추구의 목적이 주가 될 것
- 이사회, 총회 등을 두어 내부의사결정 과정에 투명성이 있을 것

Trivedi & Stokols(2011)는 비영리조직(NPOs)이나 사회적 책임 실천기업
(corporation practicing social responsibility: CSR)들과 구분되는 사회적 기업의 핵
심 특성들(defining features)을 다음의 표와 같이 정리한 바 있다.

사회적 기업은 공공성이란 가치를 추구하면서, 동시에 고용창출과 같은 기업
적 가치도 추구하는 혼합조직이다. 그러나 기업으로서 생존하는 것조차 쉽지 않다.
사회적 기업은 조직 내부의 기술·프로세스·지식을 잘 파악하여, 자기 혁신을 하
고, 문제해결을 위해 탐색하고, 개척하는 능력을 길러야 한다(신영민, 2024).

다음으로 국적을 기준으로 새로운 행위자 수가 점점 늘어나는 현상을 주목할
필요가 있다. 즉, 전통적으로는 국적지와 거주지가 동일하였으나, 양자가 일치하지
않는 경우이다.

먼저 우리나라 국적으로 취득하지는 않지만 비자갱신 없이 영구히 한국영토에
거주할 수 있는 영주권자가 있다. 예컨대, 외국기업이 국내에서 경제활동을 지속적
으로 함에 따라 우리나라에 장기거주하는 외국인 임직원들이다. 이들은 주로 정치

표 3-4 | 사회적 기업의 개념 및 핵심특성

구분 차원	비영리조직	사회적 기업	사회적 책임 실천기업
주된 동기 및 결과	미결 사회문제의 완화	긍정적 사회변화의 유발	기업 소유주 및 주주의 부 증진
인력관리 및 사회적 기업가의 역할	대체로 거래적 리더십	변혁적 리더십	거래적 리더십
조직 구조	대체로 위계적	평면적, 수평적	위계적
소유구조 및 사회문화적 맥락의 인식 방법	제한적	집합적, 공동체의 일반적 비전에 따름	개인적, 또는 제한적

출처: Trivedi & Stokols(2011): 21-25; 문병기(2015): 296에서 요약·정리.

권, 병역의무 등 몇 가지만 제약되고 많은 부분은 국민과 거의 동일한 지위에 있다. 전 세계적으로 이들에게 지방선거 참정권을 부여하는 경향이 있다.

다음으로 외국의 영주권을 취득한 한국 국적의 국민들이 있다, 이들은 거주지만 외국일 뿐 우리 국민과 똑같은 권리와 의무를 갖는다. 행정서비스로 대표적인 것이 아포스티유이다.[11] 이들을 보살피는 재외동포청이 2024년에 발족하였고, 각종 선거에서 재외국민 투표가 이뤄진다.

---

11 아포스티유(Apostille)란 한 국가가 발행한 공문서를 다른 국가에서 사용하기 위해서, 번역본과 함께 그 문서의 공적 효력을 인정하는 것으로 보통 해당국 대사관이 담당한다.

참고문헌

김관욱(2019). "'여러 몸'의 진짜주인되기: 노동운동으로서의 생활운동에 대한 경험철학적 민족지". 「한국문화인류학」 52(3): 273-314.

김권식(2021). 「중소기업정책 평가와 향후과제」. 중소기업정책연구보고서. 서울: 중소벤처 기업연구원.

김병섭·임도빈 외(2012). 「통일한국정부론」. 파주: 나남.

김준기(2006). 「정부와 NGO」. 서울: 박영사.

김준형·임석진(2016). "한국의 고도성기의 고위관료의 역할". 「한국사회와 행정연구」 26(4): 287-310.

김철식(2023). "1987년 이후 한국의 노동운동—노동시장 유연화의 진전과 민주노조운동의 헤게모니 상실". 「사회와 역사(구 한국사회사학회 논문집)」 137: 51-88.

김학실(2012). "지역사회에서 사회적기업의 지속가능성 요인 탐색". 「지방정부연구」 16(1): 259-277.

김호기·박태균(2018). 「논쟁으로 읽는 한국현대사」. 서울: 메디치.

김희강·류지혜(2015). "다문화사회의 이민정책". 「한국행정학보」 49(1): 223-244.

김희송(2006). "시민운동 비판의 이데올로기 요소 고찰: '시민없는 시민운동'이란 비판을 중심으로". 「NGO연구」 4(1): 191-220.

남궁근(2000). "반부패활동을 위한 국내 NGO활동분석". 「한국행정학회 학술세미나 발표논문」.

노성민(2021). "비영리민간단체의 혁신방향에 대한 사례연구; 관련단체를 중심으로". 「한국 조직학회보」 18(2): 83-105.

랜디 시먼스(2023, 김행범 외 옮김). 「정치를 넘어: 정부실패의 근원」. 서울: 율곡 출판사.

문병기(2015). "사회적 기업의 성과평가체계구축". 「한국행정학보」 49(1): 293-318.

박상필(1999). "시민단체와 정부의 관계유형과 지원체제". 「한국행정학보」 33(1): 261-278.

박상인(2016). 「정부역할의 재정립」. 서울: 박영사.

박상인(2017). 「왜 지금 재벌개혁인가: 박정희 개발체제에서 사회통합적 시장경제론」. 서울: 미래를 소유한 사람들.

박승관·장경섭(2001). "한국사회의 이중적 법질서와 언론권력의 관계". 「한국사회학」 35(2): 91-114.

신영민(2024). "무엇이 사회적 기업의 역량에 영향을 미치는가?". 「한국행정학보」 58(2): 325-357.

이준웅 외 3인(2009). "한국사회 매체 체계의 특성". 「커뮤니케이션이론」.

정다겸·김서용(2020). "위험사회 대응과 신거버넌스 탐색: 미세먼지 루머 신뢰에 대한 가치, 지각, 소통, 자원요소의 영향분석". 「행정논총」 58(1): 1-36.

정종섭(2010). 「헌법학원론」. 서울: 박영사.

조석준·임도빈(2019). 「한국 행정 조직론」. 파주: 법문사.

EBS 지식프라임 제작팀(2009). 「지식 프라임」. 서울: 밀리언하우스.

Buchholz, Todd. G.(박세연 역) (2017). The Price of prosperity(다시, 국가를 생각하다). 파주: 21세기북스.

Campbell, James E. (1991). "The Presidential Surge and Its Midterm Decline in Congressional Elections, 1868-1988." *Journal of Politics* 53: 477-487.

Jacobson, Gary C. (1990). *The Electoral Origins of Divided Government: Competition in U.S. House Elections. 1946-1988*. CO: Westview Press.

Kim, P. and Im (2022). "Legitimacy as Resource: How Did the Presidential Impeachment in South Korea Succeed?." 「한국조직학회보」 19(2): 55-86.

Marshall, T. H. (1964). *Class, Citizenship and Social Development*. London: Univerisity of Chicago Press.

Mattew S. Shugart and J. Carey (1992). *Presidents and Assemblies: Constitutional Design and Electoral Dynamics*. CA: Cambridge University Press.

Moe, Ronald C. (2010). "Exploring the Limits of Privatization". in J.M. Shafritz et al.(ed.), *Classics of Public Administration*. CA: Wadsworth Publishing Company.

제 **4** 장

국민과 행정의 상호작용

이 장은 철저히 국민의 입장에서 행정현상을 보는 것을 제안한다. '정부가 어떻게 하면 국민들의 일상생활이 행복해질까'라는 의문을 갖고 보는 것이다. 정부는 국민에게 많은 서비스를 제공한다. 국방, 치안 등의 서비스와 같은 기본 서비스에서부터 경제규제 등 각종 규제도 정부가 일반국민의 편의를 위해 제공하는 서비스의 일종이다.

시간적 관점에서 볼 때, 국민이 필요한 재화와 서비스를 원하는 때에 즉시 공급되는 것이 좋을 것이다. 어떤 행정서비스는 항시 제공되고 있어야 한다. 이것은 흐르는 전기와 같다. 전기는 항상 콘센트까지 공급되고 있어야 하지만, 이용자는 자기가 필요할 때만 이용한다. 필요할 때 서비스가 제공되지 않으면 큰 불편을 겪는다. 따라서 항상성과 더불어 필요할 때 즉시 공급되는 적시성이 요구된다.

각종 사고는 물론이고 자연재해와 인공재해의 발생빈도가 증가하고 있는 것이 행정의 역할 재정립을 필요로 한다. 인류역사상 항상 있어 왔던 자연재해인 화산, 지진 등은 물론이고 과학과 기술 발달에 따른 부작용으로 원전 사고, 교통사고 등의 위험과 이에 대한 우려 역시 증가하고 있다. 재난은 개인의 책임으로 넘기기보다는 정부가 미리 방지하는 것이 바람직하다. 또한 이런 불행한 사태가 발생하면 즉시 복구하고 구호하는 적시성 있는 대응 역시 필요하다. 시간이 핵심 변수인 행정활동이다.

제 4 장
국민과 행정의 상호작용

항상성과 행정

I. 시간흐름선상에서 본 행정활동

인간은 사회적 동물이고, 이를 위해 특히 국가가 일정한 수준의 사회성(sociality)을 유지해 줘야 한다. 촘촘한 사회복지망(social net)이 형성되어 있는 복지선진국 사람들은 그렇지 않은 나라에 사는 사람들보다 행복하다고 느끼는 경향이 있다. 국가는 국민행복을 위하여 여러 가지 형태의 행정활동을 하고 이것이 일반국민 혹은 특정국민들에게 전달된다. 이를 연속적으로 흐르는 시간선상에 유형화하면 아래 그림과 같다.

그림 4-1 | 시간선상의 행정활동 흐름

(a) 항상형: 간격이 없이 처치가 계속 반복되는 경우

(b) 순환형: 처치의 규칙적인 반복

(c) 불규칙형: 불규칙적 간격을 둔 반복처치

출처: Ancona, Okhuysen, and Perlow (2001). 516 그림 3.

항상형은 끊임없이 행정서비스의 소비가 일어나는 경우를 의미한다. 24시간 국경을 감시하는 국방, 일반인의 안전을 담당하는 경찰 등이 그 예이다. 곰곰이 생각해보면 이외에도 많은 국가행정서비스에 항상성이 요구된다.

순환형은 일정한 주기를 가지고 반복적으로 제공되는 서비스이다. 끊어지는 구간은 존재하나 대체로 그 주기는 규칙적이다. 지하철, 버스 등 대중교통서비스의 제공이 그것이다. 국민의 입장에서 보면, 매일 같은 구간을 출퇴근하는 사람이 예이다. 서울과 같은 대도시는 배차간격이 좁아서 항상형으로 보이기도 하지만,

이용자가 적은 서구국가에서는 30분이나 한 시간 간격으로 배차가 이뤄지는 경우
도 많이 있다.

불규칙형은 실제 수요가 항상 있는 것이 아닌 경우다. 소방서비스와 같이 불
이 날 때마다 반복적으로 일어나는 처치가 그것이다. 건강이 안 좋을 때마다 신
세를 져야 하는 의료서비스도 그 예이다. 불규칙적인 것 중에는 출생과 사망 등
평생 1회 이용하는 경우도 많다.

항상형, 순환형, 불규칙형은 서비스의 수혜자 입장에서 본 것이다. 그런데 공
급자인 행정의 입장에서 보면 이들 중 많은 것이 항상형이다. 불규칙형이지만 위
험이 크고, 어느 누구에게나 일어날 수 있다면 행정이 항상형이 되어야 한다. 예
컨대 불규칙적으로 일어나는 화재를 예방하고 유사시 출동하기 위해서 소방관들

행정서비스의 독특성: 주택의 경우

의식주는 인간의 생활에 필요한 기본적 요건이다. 사람이나 조건에 따라 다르겠지만, 대체
로 필요한 순서는 식 → 의 → 주가 아닐까 한다. '주'의 문제를 해결하기 위한 건축은 큰 비용이
들고 시간이 많이 걸린다. 따라서 주택서비스 분야에 국가가 개입하는 경우가 많다. 이에 더하
여 우리나라의 경우, 주택은 부의 축적수단이다. 건설업은 고용효과가 큰 일종의 경제정책이
다. 따라서 표를 의식하는 정치인들에게는 중요한 수단이다.

주택을 필요로 하는 수요측면과 주택을 건설하여 입주하게 하는 공급 측면은 다르다. 서로
다른 시간적 흐름이 존재한다. 임도빈 · 진양기 · 이현국(2008)의 연구에 의하면, 역대 정부는
아무런 시간적 일관성 없이 대증적인 주택정책으로 대응하였다. 그들의 방식은 선거 때마다 신
도시 건설을 발표하는 것과 같이 이 양자의 차이를 즉시 메우는 듯한 착시현상을 이용하는 등
합리적인 것은 아니었다.

공간적 측면에서도 주택은 단순히 입주자가 잠을 자고 생활하는 공간을 제공하는 기능에
국한되지 않는다. 여러 주택의 위치, 크기, 높이, 외관을 종합적으로 보는 것은 도시계획(city
planning)의 주요 요소가 된다. 유럽에서는 행정이 건축물의 색깔까지 매우 까다롭게 규제한
다. 근시안적으로 주택을 마구 공급하면, 당장의 주택난 해소에는 도움이 되겠지만, 시간이 지
난 이후 여러 가지 문제가 생기기 때문이다. 한국의 70년대 이후 도시 난개발이 바로 이와 같은
시간적 차원을 무시했기 때문에 치른 대가였다.

한 걸음 더 나아가서 주택정책은 그 건축물 안에서 생활하는 개인의 삶의 질과 복지와도 연
결된다. 주택을 소유할 능력이 없는 빈곤층에게 임대주택을 공급할 수 있다. 그러나 좀 더 근본
적이고 장기적인 측면에서 주택복지는 임대주택 거주자가 하루빨리 보통주택으로 이주할 수
있는 방안을 마련해야 한다. 이런 주거복지문제는 여러 분야의 정책이 서로 협력을 해야 하는
종합적이고 장기적인 문제이다. 즉, 각 국민의 일생(life cycle)을 고려하여 이들 개개인이 죽을
때 느끼는 행복의 총합을 최대화하는 정부가 경쟁력 있는 정부이다.

은 24시간 대기한다. 이러한 시간성 때문에 행정은 필요시만 공급하는 민간기업에 비하여 비효율적이라는 비난을 받는다. 즉, 대부분의 핵심적인 국가행정활동은 항상형 유형인 데 비하여 실제 국민들은 불규칙적으로 혜택을 보기 때문에 행정의 조직이나 인력이 비효율적이라는 인상을 주기 쉽다.

II. 행정-국민의 관계유형

사람들은 전통적으로 시간이 걸리던 행정서비스도 이제는 즉각적으로 제공받기를 원한다. 주권 의식이 올라가고 스마트폰 등의 신기술이 도입되면서 국민들이 기다릴 수 있는 인내심이 점점 줄어드는 것이다. 고객중심의 풍토 때문에 국민들의 기대수준이 올라간 결과이다.

행정을 서비스의 공급자로 보는 것은 그리 오래되지 않았다. 서구 역사에서 볼 때, 각 국민이 정부에 대해 갖는 위상은 단계적으로 변하여 왔다.

첫째, 가장 고전적인 행정-국민 간 관계는 정부가 국민을 통치의 대상으로 보는 신민(subject) 혹은 피행정인(administered)의 개념이다. 국가권력이 우위에 있다는 전제하에 지배적, 하향적 관계가 상정되었고, 신민은 국가의 보호에 대한 의무를 이행하는 존재였다.

둘째, 복지국가화되면서 최소한의 복지를 누리는 사회권(social right)이 인정되었고, 이에 따라 국민은 사용자(user)라는 개념으로 바뀌었다.[1] 국민이 사회복지에 대한 권리를 갖게 된 것이다. 국민은 사용자의 입장에서 국가의 자의적 권력행사를 제약하고, 그것을 소비할 수 있는 권리를 보유한다는 시각이다.

셋째, 사용자 개념은 시장의 역할이 강조되는 자본주의화가 진행되면서 소비자(consumer)로 바뀐다. 사용자와 소비자의 차이는 사용자는 일종의 권리를 가진 개인으로서 공공영역에서 서비스를 제공받으며, 이러한 권리적 개념 때문에 국가의 자의적인 권력행사를 제약할 수 있는 존재인 반면, 소비자는 국가의 독점적 틀에서 벗어나 세계 무대의 보편적 주체로서 상품을 선택할 수 있는 존재이다.

넷째, 소비자 개념은 최근에는 시민-동반자(citizen-partner)로 진화한다. 국민을 소비자로 간주하는 시각에서는 국민이 피동적이고 수동적으로 소비하며, 국

---

1 이 개념은 1804년 나폴레옹법전에 처음 등장하는데, "남에게 빌리거나 양도할 수 없는 것(즉, 공공서비스. 필자 주)을 사용할 권리가 있다"라고 명시되어 있다(Titre III, De l'usufuit, de l'usage et de l'habitation).

민의 의견 반영이 어렵다는 한계가 있었다. 동반자로서의 시민으로 간주하는 개념에서는 국민이 곧 주인이라는 점이 중요하다. 즉, 적극적 의사개진뿐만 아니라 책임과 의무, 희생의식을 갖고 국가 공동체와 일체감을 갖자는 논리이다. 포스트모던 시대에 권위적 정부를 부정하고 국민들이 모두 동등한 관계로 완전한 자율성을 누리며 적극적으로 참여하는 것을 이상적 모델로 한다.

이 네 가지는 관점의 변화도 있지만, 실제 정부의 역할 면에서의 변화도 반영한 것이다. 그러나 이전의 것이 다음 단계로 완전히 전환된 것이 아니고, 이전 단계의 것은 그대로 존재하는 가운데 새로운 것이 추가되어 누적된 상태라고 보는 것이 더 정확할 것이다.

표 4-1 | 서구관점에서 본 국민의 역할변화

	신민	사용자	소비자	시민-동반자
역사적 관점	국가론	복지국가	(탈)규제국가	포스트모던국가
핵심 개념	의무	서비스 받을 권리	선택	참여
서비스의 종류	법치적(regalian)	공공	보편적	민주적
획일성/다양성	획일적	조건적 다양성	큰 폭의 다양성	완전한 다양성
참여방법	선거*	공공서비스의 사용	각 순간의 선택	참여를 통해 행정을 선도
방향	하향적	하향적	상향적	수평적

출처: Pasquier et al. (2012). 41 표 3-1 발췌수정.
*입헌군주제인 근대국가 후기를 상정할 수 있다(필자주).

행정서비스를 제공할 때 충족해야 할 가치가 있다. 우선 모든 국민에게 차별 없이 제공되어야 한다는 평등성이 기본전제이다. 다음으로 시간적 관점에서 서비스 공급자가 항상 서비스를 준비하고 있다가 필요한 국민이 있는 경우에 즉시 제공하는 즉시성(spontaneity)이 중요하다. 항상성 서비스의 대표적인 예로는 콜센터가 있다. 서울시에는 120 다산콜센터가 있으며, 프랑스에도 전국에서 모든 행정서비스에 대한 요청 및 문의에 대하여 전화로 응답받는 'Allo3939'라는 서비스가 있다.

제 2 절 행정수단

I. 행정수단의 시간적 변화

정부가 '어떤 방법'으로 행정의 목적을 실현하는가를 연구하는 것이 정책수단론이다. 여기서는 행정부가 행정의 목적에서 사용한다는 의미에서 행정수단(administrative tool)이라는 용어를 쓰기로 한다.

행정수단은 나름대로 장단점이 있어서, 똑같은 정책이라도 정부가 다른 행정수단을 사용하면 그 효과는 완전히 달라질 수도 있다. 나아가 행정의 작용에 따라 국민들의 행위를 구조화 또는 제도화시키는 기능이 있다. 따라서 단순히 '어느 행정수단이 효율적인가'에 대한 논의보다는 사회 전체의 제도적 차원에서 문제를 이해해야 한다.

가장 오래된 행정수단은 강제력이다. 정부는 군대, 경찰과 같이 합법적으로 힘을 독점하는 존재로서 국민의 의사에 반하여 어떤 행동을 하거나 하지 못하게 하는 강제적 수단을 사용하여 왔다(Weber, 2009). 민주국가에서 물리적 힘은 평소에는 자제되고 범죄발생이나 전쟁 등 필요시에만 허용된다.

국가−국민(신민)이라는 고전적 모델에서는 국가의 권력 작용이 국민에게 일방적(one way)으로 미치는 것으로 본다. 행정법에서는 행정기관이 국민에 대해서 하도록 명령하는 것을 '처분'이라고 하고, 어떤 것을 강제하는 것을 '집행'이라고 한다. 법치행정의 관점에서 잘못된 명령도 '집행정지'처분을 받을 때까지는 계속 집행해야 한다. 즉, 집행의 효력은 항상성을 전제로 하여, 잘못된 것이라도 계속 집행해야 하는 '집행 부정지'의 법논리에 입각하고 있다.

정부가 개입하는 것을 기준으로 한다면, 크게 직접적 행정수단(direct tools)과 간접적 행정수단(indirect tools)으로 구분할 수 있다(Salamon, 2002). 직접적 행정수단으로는 허가(authorization), 자금조달(financing), 서비스제공(service delivery) 등이 있다. 간접적 행정수단으로는 사회적 규제나 계약, 대출보증, 보조금 및 조세지출, 사용료, 보험, 바우처 등이 있다. 이와 유사한 분류로 Schneider & Ingram(1990)은 행정수단의 목적에 따라 권위적 도구(authority tools), 유인제공 도구(incentive tools), 역량강화 도구(capacity tools), 상징적 도구(symbolic tools), 학습용 도구(learning tools) 등 다섯 가지로 구분한다.

표 4-2 | 행정수단의 종류

행정수단	내용	전달방식
강제	단속, 적발 및 처벌, 행정경찰권 인허가	직접
규제	사회적 규제, 경제적 규제	직/간접
공기업	정부가 기업을 설립하여 특정 재화나 서비스를 공급하는 것	직접
정보	정보를 웹사이트 등에 공개함으로써, 합리적 선택을 유도하는 것 (예: 부동산 가격)	간접
표준, 인증	일정한 기준을 충족하는 경우, 정부에서 그를 인정해 줌으로써, 그 재화나 서비스를 소비하는 사람에게 신뢰감 형성(예: HACCP, KS)	간접
바우처	현금이 아닌 바우처로 일정한 서비스를 제공하고, 소비자는 공급자를 선택할 수 있음	간접
공적보험	국가 강제로 국민과 기업에 부담금을 강제하여 위험에 대비하는 것(예: 4대보험)	간접
대출보증	보증기금을 통하여 개인들의 위험을 분산시키는 것(예: 신용보증)	간접
보조금	정책에 순응하는 사람에게만 재원을 지원(예: 전기자동차 보조금)	간접
신고포상금	규제행위에 대해 증거를 제시하여 신고하는 사람에게 포상	간접

우리의 행정도 빠르게 변하고 있다. 권위주의 시대에는 직접수단으로서 '강제' 혹은 '규제'가 주로 사용되었다. 경찰은 물론이고, 행정경찰권을 이용하여 단속, 처벌, 벌금부과 등의 수단이 사용되었다. 인·허가, 국가자격증 제도 등도 강제적 수단에 해당된다. 나아가서, 행정이 관련 행위자를 지도·권고·조언 등 우월적 위치에서 가르친다는 의미의 행정지도(administrative guidance)가 가장 보편적인 행정수단이다(홍준형, 2018: 241-242).

국민의 자유를 존중하는 민주화 사회가 됨에 따라 직접수단 보다는 간접수단에 의존하는 경향이 크다. 표준화, 인증, 바우처, 정보제공 등이 그것이다. 간접수단은 보통 서비스가 필요한 사람이 부정기적으로 사용하는 경우에 적합하며, 이런 서비스를 제공하는 주체는 민간이든 공공이든 상관하지 않는다.

II. 정부규제

시장실패에서 살펴보았듯이 정부가 민간의 경제활동 자유를 규제하여 왔다.

정부가 사회·경제 질서를 바람직하게 유지·진행시키기 위하여 기업이나 개인·단체의 불공정한 활동이나 부정한 행위를 제한·금지·시정 지시하거나, 또 취약산업이나 사회적 약자에 대하여 지도·보호·지원하는 것이 정부규제이다.

기업, 가계, 정부 등 경제주체의 모든 경제활동이 항상 문제가 되는 것은 아니고 일부만 문제가 된다. 그럼에도 불구하고 규제는 24시간 항상 작동하여야 한다. 예컨대 독과점금지에 관한 법은 잠시도 중단 없이 작동해야 경제행위자들이 이를 지킬 것이다. 그리고 만약 이를 위반하는 사람이 있는 경우 예외 없이 적절한 제재를 가해야 하는 것이다. 이런 점에서 '항상성'을 전제로 해야 한다.

정부규제는 그 대상 영역을 기준으로 하여, 기업 및 개인의 경제활동을 규제하는 경제적 규제와 사회적 규제로 나눌 수 있다.

첫째, 경제적 규제(經濟的 規制)는 가격 또는 공공요금에 대한 규제, 인허가 및 직업면허 등의 진입과 퇴출을 통제하기 위한 규제, 각종 영업활동에 대한 규제를 포괄하는 특정화된 관료적 과정(specialized bureaucratic process)이다(Salamon, 2002). 경제적 규제는 다시 진입규제, 가격규제, 질적 규제, 양적 규제로 분류될 수 있다.

진입규제(entry regulation)란 특정 업종에 대하여는 일정한 자격요건을 갖추지 않으면 영업할 수 없도록 영업의 자유를 제한하는 규제를 말한다. 예컨대 법인설립인가, 건축허가, 의사 면허, 사업자 등록 등이 있다. 나아가서 기업의 불법상속, 인수합병, 내부거래 등 불공정한 경제활동도 규제의 대상이다. 시장지배력을 과도하게 갖게 되어, 공정한 거래를 해칠 수 있기 때문이다. 특히 온라인 거래가 활성화되면서 생기는 플랫폼 거래 기업에 대한 규제도 새로운 문제로 등장한다.

이와는 반대로 퇴거규제(exit regulation)도 있다. 이것은 특정지역이나 특정계층의 소비자를 보호하기 위하여 지금까지 해 온 사업을 그만두지 않도록 하는 것, 예컨대 병원이 없는 곳에 있는 공공의료원을 문닫지 못하게 하는 것이다.[2] 이를 위해서는 정부가 일정 부분 손해를 보전해 주는 행정수단이 동원된다.

규제완화론자에 따라 입장은 다르지만, 가능한 모든 경제적 규제를 없애는 것을 바람직한 것으로 보는 경향이 있다. 규제를 없애서 시장에서 자유롭게 경쟁하도록 하면 시장이 최적의 대안을 스스로 찾아간다는 A. Smith의 '보이지 않는 손'을 믿기 때문이다. 이들은 규제철폐의 당위성을 주장할 뿐만 아니라 각 행위자는 매우 영악하기 때문에 규제를 하려고 해도 실제로는 잘 되지 않는다며 규제의

---

2 네덜란드는 오늘날에도 직원의 해고를 엄격히 규제한다. 해고 시에는 UWV(네덜란드 사회보장기관) 혹은 노동법원의 허가를 받아야 한다.

실현 가능성에도 회의적이다.

둘째, 사회적(社會的) 규제는 안전, 건강, 복지 및 환경보전 등을 위해서 기업 및 개인의 행위를 제한하는 규정을 제정, 집행, 강제, 처벌하는 일련의 과정을 의미한다(Salamon, 2002). 구체적으로 소비자보호규제, 환경규제, 직업안전·보건규제 등이 있다. 사회적 규제는 명령지시적 규제, 시장유인적 규제로 나뉜다. 탈규제론자들도 사회적 규제의 필요성은 인정하는 편이지만, 경제적/사회적 규제가 이분법적으로 확연이 구분되는 것이 아니라는 한계가 있다.

사회문제가 생길 때마다, 향후 재발되지 않도록 하려는 취지의 규제가 늘어나는 경향이 있다. 국회의원들도 자신이 일을 한 성과가 입법으로 나타나기 때문에 법을 제·개정하는 일에 집중한다. 이렇게 누적적으로 제정된 규제는 일정 시간이 지나면 어처구니없는 것으로 여겨질 때도 있다. 상황이 변하기 때문이다. 이럴 때 행정관료들은 무책임한 규제를 양산하는 이상한 존재로 비판받는다.

규제란 소수를 불편하게 하여 다수의 행복을 추구하려는 것이다. 그러나 행정과 피규제인과의 관계는 마치 숨바꼭질과 같다. 중국의 '위'에서 정책을 펴면, '아래'에서는 대책이 있다(上有政策, 下有對策)는 말과 같이 시민 혹은 시장이 그리 쉽게 통제되지 않기 때문이다. 나아가서 행정관료들이 무능하면 규제는커녕 거꾸로 피규제대상에게 포획당하는 경우도 생긴다. 정보를 피규제집단에게 의존하고, 사고방식까지 기업 위주의 자유주의에 영향받는 것을 George Stigler의 '포획이론(capture theory)'이 잘 설명하고 있다.

사기업은 자유주의 경제학의 논리에 기초해, 학자들과 언론을 동원하여 규제완화를 주장한다. 경제적 규제는 모두 나쁜 것이라며 폐지를 외친다. 또한 경제 주체들은 자신들에게 유리한 정책을 이끌어 내기 위해 이익집단을 구성하는 등 다양한 방법으로 관료들을 설득한다. 시장실패는 허구에 지나지 않으며, 좋은 규제는 존재하지 않는다는 주장까지 한다(최병선, 2023).

만인의 만인을 위한 투쟁과 같은 정치와 마찬가지로 경제부문에서 무정부 상태가 과연 바람직할까? 현실과 이상 간 괴리의 문제이다. 촘촘한 법이 있어도 이를 회피하거나 위반하여 큰 이득을 취하는 사람들이 있기 마련이다. 행정관료들에게 고도의 전문성과 윤리성이 요구되는 것은 이러한 이유 때문이다. 우리나라에서는 개인의 사익을 위해 관료의 통제권을 매수하는 현상까지 일어난 바 있다. 세월호 선주인 유병언이 해수부 관료들을 자기의 영향권에 둔 것이 그 예이다. 이와 같은 현상을 박동서(2005)는 '매통(買統)'이라고 개념화하였다.

따라서 정부규제의 양과 질을 관리하는 방법을 고민해야 한다. '규제총량제'

는 현대의 규제수(혹은 규제총비용, 규제대상면적 등)를 기준으로 새로운 규제를 신설할 때는 기존 규제를 하나 줄여야 한다는 원칙이다. 다른 하나는 규제영향평가제도이다. 새로운 규제를 도입했을 때 드는 비용과 얻게 되는 혜택을 금전적으로 평가하는 제도이다. 효과가 비용보다 커야 규제가 도입될 수 있다. 규제일몰제는 모든 규제가 일정 기한이 지나면 (별도의 조치가 없는 한) 자동폐기되도록 만드는 제도이다. 시간선상에서 규제의 질을 관리하자는 규제관리론도 한 예이다.

Ⅲ. 신고포상금

정부는 공익을 위하여 24시간 유효하게 작동해야 하는 분야를 많이 가지고 있다. 실제 현장에서는 위반하는 사람이 있어도, 때로는 누가 언제 위반했는지조차 알 수 없는 경우도 많다. 즉, 감시 혹은 단속의 어려움이 있다.

정부의 직접적 단속에는 한계가 있으므로 모든 것을 시장원리에 맡기자는 논리가 있다. 만약 손해를 보는 사람이 있으면, 사법부의 심판을 통한 상대방의 처벌로 해결한다는 것이다. 혹은 피해 입는 사람들이 많으면, 이를 규율하는 장치나 제도가 자생적으로 생길 것이니 정부가 나설 필요가 없다는 논리도 설득력이 있다.

국민 모두가 감시자로서 법규를 위반한 사람을 찾아내도록 하고 증거를 가지고 이를 찾아낸 사람에게 금전적 보상을 주는 신고포상금 제도가 등장한 이유이다. 소위 '파파라치'와 가까운 것이다. 신고자에게 주는 보상금은 법규를 위반한 사람들이 내는 벌금으로 충당할 수 있기 때문에 정부의 재정적 부담은 없고, 정부의 단속 인력에 대한 부담도 줄일 수 있다는 이점이 있다. 즉, 행정이 불특정다수를 통해 일부 위반자를 24시간 단속하는 메커니즘이다.

'한국은 포상금 공화국'이라는 말이 생길 정도로 포상금제도가 많다. 김강현(2007)의 주장과는 달리 2003년 도입된 교통법규위반 신고포상금은 한국 최초의 신고포상금제도가 아니다. 간첩신고 보상금제도는 물론이고 1962년에 도입된 '발견매장문화재 신고보상금', '문화재 사범 신고포상금' 등 이미 오래전부터 존재하였다. 즉, 금전적 인센티브를 주는 행정수단은 매우 한국적인 발명품이다.

한국에서는 1950년대 이후 국세청, 농림부, 법무부, 경찰청에서 신고포상금제도가 활용되어 왔다. 2000년 이후 정부 각 부처가 경쟁적으로 도입하여 더욱 확산되고 있다. 이것은 신공공관리론적 행정개혁이 추진된 시기와 일치하지만, 그 이론적 특성보다는 각 부처에 성과를 강조하자 행정실적을 손쉽게 올리는 방안으로서 신고포상금제도가 급증한 것이다. 즉, 행정편의적 동기가 강하였다.

신고포상금제도는 사회문제를 행정이 단독으로 단속이 어려울 경우에 동원되는 행정수단이 되었다. 스마트폰 기술을 활용하여, 불법주차 등을 신고하는 앱을 활용하는 등 그 방법도 진화되고 있다. 정부와 시민이 함께 통치하는 거버넌스(governance)나 협동생산(co-production) 논의가 학계에서 인기를 끈 것도 이 제도의 확산에 중요한 환경적 요인으로 작동하였다.

 제3절 ## 공공서비스

I. 공공재와 행정

좁은 의미의 행정서비스는 '정부가 국민에게 제공하는 재화와 용역'을 의미한다. 행정이 실제로 국민을 위해 수행해야 할 기능에 대해서는 나라마다 다른 전통을 가지고 있다. 이것은 시대에 따라 변화되어 왔고, 더욱 복잡한 양상으로 발전하고 있다.

국가행정이 국민들에게 제공하는 공공서비스의 범위에 대해서 학자들은 각각 다른 입장에 있다. 여기서 초점을 맞출 것은 서비스를 제공하는 방법이다. 모든 재화와 서비스는 공급자와 소비자가 있는데, 이들 간의 경쟁여부에 따라 다음과 같은 네 가지 유형의 공급방법이 가능하다.

먼저 공급자도 경쟁할 수 없는 독점상태이고, 소비자도 배제할 수 없는 대표적인 재화가 바로 공공재이다. 외부성이 큰 자연독점상태의 재화로서, 공기, 물과 같은 자연환경이 대표적인 예이다. 이러한 공공재의 존재는 정부(행정)의 존재를 정당화하는 논리적 근거이다. 전통적으로 이런 재화는 모든 국민에게 무료로 제공되어 있다. Savas(1987; 1999; 2005) 역시 정부가 공급하는 것과는 관계없이 소비과정에서 비배제성(non-exclusion)과 비경쟁성(non-rival consumption)의 속성을 가진 재화 또는 서비스를 공공서비스로 지칭하였다.

두 번째로, 공급자는 경쟁 가능하나 소비자의 경우 배제가 불가능한 보편재는 현실적으로 존재하기 곤란한 편이다. 일부 국가에서 재생 가능한 자원(예: 하천수) 등을 통해 시도하고 있는 정도이다. 소비자에 대한 배제가 불가능하기 때문에 가격차별화하기 어려운 측면이 있다.

세 번째로 클럽재는 소비자를 배제하는 것은 가능하지만, 공급에서 경쟁이 불가능한 경우이다. 이런 경우 공급자를 하나로 하되, 이들의 선정과정에서 경쟁을 시키는 방법 등이 사용된다.

마지막으로 공급자의 경쟁이 가능하고 소비자의 배제도 가능한 경우로서 시장의 원리에 맡길 수 있는 사유재가 있다. 공산주의 국가에서는 이 유형의 재화도 국가행정이 담당한다. 자본주의 국가에서는 이를 민간시장에 맡긴다. 필요시에는 정부가 감독을 하기도 하고, 직접 공급하기도 하며, 일정한 규칙을 정하기도 한다. 정부규제를 통해 시장의 질서가 유지되고 잘 기능되는 것이다.

표 4-3 | 재화의 공급방법

		공급자의 경쟁성	
		경쟁 불가	경쟁 가능
소비자의 배제 가능성	배제 불가	공공재(public goods)/무료	보편재(common goods)
	배제 가능	클럽재(club goods)	사유재/시장

출처: Pasquier et al.(2012). p.137 표 7.1 수정.

정부가 위의 유형 중 어느 것을 하는 것이 정당하고 바람직한 것인지는 논쟁거리이다. 전통적 행정학자들은 1유형(공공재)을 충족시키는 것을 가장 비중 있는 행정의 역할로 보고, 나머지는 이를 보완하는 것으로 생각한다. 특히 사유재의 경우에도 시장의 불완전성 때문에 정부가 일정한 역할을 해야 한다고 생각한다. 이와는 대조적으로 자유주의 경제학자들은 사유재를 가장 바람직한 것 내지 사유재적 재화공급방식을 가장 효율적인 것으로 본다. 이런 시각을 택하면, 다른 재화 유형에도 어떻게 하면 경쟁을 도입하느냐를 고민하는 것이 주요 관심사항이 된다.

Ⅱ. 공공서비스 제공에 관한 이론

1. 세 가지 이론 모델

'행정'이란 표현 대신 '공공서비스'란 표현을 쓰는 것은 이미 경영학 이론의 영향을 받았다는 것을 의미한다. 마치 '소비자는 왕'이라는 표현과 같이 행정은 수요자에게 어떻게 하면 최소의 비용으로 최상의 서비스를 제공할 수 있을지 고민해야 한다는 것이다. 경영학의 영향을 받은 행정학 이론들은 많은 변화를 겪어 왔다.

첫 번째 유형으로서 전통적인 행정이론은 경찰, 운전면허증 등과 같이 국가가 권위적으로 행정서비스를 제공하는 것이다. 베버의 관료제 이론에 의하면, 공무원들이 이런 임무를 수행하기 위해서 익명성을 보장해야 한다. 전통적 모델에 따른 행정시스템은 고객에게 민감하지 않고 비효율적이라 문제가 있다. 시장원리의 우수성을 인정하고 공공부문에도 가능한 한 이를 도입하자는 것이 신공공관리론이다. 1990년대 미국의 레이건 정부, 영국의 대처 정부 이후 역대 정부의 행정에 광범위하게 적용된 신공공관리론은 효율적인 조직운영이라는 측면에서 많은 개선을 가져왔다.

그런데 이렇게 정부가 제공하는 공공서비스를 시장원리에 따라 제공했을 때 각종 부작용이 생기는 것을 발견하였다. 공공서비스를 전적으로 시장에 맡기지 못하는 이유는 시장은 금전적 이익에 의해서만 움직이기 때문이다. 즉, 관련자들이 많은 이윤을 취할 수 있는 경우에는 기존의 행정방식보다 신속하게 탁월한 서비스를 받을 수 있는 가능성이 있다. 그러나 그러한 유인이 없는 공공서비스의 경우 오히려 효율성이 떨어질 수 있고, 심지어 높은 가격을 지불하지 못하는 사람들이 배제되어 형평성을 잃을 수도 있다.

실제로 미국에서 소방을 민간기업이 담당하는 체제를 실험해 본 적이 있다. 이것은 마치 민간경비회사와 같은 것으로 불이 나자 회비를 낸 사람의 집은 소방작업을 하였으나, 그렇지 않은 집은 물끄러미 바라보고만 있었던 사건이 일어났다. 과연 이러한 시장원리가 항상 바람직한 것일까라는 의문이 생긴다.

이러한 신공공관리론적 행정방식의 부작용들을 통해 학자들은 기업의 경영과 정부의 행정 사이에 결정적인 차이가 있음을 발견하였다. 즉, 신공공관리론에서는 정부조직을 기업처럼 보고 국민을 '고객'으로 생각하였으나, 실제로 정부의 공공서비스의 대상이 되는 국민들은 한 사람의 '시민'으로서 민주주의 원리와 공공성의 가치에 따라 반응한다는 사실을 고려하지 않았던 것이다. 이렇듯 공공서비스의 대상자를 '고객'이 아닌 '시민'으로 보고, 효율성과 금전적 이윤 이외에도 민주주의적 가치를 비롯한 다양한 공유가치의 추구를 인정하는 이론이 '신공공서비스론'이라고 볼 수 있다.

표 4-4 | 공공서비스 관련 이론 비교

관점 유파	전통행정이론	신공공관리론	신공공서비스론
이론과 인식의 토대	초기의 사회과학, 행정관리론	경영학	민주주의 이론, 실증주의·해석학·비판이론·포스트모더니즘을 포괄하는 다양한 접근
합리성 기준	개괄적 합리성 (행정인)	기술적·경제적 합리성 (경제인 또는 자기이익에 기초한 의사결정자)	전략적 합리성(정치적·경제적·조직적 합리성에 대한 다원적 검증)
공익에 대한 입장	법률로 표현된 정치적 결정	개인이익의 총합 (공리주의)	공유가치에 대한 담론의 결과
관료의 반응대상	고객과 유권자	고객	시민
정부의 역할	노젓기(정치적으로 결정된 단일목표에 초점을 맞춘 정책의 입안과 집행)	방향잡기(시장의 힘을 활용한 촉매자)	봉사(시민과 지역공동체내의 이익을 협상하고 중재, 공유 가치의 창출)
행정의 목적실행 기제	전통적 관료제적 행정기구(법적 강제력)	개인 및 비영리기구 등 독립된 주체들을 활용, 경쟁과 유인 체제	동의된 욕구를 충족시키기 위한 공공기관, 비영리기관, 개인들의 연합체 구축
행정책임의 기준	계층제적─행정인은 민주적으로 선출된 정치지도자에 반응	시장지향적─개인 이익의 총화는 시민 또는 고객집단에게 바람직한 결과 창출	다면적─공무원은 법, 지역공동체 가치, 정치규범, 전문적 기준 및 시민들의 이익에 참여
행정재량	관료에게 제한된 재량만을 허용	기업적 목적을 달성하기 위해 넓은 재량허용	재량이 필요하지만 제약과 책임이 수반
조직구조	조직 내에 상명하복으로 움직이는 관료제적 조직	수평적으로 서로 경쟁하는 기업형 단위조직	조직 내외적으로 공유된 리더십을 갖는 협동적 구조
관료제 내부의 동기유발	법, 공무원 보호	경쟁, 평가(성과관리)	공공서비스, 사회에 기여하려는 욕구

출처: Denhart & Denhart(2003: 28)를 수정보완.

신공공관리론(New Public Management)에 대비하여 신공공서비스론은 시민 사회가 중심이 되어야 한다는 점을 강조한다. 따라서, 공공서비스의 대상자인 국민은 일방적으로 만족시켜야 하는 소비자가 아니라 국가와 대등한 입장이다. 즉, 수동적인 소비자가 아니라 권리도 누리면서 책임도 지는 양면적인 존재이다. 세계화, 중앙-지방관계 등에서 국가의 역할이 중요해지는 동시에 '국민'의 역할도 중요하다는 시각이다.

2. 공공서비스의 생산과 공급방법

전통적으로 정부가 행정서비스를 직접 생산하고 모든 국민에게 무료로 평등하게 제공하는 것이 일반적이었다. 직접성, 평등성, 보편성, 무료성으로 대표되는 공공재는 국가행정의 독점물이었고, 이를 근거로 국가행정-국민 간 권위적이고 계서적인 관계가 나타났다.

그러나 사회가 복잡해져, 정부가 해결해야 할 문제들이 다양해지고 다차원적이 됨에 따라 전통적 행정서비스 제공의 원칙이 변모하여 왔다. 정부 이외에도 다른 서비스 생산자와 공급자를 찾게 된 것이다. 이를 Savas(1987; 1999)는 정부가 직접 생산하는 전통적 방식, 정부판매(government vending), 정부 간 협약, 민간위탁(contract-out), 허가권(franchising), 보조금(subsidy), 구매권(voucher), 자유시장, 자발적 조직, 자율조달(self-delivery) 등 10가지 형태로 정리하고 있다.

어느 서비스를 어떻게 '생산'하고, 또한 '공급'하느냐는 여러 가지 잣대를 기준으로 할 수 있다. 정부실패에 초점을 맞추는 경우, 민간에 위탁해야 하거나 시장에 의존하도록 하고, 정부는 시장을 규제하면 된다는 논리이다. 이 경우 정부업무는 공무원이 아닌 다른 사람들에 의해서 수행될 수 있다. 많은 경우 공무원들은 직접적인 서비스 제공자라기보다는 계약관리자이고, 중요한 전문기술과 지식은 공무원에 의해서만 만들어지는 것은 아니다.

더구나 일반국민들은 공공서비스를 누가, 어떻게 생산하는가에는 그리 관심을 갖지 않는다. 좋은 공공서비스를 제공하기 위한 수단은 행정 내부의 문제일 뿐이고, 학문으로서 행정학의 연구대상이다. 국민에게 중요한 것은 수단을 불문하고 어떻게 하면 질 좋은 서비스가 전달되는가(service delivery)이다.

아무리 행정이 민간에게 모든 것을 넘겨주더라도 Kettl(2015: 226-227)은 미국 정부가 다음과 같은 기능을 해야 한다고 본다. 첫째, 공동체의 가치를 규정하는 것, 둘째, 국방·치안 등 기본적인 바탕을 확충하는 것, 셋째, 평등을 실현하는 것, 넷째, 사회적·경제적 목표실현을 위해 인센티브를 제공하는 것, 다섯째, 위험 재난을 관리하는 것이다.

대중교통의 요금체계는?

지리적 이동에 있어 미국은 개인의 자동차 소유로 개인이 해결하도록 하고 정부는 도로를 잘 만드는 일에 집중한 반면, 유럽은 철도와 시내버스 등 대중교통수단에 정부가 많이 개입하였다. 우리나라는 정부가 직접 간여하여, 세계 어디에 내놔도 뒤지지 않는 훌륭한 대중교통체제를 갖추고 있다.

많은 나라에서 대중교통은 행정이 제공하는 대표적인 공공서비스이다. 특히 자가용을 가진 국민들보다는 이를 갖지 못하거나 자주 이용하지 않는 중하류층의 일반국민들에게 아주 중요하다. 이들은 주택가격이 비싼 교통의 요지에 살기보다는 변두리나 교외지역에 사는 경우가 많다. 따라서 교통이용에 많은 시간과 돈을 사용하게 된다.

시간이란 관점에서 말하면, 일반국민들이 가지고 있는 24시간 중 지리적 이동에 쓰는 시간을 절약하게 해주는 것이 좋은 행정이다. 특히, 이용과 접근이 편리하여 힘이 안 들고, 피곤하지 않으며, 저렴하게 제공하는 것이 중요하다.

세계 주요도시에 가면 그 도시의 대중교통(지하철, 버스) 요금체계를 알 수 있다.

- 거리와 관계없이 1회 이용권만 있는 경우
- 획일적 정액제(버스, 지하철 환승이 되는 경우, 안 되는 경우)
- 할인권: 10회 이용권을 동시에 살 때
- 노인과 학생 등 할인 또는 면제
- 거리에 차등을 두어 1회 이용권에 차등 요금 부과: 차등적 정액제
- 이용횟수 관계없이 정기권(하루 이용권, 1주일 이용권, 1개월 이용권)

여행자들은 자신의 체류기간 동안 이용 가능성을 놓고 1회권을 살지, 정액권을 살지 고민한다. 특히 유럽도시에는 대중교통요금이 비싸기 때문에, 잘못 예측하면 후회하게 된다.

그런데 만약 자신이 시청의 대중교통 책임자이고 위의 요금 체계 중 어느 유형을 택하여 얼마의 요금을 부과하는 것이 가장 바람직한가를 고민한다고 가정해 보자. 시의 재정수입을 극대화한다는 기준(수익성)과 중하류층에게 가장 큰 혜택을 준다는 기준(편익성)을 적용할 때가 다르다.

Ⅲ. 국민과 행정서비스 만족

1. 민원서비스의 중요성

시간적 관점에서 많은 공공서비스는 항상성을 유지하는 것이 좋다. 그렇다면 국민(시민) 입장에서 어느 경우에 공공서비스에 만족할 것인가에 대한 고민을 할 필요가 있다. 공공서비스가 추구하는 가치는 모든 국민이 그 지위나 다른 요인에 의하여 차별받지 않고 똑같은 서비스를 받는다는 형평성, 같은 서비스라도 가장 저렴하고 빠르게 제공한다는 효율성이 중요하다. 아울러 효과성, 신속성, 투명성, 형평성 등도 중요하다.

보이지 않는 공공서비스의 경우, 서비스의 질을 높이는 것이 중요하다. 미리 달성해야 할 행정서비스의 목표를 공표해 놓은 후 이 달성도(즉, 효과성, effectivness)를 평가하는 '행정서비스 헌장'이 등장한 이유이다. 관료제 내부의 성과관리를 잘 할수록 고객만족도가 올라간다. 특히 보건소와 같이 의료진과 고객과의 접촉이 중요한 서비스나, 쓰레기수거와 같이 생활에 기초적인 서비스는 그 서비스의 질에 따라 고객만족도가 달라진다(Im and Lee, 2011).

서비스의 질을 평가하는 방법으로는 경영학 분야에서 발달한 SERVQUAL모델이 대표적이다. 이 모델은 서비스가 전달되는 인간적 접점(human encounter)의 과정에서 관찰되는 서비스 질(process quality)에 중점을 둔다. 이를 행정에 응용하는 경향이 나타나고 있다(문재영 외, 2021). 구체적인 기준으로 추상적이지 않고 몸에 와닿느냐를 보는 유형성(tangibles), 믿을 수 있는가에 관한 신뢰성(reliability), 적절한 시간에 적절한 정도로 반응을 하느냐라는 반응성(responsiveness), 어느 정도의 시간에도 변함 없이 안심할 수 있느냐라는 보장성(assurance), 서로 마음이 통하느냐라는 공감성(empathy) 등이 제시된다(Parasuraman et al., 1988; Powpaka, 1996).

행정서비스는 국민에게 평등하게 제공될 뿐만 아니라, 필요한 경우 사회적 약자에게 더 혜택이 주어져야 한다. 특히 금전적 혜택뿐만 아니라 시간적 관점의 배려도 필요하다. 사기업의 경우 가난한 사람에게 시간적 비용을 제공토록 하기도 한다. 비행기나 호텔 예약 시 미리 할수록 싸게 하는 것이 그 예이다. 행정서비스는 사회적 약자에게 더 시급히 제공되어야 하는 것이 많다.

2. 시간과 행정서비스

과거에 한국행정은 '늑장행정'의 대명사일 정도였다. 오늘날 다른 나라에 가본 사람이라면 사실이 아님을 쉽게 알 수 있다. 실제로 OECD 주요국 간 10개 분야의 민원서비스 처리기한을 비교한 결과 우리나라의 민원서비스 제공시간은 우수한 수준임이 밝혀졌다(정진우, 2008). 동사무소 방문객을 대상으로 한 실제 조사를 보면 대부분의 방문자의 용건은 증명서 발급 등 단순한 것이고 7-8분 이내의 매우 빠른 시간에 처리된다(임도빈 외, 2010). 따라서 동사무소를 방문하는 시민 고객은 자신의 용건이 짧은 시간에 처리될 것을 기대하며, 실제로 그렇다.

서비스 제공까지 걸리는 시간과 민원만족도는 다음과 같은 점을 고려하여 분석되어야 한다.

- 서비스 제공 단계: 대기시간을 업무 전(pre-process), 업무 중(in-process), 업무 후(post-process)로 구분할 때, 사람들은 민원서비스를 제공받는 동안의 업무 중 대기시간보다는 자기 차례가 되기를 기다리는 업무 전 대기시간을 더 지루하게 생각한다(Dube-Rioux et al., 1988).
- 실제대기시간과 지각된 대기시간: 대기시간은 실제대기시간(objective waiting time)과 지각된 대기시간(perceived waiting time)으로 구분된다(Hornik, 1984). 실제로 소요된 시간은 서비스만족에 통계적으로 유의한 직접 효과가 없는 것으로 나타난 반면, 실제시간과 지각된 시간의 차이는 서비스만족에 직접적인 영향이 있는 것으로 나타났다. 대기시간에 대한 평가 및 판단은 지각된 대기 경험으로 전환되는 인지 메커니즘을 거친다. 특히 실제 및 지각된 대기시간이 서비스만족도에 영향을 미치는 과정에서 수용 가능성과 감정적 반응이 매개 변인으로서 작용한다.
- 대기시간과 고객만족: 실제대기시간은 주로 사람들의 주관적인 대기시간 경험으로 전환되어 전반적인 서비스 품질 평가 및 고객만족에 영향을 미치는 것으로 나타났다. 기대했던 것보다 오래 기다린다고 느낀 사람은 부정적 감정이 높았다. 그러나 기다리는 동안 TV, 잡지 등 시간을 보낼 수 있는 즐길거리가 있어 실제 대기시간보다 덜 대기했다고 느끼는 경우 부정적 감정은 낮아진다.

서비스의 질이 올라가도 만족도 조사에서는 좋은 점수가 나오지 않는다. 서비스가 좋을수록 그만큼 기대수준도 올라가는 경향이 있기 때문이다. 서비스 만족도는 응답자가 평소에 행정에 가지고 있는 신뢰수준에 영향을 많이 받는다(박정호, 2014). 즉, 장기적 관점에서 신뢰를 쌓는 것이 서비스 만족도를 높이는 방법이다.

3. 행정부담

행정부담(administrative burden)은 일반국민, 특히 사회적 약자가 행정서비스에 접근할 때 생기는 장애 또는 어려움을 의미한다. Moynihan, Herd, Harvey (2015)는 이를 학습비용, 순응비용, 심리적 비용 세 가지 차원으로 구분한다.

- 학습비용: 복잡한 규정과 절차를 이해하기 위한 시간과 노력을 뜻한다. 정보화가 비용을 절약하지만 디지털 세대가 아닌 사람들에게는 학습하는 데 시간과 에너지가 든다. 키오스크 사용 등의 문제도 마찬가지다.
- 순응비용: 서류 작성과 증빙 자료 제출 등 행정 절차를 완료하는 데 필요한 구체적인 노력과 자원을 의미한다.
- 심리적 비용: 정부와의 상호작용에서 발생하는 감정적 스트레스를 말하며, 이는 특히 취약 계층에게 더 큰 영향을 미친다.

정부정책이나 프로그램을 시민들이 지불해야 하는 행정부담이라는 변수로 분석하는 것이 중요하다. 행정국가화되면서, 국민들은 행정에 더 의존하게 되고 그만큼 행정 부담을 갖고 살게 되었다. 만약 행정이 마치 투명인간과 같이 없는 듯하면서도 충분하고 만족할 만한 서비스를 제공할 수 있다면 좋을 것이다. 그러나 현실적으로는 반대의 현상이 지배적이다. 따라서 행정적 부담을 줄이기 위한 다양한 전략이 제시되고 있다. Benish et al.(2024)은 절차를 단순화하거나 불필요한 요구사항을 제거함으로써 부담을 경감할 수 있는 방법을 제안하고 있다. 그동안 행정은 국민을 위해 서비스를 제공하기 위해 많은 혁신을 해 왔다. 실제로 민원인이 이런 부담을 감당하며 보낸 시간이 얼마인가가 하나의 척도가 될 수 있을 것이다.

제 4 절 재난관리행정

I. 위험사회와 행정의 항상성

1. 위험의 특성과 행정

개인의 생사를 위협할 만큼 큰 재해는 그 사회의 안정과 안전에도 매우 중요하다. 아무리 시장원리를 신봉하는 자유주의자라고 하더라도, 재난관리를 국가가 해야 한다는 데에 이의를 제기하지 않는다. 안전은 국가행정의 고유 분야이다(Fukuyama, 2004; Kettle, 2015). 평소에 내부위협에 대비하여 치안서비스를 제공하고, 외부위협에 대응하여 국방을 책임지는 주체 역시 국가행정이다. 행정이 재난을 예측할 수 있다면 좋을 것이다. 그러나 대부분의 재난은 예측하기 어렵다.

대다수의 재난은 그 시간적 특성상, 그리고 재난의 유형별 특성이 다양하기 때문에, SOP와 같이 루틴화(routine)된 방법으로 다루기는 어렵다. 위험문제의 특성과 이런 위험에 영향을 받는 대상집단의 특성을 유형화하면 다음의 표와 같다.

표 4-5 | 위험유형

| 위험대상집단 | 위험문제 특성 | 발생 분야 | |
		공공	민간
피해자의 제한성	제한적 대상	[위험 I 유형] 세월호 참사	[위험 II 유형] 후쿠시마 원전사고, 광우병 사태
	불특정 다수	[위험 III 유형] 교통사고, 이태원 참사	[위험 IV 유형] 코로나 사태, 미세먼지 사태

출처: 김병섭·김정인(2016: 145). 일부 수정.

재난을 겪으면서, 정부는 기본적이고 공통적인 대책을 마련하고, 구체적인 행동지침을 SOP로 대응한다. 즉 시간적 관점에서 볼 때, 반복될 가능성이 있는 부분을 세분화해서 규정하고 미리 연습함으로써 실제 상황에서 즉각적으로 대응하는 것이다. 정부차원에서 재난의 심각성 정도를 미리 예측하여 경보를 발령하고, 발생 시 피해를 최소화하며, 초를 다투어 단시간에 대응해야 한다.

일단 재해가 일어나더라도 그것이 얼마나 지속될지는 알 수 없다. 지진이 어떤 주기로 발생하며 얼마나 지속될지, 태풍이 얼마나 지속될지, 구제역이 얼마나 지속될지, 눈이 얼마나 더 내릴지, 지진 후 여진이 얼마나 계속될지 예측이 불가능하다는 것이다. 과학기술의 힘으로 점점 시간의 불확실성을 줄여 가는 것도 정부의 몫이다.

재해발생의 빈도(frequency)라는 측면에서 보면 현대사회에 올수록 그 발생 빈도가 높아진다. 자연재해는 인간의 실수와 탐욕이 원인인 경우가 많다. 탄소배출에 의한 지구온난화가 홍수, 가뭄, 폭염, 폭설, 해일 등의 피해를 가져오고 있다. 마찬가지로 구제역, 조류독감 등의 급속한 전파도 빠른 시일 내에 육류를 생산하려는 대형목장화가 하나의 원인이다. 대형빌딩, 항공기, 선박, 육교 등 대형구조물의 건축도 또한 인재(人災)를 가져오는 원인이 된다. 1994년 성수대교 붕괴, 1995년 삼풍백화점 붕괴, 각종 여객기 추락 사고, 2014년 세월호 참사, 2022년 이태원 참사, 2024년 제주항공 참사 등은 과학기술적 측면에서 예방하지 못한 것이다. 과도한 산업화가 진행되면서 재해의 원인이 될만한 변수의 숫자가 많아지고, 그 결과 재해발생이 높아지는 추세(trend)에 있다.

인간에 의한 재해의 발생은 다른 사건(산업화, 탄소배출, 도시화, 등)들과 어느 정도 시간적 관계 유형을 가진다. 적어도 인재에 관해서는 이용자 예측 오류, 안전성 조치 미흡, 부실공사 등 여러 가지 면에서 누적적 사건들이 있고, 그 결과로서 피해가 발생한다. 여러 대형참사의 인과관계의 사슬을 밝힐 만한 과학적 지식은 적은 편이지만, 행정이 이에 대한 관계성을 파악하여 예방하는 것은 중요한 과제가 되었다. '소 잃고 외양간 고치기'가 아닌 시간을 앞서가는 행정의 역할변화가 필요하다. 이를 근사적으로나마 예측하기 위해 복잡계 이론(complexity theory)을 활용하자는 논의가 존재한다.

2. 인간안전과 가외성

재난의 종류가 다양해지면서 국가행정이 다뤄야 할 안전(security)이 무엇인가에 대한 논의가 확대되었다. Paris(2001)는 기존의 국가안보(national security)에 대비되는 개념으로 인간안전(human security)의 개념을 제시하였다. 즉, 행정이 관리해야 할 재난의 범위를 그동안 물적인 차원에서 보던 한정적 시각에서 벗어나 인적인 차원으로 확장한 것이다.

과거 급격한 경제 성장의 과정 속에서 안전이라는 행정 목표는 후순위가 되어 왔었다. 우리 사회는 곳곳에 재난의 위험을 안고 있으며 재난에 대한 민감도 역시 과거와 달라졌다. 재난 관련 보도에 대한 반응도 과거에는 안타까움과 분노가 섞인 1차원적 감정이었다면 이제 인터넷 댓글창에서도 제도의 미비점과 대책을 촉구하는 고차원적 논의가 이뤄지고 있다. 정부가 인간안전을 보장해야 할 당위성과 현실적으로 충족시켜야 하는 시대가 온 것이다. 큰 피해를 가져온 재난들을 돌아보면 안전조치를 제대로 했다면 예방할 수 있었던 것들이 많이 있다. 상대적으로 예방이 어렵지만 정부가 가능한 한 예측하여 대책을 세우는 정책적 능력이 요구된다.

고위험사회에서 행정은 민간이 수행하기 힘든 역할을 담당해야 한다. 재난에서도 사회적 약자(즉 빈곤계층)가 강자보다 훨씬 더 취약하다는 점을 고려하면 더욱 그렇다. 자연재해든 인간재해든 항상 사회적 약자의 피해가 더 크다. 국가행정은 효율성뿐만 아니라 형평성·공정성을 행정 가치로 추구하기 때문에 재난관리에 민간보다 적합한 주체가 된다.

가장 좋은 재난관리는 예방이며, 재난의 예방은 행정의 주도하에 항시 관리가 필요한 부분이다. 재난관리 행정은 항상 평소에 이루어져야 한다. 즉, 항상성을 확보하여 유비무환의 원리가 작동해야 한다.

재난관리에서 주목할 개념은 가외성(redundancy)이다(Landau, 1969). 가외성은 고전적인 행정관리론에서 주장하는 효율성과 반대되는 부분이 있는 행정가치이다. 가외성을 효율성을 강조하는 공공서비스라는 측면에서 보면, 비효율적이며 낭비적으로 보일 수 있다. 실제 일어날 확률이 거의 무시할 정도로 낮은데, 설비와 조직을 두 배로 해야 하기 때문이다. 빗물 펌프장에는 모터가 한 개가 아닌

표 4-6 I 인간안전의 종류

누구를 위한 안전	위협요인이 무엇인가		
		군	군, 비군사적, 양자모두
	국가	국가안보(national security)	재난(redefined security)
	사회, 집단, 개인	국가내안보(intrastate security)	인간안보(human security)

출처: Paris(2001) 일부 수정.

두 개가 설치되어 있어서, 유사시 하나가 고장나면 나머지 하나가 작동하도록 하는 것이 가외성의 원리이다. 마찬가지로 원자력 발전소에는 5중으로 안전 장치가 되어 있어 네 번의 오류가 있어도 재난이 발생하지 않는다. 각종 인프라 설계 시 가외성을 적용할 때 효과적인 재난관리정책을 수립할 수 있다. 가외성은 재난을 유발하는 원인이 발생하더라도 실제 피해가 일어나지 않도록 할 수 있는 중요한 개념이다. 물리적인 인프라뿐만 아니라 실제 피해상황이 발생했을 때 사람들의 행동을 규정하는 SOP의 측면에서도 인명피해를 최소화하기 위해 가외성의 원리를 적용해야 한다.

Ⅱ. 재난관리단계별 시간특성

재산 발생과 관련해, 상황이 진전됨에 따라 일정한 유형이 보이게 된다. 미국연방재난관리청(FEMA)은 재난관리에 대해 4단계의 시간적 대응체계를 제시했다. 재난의 포착 및 인식(Find), 재난에 대한 대비(Fix), 대응(Fight), 수습(Finish)이 그것이다. 경쟁력 있는 정부는 이 외에도 재난에 대한 예방단계와 경제 및 일상생활을 재난 이전보다 더 좋게 하는 피해복구 이후의 부흥단계를 앞뒤로 포함할 것이다.

각 단계에서 정부가 직접 하거나 주도해야 할 역할이 다르다. 각 단계에서 정부에게 요구되는 행동이나 조치의 시간적 특성도 다르다. 정부의 대응에 필요로 하는 시간은 다음 〈그림 4-2〉의 모래시계를 통과하는 모래의 속도로 생각할 수 있다. 즉, 예방과 인식단계에는 정체해 있는 모래와 같이 느리다.

일단 재난이 발생한 시점부터는 좁은 목을 통과하는 모래의 속도와 같이 매우 빠르다. 정부가 적시에 위험경고나 행동 요령을 스마트폰으로 실시간으로 알려주어야 한다. 현장에는 119소방대와 경찰이 투입되는 것이 보통이다. 규모가 크고 급박한 상황에서는 군대도 투입된다. 이때 적절한 조치를 충분히 하지 못하면, 결국 그 피해가 커진다. 이 시기에는 중앙집권적 컨트롤 타워(control tower)보다는 현장에서 움직이는 사고대책반의 활동이 중요하다. 즉, 분권적 조직이 더 좋다. 현장 조직에게 필요한 조치를 선제적으로 취할 수 있는 재량권을 부여해야 한다.

모래시계의 윗부분과 밑부분이 넓은 것은 예방과 복구단계에서 관여해야 할 분야가 넓다는 뜻도 있다. 좁은 공간을 통과할 때는 인명피해의 최소화와 같은 좁은 목표에 집중해야 한다. 재난의 피해가 심각한 경우에는 정부가 모든 수단을 동원하여 복구할 수 있도록 '특별재난지역'으로 지정하기도 한다.

그림 4-2 │ 재난관리활동의 시간적 모형

출처: 서울대 정책지식센터(2011). 정책포럼 발표자료.

재난과 같이 급박한 시간적 특성을 가진 문제를 다루기 위해서는 정부조직의 적응력과 융통성이 높아야 한다. 기존에 발생하지 않았던 특이한 재난에 대해서 언제나 넓은 시야로 대비하고, 발생 즉시 대응해야 한다. 즉, 정부조직이 일상화된 루틴(routine)에서 벗어나, 환경의 불확실성에 즉시 대응하는 조직유형이 되어야 한다.

물론 정부조직이 잘 조직화된다고 해서 모든 재난상황을 예방하고 대처할 수 는 없다. 조직화(organizing)가 되면 될수록, 조직운영의 비용(cost)이 증가한다. 가장 고도화된 조직의 관료적 비용에는 조직구성원의 노력(즉, 근무시간)이 포함 되며 따라서 '시간'이 중요하다. 조직안정성에 대한 대가로, 융통성이 결여될 수도 있다. 좀 더 근본적으로는 모든 재난상황을 통제할 수 있는 대책을 미리 마련하여 종합적인 조정을 하는 자체가 오히려 문제를 가져올 수도 있을 것이다(제임스 C. 스콧, 2010). 결국 각 단계별로 장기성과 초단기성이 결합된 대응이 가장 중요한 요소이다.

참고문헌

김강현(2007). 「규제순응 제고 수단으로서의 신고포상금제도에 관한 연구」. 연세대학교 석사학위논문. 연세대학교 대학원.

김병섭(2009). "공무원과 국가발전: 공과 과". 「정책지식포럼 발표자료」.

김병섭·김정인(2016). "위험유형에 따른 정부 책임성과 거버넌스". 「한국행정학보」 50(4): 139-168.

문재영 외(2021). "문화예술 평생교육기관 서비스 품질이 만족도, 지속이용의도 및 성과에 미치는 영향". 「한국콘텐츠학회논문지」 21(2): 453-461.

박동서(2005). 「한국행정론」. 서울: 박영사.

유현종(2015). "국가적 재난관리의 책임성과 확보방안". 「한국행정학보」 49(4): 419-450.

임도빈 외(2010). "동사무소 행정의 서비스 만족도에 관한 실증연구: 대기시간을 중심으로". 「지방행정연구」 24(1)(통권 80호): 3-32.

임도빈(2009). "한국의 신고 포상금 제도 분석: 유형화와 확산이유를 중심으로". 「한국조직학회보」: 233-262.

임도빈·진양기·이현국(2008). "주택공급정책의 시차론적 분석: 서울시를 중심으로". 「지방정부연구」 12(3): 215-238.

정진우(2008). "한국과 OECD가입 국가 간 민원서비스 처리속도 비교 연구 — 정부혁신지방분권위원회의 해외자료조사 내용분석을 중심으로". 「한국 공공관리학보」 22(4): 267-281.

정철현(2008). "지방자치단체 고객만족도와 대기시간에 관한 연구". 「지방행정연구」 22(3): 131-154.

제임스 C. 스콧(전상인 역)(2010). 「국가처럼 보기: 왜 국가는 계획에 실패하는가」. 서울: 에코리브르.

최병선(1992). 「정부규제론」. 파주: 법문사.

_____(2023). 「국제 vs 시장」. 서울: 가갸날.

최태현(2017). "가외성 개념과 가치의 비판적 검토". 「한국행정학보」 51(3).

함요상(2009). "공공 서비스의 수급 개선을 위한 새로운 균형점의 모색". 「한국행정학회 추계학술대회 논문집」.

홍준형(2018). 「행정법입문」. 서울: 박영사.

Ancona, Deborah G., Gerardo A. Okhuysen, and Leslie A. Perlow (2001). "Taking time to integrate temporal research." *Academy of Management Review* 26(4): 512–529.

Benish, A., Tarshish, N., Holler, R., & Gal, J. (2024). Types of administrative burden reduction strategies: who, what, and how. *Journal of Public Administration Research and Theory*, 34(3), 349–358.

Berry, Leonard, Valarie A. Zeithaml, and A. Parasuraman (1988). "SERVQUAL: a multi-item scale for measuring customer perceptions of service." *J of Retailing* 64(1): 12–20.

Denhardt, Robert B., and Janet Vinzant Denhardt (2015). "The New Public Service: Serving, not Steering Armonk." *PAR* 75(5): 664–672.

Dube-Rioux, Laurette, and J. Edward Russo (1988). "An Availability Bias in Professional Judgment." *Journal of Behavioral Decision Making* 1(4): 223–237.

Fukuyama, F. (2004). *State Building: Governance and World Order in The 21st Century.* Ithaca, HY: Cornell University Press.

Hornik, Jacob (1984). "Subjective vs. objective time measures: A note on the perception of time in consumer behavior." *Journal of Consumer Research.*

Im. T., & Lee S. J. (2011). "Does management performance impact citizen satisfaction?." *The American Review of Public Administration.*

Jones, Bryan D. (1981). "Assessing the Products of Government: What Gets Distributed?." *Policy Studies Journal* 9(7): 963–971.

Kettle, F. D. (2015). "The Job of Government: Interwearing Public Functions and Private Hands." *PAR.* March, April.

Landau, Martin (1969). "Rodudancy, Rotianality, and the problem of Duplication and overlap". *Public Administrcetm Review* 29(4): 346–358.

Moynihan, D. P., Herd, P., & Harvey, H. (2015). Administrative burden: Learning, psychological, and compliance costs in citizen–state interactions. *Journal of Public Administration Research and Theory*, 25(1), 43–69.

Moynihan, D., Giannella, E., Herd, P., & Sutherland, J. (2022). Matching to categories: Learning and compliance costs in administrative processes. *Journal of Public Administration Research and Theory*, 32(4): 750–764.

Paris, Roland (2001). "Human Security—Paradigm Shift or Hot Air?" *International Security* 26(2): 87–102.

Pasquier, Martial and Jean-Patrick Villeneuve (2012). *Marketing Management and Communications in the Public Sector.* London: Routledge.

Powpaka, Samart (1996). "The role of outcome quality as a determinant of overall service quality in different categories of services industries: an empirical investigation." *Journal of Services Marketing* 10(2)：5-25.

Salamon, Lester M. (2002). The Tools of Government：Introduction. Oxford, England：Oxford Press.

Savas, Emanuel S. (1987). *Privatization: The Key to Better Government*. Chatham."NJ：Chatham House Publishers.

_____ (1999). *Privatization and Public-Private Partnerships*. NJ：Chatham House Publishers.

_____ (2005). *Privatization in the City: Successes, Failures, Lessons*. Washington D.C.：CQ Press.

Schmitt, Bernd H., France Leclerc, and Laurette Dube-Rioux (1988). "Sex typing and consumer behavior：A test of gender schema theory." *Journal of Consumer Research*：122-128.

Schneider. Anne and Hellen Ingram (1990). "Behavior Assumptions of Policy Tools." *Journal of Politics* 52(2)：510-529.

Stigler, George J. (1971). "The theory of economic regulation." *The Bell journal of economics and management science*：3-21.

Taylor, Shirley (1994). "Waiting for service：the relationship between delays and evaluations of service." *The journal of marketing*：56-69.

Weber, M. (2009). *Economy and Society* (경제와 사회). 서울: 나남.

제 **5** 장

신기술과 행정

권위주의적 정부는 결정한 정책을 일방적으로 강력히 추진할 수 있다. 우리나라는 관존민비의 문화로 인해 관(행정인)이 결정하고 민이 순응(comply)하는 것을 당연하게 생각했다. 민주화 이후 우리나라는 이 부분에서 괄목할 만한 변화를 겪었다. 민-관관계는 행정이 국민과 동등하게 만나는 상호작용의 장소이며, 행정활동의 생생한 현장이다. 국민과 정부(행정)와의 연결을 별도로 다루는 이유가 여기에 있다.

　민주화와 더불어 주목해야 할 것은 4차 산업혁명이다. 과거에는 민-관관계가 면 대 면 혹은 종이서류가 주를 이루었으나 오늘날에는 정보통신기술(ICT)이 큰 변화를 가져오고 있다. 전 세계의 정부가 E-government를 통해 경쟁력을 높이려 하고 있다. ICT가 발달함에 따라 국민들의 정보접근성이 용이해졌고, 정부는 국민들에게 보다 나은 서비스를 제공할 수 있는 환경을 갖게 되었다. 팽이모델에서 국민과 정부를 잇는 민-관관계의 한 부분으로 ICT가 일조하는 것이다. Big data와 AI가 보편화되면서 공공정보 개방과 공유를 통해 국민 개개인에게 맞춤형 서비스를 제공하는 방향으로 진화하고 있다.

제5장 신기술과 행정

제 5 장
신기술과 행정

제 1 절 신기술과 행정

Ⅰ. 정보통신기술

기술이 인간관계와 인간사회를 바꾼다는 것이 기술결정론이다. 기술발달에 따라 행정이 사회에 대하여 수행하는 기능도 달라지고, 정부조직 내의 운영방식도 달라진다. 그 예가 컴퓨터와 스마트폰으로 대표되는 정보통신기술(Information and Communication Technologies: ICT)이다.

디지털정보는 컴퓨터의 발달로 인간생활의 방식을 완전히 바꾸는 혁명적 변화를 가져왔다. 원본(original)과 복사본(copy) 간의 차이라는 것이 의미가 없고, 인터넷으로 전 지구가 리얼타임(real time)으로 연결된 세상이 되었다. 소형 칩(chip)에 대용량의 디지털정보를 저장할 수 있는 기술이 엄청나게 빠른 속도로 진보하고 있다. 결과적으로 아날로그시대의 특성이었던 시간과 공간의 제약을 극복할 수 있게 된 것이다.

공산품의 대량생산으로 특징지어지는 산업사회는 아날로그 사회였다. 이제 정보통신기술이 발전함에 따라 정보가 매우 더 중요한 가치가 되었다. 마르크스가 주장한 '인간의 육체적 노동만이 가치를 창출한다'는 노동가치설을 뛰어넘은 세상이 온 것이다.

시간적으로 볼 때, 언제 어디서나 하고 싶은 일을 할 수 있는 '항상성', 즉 유비쿼터스(ubiquitous)의 사회가 도래하였다. 세계화 현상과 결부되어 개인적·조직적·국가적 관점에서 국내·외적으로 상호 영향을 미칠 수 있는 범위가 확대된 것이다.

신기술의 발달은 '정보화 사회(information society)'라는 사회 전방위적인 변화와 맞물려 행정에 혁명적인 변화를 가져오고 있다. 경제적으로는 개방화·세계화 현상이 가속화될 것이며, 정치적으로는 IT기술을 활용하여 정치참여가 증대하고, 직접민주정치를 실현할 수 있는 가능성이 높아진다. 사회적으로는 인간생활에 있어서 시간과 공간의 경계를 넘어서 다양한 교류가 가능해질 것이다.

디지털 시대라고 해서 디지털 산업으로 모든 아날로그 산업이 완전히 대체되는 것은 아니다. 오히려 이 두 영역의 산업은 중첩하며 공존한다고 볼 수 있다. 예를 들어 온라인 쇼핑몰의 매출이 오프라인 쇼핑몰의 매출을 능가하는 와중에 일부 온라인 쇼핑몰은 근사한 오프라인 매장을 열어 특정 요일에만 운영하기도 한다. 상품가치를 극대화하는 방향으로 하이브리드형을 추구한 것이다. 전통적으로 기계공업, 화학공업 등 아날로그적 산업이 강한 독일 정부가 'Industry 4.0' 정책으로 ICT 기술을 결합하여 큰 성과를 낸 것이 그 예이다. 디지털 시대에 아날로그 산업의 가치가 없어진 것이라기보다는 가치 창출의 방법이 고도화된 것이다.

II. 디지털과 정부

1. 공공부문의 변화

Nye(2002)는 정보화를 사회 각 부분을 혁명적으로 바꾸는 힘으로 보고, 정치행정에도 많은 변화가 있으리라고 예측하였다. 시간과 공간을 초월할 뿐만 아니라 거래비용이나 관리비용을 급감시키기 때문에, 정부의 운영도 영향을 받게 될 것이라 보았다. 실시간으로 맞춤형 서비스를 제공하는데, 한계비용이 0인 사회가 온 것이다(리프킨, 2014). 비용 때문에 획일적으로 제공하던 행정서비스를 이제는 컴퓨터를 통하여 각자의 수요에 맞게 제공하는 맞춤형 행정이 가능하게 되었다.

ICT혁명은 현실세계와는 별도의 가상현실(cyber space)을 창출했다는 점을 주목할 필요가 있다. 공원(park)과 같은 물리적 공공 공간(public space)과는 다른 차원으로서 가상의 공공 공간(cyber public space)도 창출되었다(임도빈, 2016). 인터넷 사용은 개인 단위로 하지만, 이들이 상호작용하면서 공공 공간이 생긴다. 인터넷 커뮤니티가 그 대표적인 예이다. 대부분 동호인들 간의 교류장소이지만, 정치적인 주제에 관해서도 의견을 많이 주고받는다. 도명록(2015)의 연구에 의하면, 정치적 이슈에 대하여 소수의 네티즌이 각종 정보에 대한 판단을 주도하는 역할을 하고 이것이 실시간으로 확대재생산되는 현상이 발견되었다. 즉, 이 기준에 의해 지속적으로 정부불신을 강화하고, 기득권층을 '적'으로 만드는 배타적 집단주의가 생긴다.

가상현실에서 일어나는 것들은 현실세계와는 전혀 다른 개념과 규제가 필요하다. 실시간으로 대량의 정보의 교환은 물론이고, 이제 가상현실에서는 비현실적인 것도 할 수 있게 되어 인간의 욕구를 충족할 수 있다. 따라서 새로운 행정의 기능과 역할이 요구된다.

국제적 사이버테러 등 과거에 없는 현상이 벌어지는 것을 보면 이를 이해할 수 있다. 한 서버에 백만 대의 컴퓨터가 접속을 시도하면, 그 서버는 접속이 불가능한 마비상태가 온다. 분산서비스거부(Distributed Denial of Service), 혹은 디도스(DDoS) 공격이 일상화되었다. 북한이 우리나라는 물론이고, 미국의 공공기관 서버를 공격하는 것이 그 예이다. 2024년 레바논의 헤즈볼라가 가지고 있는 호출장치(일명 삐삐)와 무전기가 폭발하여 수 명이 죽고, 수천명이 부상당하는 사고가 있었다. 이스라엘—팔레스타인 전쟁의 일부로서 원격조정으로 폭파가 일어난 것인데 미래에는 새로운 개념의 전쟁이 일어날 것이라는 점을 보여 주었다.

군대가 물리적 국경을 지키는 국방과는 별도로 사이버 공간(cyber space)의 안전도 중요해졌다. 다른 사람의 컴퓨터에 허락 없이 들어가 중요한 정보를 빼 가는 해킹의 문제가 그 예이다. 디도스, 랜섬웨어, 딥페이크 등 가상세계에서 범죄도 매우 빠르게 발달하고 있다. 행정이 선제적으로 대응해야 할 부분이다.

국가정보원, 검찰청, 경찰청, 한국인터넷진흥원, 방송통신위원회, 국방부, 국가보안기술연구소 등 사이버테러에 대해 대응하는 기관이 있다. 국가정보원 내 국가사이버안전센터는 국가 및 공공기관, 국가안보 관련 시설 국가정보의 관련된 사이버 공격 및 위협 문제를 담당한다.

범죄나 외부의 공격으로부터 국민들을 안전하게 보호하기 위해서는 민—관—군이 협력하여 종합적이고 선제적으로 대응해야 할 것이다(백인정·손태식, 2021). 전문인력을 양성하고, 테러를 미연에 방지하고, 발생 시에 조기에 경보를 내리고 대응할 수 있도록 테러대비 훈련 등을 하는 것이 행정의 책무이다. 이 분야는 시간관점에서 보는 것이 매우 중요하다. 느림보 행정으로 악명이 있지만 버틸 수 있는 기존 행정 분야와는 달리, '실시간 대응' 여부가 치명적 차이를 가져올 수 있기 때문이다. 즉, 시간이 핵심변수이다. 이를 위해 인력이 과잉으로 유지된다고 하더라도 감수해야 할 측면이 있다.

분명한 것은 이러한 기술의 발전은 폐쇄체제(closed system)로서의 행정을 개방체제로 만들었다는 점이다. ICT는 개방체제로서 기능할 수밖에 없는 불가역의 수단이 되었다. 행정과 환경을 구분하는 과거의 체제론이 이제 낡은 것이 되어 버린 것이다. 이에 따라 국내영토에서 독점적으로 행사되었던 행정부의 권한이 상대적으로 축소되고 외부의 요소가 많이 작용하고 있다.

기술발전만을 추구하는 사람들은 정부의 규제 자체가 장애물이라고 주장한다. 신기술이 곧 국가의 퇴조, 그리고 행정의 쇠퇴를 가져올 것이라는 주장도 있다. 사이버 공간에서 주권국가의 힘이 약화될 수 있을지 모르지만, 오히려 정부에게 새로운 역할이 요구된다. 민간기업들의 창의력으로만 기술발전이 이뤄지는 것이 아니다. 그동안 한국에서는 정부의 적극적인 지원하에 ICT가 발전하여 국제 경쟁력을 확보한 측면도 있다. 심지어 개방체제가 됨에 따라 정부가 플랫폼 (platform)을 만들고, 국가의 이익보호를 위해야 하기 때문에 과거보다 더욱 할 일이 많아졌다. 예컨대 국제적 차원에서 사용될 규칙을 만든다든지 표준(standard)을 설정하는 데 정부행정의 적극적 역할이 요구된다.

제 2 절 ICT와 전자정부

I. 전자정부의 진화

정보통신기술(ICT)을 어떻게 행정에 활용하느냐를 포괄하는 개념이 바로 전자정부(e-government)이다. 전자정부란 '의도된 목적을 달성하기 위해 정보통신기술을 활용하는 정부'라고 정의할 수 있다(김태은 외, 2008). 컴퓨터가 발명되고 인터넷이 사용되기 시작할 때에는 전자정부의 개념도 비교적 간단하였으나, 그동안 IT기술이 급격하게 발전하여 다양한 차원의 개념이 나오게 되었다.

전자정부는 개념으로서도 끊임없이 발전하고 있다. 이 발전단계에 대해서 Layne and Lee(2001), Reddick(2004), Seifert, Jeffrey W., and Glenn J. McLoughlin(2007), Kurt et al.(2006: 18-19)의 개념 정의를 소개하면 다음과 같다.

- 출현단계(presence): 마치 종이로 인쇄된 정보지와 같이 비교적 정적인 정보를 제공하기 시작하는 단계
- 상호작용(interaction): 이용자로 하여금 정적인 것보다 발전된 추가적인 의사소통수단을 허용하고, 일부 다운로드받을 수 있도록 하는 단계
- 거래단계(transaction): 사용자가 인허가 등 서비스를 온라인으로 요구하거나 비용지불을 할 수 있는 단계
- 변혁단계(transformation): 고전적 관료모형에서 벗어나 새로운 차원의 국민(시민)이 형성되어 행정과정 자체가 바뀌는 단계

한국정부는 일찍이 정보통신부와 정보화촉진기금을 신설하고, ICT 분야에 과감하게 투자하는 등 세계적으로 가장 적극적이었다. 이러한 노력이 결실을 맺어 2010년 이후 한국은 UN이 평가하는 전자정부화 부문에서 세계 1위를 기록하는 등 ICT 부문에서 정부경쟁력을 확보하였다. 이제 유비쿼터스 정부로 진화하고 있는데, 유비쿼터스 정부란 '유비쿼터스 기술을 적극 도입하여 리엔지니어링·리스트럭처링 등 다양한 행정혁신과 결합시켜 내부적으로는 행정효율성을 높이고, 외부적으로는 언제 어디서나 개인화되고 중단 없는 맞춤서비스를 제공하는 유비쿼터스 시대의 새로운 정부 형태'를 의미한다(한국행정학회, 행정학전자사전).

한국정부의 역사적 발전과정을 살펴보면, 정보화기술이 거의 발달하지 않은 1980년대에 있었던 사무자동화개혁에서 그 근원을 찾을 수 있다. 과거 행정부 내 공문서는 주로 손으로 썼고,[1] 많은 양이 필요할 때는 철필(鐵筆)로 원지에 써서 운전 등사기로 만들었다. 각 행정관서에는 글씨를 잘 쓰는 필경사와 '등사실'이 존재하면서 종이문서 생산업무를 담당했다. 이러한 환경에서 수동 타자기(type writer)로 문서를 작성하는 사무자동화 개혁이 시작되었다.

타자기라는 아날로그에서 컴퓨터인 디지털로 사무관리방식이 바뀌면서 행정사무의 질은 혁명적으로 발전한다. 90년대에는 종이 없는 사무실(paperless office)로의 개혁을 슬로건으로 내걸었다. 이로 인해 타자치는 공무원들이 실직을 하였지만, 실제로 종이 없는 사무실은 쉽게 실현되지 않았다. 소위 품의제도(稟議制度)[2]라는 결재시스템(decision-making system)이 있었고, 상관들은 결재를 할 경우 종이로 된 것을 보는 습관을 유지했기 때문이었다.

행정문서의 생산, 유통, 보고, 승인, 보존을 종이가 아닌 전자 문서로 하는 변화가 1998년 '전자결재 및 전자문서 유통 활성화 계획'을 시작으로 본격화되었다. 이 단계의 핵심적인 변화는 품의제도를 전자화하기 위해, 손으로 사인하지 않고 디지털로 서명해도 법적인 효력이 있게 조치한 것이다. 이를 위해 사내통신망(intranet)과 같은 전자문서유통 시스템을 만들어 외부에 공개되지 않도록 문서유통을 하였다. 이로 인해 자연스럽게 사무실마다 많이 있던 문서보관용 캐비넷이 줄어들고 전자적으로 행정기록물이 관리되는 등의 기록물관리 시스템의 변화가 있었다. 결국 스마트폰으로 전 세계 어디에서나 기안, 결재 등 업무수행을 하는 시대가 되었지만, 문서생산량은 기대한 만큼 줄지 않았고 정부관료제 내 업무 방

---

1 조선시대 때 사람을 평가하는 기준으로서 신언서판(身言書判)의 '書'가 이와 관련된다. 이때는 붓글씨를 의미하며, 오랜 수련을 통해 멋진 글씨체를 가진 사람이 훌륭한 인격도 갖추었음을 의미한다.

2 자세한 것은 제9장을 참조.

식에도 크게 변화가 없는 실정이다.

ICT기술 또한 주로 행정조직 내부에서 활용하던 것에서 벗어나 다른 기관 간 혹은 국민 간 소통에 사용하는 단계로 발전하기 시작하였다. 표준화 작업, 배달증명 시스템 구축, 정부 전자문서유통센터 구축, 대상기관의 확대 등이 실시되었다. 이로 인해 '나라장터'라는 전자조달통합 시스템이 구축되어, 정부입찰업무부터 계약체결까지 디지털화된 것은 대표적인 성공사례이다(Im, 2007).

국민들은 이제 관공서에 가지 않고 집에서 컴퓨터로 각종 증명서를 발급받을 뿐만 아니라, 세금신고 및 납부 등 실질적인 행정업무를 집에서 처리할 수 있게 되었다. 또한 정보 접근과 획득이 용이해짐으로써 투명성을 증가시켰고, 이는 행정부패 위험을 감소시키는 데 큰 공헌을 한다. 종이 문서로 업무를 수행하던 과거와 달리 업무전산화로 인해 업무 수행과정이 기록에 남기 때문에 행정조직 내부뿐 아니라 외부와의 소통과정에서 생길 수 있는 비리를 차단할 수 있게 된 것이다. 신기술의 적절한 이용을 위해 각 행정기관에는 정보화 책임관(CIO: Chief Information Officer)을 두어 업무를 총괄하게 하고 있다.

II. 전자정부의 내용

1. 행정관료제의 변화

행정활동은 ICT기술의 즉시성(즉, 실시간)으로 혁명적 변화를 겪고 있다. 과거 막스 베버가 주장한 전통적 행정관료제는 관료들의 익명성(anonymity)을 보장하고, 행정의 비밀은 당연한 것으로 여겼다. 그러나 이제는 정부업무의 투명성과 공개성이 보편적 가치가 되었다.

정부의 관료집단 역시 변화를 겪게 되는데, N. Henry(2010: 127)는 "정보관료(infocrat)"라는 용어를 사용하여 설명하고 있다. 정보기술을 활용한 행정으로 인해 전자정부가 발전해 나가면 street-level bureaucracy에서 screen-level bureaucracy, 나아가 system-level bureaucracy(일명 infocracy)로 관료제의 특성이 진화되어 간다. 정보관료(infocrat)는 시민과 상호작용하는 방식에서 직접 대면에서 컴퓨터 화면상의 대면으로, 나아가 시스템 수준에서 한다.

여기에는 과거 관료제의 불투명성에서 기인하던 행정부패가 감소되는 효과가 있다(Bertot 외, 2010). 더불어 전자정부화의 실질적이고 가장 가시적인 효과는 행정관료제의 효율성 증대이다. 아직 이 분야에는 무한한 가능성이 있다. 몇 가지를 예시하면 다음과 같다.

- 조직의 칸막이 제거: 행정정보공동이용을 통하여, 행정기관 간의 정보를 공유함으로써 많은 효율성을 높일 수 있다. 전자정부법 제36조는 행정정보를 공동으로 이용해야 하며, 다른 행정기관이 정보를 제공할 수 있는 경우에는 같은 내용의 정보를 수집하는 것을 명시적으로 금하고 있다.
- BPR(Business Process Reengineering): 경영학에서 사용하는 개념으로 업무처리 절차를 근본적으로 개혁함으로써 기업의 생산성을 높이려는 기법을 통칭한다. 우리나라 행정에서도 불필요한 업무 줄이기를 통해 이러한 개혁을 많이 시도하였다. 민원인의 입장에서 업무흐름도(work flow)를 파악해 보면, 실제로 꼭 필요하지 않으면서 관료적 편의에 의해서 생긴 절차들이 많이 있다. ICT를 활용한 BPR은 불필요한 절차를 획기적으로 줄이게 한다.
- ERP(Enterprise Resource Planning): 경영부문에서 사용하는 개념으로서 물품의 생산, 유통, 재고관리, 인사관리, 재무관리를 한눈에 볼 수 있도록 하는 패키지형 IT 솔루션이다. 행정조직에서 잘 활용하면, 효율성 제고에 크게 기여하여 정부조직의 경쟁력을 높일 수 있다.

시간과 공간의 제약에서 벗어남으로써 새로운 관료제로 탈바꿈할 필요가 있다. 국민과의 관계에서 정책집행의 내용과 방법도 혁신적으로 될 수 있다. 소극적, 수동적 행정에서 벗어나 생애주기에 따라 맞춤형으로 적절한 행정서비스를 적기에 제공할 수 있다. 출생신고부터 사망신고까지, 그 사람의 여건에 따라 어떤 서비스가 언제 필요한지 AI가 알아내고 선제적으로 처리해 주는 방식이다. 당사자가 알고 있어야 하거나 어떤 행위를 해야 할 경우에는 미리 알려 줘서 준비할 수 있게 한다. 예컨대 유치원, 초등학교 등 취학절차, 실업 상태에는 어떤 실업 수당과 직업훈련을 받을 수 있는지 등의 정보제공과 함께 필요한 서비스 바우처를 전자적으로 보내 주는 방식이다. 각 병원에서 축적되는 환자진료에 대한 데이터는 의료보험 수가나 보험료 지급의 적정성 판단에 활용하여 오용을 막을 수 있다. 나아가서 이런 데이터를 각자 전자손목시계에 측정되는 혈압, 심장박동 등 건강 관련 정보와 연계시킨다면 암 등을 미리 예방하거나 초기 발견하여 적절한 조치를 취할 수 있을 것이다.

일반국민에 대한 서비스도 달라질 수 있다. 재난안전관리 분야가 그것이다.

재난의 위험성을 미리 예측하여 대응하게 하는 것도 빅 데이터와 인공지능으로 점점 더 정확성이 향상될 것이다. 예컨대, 여러 곳에 설치된 각종 센서에서 보내 오는 정보를 종합하여 지진의 발생을 가능한 빨리 알려 주고 대피하는 경로까지 자세하게 안내해 준다면, 피해는 줄어들 수 있다. 마찬가지로 건물, 사람들에 대한 데이터를 종합하여 분석한다면, 테러 등 대규모 사회재난을 예방하거나 즉시 대 응할 수 있게 될 것이다.

2. 정보설계

관료제의 투명성 제고를 어떻게 하느냐에 따라 ICT의 효과는 다르다. 정보를 공개하는 경우에도 실제로 전자정보화의 의도와는 다른 결과가 나타날 수 있다. 예를 들면 정부 내 정책결정과정을 공개하는 경우, 정책의 내용을 공개하는 경우, 추진한 정책의 효과를 공개하는 경우 모두 효과가 각각 다르다(Porumbescu, 2013).

개도국의 경우 정보를 성실하게 공개하지 않는 경향이 있다. 특정 정책 효과를 과장하여 홍보하는 것이다. 이 경우 오히려 더 큰 정부불신을 가져오게 된다. 정책의 내용도 마찬가지다. 기관장들은 정책의 효과를 과장하여 자신의 업적을 돋보이게 하려고 한다. 그러나 정책결정과정을 공개하는 것이 전자정부화 효과를 달성할 수 있는 가장 강력한 것인데도 불구하고, 실제로 잘 이뤄지지 않는다.

지식과 정보(Knowledge & Information)가 중요한 행정의 수단이 되어 단지 전산직 정보화 책임자(CIO)가 아니라 좀 더 넓은 의미에서 정보설계자(Information designer)로서의 행정가가 필요하게 되었다. 정보설계는 단순히 컴퓨터의 원리뿐만 아니라, 통계학, 사회학, 심리학, 경영학 등 다양한 분야의 지식이 필요한 분야이다. 이제 행정관료는 행정학적 차원에서 정보설계자가 되어야 한다. 이런 활동을 정책설계(policy design)라고 한다. 특히 여러 가지 정책이 정책대상집단에게 어떻게 인식되고, 순응되고, 집행되는지에 관해서는 행동경제학적 시각에서 정책을 설계해야 한다.

예컨대, 투명한 행정으로 개혁한다고 하더라도 효과는 정책 대상의 특성에 따라서 다르다. 정보를 공개함으로써 행정에 더욱 관심을 갖게 되는 층, 이미 정부의 정책에 많은 관심을 갖고 있는 층, 정보에 무관심하고 이용을 하지 않는 층이 있다. 즉, 정책에 관심을 갖는 정도와 정보의 이용 정도에 따라 다르다. 다음의 표에서 IV집단에게는 아무런 효과가 없을 것이다. 정책에 관심이 없지만 정보이

용을 많이 하는 Ⅲ집단에게는 정책에 대한 관심을 갖도록 하는 것이 우선적으로
필요하다.

표 5-1 | 정책–정보 집단구분

정책에 관심 \ 정보이용	강	약
강	Ⅰ	Ⅱ
약	Ⅲ	Ⅳ

　　정보화의 효과는 신기술을 어떻게 사용하느냐에 따라 상당히 달라질 수 있
다. 따라서 전자정부화에 예산을 투입했다고 해서 그동안의 문제가 해결되는 만
병통치의 수단으로 생각하면 안 된다. 정보공개를 통한 투명성의 제고와 정부 부
패의 관련성도 마찬가지다. 부패와 관련된 정보를 공개하느냐가 중요한 것이지,
일반적인 정보공개가 부패를 감소시키는 것은 아니다.

　　물론, 전자정부화는 행정과 상호작용해야 하는 시민들에게도 많은 변화를 가
져온다. 편리성이 증가하고, 행정업무에 소요되는 시간이 과거에 비하여 상당히
절약된다. 투명성의 획기적 증대는 행정의 민주화에 기여한다. 이제는 인터넷으로
신청함으로써 아무리 권력이 센 사람도 대기순서를 무시하고 '새치기'를 하기 어
려운 평등한 시대가 되었다.

　　그러나 극히 한국적인 문제도 있다. 특정 프로그램이나 정책에 수많은 사람
들이 몰려서 예약이나 신청이 몇 분만에 마감되는 문제가 있다. 신기술의 발달과
적용의 문제가 아니라 광클릭해야 하는 시간이 결정적 변수가 된 것이다.

4차 산업혁명과 행정

I. 4차 산업혁명

산업은 네 가지로 분류된다. 1차 산업은 농수산업, 2차 산업은 공업, 3차 산업은 서비스업, 4차 산업은 지식 산업(knowledge industry)이다. 그러나 최근 산업의 차수를 높여 가며 일궈 낸 인류의 급격한 경제적 발전에 대해 '분류'보다 '혁명'이란 개념이 적절하다는 주장도 있다.

유럽에서 18세기에 일어난 1차 산업혁명은 증기기관의 발명을 계기로 발생한 에너지와 동력에 관한 혁명이다. 2차 산업혁명은 19세기 백색에너지로 불리는 전기의 발명을 계기로 일어난 변화이다. 3차 산업혁명은 20세기 후반 인터넷의 발명으로 인한 정보산업혁명이다. 4차 산업혁명은 21세기 초반부터 일어나는 여러 기술발달이 결합되어 가져올 복합적 변화를 지칭한다(Schwab, 2016). 즉, 인터넷 도입 후 일어난 변화에 더하여 인공지능(Artificial Intelligence), 빅 데이터, 사물인터넷(Internet of Things), 모바일 등의 발달이 상호연결되어 인간생활에 가져올 커다란 변화를 말한다. 4차 산업혁명이 과거의 산업혁명과 다른 점은 방대한 규모로 축적된 데이터를 매우 빠른 속도로 처리하기 때문에 원하는 결과가 빠르고 쉽게 얻어진다는 점이다. 스마트폰의 발달로 인간이 인터넷에 항시 연결되어 있기 때문에 혁신이 빠르게 확산된다는 점도 중요하다.

3차 산업혁명에 비하여 4차 산업혁명은 인간의 생활에 어떤 변화를 가져올 것인가? 이미 자동차, 로봇 등의 발달로 인하여 과거에 생산요소로서 중요시되었던 인간의 육체노동의 중요성이 많이 감소되었다. 장소와 시간의 제약 등 많은 제약에서 해방되었다. 4차 산업혁명은 다음과 같은 점에서 국민들의 생활에 큰 변화를 가져올 것이다.

첫째, 초연결성(hyper-connectivity)으로 인한 인간생활의 변화이다. 사물인터넷(IoT)과 모든 것의 인터넷(IoE)으로 인간과 기계가 연결되고, 다른 사람의 중계가 필요 없이 인터넷이 순간순간 필요한 문제를 해결해 준다. 그동안 데이터 간의 호환성 부족으로 인한 정보 교류의 칸막이가 있어 효율성이 떨어졌다고 한다면, 이제 서로가 연결된 사회가 되었다. 예컨대 우리의 혈압, 체온 등 건강상태가 스마트폰을 통하여 항시 체크되어 사무실의 온도 조절부터 의료서비스까지, 비서나 전문가 없이 인터넷을 통해 일상생활에서 일어나는 불편함을 해결할 것이다. 이러한 연결성은 누군가 우리의 사생활을 완벽히 보고, 통제할 수 있다는 것을 의미한다. 예컨대 외출도 인터넷 연결을 통해 알 수 있어서 도난도 쉽게 발생할 수 있다.

둘째, 지능정보화로 인하여 지식이 생산되고 교환되는 방식이 획기적으로 바뀔 것이다. 빅 데이터의 축적과 인공지능은 데이터 사이언스와 머신러닝(machine learning)을 가능케 하여, 창의성이 발휘되는 소위 딥러닝(deep learning)이 생긴다. 챗GTP의 등장은 AI의 위력을 증명해 주었다. 인공지능(AI)이 딥러닝(deep learning)을 통해 투입된 정보 이상으로 '새로운' 정보와 지식을 창출할 수 있느냐는 논란거리이다. 소위 생성형 인공지능(generative AI)이 등장했다고 보는 시각이다. 이미 이메일 같은 것을 몇 초 만에 써주고, 자료검색 및 분석, 보고서 작성 등을 자유자재로 할 수 있다. 결국은 우리의 일상생활이나 산업을 확 바꿔 버린다.

과거에는 상상하지도 못했던 엄청난 양의 데이터를 사용하고, 소비하는 시대가 된다. 이를 바탕으로 그동안 로봇은 인간의 손발을 대체해 왔다고 한다면, 이제 인간의 두뇌까지 어느 정도 대체하게 된다. 컴퓨터가 소설을 쓰고, 신문기사를 쓰며, 고위 정책가를 대신하여 복잡한 정책분석을 대신할 수 있다.

셋째, 그동안 각 분야에 분리되어 제각기 작동하였던 것이 융합되어 시너지 효과를 낳게 된다. 의료 분야, 공산품 생산 공장, 서비스 산업 등이 서로 연계된다. 원하는 제품이 주문-대기시간을 거치지 않고 3D 프린터를 통해 집 근처에서 즉시 생산되게 된다. 예상치 못했던 상황이 벌어지면 불량품을 생산하던 과거의 생산 공장에 반해 이제 재료의 불안정이나 정전 등의 상황이 발생해도 적절한 조치를 스스로 취하여 최고의 제품이 생산되는 스마트 공장이 등장하였다.

넷째, 가상 공간에서 자신을 투영하는 아바타를 통하여 현실에서 할 수 없는 다양한 활동을 하는 메타버스가 등장했다. 현실의 제약을 뛰어넘는 상상력을 발휘하여 가상공간에서 다양한 체험을 할 수 있다. 이외에도 아바타를 통해서 회의에 참석하여 실제로는 몸이 다른 곳에 있으면서도 가상공간에서 대화와 토론을 한다. 심지어 박물관, 미술관을 메타버스를 통해 방문을 하고 느껴볼 수 있다. 관광, 여행의 패턴이 달라질 변화의 기폭제인 것이다.

이는 산업부문에서 과거 테일러 혁명이 가져온 소품종 대량생산(mass production)에서 다품종 소량생산으로의 변환과 동시에 가격이 떨어질 것이라는 것을 의미한다. 다양한 수요를 낮은 가격에 충족시키는, 수요-공급 곡선 자체의 이동이 일어나는 것이다. 행정서비스는 역시 고객맞춤형(customized)으로 공급될 것이다. 건강진단 및 치료와 같은 적극적인 보건복지 보장 행정서비스부터 납세 고지서 발급과 납부 등 조세행정에 이르기까지 국민의 요구 및 별도의 행정 노동이 없이도 자동 전산화되어 이루어지는 시대가 열리는 것이다. 범법행위에 대해서도 자동적인 처벌이 이루어질 것이다.

요컨대, 4차 산업혁명은 인간의 필요나 욕구를 즉각 실현시킬 수 있는 방향으로 삶의 전환을 가져온다. 기계를 통하여 시간의 단축, 즉 실시간(real time) 시대가 오는 것이다. 그동안에는 개인이 무엇이 필요한지 느끼는, '인지'하는 시간도 없이 실시간으로 이뤄질 것이며, 이것을 상품이나 서비스로 생산하는 것도 거의 즉시 이뤄지는 시대가 올 것이다.

4차 산업혁명시대에는 시간을 저장할 수도 있다. 현실의 3차원 공간에서 일어나는 소리와 영상을 저장할 수 있는 빅 데이터가 디지털 공간에 시간을 저장하는 역할을 하는 것이다. 디지털화된 시간은 인간이 언제든 현실세계에 소환하여 사용할 수 있다. 소비되는 시간이 거의 없고 필요한 시간을 저장할 수도 있는 '시간'의 혁명인 것이다.

Ⅱ. 신기술의 양면성

집을 나와서 다시 집으로 돌아갈 때까지, 길에서, 지하철에서, 버스에서, 수많은 CCTV가 우리를 촬영하게 된다. 이를 가지고도 유용한 행정서비스를 창출할 수 있는데, 예를 들면 범죄혐의자를 찾기에 용이하다. 공공장소를 방문했다면 CCTV 녹화본으로 정보를 손쉽게 얻을 수 있어 범인 잡기가 수월해졌다.

물론 기술발전이 늘 긍정적인 측면만 있는 것은 아니다. 떠올리기 쉬운 부정적인 측면 중 행정학적으로 가장 중요한 것은 개인정보와 관련된 문제이다. 대량으로 정보를 관리하기 때문에 이것을 종합하면 새로운 의미가 있는 집합데이터가 나오게 되고, 이를 활용하면 큰 돈을 벌 수 있다.

이처럼 시시각각으로 모든 것이 기록되기 때문에, 우리는 항상 행정의 기록장치 속에 갇혀 감시받으며 산다고도 할 수 있다. 그리고 그만큼 사생활 침해, 즉 프라이버시 침해가 쉬워지는 위험성이 있다. 겉으로는 공익을 추구한다고 하지만 실질적으로는 사익을 추구할 수도 있고, 의식하지 않는 가운데 개인정보가 생성되고 그것이 바람직하지 않은 곳에 사용될 위험성도 상존한다.

자율주행자동차도 양날의 검과 같다. 운전하는 피로감을 줄이고, 섬세한 알고리즘을 활용해 교통흐름을 종합적으로 조정하여 우리사회 전체의 교통시간을 단축시킬 수 있는 장점이 있다. 그러나 택시기사 등이 일자리를 잃는 고용문제도 있고, 조그마한 전산장애가 대대적 교통체증을 야기하거나 심지어 큰 사고가 날 위험성도 있다.

건강과 체력에 관해서도 엄청난 변화가 예상되지만 양면성이 있다. 우선 증강현실 등을 응용하면 인간의 육체적 한계를 극복할 수 있다. 신체 장애가 있어도 제약을 느끼지 못하게 만들 수 있고, 힘이 약한 사람도 로봇 팔 등을 이용해 힘을 쓸 수 있다. 드론과 로봇으로 전쟁을 치르고, 로봇으로 화재진압 및 구조작업을 할 수도 있다. 그러나 전쟁에 대한 공포가 줄어들거나 심지어는 일상화되고, 사람의 육체적 힘과 한계에 대한 인식을 잃을 가능성이 있다.

의료 분야에서는 데이터를 측정해서 축적하고 AI가 병을 찾아내고 처방을 내릴 수 있다. 혈압, 당수치 등을 24시간 모니터링하여 적절한 조치를 취할 수도 있다. 그밖에도 개복을 하지 않고 로봇이 수술을 한다든지 여러 가지 혁명적 기술발전이 일어나는데, 그로 인해 의료서비스의 과잉이 문제시될 수 있고, 인간의 존엄성에 대한 인식이 달라질 수도 있다.

농업 분야에도 큰 변화가 예상된다. 스마트팜(smart farm)이 그 예이다. 농업인이 꼭 농촌에 거주할 필요도 없다. 드론 또는 로봇이 원격으로 명령을 받아서 농축업을 할 수 있다. 동물에게 정확한 시간에 먹이를 주고, 청소도 자동으로 하고, 우유도 기계가 짤 수 있다. 식물을 키울 때도 온실에서 온도, 습도, 햇빛 등 모든 것을 자동으로 조절하게 되고, 사막에서 스마트팜을 통해 농산물을 생산하게 된다. 그러나 이것은 직업구조를 바꾸고, 농촌의 쇠락을 가져올 수 있다. 만약 알고리즘에 오류가 생겨서 제때에 문제를 발견하고 처치하지 못하면, 엄청난 피해를 입게 된다는 취약점도 가지고 있다.

III. 4차 산업혁명과 공공성

4차 산업혁명은 정부–국민 간의 관계를 현저히 변화시킬 것으로 예측된다. 전통적인 법치주의 국가모델이 과연 그대로 작동할 것인가에 대한 의문도 제기된다. 물리적 시공간의 제약 때문에 이뤄지지 못했던 것이 가능해지고, 정보의 불투명으로 야기되었던 문제들이 감소할 것이다. 전통적인 행정모델이 유지된다고 하더라도 불가피하게 행정의 작동방식은 달라질 것이다. 대한민국이라는 공동체의 이익을 지킨다는 공공성의 입장에서 보면, 4차 산업혁명에서 정부가 할 일은 매우 중요하다.

먼저 사회제도로서 적합한 문화가 만들어져야 한다. 사회 변화는 진공 속에서 이뤄지는 것이 아니고 여러 제도와 그 제도 간의 연계를 통해 이뤄진다. 플랫폼에 따라 정책 분야별 혹은 기능별로 정부가 담당해야 할 역할이 달라질 것이다. 혁명적 기술발전은 그 영향이 과학과 기술 분야에 그치는 것이 아니고 정치, 경제, 사회, 조직에 영향을 미친다는 점을 고려한다면, 정부의 역할은 오히려 더 중요해질 것이다.

다음으로 신기술 개발에 규제가 강화되고 세밀해질 필요가 있다. 산업진흥적 측면에서는 규제완화가 요구된다. 그러나 이는 많은 문제를 가져올 수 있다. 가장 문제시되는 것은 정보의 무제한 유통 속에서 어떻게 사생활을 보호하느냐는 것이다. 심장박동수, 혈압 등 각 개인의 일상적인 건강정보는 물론이고 무엇을, 어디서, 언제 구입했는지 등의 행태까지 모든 정보가 수집되고 축적된다는 것은 잘 활용하면 장점이지만 위협요인이기도 하다. 누군가가 자신이 알지 못하는 사이에 자신에 대해 알 수 있을 뿐만 아니라, 그 정보를 통하여 상업적 이익을 추구하거나, 범죄에 이용할 수 있다. 나아가서 인간의 사고방식과 행동에 큰 변화를 가져온다.

세 번째로 어떻게 완벽한 시스템을 만드냐의 문제이다. 민간은 신기술을 통하여 재빨리 돈을 벌려고 하지, 백만분의 일의 확률로 일어날 위험을 개의치 않는 경향이 있다. 예컨대 해킹, 시스템 오류로 인한 전반적인 작동불능 사태 등의 위험을 어떻게 통제할 것인가, 시스템 장애를 어떻게 완벽히 예방할 것인가가 문제이다.

네 번째로, 기계에 의한 인간의 자율성을 어떻게 확보하느냐에 대한 문제를 고민해야 한다. 인터넷 중독, 스마트폰 중독 등의 심리적인 문제이다. 우리가 잠시라도 인터넷이나 스마트폰이 없는 동안에 얼마나 무기력해지고, 무의미해지기까지 하는지를 생각해 보면 이 문제의 중요성을 이해할 수 있다. 기계가 인간의 사고에 영향을 미치고, 사회구성과 운영원리를 바꾸게 된다는 것이다. 미래세대에 대한 교육도 철저하게 고민해야 한다.

다섯 번째, 신기술 발달에 따른 기계 자율성이 높아지면서 만약의 경우 그 책임을 어떻게 확보하고, 묻느냐의 문제이다. AI가 인간의 권리를 침해하는 사고를 내면 기계에게 책임을 묻느냐의 문제, AI가 들어간 로봇 공장이 물건을 생산하면 세금을 로봇에게 물리느냐의 문제이다. 즉, AI에게 법인격을 부여하느냐의 문제이다.

신기술 발달과정에서 기술의 사회적 역할에 비례하여 인간의 의존 정도가 커진다. 여기서 기술에게 인간이 지배받지 않을 뿐만 아니라, 인간의 존엄성을 어떻게 완벽하게 지키느냐의 문제도 중요해진다. 기계 중심이 아닌, 사람이 중심이 되는 사회가 되어야 한다는 것이다. 기술은 인간의 편의를 위한 활용의 대상이지 인간이 지배받는 것은 생각할 수 없기 때문이다. AI가 발전하여 완벽성이 높아지면 질수록, 인간은 그만큼 AI에 종속된다는 문제가 있다. 완결성이 곧 시간의 불가역성이 되는 것이다.

윤리성에 대해서 고민하는 것도 정부의 역할이다. 다른 나라에 비하여 신기술의 발전이 뒤지지 않도록 유도하고, 민간을 도와주는 등의 역할도 중요하지만, 국가전체에 미치는 사회적·윤리적 측면을 고민해야 한다. '도대체 인간이란 무엇인가', '인간성이란 무엇인가'에 대한 근본적 고민부터 시작해야 한다. 인간이 편하자고 기계를 사용하는 것이 궁극적으로 인류를 파괴할 수도 있다는 질문이다. AI가 인간을 지배하는 상황을 예방해야 한다. 정부가 공익이라는 관점에서 인간이 기계의 노예가 되지 않고, 인간성을 잃지 않는 범위에서 기술발전을 적절히 활용하는 문제를 깊이 고민해야 한다. 불완전한 기술이지만 일단 규제를 풀고 사용을 허용해, 문제가 생기면 그 후에나 규제를 하겠다는 자세는 적어도 행정학적으로는 바람직하지 못하다.

 제 4 절   미래의 정부역할

I. 민주성과 효율성

발전행정기 이후, 정부가 신기술에 많은 투자를 하고, 정보사회화를 주도하는 것은 다른 분야와 마찬가지이다. 정부가 신기술을 적극적으로 활용하고자 함에도 불구하고, 효과가 날때까지는 시간적 지체가 있다(Im, 2011). 관료제적 관습이 계속 저항하기 때문이다.

정부기관이나 지방자치단체는 많은 공공정보를 보유하고 있다. 그런데 정보를 자기부처 내에서 보관하고 있을 뿐이지 공유하지 않고 적극적으로 활용하지도 않는다. 정보는 유통될 때 비로소 그 가치가 나타나는 것인데, 여러 가지 이유로 시간적 지체현상이 생긴다. 한 단계 격상된 전자정부가 실현되려면, 다음과 같은 방향으로 발전해야 한다.

국민의 알 권리를 충족시켜 준다는 것은 행정이 할 수 있는 가장 기본적인 서비스이다. 이미 가지고 있는 정보를 공개하는 것이기 때문에 상대적으로 쉬운 분야이다. 빅 데이터 시대에 공공정보의 절대량은 늘어날 수밖에 없다. 정보에 대한 공개 요구도 함께 늘어날 것이다. 기존의 소극적·방어적 태도에서 벗어나 과거의 정부와 완전히 다른 정보관리 및 공개 능력이 요구된다.

행정부 내부의 효율성과 효과성을 높여야 한다. 예컨대 과거에는 종합병원에서 환자의 기록이나 X-ray 필름 등을 통에 담아서, 천장에 설치된 레일을 통해 이동시켰다. 오늘날에는 컴퓨터가 병원 전체에 연결되어 모든 기록을 실시간으로 전공의들이 공유할 수 있다. ICT의 응용이 낳은 결과이다. 그러나 행정내부는 책임의 문제 때문에 더욱 부처 간 칸막이가 높아지고, 보신주의로 인한 법규맹신으로 국민들의 필요를 외면하는 관료제적 행태는 바뀌지 않고 있다. 행정내부의 ICT 응용의 활성화는 부처경계를 벗어나서 다양하고 정확한 정보를 가지고 빠른 시간에 정책분석을 할 수 있게 하며, 과학적 대안비교를 통한 효율적 정책결정에 기여할 수 있다.

국민에게 '서비스하는 행정'은 위의 두 가지가 잘 결합하여 시너지 효과를 낼 때 나타난다. 민원창구에서 서로 관할권 미루기로 민원인들을 '이리 갔다, 저리 갔다'하게 하는 시대는 지났다. 실질적인 One-stop service 체제로 정착하는 것은 물론이고, 전 세계 어디에서나 한 번의 클릭으로 민원을 해결하는 시대가 되었다. 특히 사회적 약자 등 특별한 서비스를 받아야 하는 입장에 있는 사람들의 수요를 만족시키는 맞춤형 서비스도 ICT를 활용하면 쉽게 이뤄질 수 있다. 서비스를 필요로 하는 국민들을 기다리는 행정이 아니라, 필요한 서비스를 적극적으로 국민들에게 가져다 주는 행정이 되는 것이다.

AI와 빅 데이터로 대표되는 새로운 세상에서 정부의 역할은 더 커지고 기능도 변할 것이라고 상상할 수 있다. 만약 사라지는 직업이 많아진다면 이에 대한 대책(실업문제, 직업전환훈련 문제 등)이 있어야 한다. 직업의 구조, 노동시간과 노동조건이 바뀌고, 임금체계도 변한다. 번역도 이제는 인간이 할 필요도 없고, 변호사라는 직업도 없어질 것으로 예측된다.

기술의 진보과정에도 정부가 간여할 영역이 커진다. 기술적으로 완벽한 것이란 없고, 기술발전과 이에 따른 사회적 전환과정에서 일어나는 여러 가지 문제를 예측하고 해결해야 한다. 특히 이런 새로운 발전을 틈타 일확천금을 노리는 등 나쁜 방향으로 활용할 만한 사람이 많이 있다는 점에 유의해야 한다. 또한 범죄에 악용될 수 있는 여지도 많이 있다.

Ⅱ. 디지털 플랫폼 정부

1. 빅 데이터와 정부

플랫폼은 기차역에서 볼 수 있는 바와 같이 여러 사람이 오가는 공간을 의미하는 상징적 개념이다. 4차 산업혁명시대의 플랫폼은 공공부문이나 사적영역에서 매우 중요한 역할을 한다. 구글, 네이버의 사례에서 볼 수 있는 바와 같이 데이터 생태계를 종합적으로 관리하는 장이 되는 플랫폼은 누가, 어디에, 언제, 어떤 목적으로 데이터를 이용할지에 대한 흐름을 통제함으로써 엄청난 영향을 미친다.

관료제 내부에서 정책을 만들고, 국민들에게 집행하던 일방향적인 의사소통과는 전혀 다른 방법으로 이뤄지는 것이 플랫폼 정부이다. 정부뿐만 아니라 민간이 더 많은 데이터를 생산토록 하고 더 많은 이용자를 유인함으로써, 더 많은 공급자와 수요자들이 상호작용하도록 한다. 디지털 플랫폼 정부는 정부가 직접 사이버 공간을 독점적으로 공급하는 것을 상정할 수 있다. 민간이라도 상호작용을 독점하게 된다면 다른 신규사업자가 진입하기 어려운 사실상의 독점상태가 되고, 이 시점 이후에는 모두 반 강제로 이용한다는 점에서 '공적인 공간'이 된다고 볼 수 있다. 구글, 네이버 등에 쌓이는 정보가 과연 사적인 것인가 고민할 필요가 있다. 플랫폼 기업들은 공급자와 이용자 간의 매칭을 촉진함으로써 수익을 창출하게 되며, 이러한 중개 행위를 통해 더 많은 데이터를 수집하여 독점이 가속화된다. 데이터의 부익부 빈익빈현상이 생기는 것이다. 플랫폼과 데이터의 공존은 막대한 데이터를 독점하고 추출, 분석, 활용하여 경제적 이윤을 독점하는 결과를 낳을 수 있다(김미경, 2000). 정부가 공익 추구를 위해서 가상세계를 규제완화로 방임하지 말아야 한다.

데이터 생태계란 데이터의 생산, 분배, 소비가 일어나는 하나의 체제(system)를 말한다. 이 체제 안에서는 데이터 생성자(Data Producer), 데이터 수집자 또는 관리자(Data Aggregator/Data Custodian), 플랫폼 소유자(Platform Owner), 인사이트 공급자(Insight Provider), 데이터 표현자(Data Representer) 등이 끊임없이 상호작용한다.

데이터는 개인이 생산하는 개인데이터, 정부가 생산하는 공공데이터, 기업이 생산하는 산업데이터가 있다. 가상공간에서 개인데이터가 활발히 이용되면서, 어떻게 개인의 사생활을 보호할 수 있는가가 문제시된다. 데이터에 관하여 자기 결정권을 보장하는 것은 민주주의에 기본적인 출발점이다. 즉, 개인데이터의 경우 개인이 자신의 데이터가 어디에서, 어떻게, 어떤 목적으로 사용될지 결정해야 한다는 '데이터 주권(Data Sovereignty)'의 문제가 생긴다. 데이터의 생성(Data Production)과 데이터의 대표성(Data Representation) 차원에서 정보불평등을 낳는데, 이것은 이미 경제적으로 열등한 지위에 있는 사람들에게 불리하게 작용할 가능성이 크다. 나아가서 데이터 접근(data access), 데이터 통제(data control), 데이터 수집(data collection) 면에서도 격차가 발생할 수 있다. 즉, 데이터 소유권과 운영권 면에서 격차가 생긴다.

데이터를 숫자, 그림, 그래프 등 어떻게 표현(Data Representation)하느냐도 플랫폼 이용자 혹은 국민들의 데이터 활용(Data Engagement)과 경험(Data Experience)에 좌우된다. 예컨대 능동적으로 데이터를 표현할 수 있는 시민과 수동적으로 기존 데이터를 받아들이는 시민 간 격차가 생긴다. 이러한 데이터 격차는 데이터 소유권자와 비소유권자 간, 운영자와 대상자 간에 서로 통제와 지배의 문제를 낳는다. 디지털 격차와 마찬가지로 데이터 격차의 문제가 생기는 것이다(김미경, 2020).

이제 데이터는 단순한 지식이나 정보가 아니라 경제적 가치를 갖는 핵심 자원이다. 지도, 날씨, 교통정보는 국민의 일상생활에 밀접하고, 필수적인 가치가 있다. 개인이 사용하는 핸드폰에서 생성되는 얼굴표정, 목소리, 필기체 정보는 사적인 것이지만, 잘 수집되고 관리되면 중요한 가치를 가진다. 이를 인공지능이 축적하여 잘 분석 → 가공한다면 여러 분야에서 활용도가 높은 공공데이터가 될 것이다

공공데이터 정책은 정부의 투명성을 확보하게 한다. 공공데이터는 민간에 개방되는 것을 원칙으로 하고 있다. 각 행정기관에서 생산되고 활용되는 데이터는 체계적으로 관리되어야 한다. 데이터 목록을 만들고 기계가 서로 읽을 수 있는 언어로 관리되도록 데이터맵을 잘 활용해야 한다(김학래, 2021).

데이터를 개방할 때, 데이터의 품질 면에서 완전성과 정확성이 요구된다. 공공데이터는 일정한 기준에 의해 수집되어 저장되어야, 다른 데이터세트의 결합 또는 연계를 통해 활용성을 넓힐 수 있다.

한걸음 더 나아가서 이런 정보를 수동적인 시각에서 보호의 대상으로만 보지

말고, 데이터주권을 철저히 확보한다는 전제하에서, 개인정보를 적극적으로 활용하여 개인뿐만 아니라 다양한 분야의 비즈니스가 자유롭게 일어나도록 하는 것도 중요하다(강남기 외, 2021). 공공데이터는 접근성 면에서 정부중심 e-Gov(Electronic Government)에서 시민이 언제 어디서든 접근할 수 있는 u-Gov(Ubiquitous Government)로, 그리고 인공지능시대에는 개인중심이면서 동시에 인공지능과 빅 데이터가 예측적으로 적절한 서비스를 제공하는 i-Gov(Intelligence Government)로 진화하고 있다(배용근 외, 2017).

2. 블록체인과 정부

디지털플랫폼 정부는 기존의 행정체제와 정보기술을 전제로 한 것이다. 블록체인 기술의 발달은 또 다른 차원의 문제를 가져온다. 디지털정부 개념이 기존의 정부가 중심이 된다는 전제조건하에 생겼다고 한다면, 블록체인은 탈정부가 가능하기 때문이다.

2008년 '사토시 나카모토'의 블록체인 기술의 개발로 가상세계에서 거래방식에 혁명적 변화 일어나고 있다. 블록체인 기술은 제3자나 중개기관이 아닌 모든 참가자가 공동으로 모든 거래를 검증하여 기록한다는 점에서 분권적이며 그동안의 중앙집권적 관리방식과 대비된다. 예컨대, 금융 분야에서도 각국의 중앙은행 같은 것이 필요 없다. 블록체인이 본격적으로 등장하면 전통적으로 정부가 국가경제를 관리하는 수단인 화폐금융정책에 혁명적인 변화를 겪을 수밖에 없다.

원래 블록체인은 온라인에서 안전하게 가상화폐를 생성하고 거래할 수 있도록 하는 경제적 차원의 기술로 개발되었다. 비트코인이 가져올 금융 및 상거래 분야의 변화는 상상하기 어려운 것이었다. 블록체인은 기존 산업구조와 인간관계를 완전히 바꿀 만큼 혁명적 잠재력이 있다.

금융(Finance)에 정보통신의 여러 기술(Technology)이 결합해 생긴 새로운 형태의 핀테크(Fin-Tech)는 전통적 금융시장의 모습을 바꿔 놓고 있다. 모바일, SNS, 소셜미디어, 빅 데이터 기술 등을 활용하거나 결합하여, 대금의 결제 및 송금은 물론이고 대출, 투자, 크라우드 펀딩, 개인자산관리, 증권, 보험, 은행 등 전 분야에서 괄목할 만한 성장을 하고 있다.

블록체인 기술이 아직 적용되지 않는 분야에서도 온라인 상거래가 활성화되었다. 온라인으로 상품을 구매하고 소비하는 것은 택배산업의 발달과 더불어 상거래를 혁명적으로 변화시켰다. 이런 변화는 특히, 코로나19 이후 사람들의 생활방식

변화와도 밀접한 관계가 있다. 온라인으로 해외 재화와 서비스를 직접 구매할 수 있게 함으로써, 지리적 공간이라는 제약을 벗어난 상거래가 활성화되고 있다.

이것이 블록체인에 의한 거래로 상당히 바뀐다면 기존 체제에 대한 문제가 야기될 것이다. 이미 인터넷전문은행의 등장과 같은 새로운 현상은 기존의 은행제도에 대한 정부의 규제를 완전히 다른 시각에서 해야 하는 문제가 생겼다. 금융은 신용이 기본이 되어야 한다는 점, 인터넷을 통하는 데 따른 개인정보보호 등 많은 문제를 해결해야 하기 때문이다(원종현, 2015).

비트코인 신기술은 다양한 분야에서 급속도로 발전하며 활용되고 있다. 예컨대 미술시장에서 원본을 가상형태로 저장하여 미술품을 거래하고 감상할 수 있게 하는 등 그 용도가 확대되고 있다(장동현·주종우, 2020). 특히 비디오아트 작품은 블록체인 방법으로 저장되고 유통되면, 실제 아날로그식 거래보다 더 완벽하게 유통될 수 있는 분야이다.

이러한 새로운 개념의 등장은 정부에게 기존의 행정방식과 법체계를 변화시켜야 한다는 커다란 과제를 안겨 준다. 블록체인 기술이 발달하여 실생활에서 활용이 늘어나게 되면, 행정의 역할과 행정의 업무수행 방식 면에서 혁명적인 변화가 일어날 것이다. 트럼프 2기 행정부의 일론 머스크가 블록체인을 활용해 시도하는 미국의 행정개혁이 가져올 장점과 약점을 잘 분석해서 교훈을 얻어야 한다. 기술발달은 인간 간 상호작용 패턴에 변화를 가져오고, 사회관계의 변화는 가치관의 변화를 가져온다. 모두가 행복한 삶을 살게 하기 위해서, 정부가 미리 대비해야 할 임무가 생긴 것이다.

참고문헌

강남규 외(2021). "마이데이터 생태계 구축을 위한 플랫폼 모델 설계". 「인터넷정보학회논문지」 22(2): 123-131.

김문조(2000). "지식기반사회: 진단 및 대응". 「한국행정연구」 9(1).

김미경(2020). "플랫폼 데이터 생태계에서 데이터 격차: 디지털 불평등을 넘어". 「커뮤니케이션 이론」 16(4): 5-45.

김상훈·비즈트렌드 연구회(2009). 「앞으로 3년 세계 트렌드: 세계를 뒤흔드는 45가지 혁신 키워드」. 서울: 한스미디어.

김태은·안문석·최용환(2008). "전자정부가 부패에 미치는 영향에 관한 연구: 횡단 및 패널 자료를 통한 증거". 「한국행정학보」 42(1): 293-321.

김학래(2021). "국가 데이터의 의미적 표현과 연계를 위한 데이터맵 지식 모델". 「한국디지털콘텐츠학회 논문지」 22(3): 491-499.

도명록(2015). "인터넷 공론장에서의 정부불신형성에 관한 연구". 서울대학교 행정대학원 박사 학위 논문.

명승환·허철준(2012). "스마트사회 전환에 따른 Gov 3.0 기반의 전자정부 개념과 패러다임 변화". 「한국정책학회 춘계학술발표논문집」: 325-341.

배용근·조영주·정영철(2017). "공공의 빅 데이터 활용을 위한 전자정부 역할 연구". 「한국정보통신학회논문지」 21(11): 2176-2183.

백인정·손태식(2021). "COVID-19 시대의 민·관·군 통합 사이버 재난본부 구성 방안". 「한국디지털콘텐츠학회 논문지」 22(12): 2005-2017.

원종현(2015). "핀테크의 도입과 규제환경". 「ie 매거진」 22(4): 10-21.

임도빈(2016). "공간의 행정학: 정부경쟁력제고를 위한 연구의제 탐색". 「행정논총」 54(6): 69-104.

장동현·주종우(2020). "블록체인과 디지털 이미지 예술시장의 변화". 「한국디지털콘텐츠학회 논문지」 21(1): 205-212.

제레미 리프킨(안진환 역)(2014). 「한계비용 제로 사회」. 서울: 민음사.

Drucker Peter, F. (2002). "Managing in the Next Society." adapted by permission of St. Martin's Press. *Business Book Review* 19(26).

Government Competitiveness Center (2016, 2017). Annual Report, Seoul National Uni (unpublished, http://gccenter.net).

Henry, Nicholas (2010). *Public Administration and Public Affairs*(11th ed.). London: Longman.

Im, T. (2007). "IT and Administrative Innovation in Korea: How Does IT Affect Organizational Performance?." *The Korean Journal of Policy Studies* 21(2): 157–175.

_____ (2011). "Information Technology and Organizational Morphology: The Case of the Korean Central Government." *Public Administration Review* Vol. 71. No.3: 435–443.

John C. Bertot, Paul T. Jaeger, Justin M. Grimes (2010). "Using ICTs to create a culture of transparency: E–government and social media as openness and anti-corruption tools for societies." *Government Information Quarterly*. online published.

Joseph Nye (2002). *Information Technology and Democratic Governance, Governance. com: Democracy*. Washington D.C.: The Brookings Institute.

Layne, Karen, & Jungwoo Lee. (2001). "Developing Fully Functional E–Government: A Four Stage Model." *Government information quarterly* 18(2) 122–136.

Naisbitt, John (1993). *Global Paradox: The Bigger the World Econmy, the More Powerful Its Smallest Players*. NY: William Morrow & Co., Inc.

Porumbescu, Gregory A. (2013). "An assessment of the impact of citizens' use of e–government and online mass media on their levels of trust in government." 서울대학교 행정대학원 박사학위논문.

Prensky, Marc (2001). "Digital Natives, Digital Immigrants Part 1." *On the horizon* 9.5: 1–6.

Reddick, Christopher G. (2004). "A two–stage model of e–government growth: Theories and empirical evidence for US cities." *Government Information Quarterly* 21(1): 51–64.

Schwab (2016). (송경진 옮김). 「클라우스 슈밥의 제4차 산업혁명」/The Fourth Industrial Revolution. 서울: 현재.

Seifert, Jeffrey W. & Glenn J. McLoughlin (2007). *State e–government strategies: Identifying best practices and applications*. Washington D.C.: Library of congress, Congressional Research service.

Toffler, Alvin, Wally Longul & Harry Forbes (1981). *The Third Wave*. NY: Bantam books.

제**6**장

정 책

정책이란 '정부가 국민생활에 있어 한 시점에서 다른 시점 사이에 변화를 이뤄 내는 것'이다. 어떤 정부의 경쟁력은 그 정부의 상품이라고 할 수 있는 정책의 질에 달려 있다. 팽이모델에서 민관관계를 연결시켜 주는 매개물은 정책(policy)이다. 대의민주주의 과정에서 국민의 선호를 파악하고, 이를 정책과정에 반영하는 것은 매우 중요한 일임에 틀림없다. 시간의 흐름선상에서 국민들이 자신의 행복을 극대화할 수 있도록 도와주는 것이 행정이고, 따라서 국민들의 행복을 극대화하기 위해서 필요한 것들을 정부는 시의적절하게 공급해 주어야 한다. 단기적으로 행복하라는 착각에 빠지게 하는 포퓰리즘적 체제가 아니라 장기적 시각에서 국민의 행복을 위한 준비자, 예견자가 되어야 한다.

정책을 통한 정부와 국민 간의 상호작용을 관찰해 보면, 일정한 유형이 있다. 우선 사회에서 일어나는 많은 문제가 있다. 다음으로 정부가 수많은 문제 중에서 '무엇'을, '어떻게' 해결할 것인가라는 정책목표를 선정하고, 이를 실현시킬 정책수단을 선택해야 한다. 정책이 결정되면 실제로 선택한 정책수단을 가지고 집행하고, 이를 평가하는 것이다.

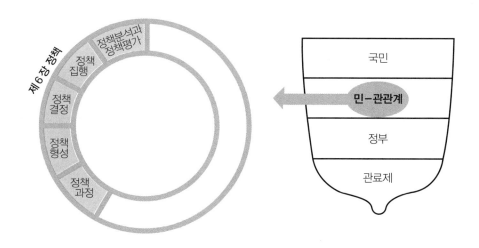

제 6 장
정   책

정책과정

I. 정책단계론

Y. Dror(1983: 12)가 정의한 정책이란 주로 정부기관에 의하여 결정되는, 미래를 지향하는 행동의 주요지침이며, 이 지침은 최선의 수단에 의하여 공익을 달성할 것을 공식적인 목표로 삼는다. 가장 쉽게 이해할 수 있는 정책은 개별 '법'이다. 예컨대, '최저임금법'의 내용은 곧 '최저임금정책'이라고 할 수 있다.

정책을 유형으로 분류해 보면 정부가 어떤 일을 하고 있는지 알 수 있으며, 정책 전반에 대한 이해가 가능하다. T. J. Lowi(1964: 689-690; 1972: 298-301)의 네 가지 유형은 사회에 대한 정책의 효과 및 영향을 기준으로 분류한 것이다. 첫째, 분배정책은 재화나 서비스를 다양한 사회구성원에게 분배해 주는 정책이다. 둘째, 규제정책은 정책 대상집단에게 제재, 통제를 가하는 것이다. 기본적으로는 자유를 보장하지만 그중에서 특정 행위를 못하게 통제, 제재하는 것이다. 셋째, 재분배정책은 물질적 재화나 권리를 많이 소유하고 있는 개인이나 집단으로부터 그렇지 않은 집단으로 이전시키는 정책이다. 넷째, 구성정책은 정치체제의 구조와 운영에 관련된 정책이다. 이 외에도 Ripley and Franklin(1980), Spitzer(1987) 등 여러 학자가 유형론을 제시해 왔다. 그러나 이러한 유형은 이론상 범주화에 불과한 것이고 실질적으로는 정책의 성격들이 서로 중복되는 경우가 많다.

정책이 집행되기까지는 많은 단계가 필요하다. 다양한 정부정책은 다음의 정책과정을 통해서 형성되고 분석되며 집행되고 평가된다.

첫째, 정책의제 설정 과정이다. 선출된 공직자와 관료들이 공공의제를 설정한다. 이는 하향식 접근 방법으로서 일반시민, 사회단체, 이익집단 등에 의해 의제가 설정되는 상향식 접근 방법은 포함하지 않고 단순화한 것이다.

둘째, 정책형성이다. 정책문제를 해결하기 위해 시행할 여러 가지 정책대안을 만드는 것이다.

셋째, 정책결정(policy making) 혹은 정책채택이다. 입법부의 다수결, 행정부의 심의, 또는 결정을 통해서 공식적으로 채택되는 과정이다.

넷째, 정책집행이다. 채택된 정책은 순응을 확보하기 위해 인적·물적 자원을 동원한다.

다섯째, 정책평가이다. 평소에는 정부감사부서(감사원 등), 입법기관(국정감사, 상임위원회), 분쟁 시에는 사법부(헌법재판소의 위·합헌 판단)에 의해서 정책에 대한 평가가 이뤄진다.

여섯째, 정책적응이다. 감사·평가부서의 정책에 대한 평가내용의 수정 혹은 지속사항을 해당 기관에 알려준다.

일곱째, 정책승계이다. 정책을 종결하기보다 새로운 문제, 목표 등에 맞추어 유지시키는 것이다.

여덟째, 정책종결이다. 평가·감독기관이 더 이상 정책의 지속이 필요하지 않다고 판단하는 경우 중단을 결정하는 것이다(Dunn, 2003: 45-46).

시간적 순서라는 관점에서 단순화하면 정책의제설정, 정책형성, 정책분석, 정책결정, 정책집행, 정책평가 6단계로 구분한다. 이러한 정책과정의 현실은 한 방향으로 순서대로 전개되기보다는 얽혀 있는 경우가 많다. 정책과정에는 다양한 참여자가 있다. 이들 간에 복잡한 상호작용을 통해 많은 정책현장이 상호 적응하고 변화한다. 이런 정책과정을 거친 정책들은 제도를 형성하고, 권력을 재분배하며, 경로의존적 거버넌스를 강화한다. 그 결과 정치적인 자원배분 효과와 해석적 효과를 가져온다(Béland, 2022). 이를 정책 피드백 이론(Policy Feedback Theory)에서는 긍정적 피드백과 권력고착적 피드백으로 유형화한다.

그림 6-1 ｜ 문제와 정책의 변화과정

Ⅱ. 포스트모더니즘

정책학은 과학의 힘을 빌려 어떻게 하면 효율적이고 효과가 큰 정책을 만들어 내는 연구를 한다. 정통 정책학은 인간의 이성에 기초하여 합리적으로 국가발전을 이루는 것을 연구하는 학문분과이다. 이와는 반대로 합리성 자체를 비판하는 포스트모더니즘적 시각이 있다. 일종의 절대적 진리의 존재를 부정하고, 실증주의에 기초한 근대과학을 부정하는 데서 시작한다.

포스트모더니즘은 '과학적', '합리적' 정책이란 것을 들여다보면, 권력자가 '자의적으로 만들어 낸 것'에 불과하다고 본다. 그 과정을 보면 정부의 모든 활동이 일종의 위선에 불과하다(Brunsson, 2002). 우리가 생각하는 진실은 존재하지 않고, 담론이나 아이디어들이 뒤얽혀 있는 것에 불과하다. 합리성이라는 것 자체도 존재하지 않는다. 예컨대 정부의 정책은 한쪽으로는 국민건강을 위한 환경보호(즉, 국민안전)를 이유로 핵발전소를 폐쇄하면서, 다른 한쪽에서는 신규 원자력발전소를 건설하는 등 모순덩어리이다. Brunsson은 정책이란 실제로 결정되는 것도 어렵고, 집행되는 것은 더 어렵다는 점을 지적한다. 대부분의 경우 '말(talk)'뿐이라는 것이다. 이런 시각에서 본다면, 실증주의적 정책학은 거의 무용지물이다. 오히려 우리가 어떻게 담론을 형성하고, 갈등을 거친 후 어떻게 합의를 하게 되는가 등에 더 관심을 기울여야 현실을 이해하는 데 더 도움이 된다. 논증을 하는 과정, 담론분석이 중요한 수단이 된다.

생각의 논리적 구조는 공론장의 토론이나 재판과정에서 볼 수 있다. 어떤 정책문제에 대한 찬반론자들 간 상호작용을 통하여 어떻게 정책이 형성되고 변화되는가를 보여주는 것이 정책논변모형이다. 변증법적으로 보면, 어떤 주장을 하면 이에 대한 반증이 이어지고, 양자의 조화가능성이 있으면 이를 합의하고, 그렇지 않으면 평행선을 달린다. 여기서 증명이라기보다는 설득을 위한 주장이기 때문에 '왜(why)'를 설명하는 것이 매우 중요하다. 이런 측면을 강조하는 정책논변모형에서는 '반드시', '100% 확실히' 등의 한정접속사를 많이 사용한다는 점을 밝히고 있다(Toulmin, 1958).

포스트모더니즘적 시각에서 정책을 연구하는 접근법이 프레이밍 이론(framing theory)이다. Goffman(1974)에서 시작하여 사회학, 언론학에서 발달한 프레이밍 이론은 실증주의에서 말하는 사실(fact)보다는 어떤 개인이나 집단이 현상을 일정한 방식으로 이해하는 인식(perception)이 중요하다고 본다. 언론에서 많이 사용하는 '보수', '진보'는 가장 흔히 쓰는 프레임이다. 어떤 정책집단이나 정책을 이

둘 중 하나라고 치부하고, 옹호하거나 비난하는 등 특정 프레임하에서 정책문제를 보기 때문에 다른 측면을 보지 못한다.

정책프레임은 정책의 전 과정에서 영향을 미친다. 정책갈등은 특정 정책을 지지하는 사람이나 집단 간의 프레임 대결이다. 정책갈등이라는 시각에서 정책과정이 변화하는 것을 보는 것이 정책옹호연합론(policy coalition frame)이다.[1] 마음 속으로는 자신의 이해관계를 계산한 사람들도 겉으로는 특정한 프레임을 지지하고 있고, 이것을 정당화하다보니 갈등이 생긴다. 같은 정책프레임을 가진 사람들끼리 연합하여, 프레임 대결을 통해 정책을 수정해 나가는 것도 흔히 발견할 수 있다.

제2절 정책의 형성

I. 기본시각

1. 정책의 주체

어느 나라의 정책문제를 소수의 특정 집단이 독점적으로 다루느냐, 아니면 비교적 여러 집단으로 분산되어 다루느냐는 정치학의 고전적 논쟁거리이다. 엘리트론(Elitism)은 우월한 소수가 정책과정을 실질적으로 주도한다는 시각으로 귀족정치를 경험한 전통적 국가에서 흔히 볼 수 있는 현상들이다. 그 사회의 지배엘리트가 허용하는 문제만이 정부의제로서 거론되고, 지배엘리트는 자신들의 이익을 해치는 문제는 정치체제에 침투하지 못하게 막는다고 주장한다.

다원주의(Pluralism) 이론가인 R. Dahl, D. Truman 등은 정책이 어느 특정 집단의 전유물이 아니고, 여러 이해관계집단의 타협의 산물이라고 본다. 특히 다민족국가로서, 풀뿌리 민주정치를 경험한 미국에서 설득력 있는 시각이다. 다원론자들은 비록 정치제도상 유력자들이 공식적으로 정책문제채택 및 정책결정에서 권한을 행사하는 것은 사실이지만, 기본적으로는 특정 엘리트에 의하여 좌우되지는

---

1 자세한 것은 제4절 Ⅲ. 정책의 변동 부분을 참조.

않는다고 본다. 정책과정의 정치인들은 특정 지배집단이 아니라 여론에 민감하게 반응하기 때문에 결과적으로 다양한 집단의 영향력에 의해 정책이 결정된다고 본다. 즉, 다원주의는 정치적 영향력 및 권력은 사회 각 계층에 널리 분산되어 있으며, 정치권력의 실질적 소재가 다원화되어 있다고 본다.

2. 정책과정을 주도하는 집단

신다원주의(neopluralism)는 고전적 다원주의가 정부의 특권적 지위는 물론 이념적 요소 등을 고려하지 못했음을 비판하면서, 다원주의 사회의 대표적인 예로 여겨지는 미국에서 나왔다. 신다원주의는 1차적으로는 다원주의같이 보이지만, 실제로는 엘리트론적 특성을 가지고 있음을 강조한다. 구체적으로 하위정부모형이 그 예이다.

하위정부모형(subgovernment model)은 사회의 각 부문별 이익집단이 공식적 참여자인 의회의 상임위원회와 해당 행정부처의 관료와 연계되어 정책형성에 큰 영향을 미친다고 본다.[2] 미국의 상원의원과 하원의원은 이들을 지지하고 후원하는 이익집단에 의해 큰 영향을 받는다. 이들은 미국에서는 합법적인 로비스트를 통해 이익집단과 밀접한 관계를 갖는다. 결과적으로 이익집단을 마치 정부와 함께 정책결정을 좌우하는 핵심부분(즉, 하위정부)으로 보며, 가치중립적 시각을 가진다.

같은 현상에 대해 '철의 삼각(Iron triangle)'모델은 비판적인 시각을 취한다. 일반국민들의 이익과는 관계없이 특정 이익집단, 관료, 의회의 해당 위원회 등 3자 사이에서 이해관계가 맞아 서로 협조한다는 것이다. 즉, 상호 간의 이해관계를 보호하기 위하여 각 정책영역별로 상당히 독립적인 연합체제가 형성되어 있는데, 정책영역별 정책결정권이 다양한 집단에 분산되는 수준을 넘어 독점적이고 배타적이라는 점에서 비민주주의적이라는 문제가 있다. 이런 시각에 의하면 관료는 국방정책의 일환인 첨단무기개발에 투자하고, 방산업체 '이익집단'이 신무기를 계속 개발하고, '의회'가 주기적으로 전쟁을 승인하여 낡은 무기를 소비하는 3자 간 협업체계가 형성된다.

주권재민의 원리에 의하면 모든 국민이 정책의 주체여야 하고, 적극적으로 참여해야 한다. 그러나 완전히 상시적·상향적 정책과정에 참여한다는 것은 비현실적이다. 많은 참여자가 경우에 따라 유동적으로 참여하는 유형의 연합이 시간

---

2 이러한 시각은 미국이 의회중심의 정책결정을 하는 나라이기 때문이며, 행정부 중심인 우리나라에 적용하기에는 한계가 있다(임도빈, 2025).

적·현실적으로는 이합집산하는 현상이 벌어진다. 이 현상은 네트워크(network) 개념론적 접근이 적합하다. 예를 들면, 환경보호문제에 대해 관련 분야 전문학자, 국회의원, 관료, NGO, 나아가서 외국의 관련자들끼리 서로 연락을 하면서 의견을 공유한다. 이처럼 특정 이슈를 중심으로 형성되어 어느 정도 합의가 이뤄지는 편이면서 간헐적으로 상호작용하는 느슨한 결합력을 가진 다수의 사람을 통틀어서 '이슈네트워크(issue network)'라고 한다.

이에 비하여 좀 더 한정된 사람들을 중심으로, 상호작용의 강도가 높으며, 지속적인 이해관계로 정책과정에 간여하는 일부 사람을 통칭하여 '정책공동체(policy community)' 혹은 '정책네트워크(policy network)'라고 한다(Marsh & Rhodes, 1992). 예컨대 해병대전우회, 전몰장병유가족회, 성우회(예비역 장성모임) 등의 대표들이 사안이 있을 때마다 북한을 규탄하는 시위를 주도한다든지 반박성명서를 내는데, 이 경우 해당 집단들은 정책공동체라고 할 수 있다. 사회연결망분석(SNS)기법이 발달하면서 이런 네트워크를 그래프로 그려서 이해하기 쉽게 하는 연구가 많아지고 있다.

II. 정책의 형성

1. 정책의제 설정의 오류

정책의제 설정은 정부가 수많은 사회문제 중에서 어느 것에 관심을 가질지 정하는 것이다. 정책문제로 무엇을 삼을지 정하는 것부터 시작하는데, 향후 정책목표, 정책수단에 영향을 미친다. 문제를 잘못 인식하면 전체 정책과정에 영향을 미치기 때문이다.

사회문제가 생기기만 하면 정부가 나서기를 바라는 경향이 있다. 국회의원은 의정활동을 통하여 평가받고, 관료들도 정책을 주도하여 성과를 평가받고 싶어 한다. 그러나 이들이 문제를 제대로 인식하였는지의 여부와 이를 해결하는 방법(즉, 정책)이 적절한지, 두 가지 차원에서 고민해야 한다. 통계학의 '제3종 오류' 논리를 응용해 볼 수 있다.[3] 사회문제가 제대로 인식된 경우와 제대로 인식되지 못한 경우가 있고, 이를 해결하기 위한 정책이 제대로 인과관계가 성립되는 경

---

3 통계학에서 제시하는 오류의 종류에는 첫째, 제1종 오류(귀무가설이 옳은데 이를 기각하는 것)와 둘째, 제2종 오류(영가설이 거짓인데 이를 채택하는 것), 그리고 제3종 오류(잘못되었거나 틀린 문제를 푸는 것)가 있다.

우와 잘못 성립된 경우가 있다. 첫째, 사회문제를 제대로 인식하고, 적절한 정책을 사용하는 경우이다(잘된 정책). 둘째, 풀어야 할 정책문제는 잘 인식했는데 이를 해결하지 못하는 엉뚱한 정책을 펼 수 있다(제1종 오류). 이를 위해 정책분석을 하고, 정책을 집행한 후 정책평가를 하여 환류(feedback)하는 과정을 거친다. 셋째, 풀어야 할 사회문제가 존재하지 않거나 전혀 관계없는 엉뚱한 문제를 인식한 후 어떤 정책을 실시하는 경우가 있다(제2종 오류). 필요 없는 정책을 하는 것이기 때문에 정책남용이다. 모든 정책은 일단 집행하면 국민에게 어떤 영향을 미치기 때문에 무분별한 정책을 시행하는 제2종 오류를 막아야 한다. 넷째, 정책문제를 제대로 파악하지도 못하고, 적절하지도 않은 정책을 펴는 경우가 있다(제3종 오류). 정책문제 정의를 하는 단계에서 문제 상황을 개념화할 때 잘못된 세계관, 정치이념, 또는 신화, 개인의 이해 등으로 위험이 존재한다. 이 위험은 정책의 초기단계뿐만 아니라, 그 후 정책의 구체화과정에서도 존재한다. 이 경우 제3종 오류를 범하게 되는 것이다(Dunn, 2003).

표 6-1 | 정책의 오류

문제인식 \ 정책대안	옳음	잘못됨
옳음	잘된 정책	제1종 오류
잘못됨	제2종 오류	제3종 오류

정책의제설정(Agenda Setting)이란 정부가 정책적 해결을 위하여 사회문제를 정책문제로 채택하는 과정 또는 행위, 즉 사회문제가 정책문제로 전환되는 과정이나 행위를 말한다. 이 단계가 중요한 이유는 첫 단추를 잘못 끼우는 오류와 같은 시간적 흐름 때문이다. 이 단계에서 정책이 이미 어떤 사회계층이나 사회집단에게 미칠 영향이 결정된다. 즉, 특정 집단에게 혜택을 주면서 타 집단에게는 피해를 줄 수도 있다. 또한 정책문제의 내용을 어떻게 정의하느냐에 따라 문제해결방법이 달라지고, 이에 따라 영향 받는 집단이 달라지게 된다.

2. 정책의제설정의 시간성

정책의제설정(agenda setting)과정은 이를 구성하는 하위단계의 시간적 순서에 관한 문제이다. 하위단계를 이해하기 위해서는 공공의제와 정부의제를 구분할 필요가 있다. 공공의제(Public Agenda)는 '입장이나 의견을 달리하는 집단 또는 개인에 의하여 인식되는 쟁점'들이고, 정부의제(Governmental Agenda)는 정부가 공공의제를 인식하여 해결하고자 하는 것이다. 사회문제에서 시작하여 정부의제화하기까지 정부의제설정과정이 시간적으로 어떤 단계를 거치느냐에 관하여 정정길·이시원(2023)은 4가지 형태를 제시한다. 첫째, 사회문제가 바로 정부의제가 되는 경우가 있다. 이는 최고정책결정자가 처음부터 문제의식을 갖고 있는 경우로서, 과거 발전시기의 한국과 같은 후진국에서 주로 나타난다. 두 번째 유형은 사회문제가 사회적 쟁점이 되어 논란이 커지고, 그로 인해 해결주체 및 해결방법에 대한 사회적 합의가 이루어지기 전에 정부의제가 되는 경우이다. 세 번째 유형은 사회문제가 떠오르자마자 정부가 해결해야 하는 일로 여론이 기정사실화시키는 공중의제과정을 거쳐 정부의제가 되는 것이다. 마지막 네 번째는 사회문제 → 사회적 쟁점 → 공중의제 → 정부의제라는 네 가지 과정을 단계적으로 모두 거치는 것을 의미한다.

우리나라에서는 위 4가지 형태 중에서 두 번째 유형인 사회문제 → 사회적 쟁점 → 정부의제의 경우가 일반적이다. 사회문제가 사회적 이슈가 되고 있으나 아직 사회적 합의가 도출되기 이전인 시점에서, 정부가 신속하게 정부의제로 적극적으로 대응한다는 것이다. 민주화되고, 스마트폰이 활용됨에 따라 사회문제가 공중의제화되고 이 중 일부가 정부의제화되는 데 걸리는 시간이 짧아지고 있다는 점에서 바람직한 것이다.

정책의제설정의 주도집단이 정부 내에 있는가 외부의 세력인가에 따라서 의제설정과정뿐만 아니라 정책과정 전반에 걸쳐서 차이가 발생하게 된다. 이러한 의제설정과정의 유형은 다음과 같이 분류된다(Cobb, Ross and Ross, 1976).

첫째, 외부주도형(Outside Initiative Model)이다. 정부의 외부집단이 사회문제의 해결을 정부에 요구하여 이를 사회쟁점화하고 공중의제로 전환시켜 정부의제로 채택하도록 하는 의제설정과정이다. 이익집단의 활동이 활발하고 정부의 반응성이 높은 민주국가에서 흔히 찾아볼 수 있다.

둘째, 동원형(Mobilization Model)이다. 정치인, 행정관료에 의해서 사회문제가 정부의제로 채택되는 것이다. 그리고 정부의 홍보를 통하여 공중의제가 된다. 즉, 정부가 먼저 새로운 정책의제를 설정하여 일반국민들에게 지지를 얻기 위해 노력을 기울인다. 과거의 한국과 같이 정부의 힘이 강한 발전국가의 특성을 가진 국가에서 많이 나타난다.

　　셋째, 내부접근형(Inside Access Model)이다. 정부기관 내의 관료집단이나 정책결정자에게 접근할 수 있는 외부집단이 주도하여 최고정책결정자에게 접근해 정부의제화시키는 유형이다. 이 경우에 하위정부모형, 철의 삼각동맹 등의 현상이 나타날 수 있다. 내부접근형은 동원형과 같이 정책결정자들에 의해 자발적으로 정책의제화가 진행되지만, 일반국민들과는 관계없이 특수 외부집단이 정부관료제 내부에서 움직인다는 점에서 차이가 있다. 또한 공중의제화를 꺼려한다는 점 역시 차이점이다. 무기구입계약 등 외교 및 국방정책 분야에서 상대적으로 많이 찾아볼 수 있다.

　　정부가 문제를 미리 예방할 능력이 있다면 국민의 입장에서는 내부동원형이 가장 편하고 시간이 절약된다. 민주국가에서는 외부주도형이 많은데, 국민들에게 정치적 효능감을 느끼게 하는 장점이 있다. 다만 그만큼 시간이 더 걸릴 수 있다는 단점이 있다.

제3절　정책의 결정

I.　정책결정의 사전차단

　　바흐라흐(Bachrach)와 바라츠(Baratz)(1962)는 Robert Dahl이 주장한 다원주의가 밝히지 못한 권력의 두 가지 측면(two faces of power)이 있음을 주장했다. 첫 번째는 정책결정과정에서 적극적으로 영향력을 행사하는 측면이고, 두 번째는 정책결정과정에 선행하는 단계인 정책문제의 채택과정에서 영향력을 행사하는 측면이다. 그동안 권력론에서는 권력의 첫 번째 측면에 집중했고, 두 번째 측면, 즉 엘리트에게 불리한 문제가 제기될 수 없도록 사전에 억압한다는 측면을 경시했다는 것이 그들의 주장이다. 이와 같이 엘리트들의 선호에 반하는 문제는 사전에 거론할 수 없도록 차단하는 것을 무의사결정(Non-decision making)이라고 한다.

　　무의사결정은 기존의 혜택이나 특권의 배분상태를 변화시키려는 요구가 공중의제화되기도 전에 사장시킨다. 문제가 의사결정단계에 도달하기 전에 제거하고, 이 방법이 작동하지 않으면 정책결정이나 집행단계에서 이를 좌절시킨다. 문제가 생기기 전에 미리 손을 쓴다는 점에서 일반국민들은 무의사결정 메커니즘을 통해 어떤 사안이 정책문제로 등장하지 못했는지조차 알 수 없다.

의사결정을 사전에 차단하는 구체적인 방법으로는 다음 네 가지가 있다.

첫째, 폭력 등 강제력의 행사, 혜택의 박탈 또는 제공, 새로운 이익으로 매수하는 직접적 방법과 정치체제 내의 지배적 규범이나 절차의 강조를 통해 변화를 위한 주장을 접게 만드는 간접적 방법이다.

둘째, 새로운 주장을 지배적인 정치이념에 위반되거나 기존의 절차나 규칙에 위반되는 것으로 낙인찍어 의제화를 막는 방법이다.

셋째, 간접적·우회적 방법으로서 정치체계의 규범, 규칙, 절차 자체를 수정·보완하여 정책의 요구를 봉쇄하는 방법(편견의 수정, 지연전략 등)이 있다(정정길·이시원, 2023).

넷째, 가장 우회적이면서 가장 자주 쓰이는 방법으로 큰 이슈가 되는 다른 정책으로 여론 속에 묻히게 하는 것이다(최태현 외, 2020). 정부는 국제·국내의 더 큰 문제나 스캔들에 관한 정보를 평소에 많이 가지고 있기 때문에, 필요한 시점에서 이를 언론에 노출시켜 원래 정책문제를 정책의제화되지 못하도록 한다.

II. 합리성 vs. 우연성

1. 합리성 모형

정책은 합리적으로 결정되어야 한다고 보는데, 이는 정부는 모든 문제에 대해서 알고 있고, 문제를 풀기 위한 대안도 모두 알고 있으며, 그 결과도 평가할 수 있을 뿐만 아니라, 최선의 대안을 선택할 수 있다는 전제가 있어야 가능하다. 합리모형의 기본가정(합리적 의사결정을 위해 필요한 전제조건)은 적어도 다음과 유사한 과정을 거쳐서 정책결정이 이뤄지거나(현실설명) 그렇게 되어야만 한다(당위적).[4]

첫째, 정책의 목표를 명확히 알고 있다.

둘째, 정해진 정책목표를 달성하기 위하여 가능한 모든 대안을 선택할 수

---

4 이런 합리적 정책결정을 하려면, 다음 전제조건이 충족되어야 한다. 우선 정책목표나 정책수단에 있어서 가치와 사실이 분명히 분리가 가능해야 한다. 정책결정은 결국 후자, 즉 사실에만 국한해서 이뤄져야 한다. 둘째, 선택 가능한 모든 대안에 대한 지식이 있어야 하고, 셋째, 대안의 결과를 예측하는 데 필요한 지식과 계산능력이 갖춰져야 하며, 넷째, 정책결정자는 아무런 정치적 고려 없이 위의 계산결과에 의해서만 정책결정을 하는 상황이어야 한다.

있다.

셋째, 각 대안이 가져올 결과에 대해서 예측이 가능하다.

넷째, 위의 목표−대안 검토결과, 가장 좋은 대안을 선택할 수 있다.

그런데 현실적으로 합리모형의 가정을 충족시키지 못하는 경우가 더 많다. 아무리 컴퓨터가 발달하고 빅 데이터를 축적한다고 해도, 합리모형이 충분히 적용되기는 매우 어렵다.

합리모형은 경제학적인 사고와 일맥상통한다. 예컨대 Buchanan(1954)과 Tullock(1959) 등이 주장한 공공선택론은 합리적이고 이기적인 행위자를 가정하고 있다. 경제학의 영향을 받아 대두된 공공선택이론은 방법론적 개인주의(methodological individualism)에 기초하고 있는데, 이것이 곧 개인의 합리성과 이기성을 전제한다. 즉, 정책결정에 있어 개개인이 자신만의 선호를 가진 채 이익을 극대화하는 방향으로 참여하고 있다고 보기 때문에 여러 가지 정책문제를 흥미 있게 설명하고 있다.

2. 우연성 모형: 정책의 창

정책결정과정에서 인간의 합리성을 더욱 부정하며, 우연한 계기에 정책결정이 이뤄진다는 것이 정책의 창(policy window)모형이다. Kingdon(1984)은 조직론에서 알려진 쓰레기통모형(garbage can model)의 아이디어와 유사하게 정책결정에서 '시간의 흐름'선상에서 일어나는 변화에 주목한다. 즉, 시간은 변화시킬 수 없이 주어진 것으로 보는 시각이다.

평상시에는 정책문제의 흐름, 정책(대안)의 흐름, 그리고 정치의 흐름이란 세 가지 흐름이 서로 독립적으로 움직인다. 그러다 이 세 흐름이 서로 만나는 결정적 순간이 오는데, 그것이 정책결정 또는 정책변동이 일어나는 시점이다. 즉, (그 원인은 모르지만) 정책의 창이 열려야 한다. 변화의 어려움을 강조하는 역사적 신제도주의자들은 매우 결정적 계기(critical junctures)가 있어야 한다고 본다(하연섭, 2020). 사실 이것은 정책의 창이 열릴 때까지 기다리는 수밖에 없다는 운명론에 가까운 이론이다.

Kingdon은 여기서 '정책기업가(policy entrepreneur)'라는 개념을 도입한다. 대중들의 관심을 끌게 하고, 정책문제와 정책대안을 서로 결합(coupling)시키는 책임이 있는 사람이 적극적으로 정책의 창을 여는 것이다. 한국의 경우, 공무원, 비공식 행위자, 국회의원, 여당 순으로 정책기업가의 정책 주도가 일어난다(장현주, 2017).

그림 6-2 | Kingdon의 정책의 창모형

출처: Kingdon, John W.(1984).

Ⅲ. 현실론적 모델

1. 만족모형

대안탐색 면에서, 좀 더 현실적인 입장에서 설명하는 개념이 바로 제한된 합리성(bounded rationality)이다. 이를 지적한 사람이 노벨상 수상자인 H. Simon(1955)인데, 그는 '제한된 합리성'이란 개념을 통해서 비현실적인 합리주의 모형을 극복하고 실증적인 모형을 만들고자 노력하였다.

인간은 인지능력, 시간, 경비의 부족으로 가능한 모든 대안을 탐색할 수도 없고, 상황에 대한 충분한 정보수집도 할 수 없는 존재이다. 더구나, 상황이 복잡하고 동태적이면 이러한 조건이 더욱 악화되어 극도의 불확실성 속에서 대안을 탐색하고 결정해야 한다. 따라서 최선 또는 최적의 대안(best or optimum)을 선택할 수 없게 되고, 심리적으로 적당한 수준에서 만족스러운 대안으로 탐색을 중지하게 되는 것이다. 이를 만족모형(satisficing model)이라고 한다.[5]

만족모형은 이상론적인 합리모델을 비판하면서, 정책결정의 실제 모습을 보여 준다는 가치가 있다. 합리모델의 조건을 충족시키려면 많은 시간이 필요한데, 현실적으로는 매우 촉박한 시간 내에 정책결정을 해야 할 때가 많기 때문이다.

---

5 원래 Simon은 조직이론(administrative behavior)으로서 만족모형을 제시했다. 즉, 합리모형에서 가정하는 의사결정자를 경제인(economic man)이라고 부르고, 자신이 제시하는 합리성의 제약을 받는 의사결정자를 행정인(administrative man)이라고 칭하였다(정정길 외, 2023). 이것을 정책학자들이 정책결정모델로 차용하고 있는 것이다.

2. 점증모형

이론은 무엇보다도 현실을 잘 설명해야 한다. Lindblom(1968)도 합리적, 총체적 모형(rational-synoptic model)을 비판하면서, 점증모형을 주장한다. 첫째로 합리모형에서 말하는 정책수단을 가치나 목적으로부터 분리하기 어렵다. 둘째, 목적달성을 위한 모든 가능한 대안을 고려한다는 것이 불가능할 뿐 아니라, 실제로 바람직하지도 않다. 현실은 오히려 점증주의(incremental)적으로 이뤄지는 것이 보통이고, 장점도 있다고 본다.

Lindblom(1959)은 정책결정자의 분석능력, 시간, 정보가 제약되어 있을 뿐만 아니라, 대안비교에 이용할 가치기준마저 불분명한 상태가 정책결정이 이뤄지는 것이라고 본다. 즉, 과학적으로 엄격하게 모든 대안을 분석하고 검토하기보다는 기존 정책에서 증·감, 수정하는 방식으로 소폭적인 변화만을 한다는 것이다.[6] 시간적 차원에서 본다면, t_1에서 t_2로 변할 때 그 차이가 크지 않고 어느 정도 연속성이 있다는 점에 주목하는 이론이다.

3. 혼합주사모형

점증모형은 사회학자 Etzioni(1967)가 다음과 같은 이유에서 비판한다. 실제 정책결정 현실에서는 집단 간 권력의 차이가 있기 때문에 지배집단의 영향력이 크고, 이들을 만족시키는 방향의 정책이 이뤄진다. 또한 현실의 잘못된 것을 근본적으로 바꾸는 개혁적 대안보다는 현실유지적인 대안이 될 수밖에 없다. 더욱이 기존 정책이 잘못된 것일 경우 악순환이 심화될 가능성이 있으며, 과감한 변화 없는 지속성으로 인해 정책의 축소나 종결 작업을 어렵게 하는 환경을 제공한다.

Etzioni는 그 대안으로 합리주의, 점증주의 양 모형을 결합한 혼합주사모형(mixed scanning model)을 주장한다. 우선 근본적 결정을 한 후, 점증적 결정을 한다. 근본적인 결정(즉, 큰 그림)을 하는 경우에는 합리모형에 따라 접근한다. 일단 근본적 결정을 한 이후에 구체적이고 부분적인 결정(즉, 작은 결정)을 하며, 선택된 소수 대안에 대해서는 점증모델로 접근한다.

혼합주사모형이 정책결정에서 일어나는 현상을 잘 보여준다고 보기는 어렵다. 실제로는 이 모형이 전제로 하는 전체와 부분의 구분도 어렵다. 현실은 복잡하고 불확실하여 실제로 정책결정자가 할 수 있는 것은 별로 없다. 인간의 분석능력의 한계와 정치적 속성을 감안하여 기존에 존재하던 대안을 좀 더 개선하는 방식의 정책결정이 불가피할 뿐만 아니라, 바람직하다고 보는 시각도 있다.

---

6 이것은 전년도 예산에 부분적 점감을 하는 점증주의 예산이론과 일맥상통한다.

4. 앨리슨의 다차원모형

1962년 쿠바 미사일 위기 시의 정책결정과정을 분석한 Allison(1999)은 미국 백악관 내에서 정책이 어떻게 이뤄지는가를 분석한다. 냉전시대에 소련이 미국을 공격할 위험이 있는 미사일 기지를 쿠바에 만든다는 첩보를 얻은 후, 젊은 케네디 대통령이 참모들과 정책결정을 하는 모습을 그린 것이 다차원 모형이다. 정부 내 정책과정은 단일차원이 아니라 합리적 행위자모형(모형 I), 조직과정모형(모형 II), 그리고 정치모형(모형 III)이란 3가지 차원에서 이뤄진다.

합리적 행위자모형은 합리모형과 유사하며, 조직과정모형은 조직과정의 산물로서 정책을 바라본다. 즉, 정부는 하위조직의 집합체로, 정책은 조직의 표준운영절차(SOP)에 의해 결정된다. 모형 I과 모형 II는 실질적으로 새로운 모형이라기보다 기존의 모형을 Allison이 정리한 것일 뿐이다. 제3의 모형으로 제시한 정치모형은 정책결정에 참여하는 구성원(주로 정부관료)들 간의 정치적 게임을 통해 정책이 결정되는 것에 초점을 맞춘다.

5. 현실적 정책결정이론

이종범(1994)은 정책결정의 어려움이 정보의 불완전성이나 기준의 애매함 때문이 아니라, 선택해야 하는 대안들이 초래한 결과가치가 유사해 선택이 곤란한 상황에 초점을 맞춘 딜레마이론을 제시하였다(윤견수 외, 2000). 기존 대안들의 결과가 서로 양립 불가능하여 어느 것을 선택하더라도 만족할 수 없는데도 불구하고, 시간의 제약 때문에 정책결정을 내려야 하는 딜레마 상황의 경우가 많다. 이때 실제 선택할 수 있는 것은 시간을 지연시키는 '비선택' 혹은 재검토 및 철회, 상징적 행동, 형식적 집행 등이다. 실질적으로는 문제가 해결되지 않는 선택을 하게 되는 현실을 지적하고 있다.

사실 많은 정책결정과정에 비합리적인 면이 있다. 특히 현실정치에서는 어떤 문제를 해결하기 위한 정책결정이라기보다는 서로 다른 아이디어 간 경쟁 속에서 어떤 선택을 하는 것이다. 정치의 현실에서는 과연 복지를 위한 것인지 아니면 복지를 반대하는 것인지, 적인지 아군인지 구분이 안 되는 경우도 많다.

이에 관하여 Stone(1997)은 미국식약청(Foods and Drugs Administration, FDA)의 역할이 갖는 정책의 역설을 주장한다. 평소에는 많은 제약회사가 FDA의 까다로운 안전성 검사 때문에 신약개발에 비용이 엄청나게 추가되고 시간이 많이 걸려 다른 나라의 제약회사와 경쟁이 어렵다고 주장하며, 안전성 검사의 폐지를 끈질기게 요구하였다. 그런데 마침 공화당이 하원을 장악하여 1995년 FDA의 기능을 대부분 민영화하려고 하였더니, 오히려 제약회사들이 민영화를 반대하기 위해 제일 먼저 나섰다. 그 이유는 바로 FDA의 안전성 검사가 제약회사의 제품에 일종의 신용을 부가하는 것으로, 이 덕분에 더 확실한 시장을 확보할 수 있기 때문이라는 설명이다. 규제개혁의 문제도 깊이 들여다보면 이와 같이 정책이 결정되기 어려운 것은 바로 이러한 정책의 역설(policy paradox)이 존재하기 때문이다.

제4절 정책의 집행

I. 집행을 보는 시각

좋은 정책을 아무리 결정해 놓아도 실제로 집행되지 않으면 무용지물이다. 정책과정 중에서 집행이 가장 중요한 이유이다. 정책집행을 주어진 정책목표의 달성을 위한 수단적 행위로 파악하는 하향적 접근방법(top-down approach)과 집행을 다수의 참여자 사이에서 발생하는 상호작용으로 이해하는 상향적 접근방법(bottom-up approach)의 두 가지 유형으로 나눌 수 있다.

하향적 접근방법은 관료제적 방법에 의한 것으로 전통적인 행정학에서 다루는 시각이다. 이 시각은 관료가 집행을 제대로 하기 위해 정책설계를 잘할 것을 강조한다. 정부의 의사결정으로부터 출발하여 결정된 것이 성공적으로 수행되거나 그렇지 못한 정도를 검토하면서 집행문제를 일으킨 원인을 찾아내려고 노력한다(Sabatier, 1993: 266-293; 노화준, 2006: 418). 최고관리자의 입장에서, 새로운 정책의 내용에 따라 집행 관료가 어떻게 노력하였으며, 정책대상집단의 행태가 어느 정도 변하였는가를 집행성공 판단의 기준으로 본다.

상향적 접근방법은 정책집행과정에서 일선집행 현장에 있는 행정관료의 역할에 관심을 둔다. 최고관리자는 현장에 대한 인식이 떨어지기 때문에, 정책집행단계에서 어려움을 겪는 것이 보통이다. 위에서 내려다보는 정책목표 대신, 실제 정책대상집단의 입장에서 느끼는 문제의 해결에 초점을 둔다. 따라서 집행과정에 가장 큰 영향을 주는 것은 일선집행관료와 대상집단이라고 본다.[7] 하향식 접근방법의 경우 많은 정책이 집행과정에서 용두사미 격이 되거나 엉뚱한 결과를 초래하기 때문이다. 특히 민주화가 진행됨에 따라, 일방적으로 밀어붙이기식의 정책집행보다는 정책대상집단들의 반응이 중요해지면서 상향식 접근방법이 점점 주목을 받고 있다.

둘 중 어느 것을 사용할 것인가는 그 상황에서 시간변수를 생각해야 한다. 적정한 시점에서 어떻게 집행을 시도하느냐에 따라, 그 정책의 효과성과 효율성이 달라진다.

II. 정책집행의 상황적응론

Matland(1995)는 상향적 접근방법 혹은 하향적 접근방법 중 어느 것이 어떠한 조건에서 더 잘 적용되는지, 그리고 이때 중요한 집행변수가 무엇인지에 초점을 맞춘다. 집행현장의 상황(contingency)에 따라 집행결과에 영향을 미치는 가장 중요한 변수, 집행과정의 특성, 집행실패의 요인들이 달라지기 때문에 하향적 접근방법과 상향적 접근방법의 설명력도 각각 달리 나타난다. 그는 집행과정에는 수많은 변수가 작용하는데, 이를 모두 정책담당자에게 제시해주는 것은 도움이 되지 않으며, 특정 상황에서 가장 영향력이 큰 변수를 제시하는 것이 실천적으로 더 나은 처방이 된다고 주장한다.

집행의 상황에서 중요한 것은 정책문제가 가진 모호성(ambiguity)의 정도와 갈등(conflict)의 정도라는 두 차원이다. 모호성이란 '정책목표가 무엇인지'의 문제와 '정책수단이 무엇인가'의 문제에서 발생할 수 있다. 집행이 성공하기 위해서라면 상향적 접근방법보다 하향적 접근방법에서 모호성이 적어야 한다.

하지만 정책을 명확하게 규정할수록 갈등의 수준이 더 높아질 수도 있기 때문에 반드시 긍정적인 영향을 미치는 것은 아니다. 즉, 정책의 목표와 수단이 모호하면 모호할수록 추상성이 높아서, 실제로는 반대할 집단이 아전인수 격으로

---

7 상향적 접근방법의 이론적 기초를 제공한 논의로는 일선관료론(street-level bureaucrats)이 있다. 일선관료가 처한 집행상황 특수성을 설명하고 이에 대응하는 일선관료들의 대응행태에 관한 이론이다(Lipsky, 1976). 자세한 것은 IV. 정책집행의 담당자: 일선관료 부분 참조.

해석하든지 주의를 덜 기울일 수 있다. 적어도 초기단계에는 모호성이 다양한 해석을 가능하게 함으로써 보다 많은 지지를 얻을 수도 있다.

이와는 반대로 정책목표와 수단이 명확하면, 이에 관련된 집단들의 이해관계가 표출되기 쉽다. 갈등원인은 명시화된 정책목표에 관련된 것으로 왜 그런 정책을 집행하느냐의 문제가 될 수도 있고, 구체화된 정책프로그램 또는 정책수단에 동의하지 못할 때 생길 수도 있다. 하향적 접근방법에서는 이런 갈등을 최소화하려고 하지만, 상향적 접근방법은 불가피한 것으로 본다. 모호성과 갈등의 수준을 두 차원으로 하여 네 가지 집행상황을 설정하면 〈그림 6-3〉과 같다.

그림 6-3 | 모호성–갈등모형

출처: Matland, Richard E.(1995: 145-174).

– 행정적 집행

목표가 명확히 정해져 있고 정책목표를 달성하기 위하여 가장 효율적이고 기술적인 수단이 알려져 있기 때문에, 정책결과는 집행에 필요한 자원의 확보 여부와 정도에 의해 결정된다. 갈등의 수준이 낮기 때문에 정책과정은 계층제에 기반한 중앙집권적 권위로 쉽게 이뤄질 수 있다. 정책대상집단의 순응은 큰 문제가 되지 않으므로, 강압적 또는 보상적 수단보다는 규범적인 수단으로 충분히 확보될 수 있다.

정책수단의 모호성이 낮기 때문에, 집행담당자들은 표준운영절차(SOP)를 개발하여 처리하면 된다. 즉, 집행현장의 다양성에도 불구하고 상대적으로 SOP를 통한 획일화된 정책집행을 하게 된다. 이 유형에서는 기술적인 문제, 예를 들어 자원과 시간의 부족, 의사전달과정의 왜곡, 통제와 감시 수단의 비효율성 등으로 정책실패가 생길 수 있다.

- 정치적 집행

목표의 모호성은 낮으나 관련 행위자들 간의 갈등의 정도가 높을 때는 정치력이 중요하다. 즉, 행위자들이 정책목표나 정책수단에 대해서는 명확히 인식하지만 이에 동의할 수 없을 때 혹은 다른 이유가 있을 때 정책집행은 권력관계에 의해 이뤄진다.

정책집행과정은 대립적인 이해관계를 가진 집행조직 외부의 행위자들에 의해 영향을 많이 받으며, 강제력을 행사하여 지지를 확보하거나 또는 협상을 통하여 합의를 이끌어낼 수밖에 없다. 정책대상집단의 순응을 확보하기 위해서는 반대파의 흡수(cooptation), 강압적 또는 보상적인 수단이 중요해진다. 만약 정책에 이해관계를 가지고 있는 행위자들이 상대적으로 강한 독립성과 자율성을 가지고 있다면, 집행과정이 난항에 빠질 수 있다.

- 실험적 집행

정책목표와 수단에 대한 참여자들의 선호가 모호하거나 정책을 실현하기 위해 필요한 기술이 불확실한 상황이지만, 갈등의 정도는 낮은 경우이다. 정책대상집단이 누구인지 불명확하거나 아직 문제의 심각성을 인식하지 못한 때 갈등수준이 낮을 수밖에 없다. 새로운 정책을 부분적으로나마 일단 시험 삼아 해 보고, 그 결과를 보자는 식의 정책집행을 말한다.

갈등이 적기 때문에, 실질적으로 집행이 일어나는 현장에서의 집행 관료의 선호와 그들의 능력, 그리고 자원이 집행과정의 성격과 집행결과를 결정짓는 중요한 변수가 된다. 실험적 집행을 특징짓는 모호성은 새로운 수단과 새로운 목적을 학습할 수 있는 기회를 제공하기 때문에 유용한데, 이때 비용을 줄이는 것이 중요하다. 집행의 성공과 실패라는 양자택일로 평가하기보다는 학습(learning)과정으로서 집행을 활용해야 한다(임도빈 외, 2015).

- 상징적 집행

상징적 집행은 정책목표가 모호할 뿐만 아니라, 이를 해결하기 위한 정책수단도 불분명한 데다, 이해관계자 간 높은 갈등수준이 존재할 때 적합하다. 실질적 변화를 가져오는 것보다는 무언가 집행을 한다는 인식을 주는 것이 중요하다. 새로운 정책목표를 공고히 하거나 계속적으로 추진되어 온 이전의 정책목표를 재확인하거나 중요한 가치와 원칙을 강조하기 위해서 상징적인 집행이 활용될 수 있다.

상징적 집행과정의 가장 큰 특징은 정책목표가 애매모호하기 때문에 집행과정을 해석(interpretation)의 과정으로 접근할 수 있다는 점이다. 현실의 변화는 적지만, 그 해석에 포스트모더니즘이나 프레이밍 이론이 잘 적용될 수 있는 집행유형이다. 이 경우, 정책의 목표나 수단에 대한 상이한 해석들이 서로 경쟁하고, 비슷한 해석을 가진 참여자들 간에는 연합체가 형성되고, 이들 간의 프레임 경쟁이 이뤄지게 된다.

하향적 접근방법은 정책이 명확하고 갈등 수준이 낮은 경우에 더 적용가능성이 커지고, 상향적 접근방법은 정책이 모호하고 갈등 수준이 높은 경우에 더 잘 적용할 수 있다. 정책의 모호성은 적지만 갈등 수준이 높은 경우에는, 특별히 정치적인 변수를 고려하면서 하향적 접근방법을 사용하는 것이 좋을 것이다.

Ⅲ. 정책의 변동

하나의 정책을 보면, 시간적으로 볼 때 정책형성에서 집행까지 단선적으로 진행된 후 종결되는 것은 아니다. 정책집행과정은 마치 살아 있는 유기체와 같이 시간이 흐름에 따라 변화한다. 이를 정책변동(policy change)이라고 한다. Hogwood와 Peters(1983)는 정책변동을 좀 더 넓은 의미로 보고, 그 속에 정책혁신(policy innovation), 정책유지(policy maintenance), 정책승계(policy succession), 정책종결(policy termination)이 있는 것으로 보고 있다.

여기에서는 정책변동을 좀 더 좁은 의미로 보고, 정책형성이 된 이후, 실제로 집행되는 과정에서 당초에 의도했던 것에 비하여 변화가 있는 것을 지칭하기로 한다. 특히 한국의 경우, 사회가 급변하기 때문에 정책도 수시로 변하는 경향이 있다. 따라서 정책의 일관성을 유지하는 것도 중요한 과제 중 하나이다. 정책이 급변하면, 현장에서 혼동이 발생하여 원래 의도했던 정책효과를 거두기 어렵기 때문이다.

Sabatier는 1988년 정책변동을 위한 설명으로서 옹호연합모형(ACF)을 제시했다. 이는 외적변수(external parameters), 정책옹호연합(policy advocacy coalition), 신념체계(belief systems), 정책중재자(policy brokers), 정책학습(policy learning), 정책산출(policy output) 그리고 정책변동(policy change) 등으로 구성된다.

외적변수는 외부환경으로서 문화와 같이 안정적인 변수와 지배집단의 변화와 같이 역동적인 변수가 있다. 이들은 정책을 제약하는 요건으로 작용하기도 하고, 자원이 되기도 한다. 특정 정책에 대해 정책을 옹호하거나 반대하는 집단이 생긴다. 이들이 반대하는 것은 그들이 믿는 신념체계가 다르기 때문이다. 예컨대, 특정 문제에 대해 찬성론, 반대론이 있는데, 경우에 따라서 이외의 제3의 입장이 있는 경우도 있다(김대은·엄석진, 2022). 이들의 신념체계가 서로 격돌하는 가운데, 정책중재자가 간여하게 된다. 정책중재자는 정부일 수도 있고, 정치인일 수도 있고, 민간조직일 수도 있다. 이들의 전략이 서로 만나 일반정책이 나오게 되고, 이것은 시간이 흐르면서 정책학습이 된 후 드디어 정책이 산출되게 된다.

그림 6-4 ㅣ Sabatier의 옹호연합모형(ACF)

출처: 양승일. 온라인행정학전자사전. 한국행정학회(http://www.epadic.com/index.php).

Sabatier의 이론모델은 정책과정이 정책이 가지고 있는 물리적 특성, 즉 정책 문제 해결에서 인과관계가 중요하기보다는 정책 관련 행위자들의 생각, 즉, 신념 체계에 달려 있다고 본다. 이 신념체계를 기초로 반대의 논리를 바꾸는 것이 정책 집행과정이라고 본다.

신념체계는 변화가능성이라는 차원에서 세 가지가 있다. 첫 번째로 규범적 핵심신념(normative deep core beliefs)은 예컨대 개인의 자유, 사회적 평등, 이들 간의 가치부여 등 모든 정책 분야에 적용되는 근본적 규범이다. 따라서 특정 정책과의 연계보다는 보편적이어서 변화시키기도 어렵다. 두 번째로 정책핵심신념 (policy core beliefs)은 특정 옹호연합이 가지고 있는 기본적 원칙, 정책방향 등을 의미한다. 세 번째로 이차적 혹은 도구적 신념(secondary or instrumental aspects beliefs)은 예산배분 등 주로 특정한 규범적 핵심신념을 집행하는 데 필요한 행정 상 또는 입법상의 정책수단, 법 개정 등 전술적인 것을 의미한다. 이것은 상대적 으로 변화가 용이하다.

정책옹호연합(ACF)모형은 실제 정책이 결정되고 집행되는 가운데 변동되는 과정을 설명하는 데 유용한 틀이다. 정책이란 단번에 이뤄지는 것이 아니기 때문 에 시간에 따라 변동되는 과정을 분석하는 데 유용하다. 그러나 실제로 안정된 환 경변수와 역동적 환경변수 간의 구분이라든지, 신념체계 중 도구적 신념이 행정학 에서 말하는 보통의 행정수단과 구분이 되지 않는다는 한계가 있다.

IV. 정책집행의 담당자: 일선관료

1. 일선관료의 업무환경

Lipsky(1976)는 '일선관료제'라는 개념을 만들어 이들이 일반관료들과는 다 르다는 점을 주장하였다. 일선관료들은 비록 계층제적인 구조 속에 놓여 있지만 집행현장의 다양성과 복잡성, 그리고 자신이 보유한 전문성과 경험 때문에 직무 의 자율성이 광범위하며 의사결정에 있어서 상당한 재량권을 가지고 있다. 재량 권은 긍정적·부정적 측면을 가진 양날의 칼과 같다(Chang. et al., 2022). 상향식 집행은 물론이고 하향식 집행에서도 현장에서 정책을 실제로 집행하는 일선관료 제(street-level bureaucracy)가 정책의 성패를 좌우하는 가장 결정적인 변수이다. 민원인과 자주 부딪히며 그들의 특수한 사정을 파악하고 해결해야 하는 집행현장은 중앙관료들이 흔히 범하는 탁상행정과는 달리 현장감이 있다. 일선관료가 정책과정의 다른 참여자와 가장 구별되는 특징은 일반시민들과 실시간으로 직접 면대면으로 상호작용을 한다는 점이다. 이들의 능력과 의욕, 그리고 그들이 처한 환경적 요인은 집행결과에 많은 영향을 미친다. 여기서는 정책집행론이라기보다는 조직론인 일선관료제론에 의존하여 설명하기로 한다.

일선관료들이 처하는 특수하고 어려운 업무환경은 다음의 세 가지로 정리될 수 있다(조원혁, 2012).

첫째, 불충분한 자원이다. 일선관료수준으로 내려오면 조직이 작아지므로 가용한 예산액 자체가 작게 나뉘는 것은 보통이다. 이와 더불어 문제를 해결해야 하는 시간적 압박과 정보의 부족, 기술(technical)적인 지원의 부족은 상대적으로 불확실성이 높은 일선관료의 업무환경을 더욱 악화시키는 요소이다.

둘째, 권위에 대한 위협과 도전이다. 예컨대 경찰의 집행현장에서는 크고 작은 위협이 끊이지 않고, 교사는 일탈학생, 일부 학부모 등으로부터 불안한 상황에 있다. 소위 '진상', '빌런' 등의 도전과 위협이 커지면 커질수록 일선관료들은 자신의 권위가 떨어지는 것으로 인식한다. 권위가 있어야만 업무수행이 이뤄진다고 믿기 때문에, 자신들의 권위를 과시하려는 경향이 커진다.

셋째, 모호하거나 모순되는 기대이다. 일선행정 현장의 현실도 모르고 상관들이나 민원인들은 일선관료들이 마치 자신의 마음과 같이 알아서 처리하는 존재가 될 것을 기대한다. 어떤 때는 엄격한 집행을 바라고, 어떤 때는 관대함을 원한다.

2. 적응 메커니즘

관료제 내부에서 서류작업만 하는 다른 관료와는 달리 일선관료는 항상 민원인을 상대하며 일하고 있기 때문에 직무수행상 독특한 심리적 메커니즘을 갖게 된다. 일선관료들이 터득하는 메커니즘은 다양한 상황을 단순화(simplifications)하는 것과, 일정한 유형으로 고정하여 정형화하는 것이다(조원혁, 2012). 단순화란 복잡한 현실을 자신이 이해하고 다룰 수 있는 방식으로 구조화시켜 인식하는 것을 말한다. 구체적인 것을 생략하는 것이다. 정형화란 업무가 수행되는 방식을 규칙적이고 습관적인 것으로 패턴화시키는 것을 의미한다.

첫째, 부족한 자원에 대처하는 가장 쉬운 방법은 '지름길'을 택한다. 지름길을 택함으로써 시간을 절약하고 정책대상집단과의 갈등, 결정에 대한 심리적 불안을 피하고자 한다.

둘째, 육체적·신체적 위협에 대처하기 위해 '잠재적 공격자'의 특징을 사전에 규정해 놓고 대처한다. 이렇게 함으로써 복잡한 상황을 파악하는 데 노력하기보다는 즉각적 판단을 할 수 있다. 경찰들은 옷차림, 인종, 전과경력 등을 기준으로 자신들에 대한 신체적 위협자를 정의한다. 그리고 피해를 보지 않기 위해 간여를 최소한으로 줄이려 한다. 이러한 회피전략으로 위협요인에 대처하는 것이다. 이는 결국 민원인을 일종의 고정관념(stereo type)을 가지고 대한다는 것을 의미하기 때문에, 이미 사회에 자리 잡고 있는 차별을 더욱 공고히 한다는 점에서 큰 문제점이 있다. 일선관료들의 고정관념에 의해 형성된 단순화와 정형화가 집행조직 내에 제도화되어 있다면 문제는 더욱 심각해진다.

셋째, 모호하고 상반된 역할 기대에 적응하는 메커니즘으로는 역할 기대를 변경하는 방법과 고객집단을 변경하는 방법이 있다(조원혁, 2012). 우선 일선관료들은 자신들이 달성해야 할 성과나 시민들이 자신들에게 기대한다고 여겨지는 역할을 재정의하는 방법을 흔히 사용한다. 교사는 스스로에게 전통적인 사표(師表)라는 이상적 이미지를 투사(projection)시킨다. 다른 사람들이 인정해 주지 않고 아무런 보상이 주어지지 않더라도, 편부모 아동이나 가난한 가정의 학생들을 위해 헌신하는 스승상을 마음 속에 자아로 그린다. 이러한 역할 재정의가 가져올 수 있는 문제점은 업무의 결과에 대한 '심리적인 책임 전가'가 발생할 수 있다는 점이다. 정작 그 자리가 요구하는 일은 회피하고, 자신이 스스로 부여한 역할에만 집중하는 결과를 가져올 수 있다.

모호한 역할기대에 대응하는 다른 한 가지는 고객집단에 대한 인식을 변경하는 것이다. 결과에 대한 모든 책임을 고객에게 전가시키거나 고객이 겪고 있는 문제를 사회 탓으로 돌린다. '아무리 도와줘 봤자 소용없다'는 식의 인식전환이다. 극도로 소극행정을 하는 경우도 있다. 자신이 해 줄 수 있는 것은 아무 것도 없고, 따라서 열심히 일할 필요도 없다는 식으로 정당화한다. 예컨대, 일선관료들은 자신의 인지구조 속에 단순화시켜 놓은 인종, 성, 학력, 경제적 계층, 문화적 계층 등의 기준을 가지고 고객을 정의한 후(예를 들어, 빈민지역의 거주자, 결손가정의 학생, 노숙자) 해결해야 할 문제의 원인이 고객 자신에게 있다거나 사회경제적 구조의 전반적인 변화 없이는 해결이 불가능하다고 주장함으로써 책임을 회피한다.

3. 재량권 축소와 법규 양산

일선관료들은 법과 현실과의 차이 속에서 늘 고민해야 한다. 아무리 자세하게 법규 조항을 만들어도 실제 업무처리과정에서는 애매하거나 예외적인 경우가 생기기 때문이다. 일선관료에게 주어지는 재량권은 불가피할 뿐만 아니라, 당연한 것이다.

어떤 경우에는 재량권 발휘에서 생긴 일종의 실수가 결국 일선관료에게 매우 불리한 결과를 초래하기도 한다. 이러한 것이 사회적으로 학습되면서, 일선관료들은 이미 자신에게 주어진 재량권도 자진해서 발휘하지 않는다. 일종의 보신주의가 생긴다.[8]

이러한 일선관료들이 관료 전체의 이미지를 부정적으로 만든다. 법규만능주의, 혹은 철밥통 관료라는 낙인이 찍힌다. 행정개혁은 관료들의 부정적 이미지를 희생양으로 하고, 민간부문을 미화하는 방향으로 추진되는 경향이 있다.

일선 관료들의 관료제적 역기능을 예방하기 위한 조치는 재량권을 축소하는 것이다. 좀 더 자세한 법이나 행정규칙들이 생긴다. 일선관료들이 업무수행과정에서 참조할 법규범이 점점 많아짐에 따라 법조문 해석에 좀 더 시간을 쓰게 된다. 그리고 법규정에서 명시적인 근거를 찾아볼 수 없는 경우에는 절대로 집행하지 않는다. 즉, 주어진 법규 내에서 적극적으로 행정행위를 하여 문제 해결을 해주기보다는, 거꾸로 재량권을 스스로 축소하는 것이다.

제 5 절 　정책분석과 정책평가

정책분석과 정책평가는 정책(원인)으로 인해 발생하는 효과(결과)를 과학적으로 추정하는 정책학의 한 연구 분야이다.[9] 이 행위의 목적은 첫째, 문제를 명확

---

8 이것은 제13장의 악순환모델에서 설명되는 하위층 관료들의 행태이다.
9 학자들마다 의견이 다르기는 하지만 정책분석과 정책평가의 내용과 방법은 대체로 유사하기 때문에 여기서는 같이 다룬다. 여기서는 정책이 시행되기 전에 시행하는 활동을 정책분석으로, 시행 이후에 하는 것을 정책평가로 보기로 한다.

하게 하고 이 문제를 처리하기 위한 새로운 지식을 얻는 것, 둘째, 정책대안을 선택하는 데 도움을 주기 위한 것이다.

I. 정책분석과 정책평가의 필요성

1. 원인변수

정책평가와 정책분석은 정책수단(X)과 정책목표(Y) 사이에 인과관계(causal relation)를 경험적·과학적으로 검증하는 활동이다. 정책효과의 추정은 사회과학의 고민거리인 인과관계의 규명문제이다. 원인은 어떤 현상을 일으키거나 변화시키는 요인 또는 어떤 현상이 일어나기 위해 반드시 존재해야 하는 선행요인이다. 정부의 정책개입이 이루어진 이후의 변화 상태인 정책의 효과를 추정하는 데 있어서 시간변수가 중요하다. 지리적으로 연관이 있는 공간에서 이뤄져야 하는 것도 중요하다. 물론 예외적으로 소위 '나비효과'라는 것도 있기는 하다.

정책이란 아무 것도 없는 진공상태에서 집행되는 것이 아니다. 한국사회 자체에서 나오는 수없이 많은 변수와 관련된 정책들이 많이 있는 가운데, 또 하나의 정책이 집행되는 것이다. 정책(원인) → 변화(결과)의 관계를 제대로 추적하지 못하게 하는 것으로 허위변수와 혼란변수가 있다.

허위변수(spurious variables)는 X와 Y 두 변수 모두에 영향을 미치면서 이들 간의 공동변화를 모두 설명하는 변수이며, 혼란변수(confounding variables)는 X와 Y 두 변수 모두에 영향을 미치지만, 이들 간의 공동변화를 모두 설명하지는 못하는 변수를 말한다.

허위변수

혼란변수

사회현상은 복잡하므로, 정책평가는 여러 가지 연구방법을 동원하여 허위변수와 혼란변수의 영향을 제거하고 정확한 인과관계를 측정해야 한다.

2. 타당성

추정된 정책(원인)과 그 정책효과(결과) 사이에 서로 밀접한 연관성이 있느냐가 내적 타당성이다. 예컨대 어떤 복지정책을 통하여 저소득층이 감소되었다는 인과관계가 증명된다면, 그 복지정책은 타당성이 높은 것이다. Campbell과 Stanley(1979)는 원래 상정하고 있는 원인 이외에 결과를 설명할 수 있는 제3의 변수 또는 경쟁가설을 '내적 타당성의 저해요인 또는 위협요인'이라 하였다. 내적 타당성의 위협요인은 다음과 같다.

정책대상집단 자체의 특성 변화이다. 구체적으로 성숙요인(maturation)과 역사요인(history)이 있다. 성숙요인은 시간의 경과 때문에 발생하는 조사대상집단의 특성 변화를 말한다. 예컨대 복지혜택을 받는 사람이 작년에 비하여 올해 좀 더 자활하려는 의지도 강해지고 의욕이 높아져서 일을 더 열심히 하여 소득이 높아질 수 있다. 역사요인(history)은 조사기간 중에 연구자의 의도와는 관계없이 일어난 사건으로 결과변수에 영향을 미치는 경우에 나타난다. 예를 들어 복지정책 이외에도 같은 기간에 우리나라 경제가 특별히 호황이어서 모든 국민의 소득이 올라간 것이다. 이러한 혼란변수에 의한 효과는 방법론적으로 통제할 수 있다.

정책평가에 모집단 전수를 대상으로 할 수 없을 때 생기는 문제이다. 즉, 표본의 무작위 추출을 제대로 못하거나 대표성을 확보할 수 없을 때 생기는 문제이다. 구체적으로 선발요인(selection), 상실요인(mortality), 회귀요인(regression)이 있다. 선발요인(selection)은 실험집단과 비교집단 간의 결과변수에 대한 측정값의 차이가 정책집행의 효과라기보다는 표본 선택 시에 다른 두 집단 구성원을 선택했기 때문에 나타나는 경우이다. 복지정책을 평가할 때 실험집단에 이미 어떤 자격증이 있는 사람을 더 많이 포함시켰을 때, 이들이 취업할 가능성도 높고 월급수준도 높을 수 있다. 상실요인(mortality)은 정책집행기간 중에 관찰대상집단의 일부가 탈락 또는 상실됨으로써 남아 있는 대상이 처음의 관찰대상집단과 다른 특성을 갖게 되는 현상이다. 복지정책을 평가할 때 일부가 사망한다든지, 외국에 취업하여 t_2에서 제외되는 경우가 그 예이다. 회귀요인(regression)은 극단적인 측정값(최곳값 또는 최젓값)을 갖는 사례들을 재측정할 때, 평균값으로 회귀하여 처음과 같은 극단적 측정값을 나타낼 확률이 줄어드는 현상이다(정정길·이시원, 2023).

정책평가를 할 때 사용하는 관찰 및 측정방법에 관련된 요인도 있다. 구체적으로는 검사요인(testing), 측정수단요인(instrumentation)이 있다. 검사요인(testing)은 정책 실시 전과 실시 후에 유사한 조사(설문지나 인터뷰)를 반복하는 경우, 정책평가 참여자들이 이에 친숙도가 높아져서 측정값에 영향을 미치는 현상을 말한다. 측정수단요인(instrumentation)은 정책 또는 프로그램 집행 전과 집행 후에 측정자의 측정기준이 달라지거나, 측정수단(measuring instrument)이 변화함에 따라서 정책효과가 왜곡되는 현상이다.

이상과 같은 여러 요인 중 역사요인, 성숙요인, 상실요인, 회귀요인 등은 정책평가에 있어서 시간 개념을 고려해야 함을 의미한다. 정책의 설계부터, 일부는 집행을 하면서 동시에 평가를 하여 문제점을 수시로 시정하는 방법으로 정책랩(Policy lab)이 있다(조세현·차세영, 2020). 영국, EU에서 실제 활용되는 방법으로 정책집행과 평가를 동시에 하는 것이다.

Ⅱ. 정책분석

1. 기법

정책분석(policy analysis)은 어떤 정책이 결정되기 이전에 정책결정자들의 판단의 근거를 높여주는 것, 혹은 바람직한 대안들을 설계하고 선택하기 위한 일련의 접근 방법이다. 정책분석에는 여러 가지 기법이 사용된다. Dunn(2003)은 다음과 같은 차원으로 설명한다. 일차적 데이터를 활용하느냐, 아니면 이차적 데이터에 의존하느냐라는 측면과, 일반적인 인과관계를 나타내는가 아니면 특수하고 국지적인 인과관계를 나타내는가라는 측면이다. 그러나 이들 기법이 모두 정책의 타당성(즉, 인과관계)에만 국한되어 사용되는 것은 아니다. 좀 더 넓은 목적에서 사용될 수 있다.

정책분석에서 가장 어려운 부분은 미래를 예측하는 부분이다. 미래는 불확실한데 가능한 한 조금이라도 예측하여 이를 근거로 어떤 정책의 수요나 효과를 분석해야 하기 때문이다. 여기에서는 다음의 그림에서 제시된 여러 가지 분석방법 중 미래예측과 관련한 몇 가지를 소개한다.

전문가의 전문지식과 정보를 이용한 비계량적·주관적 예측방법으로는 델파이 기법이 있다. 이것은 전문가 그룹이 일련의 예측치를 제공하는 방법으로서,

그림 6-5 | 정책분석기법

	분석의 정확성에 중점
A	분석의 정확성에 중점
B	다양한 관점을 얻는 데 중점
C	정책의 복잡성 이해에 중점

전문가끼리 서로 모르는 사이여야 한다. 이들 간의 반복적인 환류를 통해 주어진 문제에 대해 합의를 유도하는 것이다.

브레인스토밍은 각 분야 전문가가 모여서 자유로운 토론을 통해서 정책 혹은 미래의 상황에 대한 전망을 종합하는 것으로 반드시 합의할 필요는 없다. 대신에 정책분석 초기에 전반적인 상황을 조망하고 연구주제를 구체화하는 데 사용된다.

---

10 언뜻 보기에는 관련이 없는 것을 서로 연결시켜 봄으로써 새로운 아이디어를 찾는 것으로, 의인적 유추, 직접적 유추, 상징적 유추의 3유형이 있다.

11 러시아어 Teoriya Resheniya Izobretatel'skikh Zadatch(창의적 문제해결이론)의 약자로 가장 최적의 결과를 얻는 데 방해가 되는 장애나 모순을 발견하고, 그 해결방안을 생각토록 하는 기법이다.

트렌드 분석은 과거 수년간 이상의 역사적 데이터나 추세에 근거하여 정책문제의 특징, 원인, 발전 속도, 잠재적 파급효과 등에 대한 추세를 분석하는 것이다. 예컨대 경제성장, 인구, 에너지 소비량, 교통량 등을 예측한다.

수리모델을 이용한 트렌드 분석법은 과거의 경험치를 연장하여 미래 상태를 예측하는 것이다. 시계열분석(예: 인구증가율 예측)은 관찰치의 집합을 토대로 경향선을 도출하여 미래 상태를 예측하는 것이다. 회귀분석(예: 경제성장율 예측)은 미래예측의 영향요인들을 이론적으로 추출한 후 모형을 작성하여 미래예측을 하는 것이다.

패널(panel)은 독립된 전문가 패널이 일정기간 동안 특정 문제 및 이슈에 대해서 심층적인 논의와 합의를 거쳐 분석을 하는 것이다.

미래예측에만 국한되는 것은 아니지만, 정책분석에서 가장 많이 사용되는 것이 비용-편익분석(Benefit Cost Analysis)이다. 이것은 여러 정책수단이 있을 때, 그중 어느 것이 가장 좋은가를 평가하는 방법이다. 즉 각 정책수단이 가져올 편익과 예상되는 비용을 모두 생각하여 이를 금전적 가치로 환산한 다음, 편익:비용의 비율이 가장 높은 것을 찾아내는 방법이다. 이 경우에도 미래의 비용과 편익을 계산함에 있어서 불확실성이 높을 때, 상술한 다른 기법들에 의존할 수도 있다.

편익은 특정 정책을 선택하면서 얻을 수 있는 것을 말하며, 비용은 편익을 얻기 위해서 포기해야 할 것을 말한다. 비용-효과분석(Cost Effects Analysis)은 정책에 투입되는 비용을 모두 금전적 가치로 환산하나, 산출되는 편익은 금전적 가치로 환산하지 않고 산출물 그대로 분석에 활용한다.

2. 정책대안의 비교기준

Palumbo와 Nachmias(1983)가 주장한 이상적인 정책은 다음과 같다. 첫째, 모든 참여자가 동의하는 조작적 정의가 가능한 정책목표가 존재할 것, 둘째, 정책목표를 달성할 수 있는 수단이 존재하고, 이것이 기술적으로 실현 가능하여 집행될 수 있을 것, 셋째, 관련 외생변수를 통제할 수 있을 것, 넷째, 정책 추진 기관이 정책 추진에 대해 강한 의지를 가지고 있을 것, 다섯째, 정책관련자들이 정책평가 결과를 적극적으로 받아들일 의지가 있을 것 등이다.

그러나 위의 조건을 만족시켜 정책평가나 정책분석을 하는 것은 쉬운 일이 아니다. 어떤 정책의 성과를 제대로 평가하는 것은 현실적으로 많은 제약요소를 갖기 때문이다. 특히 외생변수를 통제하는 것이 어렵다. Knoepfel et al.(2007)은

자연자원의 희소성, 정보의 불완전성, 그리고 제도적 요인 등을 모두 고려한 정책
평가모형을 주장한다. 이러한 현실적 제약에서도 정책대안을 비교하는 데 사용하
는 기준을 몇 가지 살펴보면 다음과 같다(Kraft & Furlong, 2013).

- 효과성(effectiveness): 정책목표와 정책목표의 달성 가능성이나 그 정도를
  의미한다. 실제로는 앞서 살펴본 대로 효과성을 기준으로 정책분석을 하는
  것은 매우 어렵다.
- 효율성(efficiency): 정책이 실현되었을 때 얻는 편익에 비하여 정책을 집행하
  는 데 드는 비용이 얼마인가를 나타낸다. 비용편익분석을 통해서 할 수 있다.
- 형평성(equity): 정책의 비용, 편익, 그리고 위험이 어떤 계층에 불리하거나
  유리하지 않고 공평한가를 나타낸다. 특히 사회적 약자에게 불리한 것이 아
  닌가에 대한 문제의식을 내포하고 있다.
- 자유(freedom): 공공정책이 개인의 자유를 확대하는가 줄이는가에 대한 기
  준이다. 규제정책과 같이 대부분의 공공정책은 개인의 자유를 제약하기 때
  문에 이 기준이 중요하다.
- 정치적 실현 가능성(political feasibility): 특정 정책이 당시의 정치적 상황
  때문에 입법이나 집행과정에서 반대에 부딪칠 가능성을 의미한다. 아무리
  좋은 정책이라도 정치적 지지를 얻지 못하면 실현되기 곤란하다.
- 사회적 수용 가능성(social acceptability): 그 사회에서 일반국민의 정서상
  받아들일 수 있는지 여부에 관한 기준이다. 시대를 너무 앞서가는 정책은 사
  회적 저항을 일으킬 가능성이 크다.
- 행정적 실현 가능성(administrative feasibility): 정책집행에서 담당 행정기관
  이 제대로 집행할 수 있는가의 기준이다. 측정 가능성, 인력의 제약, 자원의
  제약, 기관의 형태 등이 이와 관련되는 변수이다.
- 기술적 실현 가능성(technical feasibility): 그 나라의 과학기술 수준을 봤을
  때 정책집행이 가능한가라는 기준이다.

정책분석은 단순히 가져올 결과에 대해 수학적으로 계산할 수 있다고 보기보
다는 위와 같은 다양한 기준에서 대안을 치밀하게 분석할 것을 요구한다.

Ⅲ. 정책평가모델

1. 실험설계

　　정책효과의 존재 여부를 평가하는 논리는 정책실시 전(t_1)과 정책실시 후(t_2)의 상태를 비교하는 것이다. 예컨대 어떤 복지정책을 실시하기 전 복지수혜층의 가처분소득과 실시 후 가처분소득의 차이를 본다. 이것을 '단일집단 사전사후 측정'이라고 한다.

　　많은 경우, 새로운 정책문제가 발생하여 정책형성을 한 후 집행하기 때문에, 정책실시 전(t_1)의 상태에 대한 자료가 없어서 정책실시 이후에 관해서만 측정한다. 복지정책실시 후, '그 전에 비하여 가처분소득이 증가하였습니까?'라고 물어보는 방식이다. 이를 '단일집단 사후측정'이라고 한다. 하지만 이런 방법은 허위변수나 혼란변수가 너무 많이 포함되어 실제 그 정책의 효과라고 판단하기에는 많은 문제점을 가지고 있다.

　　이러한 문제를 해결하기 위한 가장 이상적인 정책평가모델은 진실험방법이다. 정책이 실시되는 실험집단과 정책이 실시되지 않는 비교집단을 나누되 이들을 동질적 집단으로 구성한 후, 정책집행의 사전과 사후에 측정을 하여 이들을 비교하는 것이다. 이를 '솔로몬 4집단 설계'라고 한다.

　　복지정책의 경우, 연령, 성별, 학력, 지역, 결혼 여부, 자녀 수 등 소득에 영향을 미칠 수 있는 변수를 기준으로 정책실험집단과 통제집단을 유사하게 구성하느냐의 문제가 있다. 보통 유사하게 구성하는 방법은 무작위 추출(random sampling)이다. 그리고 이들의 정책실시 전 가처분소득을 조사한다(E_1, C_1). 그 다음은 의도한 복지프로그램을 실험집단에게만 시행한 후 일정한 시간이 흐른 후, 양 집단의 가처분소득을 측정한다(E_2, C_2). 이 경우, 이 복지정책의 효과는 $(E_2-E_1)-(C_2-C_1)$이다. 이 차이가 표본추출할 때 생길 수 있는 이론적으로 허용할 수 있는 오류치 범위 내에 들어가는지 통계적으로 검증한다(통계적 유의성 검증).

　　현실세계에서 진실험방법으로 정책의 효과를 평가한다는 것은 그리 용이한 것이 아니다. 따라서 이런 원칙 중의 일부를 포기하는 준실험방법(Quasi Experimentation)을 사용하는 경우가 더 일반적이다.

그림 6-6 | 정책평가모델-진실험방법

	정책실시 전	정책실시 후
실험집단	E_1	E_2
통제집단	C_1	C_2

2. 시간과 정책효과

정책이 성공하려면 사람, 돈, 시간이라는 3가지 요소가 갖춰져야 한다(임도빈, 2025b: 82). 정책의 효과를 한 순간만 포착하여 스냅사진같이 보는 것은 문제가 될 수 있다. 조금만 시간을 넓혀서 보면, 그 정책의 효과는 다른 것임을 쉽게 알 수 있다. 원래 의도한 목표를 단시간에 달성하는 정책은 그리 많지 않다. 오히려 의도하지 않은 결과를 가져오는 경우가 많다. 혹시 의도한 대로 정책효과가 산출되었다고 하더라도 그 정책의 결과로 또 문제가 생기는 경우도 많이 있다. 일정한 시간이 지난 후에 조금만 눈을 크게 뜨고 보면 의도하지 않은 결과(unintended consequences)가 있었음을 알 수 있다. 2019년 코로나19가 팬데믹으로 발전하여 온 세계가 떠들썩했을 때도 마찬가지였다(Bardosh, K. et al., 2022). 정책실시 후 시장의 반응을 봐야 하는 경제정책, 금융정책 등에서 특히 중장기적인 시간을 두고 효과를 주목해서 봐야 한다.

시간의 측면에서 정책을 볼 때 주목해야 할 것은 두 개 이상의 정책 간의 상호작용효과이다. 부처이기주의가 큰 행정조직에서는 자신이 주도하는 정책만 주목하고, 다른 부처의 관련 정책과의 관계는 생각하지 않는 경우가 많다. 두 개 이상의 연관 정책 중 어느 것이 먼저 집행되었는지 그 순서도 중요하고, 두 정책집행 간의 시간간격도 중요할 때가 있다. 어떤 정책이 집행되어 정책대상집단의 인식이 변하고, 행동이 변하는 데까지는 어느 정도 시간이 필요한 경우도 있다. 정책의 성공실패를 쉽게 판단해서는 안 되는 이유이다.

정책대상집단은 실험실의 쥐와 같이 가만히 있지 않고 정책에 대하여 반응한다. 예를 들어 에너지 정책의 경우, 자동차의 연비를 좋게 한다든지 냉장고 등 전자제품의 전기사용효율을 높이는 정책들이 쏟아져 나온다. 그러나 이런 정책들이 결국 소비자들의 전체 에너지 소비량을 줄였을 것이라고 단정하면 안 된다. 진상현(2013)의 실증연구 결과, 에너지 효율화 정책이 오히려 전기를 더 소모하게 하는 반등효과(rebound effect)가 있음을 발견하였다. 즉, 효율 개선 이후의 에너지 사용량이 정책시행 이전의 에너지 사용량보다 오히려 커지는 역효과가 나타나는 것이다. 특히 냉장고 효율을 높이는 정책은 적어도 저소득층에서는 반등효과가 분명히 나타났다(진상현, 2013).

정책과정이란 정태적인 것이 아니고, 시간에 따라 변하는 동태적인 것이다. 정책효과의 'longtail의 법칙'이 그것이다(Anderson, 2006). 처음에는 일반국민들이 특정 정책에 관심이 없는 듯하지만, 일정 시간이 지난 후 서서히 관심을 갖는 사람들이 생긴다. 관심이 생기면, 초기의 무반응기와는 달리 어떠한 반응을 하게 된다. 만약 정책평가자가 무반응기에 정책을 평가하였다면, 그 후에 나타날 실제 정책효과를 간과할 것이다. 따라서 나중에 관심을 갖게 된 사람들이 정책이 중단된 데에 대해 불만을 제기하면 여론에 큰 영향을 미칠 수 있기 때문에, 특히 정치인들은 한번 정책이 만들어지면 종결하지 않으려 한다.

참고문헌

김대은·엄석진(2022). "정책옹호연합 간 정책 아이디어의 차이와 시기별 변동분석". 「한국 행정학보」56(1): 133-166.

김주환(2010). "의료수가결정과 변화에 대한 사이버네틱스 접근방법에 의한 연구". 「한국정 책학회보」19(3): 171-197.

윤견수(2000). 「딜레마와 행정」. 서울: 나남출판.

이종범(1994). 「딜레마 이론: 조직과 정책의 새로운 이해」. 서울: 나남출판.

이종원(2005). "방법론적으로 재해석한 거버넌스 이해". 「한국행정학보」39(1): 329-340.

임도빈(2003a). "시간적 관점에서 조직연구의 필요성". 「한국정책학보」12(1): 375-397.

_____(2003b). "시간길이와 부처조직운영에 관한 연구: 정통부와 농림부의 비교". 「한국 행정학보」37(4): 79-102.

_____(2004a). 「한국지방조직론」. 서울: 박영사.

_____(2004b). "정부조직의 재설계". 「행정논총」42(3): 1-25.

_____(2005a). "시간관리측면에서 본 조직분석: P청 사례". 「행정논총」43(2): 1-31.

_____(2007a). "시간의 개념분석: 행정학에의 적용가능성을 중심으로". 「한국행정학보」 41(2): 1-21.

_____(2009). 「정부조직과 시간관리」. 서울대출판부.

_____(2025a). 「비교행정학」. 서울: 박영사.

_____(2025b). 「대한민국을 바꾼 정책가」. 서울: 윤성사.

임도빈 외(2018). 「실패한 정책들: 정책학습의 관점에서」. 서울: 박영사.

장현주(2017). "한국의 책변동과정에서 나타난 정책선도가의 유형, 역할, 전략은 무엇인 가". 「한국정책학회보」26(2): 449-475.

정정길·이시원(2023). 「정책학원론」. 서울: 대명출판사.

조세현·차세영(2020). 「개방형 정부혁신을 위한 정책랩(policy lab) 활성화 방안」. 한국행정 연구원.

조원혁(2012). "일선 경찰관의 재량행위에 관한 연구: 근거이론의 적용". 서울대학교 박사 학위논문. 서울: 서울대학교 행정대학원.

진상현(2013). "에너지 효율개선 정책의 효과성: 서울시 저소득 가구의 반등효과 분석". 「한국정책과학학회보」17(4): 55-77.

최태현 외(2020). "비결정상태로서 다중흐름의 이론적 모색: 여성정책의제의 무의사결정인 식을 중심으로". 「한국정책학보」29(1): 179-210.

팀 오라일리 외(CCKOREA 역)(2013). 「열린 정부 만들기」. 서울: 에이콘출판사.

하연섭(2020). 「한국행정: 비교 역사적 분석」. 서울: 다산출판사

한국정보사회진흥원(2008). 국가미래예측메타분석.

Allison, Graham T. & Philip Zelikow (1999). *Essence of Decision: Explaining the Cuban Missile Crisis*(2nd ed.). London: Longman.

Anderson, Chris (2006). *The Long Tail: Why the Future of Business is Selling Less of More*. NY: Hyperion.

Bachrach, Peter & Morton S. Baratz (1962). "Two faces of power." *The American Political Science Review* 56(4): 947-952.

Bardosh, K., de Figueiredo, A., Gur-Arie, R., Jamrozik, E., Doidge, J., Lemmens, T., Keshavnee, S., & Baral, S. (2022). "The unintended consequences of COVID-19 vaccine policy: why mandates, passports and restrictions may cause more harm than good". *BMJ Global Health* 7(5).

Béland, D. et al. (2022). *Policy Feedback: How policies shape politics*. CA: Cambridge University Press.

Brunsson Nils (2002). *The Organization of Hypocricy: Talk, decisons and Actions in Organizations*. Translated by Nancy Adler. Malmö : Liber Ekonomi.

Buchanan, J. M. (1954). "Individual Choice in Voting and the Market." *Journal of Political Economy* 62(4): 334-343.

Campbell, Donald T. & Julian C. Stanley (1979). *Delineamentos Experimentais E Quase-Experimentais de Pesquisa*. Sào Paulo: EPU.

Chang. A. & Brewer G. A. (2022). "Bureaucracy in public administration: A systematic literature review" *PAR* 25(11): 2191-2211.

Cobb, Roger W., Ross, J Keith & Marc H. Ross (1976). "Agenda-Building as a Comparative Political Process." *American Political Science Review* 70(1): 126-135.

Dror, Yehezkel (1971). *Public Policy Making Reexamined*. NJ: Chandler-Publishing Company.

Dunn, William N. (2003). *Public Policy Analysis: An Introduction*. NJ: Prentice Hall.

Etzioni, Amitai (1967). "Mixed-Scanning: A 'Third' Approach To Decision-Making." *Public Administration Review* 27(5): 385-392.

Goffman, Erving (1974). *Frame Analysis: An Essay on the Organization of Experience*. MA: Harvard University Press.

Grofman, B. (2004). "Reflections on Public Choice." *Public Choice* 118(1-2): 31-51.

Hogwood, Brian W. & B. Guy Peters (1983). *Policy Dynamics*. Sussex: Wheatsheaf Books.

Howlett, Michael & M. Ramesh (2009). *Studying Public Policy: Policy cycles and Policy Subsystems* (3rd ed.). NY: Oxford University Press.

Kingdon, John W. (1984). *Agendas, Alternatives, and Public Policies*. MA: HarperCollins.

Knoepfel, Peter, Corinne Larrue, Frederic Varone & Michael Hill (2007). *Public Policy Analysis*. Bristol: Policy Press.

Kraft, Michael E. & Scott R. Furlong (2013). *Public Policy: Politics, Analysis, and Alternatives* (4th ed.). CA: Sage Publications.

Lathrop, Daniel, & Laurel Ruma (2010). *Open Government: Collaboration, Transparency, and Participation in Practice*. CA: O'Reilly Media, Inc.

Lindblom, Charles Edward (1959). "The Science of 'Muddling Through'." *Public Administration Review* 19(2): 79–88.

_____ (1968). *The Policy–making Process*. NJ: Precntice Hall.

Lipsky, Michael (1976). Toward a Theory of Street–Level Bureaucracy, Hawley, Willis D. & Michael Lipsky (eds.). *Theoretical Perspectives on Urban Politics*. NJ: Prentice–Hall.

Lowi, Theodore J. (1964). "American Business, Public Policy, Case Studies and Political Theory." *World Politics* 16(4): 677–715.

_____ (1972). "Four Systems of Policy, Politics and Choice." *Public Administration Review* 32(4): 298–310.

Marsh, D. & R. A. W. Rhodes (1992). *Policy Networks in British Government*. Oxford: Oxford University Press.

Matland, Richard E. (1995). "Synthesizing the Implementation Literature: The Ambiguity–Conflict Model of Policy Implementation." *Journal of Public Administration Research and Theory* 5(2): 145–174.

Palumbo, Dennis J. & David Nachmias (1983). "The Preconditions for Successful Evaluation: Is There an Ideal Paradigm?." *Policy Sciences* 16(1): 67–79.

Peters, B. Guy (1996). *The Future of Governing: Four Emerging Models*. Kansas: University Press of Kansas.

Quade, Edward S. (1975). *Analysis for Public Decisions*. NY: American Elsevier.

Ripley, R. B. & G. A. Franklin (1980). *Congress, the Bureaucracy and Public Policy*. IL: Dorsey Press.

Sabatier, P. A. (1988). "An Advocacy Coalition Framework of Policy Change and the Role of Policy–oriented Learning Therein." *Policy Sciences* 21(2–3): 129–168.

Sabatier, P. A. & H. C. Jenkins–Smith (1993). *Policy Change and Learning: An Advocacy Coalition Approach*. CO: Westview Press.

_____ (1999). *The Advocacy Coalition Framework: An Assessment*. CO: Westview Press.

Sabatier, P. A. & Christpher M. Weible (2007). *The Advocacy Coalition Framework: Innovation and Clarifications.* CO: Westview Press.

Simon, H. A. (1955). "A Behavioral Model of Rational Choice." *The Quarterly Journal of Economics* 69(1): 99−118.

_____ (1976). *Administrative Behavior: A Study of Decision−Making Processes in Administrative Organization* (3rd ed.). NY: Free Press.

Smith, M. J. (1990). "Pluralism, Reformed Pluralism and Neopluralism: The Role of Pressure Groups in Policy−making." *Political Studies* 38(2): 302−322.

Spitzer, Robert J. (1987). "Promoting Policy Theory: Revising the Arenas of Power." *Policy Studies Journal* 15(4): 675−689.

Stone, Deborah (2020). *Policy Paradox: The Art of Political Decision Making.* NY: W.W. Norton.

Tullock, G. (1959). "Problems of Majority Voting." *Journal of Political Economy* 67: 571−579.

Wildavsky, Aaron (1979). *Speaking Truth to Power: The Art and Craft of Policy Analysis.* Boston: Little, Brown.

정 부

이 장에서는 광의의 정부(government)를 다루려고 한다. 협의의 정부를 행정부 관료제라고 한다면, 광의의 정부는 주로 헌법상 국민의 대표기관으로서의 통치기관을 의미한다. 서구에서 발달한 3권분립의 원리에 기초한 헌법에 따라 우리나라도 입법부, 행정부, 사법부가 있다. 이들 간에는 어느 것도 지배적인 위치에 있지 않고, 견제하고 균형(check and balance)을 갖추도록 되어 있다. 즉, 프랑스의 사상가 Montesquieu가 주장한 대로 "권력은 오직 다른 권력에 의해서만 통제될 수 있다"라는 논리가 들어 있다.

국회, 대통령, 사법부는 모두 임기라는 비교적 짧은 시간의 제약 속에서 활동할 수밖에 없다. 판사가 비교적 임기가 길지만, 판·검사도 인사이동을 한다는 점에서 시간적 제약이 있다.

공공문제를 다룰 때, 이들 간 역할도 시간적 배열 면에서 다르다. 입법부 → 행정부 → 사법부와 같이 순차적으로 역할을 하도록 제도화되어 있다. 입법부에서 법을 제정하면 행정부에서는 제정된 법을 토대로 집행하고, 사법부는 집행의 옳고 그름을 따지게 되어 있다. 이 순차적 관계는 구체적 사안에 따라 나라마다 다르다. 또한 제도설계와는 달리 과연 누가 실제로 가장 큰 권력을 누리느냐도 나라에 따라 다르다.

제 7 장
정   부

제1절 정부의 발달

I. 환경인가, 아닌가?

행정수반의 행위는 정치적인 것이면서 행정적인 것이라는 양면성이 있다. 정치와 경제, 그리고 법조계도 행정과 여러 가지로 얽히고설켜 있다. 자원의 권위적 배분을 정치라고 정의한다면, 자원배분에 시장이 얼마나 개입하고 국가가 얼마나 개입하느냐 등은 곧 경제문제이다. 또한 법적 환경을 구성한 법체계는 국회뿐만 아니라 법무부를 비롯한 행정부의 여러 부처에서 생산하는 산출물이다.

국가는 기후와 같은 자연조건뿐만 아니라 국민 또한 환경으로 본다. 행정관료제 또는 공무원 개인의 입장에서 본다면, 국민 전체가 상호작용해야 하는 환경이다. 조직론에서 환경을 분류하는 방법에는 일반행정(general environment)과 특수환경(specific environment)으로의 분류가 있다. 전자는 다른 조직도 공유하고 있는 환경이고 후자는 업무상 직접적으로 연관되어 관심을 가져야 하는 대상이다. 예컨대, 대통령의 입장에서는 자신을 뽑아 준 일반국민이 모두 특수환경이고, 외국은 모두 일반환경이다. 또한 교육부의 입장에서는 전국의 학부모가 특수환경이고, 그 외의 모든 국민이 일반환경이다. 이 분류는 보는 시각에 따라 달라지기 때문에 실익이 별로 없다(윤재풍, 2014: 126-127).

민주주의 관점에서 보면 국민을 환경으로 보는 전통적인 시각은 문제가 있다. 국민주권이론에 근거하여 볼 때, 환경보다는 주체로 봐야 한다는 입장이 더 설득력이 있다. 그러나 행정이 어떤 사회문제를 해결할 때, 이들 국민은 주체이든, 민간과 공동으로 하든, 행정의 중요한 환경임에는 이론의 여지가 없다.

네트워크 이론 시각에서는 조직 내외의 경계를 구분하지 않고 행위자들 간의 상호작용 빈도를 중심으로 분석한다. 이들 간 주객 관계나 계서적 관계도 전제하지 않는다. 오늘날의 복잡한 행정현상을 이해하는 데에는 체제론보다 네트워크 이론이 더 유용하다.

네트워크 이론에서 보면, 본 장의 행위자인 대통령, 국회, 사법부는 이들 간에 서로 밀접한 상호작용을 한다. 나아가서 행정학의 고유 연구 분야인 행정관료제와는 더 밀접한 상호작용을 한다. 따라서 여기서는 상호작용의 빈도라는 측면에서 사람(actor) 단위에 주목하려 한다. 이를 바탕으로 국회, 대통령, 법조계를 중점적으로 보기로 한다.

 ## Ⅱ. 정부의 제도화 과정

1. 서구의 제도형성

나라에서 주권을 행사하는 기구를 '정부'라고 한다. '정부'란 가장 광의로 통치 또는 통제 과정(the process of governing or exercising control) 그리고 질서 있는 법치의 상태(a condition of ordered rule)를 의미한다. 좀 더 구체적으로는 통치를 할 업무를 부여받은 개인들의 집합(the body of individuals assigned the task of governing), 또는 어떤 사회가 통치되는 방법 또는 시스템(the manner, method or system by which a particular society is governed)을 의미한다. 여기서는 Finer(1974)의 위 4가지 정부개념 중 마지막 개념에 집중하고자 한다.

정부(government)란 두 가지 의미로 사용된다. 하나는 국민의 대표기관인 통치기구를 총칭하는 것으로서 입법, 행정, 사법부를 모두 포함한 넓은 의미이다.[1] 다른 하나는 집행부(executive branch), 즉 행정관료제를 의미한다. 그런데 이 좁은 의미의 정부도 정치행정일원론에서 본 바와 같이 정치와 분리시켜 생각하기 어렵다. 좁은 의미의 정부, 행정부가 어떤 정책을 실패하였다고 하더라도 그 책임을 모두 묻기 어려운 경우도 많다. 행정부의 모든 활동은 입법부가 만든 법의 범위를 벗어날 수 없고, 입법부가 승인한 예산을 사용하기 때문이다. 우리나라 정부는 해방 후 서구의 제도를 모방해서 생긴 것이다.

유럽에서는 왕권신수설로부터 벗어나 국민주권론으로 바뀌면서 대의민주주의 정치체를 구성하는 방법에 대해 고민하였다. J. Locke는 '시민정부론'에서 국민 아래 입법권이 있고, 입법권 아래 행정권이 있는 것으로 이권분립론을 주장하였다. Montesquieu는 '법의 정신'에서 입법, 행정에 더하여 사법권을 더하여 삼권분립론을 주장하였다.

이외에도 여러 사상가의 사유를 통해 제도가 성립되면서 유럽 대부분의 국가는 입헌군주제적 내각제를 택한다. 왕에게 독점되었던 입법, 행정, 사법권이 조금

---

1 우리나라의 경우 여기에 중립적 기구인 헌법재판소와 선거관리위원회 등을 모두 포함할 수 있을 것이다.

씩 분리되어 나간다. 내각제는 의원을 국민직선에 의해서 선출하고, 의회의 다수 당 의원 대표가 행정부(즉, 내각)를 맡는 방식이다. 이는 엄격히 말하면, 입법부와 행정부가 구분되지 않는 통치체제와 사법부로 구성되는 2권 분립의 정부형태라고 할 수 있다(임도빈 2025a). 왜냐하면 내각이 의회에서 안정된 의석을 확보하고 있는 한, 내각의 정책이 곧 의회의 의견이므로 의회에서 부결될 수 없기 때문이다. 물론 여기에는 의원들이 개인의 생각보다 당론을 얼마나 우선하여 투표하느냐가 중요한 변수로 작용한다. 미국은 3권분립이 가장 잘된 나라이다. 그러나 국민생활에 가급적 간여하지 않는 작은 정부를 지향한다.

미국정부, 왜 총기규제를 못하나?

미국에서는 매일 같이 크고 작은 총기살인 사건이 일어나고 있다. 이렇게 심각한 사회문제를 놓고도 선거 유세 시 총기규제에 대한 언급을 거의 안 한다. 미국 최대의 압력단체 중의 하나인 미국총기협회(National Rifle Association)의 표를 의식하기 때문이다. 국민의 대표기관인 의회도 국민의 생존을 위협하는 총기의 마구잡이식 불법소지를 계속 눈감아 주겠다는 입장이다.

왜 우리와 같이 총기소지 자체를 모두 불법화하고 필요한 경우에만 인가해주면 안 되는걸까? 그 이유는, 미국 수정 헌법 제2조에 다음과 같이 무기소지를 일종의 권리로 천명하고 있기 때문이다.

"A well regulated Militia, being necessary to the security of a free State, the right of the people to keep and bear Arms, shall not be infringed."

헌법제정 당시 영토는 넓고 치안은 불안한 상태에서 국가건설을 하려던 입헌자들의 고민이 있었던 것 같다. 현재 미국에는 약 3억 자루의 총이 퍼져있는 것 같고, 약 80%의 가구가 총기를 소지하고 있는 것으로 추산된다. 이것은 "유일하게 국가만이 합법적으로 무력을 행사할 수 있다"라고 한 M. Weber의 국가론과 정면으로 배치되는 현실임에 틀림없다.

총기시장(Gun Fair)에서는 우리가 라면을 사듯이 자유롭게 총기를 구입할 수 있다. 실제로 거래량이 상당하다고 한다. 펜실바니아 주의 어느 조그만 마을의 축제를 가본 적이 있다. 마을 축제라고 해야 별 것이 없고, 하얀 천막을 쳐놓고 이러저러한 물건을 파는 것과 몇 가지 행사가 있는 정도다. 그런데 이 거리의 한 천막에서는 무기도 판다. 다양한 권총 종류, 사냥용으로 보이는 엽총 종류, 살상용 칼 등이다. 집에서 놀이 삼아 사격 연습을 하는 것이 일상화되면서, 가족 간에도 총기사고가 난다.

현실이 이런데도 불구하고 총기규제를 못하는 것은 의회를 포함한 미국정부의 제도론적 한계이다.

또 다른 형태의 정부는 대통령중심제이다. 내각제와의 차이는 의회와 행정부 (즉, 대통령)가 완전히 분리된다는 점에 있다. 즉, 대통령제에서는 행정부가 의회 에서 파생되는 방식으로 구성되지 않고, 독자적으로 구성된다. 대통령은 국민직선 에 의해서 선출되기 때문에, 행정권을 직접 국민으로부터 위임받은 존재라고 할 수 있다. 영국의 왕정체제에서 벗어나고자 형성된 미국은 행정부의 권한을 줄이 고 의회에 권한을 많이 주는 정부형태이다. 프랑스, 핀란드 등 대통령중심제를 택 하고 있는 나라도 많이 있다.

2. 한국 정부의 발전과정

민주주의는 법적인 제도를 도입한다고 즉시 실현되는 것은 아니다. 서구의 제도를 들여와도 그것이 정착할 시간이 필요하다. 즉, 정치문화가 발전하여야 비 로소 정치제도가 정착되고 작동한다는 '기능론'과, 거꾸로 정치제도가 먼저 도입 되어 이것이 정치문화를 바꾼다는 '생성론'이 있다(임도빈, 2018). 두 견해 모두 일 면 타당성을 가지고 있다.

한반도에는 오래전부터 국가(왕)의 통치기구가 있었다. 특히 유교국가인 조선 시대부터 상당히 민주적인 제도가 발달하여 이조, 호조, 예조, 병조, 형조, 공조 등 6조 체제를 가지고 있었다(윤재풍, 2014: 579-581). 형조는 오늘날의 사법부에 해 당한다. 선거제도가 없었기 때문에 의회는 당연히 없었지만, 세종대왕 때에는 의정 부가 왕권 견제 역할을 하였다는 점에서 입법부와 유사한 기능을 했다고 볼 수 있 다. 왕을 포함한 이들 기구가 일종의 정부였던 셈이다(차세영·임도빈, 2011).

이러한 유교민주주의 전통은 일제가 말살하였다. 해방 이후 서구식 민주주의 정부가 도입되었다. 4·19 혁명 후 등장한 2공화국에서는 내각제를 택한 바 있으 나 정치불안으로 5·16 쿠데타로 끝난다. 그 후 국가의 기본적 통치구조를 규정한 헌법상으로는 삼권이 분립되어있다. 그러나 운영상으로는 행정부 우위모델로 발 전한다.

소위 개발독재시대에, 입법부는 통법부(通法府)라는 오명을 받기도 하였고, 사법부도 마찬가지로 독립성을 의심받았다. 특히 박정희 장군의 5·16군사혁명으 로 등장한 제4공화국 헌법은 행정부(즉, 대통령)의 권한이 큰 통치구조를 택하였 다.[2] 대통령은 초월적 지위에서 국정을 총괄하고, 총리는 대통령이 임명하지만 실 제로 의회와의 관계에서 내각제와 같이 책임을 지는 방식을 결합한 것이다(조석

---

2 그것은 프랑스 드골 장군이 수립한 이원집정제와 유사한 것이었다.

준·임도빈, 2016). 이는 제왕적 대통령이라고 비판받을 만큼 대통령에게 권력이 집중되는 현상을 초래했다.

제4공화국과 제5공화국은 정치발전보다는 행정부 주도하에 경제성장을 하는 기간이었다. 점점 많은 행위자들의 목소리가 커지면서 의회중심의 서구민주주의를 조금씩 학습하였지만, 야당의 분열로 한계가 있었다.

87년 민주항쟁으로 탄생한 제6공화국은 서구민주주의 제도를 본격적으로 도입하는 시기이다. 대통령의 권력이 국회의 견제를 받는 현상이 나타났고, 시민 운동도 활발해졌다. 지방자치개혁도 중앙행정의 독주를 막는 권력분산의 효과를 가져왔다.

한국정부의 문제는 입법부와 사법부가 과연 대통령으로부터 독립적인가이다. 대통령이 3번이나 탄핵소추되는 것을 보면, 축적된 대통령 중심의 권력집중 문화에서 견제와 균형이 얼마나 지키지느냐에 대한, 문화적·인적 문제이다. 민주화가 진행되면서 사법부도 이념의 대립을 초월하지 못하는 한계를 노출하였고, 사회 갈등을 해결하는 기제로 새로이 작동한 것이 헌법재판소이다(정연주, 2020). 정치가 갈등 해결하지 못하고, 사법기관에 의존하는 경향이 있다.

제2절 국   회

I. 대의기관으로서의 특성

1. 이론적 시각

국민주권론에 의하면 국민만이 주권을 행사할 수 있고, 불가피한 경우에 국민을 대표하는 대표에 의해야 한다. 따라서 민주국가에서는 국민의 뜻에 얼마나 부합되느냐를 의미하는 정통성(legitimacy)이 중요한 개념이다.

1976년 M. Jensen과 W. Meckling이 이론화한 주인-대리인이론(Principal agent theory)에 따르면, 주인은 정보가 부족하고, 통제와 감시가 어렵기 때문에 대리인이 주인을 충실하게 대변하기 어렵다. 그 결과 대리인의 도덕적 해이와 무임승차가 일어나기 쉬우며, 주인이 대리인을 선택하는 것이 아니라 대리인이 주인을 선택하는 역선택의 경향이 있다.

이를 국회에 적용해 본다면, 국회의원들은 모든 국민 전체를 대표하는 집단이므로 곧 국민의 대리인 집단이다. 물론 좀 더 실질적 대표성이라는 기준에서 보면, 지역구를 대표하는 의원과 나라 전체를 상정하고 특정 정당을 대표하는 의원으로 나눌 수 있다. 후자의 예는 비례대표의원이다.

간접민주주의에서 주인인 국민은 대리인인 의원보다 정보가 부족함에도 불구하고 의원들을 통제할 수 있어야 하지만, 의원이 항상 국민의 의사를 대변한다고 볼 수는 없다. 선거 시에는 국민을 충실히 대표하겠다 약속했지만, 실제 의정활동에서는 정보 불균형, 도덕적 해이, 역선택의 문제가 나타나기도 한다. 마치 국민이 주인이 아니고 공천권을 쥔 정당(수뇌부)이 주인인 것처럼 주민의 상황을 감안하지 않고 움직이는 일을 반복한다.

행정부와도 또 다시 주인-대리인 관계가 성립된다. 국회의원이 법안을 통과시키고 예산안을 심의하면, 행정부가 문자 그대로 적용할 수 있을 정도로 자세히 규정하기는 불가능하다. 따라서 국회의원(주인)이 대략적 정책방향을 정한 후, 행정관료(대리인)에게 자세한 것은 알아서 집행해 주기를 위임했다고 볼 수 있다. 이를 국민 입장에서 보면, 국민-(대리) → 국회의원-(대리) → 관료 관계로 '이중대리' 혹은 '복대리'라고 할 수 있다. 따라서 주인-대리인이론의 문제점이 더 크게 나타날 수 있다.

2. 국회의 구성적 특성

행정관료제의 활동을 제약하고 통제하는 역할을 하는 것이 바로 국회이다. 민주주의의 기본원리인 삼권분립의 원칙에서 보면, 견제와 통제를 하는 것은 정당성을 갖는다.

인적 측면에서는 국회는 국회의원으로 구성된다. 이들 국회의원은 정당이라는 조직에 소속되어 있다. 기업이 이윤추구를 목표로 한다면 정당(political party)은 정권 쟁취를 목적으로 하는 단체이다. 국민은 그것이 특정 정치이념이 되었든, 아니면 특정 집단(예: 소수집단)을 대표하든 자신이 선호하는 정당을 지지하고 어떤 정당은 반대함으로써 정치적 권리를 행사한다. 일부 국민들은 정당에 가입하여 당비도 납부하며 적극적으로 활동한다.

일반국민들은 정당에 가입하지 않고도 정당을 자신의 정치적 권리를 행사하는 도구로 사용할 수 있다. 가장 흔한 것은 선거 때 각 정당의 후보를 놓고 투표하는 선거권이다. 선거권의 행사는 순간적인데, 선출된 의원은 임기 동안 주권을 위임받아 행사한다.

국민들의 생각은 다양하다. 다양한 정치적 입장을 대변하기 위해서는 그만큼 많은 정당이 필요하다. 중국 등 공산주의 국가에는 지배적인 정당이 하나만 있고, 나머지는 들러리에 불과하다(임도빈, 2025a). 미국 등 많은 국가가 실질적으로는 양당이 경쟁하는 양당제 국가이다. 두 당이 서로 더 많은 의석을 차지하기 위해 경쟁하고 특정 정당이 독보적으로 장기 집권하지 않고 번갈아 집권하는 경향이 있다.

국민의 여론은 시간에 따라 변한다. 이를 반영하기 위해 양당제보다는 다당제로 운영되는 나라도 많다. 국론이 다양하게 분포되면 내각을 구성할 때는 여러 정당 간의 연립정부를 구성한다. 국민들의 정치의식이 높아지고, 정보가 투명해짐에 따라 기존의 정당들이 국민들의 신뢰를 얻는 것이 점점 힘들어지고 있다.

우리나라는 역사적으로 안정된 정당이 존재하지 않았고, 대통령이 누가 되느냐에 따라 이합집산하는 경향이 있다(김성희, 2004). 최근에 들어올수록, 보수와 진보라는 양당구도가 지속되고 강화되는 경향이 있다.

3. 국회의원의 특권과 역할

국회의원은 국민을 대표하여 사회의 곳곳(특히 지역구)에 도사리고 있는 문제를 파악하고 해결책을 찾아야 한다. 일반 국민과는 달리 원활한 업무수행을 위해

표 7-1 | 국회의원의 주요 권한

- 예산안 심의 확정, 결산 심사
- 헌법·법률 제정 및 개정 권한
- 조약 체결과 비준동의권
- 일반사면에 대한 동의권
- 선전포고 및 국군의 해외 파견·외국 군대 주류에 대한 동의권
- 국정감사·조사권, 주요 사안의 국회 청문회 개최
- 대통령·국무총리·국무위원·감사원장 등의 탄핵소추권, 국무총리·국무위원 해임건의권
- 불체포특권: 현행범인 경우를 제외하고 회기 중 국회 동의 없이 체포·구금되지 않음
- 면책특권: 국회에서 직무상 행한 발언과 표결에 관해 국회 외에서 책임지지 아니함
- 외국인사 초청 외교, 방문 외교 활동, 국제회의 참석

상당한 특권을 누린다. 예컨대 현행범이 아니면, 어떤 잘못을 해도 회기 중에 체포될 수 없다. 이는 역사적으로 정권이 (특히) 야당 국회의원의 입을 막기 위해 자의적으로 압력을 넣거나 체포하는 것을 막기 위한 정신에서 나온 것이다. 민주주의가 어느 정도 성숙한 오늘날에도 여전히 이 제도가 의원들로 하여금 국민의 입이 될 수 있도록 하는 안전장치로 존재하고 있다. 즉, 발언의 자유가 있다는 의미인데, 일부 의원들은 이런 특권을 악용하기도 한다(최용전·신봉기, 2022).

국회의원에게 주어지는 특권의 본질은 국민의 대리인으로서 의정활동을 효과적으로 수행하라는 의미이다. 일반국민이 접근할 수 없는 정보를 찾아내고, 권력남용을 견제해야 한다. 자기보호가 아닌 꼭 필요한 경우에 특권이 사용되어야 국민의 세금을 헛되지 않게 한다. 보조인력 등 제 비용을 합하면 국회의원 1인당 연간 약 5억 원 이상의 세금이 소요되기 때문이다.

국회는 소속 정당이나 지역구의 이해관계를 벗어나 국민 전체의 의사를 잘 대변(represent)하고, 갈등을 해결해야 한다. 이때 가장 중요한 것은 국민의 다양한 의견을 얼마나 '정확히', 그리고 '빨리' 하느냐를 의미하는 민주적 반응성(responsiveness)이다.

하지만 특정 지역구의 이익(즉, 부분적 이익)은 국민 전체의 이익과 부합되지 않는 경우가 많다. 일부 의원들이 국민 전체의 의사보다는 특수 이익을 대변하고, 갈등을 해결하기는커녕 갈등을 생산하기도 한다. 또한 자신의 사업 분야, 친지, 동문 등의 이익을 추구하는 비윤리적 행동도 비일비재하다. 이 중 일부는 공천비리나 교묘한 방법으로 과다 지출한 선거비용을 환수받으려는 동기도 있는 것으로 보인다. 공직 사회가 맑아지지 않는 이유이다.

Ⅱ. 행정부 통제

1. 입 법 권

(1) 입법권과 규제

입법권은 국회가 국민의 대표기관으로서 갖는 독점적 권한이다. 삼권분립의 원칙하에 행정부는 법적 근거 없이 어떤 행정활동도 할 수 없다. 새로운 법률의 제정뿐만 아니라, 기존 법률을 개정하는 권한을 통해 행정부가 수행하는 활동들을 정해주고 통제한다. 정부가 추진하고자 하는 정책을 담은 정부제출 법률안에 대한 승인, 혹은 수정으로 행정부에 대한 견제권을 행사한다.

입법과정에는 입법 주체에 따라 의원입법과 정부입법으로 나누어 볼 수 있다. 내각제하에서는 정부입법안은 의회의 다수당의 의사라고 볼 수 있기 때문에 이런 구분이 의미가 없다. 대통령제를 택하고 있는 미국에는 정부입법제도가 없다. 따라서 정부는 대통령이 속한 당을 통해 법률안을 제출한다. 결국 형식상의 문제라고 할 수 있다.

우리나라의 경우, 의원입법의 경우보다 정부에서 제출한 법안이 가결될 확률이 훨씬 높다(박재창, 2009). 그 원인은 행정부가 집행과정에서 쌓은 전문성이 있어 법안의 완성도가 높기 때문으로 보인다. 국회는 과거와는 달리 정부가 제출한 법안을 원안 가결하기보다는, 조금이라도 수정하여 가결하는 경향이 있다. 반면 의원 입법의 경우, 국회의원 개인 발의가 아닌 국회상임위가 대표발의한 경우에는 원안을 그대로 통과시키는 경향이 있다.

국회가 얼마나 일을 하였는가는 제·개정되는 법률의 수로 미루어 짐작할 수 있다. 국가 간 입법 수를 비교해도 우리나라 국회는 양적 측면을 추구하는 특성이 두드러지게 나타난다. 정부제안 법률안이 압도적으로 많다. 국회의원들 역시 법안 발의가 많을수록 좋은 실적으로 평가받기 때문에 단순 용어 변경 등 '질보다 양'으로 승부하기도 하는 문제가 있다. 20대 국회를 보면 의원 1인당 접수한 법안 수가 80.5개, 통과된 법안 수가 29.3개로 서구 국가보다 월등히 높다. 정부제안과 의회제안을 모두 볼 때, 본 회의당 법안 통과도 50건에 가깝다(국회미래연구원, 2024). 법률이 양산되는 문제가 있는 것이다.

행정부에서 발의하고자 하는 법안을 상대적으로 발의 절차가 간단한 입법부에 위임하여 '대리발의'하는 경향이 있는데, '정부입법'이라고도 한다. 즉 의원입법을 들여다보면 말 그대로 국회의원이 실제 제안하는 것도 있지만, 형식상은 의원이 제안하는 형태이나 실제는 행정부가 제안하는 것도 있다.

국회에서 양산된 법률은 그 집행을 위해서 대통령령이 제정되고, 대통령령의 범위 내에서 부령이 제정된다. 제정되는 법률의 수보다 새로 제정되는 대통령령의 수가 훨씬 많다. 이를 국민입장에서 보면, 그만큼 규제의 수가 늘었다는 것을 의미한다. 따라서 규제의 수를 줄이는 규제개혁을 하려면 사실상 국회에서부터 법제정을 신중히 해야 한다.

(2) 입법권의 실질적 소재
우리가 관심 가져야 할 것은 의회의 입법권이 사실상 얼마나 발휘되고 있느냐이다. 이를 위해서는 대통령의 소속당과 의회의 다수당이 같은 단점정부와 양자가 다른 분점정부를 비교해 볼 필요가 있다. 왜냐하면 단점정부에서는 정부제출법안이 쉽게 통과될 수 있다고 보기 때문이다. 반대로 여소야대인 경우에는 정부안이 통과될 확률이 낮아진다. 여기에는 국회의원들이 자신이 속한 정당의 방침에 따라 법률안 투표에 임한다는 가정이 필요하다.

당과 행정부의 관계도 중요하다. 당정협의회의 실질적 기능은 정부에 따라 다르다. 이는 대통령과 당대표와의 관계가 중요한데, 김대중 대통령 이전 시기까지는 대통령이 여당의 당수를 겸직하였다. 여당이 국회 내에서 대통령의 친위부대 노릇을 한다는 비판 때문에 이제는 대통령이 당수를 하지 않는 것이 관례화되었다. 대통령이 중립성에 대한 비판을 심하게 받게 되면 당적마저 포기하기도 한다. 시간적으로 보면, 대통령 임기 초에는 여당이 행정부에 협조적이지만, 임기말이 다가올수록 소위 레임덕이 생겨서 비협조적으로 되는 경향이 있다.

국회의원이 자신의 출신 지역구의 이해관계에 따라 투표하느냐, 국민 전체의 이익에 따라 투표하느냐의 문제도 중요하다. 이상적으로는 국회의원들이 국민 전체 이익을 대변해야 하지만, 실제로는 그렇지 않은 면도 많다. 지역구 의원들의 경우, 다음 선거에서의 당락을 결정하는 것은 결국에는 소속 선거구의 유권자들이기 때문에 출신 지역구의 여론을 무시할 수 없는 것이 현실이다. 국회 본회의 표결은 비밀투표가 아닌 공개투표이기 때문에, 의원들은 국민(또는 지역구 유권자)을 의식하지 않을 수가 없다.

또한 국회의원의 전문성 문제가 있다. 국회의원은 지역구나 국민 전체를 대변하는 상식뿐만 아니라 자신의 직업이나 교육적 배경 등을 바탕으로 전문 분야가 있는 것이 바람직하다. 모든 것이 전문화되는 시대에 입법활동에도 전문성이 필요하기 때문이다. 보통 의원은 자신보다는 행정부가 정보와 지식이 큰 정보 비대칭 상황에서 입법활동을 한다. 정부발의안이 가결될 확률이 높은 이유이다. 그러나 상임위가 자체적인 전문성과 역량을 보유하면, 정부발의안 가결 확률이 낮아진다(박성운·김두래, 2023).

국회는 국회의원의 전문성 제고를 돕기 위해 국회예산정책처나 입법조사처 등의 전문기구를 많이 만들었다. 이에 더하여 입법서비스 제도를 도입해, 국회의원이 입법아이디어가 있으면 이를 법률안으로 구체화시켜 주고 있다. 입법부 내에서는 입법관료들이 행정적 지원을 해주고 있다. 스웨덴 등 북구국가에서는 의원이 보좌관 없이 혼자 연구하고 조사해야 하지만, 우리나라 국회의원의 경우에는 전문성을 보완하는 장치가 지나칠 정도로 잘 되어 있는 것이다(정부경쟁력센터, 2016).

2. 돈에 관한 통제 권한

　　국회의 예산의 심의 및 결산에 관한 권한은 입법권 못지않게 행정부를 견제하는 수단이다. 돈이 들어가지 않는 정부정책은 거의 없다고 할 수 있기 때문이다. 예산과 재정에 대한 통제를 하는 근거는 조세법률주의를 통해서 행정부가 제출한 예산안에 대해 국회가 주권자(납세자)의 대리인으로서 감시해야 한다는 데 있다.

　　'대표 없이 조세 없다'는 원칙은 정부가 필요로 하는 재원을 획득하는 데 관한 것이다. 자본주의국가에서는 국민들이 경제활동을 하는 것은 자유이고, 이 중 일부를 세금으로 징수한다. 국민의 자유로운 경제활동에서 얻은 수입에서 세금을 징수하려면 반드시 국회에서 제정한 법에 근거해야 한다. 조세에 관한 법의 범위 내에서 매년 조세를 징수할 계획을 세우고, 그 돈을 사용하여 달성하고자 하는 정부활동의 계획(예산)을 국회로부터 승인받아야 한다.

　　행정부가 전년도 수행한 국정 전반에 관하여 소관 상임위원회별로 매년 이루어지는 결산권한을 통하여, 돈이 제대로 쓰여졌나 확인한다. 나아가서 국정조사권 등을 통하여 문제가 있는 행정부의 활동을 체크하여 문제점을 찾아낸다. 국회는 정부의 모든 활동에 대해 관련서류 제출 및 증인출석요구에 대한 권한도 가진다. 세종시로 정부청사가 옮겨졌음에도 불구하고, 많은 공무원이 국회로 출장오는 일이 빈번한 이유이다.

　　국회의 지나친 통제권 행사는 행정부의 시계를 멈추게 하는 문제가 있다. 실제로 매년 9월 이후 국정감사가 실시되는 시기에는 각 행정부서가 이에 대비하느라 분주하다. 심지어 평소의 주요 업무도 수행하기 힘들 정도로 바빠진다. 이와 같이 매년 행정부는 일시적으로 국정감사대비 업무량이 폭주하고, 그 중요성 때문에 다른 업무가 마비되다시피 하는 업무수행 실태가 매년 반복되고 있다. 행정이 이 기간 동안 거의 멈춘다고 볼 수 있을 정도로 국정운영에 영향력이 크다.

3. 의회중심모델

　　전 세계 많은 국가에서는 행정국가화 현상 때문에 국회보다 행정부의 기능이 중요시되는 행정우위형으로 되는 경향이 있다(임도빈, 2025a). 우리나라도 과거 군사정권 및 정부 주도의 경제개발정책 등을 통해 상대적으로 행정부의 권한이 강했다. 하지만 민주화가 진전되면서 행정부에 비하여 국회의 영향력이 점차 커지고 있다(조석준·임도빈, 2019).

행정부 입장에서 보는 국회는 '시어머니'와 같은 통제기관이다. 특히 여소야
대 상황에서는 국회가 행정부의 주요정책결정을 합리적인 이유보다 정치적인 이
유로 반대하여 국정의 효율성이 떨어지기도 한다. 이를 완화하기 위해 행정부 고
위관료들은 자신을 소관하는 상임위원회 소속 의원들과 평소에 각별한 관계를 유
지하고 있다(조석준·임도빈, 2019: 71).

그러나 깊이 들여다보면, 국회의원과 관료 간에는 견제관계라기보다는 어려
운 일을 도와주는 공생관계이기도 하다. 예컨대 소위 '청부입법'이라는 것을 통해
정부가 의회를 빌어 불필요한 조직을 늘리는 등 정부부처와 국회의원이 나랏돈을
축내는 데 앞장서기도 한다. 나아가서 행정관료제는 정치적·정책적으로 여당 및
야당과도 비공식적으로 주고받는 긴밀한 협력관계를 형성하기도 한다. 국민들에
게 정부가 무언가 한다는 것을 보여주기 위해서 집행되지 못할 이상적인 법을 만
드는 소위 '상징 입법'도 한다(양인·박종윤·홍준형, 2023). 엄밀히 말한다면 국회
가 행정부를 통제하라는 삼권분립의 정신에 배치된다. 이러한 이유에서 국회의원
과 관료 모두에게 높은 윤리의식이 요구된다.

오늘날 서구 선진국가에서도 국회 중심의 대의민주주의제도가 많은 문제점
을 노정하고 있다. 특히 우리나라에서는 국회의원에 대한 신뢰가 매우 낮아서 문
제이다. 주인-대리인이론의 입장에서만 봐도, 국회(주인)가 행정부(대리인)를 제
대로 견제하지 못하고 서로 공생관계를 가진다는 점에서 더욱 비판적이다. 이러
한 맥락에서 국회의원 이외에도 행정부를 직접 통제해 보고자 하는 새로운 행위
자들이 생겨나고 있다. 이익집단, 시민사회단체, 언론 등이 그 예이다. 또한 인터
넷을 통해 불특정다수의 국민도 행정부를 통제하고 있다.

Ⅲ. 국회활동의 시간적 차원

국회의 역할은 각 국가별로 역사적, 정치적 맥락을 살펴봐야 한다. 우리나라
국회는 제헌국회 이후 많은 변화를 겪어오고 있다. 행정부 권력독점에서 의회로
권력이 옮겨가는 민주화를 겪는 과정에서 유럽모델에서 미국모델로 바뀌고 있다
(임도빈, 2018).

현행 국회가 보유한 다양한 권한 및 역할을 시간적 관점에서 구분해 보는 것
은 유용하다. 우선 시간적 특성으로 정기적인지 비정기적인지에 따라 나누어 살

펴볼 수 있다.

매년 정기적으로 시행되는 국정감사와 정기국회가 있다. 매년 9월부터 12월까지 열리는데, 정해진 시간에 진행된다는 점에서 시간적 경직성이 있다. 필요시에는 임시국회가 소집된다. 정부가 제출하거나 의원을 통해 제출하는 법안에는 지연(입법부의 마찰)이라는 문제가 있다.

특히 여소야대의 경우 정치적 성향의 법률처리에 여·야의 대립이 심할 경우 법안의 통과가 지연 또는 폐기되는 경우가 많다. 법안통과나 심의절차 자체가 정해진 절차에 의해 순차적으로 진행되기 때문에 여·야의 시급함의 정도가 변수이다.

정기국회 시 발휘되는 국회 권한은 익년도 예산안 심의이다. 문제는 예산안 심의가 여야 간 대립 등을 이유로 해를 넘기는 경우가 다반사라는 점이다. 매년 12월이 되면 예산안 통과를 놓고 여야 간 대립양상을 보여준다. 과거에는 여당의 원끼리 장소를 옮겨가며 '날치기 통과'를 하기도 하였다.

시간의 관점에서 볼 때, 시한(deadline)이 국회 과정을 여·야 투쟁으로 만든 것이다. 문제를 해결하기 위해 소위 국회선진화법을 개정하여 예산과정을 더욱 강제한다(문우진, 2020). 예산안 마감기한을 회계연도 120일 전(기존 90일 전)으로, 즉 국회법에 따라 국회의 예산안 심사는 11월 30일에 반드시 마감하도록 하였다.[3] 중요한 변화는 만약 기한 내 예산안을 확정하지 못하면, 정부제출안이 그대로 승인된 것으로 간주한다는 점이다. 법으로 정해진 시간의 틀을 좀 더 엄격히 적용하여 익년도 정부활동이 지장을 받지 않도록 하기 위한 고육지책이다.

그러나 이 법의 시행 이후에도 예산안 의결이 11월 30일을 넘기는 경우가 반복(즉, 시간 용어로 repetition)되고 있다. 보통 마감시간을 하루, 이틀 넘겨서 임시국회를 열어 의결하곤 한다. 어느 정도 강제효과가 있는 셈이다.

예산안 심의가 국회의 주요 권한인 만큼 여야가 다른 정치적 이슈를 예산과 연계시켜 '투쟁'하기 때문이다. 9월부터 예산심의를 하기는커녕 몇 달간 의회가 열리지도 못하고 대치하는 가운데 시간을 보내곤 한다.

비주기적으로 행사하는 수단도 많다. 예컨대 국정조사특위활동, 인사청문회, 국정현안질의, 탄핵 등이다. 이러한 입법부의 행정부 견제활동은 문제가 있을 때 즉각적인 대응이라는 측면에서 장점이 있다. 하지만 여론이 쏠리는 특정 이슈에 대해 정치적으로 대응하는 양태가 많아 시간 낭비라는 비판도 많다. 즉, 국회의원의

---

3 상임위원회에서 11월 30일까지 예산안 심사를 마치지 못한다면 12월 1일에 국회 본회의에 자동적으로 예산안이 부의되는 것으로 간주한다. 다만, 국회 교섭단체 대표들의 합의가 있는 경우는 제외된다(국회법 제85조의3 제2항). 국회선진화법은 2016년 정병국, 원희룡, 남경태 등 젊은 의원들이 중심이 되어 만들어 낸 개혁이다(임도빈, 2025b).

자기 홍보성 언론 노출을 목적으로 한 활동도 빈번하게 일어나고 있다.

이러한 비정기적 권한들의 긍정적인 현상도 나타나고 있다. 대표적으로 꼽을 수 있는 것이 인사청문회를 통한 고위공직자의 검증이다. 인사청문회를 통해 탈세, 위장전입, 군복무문제 등 후보자의 도덕성과 적격여부를 판단하는데, 이 과정에서 낙마사태가 빈번해지고 있다. 요컨대 국회인사청문회의 심사보고서 채택이 감소하고 있는 것은 한편으로는 인사가 정치화된다는 측면이 있지만, 다른 한편으로는 문제의 소지가 있는 인사들이 공직에 임용되는 것을 막고, 국민을 대표하는 기관인 국회가 행정부의 인사에 대한 통제 권한을 발휘하고 있다는 것을 보여준다.

공직윤리는 깨끗한 사회문화가 되어야 한다는 점에서 매우 장기간이 필요한 개혁이다. 인사청문회는 고위공무원 검정 등 그 자체의 효과도 있지만 윤리성 제고라는 효과도 있다. 인사청문회의 벽 때문에 윤리적 문제가 있는 사람은 고위직 제안을 사양하는 경우도 있다. 특히 다른 젊은 공무원들에게도 윤리 수준에 대한 경각심을 불러일으키는 교육적 효과가 있다.

탄핵권과 같은 권한은 시간적 측면에서 볼 때 중요한 권한이다. 2004년 노무현, 2017년 박근혜, 2024년 윤석열 대통령 탄핵, 국무총리, 장관, 검사와 같은 고위공직자들에 대한 탄핵도 행정부를 견제하기 위한 수단으로 점점 중요해지고 있다. 비록 탄핵이 헌법재판소 판결에서 인용되지 않더라도 그때까지 직무가 정지되는 시간적 효과다.

입법을 필수요건으로 하는 정부(여당)에게, 소수 의원이 시간을 도구로 의사일정을 방해할 수 있는 방법도 있다. 국회 본회의에서 표결하기 전 의안에 대해 '충분한' 토론이 이뤄져야 한다는 원칙에 충실하면서도 시간지연 효과가 있는 시간 무제한 토론, 필리버스터제도가 있다(임성호, 2010). 이 제도는 특히 의회 내 소수쪽에서 다수가 표결에 들어가지 못하도록 장시간 발언을 하고 다른 의원들과 연달아 발언함으로써, 시간이 지나 자동폐기되도록 만드는 방법으로 사용된다. 여소야대의 정국에서는 여당이 사용하기도 한다.

Ⅳ. 국회의 시간

국회내부과정에는 거쳐야 할 절차와 단계가 있다. 의원입법이든 정부입법이든 〈그림 7-1〉과 같은 단계를 거쳐야 한다. 전 과정에서 국회의원들은 개인보좌관은 물론이고 입법조사처, 예산정책처, 국회도서관 직원들의 도움을 받는다. 또한 논란이 예상되는 문제에 관해서는 전문가 혹은 일반대중을 대상으로 한 공청회를 거치기도 한다.

국회는 국회의원과 국회직원들로 구성된 복합조직이다. 국회의원은 4년의 임기라는 시간제약을 가지고 있다. 대부분의 국회의원이 가지고 있는 가장 큰 목표 중 하나는 바로 재선이다. 기본적으로 국회의원은 많은 권한과 혜택이 있기 때문에 연임하는 것을 매우 중요하게 생각한다.

우리나라는 정당의 안정화 정도가 낮아 대통령에 따라 여당의 내부 구조가 재편되고 야당의 구조 개편도 잦은 편이므로, 재선율이 비교적 높지 않은 편이다. 따라서 대부분의 경우 국회의원의 시계(time perspective)는 4년으로 제한된다고 하겠다. 국회의원들이 하는 행정부의 통제와 입법활동도 이에 종속된다. 즉, 직업 공무원들은 임기가 없어 장기적 관점에서 일할 수 있는데, 국회의원은 4년 임기 내에 무엇인가 해 보려는 식으로 입법활동을 한다.

국회의원의 4년 임기 내에서도 주기적으로 입법활동의 범위와 강도가 반복되

그림 7-1 | 국회의 법률 심사과정

출처: 정대영 외(2010).

는 경향의 원인이다. 예컨대 선거를 앞둔 해에는 국민들의 관심을 사기 위한 새로운 정책들이 증가하다가 일단 선거가 치러진 해에는 좀 감소되는 경향이 있다. 그리고 이는 행정의 논리보다 정치의 논리에 따른 것이라고도 볼 수 있다. 행정은 보통 '항상성'을 보인다.

다음으로 국회에는 의정활동을 지원하기 위해 만들어진 국회사무처 등 여러 기관에서 일하는 직원이 있다. 이들은 국회의장의 지휘·감독을 받아 국회 및 국회의원의 입법활동과 국회의 행정업무를 담당한다. 국회의원이 정치활동을 벌인다면, 국회의 공무원들은 관료조직의 일원으로서 국회의원과 다른 동기로 행정업무에 종사한다. 여기에는 좁은 의미의 행정현상이 발견된다. 즉, 시간의 측면에서 국회의원은 4년마다 바뀌지만, 국회사무처 직원은 계속 근무하게 되므로 일종의 '항상성'이 나타난다. 다만 의원 개인보좌관들은 4년마다 고용해 줄 국회의원을 찾아야 하는 '철새'와 같은 처지에 있다. 국회관료제는 9장–11장에서 자세히 설명되는 직원채용, 예산편성 및 집행 등 행정관료제 내부의 모든 현상이 그대로 나타나는 행정부의 축소판이라고 할 수 있다.

 제3절 ## 대 통 령

Ⅰ. 리더십과 대통령

1. 이중적 지위

대통령은 대한민국의 국가원수로서 외국에 대하여 국가를 대표한다(헌법 제66조). 또한 국가의 독립·영토의 보전·국가의 계속성과 헌법을 수호할 책무를 지며, 조국의 평화적 통일을 위한 성실한 의무를 진다고 규정한다. 열강의 틈 속에서 국익을 지켜야 하는 외교권과 남북분단이라는 우리나라의 특수사정에 비추어 행사하는 국군통수권은 국가원수로서 가지는 권한이다. 그리고 3권분립의 원칙에 의하여 행정권은 대통령을 수반으로 하는 정부에 속한다고 규정하고 있다. 즉, 국가

수반과 행정수반이라는 이중적 지위에 있다.

　대통령은 재직 중에는 정치의 중심이 되고, 당시뿐 아니라 역사적으로 평가가 이루어진다. 특히 행정부 수장으로서 역대 대통령의 리더십은 그 정부가 경쟁력 있는 정부였는지를 보여주는 결정적 변수이다.

　대통령은 행정부의 수반으로서 매우 포괄적인 권한을 누린다. 행정부 운영에 관해서 대통령이 행사하는 중요한 권한으로는 1) 공무원임명권, 2) 법률안의 제출과 공포, 3) 예산안의 제출과 집행권이 있다.

　행정학적으로는 행정수반으로서의 권한 속에는 각종 정책에 관하여 최종결정권한이 어떻게 행사되는가를 보는 것이 중요하다(조석준·임도빈, 2016: 106). 실제로 대통령은 혼자서 하는 것이 아니고, 수많은 사람의 보좌를 받아 직무를 수행한다. 최측근으로는 대통령실의 참모들의 도움을 받아 중요한 결정을 해야 하고, 집행을 확인하고, 독려한다. 이 과정에서 각 계의 여러 의견을 통합하고 조정하여 국민들의 지지를 얻어야 한다. 이 모든 것이 정부경쟁력과 직결된다. 동시에 그는 대외적으로 뿐만 아니라 대내적으로도 국가를 대표하는 상징으로서의 기능도 해야 한다.

　대통령과 손발을 맞춰 일하는 장·차관을 비롯한 정무직 공무원이 중요하다. 정무직 공무원들은 직업공무원(즉, 경력직 공무원)에 비하여 대통령과 생각을 같이하여, 뜻을 실현시키는 역할을 해야 한다. 대통령이 행정공무원을 복종시키는 가장 중요한 제도적 장치는 공무원 인사권이다. 대통령은 고위 국가공무원에 대한 임용과 징계 권한을 가지고 있다. 대통령은 인사권에 기초하여 관료들을 직·간접적으로 지휘하여 추구하는 국정운영의 방향과 정책에 대한 실효성을 확보한다.

　대통령이 권한을 행사하려면 국민적 지지, 즉 민주적 정당성이 있어야 한다. 이를 위하여 민족의식, 국가관이 뚜렷해야 하고 윤리나 도덕적으로도 결점이 없어야 한다. 한국의 정치문화에서는 대통령에게 무한한 기대가 있다. 마치 가뭄이 들어도 자신의 부덕의 소치로 알았던 조선시대 왕과 같이 아직도 국민들은 대통령에게 무한책임을 지우려 한다. 재난이나 사고가 발생했을 경우에도 일단 대통령의 국정 운영이 잘못되어서라며 책임질 것을 요구하는 경향이 있다. 대통령은 상징적인 언어로 대책을 제시하거나 대국민 담화문을 발표하면서 국민들을 안심시키기도 하고 조직을 개편하기도 한다. 큰 사건이 생길 때마다 이런 유형의 행태가 반복되면서 대통령의 권력이 더욱 강화되는 경향이 있다.

　대통령은 정부의 수장으로서 한국정치의 핵에 있다. 민주국가에서 정치는 혼자 하는 것이 아니다. 여당, 야당 의원을 포함한 국회 등 정치인들은 물론이고, 사회각계 각층의 협조를 얻어내야 한다. 나아가서, 일반국민의 지지를 얻어야 한다. 대통령이 주어진 권한을 행사하려면 훌륭한 리더가 되어야 한다.

대통령은 사적인 시간(private time)이 극히 적은 공직자이다. 집무실과 사저가 같은 공간에 있고, 대통령의 배우자와 그 가족도 사생활의 비밀이 제약받는 것이 세계적 추세이다. 그러나 배우자의 역할에 대해 행정학에서는 잘 다뤄지지 않는다(이철호, 2023). 배우자는 공간적으로 대통령과 가까운 거리에 있지만, 그보다는 적어도 일과시간이 끝난 개인시간(private time)에 같이 보내는 시간이 많다는 점에서 '시간'이 권력원(權力源)이다. 한국의 전통문화에서는 여성배우자의 조용한 내조를 바람직한 것으로 보는 경향은 있지만, 외교무대 등 각종 행사에서 배우자를 동반하고, 국제무대에서 정상 배우자들끼리 공식적으로 별도의 시간을 갖는 등 실질적 정치활동이 이뤄지는 것이 보통이다. 공식적 지위가 부여되지 않았음에도 불구하고, 실질적으로는 공적인 활동을 하는 것이 일반화되어 있는 것은 문제이다.

2. 리더십: 특성론

대통령의 리더십 스타일에 따라 법령에 의해 명시된 것보다 더 큰 영향력이 행사되기도 한다. 대통령은 정부 내의 어떤 직위보다도 넓은 시야를 갖고 있어야 하고, 장기적인 안목으로 생각하는 비전 있는 리더여야 한다. 일단 대통령이 된 후에는 깊이 있는 연구와 사유를 할 시간적 여유가 없다. 따라서 대통령이 되기 이전에 준비된 대통령이 아니면 임기 동안 시간만 허비할 가능성이 크다.

박정희 대통령은 18년 통치기간 동안 남다른 비전을 갖고 경제성장을 이룩한 카리스마적 리더로 인정받는다(임도빈, 2019). 전두환 군사정권 이후, 여러 대통령은 각자 고유한 리더십을 보여 주었다. 1987년 9차 헌법개정으로 대통령직선제를 도입하면서 대통령의 임기를 5년 단임제로 명문화하여, 개인보다는 제도적으로 리더십을 발휘하도록 시간장벽을 설치하였다. 대통령은 연임에 연연하지 않고 5년 동안 국가 전체에 리더십을 행사하게 되었다.

어떤 사람의 개인적 특성을 리더십의 원인으로 보는 이론이 특성론(trait theory)이다. 개인의 신체적 특성, 지적능력, 연설능력 등을 보는 것이 그 예이다. 대통령 개인의 통치스타일로 유형화하여 분석할 수 있다. 예컨대 민주주의적 성격과 대조되는 권위주의적 모습을 대표적인 특정 대통령의 심리적 성격형으로 본다(김종석, 2010). 대통령 개인의 리더십 스타일은 부하의 성격과 연결시켜 조직

차원에서 분석할 수도 있다. 즉 대통령의 스타일이 권위주의적이라는 것은 다른 한편으로는 자신을 보좌하는 참모들의 전문성을 존중하는 면이 적다는 것을 의미한다. 만약 대통령이 권위주의적이면서 동시에 전문성도 강조하는 사람이면 형식적 결정은 자기가 하고 실질적 결정은 아래에서 하게 된다. 그러나 대통령은 최종적 책임을 져야 하기 때문에 실질적 결정 부분에도 간여하게 된다.

대통령과 같이 높은 위치에 있는 리더일수록 자신의 비전을 갖고 큰 방향을 결정하는 데 집중해야 한다. 대통령이 세세한 결정까지도 하려고 한다면 정책이 그 내용 면에서 방향성, 일관성, 합리성, 전문성을 결하게 될 가능성이 크다. 나무만 보고 숲을 보지 못하는 격이다. 그 결과로 대통령 측근의 역할이 약화된다. 리더와 참모 역할의 혼돈은 모든 것을 대통령이 결정하는 '제왕적 대통령'이 되게 하는 지름길이다. 역대 대통령이 '카리스마'는 부족하지만, 권위주의적으로 되는 이유이다(조석준·임도빈, 2019: 112-113).

3. 상황론적 리더십

대통령의 리더십은 그의 성격, 정치 또는 정계에 대한 사고방식, 국민여론을 중시하는 정도보다는 당시의 상황요인 등에 의하여 정해진다(조석준·임도빈, 2019: 107-108). '시대가 영웅을 만든다'는 말과 같이 리더의 개인적 특성보다는 상황을 결정요인으로 보는 시각을 상황론이라고 한다.

대통령에 당선되는 것도 개인의 특성 자체보다는 당시의 시대적 상황에 맞기 때문이라는 해석도 가능하다. 그리고 역대 대통령이 취임 초 기대와는 달리 새로운 비전이나 역사에 남는 일을 하지 못하는 데에는 시대적 상황이라는 구조적 원인도 있다. 대통령의 권한을 어떻게 행사하는가도 대통령의 스타일보다는 대통령이 처한 상황에 따라서 달라진다. 경기순환론에 의해 불황-호황이 반복되는데, 대통령이 경기 회복, 경기 과열 예방 등의 정책을 쓸 수밖에 없다. 예컨대, 평소에 사회주의적 경제관에 가까운 입장이었던 김대중 대통령이 IMF를 맞이하여 신자유주의적 정책을 쓸 수밖에 없었다(임도빈, 2019).

대통령은 국가가 처한 역사적 사명에 따라 그때그때 다양한 요구와 세력을 정치적으로 고려하여 타협하고 합의를 이끌어 내는 리더여야 한다. 대통령은 어려운 난관에도 국민들에게 희망을 주며, 정책(policy)이라는 행동(action)을 통하여 정부경쟁력을 높이고 사회를 변화시켜야 한다.

4. 성공적 리더십

성공적인 리더가 되는 원인은 개인의 특성, 상황뿐만 아니라 부하(혹은 추종자)와의 관계 유형이다. 대통령과 국무총리 그리고 장관들과의 관계는 대통령의 리더십 스타일을 결정한다. 대통령도 하루 24시간밖에 없기 때문에 물리적으로 모든 일을 직접할 수 없다. 대통령이 국무총리에게 그가 일을 할 수 있는 충분한 권한을 대폭 위임하는 것이 바람직할 것이다. 이 경우 장점은 국무총리가 각부 장관에 대한 실질적인 통할을 할 수 있다는 점이다. 그러나 이런 경우는 실제 잘 발생하지 않는다. 역사적으로는 김대중-김종필, 그리고 노무현-이해찬 조합이 이러한 관계에 있었던 것으로 보인다.

대통령이 얼마나 스스로 집권적으로 일을 처리하느냐가 곧 국무총리의 권한의 범위를 결정해 준다. 대부분의 경우, 국무총리는 결국 대통령이 결정한 일에 대해 정치적으로만 책임을 지는 희생양이 되는 경향이 있다.

문제는 우리나라에 권위주의적 또는 계층적 행정문화가 만연해 있다는 점이다. 아무리 대통령이 민주적 스타일로 하려 해도 대통령의 개입을 요구하는 것이 점점 많아진다. 대통령이 이 파도에 밀리면 실제로 민주적인 리더라고 하더라도 자기의사에 반하여 권위주의적 스타일로 변신할 수밖에 없다. 결국 대통령이 행정부를 지휘하는 것도 개인의 역량에 국한된 것이 아니고, 부하와의 관계에 달려 있다.

이상의 리더십 논의를 대통령과 국민과의 관계로 넓혀 보기로 한다. 대통령은 국민 전체를 대상으로 해야 하는 정치적 리더이다. 리더십이론에서 통용되는 카리스마적 리더, 거래적 리더, 변혁적 리더의 유형을 적용할 수 있다(Northouse, 2021 참조).

카리스마 리더십은 국민들이 대통령 개인의 탁월한 능력, 즉 카리스마를 인정함으로써 스스로 복종하는 리더십을 의미한다. 박정희 대통령 시기에는 경제발전을 고도로 이루면서 대통령이 앞서가는 카리스마적 리더였다고 볼 수 있다. 민주화되고 교육수준이 높은 사회에서는 카리스마 리더십의 중요성은 감소된다.

두 번째로 거래적 리더십은 마치 상거래관계와 마찬가지로 어떠한 이익이 국민에게 있다는 것을 원리로 국민들의 지지 내지 복종을 이끌어 내는 것이다. 예를 들면, 주로 보수정권에서 내세우는 경제성장을 시켜 개인 소득이 올라갈 것으로 보고 제도개혁을 받아들이도록 하는 것이다. 금전적 이해관계를 바탕으로 둔 리더십을 의미한다. 김대중 시대 이후 등장한 영·호남 지역차별론에 의한 정권 교체가 이루어진 것도 소외지역에 혜택을 준다는 식의 암묵적인 거래적 리더십의 승리이고, 이런 지역주의는 오늘날까지 계속되고 있다.

세 번째, 변혁적 리더십은 대통령이 국가의 미래에 대해서 청사진과 가치관을 공유함으로써, 국민들이 스스로 이런 비전을 실현시키기 위한 구체적 행동으로 지지, 참여하는 것을 의미한다. 최근에 올수록 거래적 리더십보다 더 효과적인 리더십이 변혁적 리더십이라는 점에 동의하고 있다. 지속성이라는 측면에서 볼 때, 거래적 리더십이 변혁적 리더십보다 더 장기적이다. 그러나 실제로 변혁적 리더십을 어떻게 실현시키느냐에 대해서는 그렇게 명확한 답이 나오는 것은 아니다. 국민들 여론이 4분 5열되어 있고, 같은 사안에 대해서 반대의 해석을 하는 상황에서는 그렇게 용이한 것은 아니다.

II. 시간적 특성에서 본 권한 행사

1. 선거주기론

평생 집권한 후 사망 시 왕위를 승계하던 왕정에서 임기를 제한받는 선출직 집권체제로 변한 것은 역사적으로 획기적 변화이다. 역사적으로 보면, 많은 권력자 선출직들은 정권을 연장하려고 하는 경향이 있다(임도빈, 2025a). 탁월한 리더십으로 경제성장을 이룬 박정희 대통령도 소위 유신헌법개헌으로 7년 임기도 연임 제한을 없앰으로써 장기집권을 하였다. 18년 집권 끝에 발생한 김재규 중앙정보부장의 박정희 대통령 암살 이후 등장한 전두환 정권은 국민들의 대통령 장기집권 반대 여론을 감안하여 임기를 7년 단임제로 바꿨다. 6·10 민주화 운동 이후 등장한 1987년 헌법은 국민들의 직선제 요구와 함께 이루어진 것으로서 다시 대통령의 임기를 5년으로 하고 연임할 수 없도록 하였다. 즉, 대통령 권력집중을 막기 위한 고육책의 하나로 임기를 줄이고, 연임제한을 제도화한 것이다.

단임제가 진정한 민주주의를 보장하지는 않는다. 단임제 대통령제도는 권력형 부정부패, 과도한 권력 집중, 일관성과 영속성 있는 행정의 부재 등의 문제를 가져온다. '내각제 개헌', '분권형 대통령제', '4년 중임제' 등의 키워드는 시간적 차원에서 문제를 해결해 보자는 것이다. 대통령제도와 임기제에 관하여 민주성 제고를 위한 다양한 이야기가 나올 수 있지만, 행정학에서 무엇보다도 주의 깊게 살펴 보아야 할 점은 바로 단기적 관점과 장기적 관점 때문에 생기는 의견대립문제와 입법부와 행정부 간의 권력문제이다. 대통령 임기제의 변경 또한 다른 문제와 연결되어 있어 그리 간단한 사항이 아니다. 대선과 총선의 선거주기를 일치시키느냐 여부와도 깊은 관련이 있다.

선거주기란 임기제를 기본 전제로 두고, 물리적 시간의 개념상 이번 선거와 다음 선거 사이의 시간적 거리를 말한다(음선필, 2007: 108). 또한 선거주기는 이번 선거에 당선된 대통령 혹은 국회의원이 다음 선거 때까지 공식적으로 인정받은 정치권력을 행사하는 시간이자, 재선이 되지 않는다면 권력행사의 종점이기도 하다. 즉, 선거란 시간의 흐름선상에서 각 정파들에게 공식적 권한배분형태를 달리하는 것으로, 정치권력 행사의 시작점과 종료시점이다.

특히 대통령선거와 국회의원선거의 선거주기가 같은지, 다른지에 따라 양자의 역학관계에 영향을 미치게 된다. 대통령선거와 국회의원선거에서 같은 당이 승리하게 된다면, 정국이 안정되고 대통령은 국정운영에 있어 좀 더 큰 추진력을 갖게 될 것이다. 반대로 이른바 '여소야대'의 분점정부가 되면, 좋은 정치적 소모가 발생하거나, 혹은 대통령이 좀 더 민의에 민감하게 정국운영을 해야 한다.

우리나라는 대통령의 임기는 5년이고, 국회의원 임기는 4년이라서 혼합주기 유형을 택하고 있다. 국회의원 선거보다는 대통령 선거를 중요하게 생각하기 때문에 국민여론은 여기에 집중한다. 따라서 일단 대통령 선거가 끝나면, 그 다음 임기 중에 실시하는 국회의원 선거는 마치 대통령의 그동안 국정운영에 대한 중간평가의 성격을 갖는다.[4] 특히, 야당은 이를 정치적으로 활용하는 경향이 있다.

임기제인 대통령은 원활한 권력 행사를 위해 선거주기에 민감할 수밖에 없다. 국회 내 과반수 이상의 지지세력을 얻는 것이 중요하기 때문에, 국회의원 선거에 관여하게 되고, 지방선거에도 영향을 미치려 한다. 압도적 지지를 받은 대통령 선거 직후에 치러지는 총선에서는 여당이 유리하다. 이를 '옷자락 끝 효과'라고 한다.[5]

대통령이 여당을 통해 선거에 영향을 미치는 방법은 여러 가지가 있다. 예컨

4 또한 양선거 간 시간적 차이(time distance)에 따라 선거결과가 달라질 수도 있다. 이에 따라 밀월선거(honeymoon election), 종반선거(counter-honeymoon election), 중간선거(midterm election)로 분류할 수 있다(Shugart and J. Carey, 1992). 밀월선거는 대통령 임기 개시 후 1년 이내에 실시되는 의원선거를 가리키며 여당에 유리하며, 종반선거는 그 반대로 대통령 선거 1년 이전에 실시되는 선거로서 현직 대통령에 대한 연계나 관심이 감소된다. 중간선거는 밀월선거와 종반선거를 제외한 대통령 임기 중에 실시되는 모든 선거로, 일반적으로 여야의 정치적 투쟁이 고조된다.

5 대통령 선거와 의원 선거가 동시에 실시되는 때에는 의원 선거가 대통령후보자에 대한 지지의 부산물처럼 인식되어서 옷자락 끝같이 끌려오는 것을 말한다(Campbell, 1991; Jacobson, 1990). 이 덕택에 대통령의 소속당이 의회에서 과반수 또는 이에 준하는 의석을 차지하기 쉽다.

대 선거가 있는 해에는 예산편성이라든지, 정책집행의 우선순위가 달라진다. 즉, 정치성이 합리성을 넘어서는 정도가 심해지는 시기이다. 이것은 행정관료들에게 는 커다란 불확실성 요인이 된다. 행정관료들은 장기적 관점에서 국익을 지키는 것을 임무로 하고 있기 때문에, 단기적이고 선거 주기를 고려한 정책에는 동의하 지 않을 가능성이 크다. 모든 관료가 실제로 그렇다는 것이 아니고, 당위적으로 그래야 한다는 뜻이다. 거꾸로 정치화된 관료들은 이런 기회를 통해 자신을 돋보 이게 하려고 하는 경우도 비일비재하다.

2. 대통령의 정책소요시간

대통령이 아무리 급하게 하고 싶은 일이 있다 해도 즉시 이뤄질 수 있는 것은 아니다. 반드시 거쳐야 할 각종 절차와 과정이 있기 때문이다. 과거, 법치주의가 확립되어 있지 않고 대통령의 권력이 강했던 과거에는 비교적 빨리 정책을 수립 할 수 있었다. 민주화가 진행되고 여러 기준을 충족시켜야 하기 때문에 새로운 단 계가 추가되고 소요 기간이 점점 길어지고 있다. 〈표 7-2〉과 같이 행정 내부에는 심사 및 협의 과정이 있다. 관할 부처 사무관을 통하여 행정부 내부의 공식적 절

표 7-2 | 입법이 필요한 정책의 소요시간

단계	소요기간
법령안의 입안	약 30~60일
관계기관과의 협의	약 10일 이상
사전 영향평가	약 15~30일
입법예고	약 40~60일
규제심사	약 15~20일
법제처 심사	약 20~30일
차관회의 심의	약 7~10일
국무회의 심의	약 5일
대통령 재가 및 국회 제출	약 7~10일
국회의 심의	약 30~60일
국무회의 상정	약 5일
공포	약 3~4일

출처: https://www.moleg.go.kr/menu.es?mid=a10105020000 일부 수정.

차를 시작해야 한다. 이런 공식적 절차 이면에는 반대하는 사람들에 대한 설득과정이 있어서 시간이 많이 지체될 수 있다는 점도 유의해야 한다.

임도빈 외(2008)는 노무현 정부 당시 대통령이 직접 관심을 가지고 있던 219개 주요정책이 공식적 시작(의제설정)에서부터 행정부 내부의 최종 의사결정에 이르는 데까지의 소요시간을 분석하였다. 정책마다 편차는 컸지만 대통령이 개인적으로 추진하려는 큰 정책이 행정부 내부에서 결정되기까지 걸리는 평균 소요시간은 371일이었다. 이 소요시간에 영향을 미치는 요인들 중에는 정책의 법제화 여부, 예산소요 여부, 신규사업 여부 등이 있는 것으로 나타났다.

이 소요시간은 정책결정의 행정적 과정만 본 것이다. 즉 국회이송 이후의 정치적 단계를 제외한 것이다. 신현기(2013)[6]는 법안의 국회통과 소요시간을 측정하였다. 분석결과 대통령법안은 국회제출부터 통과까지 평균 92일이 소요되었다. 특히, 국회의원과의 친밀도와 같은 개인적 요인, 여당 국회의원의 수와 같은 입법환경요인, 그리고 법안제출 시 재임기간 등 입법과정상의 특수 요인들이 소요시간에 영향을 끼치는 것으로 나타났다. 두 연구결과를 단순합산하면 총 소요시간은 평균 463일이 걸린다. 새로운 대통령의 성과평가를 할 때, 이러한 시간적 변수가 중요함을 시사한다.

대통령이 정책을 추진할 때 필요한 요소인 대통령 지지율은 시간에 따라 변한다. 선거 시점에 지지율이 높은 후보자가 당선되는 것이기 때문에 지지율은 대통령 선거 시에 가장 높다가, 취임 이후 하락하는 경향이 있다. 급락의 정도는 사건이나 국민의 성향에 따라 달라진다. 높은 지지율을 유지하는 것은 대통령의 리더십에 대한 평가이기도 하고, 신뢰와 기대이기도 한다. 지지율은 대통령의 리더십에 힘을 실어주기도 하지만, 지나치게 인기영합주의로 갈 위험성도 있다.

대통령은 재임기간의 뒤로 갈수록 국정운영의 실무지식과 경험이 많아진다. 이와 비례하여 자기가 다른 사람의 말을 듣기보다는 혼자 결정하려는 경향이 커지고, 따라서 권위주의적 성향이 더 강하게 나타난다. 재임기간의 뒤로 갈수록 자신감도 커진다. 자기의 권력의 범위나 무게, 강도 등을 계속 유지할 필요성 때문에 권위주의적으로 행동할 가능성이 많아진다.

특히 집권 후반기에는 주위 사람들도 대통령의 권위를 존중하지 않는 소위 '레임덕(Lame duck)'이 생긴다. 대통령은 임기 말에 가까울수록 공약사항을 이행하려고 초조하게 되는 데 반해, 부하들로부터 순응을 얻을 가능성이 낮아진다. 따라서 임기제인 대통령이 성공하려면 권력행사가 침투되는 정도의 부침을 고려한

6 연구는 김영삼-노무현 대통령 기간 국회를 통과한 대통령법안을 대상으로 분석한 것이다.

장기적 시각에서 접근하는 것이 필요하다. 대통령의 취임 초기일수록 정책집행의 추진력이 강하고, 집권 후기일수록 약화되는 경향이 있기 때문에, 마지막 1년은 새로운 정책을 시도하기보다는 그동안 추진한 것을 마무리하는 것이 더 효과적일 수 있다.

Ⅲ. 대통령의 권력의 크기

대통령은 혼자이지만, 도움을 받는 비서실이 있다. 대통령 권한이 매우 크기 때문에 비서실 등 보좌 인력의 역할이 그만큼 중요하고, 국가 안보 분야 등은 24시간 작동해야 한다. 이들은 대통령이 일일이 신경쓰지 못하는 부분에 대해서 기획하고, 통제를 확인하고, 새로운 문제를 발견하며, 대안을 모색해야 하기 때문이다. 대통령실은 대통령의 분신으로 '정치'와 '행정'이 만나는 교차로라고 하겠다. 정부의 일을 정치행정이원론으로 볼 때, 대통령실은 정치 → 행정으로, 행정 → 정치로 변하는 교차로이다.

비서실에는 비서실장을 정점으로 하여, 각 분야별 수석비서가 있다. 수석비서는 각 행정 분야별 문제를 총괄하여 대통령에게 정보를 제공하고, 분석하며 대안을 만드는 역할을 한다. 수석비서는 차관급이다. 각 수석 밑에는 행정관이 있다. 행정관은 국장급이고 그 밑에 다시 과장급 담당관, 사무관급 등 비서를 두고 있다. 대부분의 비서를 각 부처를 대표하는 국장급이 파견되는 방식으로 조직된다. 각 행정기능 분야를 담당하는 부처가 있다면, 이를 대통령과 연결하는 통로역할을 하는 것이 비서실이다.

대통령 1인에게 권력이 집중되는 현상은 곧 그의 참모인 비서들 혹은 측근들에도 권력이 집중된다는 의미이다. 측근들이 공식적 의사결정권한이 없음에도 불구하고 실질적으로 영향을 미치는 기현상도 나타나곤 한다. 간혹 '총리보다 막강'하다는 '××핵관 실세'가 거론되기도 한다. 비록 장관이라고 하더라도 대통령과 단독으로 면담할 시간은 거의 없는 반면, 참모진인 실세들은 대통령과 자주 회의를 하고 대화할 수 있기 때문이다. 대통령과 시간을 같이하는 데에 비례하여 그 사람의 권력이 커진다. 시간이 권력인 셈이다.

이러한 대통령과의 근접한 위치를 배경으로, 대통령 비서조직이 심각한 역기능을 초래하기도 한다. 한동안 '실세'라고 여겨졌던 사람들이 결국 감옥에 가는 경우가 그 증거이다. 행정학적으로 중요한 것은 비서실이 해당 부처에 대해 정상적으로 의견교류를 돕는 것을 넘어 과도한 영향을 주는 현상이다. 구조적으로 수석비서와 비서관이 해당 부처의 일을 부각시켜 대통령의 관심을 끌게 하는 것이 그 담당 장관이 대통령의 관심을 끄는 일에 도움이 되기 때문이다. 부처의 입장에서는 수석이 일종의 문지기(gate keeper) 역할을 하는 것이다. 그래서 수석비서가 마치 내각의 위에 군림하는 것과 같은 '옥상옥(屋上屋)'이란 비난을 받기도 한다(조석준·임도빈, 2019: 119).

제왕적 대통령이라는 표현도 대통령 개인의 특성뿐만 아니라 대통령실 조직의 권력 팽창과 관련이 있다. '초'를 아껴 업무를 수행해야 하는 대통령이 비서실이라는 '인의장막'에 둘러싸여 현실감각이 떨어질 수 있기 때문이다. 그래서 청와대의 규모를 줄이고, 수석비서의 직위를 낮추려는 노력을 한다. 과거에 장관급이었던 수석의 직급을 차관급으로 낮춘 바 있다.

제왕적 대통령이라는 비판은 사라지지 않고 있다. 한 대통령이라도 재임 기간이 지남에 따라 달라지는 경향이 있다. 대통령 취임 초에 비서실을 작은 규모로 시작하려는 노력과는 반대로 시간이 흐를수록 비서실 규모가 점점 커지는 경향이 있다. 국민여론에서는 크고 작은 일이 생길 때마다 모두 청와대의 책임으로 귀결되기 때문에 새로운 이슈를 다루는 조직들이 점점 늘어나기 때문이다. 대통령으로의 권력집중은 지원부서의 조직확대를 가져온다(조석준·임도빈, 2019).

제왕적 대통령에 대한 비판은 대통령에 대한 지지여론에 따라 부침한다. 법적인 권한을 행사할 때, 합법성을 충족해야 함은 물론이고, 국민들의 상식에 부합되어야 한다는 '정통성' 요건을 충족해야 한다. 국민들의 지지가 시간에 따라 변한다는 점을 고려하여 반대가 예상되는 정책을 적절한 시점에서 추진해야 한다. 즉, 여론의 일시적 지지를 받는 것에 만족하지 말고, 시간이 흘러도 계속 지지를 받는 신뢰가 축적될 정책결정을 해야 한다.

대통령이 실제 행사하는 권력의 크기가 얼마인지 측정하기는 어렵다. 국회, 사법부, 국무총리, 야당, 여당 등과의 관계에 따라 변하기 때문이다. 탄핵소추가 여러번 이뤄졌다는 사실만 보더라도, 헌법적인 권한과 실제 행사하는 권력 간 차이가 있다고 볼 수 있다. 역사가 발전하면서, 적절한 균형점을 찾을 수 있을지는 신제도주의적 시각에서 연구할 필요가 있다.

제4절 사법부와 법조계

I. 사법기관

1. 행정권에 대한 견제

사법부는 개인 간, 국가권력기관 간 그리고 권력기관과 개인 간의 갈등에 시시비비를 가리는 역할을 한다. 여기서는 권력기관을 둘러싼 갈등에 초점을 맞춰 논하기로 한다. 행정기관이 국민을 대상으로 하는 많은 행정활동은 일종의 권력행사로서, 당사자 또는 다른 사람의 권리나 이익을 침해할 소지가 있다. 행정부가 행사한 권력에 대해 분쟁이 있을 경우, 사법부는 입법부가 생산한 법률을 근거로 시비를 가리는 역할을 한다.

사법부가 먼저 사회문제를 지적하고 해결할 수는 없고, 제소를 받아야 비로소 행정활동의 공정성을 사후적으로 논할 수 있을 뿐이다. 즉, 시간순서로 볼 때, 입법부(법률의 제·개정) → 행정부(법률의 집행) → 사법부(법적 분쟁해결)라는 순차적 순환관계를 갖는다. 사법부가 순차적 관계의 방향을 바꾸어 행정부를 견제한다는 것은 힘들다. 특히 대륙법 체계를 따르고 있는 나라에서는 이러한 시간적 순서가 강하게 나타난다.

사법부가 추구하는 기본적인 가치는 바로 정의실현, 즉, 공정성(justice)이다. 어느 누구도 손해를 보지 않도록 불편부당한 판단을 내리는 것이 책무이다. 국회는 국회의원의 임기에 따른 한계로 인해 단기적이고 정치적인 데 반해, 사법부는 장기적이고 탈정치적인 관점에서 판결해야 한다. 사법부에서 진행되는 사법심사 효과는 지속기간이 길고, 반드시 분쟁이 있은 사후에 일어난다는 특징이 있다.

우리나라에서 공권력에 대한 옳고 그름을 판단하는 사법적 기구는 여러 개가 있다. 헌법을 지키는 역할을 하는 헌법재판소와 법률적 정의를 지키는 대법원을 중심으로 조직된 일반 사법부로 이원화되어 있다. 국민의 기본권침해에 대해서는 광범위한 문제를 판단하는 헌법재판소가 다룬다. 이에 더하여 각종 분쟁에서 가장 중요한 가치인 '중립성'을 확보하기 위해 광의의 사법기관을 두고 있다.

선거에 관한 분쟁문제에서는 일차적으로 선거관리위원회가 담당한다. 선거사범에 대한 유죄 여부는 사법부에서 판단하기 때문에 선거관리위원회를 사법부로 분류하지는 않는다. 그러나 선거관리위원회는 조직도상으로는 행정부 밖에 있는 헌법상 독립기관이다.

행정부 내부에 있으면서, 제도적으로 독립성을 보장받는 준사법기관이 많이 있다. 대표적인 것이 국민권익위원회이다. 국민권익위원회의 일반 국민들의 권리보호를 광범위하게 할 수 있는 기관이다. 그중에서 행정심판기능은 해당 업무를 담당한 관료에게는 일종의 불확실성이다. 행정기관의 장이 행사한 권력에 대해 이해관계자가 국민권익위원회에 분쟁해결을 요청하면 이미 결정된 사안이 번복될 가능성이 있기 때문이다. 이외에도 공정거래위원회, 방송통신위원회 등 대통령과의 관계에서 '중립적'으로 분쟁사안을 판단해야 하는 권한이 부여된 준사법기관이 많이 있다.

분쟁의 해결은 전문적인 교육을 받고 사법활동을 하도록 권한을 부여받은 사람들만 한다. 검사, 판사, 변호사 등 일련의 국가가 인증한 자격을 갖춘 법조인들이다. 법조인들은 기소권, 소송권, 변호권, 재판권 등을 행사한다. 법률을 해석하는 능력을 바탕으로 원고 또는 피고와 대립하는 입장에서 각각 경쟁하여 주장하고, 판사가 중립적인 위치에서 최종판단을 하는 역할분담을 한다. 권리의 침해에 관한 것이기 때문에 실수를 최소화하기 위해 3심제도를 갖추고 있다. 시간이 그만큼 소요된다는 문제점이 있다.

2. 독 립 성

개발도상국의 경우에는 이런 기구의 분화가 미흡하거나, 인력 구성, 예산제약 등으로 운영의 독립성이 미흡한 경우가 많다(임도빈, 2025a). 분쟁을 해결하는 기구가 분화되고, 특히 행정부로부터 독립되는 것은 매우 중요한 요건이다. 민주주의가 발전한 나라에서도 제도적으로는 독립되어있지만, 정치권력이나 거대 자본으로부터 실질적 독립성이 의문시되는 경우가 많다.

일부 국가에서는 판사나 법원직원의 임명에서 실질적으로 인적 분화(人的 分化)가 이루어지지 않아 독립성이 훼손되는 문제가 발생한다. 극단적인 예로 공산국가의 경우, 공산당원이 주요 사법부 재판장을 겸임하거나, 군대에서 지휘관이 군사재판소의 재판관을 겸하는 경우가 있다. 서구국가를 포함하여 많은 나라에서 사법부가 진정한 의미에서 정치적으로 중립을 지키느냐는 회의적인 시각이 있다.

독립성을 지키기 위해 분쟁해결기관 내 행정의 자율성을 확보하는 '사법행정' 체제를 갖추는 것이 필요하다. 국회 내부의 사무처 직원들처럼, 법원 내부에도 법원 직원들이 존재한다. 장관급의 법원행정처장 이하 2만여 명의 관료조직이 판사들의 재판활동을 보좌하고 있다. 법원행정직은 공개채용방식으로 9급, 또는 5급 수준으로 충원된다. 사법부의 예산도 행정부와 별도로 편성된다. 독립된 행정체계로서 이들 내부에서는 다음 장 이하에서 설명할 인사, 조직, 재무행정의 활동이 이뤄진다.

3. 사법행정의 과정

사법행정체계에서는 국민 전체를 대표하여 정의를 실현시키는 역할을 하는 행위자가 분화되어 있다. 헌법재판소나 공정거래위 등 준사법적 기능을 하는 경우도 그 내부에는 역할분화가 되어 있다.

우선 재판을 담당하는 사법부와는 달리 공익을 수호하기 위해 재판을 시작하는 역할(즉, 기소권)을 하는 행위자가 행정부 내부에 있다. 이를 검찰(public prosecutor)이라고 한다. 검찰은 소속을 행정부(법무부)로 하고 있어, 국가의 대리인으로서 역할을 하도록 하고 있다.

검찰은 경찰을 지휘하여 사건의 수사 및 증거를 확보한다. 이를 근거로 사법부에 재판을 시작하도록 하느냐 마느냐라는 권한인, 기소권을 갖는다. 검찰이 수사지휘권과 기소권을 독점적으로 소유함으로써 무소불위의 권력기관이라는 비판적 시각이 있는 상황에서, 문재인 정부는 경찰에게 이 수사권을 주는 개혁을 이루었다. 또한 고위공직자들의 비리나 권력남용에 관하여 수사를 하는 고위공직자범죄수사처가 신설되었다. 이제 수사권과 기소권이 경찰, 검찰, 공수처로 분산되어, 새로운 게임 룰을 찾아가는 중이다(박지숙, 2024).

재판에서 검사는 피고를 엄벌해야 한다는 입장을 취한다. 여러 차례 진실 공방을 하는 과정을 거친 후 피고에게 줄 형량을 판사에게 제안하는 구형을 한다. 피고는 자신의 무죄를 주장하기 위해 전문 법조인인 변호사의 도움을 받는다. 우리나라는 '검사동일체의 원칙'이라고 하여, 검사들끼리 강한 유대감과 계서제가 형성되어 부작용도 나타나고 있다(조석준·임도빈, 2019: 411). 마지막으로 판사는 결심공판에서 선고를 하는데, 보통 이 단계에 이르기까지 많은 시간이 소요된다. 검사의 구형과 판결이 자의적이라는 비판 때문에 양형기준이 만들어졌는데, 이를 어느 정도 강하게 하느냐에 따라 판결은 달라진다(오윤이, 2020).

사법부의 심판이 이뤄진 후 범죄의 대가를 집행하는 것도 정부의 책임이다. 대표적인 예가 사형을 집행하거나 교도소를 운영하는 것이다. 판결은 사법부에서 담당하지만 판결에 따른 집행을 담당하는 교도행정은 사법부가 아닌 법무부에서 담당한다.[7] 수형자에게 징역, 금고, 집행유예 등은 자유를 박탈당한 상태로 보내야 하는 '시간'의 벌이다.

II. 법률체계와 법치주의

1. 법률체계

법조계의 행위자들은 인간과 인간 간의 관계를 규율하는 규범인 법의 정신을 실현하는 역할을 한다. 법조계에게는 헌법을 비롯한 '법'이 가장 중요한 존재 기반이 된다. 정부경쟁력을 확보하기 위해서도 장기적 관점에서 예측가능하고 수시로 변하지 않는 안정성 있는 법이 필요하다. 어느 국가나 사회의 공동생활을 규율하는 법체계에는 여러 법계가 있지만 그중 세계법률문화에서 가장 중요한 법계로 대륙법체계와 영미법체계가 있다.

(1) 대륙법계(Continental law)

로마법에서 시초하여, 독일, 프랑스 등 유럽에서 발달한 법률체계를 의미한다. 로마법계와 게르만법계를 근간으로, 인류의 보편적 규범을 찾아서 이를 체계화해 성문법화한다는 특징을 가지고 있다. 대륙법계 국가에서는 판례보다는 체계화된 법전의 조문 해석을 더 중시한다. 전쟁 중에도 각종 법을 통합하여 법전화하려 했던 나폴레옹법전이 한 예이다.

대륙법체계는 보편적이고 객관적으로 옳고 그름이 존재한다는 자연법적 철학에 기초한다. 이런 기본 가치가 천명된 헌법을 미리 제정한 후, 그에 근거하여 공동체 유지를 위해 필요한 법률을 제정한다. 대륙법 국가에서 법전은 체계적이고 완전무결하여야 한다.

법 제정의 주체는 주권 위임 기관인 국회이고, 행정부는 법을 집행한다. 판사는 동서고금을 통해 불변한 법진리를 추구하기 위해 훈련되고 높은 지식을 소유한 존재라고 본다. 따라서 법적인 지식이 없는 일반인으로 구성된 배심원단은 없거나

---

7 미국은 인구당 수형자수가 가장 많은 나라이며, 이러한 범죄자를 다루는 행정기능이 발달되어 있다(임도빈, 2025a: 123-124). 또한 이러한 문제를 중점으로 다루는 학문 분야로서 범죄학 (criminal justice)이라는 학문이 발달되어 있다.

역할이 제한적이다. 대륙법체계는 그 내부에서 다시 프랑스법계와 독일법계로 분류된다. 프랑스법계는 개인주의와 자유주의를 표방하는 데 반해, 독일법계는 단체주의적 사상의 특색을 가진다.

(2) 영미법계(Anglo-American law)

영미법계의 가장 큰 특징은 판례법주의(principle of precedent)를 따르는 것이다. 영국은 단일법으로 헌법조항이 존재하지 않는 불문헌법 국가이다. 마그나 카르타 등 역사적으로 쌓여온 중요한 문서들에 들어있는 정신이 곧 헌법인 셈이다.

법적인 정의는 각 개별 분쟁사건이 있을 경우, 법적인 공방을 통해 성립된 판례가 중심이 된다. 즉, 사전에 성문화된 법령체계를 기준으로 심판하기보다는 거꾸로 개별사건들에서 '정의'를 구현한다는 원리를 도출해 내는 불문법주의를 택하고 있다. 즉 판례가 규범형성기능을 하는 것이다. 때문에 교육기관에서도 판례 연구가 교육의 주를 이룬다. 물론 개별판례를 생산할 때 보편적 정의를 생각한다는 점에서는 대륙법체계와 내용상 다르지는 않을 수 있지만, 형식상으로 차이가 있다는 점은 분명하다. 영미법계에서는 법전보다는 법조인들의 역할이 중요하다. 즉 대륙법계에서의 법조인은 법전을 해석하는 역할을 하지만, 영미법계에서의 법조인은 법정신에 근거한 판례를 형성함으로써 법규범 발전에 기여한다.

따라서 사법부가 법규범의 생산을 생산하는 셈이라는 측면에서 입법부의 역할과 갈등의 소지가 있다. 영미법은 대륙법체계에 비해서 사법권의 우위를 더 인정하는 편이다. 영국에서는 사법권이 행정권에 대해 우위에 있음을 인정하지만 미국에서는 법치사상이 철저하여 행정권과 입법권 양자보다 사법권이 우위에 있다고 보는 견해가 있다(황지섭, 2023).

표 7-3 | 대륙법계와 영미법계의 비교

	대륙법계	영미법계
국가	독일, 프랑스 중심 유럽대륙	영국, 미국
기준	성문법주의 법질서 조직화, 일반화	판례법주의 구체적 사실 존중, 판례법 중심
법관의 역할	법전의 해석자	법규범의 형성자
배심재판	소극적	적극적

출처: 최완진, 2013: 54-60 내용을 일부 수정.

영미법이 보통법과 형평법이 대립, 조화되며 발전해 온 점 역시 대륙법과 구별되는 특징이다. 보통법 재판소에서 발달한 보통법의 엄격성, 판례법주의의 한계를 극복하고자 이와 대립하는 형평법 재판소가 생겼고 현재는 보통법을 근간으로 형평법이 이를 보충하고 있다. 이러한 영미법체계는 대륙법체계에 비하여 귀납적이고, 단기적이고, 누적적이다(최완진, 2013).

대륙법 전통과 영미법 전통은 단지 사법과정에서만 차이가 보이는 것은 아니다. 일반 행정제도 큰 차이가 있는데 공무원이 독자적으로 국민에게 징벌적 처분을 내리는 것도 금지된다(임도빈, 2025a). 경찰의 예를 보기로 한다. 대륙법계에서 경찰은 국가의 강제력을 국민에게 행사하는 계시적이고 권위적인 존재이다. 영미의 경찰개념은 경찰을 시민과 대립적인 관계가 아니고 주권자인 국민으로부터 자치권한을 위임받은 조직체이다. 경찰이 주권자인 국민을 위해서 서비스를 하는 기능 또는 역할을 중심으로 형성되었다.

우리나라는 일본을 통해 대륙법계개념이 들어왔기 때문에 치안질서를 유지하는 권위적 역할을 수행하고 있다. 미군정시대를 거치며 영미식의 경찰개념이 추가되어 기업과 같이 서비스를 제공해야 한다는 식의 정신이 추가되고 있다.

표 7-4 | 영미법계와 대륙법계의 경찰개념의 차이

	영미법계	대륙법계
목적	국민의 생명, 신체, 재산의 보호	사회공공의 안녕과 질서유지
권력의 기초	자치권을 위임받은 조직체	일반 통치권
시민과의 관계	시민과 동반자 관계	대립관계
수단	권력적 작용＋비권력적 서비스	권력작용
범위	확대경향	축소과정
행정·사법경찰 구분	구별하지 않음	행정경찰과 사법경찰을 구별

출처: 강용길·백창현·김석범·이종화, 2012: 22.

2. 법단계설과 행정의 전문성

우리나라는 기본적으로 대륙법체계를 채택하고 있다. 즉, 성문헌법인 제6공화국 헌법을 기반으로 하여, 국회에서 제정한 각 분야를 규율하는 체계적인 법조문을 가지고 있다. Hans Kelsen은 법을 사회민주주의의 형식적·도구적인 성격을 가진 것으로 보고, 그 실현방법으로서 법단계설을 주장한다(이동희, 2020).

국회는 헌법의 범위 내에서 필요한 법을 제개정한다. 그런데 국회에서 제정한 법은 추상적이어서 구체적으로 적용하는 데 다양한 해석의 여지를 남기는 경우가 많다. 대체로 법은 일반적인 원칙이나 큰 정책방향을 정하는 것이다. 하지만 너무나 다양한 법이 있는 경우가 생겨서 이들을 종합하여 더 중심적인 법을 만들기도 한다. 이 경우 보통 '***기본법'이라는 명칭이 붙는다.

법을 구체적으로 집행하는 데 필요한 내용은 다시 대통령령으로 정한다. 보통 '**법 시행령'이라는 명칭이 붙는데, 대통령령은 국무회의의 심의를 요한다. 지방자치단체가 시행하는 사안은 자치단체의 '조례'로 규정하고, 이는 지방의회의 심의를 요한다.

대통령령도 너무 추상적이어서 행정각부에서 더 구체적으로 세분화된 규정을 만드는 경우가 많은데, 이를 보통 '**법 시행규칙'이라고 한다. 시행규칙은 장관 이하의 행정계층에서 제정하기 때문에 부령이라고 한다. 이를 더 구체화하는 것이 훈령, 예규 등이다.

이상에서 설명한 법령의 체계를 행정관청의 관사, 설비와 기계 등 국유재산을 관리하는 행정의 경우를 예를 들면 다음과 같다. 가장 하위단계(5)인 훈령, 예규 등은 법령으로서 정통성이 다른 것에 비하여 낮은 편이다. 예규는 '예'를 들은 것으로 형식적으로는 구속력이 낮아 지키지 않아도 무방하다. 그러나 실제로 적용하는 입장에서는 더욱 명확한 기준이어서 보신주의적 성향의 공무원들은 이를 어기지 못하는 경향이 크다.[8]

표 7-5 | 우리나라 법령체계: 국유재산관리의 예

단계	법체계	예
1	근본법	대한민국 헌법(constitutional law)
2	법	국유재산법(법률 제11821호)
3	대통령령	국유재산법 시행령(대통령령 제25067호)
4	부령	국유재산법 시행규칙(기획재정부령 제353호)
5	훈령, 예규	행정중심복합도시 무상 관리전환·이관 국유재산에 관한 규정(행정중심복합도시건설청훈령 제167호, 2013. 3. 19. 제정) 국유재산의 관리청 명칭 첨기등기에 관한 예규(제정 1997. 9. 11. 등기예규 제888호)

8 행정관료의 전문성은 업무 관련 분야의 법체계와 그 내용을 숙지한 데에서 나온다. 예컨대 세종시청 공무원은 행정절차에 관한 일반 법지식뿐만 아니라, 헌법부터 훈령, 예규까지 숙지하고, 문제가 있을 때마다 관련 조문을 해석하고 적용할 줄 알아야 한다(임도빈, 2025b).

법령의 제·개정은 국무회의를 거쳐 부령을 발할 수 있는 중앙정부의 장관이 주도권을 독점하고 있다. 즉 위원회, 청, 처는 이러한 법규 생산의 주체가 될 수 없다. 현재 실제로 국유재산을 관리하는 업무는 조달청, 행복도시건설청 등에서 담당하기 때문에, 이들이 훈령이나 예규 등을 활용하기도 한다.

한편 하위규범은 상위규범의 내용을 저촉하지 않는 범위에서 규정해야 한다. 법규범에는 상위규범과 하위규범이 있어서 내용상 일관성이 있어야 한다. 이와 같이 법규범들 간에 계서적 관계가 있다고 보는 법이론이 법단계설이다.

시간과 법치행정

1. 법치행정과 행정입법론

법치행정은 독일의 법학자 오토 마이어가 주장한 것으로 국가행정활동의 법률지배를 의미한다. 법치행정의 원칙은 다음 세 가지 하위 원칙으로 구성된다. 첫째, 국민의 권리와 의무를 규정하는 것은 의회에서 제정한 법률에 의해서만 창조되며(법률의 법규창조력), 둘째, 행정행위는 이미 존재하는 법률을 위반해서는 안되며(법률우위의 원칙), 셋째, 행정의 결정이나 규칙은 법률의 위임에 의해서만 이뤄져야 한다(법률유보의 원칙).

권위주의 정권에서는 법치행정의 원칙을 위반하여 자의적으로 행정을 하는 경향이 있다. 민주국가에서 행정관료의 직무 수행은 자의적이어서는 안되고 법률에 근거해야 한다는 것은 막스 베버가 주장한 근대 관료제의 원칙이다. 우리나라에서도 법치행정의 원칙이 보편적인 원칙으로 받아들여지고 있다. 법치행정은 법의 정신인 정의(justice)를 실현하고, 법 앞에서 만인이 평등하게 대해지는 것을 확보하는 수단이기 때문에 중요하다.

행정실무를 담당하는 공무원들은 자신의 소관 분야에 대한 법률을 완벽하게 숙지하고 있어야 한다. 법조문을 해석하고, 이에 부합되도록 행정활동을 해야 한다.[9] 법률을 위반하여 업무를 수행하는 경우, 감사의 대상이고, 분쟁이 생기면 법원의 판결에 따라 손해배상 등을 해야 하며, 담당공무원의 명백한 실수가 있었던 경우에는 개인적인 책임도 져야 하기 때문이다.

[9] 우리나라의 법조문에 대해서는 법제처 국가법령정보센터(http://www.law.go.kr)에 총정리되어 있어 쉽게 검색할 수 있다.

　　관료들은 처음에는 법령이 없다가 시간이 지나면서, 새로운 상황에 대응하기 위해 법령이 계속 추가되는 상황도 파악하고, 민원인 입장에서 직무를 수행해야 한다. 문제는 관련된 법령이 너무 많아서 심지어 모두 파악하지 못하는 경우도 있어서 실제 혼란이 생긴다는 점이다. 결과적으로 전문 법조인들에게 자문을 받게 되고, 일부 행정관료와 일반인들은 법조인에게 완전히 종속되는 경우까지 생긴다.

　　어떤 사실이나 위반이 발생한 이후에 사후약방문(死後藥方文)식으로 법령을 제정하여 소급해서 적용해서는 안 된다. 소급적용의 금지원칙은 행정행위에 대하여 장기적으로 예측가능하게 하기 위한 원칙이다. 이를 실현하기 위한 전제조건으로서, 국회는 이미 완성된 사실이나 관계를 소급하여 규율하는 법을 제정할 수 없다는 소급입법금지의 원칙을 지켜야 한다.

　　법치행정의 원칙에는 이론의 여지가 없으나 행정입법론의 필요성도 존재한다. 국민주권론 면에서 볼 때, 대통령도 국민직선으로 정통성을 부여받았으므로 그로부터 위임된 권한에서 행정이 입법을 할 수 있다고 보는 견해이다. 의원내각제 국가에서는 의회에 부여된 주권이 행정부로 재위임됐다고 볼 수 있다.

　　국민들에게 적용되는 것이 아니고 원래 행정기관 내부에만 적용되는 규칙에 관해서는 의회가 간여할 필요가 없다는 주장이다. 3권분립의 원칙에 위반된다는 논리다. 나아가서 의회가 미처 규정하지 못한 공백 부분에서는 행정이 적극적으로 규율해야 한다는 주장도 가능하다. 실제로 긴급조치, 경제긴급권과 같이 비상시를 대비해 행정에 적절한 조치를 위임한 경우도 있다. 간혹 국민에게 수혜가 가는 경우, 행정이 소급적용의 원칙에 반하여 세금감면 등 혜택을 적용하는 경우도 있다. 행정이 해야 할 모든 일을 법률이 자세히 규정하는 것은 불가능할 뿐만 아니라 타당하지도 않다는 논리도 있다. 행정에게 적극적 임무를 부여하자는 행정국가론(administrative state)의 입장이 이에 해당한다.

　　현대사회에서 제한적이나마 정부가 강제성을 갖는 법규를 생산하는 행정입법현상은 전 세계 어느 나라에서나 찾아볼 수 있다. 행정입법은 법규명령과 행정규칙으로 구분된다. 전자는 서술한 바와 같이 행정외부(즉, 국가사회)에 구속력이 있는 규범이다. 후자는 상급 행정기관이 하급 행정기관에 대해 그 조직이나 업무처리에 관해 발하는 내부 규정이다.

2. 사법부의 시간

　　행정은 비교적 신속하게 업무를 수행한다. 반면에 사법부는 보통 삼심제를 사용하며, 최종 판결이 나기까지 수개월 내지 수년이 걸리는 것이 보통이다. 즉, 시간적 속도(speed)라는 측면에서 행정과는 달리 매우 느린 세계에 있다.

이러한 사법부 판단의 속도와 현실정치의 주기(cycle)와의 관계에 관한 대표적인 사례로서 선거재판의 지연현상을 들 수 있다. 보통 선거재판의 경우, 지속기간이 너무 길어서 그다지 재판의 효용이 없었다. 이러한 재판지연의 가장 큰 원인은 국회의원들의 늑장 출석 때문이라고 할 수 있다(임성식·박영실, 2005: 109).

국회의원의 불체포특권을 악용하여 늑장 출석을 하는 경우가 있으며, 피고인들이 증거에 대하여 동의하지 않아 증인신문에도 많은 시간이 소요되고 있다(임성식·박영실, 2005: 109). 국회의원과 지방선출직의 임기는 4년이기 때문에 재판 출석을 미루고 버티다 보면 임기가 끝나는 경우가 발생하는 것이다. 선거에 참여하는 후보자들이 선거법을 위반하더라도 걸리지 않으면 그만, 혹은 걸리더라도 임기를 최대한 채울 수 있기 때문에 당선되면 그만이라는 생각이 일반적 인식으로 고착화되어 있어 문제가 쉽게 해결되지 않는다.

사법절차에서 '시간'은 중요한 변수이다. 완벽한 재판을 위해 사법부가 시간적 여유를 가지고 장기적 안목으로 법적 안정성을 추구하는 것은 좋긴 하지만, 이로 인해 다양한 문제점과 국민들의 불편이 발생할 수 있다. 3심 대법원 판결까지는 무죄추정의 원칙이 적용되기 때문에 고의로 재판을 지연시키기도 한다. 대부분의 사건은 원고든 피고든 3심까지 가서라도 유리한 판결을 받아내려 하는 경향이 있다. 형사사건도 몇년씩 걸리게 되는 법원의 업무 폭주의 이유이기도 하다. 사법부가 업무효율화와 재판제도 개혁을 통하여 재판기간을 단축해야 한다.

국민의 일상생활에는 사법부보다 행정부가 더 가까이 있다. 사법부가 일반국민들의 불편을 항시적으로 살피는 데에는 한계가 있기 때문에 행정의 재빠른 대응이 중요하고, 따라서 이러한 업무의 상당 부분을 행정이 수행할 수밖에 없게 된다. 즉, 문제가 발생하지 못하도록 사전에 대비하는 예방행정이 더욱 중요하다.

참고문헌

강용길·백창현·김석범·이종화(2012). 「경찰학개론」. 서울: 경찰공제회.

김성희(2004). 「정당론」. 서울: 박영사.

김종석(2010). "대통령의 성격유형과 리더십 스타일에 관한 사례 연구: 박정희·김영삼 대통령을 대상으로". 「행정논총」 48(3).

김필, & 임도빈(2020). "하이브리드 거버넌스 분석: 재활용 폐기물 수거 거부 사례를 중심으로". 「한국거버넌스학회보」 27(2), 29-56.

문우진(2020). "권력분산제도는 한국민주주의의 무엇을 바꿀 수 있는가?: 거부권행사자 모형 분석". 「한국정당학회보」 19(1): 97-127.

국회미래연구원(2024), 「22대 국회가 주목해야 할 대한민국 미래과제」, 국회미래연구원보고서.

박성운·김두래(2023). "한국정책형성 과정에서 행정기관과 의회의 상호작용: 행정부 법안에 대한 입법 결정 분석". 「행정논총」 61(2): 41-71.

박재창(2009). 「국가와 시민: 시대를 넘어, 경계를 넘어」. 파주: 이담북스.

양인·박종윤·홍준형(2023). "상징입법의 동학: 강사법입법을 중심으로". 「융합사회와 공공정책」 16(4):139-176.

신현기(2013). "대통령 정책의 법제화 소요시간". 「한국행정학보」 47(2): 31-54.

오윤이(2020). "공무집행방해죄의 새로운 양형요인 탐색: 판결문 자료의 양적 변환을 중심으로", 「한국 범죄학」 14(2): 219-246.

윤재풍(2014). 「조직론」. 서울: 대영문화사.

음선필(2007). "정치권력의 시간적 배분: 대통령선거 및 국회의원선거의 선거주기". 「헌법학연구」 13(1): 105-153.

이우영(2020). "입법과정에서의 숙의기능의 실질적 제고를 위한 안건신속처리제도 개선 논의". 「입법학연구」 17(1): 5-41.

이철호(2023). "대통령 배우자의 법적 지위". 「법학연구」 23(3): 283-305.

이현출·김준석(2012). "가결과 부결의 이분법을 넘어: 17대 국회의 입법시간과 처리결과에 대한 경쟁위험분석". 「한국정치학회보」 46(2): 121-144.

임도빈(2002). 「프랑스의 정치행정체제」. 파주: 법문사.

_____(2018). "성숙한 대의민주주의를 위한 조건: 행정부-의회관계를 중심으로". 「한국행정연구」 27(2): 1-35.

_____(2019). "역대 대통경 국정철학의 변화". 「행정논총」 46(1): 211-281

_____(2022). "정부의 개념: 추상적 개념에서 구체적 개념으로". 「한국사회와 행정연구」 33(3): 1-29.

_____(2025a).「비교행정학」. 서울: 박영사.

_____(2025b).「역사를 빛낸 행정인들」. 서울: 문우사.

임도빈·유민봉(2023).「인사행정론」. 서울: 박영사.

임도빈 외(2008). "정책결정 소요시간에 관한 연구: 참여정부의 대통령 주요정책을 중심으로".「한국정치학회보」42(3): 191-217.

정대영 외(2010). "장기미처리법률안의 해결방안".「국회입법조사처 현안보고서」95(http://www.nars.go.kr/index.do).

정연주(2020). "현행 헌법재판제도의 문제점과 개선방안".「법학연구」23(1): 1-36

정부경쟁력센터(2016).「2016 정부경쟁력보고서」. 파주: 법문사.

조석준·임도빈(2019).「한국행정조직론」. 파주: 법문사.

차세영·임도빈(2011). "세종 조 중앙 정부조직의 운영에 관한 연결망 분석 — 조선왕조실록의 자료를 중심으로 —".「한국정책학회보」20(4): 447-478.

최용전·신봉기(2022). "국회의원 특권의 공법적 허용한계-특권내려놓기 논의를 포함하여".「부패방지법연구」5(2): 13-31.

최완진(2013).「新법학통론」. 서울: 세창출판사.

Finer S. E. (1974). *Comparative government*. London: Penguin Books.

Gary C. Jacobson (1990). *The Electoral Origins of Divided Government: Competition in U.S. House Elections, 1946-1988*. CO: Westview Press.

James E. Campbell (1991). "The Presidential Surge and Its Midterm Decline in Congressional Elections, 1868-1988." *Journal of Politics* 53: 477-487.

Mattew S. Shugart & J. Carey (1992). *Presidents and Assemblies: Constitutional Design and Electoral Dynamics*. Cambridge: Cambridge University Press.

Northhouse Peter (2021). *Leadership: Theory and Practice*. 9th ed. CA: Sage Publications

제 **8** 장

지방정부

정부경쟁력은 중앙정부뿐만 아니라 지방자치단체(지방정부)에도 달려있다. 지방 '정부'는 영미 국가에서 사용하는 개념이고, 대륙계에서 local authority, 우리의 법체계에서는 '지방자치단체'라는 개념을 쓴다. 본서에서는 편의상 지방정부라는 제목을 사용한다. 지방이라는 공간에서는 앞에서 설명한 정치와 행정의 모든 현상이 일어나고 있다. 다만 중앙행정의 시간은 지방행정의 시간과 다른 점이 있다. 중앙행정의 시간은 일반국민들의 삶에서 좀 유리된 것이라면, 지방은 일상생활과 가까이 있다. 일반국민 입장에서 보면, 중앙은 실체가 없는 멀리 있는 존재이고, 지방은 현실이다. 특별히 중앙정치에 관심이 없는 사람이거나 보통의 일반시민에게는 지방의 시간이 더 중요하다는 의미이다. 지방에서도 사회적 행위자, 민-관관계, 정부(지방의회, 단체장), 조직, 인사, 재무, 정책, 정보화 등의 현상이 그대로 나타난다. 팽이모델로 치환하여 보면, 지방정부는 기존의 팽이모델이 갖춘 관료, 정부, 민-관관계, 국민의 틀을 그대로 갖고 있는 개별적인 작은 팽이라고 볼 수 있다.

중앙-지방관계와 주민참여가 중요한 변수로 부각된다. 역사적으로 중앙집권의 전통이 있고 지방자치 실시가 오래되지 않은 한국에서 지방의 역할이 중요하다고 주장하는 목소리에는, 항상 과도한 중앙의 영향에서 벗어나려는 문제의식이 원심력으로 작용하여서, 길게 보면 유사한 패턴의 변화가 반복되는 경향이 있다.

제8장 지방정부

제 8 장
지방정부

거버넌스와 지방권력

I. 지방에서의 거버넌스

근대국가는 중앙정부를 중심으로 영토를 체계적으로 관리는 것으로부터 시작된다. 중앙정부가 지방에 대해 정치·경제 및 행정적 권한을 행사하는 방식은 여러 가지가 있다. 광의의 거버넌스는 이러한 모든 유형의 국정관리방식을 칭하는 보통명사이다. 협의의 거버넌스는 권위적인 거버먼트(government)에 대조되는 개념으로 사용한다. 거버넌스의 출발점은 정부 이외에도 복수 이상의 행위자(정책결정자)가 존재한다는 점이다. '정부'라는 개념이 어느 정도 폐쇄성을 전제로 한다면, 거버넌스는 국정에 여러 행위자를 참여시키는 점에서 '협치' 혹은 '조정기제'라고 번역하기도 한다(이명석, 2002). Guy Peters 등이 주장하는 내용으로 주로 미국적 상황에서 나오는 개념이다. 즉 국정관리체계의 주요 양식으로는 계층제(관료제 또는 전통적 형태의 정부조직), 시장, 네트워크(network) 등이 있다.

표 8-1 | Government와 Governance에서의 참여의 비교

	Government에서의 참여	Governance에서의 참여
시민권력의 속성	저항권력(defensive power)	공존권력(Power with), 존재권력(Power of being)
정부태도	폐쇄적, 권위적	개방적, 비권위적
시민위상	통치의 객체, 고객	통치의 주체, 서비스 공동생산
정부-시민관계	수직적 통제	수평적 협력
참여의 기능	견제, 비판	협력, 공동생산
참여관점	도구적 관점	교호적 관점
참여양태	일방적 참여	생산적 참여

자료: 이승종·김혜정(2018: 481) 일부 수정.

행정과정(administrative process)은 관료와 다양한 참여자 간의 정치적 게임 또는 정치적 상호작용의 양상에서 이뤄지는 거버넌스현상이다. 사회의 여러 세력과의 관계에서 공무원이 권위주의적으로 업무수행을 할 수도 있고, 또는 대등한 입장에서 타협에 의해 행정이 이루어질 수도 있다. 우리나라는 역사적으로 전자가 지배적이었으나, 거버넌스주의자들은 후자의 모델을 바람직한 것으로 보고 있다. 여기서 주목해야 할 것은 '권력'이다. 특히 중앙정부의 독점적 권력이 어떻게 국회의원, 지방자치단체장, 지방의원, 지방공무원, 지역주민 등으로 분산되느냐의 시각에서 봐야 한다.

Ⅱ. 중앙집권에서 지방자치로

지방자치는 서구에서 생긴 개념이다. 지방자치란 '일정한 구역에 거주하는 주민들이 공동체의 일을 스스로 결정하고 처리하는 제도'이다. 우리나라에서의 지방자치는 영국과 프랑스와 같이 결국 지방이 중앙으로부터 자율성을 인정받는 하향적인 개념이다. 미국이나 스위스와 같이 토착민이나 이민자가 마을을 형성하고 거기서 자치개념이 생겨난 '주민자치'와 대비되는 것으로, 중앙(왕)으로부터 지방이 자치권을 부여받은 '단체자치'라고 한다.

물론, 우리나라도 조선시대의 향약(鄕約)과 같이 지역주민이 스스로를 통치하려는 훌륭한 제도가 있었다. 그럼에도 불구하고 역사적 신제도주의 입장에서 볼 때 한반도에서는 중앙집권체제가 지배적이었다. 해방 직후 지방자치(선거)가 잠시 실시된 경험은 있으나, 곧 폐지되었다. 특히, 강력한 중앙집권적 체제는 1960년대 고도경제개발시대에 공고화되었다. 이 시기의 지방자치는 전국의 자원을 동원하여 국가 경제를 개발하려는 발전행정국가 때문에 경시된 부분이기도 하다. 민주화 운동의 영향으로 1990년대 도입된 지방자치제는 중앙정부가 지방에게 자치를 할 권한을 부여하고, 권한을 일부 이양하는 단체자치로 시작하였다. 이는 주민자치이론의 입장에 있는 지방자치론자들에게는 불만을 가져오는 원인이다. 즉, 중앙의 권력이 지방자치의 방해요소로밖에 보이지 않게 된다.

민주화를 주장하는 세력들은 군사독재체제를 무너뜨리기가 어렵다는 것을 깨달은 후, 지방에서라도 권력을 잡아보려는 정치적 계산에 의해서 지방자치를 주장하였다. 이는 서구의 지방자치제도를 도입하자는 학계의 주장과 힘을 합하게 된다. 결국 1994년에 지방의회선거가 있게 되고, 1998년에 단체장과 지방의회를 직선으로 하는 최초의 지방선거가 실시되었다.

지방자치의 필요조건은 지방선거이다. 그동안 중앙에서 임명하던 도지사, 시장, 군수를 지역에서 주민들이 스스로 선출함으로써 정통성이 부여된 정치행위자가 탄생한다. 지방권력이 중앙으로부터 일부 분리되는 거버넌스의 변화, 즉 지방정치의 활성화가 이뤄진 것이다. 이와 더불어 추진되어야 하는 것이 지방분권이다. 지방자치권의 개념과 함께 하는 것으로서 지방분권은 중앙정부의 권한 중 일부를 지방자치단체의 요구와 중앙정부의 필요에 따라 지방으로 이양시켜 주는 것을 말한다.

지방자치의 충분조건은 주민들을 위한 지방행정의 실현이다. 좋은 지방행정은 주민이 필요로 하는 서비스를 제때에 제공하는 것이다. 아울러 주민 생활의 편리성의 증진이 중심이 되는 '생활자치'가 필요하다.

지방자치란 지방정치(민주성 추구)와 지방행정(효율성 추구)의 두 가지 요소로 구성된다. 우리나라는 필요조건인 지방선거 도입을 통한 민주성이 어느 정도 달성되었다고 볼 수 있다. 지방자치 성공을 위한 다음 조건은 중앙정치와는 다른 지방 나름대로의 자치행정이 이뤄져야 한다. 효율성을 추구하기 위한 자치행정을 가로막는 주요 제도 중 하나가 정당공천제라는 비판이 있다. 단체장과 지방의회 선거에서 중앙권력(정당)에 예속되는 측면이 있기 때문이다. 즉, 지방만의 색깔을 가진 지방당이 존재하지 않아서 지방의원이 공천권을 가진 중앙정치에 지나치게 의존한다는 문제가 있다.

정당공천제의 역사를 살펴보면, 1991년에 광역시·도 의원 선거에서 정당공천제가 도입된 이후로 1995년에는 시·도지사와 시·군·구청장 선거로 확대되었다. 생활자치라는 측면에서 기초의원의 정당공천제 폐지를 당론으로 정한 바도 있지만, 2006년에는 시·군·구 기초의원선거부터 적용되고 있다(한국지방자치학회편, 2010: 36).

Ⅲ. 자치개혁의 주기성

1. 정치논리와 행정논리

시간적으로 보면 두 가지의 개혁주기가 존재한다. 첫 번째는 중앙정부를 중심으로 하는 법적인 제도개혁이고, 두 번째는 선출된 단체장과 의원들에 의해 각 지방에서 실제적으로 그 지역의 정책 면에 변화를 가져오는 주기이다. 이 주기는 대개 선거주기와 맥을 같이 하기 때문에 전자는 5년이고, 후자는 4년이다.

대통령 선거 때마다 반복해서 등장하는 선거구호가 지역발전, 자치분권 실현 등이다. 지방의 표를 얻고자 하는 후보자들이 지역이기주의 심리를 활용하여 지방자치 강화라는 구호를 내세운다. 지방분권 개혁에 대한 논의가 본격적으로 시작된 것은 김대중 정부 출범 이후부터라고 할 수 있다. 가장 극단적인 주장은 스위스모델과 같이 외교·국방 등 일부 기능만 중앙에 남겨두고, 지방에 기능을 대폭 이양하여 연방국가와 유사한 형태로 가자는 것이다(안성호, 2018).

대선은 물론이고 총선, 지방선거에서 지방자치를 강화하겠다는 선거공약이 빠지지 않는 것은 유권자들이 지역이기주의적으로 투표하는 성향이 있기 때문이다. 특히 영호남의 지역주의는 매 선거에서 주요 변수일 뿐만 아니라 수도권의 발전에 반감을 가진 지방의 표가 대선승리에 절대적으로 중요하다(윤지성, 2023).

역대 대통령은 당선된 후 임기 5년 동안 자신이 내건 공약을 실현시키기 위한 제도 개혁으로 관련 법을 개정하고, 추진 기구를 두고 있다. 예외 없이 반복되는 주기성을 보인다. 즉 그동안 추진된 지방분권적 개혁은 특별법을 제정하고, 대통령 직속의 위원회를 두어 추진하는 유형이 반복되고 있다(윤광재, 2023). 지방분권 개혁을 논할 때는 표면상의 논리와 실제의 의미를 깊이 생각해 볼 필요가 있다. 전체적으로 보면, 우리나라 인구가 감소되는 추세는 부인할 수 없음에도 불구하고, 자치개혁이 지방인구 증가를 가져온다는 전제로 개혁이 이뤄진다. 즉, 장기적 시간의 문제를 간과하는 경향이 있다. 지방자치를 강화하려는 제도개혁 추진

표 8-2 | 역대 정부의 지방자치분권 관련 법률 제·개정

정부	법률
노무현정부 (03-08)	• 중앙행정권한의 지방이양촉진 등에 관한 법률(99. 7. 30~) • 지방분권특별법(04. 1. 16)
이명박정부 (08-13)	• 지방분권촉진에 관한 특별법(08. 2. 29) • 지방행정체제 개편에 관한 특별법(10. 10. 1)
박근혜정부 (13-17)	• 지방분권 및 지방행정체제 개편에 관한 특별법(13. 5. 18)
문재인정부 (17-22)	• 지방자치분권 및 지방행정체제 개편에 관한 특별법(18. 3. 20)
윤석열정부 (22-)	• 지방자치분권 및 지역균형발전에 관한 특별법(23. 7. 10)

시 중앙정부의 공무원들이 접근하는 태도는 표면상의 논리와는 다른 경우가 있다. 개혁의 추진방법만 봐도 중앙정부는 행정의 편의성과 효율성을 추구하기 때문에 결과적으로 집권을 강화하기도 한다. 즉, '지방자치'개혁을 '중앙집권'식으로 추진하는 것이다. 즉, 겉으로는 '지방자치를 위해서'라고 하는데, 실제로는 '중앙정부를 위해서'인 행정논리지배적인 모순이 발생한다.

반대로, 지방의 자율성을 요구하는 개혁이 국가적으로는 다른 문제를 가져올 수도 있다. 자율성이 강화된 자치단체 간의 경쟁은 자치단체 간 '부익부 빈익빈' 현상을 초래할 수 있다. 지방소멸의 위기에 있는 자치단체는 그만큼 경쟁에서 뒤처질 수밖에 없다(김지영 외, 2022).

지역 간 경쟁도 중요하지만, 평등도 중요한 가치이므로 지역 간 균형발전정책도 끊임없이 등장한다. 이를 위해서는 지방의 권한 증대보다는 중앙정부의 역할을 강화하는 방향의 개혁을 해야 하는 모순에 빠진다. 즉, 지방자치와 지역균형발전이라는 두 마리 토끼를 좇아야 한다는 어려움이 있다.

2. 지방주도 개혁의 주기성

4년 주기로 실시되는 지방선거는 지방민주주의 실현을 위한 결정적인 변수이다. 선거에서 당선된 단체장과 지방의원은 임기가 시작되면 선거전에서 내건 공약을 재점검하는 작업을 시작한다. 그리고 자치단체 집행부에 특정부서를 신설하여 선거캠프 사람들을 중심으로 이를 체계적으로 추진하여 재선을 노린다. 그러나 3연임까지 허용하기 때문에, 세 번째 임기인 선출직은 재선을 위해 노력할 동기는 줄어든다.

지방선거 공약의 공통점은 지역'경제'발전이다. 즉, 지역정치에서의 지배적인 패러다임은 발전국가론의 주장과 같다. 대부분의 주민들은 자신의 지역이 서울에 비하여 낙후되어 있다고 생각하기 때문에 이 패러다임이 통한다. 예컨대 김진선 강원도지사는 평창올림픽게임 유치를 지역발전의 계기로 삼기 위해 노력하였다. 삼수 끝에 올림픽 유치에 성공했고, 개인적으로도 도지사 선거에서 승리하였다(샤플레·임도빈, 2017).

공약을 실현시키기 위해 필요한 재원의 부족분을 어떻게 메우느냐가 정책의 실현성 여부를 판단할 수 있는 핵심 포인트이다. 대부분의 후보는 중앙정부를 탓한다. 따라서 후보들은 중앙정부로부터 권한을 더 가져오는 지방자치를 실현시키겠다는 투쟁의 의지를 다지고, 다른 한편으로는 자신이 중앙에 네트워크도 있고 영향력도 있다는 것을 과시한다. 실제로 정책이 정치적 구호에 그치느냐 아니면 실천에 옮기느냐는 그 사람이 정치가형이냐 행정가형이냐의 문제이다. 대체로 행정가가 일을 실행에 옮기는 데에는 더 적합한 유형이다.

행정적 측면에서는 단체장이 새로운 사람으로 바뀐 경우에는 전임자 시절에 주축이 되었던 공무원들을 배제하고, 자신의 임기 동안에 주축이 될 사람들을 요직에 배치하기 위한 인사를 단행한다. 주기적 정기인사가 있기는 하지만, 대체로 이런 틀이 잡히면 이런 초기체제가 임기 말까지 가는 것이 보통이다.

시·도청이나 시·군·구청에 의해 중앙정치의 정책이 추진되는 과정과 방법은 중앙정부에 관해서 분석한 본서의 전체 내용이 적용된다. 인사, 조직, 재무 관련 반복적 주기도 마찬가지이다.

지방자치 개혁의 핵심은 선거를 통해 의회가 구성된다는 데 있다. 행정기관의 견제기구로서, 새로운 권력 게임이 생기기 때문이다. 그러나, 지금까지 보여준 지방의회의 실제는 국회와 구조적 유사성을 보이고 있다. 특히 여소야대의 경우, 단체장과의 대립과 갈등이 커서, 주민의 공익 추구와는 거리가 크다는 문제점을 노정한다. 시간이 흐를수록 조직 학습이 일어나기 때문에, 적어도 조례 제·개정 수 등 양적인 면에서 증가하는 현상도 보인다(박순종 외, 2021).

제 2 절　지방의 거버넌스

I. 공간분할(zoning)

1. 자치구역과 자치계층

지방자치는 필연적으로 전국에 여러 개의 지리적 경계를 긋는 문제가 생긴다. 즉, 공간(space)의 개념을 사용하여 지리적 분할을 반드시 짚고 넘어가야 한다. 물론 이때 공간이란 지리학에서 말하는 순수한 공간보다는 사람을 고려한 공간이다. 일정한 지리적 경계를 중심으로 자치구역(이를 '지방자치단체'라고 한다)

이 있고, 자치구역에는 여러 조직과 행위자(actor)가 존재한다. 이들 간의 관계가 곧 지방 거버넌스(local governance)이다. 오랫동안 중앙집권국가였다가 지방자치를 실시하면서 자치구역과 자치계층을 어떻게 할 것인가가 거버넌스의 중요한 이슈가 되었다.

역사적으로 우리나라는 산, 강, 평야 등을 중심으로 마을이 형성되고, 왕조에 따라 수도가 정해졌다.[1] 조선시대에는 광역행정구역으로 8도를 나누고 그 아래 고을 크기에 따라 부, 목, 군, 현으로 나누었다. 이것은 산과 강, 평야 등 자연여건에 따라 자연부락이 형성되어 오던 것을 조선시대에 행정체제로 공식화하였음을 의미한다. 현재의 도(道) 구분을 비롯하여 많은 군(郡)도 조선시대에 뿌리를 두고 있다(임도빈, 2004).

산업화에 따라 농촌인구가 도시로 유입되면서 도시화 현상이 발생하여, 기존의 '도'와 '군'과는 다른 지위의 지치단체가 발달하게 되었다. 대표적인 예가 특별시, 광역시, 시이다. 이들은 특정지역에 인구가 집중하게 된 도시화의 산물이다. 또한 교통·통신의 발달과 토목건축기술의 발달로 인위적인 신도시도 많이 생겼다.[2]

이러한 맥락에서 자치계층은 광역자치단체와 기초자치단체의 2계층을 봐야한다. 전 국토는 7개의 광역자치단체(시, 도), 제주특별자치도, 세종특별자치시와 기초자치단체(시, 군, 구) 구역으로 분할 지정되어 있다. 제주특별자치도와 세종특별시는 그 계층이 아닌 단일계층의 자치구역이 되었다. 이것은 중앙정부가 국가사무를 효율적으로 집행하기 위한 일반 행정구역이기도 하고, 지방선거로 지방정부를 구성하는 자치구역이기도 하다.

각 자치구역에는 그 지역주민을 대표하는 하나의 지방의회와 하나의 집행부가 구성된다. 단체장을 최정점으로 하는 집행부는 행정 편의상 자치구역을 다시복수의 하위 행정구역으로 분할하여 행정업무를 수행한다. 광역시에 있으면서 자치구가 아닌 일반구, 그리고 시·군·구의 밑에 있는 읍·면·동이 행정구역이다.

이에 더하여 중앙정부의 지방사무소로서 설치되는 특별지방행정기관이 담당하는 행정구역도 다수 존재한다. 일반 행정구역과 일치하는 것도 있고 아닌 것도 있다. 전자의 예는 법원과 검찰이고, 후자의 예로는 국토부나 환경부가 지방을 나름대로 나눈 행정구역체계를 들 수 있다.

---

1 역사적으로 오랜 자연부락을 중심으로 기초자치단체가 현제까지도 유지되는 것이 유럽의 경우이다. 코뮌, 게마인데, 패리쉬 등이 그 예이다.
2 수도권의 분당, 일산, 송도 등 그리고 지방의 많은 거점혁신도시들이 새롭게 만들어 간 신도시가 계획도시로서 발달하고 있다.

특수한 기능을 담당하기 위한 행정구역도 있다. 산업지구, 상업지구, 특별구, 자유무역지구 등 여러 가지가 있다. 이렇게 구역화(zoning)한 대표적인 예는 토지용도 지정이다. 주거지역, 상업지역, 공업지역, 녹지지역, 관리지역 등으로 토지용도를 분류하여 이에 따라 토지를 사용할 수 있게 한 것이다.

우리나라 기초자치단체의 평균인구는 20만 명이 넘으며, 전 세계적으로 규모가 큰 편이다. 현 기초자치구역의 규모는 서로 면대면 관계로서 밀접한 유대감을 갖기에는 지나치게 크다. 특히 대규모 아파트에 거주하는 사람들이 많아 과거 마을단위의 끈끈한 정을 맺는 이웃관계는 어렵게 되었다. 한국사회가 개인주의적이고, 이기적인 서구문화를 닮아가고 있기 때문이다(임도빈, 2004).

현재의 광역, 특히 기초단위는 주민들이 피부로 느낄 수 있는 자치를 하기에는 지나치게 크다. 진정한 의미의 지역공동체(community)를 어떻게 형성하는가에 대한 고민이 필요하다. 공직자를 위한 자치가 아니고, 주민을 위한 자치가 되기 위해서는 생활권과 부합하는 생활자치가 실현되어야 한다(곽현근, 2022). 지방자치를 실시하는 이유가 중앙정치를 지역단위에 모방하자는 것은 아니기 때문이다. 주민에 '의한' 자치를 하기 위해서 유대감이 있는 커뮤니티를 형성하는 것이 중요하다.

인구규모가 너무 크면 바람직하지 않다. 농어촌 지역은 전통적으로 형성된 지역일체감이라는 기준으로 볼 필요가 있다. 도시화로 인해 인구집중이 일어나고 고층아파트가 거주형태가 된 오늘날 좀 더 다른 형태의 자치규모와 모형이 나타나야 한다.

중앙으로부터의 자율성이 필요조건이라면, 주민의 적극적 참여는 충분조건이다. 주민들이 자치업무에 직접 참여할 수 있는 기회의 제공과 효능감 증진(empowerment)이 필요하다. 지방자치란 지방의원과 지방관료제에 의한 또 다른 간접민주주의가 아니기 때문에, 직접민주주의를 이루기 위한 과감한 노력이 필요하다.

2. 통합과 분리의 변주곡

자연적 제약조건 및 산업화에 따른 인구이동은 끊임없이 자치구역의 개편과 조정의 문제를 가져온다. 역사와 전통을 지키려는 기존구역 수호자와 변화를 이뤄야 한다는 개혁론자 간 갈등이 생긴다.

이러한 구역화(zoning)는 선거구와 밀접한 관계를 가지고 있다. 기초자치단체 구역은 이를 그대로 하거나 다시 몇 개로 세분하여 국회의원 및 광역의원의 선거구로 사용되기 때문이다. 선거구를 변경하는 권한은 국회에서 정하는 법에 의하게 되어 있다. 특히 선거구 조정은 4년 주기의 선거를 앞두고 이루어 진다. 이를 중심으로 여야의 입장이 정치적 계산에 따라 첨예하게 대립한다.[3] 1인 1표제의 정신을 실현시키는 것을 원칙으로 한다면, '표의 등가성'이 지켜져야 한다(이정섭; 지성일, 2021). 그러나 인구의 도시유입현상이 지속되면서, 도시지역의 표 가치가 상대적으로 낮아지는 현상이 벌어진다. 기초자치단체구역을 단위로 다른 선거구도 조정될 가능성이 크기 때문에 기초자치구역의 정치적인 타협의 대상이다.

자치구역, 행정구역, 선거구 조정은 국회의 권한이기 때문에 단체장과 지방의원들은 자신의 지역구 국회의원들의 눈치를 본다. 그 이면에는 지방 선출직의 공천권을 당이 가지고 있기 때문에, 중앙정치에 종속되어 찬반의 입장에 서는 등 나름대로의 권력관계가 형성된다(임도빈, 2004).

역사적으로보면 행정구역의 분리와 통합은 주기적으로 번갈아 일어나는 변주곡이다(임도빈, 2004: 104-106). 그동안 기초단위의 통합이 이슈가 되었는데, 이제 광역단위의 통합 문제도 논의되고 있다. 도시화가 되면서 군(도)지역에서 분리시켜 시(광역시)승격이 주장되다가 어느 순간에 가면 이를 통합하려는 움직임이 반복된다. 통합은 행정의 효율성을 추구하는 논리이며, 분할은 주민대표성(즉, 자치의 논리)의 논리이다.

이러한 행정구역통합이나 분리를 추진할 때 지역주민들 스스로의 자율적 통합이 전제된다면, 어느 정도 해결 가능성이 있다. 즉 지역주민들이 충분한 논의를 거쳐 자율적으로 행정구역 통폐합을 한다면 반드시 지방자치의 정신을 훼손시킨다고 주장할 수 없을 뿐만 아니라, 지역 간 다양한 이해관계자들의 갈등과 저항도 줄어들 것이다. 행정구역통합이 추진될 때 주민의 의사를 중시한다고 하지만, 사실상 중앙의 입김이 많이 작용한다. 중앙정부는 개혁의 집행과정에서 시간적 변수를 고려하지 않은 채 관료제적 방식으로 통합을 추진하는데, 이 방법이 성공확률이 높다(박진우, 2023). 하지만 행정구역이 통합된 이후에도 주민 간 갈등은 지속된다는 문제점이 있다. 지방자치단체장 선거에서도 주민들은 통합 이전의 구역에 따라 어느 지역 출신인지를 구분하고, 지역별, 후보별 득표수가 달라지는 현상이 나타나기도 한다. 이런 게임의 내용을 들여다보면 정치적인 문제가 작용하는 것을 알 수 있다. 주로 지역의 사회단체들이 현수막을 붙이는 등 갈등을 부추기는 것이

---

3 미국에서도 선거에서 특정정당이나 후보자에게 유리하도록 선거구를 구불구불하게 구획하는 것을 '게리맨더링(gerrymandering)'이라 하여 문제시되고 있다.

다. 이들을 깊이 살펴보면, 통폐합을 통해 자기소유의 땅값이 오르는 문제 등 지대추구(rent seeking) 동기도 있음을 주목해야 한다.

향후 발생할 문제는 지방소멸이다. 자치단체의 인구가 감소하면, 어느 시점에서는 그 자치단체를 인접자치단체로 통합하는 문제가 대두될 것이기 때문이다. 효율성과 민주성이라는 두 가치를 시간이 지남에 따라 어떻게 조화시키느냐의 결정이 될 것이다.

3. 특별과 특혜의 제도개혁

지방자치를 옹호하는 사람들은 역대 정권이 추진한 지방분권개혁이 미흡하고, 여전히 중앙집권적이라고 비판한다. 지방은 중앙으로부터 '특별히', '더 특별히' 대우받기를 원한다. 좀 더 근본적인 개혁을 위해 마치 리빙랩(living Lab) 같이 특별한 권한 내지 특혜를 주는 방식의 개혁이 시도되고 있다. 2계층으로 되어 있는 다른 자치단체와는 달리 단일계층으로 하는 제주도와 세종시가 그 예이다. 제주도에서는 중앙행정기관의 많은 사무를 이들에 이양하거나 또는 조례에 위임하고 있다.[4] 지방교부세의 법정률(3%)화, 지역균형특별회계의 제주계정 설치로 재정의 자율성이 다른 자치단체에 비하여 현저히 높아졌다.

제주도는 국회에 대한 관계에서도 특별한 권한이 있다. 다른 자치단체에게 부여된 법률개정 건의권보다 한 차원 높은 수준인 법률안 제출 요청권이 부여되어 있다. 또한 기구설치의 자율성, 능력과 성과중심의 인사관리체계 강화 등 자치조직권과 자치인사권이 제고되었다.

제주는 중앙집권의 수단이라 비판받아 온 특별지방행정기관을 지방에게 완전 이관하는 실험도 한다. 이를 위해 7개의 특별지방행정기관을 제주도에 이관하여 보다 통합적이고 주민밀착형 행정서비스를 제공하고 있으나, 많은 문제점도 노정하고 있다(민기, 2017).

제주도는 이미 존재하던 자치단체이고 섬이라는 특수여건에서 지방자치 실험대상이 되었다면, 세종시는 과거 농촌지역인 충남 연기군 일대에 인위적으로 만들어지고 있는 신도시라는 특성이 있다. 중앙행정기관이 이전하여 공무원들과 그 가족들이 거주자의 대부분이라는 점에서 인구의 동질성이 확보되어 있다. 행정기관

---

4 「지방자치법」 제2조를 개정하고, 「제주특별자치도 설치 및 국제자유도시 조성을 위한 특별법」이 제정되어 제주특별자치도에는 2006년부터 보다 강력한 자치권이 부여되었다. 전국 최초로 자치경찰을 설치하여 제주지역 특성에 맞는 치안서비스를 제공하고 있다.

의 이전으로 정부가 집중투자하여 도시인프라 등이 비교적 잘 갖춰져 있다는 특성도 가지고 있다.

제주도의 경험을 바탕으로 광역자치단체에 좀 더 자율권을 주려는 개혁이 이뤄지고 있다. 강원, 전북과 같은 특별자치도가 그 예이다. 또한, 기초자치단체 수준에서도 인구 100만 이상의 경우에 특혜를 주는 특례시 제도가 발달하고 있다. 중앙정부와 광역자치단체가 가지고 있는 권한을 기초자치단체에게 이양함으로써 자율권을 늘려주는 개혁이다. '특별'과 '특례'가 다른 모든 자치단체로 확대되는 '일반'이 되는지를 평가하기 위해서는 시간이 필요하다.

Ⅱ. 공식적 행위자의 구조

1. 지방자치단체의 구성

자치구역 내의 행위자는 크게 보면 법적·공식적 권위를 부여받은 권력체(local authority)와 그렇지 않은 것, 즉 지역사회가 있다. 지역사회란 주민 혹은 시민(citizen)을 지칭하며, 이들은 기업 등 경제적 행위자는 물론이고 시민단체 등도 포함한다. 지방권력체를 법적인 용어로는 '지방자치단체'라고 한다.[5] 하지만 우리나라에서는 영미의 영향을 받아 '지방정부(local government)'라는 용어를 많이 사용한다.

지방자치단체의 기관구성 형태는 크게 기관대립형, 기관통합형, 그리고 이두 가지를 결합한 형태의 절충형으로 나누어 볼 수 있다. 기관대립형과 기관통합형은 의결기관과 집행기관을 모두 주민직선으로 선출하느냐, 아니면 의결기관만선출하느냐 이 차이이다. 기관대립형은 대통령제와 유사하고, 기관통합형은 의원내각제와 유사한 개념이다.

먼저 기관대립형은 의결기관인 지방의회와 집행기관인 지방자치단체장을 모두 주민의 직접선거에 의해 선출하는 형태로서, 우리나라, 일본, 미국의 일부 지역등에서 채택하고 있다. 기관대립형은 의결기관과 집행기관이 상호견제와 더불어권력 간 균형을 이룰 수 있다는 점이 가장 큰 장점으로 꼽으며, 이러한 장점은 민주적이고 합리적인 지방자치를 구현할 수 있다는 점에서 긍정적이다.

기관통합형은 주민의 직접 선거에 의해 선출된 지방의회가 의결기능과 집행

---

5 전술한 대로, 시·도, 시·군·구 등 지리적 단위로 지방자치단체라고 한다.

기능을 모두 수행하는 형태로서, 영국, 독일, 프랑스 등 유럽의 여러 나라와 더불어 많은 미국의 지방정부가 이에 속한다. 기관통합형은 의결기관과 집행기관이 일원적으로 구성되어 있기 때문에 기관대립형이 갖고 있는 행정상의 낭비나 비효율성을 감소시킬 수 있다는 점이 가장 큰 장점이다. 하지만 정치적 상황에 따라서는 상호견제와 균형 원리의 미작동으로 인해 대표기관이 권력을 남용할 수 있으며, 선거에 의해 선출되어 활동하는 의원들이 행정 활동에 있어서의 대표성을 담보할 수 없다는 단점도 있다.

절충형은 기관이 구성되는 형태와 내용에 따라 다양하게 나타날 수 있다. 대표적 형태로서 미국에서 주로 나타나는 시정관리관형(city-manager plan)이 있다. 시정관리관형(city-manager plan)은 주민에 의해 선출된 지방의회의 책임하에서 전문행정인을 임명하여 행정 업무를 처리하게 하는 형태이다. 일반기업이 이사회나 주주총회에서 전문경영인을 영입하여 관리하게 하고 성과에 책임지게 하는 방식과 유사하다. 이러한 시정관리관형은 지방의회 중심의 기관통합형의 장점을 살리면서도 행정의 전문성을 유지할 수 있다는 점이 가장 큰 장점으로 꼽히며, 책임소재가 명확하기 때문에 책임행정에 있어서도 긍정적이다.

우리나라는 기관대립형을 택하고 있다. 전국적으로 모든 자치단체가 동일한 조직구조를 갖추고 있어 획일적이다. 특별자치단체인 교육자치도 마찬가지로 기관대립형이다. 교육감과 교육위원을 각각 선출하여 양자를 견제와 균형의 원리를 유지하도록 하는 제도적 취지를 가지고 있다.

한국은 대부분의 지방정책 결정과정에서 지방자치단체장이 강력한 권한을 갖는 것이 보통이다. 독임제(獨任制) 행정관청 제도의 행정문화를 가지고 있기 때문이다(조석준·임도빈, 2019). 주요 정책 결정마다 시장의 리더십에 의해 이루어지는 경우가 대다수이다.

지방의회는 기초자치단체의 경우, 읍·면·동 구역을, 그리고 광역자치단체의 경우 시·군구역을 선거구단위로 하여 선출된 사람과 비례대표로 선출된 지방의원들로 구성된다. 교육위원은 기초자치단체를 단위로 선출된다. 지방의회는 지방자치법 제66조 제1항에서 규정한 대로 발의권을 가지며, 아울러 지방자치법 제39조 제1항의 의결권을 갖는다. 예산승인, 결산승인, 행정감사 등 국회가 중앙정부에 대하여 갖는 권한을 지방수준에서 거의 그대로 가지고 있다.

직접 민주주의를 실현시키고자 도입한 지방자치가 시간이 지나면서 중앙정치를 닮아가는 경향을 보인다. 지방의회제도가 처음 도입될 때 의원은 무보수 명예직으로, 수당을 지급하는 형태였으나 2006년부터는 전문성과 책임성을 높인다

는 취지에서 유급제로 변하였다. 또한 인사청문회제도와 의원들을 도와주는 전임
직 직원으로서 전문위원제도도 도입하였다. 신제도주의의 시각에서 보면, 국회를
모방하는 구조적 동일성을 보이고 있다.

2. 단체장 – 의회 간의 관계

지방의회와 단체장과의 관계는 의회의 다수를 차지하는 정당에 따라 다르다.
일반적으로 견제와 균형보다는 상호공생의 관계에 있는 경우가 많다. 겉으로는
견제를 하는 것 같지만, 실제로는 양자가 서로 상대방의 협조가 필요하기 때문이
다. 보통 단체장의 월등한 집행권 때문에 의원들이 단체장에게 협조하는 관계가
형성된다. 이론적으로는 견제와 균형의 관계이어야 하지만, 실제로는 계서제적이
라고 해도 과언이 아니다.

의회에서의 토론의 유형도 다양하다. 의원들의 질의 내용도 다르고, 이에 대
한 관료들의 대응도 다르다. 의원들은 자신의 존재를 과시하려 하고, 관료들은 원
안을 지켜 통과시키려고 한다. 의원들의 질의 유형을 각각 설명하면 다음과 같다
(임도빈, 2004: 126-128).

첫째, 전통적 통제형이다. 예산안의 낭비와 오류를 통제하려 하고 관료들에
게는 예산을 절감하거나 삭감하기를 요구한다.

둘째, 정치가적 조정가형이다. 의원의 권위를 전제하여 형평성이나 상호이해
조정 등을 강조하고, 의원들과 관료들 간 갈등을 조정하려 한다.

셋째, 지역구 대변가형이다. 자치단체 전체의 이익보다는 자기 선거구의 이
해관계를 우선시한다. 발언 시에는 주민의견을 강조하는 경향이 있다.

넷째, 경쟁적 기업가형이다. 성과위주, 효율성과 효과성 위주의 사고를 가진
의원 유형이다. 따라서 주로 목표의 적절성 여부, 산출의 효율성 관련 질의를 한다.

이에 대하여 관료들은 상황에 따라 조절하여 답변을 한다. 관료들의 답변 유
형은 다음과 같다.

첫째, 적극형이다. 질의에 대해 상세한 설명이나 반박을 통해 적극적으로 답
변한다.

둘째, 한계형이다. 적극적인 의사 표명 대신에 회피하거나 유보하는 답변을
한다. 그 예로는 '고려해보겠다', '노력하겠다' 등의 답변이 있다.

셋째, 소극형 답변유형이다. 의원들이 잘못을 지적하면 이를 시인하고, 질의
에 대해 수긍하는 태도를 보인다.

상술한 의원의 네 가지 질의 유형에 대한 관료의 세 가지 답변 유형에는 일정한 상호작용 패턴이 나타난다. 전통적 행정부 통제형·질의에 대해 관료들은 적극형으로 답변하는 경향이 있다. 반면 정치가적 조정가형의 질문에 대해서는 한계형으로 대응한다. 또한 지역구의 이해관계에 중점을 두는 의원의 질의를 받을 때에 관료들은 영향력을 유보하거나 수긍하고, 경쟁적 기업가형의 질문에는 소극적인 답변을 하는 경향이 있다. 대체적으로 의원들에 비해 관료들이 가진 정보가 많기 때문에 질의에 적절히 대응하되 원안을 통과시키려는 노력을 한다.

Ⅲ. 자치권의 내용

권력분립의 원리에 의하면, 한 정부는 입법, 행정, 사법의 3권이 있어야 한다. 조직론적으로 보면, 입법은 지방의회, 행정은 단체장, 사법은 지방재판소가 있어야 한다. 자치정부로부터 시작하여 연방정부를 구성한 미국에는 이들 3권을 담당하는 조직이 모두 있다. 지방정부의 하나로서 지방재판소도 있고, 교도소도 있다. 그러나 우리나라는 사법은 전적으로 중앙정부에서 담당하고 있다. 따라서 입법권과 행정권이 자치권의 주가 된다. 자치단체가 '실제로 어느 정도 권한을 행사할 수 있는가'가 자치권의 주요 쟁점이다. 우리나라의 자치권에 대해서 입법, 조직, 행정, 재정에 관한 권한을 중심으로 서술해 보면 다음과 같다.

(1) 자치입법권

자치입법권은 지방의회가 조례를 제정함으로써 행사된다. 헌법과 지방자치법에서는 자치입법권을 "법령의 범위 안에서"라고 명시하고 있다. 법단계설에 의하면, 법규정이 없는 것은 조례로 제정할 수 없다. 지역에서 혁신적 아이디어가 나오기 쉬운데, 이 조항이 걸림돌이 되곤 한다. 예컨대 1991년 청주시의회의 행정정보공개조례 제정 당시, 근거 법률이 존재하지 않아 대법원까지 간 끝에 추진이 결정된 바 있다.

(2) 자치조직권

지방자치단체장은 법률이 정하는 바에 따라 대통령령이 정하는 범위 안에서 부단체장 이하의 임명 및 기구 설치에 관한 권한을 가지고 있다. 완전히 자율성이 주어지지 않고, 행정안전부는 여러 가지 방법으로 통제한다.

중앙정부가 통제하는 이유는 4년 동안만 재임하는 단체장이 책임성을 갖고 작고 효율적인 조직을 운영할 것인가에 대한 우려 때문이다. 관료팽창론(bureaucratic expansion)에서 주장하는 바와 같이 중앙정부와 마찬가지로 지방자치단체도 방만하게 운영되는 경향이 있기 때문이다(임도빈, 1997).

시간이 지남에 따라 중앙과의 관계에서 지방이 자율권을 늘려오고 있다. 2007년에 전면 도입된 총액인건비제도를 통해 지방자치단체장은 총액인건비 한도 내에서 조례로써 기구를 구성하고 자율적으로 정원을 산정할 수 있게 하였지만, 관료팽창현상은 사라지지 않았다. 자치조직권은 자치인사권과 밀접히 연결되어 있다. 중앙정부는 지방자치단체의 인사에 영향을 미치려 하고(구심력), 자치단체장은 자율권을 늘리고 싶어 한다(원심력).

(3) 자치재정권

지방자치단체의 자치재정권은 기본적으로 지방자치법 제135조를 통해서 부여받고 있다.[6] 하지만 조세법률주의에 따라 조례에 의한 세목의 신설은 허용되지 않고 있다. 자치재정권을 나타내는 척도로는 재정자립도와 재정자주도가 있다. 재정자립도는 지방자치단체의 총 재정소요액에 비한 자체수입을 의미한다. 재정자립도가 낮은 자치단체에게는 중앙정부가 보충해 주는 다양한 제도가 있다. 재정자주도는 지방자치단체가 전체 세입 중 자주적으로 재량권을 갖고 지출할 수 있는 비율을 의미한다.

재정 분야도 중앙정부가 통제권을 행사한다. 예컨대, 일정 규모 이상의 투자사업에서는 행정안전부의 심사를 통해 타당성을 입증받아야 한다. 또한 행정안전부에서는 지방재정분석을 통해 지방자치단체의 재정운영을 평가하고, 확인하며, 통제하고 있다.

지방의 입장에서는 할 일은 많은 반면 재원이 없다는 것이 항상 문제이다. 따라서 여러 가지 경영기법이 도입되고 있다. 민간의 돈이나 기술을 활용하는 방법이 대표적이다. 중앙정부에서 사용하는 BTL(Build-Transfer-Lease)이나 BTO(Build-Transfer-Operate) 기법이 지방에서도 사용되고 있다.

민간사업자들은 손해를 감수하고 전철, 시설 등에 투자하지 않는다. 따라서 이 제도는 그 자치단체의 미래의 재정수입을 민간기업에 저당잡히는 것이라고 할 수 있다. 즉, 시간(time)을 주요 변수로 하는 위험투자라고 봐야한다. 단기간 재임하는 단체장의 이해와 20-30년의 사용료 수입으로 수익을 확보하려는 민간업자

---

6 [지방자치법 제135조] 지방자치단체는 법률로 정하는 바에 따라 지방세를 부과·징수할 수 있다.

들의 이해가 맞아서 계속 무모한 사업을 벌이는 경우, 어떻게 이들에게 장기적인 책임성을 확보하느냐가 문제이다.

지방이 자치재정권을 가지면서 동시에 책임성을 갖는 것이 중요하다. 과세자율권을 어느 정도 주느냐의 문제도 있지만, 부채를 어느 정도까지 가질 수 있느냐의 문제도 있다. 지방재정상태가 위험할 때 이를 경고하는 제도나 파산을 선언하는 것이 그 예이다. 지역발전을 위하는 진정한 기업가적 지도자와 인기영합주의자로 지역의 장래를 파탄에 빠뜨릴 위험인물을 구분하는 것이 과제이다(임도빈 외, 2016).

Ⅳ. 자치행정의 실현방법

행정적 측면에서 중앙정부와 지방자치단체는 거의 상시적으로 연동된 긴밀한 시간관계를 가지고 있다. 물론 주요 정책은 중앙에서 결정하고 지방이 집행하는 경우가 많으므로 중앙과 지방 간에는 어느 정도의 시차가 존재한다. 즉, 중앙이 먼저 방향을 설정하고, 지방이 이에 맞춰서 구체화 하는 선후관계가 일반적이다.

1. 중앙 – 지방사무배분

중앙집권의 폐해를 경험하고 있는 우리나라로서는 어떻게 하면 중앙정부의 기능을 지방으로 많이 이양하느냐가 지방자치 실현의 관건이 된다. 어떤 업무를 중앙정부와 지방자치단체 중 어디가 할 것인가는 일종의 제로섬 게임이기 때문이다. 현재 자치단체가 처리하는 사무는 위임사무와 자치사무 두 가지가 있다. 주민등록, 병역, 여권 등 국가(즉, 중앙정부)의 사무를 위임받아 하는 부분이 위임사무이고, 자치단체가 스스로 알아서 하는 것이 자치사무이다(〈그림 8-1〉 참조). 중앙정부는 국가사무를 특별지방행정기관을 통해서 직접 처리하는 경우도 있지만, 지방자치단체에 위임하여 처리한다. 특히 일반국민(주민)에게 제공되는 보편적 공공서비스의 경우, 지방자치단체를 활용하는 경향이 크다.

사회복지가 대표적인 예이다. 기초자치단체 소속의 읍면동사무소에 사회복지직 공무원들을 별도로 두고 있다. 많은 경우 재원이 국가에서 나올 뿐더러 중앙정부는 지방자치단체에 세심한 지침을 내려주기 때문에 자치단체의 재량의 여지가 적다. 따라서 지방자치 활성화를 위해서는 가급적 많은 국가사무나 위임사무를 자치사무로 이양해야 한다는 주장이 있다.

그림 8-1 | 사무처리의 주체

우리나라의 사무배분의 방식은 '포괄적 예시주의'와 '특례주의' 두 가지로 이루어져 있다. 포괄적 예시주의란, 포괄적 배분방식의 큰 틀은 그대로 유지하면서 지방자치단체가 수행 가능한 사무에 대해서 예시하는 방식을 의미한다. 지방자치법 제9조 제1항 및 제2항에서 지방자치단체가 관할구역의 사무를 처리한다는 내용과 함께 관련 사무를 예시하고 있다.

다음으로 포괄적 예시주의를 기본 틀로 가지고 있으면서, 광역자치단체와 기초자치단체 간의 사무배분에 있어서는 일부 '특례주의'를 채택하고 있다. 이러한 특례는 크게 '자치구에 대한 특례'와 '인구 50만 명 이상의 도시에 대한 특례'로 나누어진다.

지방에서는 국가사무를 자치사무로 바꾸어야 지방의 자치권이 증대한다고 생각한다. 반대로 중앙정부는 현재의 기능배분 상태를 고수하거나 강화하려고 한다. 이 제로섬 게임에 대해 정답은 없다. '그 사무의 특성상 어느 수준에서 처리하는 것이 가장 적합한가'라는 기준에서 봐야한다는 처방이 가능할 뿐이다. 법률의 규정내용을 적극적으로 해석한다면, 바람직한 사무배분의 원칙에 대해서 크게 효율성의 원칙, 포괄적 책임성의 원칙, 충분재정의 원칙을 들 수 있다(김병준, 2013: 380).

효율성의 원칙은 중앙정부와 지방정부가 사무를 배분함에 있어서 효율성을 중시해야 함을 강조한다. 여기에는 하위계층이 상위계층보다 더 효율적이고, 주민에게 민감하게 반응하여 사무를 처리할 수 있다는 전제가 깔려있다. 즉, 지역생활과 밀접한 사무는 원칙적으로 하위 자치단체가 처리하게 하고, 이 원칙을 지키기 어려울 때만 '보충적으로' 상급정부가 처리한다는 '보충성의 원칙(principle of subsidiarity)'이 있다.

포괄적 책임성의 원칙은 "사무를 배분 또는 재배분받는 지방자치단체가 그 사무를 자기의 책임하에 종합적으로 처리할 수 있도록 관련 사무를 포괄적으로 배분하여야 한다"라는 것을 의미한다. 이는 배분되는 사무를 여러 책임 주체가 나눠서 책임을 지는 일이 없도록, 지방자치단체가 하나의 사무를 온전하게 책임지고 처리할 수 있게 하기 위함이다. 이 원칙은 지방정부가 본연의 사무를 처리함에 있어 중앙정부의 불필요한 간섭을 줄이고 행정책임을 명확히 설정하기 위해 나온 원칙이다.

충분재정의 원칙은 지방자치단체에게 충분한 수단을 주자는 원칙이다. 중앙정부는 지방자치단체에 이양한 사무가 원활히 처리될 수 있도록 충분히 행정적·재정적 지원을 해야한다.

이상의 원칙은 사무를 더 가져오는 것보다는 이를 실현시킬 수 있는 수단이 중요하다는 측면에서 주목할 만하다. 자치재정권 확대를 주장하는 것도 이러한 맥락에서 이해할 수 있다.

2. 지방행정의 혁신성

지방자치가 실현되면 중앙집권을 할 때에 비교하여 행정혁신이 일어날 가능성이 높다. 혁신은 좋은 아이디어가 시간적으로 다른 주체보다 먼저 생겨야 하고, 이를 실제로 집행에 옮기는 시간적 '선행성'이 혁신이다. 지방이 중앙보다 혁신에서 유리한 이유는 다음과 같다.

우선 규모가 작기 때문에 자체적으로 파일럿(pilot) 제도를 실시하는 데 어려움이 적다. 청주시에서 시작한 행정정보공개제도나 울산시의 주민참여예산제는 외국제도를 중앙정부보다 지방자치단체가 먼저 도입하여 성공한 사례이다. 또한 지방자치단체들은 지리적으로 국한된 구역 내에서 서비스를 제공하기 때문에 상하수도, 쓰레기 수거, 버스와 같은 대중교통 서비스 등 행정 서비스 혁신 경쟁도 치열할 수 밖에 없다. 서울시 버스 중앙차로제, 도시세관개선사업이 그 예이다.

비효율적인 행정관행 절차방법 면에서 지방 단위가 혁신을 더 잘 할 수 있다. 중앙정부가 정책형성 및 결정을 주로 담당한다면, 정책집행은 지방자치단체가 담당하는 수직적 분업관계를 볼 때, '현장에 답이 있'기 때문이다. 특히 대민 행정서비스의 경우에도 생산이나 공급방법에 대해서 다양한 아이디어가 활용될 수 있다. 예컨대, 서울시가 소유한 보라매병원의 운영을 서울대에 위탁운영하게 함으로써 질 좋은 의료서비스를 받도록 한다. 다양한 이해관계자가 있는 경우, 관료제적인 계층제도와 시장의 원리 중 비중을 달리하여 조합하거나, 두 가지를 동시에 결합하는 하이브리드 거버넌스도 가능하다(김필·임도빈, 2020).

지방자치단체는 또한 지역 경제를 활성화하기 위한 아이디어를 적극적으로 생각해낼 동기가 있다. 영월군 주사의 사례(윤견수, 2001: 143–160), 청보리밭 축제(임도빈 외, 2013), 순천시의 갯벌보존 및 순천만 정원박람회는 지방공무원이 낸 아이디어로 지역경제를 살린 성공 사례이다.

종합해보면 지방정부의 혁신성의 중심에는 지방자치단체 간의 경쟁심이 있다. 민주성과 효율성을 겸비하여 주민들에게 더 좋은 서비스를 제공하려는 지방정부 간의 경쟁은 지방자치옹호론의 핵심적인 근거이다. 이미 미국의 Tiebout은 주민들이 자신이 부담하는 세금과 지방정부에서 제공하는 복지 서비스를 비교하여 거주지를 이동한다는 가설을 주장하였다.

3. 재중앙 집권화

지방자치 실시 이후, 지방의 자치권을 신장시키는 개혁은 꾸준히 추진되어 왔다. 거꾸로 보면, 중앙정부의 지방에 대한 통제권은 점점 감소되어 왔다. 즉, 법적, 제도적 통제권은 약화되고 지방의 자율성을 성장시켜 왔다. 그러나 역설적으로 '돈'에 의한 통제는 더 정교화되고 있다.

국가, 즉 중앙정부가 특정 정책을 추진하기 위해서 지방자치단체에게 재원을 공동부담(co-finance)케 하는 방법이 점점 늘고 있다. 지방자치제 실시 이후 지방자치단체가 중앙정부의 통제에 과거와 같이 순응하지 않기 때문에, 간접적인 협조를 얻어 방법을 사용하는 것이다.

과거에는 전국에 획일적으로 지시했다면, 이제는 자치단체 간 경쟁을 시키는 방법을 많이 사용한다. 모든 지방자치단체에게 어떤 종류의 정책을 공고하고 응모케 한 후 이들 중 심사하여 선별하는 방법이다. 재원의 부담은 50:50으로 하는 방법도 있고, 어떤 조건을 충족시키면 일정한 액수를 지원하겠다는 방식으로 하기도 한다. 이를 국고보조금 사업이라고 총칭한다.

지방으로서는 국고보조금 사업이 재원을 확보하는 데 매우 중요하다. 특히 재정자주도가 낮은 지방자치단체에게는 국고보조금 사업을 통해서라도 자치역량을 보여줘야하는 필요성이 크다. 중앙정부의 각 부처는 사업의 목적을 세분화하고, 집행 후 평가까지 세밀하게 함으로써 관료제적 업무를 증진시키고 권력을 행사한다. 즉, 중앙집권을 유지하는 수단이면서, 자치단체에게는 자율성을 해치는 요인인 것이다.

더욱 주목할 점은 이러한 정책집행방법이 해가 갈수록 더욱 심화된다는 점이다. 중앙부처는 부처이기주의로서 새로운 사업을 경쟁적으로 늘려가는 경향이 있고, 지방자치단체는 이를 쉬운 돈(easy money)로 보고 무조건 많이 얻고 쓰려는 도덕적 해이가 있다. 국고보조금 사업의 연평균 증가율이 약 8%이고, 2,000개에 가까운 사업이 있다.

국회에서는 자기 지역구에 국고보조금 사업을 얼마나 가져오느냐에 관하여 의원 간 경쟁이 일어난다. 이 경쟁과 행정부에서 결정하는 보조금 사업경쟁 과정에는 지방 선출직들이 앞다퉈서 활동한다. 이들이 서울과 세종 출장이 잦은 이유이다. 정치적 투쟁의 과정으로서, 지역주민에게 인정받는 중요한 수단이 된다(장유미·하연섭, 2023). 보조금 확보를 마치 자신만의 업적인 양 지역에 현수막으로 홍보하는 관행이 보편화되는 것은 지방자치실현보다는 오히려 중앙의존성을 높이는 효과가 있다.

 제 3 절　직접민주주의

 주민참여의 양면성

1. 주민의 대표성

중앙으로부터 자율성 확보가 지방자치실시의 필요조건이라면, 주민참여는 지방자치의 실질적 실시를 위한 충분조건이라고 할 수 있다. 지방자치가 실시된 이후, 전자인 필요조건에 대해서만 많은 논의가 이루어져 왔다. 그러나 지방자치의 핵심은 직접민주주의에 있다. 직접민주주의는 주민의 참여가 없이는 불가능하다.

주민참여의 대표적 순기능은 대의정치(즉, 간접민주주의)의 한계를 극복하는 것이다. 특히 생활밀착형 지역 정책에서는 직접민주주의를 실현할 수 있다. 일방적 정책의 시행보다는 주민의 참여를 통해 정책순응을 확보할 수 있다는 장점이 있으며, 주민들에게 주인의식과 지역정체성을 심어줄 수 있다는 점도 지방자치에 있어서 주민참여의 긍정적 효과이다.

주민참여가 긍정적인 면만 가지고 있는 것은 아니다. 먼저 주민참여에 있어서 진정한 주민의 의사가 무엇이냐는 대표성의 문제가 있을 수 있다. 이는 전체 주민의 이익을 반영하는 것이 아니라 지역 내 특정 계층이나 소수 참여자의 이득을 반영하는 경우에 발생한다. 또한 주민참여가 활성화되면, 그에 따른 비용 문제와 더불어 정책과정상 더 많은 시간이 소요될 수 있다. 주민들 간에 합의가 제대로 이루어지지 않는다면, 갈등만 남고 현실은 변화되지 않을 수 있다.

실제로는 지방의회보다는 단체장에게 권한이 집중되고, 이러한 관계에서 단체장의 의지는 주로 해당 집행부 공무원에 의하여 좌우된다. 과거의 지방관료들은 중앙의 눈치를 주로 살폈지만, 이제는 지방정치의 장에서 중심적 역할을 수행한다. 지방관료, 일부 시민단체 대표 및 지방 매스미디어로 인한 '신(新) 철의 삼각관계'가 성립하기도 한다(임도빈, 2004). 중앙과 지방의 이런 고질적 특성으로 인해 대다수 주민의 참여로 이뤄져야 할 지방자치에 거꾸로 특정 계층의 이해관계가 결정적이라는 비판도 받는다.

2. 주민참여제도

지방에서 중요한 공공적인 문제에 주민이 참여하는 방법은 중앙정부에 관한 것과 유사하다. 주권자로서 선출직, 특히 단체장을 평상시에 견제할 수 있다는 점에서 정치적 효능감(political efficacy)을 제고하는 제도이다. 주민투표, 주민소송, 주민소환 등의 제도가 있다.

주민투표는 2004년 제정된 주민투표법에 의해 도입되었다. 이 법은 중앙정부와 지방자치단체장은 국가정책의 수립에 관하여 필요하다고 인정되는 경우나 주민에게 중대한 영향을 미치는 사안에 대해 주민투표를 시행할 수 있도록 하고 있다. 지역의 중요한 정책문제에 대해 주민들에게 1인 1표의 투표를 하게 하는 방식으로 직접 의견을 묻는 제도로서, 갈등이 이미 있거나 갈등이 예상되는 문제를 대상으로 할 수 있다는 장점이 있다. 지역주민들 간 갈등이 발생할 수 있는 사안, 즉 혐오 및 기피시설(NIMBY)의 설치나 행정구역 개편 등과 같이 민감한 사안에 의해 나타날 수 있는 갈등을 최소화하는 데 기여할 수 있다는 점에서 그 중요성이 높아져 가고 있다.

주민소송제도는 2006년부터 시행된 제도이다. 우선 지방자치단체장의 예산 낭비나 재정 관련 업무에 있어서 문제가 되는 부분에 대하여 일단 감사청구를 해야 한다. 그 감사청구가 만족스럽지 않은 경우, 법원에 소를 제기하는 특수한 행정소송이다. 지방자치단체의 재정 운용에 대한 자율적 통제나 지방의회에 의한 통제가 가지는 내생적 한계를 극복하기 위해 주민이 사후에 직접 통제권을 행사하는 제도이다.

주민소환제도도 사후적 통제제도이다. 선출직 공무원인 임기 4년의 단체장이나 지방의원이 제대로 임무를 수행하지 못할 때에도 임기가 끝날 때까지 기다려야 하느냐의 문제가 생긴다. 선출직의 경우 합법적으로 공직자를 강제로 자리에서 물러나게 할 수 있는 제도가 주민소환제도이고, 중앙정부의 탄핵 정도에 해당한다고 할 수 있다.

선출된 지방자치단체장과 지방의원이 지방정부와 지역주민들에 대한 높은 책임성을 갖도록 하는 예방적 효과가 더 중요하다. 역으로 선출직 공무원들에게는 직무 불안정성을 높일 수 있고, 정치적으로 악용될 여지가 있다.

주민의 직접 참여를 가능케 한 여러 제도는 실제로 잘 활용되지는 않는다. 주민소환제도가 실제로 작동하여 선출직을 주민의 힘으로 물러나게 한 사례가 없다. 지난 10년간 84건의 주민소환 시도가 있었고, 그중 8건에 대하여 실제 주민투표가 실시되었다. 단체장 소환을 위한 주민투표도 시도되었으나 최소 투표참가율 3분의 1 요건을 충족시키지 못해 모두 무산되었다.

3. 주민참여예산

주민참여예산제는 브라질의 포르투알레그리 시에서 시작한 것을 우리나라 울산시에서 처음 도입한 바 있다(임도빈, 2025). 참여 범위에 있어서 광의의 경우에는 예산 전 과정에 주민이 참여하는 방식이지만, 협의로는 편성 단계에 한하여 참여하는 방식이라고 할 수 있다. 현재 많은 지방정부에서 주민참여예산제도 운영조례를 제정하여 다양한 형태로 운영하고 있다.

이 제도는 지역주민들이 직접 예산과정에 참여하여 통제 권한을 행사할 수 있고, 자신들이 선호하는 정책에 예산을 반영할 수 있는 등 수요자 친화적인 제도라는 점에서 긍정적이다. 하지만 지역 내부에서 예산 배분을 둘러싼 이기주의적인 갈등이 발생할 수 있으며, 정치적 논리에 따른 자원배분이 이루어질 수 있다는 점이 단점이다. 주민의 대표성 문제, 즉 자기 지역에 유리하게 하는 소지역주의가 문제시된다(김인영·민기, 2022).

특히 지방의회만이 예산안 심의권을 소유한 정당한 기구인 데 비하여, 주민의 대표성이 없는 참여예산위원들이 예산을 실질적으로 결정하는 역할을 한다면 법리상에도 문제가 있다. 따라서 대부분의 경우, 전체예산의 일부만을 이 방법을 통하여 편성하고 있다.

Ⅱ. 적극적 주민참여

지방자치의 충분조건으로 주민참여를 확대하는 방안이 여러 가지로 고안되고 있으며, 행정의 방법이나 참여의 방법도 다양해졌다. Arnstein(2019)은 참여의 영향력을 기준으로 하여 8가지 형태로 나누어 구분한다. 조종(Manipulation), 교정(Therapy), 정보제공(Informing), 의견수렴(Consultation), 친화(Placation), 파트너십(Partnership), 권한위임(Delegated Power), 시민통제(Citizen Control) 등의 유형에 따라 참여의 정도가 달라진다.

주민참여가 없는 지방자치는 의미가 없다. 참여에는 적극적 참여와 소극적 참여가 있는데, 소극적 참여란 그 지역 문제에 대한 관심을 갖는 것이다. 지역 정체감도 없고, 그 공간에서 일어나는 공적인 일에 대한 관심 자체가 없다면, 심각한 문제이다. 적극적 참여는 일반주민이 주도권을 갖는 데에서 출발한다. 읍·면·동이란 구역에 정부가 만들어 활동을 하도록 하는 '초대된 공간'이 아니라, 자기의 일상생활의 문제를 스스로 인식하고, 집단적으로 해결하려는 공간을 만드는 것이 진정한 주민참여이다(윤영근, 2020).

지방자치는 '주민에 의한(by the citizen)' 것이어야 하지, 선출직에 의한 것이 되어서는 안 된다. 지방자치실시를 계기로 만들어진 공간에 단체장이나 지방의원들이 모든 권한을 독점하고, 주민은 존재하지 않는 것이 문제이다. 지방의회, 선거를 둘러싸고 중앙에서 발생하는 간접민주주의의 병폐가 그대로 지방에서 나타나게 하는 것도 바람직하지 못하다. 중앙정치의 주요 변수는 영·호남을 중심으로 한 지역주의이다. 영호남 갈등의 지역감정은 오랜 역사적 뿌리를 가지고 있으며, 특히 박정희 정권 18년 동안 이루어진 호남차별론에서 강화되었다(강명세, 2001; 온만금, 2003). 영호남, 충청, 강원 등 초광역 수준의 지역감정과 더불어, 기초자치단체 수준의 지역이기주의도 심화되고 있다.

민선 지방자치제도가 시작되고, 주민참여가 활성화되면서 자기 지역에 유리한 방향으로 정책을 이끌어 가려는 현상도 나타나기 시작하였다. 지역 간 건전한 경쟁관계를 넘어서 소규모 지역이기주의 양상으로 확대되어 가기도 한다. 정치인들은 지방의 문제를 중앙정치와 연계시키고, 여론호도용으로 악용하기도 한다. 모두 지방자치의 목적을 벗어나는 현상들이다.

지방자치는 일정 지역의 주민들이 '자기 구역에 관련된 공공의 문제'를 스스로 해결하는 것이지, 지역의 문제를 중앙의 문제와 연계시켜 투쟁하는 것이 목적이 되어서는 안 된다. 지방의 문제는 중앙의 문제에 비하여 상대적으로 주민생활과 직결되는 실질적인 문제들이다. 따라서 특정 정당이념과 연결되어 정치화되는 것보다는 '생활'에 초점이 맞춰져야 한다. 앞서 설명한 주민소환제 등이 중요한 것이 아니다. 이는 주민들의 절대적인 참여 부족에서 나온 문제를 해결하기 위한 보완적인 수단에 불과하다. 스위스에서 마을 총회와 같은 직접 참여를 기본의무로 하는 주민참여가 제도화되어 있는 이유를 생각해야 한다(임도빈, 2025).

지방자치는 중앙집권에 비하여 '주민참여'가 우선시되어야 한다. 이때 정치적 참여보다는 자원봉사 등 행정적, 실질적 참여가 더 중요하다. 단지 지리적으로 작은 구역에 국한되었을 뿐, 중앙정치의 갈등구조를 재생산하는 것은 바람직하지 않다. 특히 인기영합주의(포퓰리즘)가 흥행하는 중앙정치의 부작용을 모방하고 재생산하는 경향을 경계해야 한다(임도빈, 2004).

오히려 주민생활의 행복증진이라는 측면에서 획기적인 변화를 가져와, 거꾸로 중앙정치의 병폐를 시정하는 계기를 만드는 것이 더욱 중요하다. 시간활용 면에서 주민의 행복을 증진시키는 방향으로 나아가야 한다. 주민 없는 지방자치는 지방행정 과정에서 시간만 지체시키는 등 부정적 효과를 가져올 수 있다. 주민들이 팔을 걷어붙이고, 적극적으로 참여할 때 지방자치는 빛을 발하게 될 것이다.

제 4 절 자주적 지방자치

I. 새마을 운동

조선시대 향약과 두레가 있었다면, 6공화국에서 지방자치가 실시되기 이전에도 지방수준의 모범적인 자치제도가 있었다. 오늘날 많은 개발도상국에서 관심을 가지고 있는 새마을 운동이 그 예이다. 관이 아니라, 마을 단위에서 주민들이 주도한 공동체 지역개발 운동이다.

1. 개발의 선후문제

1970년대는 농촌에 여러 문제가 증폭되고 누적된 시기이다. 해방 이후부터 1960년대까지 대부분의 국민들이 배고픔에 시달리던 시대였다. 1차 산업이 국가 전체에 가장 중요한 상황에서 농업 정책 입안자를 괴롭히던 문제는 첫째, 생산성이 떨어지는 영세농 중심의 농업구조 개선, 둘째, 식량자급을 위한 쌀증산이었다.

배고픔에서 벗어나야 한다는 문제가 해결되지 않은 채, 박정희 정권의 경제개발계획이 서서히 그 성과를 드러내기 시작한 것은 1970년대이다. 급속한 공업화와 도시화로 인해 청년들의 이촌향도현상이 가속화되고 있었다. 농촌 노동력의 부족 및 고령화에 대비해서 농촌의 기계화 문제가 이미 1970년대 후반에 제기되고 있었다.

60, 70, 80년대로 갈수록 제때에 해결했어야 할 문제들이 모두 동시에 발생하고 누적되었다. 1970년대에 서울을 비롯한 거점도시 중심의 경제발전 정책으로 인한 농촌인구의 도시유입현상과 더불어 각종 도시문제도 심화되고 있었다. 특히 도·농 간의 소득 및 생활수준 격차, 거시경제구조상 1차 산업과 2차 산업 간의 불균등 발전 등의 문제가 새롭게 발생하였다. 압축적 근대화의 빠른 변화 속도가 농촌에는 동시에 작동하지 않은 문제였다.

거시경제지표에 나타나는 산업 간 불균등 발전과 거점도시 중심의 발전은 박정희 정부가 추구하던 수출 위주 경제개발정책이 피할 수 없었던 문제라고 볼 수 있다. 불균형성장론이 가진 시간상 선후관계의 문제이다. '선(先) 공업화 후(後) 농업발전'을 '선(先) 농업발전 후(後) 공업화' 정책으로 바꿀 수는 없기 때문이었다.

도시중심의 경제성장이 부산물로 남긴 농촌의 저발전문제를 어떻게 해결하느냐라는 중차대한 과제에 직면한다. 즉, 경제개발계획의 틀을 유지하면서도 도·농 간의 생활수준 격차해소를 어떻게 하느냐의 문제이다.

2. 새마을 운동의 시작

새마을 운동이라는 발상은 경상북도 구미, 청도지역에서 시작되었다. 농촌지역의 낙후된 생활환경을 마을 사람들이 스스로 개선하려는 노력이 새마을 운동의 시작이었다. 새마을 운동은 농촌재건사업 또는 농촌 근대화 사업으로 발전한다. 도로 포장 등 부족한 사회간접자본을 확충시키기 위해 1970년부터 시작된 정부 수준의 농촌개발정책도 뒷받침이 되었다. 민간 주도로 하였지만, 공무원의 역할도 있었다(엄석진, 2011). 특정 지역에 국한된 자발적 운동에서 그치지 않고, 중앙정부가 매우 독특한 방법으로 지원했다는 데 성공의 비결이 있다.

마을사람들이 모두 참여하는 진정한 주민자치가 시작점이었다. 특히, 앞으로도 계속 농촌에서 생활해야 하는 중년층, 부녀자 등 주민들의 참여가 돋보였다(임도빈, 2013). 정부(내무부)가 새마을 운동을 추진하는 방법은 아무 조건 없이 마을당 시멘트 500부대, 철근 1톤을 제공하는 것과 같은 자율성 원칙이었다. 어느 마을은 도로포장을 했고, 어느 마을은 마을회관을 짓는 등 자율적으로 물자를 사용하였다. 이러한 바탕 위에 정부 각 부처가 전기(상공부)와 전화(체신부)를 연결하고, 도로 등 사회간접자본을 개선하였다.

새마을 운동이 시작되던 공업화 이전인 1970년 당시 전체 취업인구 중 농촌의 고용률은 60%에 다다랐다. 또한 본격적인 이촌향도현상이 발생하기 전이라 농촌에 어느 정도 과잉 노동력이 존재하고 있었다. 이런 과잉 노동력의 존재가 새마을 운동으로 투입되어 새마을 운동 성공의 밑거름이 되었다. 이것은 이촌향도가 본격화되지 않은 1970년대이기 때문에 가능했다.

처음에는 마을 사람들이 초가집으로 된 마을의 길을 삽과 리어카를 가지고 넓히는 작업부터 시작했다. 결과적으로 1971년부터 1978년까지 건설된 농촌 도로의 총 길이는 85,851km이고, 이것은 마을당 2,601m가 건설된 셈이다. 이렇게 건설한 도로는 1980년대 농촌 기계화 정책을 추진할 때 큰 도움이 되었다. 농촌 사람들의 자조 노력으로 농가소득 역시 많이 올랐다. 물론 고미가(高米價)정책 덕택도 있지만, 결과적으로 1인당 소득이 1970년도의 824달러에서 73년 1,209달러, 75년 1,804달러, 77년 2,961달러로 70년에 비해 약 3.6배가량 증가하게 되었다.

3. 새마을 운동의 성공요인

새마을 운동은 마을 주민들의 공동체 의식 개혁에서 출발한다. 여기에 그동안 가난을 숙명으로 알고 있던 것에서 깨어나 '할 수 있다'는 자신감이 중요한 요소였다. 모든 주민이 일시에 이런 의식을 가진 것이 아니고, 새마을 지도자를 비롯한 몇 사람에서 시작한다. 이들이 다른 사람들을 동참시키면서 마을 단위의 운동이 된 것이다(임도빈, 2013). 정신혁명 후는 의식혁명을 통해서, 마을 주민들이 자발적으로

운동에 동참하여 노동력을 제공하였기 때문에 성공할 수 있었던 것이다.

　여기에 시간적 요인도 중요하게 작용하였다. 새마을 운동이 시작된 것은 '도시에 비해 낙후된 농촌'이 문제라는 인식이 있었기 때문이다. 1960년대에는 이런 문제의식을 가진 사람이 별로 없었다. 한편 1980년대에는 문제의식이 존재했다 하더라도 이미 이촌향도현상이 많이 진행되고 농촌의 노동력 부족과 고령화로 인해 새마을 운동에 투입될 노동력이 부족했을 것이다. 따라서 새마을 운동이 농촌에 아직 유휴·과잉 노동력이 남아 있던 1970년대에 진행되었다는 시간적 요인이 결정적 성공요인이었다.

　또한 새마을 운동의 핵심 부문이 도로 등 사회간접자본의 건설이었는데 여기에는 기존 주민들이 자신의 토지를 희사(喜捨)한 비율이 높았다. 마을을 위해 자신을 희생하는 공동체 정신이 있었던 것이다. 1970년대만 해도 농촌의 땅값이 평당 1,000원 정도의 수준에 머무르던 것이 1970년 후반부터 높아지기 시작해 1980년대에는 평당 10,000원 수준까지 높아지게 되었다. 과연 땅값이 오른 1980년대에 새마을 운동이 시작되었다면 주민이 땅을 희사하면서까지 성공적으로 진행될 수 있었을지 의문이다. 오늘날 극단적 이기주의 현상에서 볼 수 있듯이, 자신의 땅에 대한 보상 및 희사 거부 움직임이 발생했었을 수도 있기 때문이다.

　만일 새마을 운동이 1970년대에 발생하지 않았다면 1980년대부터 시작된 농촌 기계화 역시 어려웠을 수도 있다. 기계가 다닐 수 있는 도로 같은 인프라 시설이 없었기 때문이다. 새마을 운동은 인간, 기술, 사회가 상호작용하여 만들어 낸 복잡한 체계이다(노화준·노유진, 2013). 가난을 극복할 수 없는 숙명이라고 생각하고, 체념하고 게으른 삶에서, '무엇인가 해 보겠다'는 식의 사고의 전환에서 시작된 행동의 변화이다. 이들에게는 '느리게' 흐르던 시간은 '빠르게' 흐르는 시간으로의 변환이었다. 그것도 개인 차원의 변화가 아니라, 마을 단위의 집합적 변화였다. 이런 점에서 압축적 근대화의 물결 속에서 발생한 여러 문제에 대한 대처 방안으로서의 새마을 운동은, 개발시기 농촌의 환경에 적합하면서도 시의적절하게 실시된 지방자치운동이라고 할 수 있다.

　오늘날 많은 개도국에 ODA로 새마을모델이 수출되고 있다. 이 중 성공사례도 많이 생기고 있다. 이들 나라에서 스스로 지역 발전을 이뤄낼 수 있는 구조적 요건에 대해서 고민할 때이다. 여러 요인들을 고려하여, 시간적 선후관계에 입각한 접근을 해야 한다.

II. 생활자치로서 동네자치

지방자치는 자치단체라는 지리적 공간에서 주민들이 민주주의를 실험할 수 있는 곳이다. '민주주의의 학교', '공직자의 양성', '풀뿌리 민주주의'라고 할 수 있다. 국가 전체는 대중사회로서 익명의 사회이고 느슨한 사회조직인 반면, 자치단체는 지리적 단위가 작아짐으로써 공동체의식도 커지고, 익명성도 줄어든다.

그런데 기존 시·군·구라는 기초자치단체는 면적과 인구 면에서 볼 때, 직접 민주주의를 하기에는 너무 크다. 중앙집권적 전통을 가진 우리나라에 도입된 지방자치는 '단체장, 지방의원, 지방관료를 어떻게 통제하느냐'는 간접민주주의적 측면에 초점이 맞춰져 논의되고 있다. 진정한 의미에서 주민이 주체가 되는 직접 민주주의라는 요소는 결여되어 있다. 즉, 그들(공직자)만을 위한 지방자치가 아닌 주민들의 행복을 증진시키는 생활자치적 요소가 취약하다.

주민과 가까운 행정 단위인 읍·면·동에는 자문기구인 주민자치위원회가 있다. 읍·면·동 단위 주민센터에서 각종 교육프로그램, 복지서비스가 제공되고 있다. 이에 더하여 주민자치 및 실행기구로서 10~50명의 주민자치회가 구성되어 '풀뿌리' 자치를 시도한다. 그러나 실제 참여하는 인적 구성과 운영을 보면 여전히 '관'이 주도하고 '민'이 협조하는 관계가 대부분이다(송효진, 2024).

여기서 말하는 생활자치는 마을공동체, 근린자치 등으로 대표되는 말이다. 기본적으로 서로 얼굴을 맞대고 상호작용하는 면대면의 작은 규모의 생활공동체가 필요하다. 즉, 새마을 운동에서 찾아볼 수 있는 부락단위에서 주민들이 서로 알고 있는 정도를 말한다. 마을 주민들끼리 얼굴을 맞대고 공동의 관심사를 토론하고, 문제를 공동으로 해결하고 생산해야 한다. 주민들 각 개인의 일상생활이라는 시간의 흐름에 가장 가까운 단위의 자치가 중요하다.

정부의 재원이 전혀 소요되지 않고 자체적으로 해결하는 것이 진정한 자치이다. 예컨대 마음에 맞는 사람끼리 모여서 단독주택을 짓고, 아이들 방과 후에 서로 주민들이 번갈아서 아이들을 돌봐 주는 것, 마을 청소나 꽃길 가꾸기 같은 것을 같이 하는 것이다. 심지어는 기존 교육체제에 만족하지 못하는 사람들끼리 모여서 대안학교를 세워서 교육 서비스를 제공하기도 한다(구체적인 것은 이종수, 2015 참조).

이는 농어촌뿐만 아니라, 도시에서도 이뤄진다. 이를 '마을자치', '동네자치'라고 부르기도 한다(곽현근, 2022). 같은 곳에서 비교적 오래 사는 사람들이 중심이 되어 신뢰를 높이고 상호부조 하는 방식이다. 이런 것의 원형은 조선시대의 향약, 계 등을 들 수 있고, 외국의 경우에는 Ostrom이 사례연구한 바 있는 자율적인 거버넌스 체제를 들 수 있다. 이와 유사한 맥락에서 Fung(2015)은 미니공중(minipublic)이라는 개념을 사용하면서 마을 규모의 작은 자치단체에서 진정한 참여가 어떻게 정당성, 효율성, 정의실현에 기여하는지 설명한다.

중앙은 정치적 담론이 강조되는 상징정치가 많은 반면, 지방은 주민생활에 직결되는 생활행정이 많다. 우리나라의 경우, 지방은 국가가 위임한 사무와 지방의 고유사무를 모두 집행하는 집행기관의 성격이 강하다. 생활은 곧 말뿐만이 아닌 행동(action)을 의미한다. 고령화 사회, 사회 양극화 등 극심한 문제를 안고 있는 우리사회에서 주민생활에 실질적 변화를 가져오는 자치가 필요한 것이다. 지방에서는 정책기획보다는 정책집행이 강조될 수밖에 없다. 지방이 중앙정치와 행정의 축소복사판이 되어서는 안 된다(임도빈, 2004).

참고문헌

강명세(2001). "한국선거의 주요쟁점 : 지역주의는 언제 시작되었는가? 역대 대통령 선거를 기반으로". 「한국과 국제정치(KWP)」 17(2): 127-158.

곽채기(2005). "주민참여 예산제도의 기본 모형과 운영 시스템 설계 방안". 「한국지방재정논집」 10(1): 247-246.

곽현근(2022). "공공가치 창출을 위한 지방행정 혁신의 방향: 읍·면·동 '풀뿌리주민자치' 기반의 공동생산을 중심으로". 김명환, 강제상 (편), 「공공가치: 이론과 실제」. 213-238.

김인영·민기(2023). "주민참여예산의 본질과 변형". 「한국콘텐츠학회논문지」 23(4): 321-330.

김지영·길상혁·정문기(2022). "소멸위기 지방정부의 핵심생산가능인구 유입 영향요인에 관한 연구". 「한국지방자치학회보」 34(2): 211-236.

김흥희(2008). "협동 거버넌스 모형의 적용—부안 방폐장 선정과정 사례 분석". 「한국행정논집」 20(1): 47-76.

노화준·노유진(2010). "새마을운동의 추진논리와 발전전략의 재음미: 사회·테크놀로지·생활환경시스템의 통합시스템모형과 복잡적응적 시스템의 관점에서". 「정책분석평가학회보」 20(4): 269-299.

민기(2017). "제7장 지방조직과 좋은 행정". 임도빈(편). 「국가와 좋은 행정」. 서울시출판 문화원.

박순종·이승모(2021). "지방자치 부활이후 지방의회 의정활동에 대한 시계열적 평가". 「한국지방자치학회보」 33(3): 1-26.

박진우(2023). "한국 지방자치단체 통합과정 비교·분석-관료적 거버넌스를 중심으로". 「한국정책학회보」 32(2): 1-32.

샤플레·임도빈(2017). 「성공적인 올림픽개최를 위한 체육거버넌스」. 서울: 대한미디어

송효진(2024). "주민자치회의 성과와 영향 요인에 관한 연구: 자치역량의 매개효과를 중심으로". 「한국자치학회보」 38(3): 93-113.

심준섭(2008). "님비갈등의 심층적 이해". 「한국공공관리학보」 22(4): 73-97.

엄석진(2011). "동원과 참여 사이에서: 1970년대 농촌 새마을운동 과정에서의 지방공무원의 역할". 「한국행정학보」 45(3): 97-123.

온만금(2003). "한국 정당체계의 형성과 변화에 관한 이론(1948-2000) 지역주의, 선거법, 그리고 정당체계". 「한국사회학」 37(3): 6-157.

유재일·정상호(2009). "지방정치에서 정당정치의 위상과 과제". 「한국과 국제정치」 25(1): 149-177.

윤견수(2001). "약자의 설득전략: 어느 하위직 지방공무원의 개혁활동에 대한 현상학적 보고서". 「한국행정학보」 35(1): 143-160.

윤광재(2023). "우리나라 지방분권정책의 경로의존성에 대한 연구". 「한국행정논집」 35(1): 53-74.

윤영근(2022). "공적(公的) 공간으로서의 주민자치에 대한 소고". 「한국사회와 행정연구」 33(2): 23-43.

윤지성(2023). "지역주의 투표는 변화했는가?: 제14~20대 대통령 선거를 중심으로". 연구방법논총」 8(1): 1-26.

이선엽(2007). "갈등의 해결경로와 '제도의 생성': '부안군 사태'를 사례 연구". 「한국행정사학지」 20: 1-21.

이승종·김혜정(2018). 「시민참여론」. 서울: 박영사.

이정섭·지상현(2021). "역대 국회의원 선거구의 인구비례성에 대한 연구: 시·도 공간단위의 의석할당과 실제 지역구 의석수 비교". 「국토지리학회지」 55(3): 335-353.

이종수(2015). 「공동체: 유토피아에서 마을만들기까지」. 서울: 박영사.

이현우·이병관(2005). "부안 원전수거물 관리시설 유치쟁점에 대한 언론보도 프레임분석". 「언론과학연구」 5(3): 516-547.

임도빈(1999). "지방자치단체의 조직자율권에 대한 비판적 고찰", 「한국행정학보」 31(3): 3057-3071.

_____(2004). 「한국지방조직론」. 서울: 박영사.

_____(2013). "새마을운동의 성공요인: 행위자 전략분석법을 사용하여". 「새마을운동과 지역사회개발연구」 9: 73-105.

_____(2025). 「비교행정학」. 서울: 박영사.

임도빈 외(2013). 「공직사회의 낭중지추를 찾아서」. 파주: 법문사.

임도빈 외(2016). 「실패한 정책들」. 서울: 박영사

장유미·하연섭(2023). "국고보조금을 둘러싼 정치: 국회 예산심의 과정을 중심으로". 「한국행정학보」 57(4): 95-124.

정정길 외(2007). 「작은 정부론」. 부키.

조석준·임도빈(2016). 「한국행정조직론」. 파주: 법문사.

한국지방자치학회편(2010). 「한일 지방자치 비교」. 서울: 대영문화사.

한국지방행정연구원(2006). 「지방자치단체의 주민참여 수준 진단과 발전 방안」. 한국지방행정연구원.

Archon Fung (2015). "Putting the Public Back into Governance: the challenges of citizen participation and its future". *PAR* 75(4): 513–522.

Arnstein, S. R. (2019). "Ladder of Citizen Participation". *Journal of the American Planning Association* 85(1): 24–34.

자료: 8장 도비라(간지) 이미지-Erik Clegg/Shutterstock.com

9

돈에 관한 행정

모든 정부의 활동에는 재원이 소요된다. 정부라는 기계가 돌아가는 데 필요한 기름이 바로 돈이다. 돈에 관한 행정은 수치로 표시될 수 있기 때문에, 객관적이고 관리하기도 쉽다. 객관적인 통계자료를 제공하기 쉽기 때문에 성과 평가도 용이하고, 각국 정부를 비교할 수 있다는 장점이 있다.

행정부는 세금 등 여러 가지 방법으로 재원을 마련하여, 정책을 집행하고 국민들에게 서비스를 제공한다. 이러한 과정에서 여러 가지 지켜야 할 절차와 원칙 등이 있다. 특히 국민의 혈세인 정부의 돈을 다루는 과정에 관한 것이기 때문에, 부패나 낭비의 여지를 항상 경계해야 한다.

정부의 돈을 관리하는 활동에 관한 것을 연구하는 행정학의 분과가 재무행정론이다. 재무행정에서는 주로 예산(및 회계)과 재정문제를 다룬다. 예산은 가장 큰 경제주체로서 정부의 수입과 지출에 대한 계획이고, 회계는 국가의 지출을 통제하는 일련의 과정이다. 재정(public finance)은 정부가 돈을 사용하여 수행하는 모든 경제활동을 말한다. 매우 광범위한 개념으로 주로 재정학이라는 거시경제학의 이론에 의존한다. 돈은 관료와 정책대상인 국민들의 행태에 많은 변화를 가져온다. 예산론과 재정정책론 이외에 재무행정론에서 중점적으로 다뤄야 하는 분야는 회계, 세무, 감사, 조달 등이 있다.

제 9 장
돈에 관한 행정

제1절 나라의 살림

I. 정부재정의 중요성

1. 재정의 의미

어느 나라든 정부재정이 국가경제에 미치는 영향은 매우 크다. 우리나라 정부가 1년 동안 운용하는 돈주머니(즉, 총 지출예산액)에는 약 700조 원이 들어오고 나간다. 조 단위(1조=1,000,000,000,000)는 얼마나 큰지 짐작하기조차 어렵다. 쉽게 말해 인구 50만 명의 시민들에게 모두 200만 원씩을 나눠줄 수 있는 돈이다.

정부는 한국사회에서 매년 거액을 획득하여 다시 이 돈을 다 써버리는 가장 큰 소비자이다. 물론 이것은 과잉단순화한 설명이다. 왜냐하면 재정정책의 재원동원에는 국민들로부터 거둬들이는 세입은 물론이고, 국가채권의 발행, 차관의 도입 등 다양한 방법이 있기 때문이다. 또한 예산에 포함되지 않는 각종 사회복지기금(연금기금 등)같은 돈도 많이 있다. 여러 방식으로 정부는 한국경제에 직간접적으로 간여한다.

재정이란, 국가 혹은 지방자치단체가 필요한 재원을 획득하기 위해 통치권을 바탕으로 국민에게 명령하고 강제하는 작용과 그 재산을 관리하고 회계를 경리하는 작용을 의미한다. 국가의 강제력을 바탕으로 자본주의국가에서 사유재산제에 반하여 행사하는 '재정권력작용'과, 이 작용의 결과 형성되는 재산을 관리하는 '재정관리작용'이라는 두 가지 측면을 가지고 있다.

재정관리작용으로서 국가의 수입과 지출을 관리하는 데에서 「국가재정법」이 가장 기본이 된다. 「국가재정법」에서는 국가의 회계를 일반회계와 특별회계로 구분하고, 이외에도 세입·세출 외로 운영하는 기금을 두고 있다.

Musgrave에 의하면 재정의 3가지 중요한 기능은 첫째 자원배분의 효율성, 둘째 소득재분배를 통한 형평성 추구, 셋째 경제안정화이다. 자원배분의 효율성 기능은 정부가 재정을 통해서 시장실패로 인한 자원배분의 왜곡을 시정하는 역할을 의미한다. 정부의 소득재분배 기능이란 정부 재정에 누진세율을 적용한 각종 세입이 포함되고, 이러한 세입 중에 많은 부분이 사회복지 또는 농어민을 지원하기 위한 예산으로 사용되기 때문에 소득이 사회계층 간 재분배되는 효과가 있다. 마지막으로 정부는 재정정책(fiscal policy)을 통해서 물가안정화를 추구하고, 이는 경제의 안정성에 도움을 줄 수 있다.

정부는 재정정책뿐만 아니라 더 많은 수단을 가지고 국가경제에 중요한 행위자로 활동한다. 예컨대, 세입 및 세출에 의한 재정정책뿐만 아니라 금리조정, 외국 돈의 관리 등 금융정책을 통해서도 국가경제에 간여한다. 기준금리는 독립기관인 한국은행의 금융통화위원회에서 정하지만, 실제로 정부가 영향을 미치는 범위는 넓다.

심지어 사기업들이 부채를 갚지 못하는 문제에 대해서도 정부가 직간접적으로 간여한다. 국민경제에 미치는 영향이 크기 때문이다. 실제로 1997년 말 기업들이 외국에서 빌린 돈을 갚지 못하는 사태인 1차 외환위기 때는 우리나라 정부가 IMF로부터 돈을 빌리는 대신 IMF가 요구하는 조건을 받아들여 위기를 넘겼다. 그러나 IMF의 요구조건이 우리 실정에 맞지 않는 것이 많아 기업의 도산, 신용불량자 발생, 실업자 양산 등 희생이 발생하였다(임도빈, 2025b). 2차 외환위기인 2008년에는 정부가 적극적으로 대처하고 고환율정책을 일관되게 유지하여 OECD 국가 중 가장 빠르게 위기를 극복하였다. 실업을 줄이기 위해 정부가 예산을 조기 집행하여 경제위기의 쇼크를 최소화하고, 일본이나 중국과 서로 보유하고 있는 외환을 빌려주기로 하는 통화스와프협정을 맺었다(Im & Cho, 2010: 103-128). 행정이 학습을 한 것이다.

정부의 재정정책 및 경제정책의 중요성은 지금도 국가부도를 경험하는 남미 국가 등의 실패사례를 보면 더 분명히 알 수 있다. 대출이란 신용을 담보로 t_2 시점의 돈을 t_1에 빌려서 미리 쓰는 것이다. 이들 나라에서 정부나 기업이 부채상환 능력이 부족한 문제를 알면서도 정부가 적절한 시점에서 필요한 재정정책을 실시하지 않는 등 실정을 거듭했다. 국가부도에 이르면 산더미같이 쌓인 빚을 해결하기 위해, 공직자들의 임금을 삭감하고, 공공부문 구조조정을 하게 되는 등 치르는 대가가 크다.

2. 재정건전성

우리나라 정부와 각 행정기관의 한 해의 살림살이가 어떻게 이루어지는가는 예산서를 통해 알 수 있다. 예산(budget)이란 일정기간 동안의 정부의 수입과 지출에 대한 예정표이다. 특히 예산서의 지출내역을 보면 정부가 앞으로 어떠한 정책 분야에 돈을 얼마나 지출할 것인지를 보여 준다. 중앙정부 예산의 구체적인 내용은 열린 재정(통합재정정보 공공데이터포탈(www.data.go.kr))에서 볼 수 있고 행정안전부 지방재정 365(http://lofin.mois.go.kr)를 보면 잘 알 수 있다. 예산을 보는 데에는 몇 가지 관전포인트가 있다.

첫째, 예산의 규모가 얼마이거나 증가율이 얼마인가보다는, 재정상태가 얼마나 건전한가가 더 중요하다. 국가 재정을 운용할 때 세출(지출)과 세입(수입)의 균형 유지 및 국가 부채의 축소를 통해 복지 수요를 충당할 수 있는 상태를 재정건전성이라고 한다.

둘째, 나라의 빚을 의미하는 국가채무정도를 봐야 한다. 국가채무는 국가(즉, 중앙정부)가 직접 원리금을 상환해야 할 의무가 있는 확정채무를 의미하고, 국채·차입금·국고채무부담을 포함한다. 국가의 총 채무는 계속 증가할 것으로 보인다. 보통 국가채무액에는 금융당국의 채무, 공기업이나 지방자치단체의 채무는 포함되어 있지 않다.[1]

셋째, GDP 대비 채무비중이 상대적으로 낮다고 낙관해서는 안 된다. 시간적 관점에서 채무비중이 증가하고, 증가속도(speed)가 빠르면 상당히 위험하다.

재정건전성을 개선시키는 방법은 세 가지가 있다. 첫째는 경제성장으로 파이를 키우는 것이다. 둘째는 지출을 줄이고 효율적으로 집행하는 것이다. 셋째는 세금을 늘리는 것이다. 세수를 늘리는 것은 다른 방면에서 부정적 효과가 있다.

사실, 분류방식, 제도, 회계통계를 산출하는 방식의 차이 때문에 우리나라 국가채무 비율이 다른 나라에 비해 상대적으로 낮게 나오는 편이다. 통합재정수지에서 사회보장성기금 흑자와 공적자금 상황소요액을 제외한 수지인 관리대상수지를 봐야 한다. 여기에 공기업 및 지방자치단체의 채무까지 포함한다면, 비율이 올라가서 재정건전성이 얼마나 위협받고 있는지 알 수 있다.

 예산으로 본 정부활동

1. 예산의 기능

정부의 모든 활동에는 돈이 소요되기 때문에 예산서를 보면 그 활동의 내용

---

1 중앙정부가 좁은 의미에서 반드시 갚아야 할 돈을 '국가채무'라고 하는 데 비하여 이와 같이 넓은 의미에서 빌린 돈을 '국가부채'라고 한다.

을 알 수 있다. 예산 내역을 보면 정부조직을 운영하고 유지하기 위한 비용도 있고, 정부가 추진하고자 하는 핵심 사업에 대한 돈도 있다.

국회의 예산승인은 정부에게 조세를 징수하고 그 돈을 집행할 권리를 부여한다는 의미를 갖는다. 우리나라에서는 예산이 법률은 아니지만 의회에서 출석과반수 이상의 찬성으로 의결된 예산에 따라 집행을 해야 한다는 점에서 정부에게는 법률과 비슷한 구속력이 있다고 볼 수 있다.[2] 예산은 다음과 같은 세 가지 의미가 있다.

첫째, 정부가 예산을 통하여 시장에 개입하고 그를 통한 안정성 및 형평성을 추구한다는 점에서 경제적 기능을 가지고 있다.

둘째, 예산편성과정에서 다양한 이해관계자가 직간접적으로 참여하여 결정한다는 점에서는 정치적인 기능을 가지고 있다. 한 국가 내에서도 직종, 계층, 지역 등 국민들의 다양한 소속, 지위에 따라 수혜관계가 각각 다르기 마련이다. 이들 간의 합의를 이끌어 내는 것이 곧 정치이고, 따라서 예산을 집행하는 것 역시 정치활동이다. Wildavsky의 점증주의 견해가 이러한 정치적 기능을 중요시하는 견해로 볼 수 있다.

마지막으로 예산은 통제, 관리, 계획과 같은 행정적 기능을 가지고 있다. 재무행정론은 예산의 행정적 측면을 주로 연구한다. 이에 관하여 Rubin & Clynch(1983)는 '통제(control)', '관리(management)', '계획(planning)', '감축(cutback)'이라는 4대 원칙을 제시한다.

통제기능은 행정부의 자의적인 지출을 통제하기 위해 국회가 의결한 예산을 그대로 집행해야 한다는 원칙이다. 즉, 예산이 정해준 범위 내에서 지출을 해야 하고, 그렇지 않으면 제재를 받는다. 통제기능을 가장 잘 제도화한 것이 품목별 예산제도(LIBS)이다.

관리기능은 이미 승인된 행정목표를 세부적인 사업계획으로 구체화하고 그 집행을 위한 자원을 확보하는 과정으로, 성과주의 예산제도(PBS)가 이러한 관리기능에 초점을 둔 예산제도이다.

계획기능은 정부의 장기적 정책목표를 반영해야 한다는 원칙이다. 예산편성을 계획과 연결시키려고 노력한 계획예산제도(PPBS)가 이러한 계획기능을 가장 잘 제도화했다고 볼 수 있다.

---

2 프랑스와 같은 일부 나라는 예산서에 법(loi)이라는 지위를 부여한다. 법이나 예산이나 모두 국회의 승인을 얻어야 한다는 점에서 명칭으로 법적 지위를 부여하는지 여부는 크게 중요하지 않다. 예산의 집행 시에도 국회에서 통과된 예산 내에서 이뤄져야 한다는 점과, 특수한 경우에 융통성을 부여하기도 한다는 점에서도 양자 간 큰 차이는 없다.

마지막으로 감축기능은 재정적자가 가속되는 것을 막는 목적을 가진다. 영기준예산(ZBB)이 그 예이다. 많은 나라가 재정건전성의 문제를 갖고 있기 때문에 중요한 기능이다.

이러한 예산의 기능 중 중요하지 않은 것은 없으나, 예산제도의 변화는 이 중에서 어느 것 하나를 중요시하거나 부족한 기능을 보완하는 과정에서 이뤄져왔다.[3]

2. 정부활동의 내용

예산의 계획기능이란 그 해에 정부가 어느 분야에 돈을 많이 쓸지 미리 계획한다는 의미이다. 우선 국회에 제출한 예산안의 분야별 재원배분과 그 변동내역을 보면 차년도 정부가 원하는 정책의 방향을 알 수 있다. 가장 큰 규모를 차지하는 것은 보건·복지·고용 분야이다. 그 뒤를 이어 일반지방행정(교부세 제외), 교육, 국방, R&D의 순으로 이어지고 있다(구체적 자료는 공공데이터포털 참조).

또한 정부가 제출한 예산안에 대해 국회의 심의과정에서 어떻게 변화되었는지를 보면, 국회와 정부의 견해차이를 짐작할 수 있다. 역대 정부의 국회심의결과를 보면 증액된 분야와 감액된 분야가 서로 다르다. 각 시대에 의회가 해결해야 하는 문제를 보는 시각이 어떻게 다른가를 알 수 있다.

부처별로 예산 크기를 보면, 정부 내 부처 간 권력관계를 추측할 수 있다. 예컨대, Dunleavy의 관청형성이론에 따라 중앙행정기관을 분류하여 2008년부터 2015년까지 연평균 예산변동률을 보면, 서비스전달 관련 기관은 평균 3.9%, 이전·계약기관은 10.92%이고 통제기관은 17.4%로 변하였다(최태현, 2017: 407-408). 이 기간 동안 연평균 총예산변동률이 13.8%라는 점을 감안하면, 권력이 큰 기관일수록 얼마나 예산증가율이 높은가를 알 수 있다.

1년 예산보다는 수년간의 예산을 비교해 보면 예산의 장기적 계획기능을 알 수 있다. 과거에는 국방비의 비율이 상당히 높았으나, 이제는 복지예산의 비율이 30% 이상을 차지하고 있다. 복지 분야 지출 비율과 예산액이 급속하게 늘어가고 있다는 점에서 볼 때, 우리나라는 복지가 상당히 진전된 나라라고 할 것이다. 하

---

3 그 후, 쉬크(Schick, 1998)는 새로운 예산의 기능으로 총량적 재정규율(Aggregate fiscal discipline), 배분적 효율성(Allocative Efficiency), 운영상 효율성(Operational Efficiency)을 들고 있다. 총량적 재정규율은 재정건전성 유지를 위한 예산총액에 대한 통제를 의미한다. 배분적 효율성은 예산배분에 있어 정책 우선순위를 고려하여야 한다는 것으로, 지출대비 한계편익이 가장 큰 분야에 예산배분이 이뤄져야 함을 의미한다. 운영상의 효율성은 생산에 있어서의 효율성을 의미하는 것으로, 정부기관이 생산하는 재화나 서비스는 최소가격에 최대의 산출을 달성해야 한다는 것을 의미한다.

지만 국방 분야가 축소되었다는 것은 아니다. 지속적 경제성장을 해 온 우리나라 예산의 절대액수는 항상 증가해 왔다는 점을 고려하면 비중이 낮아진 분야가 위축되었다고 봐서는 안 되기 때문이다.

바람직한 예산의 요건

1. 예산을 통제하라

예산과정에서 예산 기관이 준수해야 소기의 목적을 이룰 수 있도록 지켜야 하는 근본적인 원칙이 있다. 예산의 원칙은 시대의 흐름에 따라서 통제(control)를 강조하던 전통적인 예산원칙과 재량(discretion)을 강조하는 현대적 예산원칙으로 나누어 볼 수 있다. 구체적으로 전통적 예산원칙은 다음과 같다.

- 공개성의 원칙: 예산은 모든 국민에게 투명하게 공개되어야 한다. 하지만 국가정보원과 같이 대외적으로 밝혀지면 국가에 부정적인 영향을 줄 수 있는 경우는 예외로 한다.
- 명확성의 원칙: 예산의 구조나 과목이 단순해서 일반국민들이 쉽게 이해할 수 있도록 해야 한다. 이 부분은 사실상 정도의 문제이다. 우리나라 예산의 경우, 보통 사람이 보면 그 양이 방대하고 내용이 복잡하여 이해하기 쉽지 않다.
- 사전의결의 원칙: 회계연도가 개시되기 전에 국회의 의결이 반드시 필요하다. 헌법에서는 국회가 회계연도 개시 30일 전까지 의결할 것을 명시하고 있다. 국회가 회계연도 개시 전까지 의결을 하지 못한 경우에는 의결할 때까지 전년도 예산에 준하여 정부가 예산을 집행할 권한을 부여하는 준예산제도가 있다.[4]
- 엄밀성의 원칙: 예산과 결산이 엄밀히 일치해야 한다.
- 한정성의 원칙: 예산은 원래의 목적, 시간, 금액의 범위를 벗어나서 집행되면 안 된다. 다만 예외적으로 융통성을 주는 제도를 두고 있다. 예산의 이용,

---

4 제1공화국에서는 가예산제도를 채택한 바 있고, 미국·일본·영국과 같은 나라들은 잠정예산을 사용하고 있다. 잠정예산은 최초 4~5개월분에 해당하는 예산지출 권한을 정부에 부여하는 것이며, 가예산은 그 사용기간을 1개월로 한정한다는 점에서 잠정예산과 차이가 있다.

전용, 예비비와 같이 목적범위를 벗어나서 사용하는 것을 인정하는 것이나, 이월·계속비와 같이 시간범위의 예외를 둔 경우와 예비비, 추가경정예산과 같이 금액의 범위를 벗어나는 경우를 인정해준다.

- 통일성의 원칙: 특정세입과 특정세출이 연계되지 않고, 모든 국가의 세입은 국고로 통일된 후, 그 다음에 이에 구속받지 않고 다양한 목적에 지출되어야 한다. 통일성의 원칙을 벗어나는 것으로 목적세와 특별회계 기금이 있다. 특별한 목적에서 세금을 거둔 후 그것을 그 목적에 쓰는 것이기 때문이다. 예컨대 교통세는 유류에 리터당 일정률을 부과하는 세금으로 교통인프라 개선에 사용된다.

- 단일성의 원칙: 예산은 하나의 회계 내에 정리되어야 한다. 즉, 여러 개의 장부에 기록하면 재정구조를 정확하게 파악하기 힘들기 때문에 단일의 장부에 기록해야 한다는 것을 의미한다.

- 완전성의 원칙: 모든 세입과 세출이 예산에 명시되어야 한다. 하지만 기금과 같은 경우에는 예산에 포함되어 기록되지 않기 때문에 이러한 완전성의 원칙의 예외로 볼 수 있다.

2. 제도발전: 자율성과 책임성

역사적으로 보면 과거 우리나라 예산은 전통적 원칙에 부합되었다고 볼 수 있다. 그러나 정부의 살림이 복잡해짐에 따라 예외가 생기기 시작하였다.

우선 다양한 예산이 부가되어 단일성의 원칙이 지켜지지 않게 되었다. 예산은 일반회계 예산만 있는 것이 아니고, 특별회계가 있다. 일반회계는 국민으로부터 매년 거두는 일반세입을 재원으로 하여, 일반적인 정부지출에 사용하는 것으로 예산의 근간이다. 일반회계와는 별도로 수입과 지출을 관리하는 것이 특별회계인데, 사업특별회계, 자금특별회계, 그리고 경리특별회계가 있다. 사업특별회계는 정부가 마치 기업과 같이 특정한 사업을 운영(철도사업 특별회계, 정보통신사업 특별회계, 조달사업 특별회계)하는 것이다. 자금특별회계는 특정한 자금을 보유하여 특정한 목적에 운용하는 것으로 일반회계에서 전입하는 경우 등 여러 가지 재원 조달방법을 사용한다(양곡관리 특별회계, 국유임야관리특별회계, 교도작업 특별회계, 군용시설 교외이전 특별회계). 경리특별회계는 특정한 세입으로 특정한 세출에 충당함으로써 일반회계와 구분하여 계리할 필요가 있을 때 법률로써 설치한다. 세입으로는 보통 목적세를 부가하는 경우가 많다(국가균형발전, 교통환경 개선 등).

다음으로 정부 총지출은 크게 예산과 예산 외의 공공재원인 기금으로 구분할 수 있다. 기금의 경우도 특정목적을 위해 특정자금을 운용한다는 점에서 예산 통일성의 원칙에 벗어난다. 기금은 특정한 목적을 위하여 특정한 자금을 신축적으로 운용할 필요가 있을 때에 법률로 설치하는 돈이다. 남설과 중복으로 인해 국가재정운용계획과 불일치할 가능성을 높이고 일반 회계에도 부담이며, 칸막이식 운영이 원인이 되어 부처의 기득권화를 유발하는 문제점을 안고 있다. 국회의 통제를 받기는 하나, 별도로 관리하고 융통성 있게 운용된다. 국민연금, 공무원연금 등 사회보험성 기금, 사업성 기금, 계정성 기금 등이 있다.

단일성의 원칙을 위반할 수 밖에 없다는 문제를 해결하기 위해, 통합재정제도를 도입하였다. 통합재정제도는 중앙정부의 일반회계, 17개 특별회계, 5개의 기업특별회계, 67개의 기금을 모두 포함하여 회계의 범위를 잡아 한 눈에 알 수 있도록 해준다. 나아가서 지방자치단체의 것도 포함하여 우리나라 전체의 재정규모를 알 수 있도록 하고 있다. 중요한 것은 이들 회계 간 거래가 이중 계상되기 때문에, 분류체계를 달리하여 정리한다는 점이다. 일반회계에서 기금출연을 하는 등의 내용은 통합재정에서는 자체지출로 가기 때문에 이중 계상되지 않는다.

둘째, 예산관리의 기본적인 관점의 변화이다. 보수적인 시각에 기반한 전통적 예산의 경직성을 탈피하기 위한 노력이다. 즉 현대적 예산원칙은 통제 중심적 예산이 경직성을 띠어 변화하는 환경에 대한 대처가 늦어지기 때문에 유연성을 확보하는 데 큰 중심을 둔다. 추가경정예산은 통제성(즉, 경직성)과 융통성이 예산이 추구해야 할 두 마리의 토끼인 것을 보여주는 예다.

셋째, 유연성을 부여하는 대신 계획된 예산이 경제적으로 집행되어야 함을 강조하는 '책임성의 원칙' 또한 현대에는 더욱 중요해지고 있다. 즉, 재량을 주는 대신 예산을 효율적으로 집행하여야 할 책임을 지우는 것이다. 나아가서 예산 관련 부서 간 상호협력과 수평적 의사소통이 필요함을 강조하는 '상호책임성의 원칙'도 있다. 성과책임과 '시민들의 참여'를 강조하는 예산원칙도 사용되고 있다.

이러한 현대적 제도의 발전은 통제를 중시하는 전통적인 예산원칙을 부정하자는 것은 아니다. 단지 전통적인 예산원칙을 지나치게 강조하게 되면 발생하게 되는 경직성을 극복하기 위해서 신축성과 재량을 부여하려는 목적이 있다. 다른 각도에서 보면 현대 사회의 예산의 원칙에서 실질적으로 중요한 것은 통제나 재량보다는 책임성(accountability)이라고 볼 수 있다.

Ⅳ. 예산제도의 변화

1. 예산제도에 관한 이론

돈에 의한 관리가 발달한 미국에서조차, 예산이론과 예산실무는 밀접히 접목되어서 발달하지 못했고 오히려 큰 괴리가 있었다(Rubin, 1990). 예산제도에 관한 이론은 시대적 필요성의 발달에 따라 단계별로 진화하여 왔다(이정희, 2010). 예산제도는 나라의 돈을 어떻게 하면 더 잘 쓰느냐라는 고민으로 끊임없이 진화하고 있다. 주로 정치적 요인이 바람직한 예산지출의 방해요인인데, 이를 해결하기 위한 방향을 다음과 같이 세 가지로 요약할 수 있다(Schick, 1998).

우선, 총량적 재정규율(Aggregate fiscal discipline)이다. 서로 분화된 예산들을 부분적으로만 통제하다 보면 전체를 보지 못하는 약점을 해결하기 위하여, 각 예산을 결합해 '예산총액'에 대해 통제하려는 것이다.

둘째, 배분적 효율성(Allocative Efficiency)이다. 제한된 자원을 가지고 효율적으로 예산을 배분하기 위해서 어떻게 하면 정책 우선순위를 포함시키느냐는 문제이다.

셋째, 예산운영상 효율성(Operational Efficiency)이다. 정책집행, 즉 정부 서비스의 생산에 있어서의 효율성을 제고하자는 것으로 돈의 가치(Value for Money)를 고려하려는 것이다.

이러한 방향의 예산이론의 발달과정을 보여주는 예산제도의 발달과정을 보면 다음과 같다.

예산제도의 시작은 품목별 예산부터라고 할 수 있다. 이는 도서구입비, 식비, 영화관람비, 교통비 등과 같이 지출할 품목별로 내용을 정리하는 방법과 같다. 정부가 하는 활동에 대해 통제하기 쉽고, 일반인도 이해하기도 쉽다는 장점이 있다. 예산을 품목별로 분류함으로써 각 행정기관이 사용하는 예산의 세부항목에 상한선을 설정할 수 있기 때문에, 지출을 통제하는 데 있어 가장 효과적인 분류체계이다(Shah & Shen, 2007: 139). 즉, 정부가 어떤 품목에 얼마를 지출하는지 일반국민들도 이해하기 쉽고, 앞으로 어디서 돈을 절약해야 할지를 처방할 수 있다는 점에서 전술한 통제의 원칙에 가장 부합되는 예산제도이다.

그러나 품목별 예산은 나무만 보고 숲을 못 보는 단점이 있다. 정부예산의 규모가 크고 활동이 다양하다는 점을 고려하면 이 단점이 얼마나 심각한지 알 수 있다. 예컨대 품목별 예산에서 볼 때, 자동차를 작년에 5,000대를 구입했을 때 올해 예산 절약을 위해 4,500대만 구입하는 것이 과연 바람직한가 의문을 제기할 수 있다. 구입용도가 고려되지 않았을 뿐만 아니라, 이 자동차를 사용함으로써 어떤 행정기능이 얼마나 향상되는지도 알 수가 없다는 문제이다.

따라서 품목별 예산에서 성과예산으로 변화하게 되었다. 정부예산이라는 것은 무조건 절약하는 것이 선이 아니고(부정적), 돈을 써서 정부의 목적을 달성해야 한다(긍정적). 목표를 설정하고 이를 달성하기 위해 돈을 쓰도록 예산을 편성하는 것이 성과예산제도이다. 미국 Clinton 정부에서 목표를 정하는 데 그치지 않고 오히려 집행단계에서 재량권을 부여하되, 그 집행 이후의 성과는 또한 엄격하게 통제하고 평가하자는 결과중심적 예산(result-based budget)이 한 예이다. 이 제도는 종전의 성과주의예산을 한 단계 더 끌어 올린 것이다. 이를 위해 복잡한 성과지표의 개발과 이에 따른 예산평가작업이 이루어졌다. 이는 예산을 어떻게 효율적으로 쓸 수 있느냐라는 관점에서 발달한 것이다.

한편, 모든 예산은 매년 전년도에 비하여 조금씩 증가하거나 감소하는 점증주의 예산의 특성을 가지고 있다. 문제는 잘못된 예산이라도 과감히 삭제하지 못하고 누적시킬 위험성이다. 여기에서 작년도 예산이 기준점이 아니고 처음부터 다시 검토하자는 영기준예산제도(ZBB)가 등장한다. 영기준예산제도는 예산결정이론이라는 측면에서 합리주의 혹은 총체주의의 정신에 부합하는 것이다.

예산의 종류

1. 품목별 예산(line-item budgeting): 품목(item)별 분류를 기반으로 예산을 운용해 나가는 제도이다. 이는 정부가 구입하는 재화와 서비스를 중심으로 예산을 분류하는 방식이다.
2. 성과예산(Performance Budgeting): 사업의 목표를 설정하고, 이러한 목표를 달성하는 데 소요되는 비용을 기준으로 예산이 편성된다. 예산집행의 과정에서 각 사업별로 수행된 과업과 성과를 측정하여 관리한다.
3. 계획예산(Planning-Programming-Budgeting System: PPBS): 계획(plan)과 사업(program), 그리고 예산(budget)을 연결시키는 제도이다. 먼저 정부활동의 목표를 설정한 후, 이 목표달성을 위한 계획을 수립하고, 이러한 계획을 구체화하여 집행할 수 있는 프로그램을 만들고, 이에 따라 예산을 편성한다. 마치 정책분석에서 하듯이 정부의 목표달성을 위한 대안들을 체계적으로 분석한다.
4. 영기준예산(Zero-Base Budgeting: ZBB): 조지아주 주지사였던 Jimmy Carter가 주정부에 이를 도입하였고, 그가 대통령에 취임한 후 연방정부에도 도입한 바 있다. 원칙적으로 모

돈 정부사업과 예산항목을 원점(zero base)에서 재검토하는 예산제도이다. 의사결정론에서 하는 합리모형의 예산의 적용이라고 보면 된다. 그런데 실제로 이런 원칙대로 하는 것은 불가능하기 때문에 실제로는 예산배분의 최소 수준을 제시하고 이 수준을 초과하는 예산에 대해 집중적으로 예산을 검토한다.

5. 결과 중심적 예산(results-oriented budgeting): Clinton 정부에서 도입한 것으로 예산을 편성할 때부터, 얼마만큼 돈을 써서 '무슨' 결과(result)가 나올 것인가를 계량적 지표(performance indicator)로 제시한다. 예산의 집행단계에서는 가급적 재량권을 부여한 후, 평가단계에서는 목표로 제시했던 성과지표를 달성했는가를 평가하여 그 결과에 따라 책임을 지게 한다.

2. 재정문제와 예산제도

대부분의 나라가 정치적인 이유로 지출을 증가시켜 재정적자가 누적되는 문제에 허덕이고 있다. 미국의 예산도 예외는 아니어서, 어떻게 하면 예산을 감축하는가에 많은 관심을 갖는다. 균형예산을 이루기 위해 일정액수의 지출을 줄이지 못할 때, 연방정부는 문자 그대로 문을 닫고(Shut down) 최소한의 운영만 하는 세퀘스터(sequester)가 드물지 않게 벌어져 행정에 큰 영향을 미치는 것을 보면 그 심각성을 알 수 있다(Resh et al., 2023; 임도빈, 2025a).

우리나라의 예산제도도 미국의 제도변화를 모방하였다. 이미 박정희 정부 때부터 성과예산을 도입하려고 하였다. 김대중 정부인 1999년 IMF 구제금융을 받을 당시 정부의 효율성을 높이기 위해 기획예산위원회가 결과중심주의 예산제도를 도입하였다. 전략목표, 중간목표, 성과목표, 그리고 성과지표 등을 제시토록 하는 것이었다. 예산을 마치 '목표관리제(MBO)'와 같이 관리하는 것이어서 실제로는 상술한 성과예산에 가까운 것이다. 하지만 이는 미국의 GPRA(Government Performance and Result Act, 1993)를 모방한 것으로 많은 노력이 필요한 작업이어서 무늬만 도입한 것이라는 비판을 받았다. 결과적으로는 성공하지 못하였다.

2003년 노무현 정부는 성과관리 제도 등 재정개혁을 추진하였다. 그럼에도 불구하고 기본적인 아이디어는 종전의 성과예산 제도와 비교하면 크게 다르지 않았다. 미국 Clinton 정부의 결과중심주의 예산과 좀 더 유사한 것이 되어 복잡해진 형태였다. 그리고 주로 주요 재정사업에 대해 이 제도를 적용한다는 차이가 있을 뿐이다. 우리나라에서는 여전히 예산의 효율성에 대한 많은 문제점이 지적되고 있다.

그러나 예산이론과 예산의 배분이 항상 좁은 의미의 '효율성과 경제성'이라는 경제학적 시각에 국한되서는 안 된다. 어차피 희소한 자원을 권위적으로 배분하는 것이 정치(politics)라고 한다면, 예산이야말로 이러한 정치과정의 주 협상 대상물이 된다. 따라서 민주주의라는 입장에서 정치적 협상이란 시각에서 연구할 필요도 있다.

조직론에서 발달한 쓰레기통 모형을 응용하여 Kingdon이 정책의 창 이론을 만들었듯이, Rubin(1990)은 실시간 예산(Real Time Budgeting)모델을 만들었다. 루빈은 세입에서의 흐름, 세출에서의 흐름, 예산균형 흐름, 예산집행의 흐름, 예산과정의 흐름이라는 다섯 개의 흐름으로서 예산결정의 기회를 설명한다. 이 다섯 개의 흐름에 관련된 각 행위자들은 각각 그 흐름 속에서 기한(deadline)을 고려하여 특정 순간(real time)에 의사결정을 한다는 것이다. 이런 정치적 의사결정이 바로 예산결정이다.

3. 예산과 계획 간의 관계

대부분의 정부활동에는 돈이 필요하기 때문에 예산편성은 가장 정확한 계획(planning)활동이라고 할 수 있다. 문제는 정부활동의 계획이라는 것이 암묵적이든 명시적이든 예산과는 별도로 이뤄지는 경우가 많다. 예컨대, 대통령 선거 시 표를 얻기 위한 선심성 공약내용은 당선되면 달성하겠다는 계획이다. 그런데 이것이 예산에 반영되지 않는다면, 공약(公約)이 공약(空約)이 될 수밖에 없을 것이다.

우리 정부 내에서는 각종 계획이 수립되고 있다. 원래 박정희정부의 경제개발 5개년계획도 처음에는 예산과 따로 수립되었다. 중반기 이후에는 예산을 편성할 때 반드시 5개년계획 안에 있는 것임을 조건으로 했다. 예산과 계획이 연계될 때 계획이 힘을 발휘하는 것을 늦게나마 인식했기 때문이다.[5] 이후 각 부처에서는 부처별로 크고 작은 계획을 양산하게 되었다. 계획을 전적으로 담당하는 부서도 있다. 정부에 따라 부서의 명칭이 바뀌기는 하지만, 기획담당관, 기획조정실 등이 그것이다. 이와 같이 미래의 불확실성에 대한 대비책으로서 계획이 존재하고, 또한 필요한 것이다.

---

5 미국에서 예산을 계획과 연결시키려는 노력이 1965년 존슨 대통령이 도입한 계획예산제도(PPBS)이다. 계획뿐만 아니라, 좀 더 구체적인 정책, 즉 프로그램까지 연결시키려는 노력이다. 여기에는 비용/편익분석(B/C) 등의 기법이 뒷받침되어야 한다.

용어 정리

　기획과 정책은 유사한 개념이고, 적어도 행정기관 기준으로 본다면 양자가 서로 같은 방향으로 가야 한다. 영어의 Planning을 기획이라고 번역하기도 하고, 계획이라고 번역하기도 한다. 미래에 대한 대비를 한다는 측면에서 크고 작은 계획을 만드는 '활동'은 '기획(planning)'이라고 한다. 그러나 기획활동을 통해 만들어낸 문서(plan)를 '…계획'이라고 하지 '…기획'이라고 하지는 않는다. 현상으로서 보면 기획과 정책은 동일한 것이며, 다만 쓰임새, 즉 용도 차이가 있다. 그 이유는 기획과 정책이 모두 목표 설정과 그 목표 달성을 위한 수단, 그리고 목표와 수단과의 인과관계에 초점을 두고 있기 때문이다(신무섭, 2014: 284). 기획을 미래를 생각하는 종합적 행정기법으로 보는 시각도 있다. 이들은 전략적 기획(strategic planning)이란 개념을 사용한다(John M. Bryson, 2011). 또한 기획보다 정책을 상위 개념으로 보는 입장과 하나의 기획에도 여러 개의 정책이 포함될 수 있다는, 정책보다 기획을 상위 개념으로 보는 입장이 있다.

　계획에는 여러 가지 종류가 있다.

　계획 기간을 기준으로 보면 장기계획, 중기계획, 단기계획이 있다. 보통 행정기관에서 장기계획은 10년 정도를, 중기계획은 3년–5년 정도를 의미한다. 1960년대 이후 추진한 바 있는 경제개발 5개년계획은 중기계획인 셈인데 대표적인 성공사례이다. 단기계획은 1년을 지칭하는 것으로 사실상 1년 예산을 편성할 때 녹아들어가 있다.

　특별한 정책 분야에 별도의 계획을 수립하기도 한다. 경제계획, 사회계획등의 이름으로 대부분의 부처가 상술한 기간별 계획과 결합하여 수립된다. 특히 인구감소와 같이 중요한 문제가 있지만, 하루 아침에 해결하기 어려울 때 계획을 수립함으로써 해결하고자 한다. 그러나 정권이 바뀜에 따라 계획의 추진이 동력을 잃는 경우가 많다. 관료들이 지속적 추진을 할 수 있는 경우에 효과가 나타날 수 있다.

　계획의 수준에 따라서 발전계획, 부문계획, 사업계획, 세부사업계획으로 나눌 수 있다(신무섭, 2014: 208). 발전계획(development plan)은 바람직한 변화를 이루기 위해 모든 분야를 포괄하는 총괄계획(comprehensive plan)을 의미한다. 1962년부터 우리나라에서 추진한 바 있는 경제개발 5개년계획이 대표적인 예로, 정부 전체라는 차원에서 자원을 전략적으로 배분하는 데 적합하다. 발전계획을 모든 분야를 포함하는 총괄적 계획이라고 한다면, 부문계획(sectoral plan)은 경제·재정·사회·교육·농업·과학기술 등의 정책부문 계획을 의미한다. 발전계획이 부문계획과 잘 연동이 되어 있어야, 추진하는 주체인 부처들의 업무가 같은 방향으로 나아갈 수 있다. 사업계획(program plan)은 부문계획보다 더 구체적인 것이다. 사업계획보다 더 구체적인 것이 세부사업계획(project planning)인데, 실제 집

표 9-1 | 계획의 비교

요소 계획종류	목표 수준	담당 기관	관심 대상	예시
발전계획	발전목표	중앙기획기구	가치, 규범	경제사회발전 5개년계획
부문계획	부문목표	각 부처	가치, 전략	보건의료 부문, 과학기술 부문계획
사업계획	사업목표	해당 국	전략, 관리	보건계획, 도시계획, 교통계획
세부사업계획	세부목표	해당 과	목표, 관리	시장현대화 계획, 영세민대책

출처: 신무섭(2014: 291).

행하기 위한 구체적인 행동계획(action plan)이다.

계획을 수준별로 나누는 것은 그 종합성과 구체성이라는 기준이지만, 실제로 이를 추진하는 주체가 계서제적 행정조직도표상 다르기 때문이기도 하다. 발전계획은 대통령 수준, 부문계획은 각 부 장관 수준, 사업계획은 '국' 수준, 세부사업계획은 '과' 수준에서 담당한다. 물론 대통령이 직접 계획을 집행하는 일은 거의 없으므로 가장 중요한 것은 최하위단위인 세부사업계획(즉, 과장 수준)이다. 전체와 부분 간에 목표-수단 관계가 분명하게 연결되고 아울러 예산과의 관계가 분명하면 할수록 그만큼 높은 성과를 낼 수 있다.

하지만 부처이기주의가 커다란 장애물이다. 각 부처가 정책분야별로 조직되어 있기 때문에 예산이 부문계획에 의해 이뤄져도 전체를 볼 수 없거나 중복되는 것을 막지 못한다는 한계가 있다. 여기에 부처이기주의 문화까지 더해지면 예산의 효율성과 효과성은 심각히 저하된다. 이러한 문제를 극복하기 위해 도입한 것이 여러 부처가 관련되는 사업의 책임 부처를 지정하는 프로그램 예산이다. 오래전에 프랑스 정부가 도입한 바 있고 우리나라도 2007년부터 시도하고 있다.[6]

예산수립도 문제이지만, 실제 예산을 책임지고 집행하게 하는 것이 성공의 관건이다. 예컨대 기존에는 과학기술부문계획의 경우, 과학기술부 장관의 조직 내부에만 국한되었다. 그런데 실제 과학기술부문은 대학의 연구활동(교육부), 산업부 등 다른 분야에서도 정책이 추진된다. 부처의 경계를 넘어선 부문별 예산을 수립하고, 그 단위별로 책임장관을 지정하여 '프로그램별' 예산을 수립하고, 이를 다시 구체화시키는 하위단위의 예산을 수립하는 것이다.

---

6 여기서 말하는 프랑스의 program예산은 신무섭 교수의 부문계획(sectoral plan)의 수준을 의미한다. 이는 부처 간 칸막이를 벗어날 수 있다는 장점이 있다.

제2절 예산의 주기성

I. 예산과정

1. 회계연도

정부에서 돈을 사용하여 하는 활동은 시작과 끝을 나타내는 시점이 필요하다. 수입지출상황을 명확히 하고 재정을 효과적으로 통제하기 위해 설정된 일정기간을 말하는 회계연도라는 개념이 등장하는 이유이다. 예산의 유효기간을 뜻하는 회계연도는 대개 1년으로 하고 있는데, 이는 편리함 때문이지 과학적 법칙은 아니다.

회계연도는 나라마다 다르다. 한국은 달력의 한해를 중심으로 1월부터 12월까지를 1회계연도로 하고 있다. 반면에 미국은 10월부터 이듬해 9월까지가 1회계연도이고, 일본의 경우는 4월 1일에 예산회기가 시작된다. 이처럼 회계연도는 그 출발시점은 다르지만 기본적으로 1년을 단위로 하고 있다는 점은 같다.

예산에 관한 정부 내 활동은 회계연도를 기준으로 일정한 주기를 가지고 반복되는 특성이 있다. 이렇게 반복되는 일정한 주기를 예산주기 또는 예산순기라고 부른다. 예산주기는 하나의 시점에서 여러 개의 주기가 동시에 진행되고 있기 때문에 중복되어 있다. 이것은 그 나라의 법률에 의해 규정된 것으로 인위적 제도이다.

다음 〈그림 9-1〉은 우리나라의 예산순기를 구체적으로 나타내고 있다. 예산과정은 예산의 편성·심의 및 결정과정과 집행과정, 그리고 결산과정으로 구성된다. 올해 편성된 예산은 내년에 집행되고 내후년에 결산심사를 받게 되기 때문에 하나의 예산을 기준으로 한다면 예산과정은 3년으로 볼 수 있다. 정부의 입장에서 보면, 어느 해(A0)에는 다음해인 A+1년 예산을 편성하고, A-1년에 국회가 결정한 A0년 예산을 집행하고, 전년도인 A-1년도에 예산사용을 완료한 부분에 대한 결산을 하게 된다. 가을에 열리는 정기국회의 경우는 A+1년도 예산에 대한 심의와 A-1년도 결산심의를 동시에 하게 된다.

그림 9-1 Ι 예산순기

2. 세입예측

예산순기가 시작하기 전에 제일 필요한 것은 과연 내년 국가재정에서 수입이 얼마나 될 것인가라는 정보이다. '돈을 어떻게 쓸 것인가'를 결정하기 전에 '과연 수입이 얼마인가'를 아는 것이 필요하기 때문이다. 하지만 세입이 얼마나 될 것인가를 예측하는 것은 내년도 경기예측 이상으로 매우 어려운 작업이다.

세입을 예측하는 방법은 몇 가지가 있다(윤영진, 2014: 331-336).[7] 첫째, 추세분석(trend analysis)은 과거의 정보를 분석하여, 미래에도 비슷한 경향이 계속될 것이라고 보고 세입액을 구하는 것이다. 둘째, 시계열분석(time series analysis)

---

7 대체로 정책분석에서 사용하는 방법을 여기에도 사용할 수 있다.

은 추세분석보다 좀 더 정교한 계량적 방법이다. 미래치는 단순히 과거의 연장선일 뿐만 아니라 이에 더하여 계절요인, 순환적 요인, 그리고 오차요인으로 구성된다. 셋째, 회귀분석모형은 세입에 미치는 여러 독립변수를 선정하여, 회귀방정식을 만든 후 통계적으로 유의미한가를 판단한다. 보통 세수(稅收)에 영향을 미치는 변수로서 GNP, 비농림어업 GNP, 민간소비지출, 최종소비지출, 설비투자, 수출, 수입 등을 사용한다. 넷째, 계량경제모형은 그 나라의 경제의 종합적 현상과 관련된 것으로 보고, 그 경제에 작용하는 내생변수와 외생변수 간의 관계를 통하여 추계하는 방식이다. 마지막으로 모의실험 방법이 있는데, 이것은 미시적 자료를 가지고 시뮬레이션모델을 만들어 추산하는 방법이다. 이외에도 머신러닝을 통한 기법도 활용될 수 있을 것이다(정일환, 2021).

이들 방법은 그 정확도에서 차이가 날 뿐만 아니라, 실제로 활용하는데 소요되는 비용 면에서도 차이가 있다. 대체로 정확도를 높이려면, 그만큼 비용이 많이 드는 비례관계가 있다(〈그림 9-2〉 참조). 세입예측액이 실제보다 크면 적자예산이 되고, 그 반대이면 잉여액이 발생하는 문제가 생긴다. 예측이 정확해야 하지만, 현실적으로는 차이가 나기 마련이다. 다만 이 액수가 너무 크면 예산지출의 효율성을 저해시킨다는 점을 고려해야 한다(하연섭, 2022: 131).

그림 9-2 ㅣ 예측방법의 비용/정확도

출처: 윤영진(2010: 341).

Ⅱ. 예산의 편성

1. 전통적 예산편성 방법

예산의 편성은 예산과정의 시작점이다. 행정부 내에서 각 행정관서가 내년에 어디에 돈을 쓸 것인지 용도를 공식화하는 것이다. 국회에 제출할 예산안을 행정부 내부에서 정하는 것이 예산편성 과정이다.

국회에 제출할 예산안편성은 정부의 전체 예산의 규모를 조정하고 재정운영 계획을 확정하는 것이기 때문에 매우 중요하다. 미래를 예측한다는 점에서 예산편성과 기획은 상호 깊은 관계에 있다. 예산편성의 과정 면에서 볼 때, 각 부처로부터 시작해서 중앙예산기구로 올라가는 상향식 예산결정과정(bottom-up)과 중앙예산기관이 예산편성의 주도권을 가지고 위에서부터 순차적으로 예산액을 결정하면서 각 계층에서 주어진 액수 범위 내에서 예산을 편성하도록 하는 하향식 예산결정과정(top-down)이 있다. 우리나라는 상향식 방식을 택하고 있으나, 실질적으로는 하향식으로 이뤄지는 측면을 가지고 있다.

우선 하향식으로 내년 세수입이 총 얼마나 될 것인가 추계가 되고 나면, 예산부처(기획재정부)는 각 부처가 참고하여야 하는 가이드라인을 서술한 '예산안 편성지침'을 행정관서에 내려 보낸다. 예산편성과정의 시작은 예산요구서의 작성이다. 예산편성단계에서 각 행정기관 내부에서는 예산담당부처(즉, 기획재정부 예산실)와 각 부처 간의 게임이 이뤄진다. 각 부처는 지출예산액을 가능한 많이 확대하려는 전략을 추구한다. 돈이 곧 그 조직의 활동을 진작시키기도 하고 위축시키기도 하기 때문이다. 각 부처는 특정사업의 타당성을 강조하고 부처의 고객집단을 활용하여 예산담당부처로 부터 신뢰를 확보하려고 한다.

이러한 보편적인 전략과 함께, 각 부처는 대통령이 관심 있는 사업을 개발하여 예산을 획득하려는 방법, 정치적으로 지지도가 높은 사업의 우선순위를 지지도가 낮은 사업보다 낮은 우선순위에 둠으로써 모든 사업예산을 확보하려는 방법, 부처가 우선적으로 추진하고자 하는 사업의 경우 초기에는 적은 예산을 할당하여 저항을 극복한 이후 이를 점차 확대하는 방법, 사업내용의 계량화와 B/C분석과 같은 기법을 사용하여 타당성을 입증하려는 방법과 같이 상황에 맞게 다양한 전략을 추진한다. 이러한 방법 이외에도 비공식적으로 학연·지연을 이용해 영향력을 행사하거나, 언론매체를 이용하고, 기관장의 정치적 역량을 활용하는 방법을 사용하기도 한다.

중앙예산기구인 기획재정부(예산실)는 '삭감전략'을 추구한다. 특히 과거에는 각 부처가 예산을 요구하게 하고, 예산실이 이를 깎는 bottom-up 방식이었다. 그래서 각 부처는 아무리 정직하게 해도 어차피 예산실 심의에서 삭감될 것이라 예상하였기 때문에 일단 필요액보다 많은 예산을 요구하는 경향이 있었다.

2. 하향식 예산편성 방법

각 부처는 예산을 부풀리고 예산실은 대폭 삭감하는 기존의 예산편성 방식이 낭비적이라는 문제의식하에 2005년부터 예산실에서 각 중앙관서에 배분가능한 최대 예산액수를 정해서 알려주고 이를 기준으로 각 부처가 예산을 요구하는 예산총액배분 자율편성제도, 즉 top-down 방식을 도입하였다. 재정적자를 줄이기 위한 취지에서 생긴 것으로 총액 내에서 예산을 편성하기 때문에 정부예산의 증가를 막을 뿐만 아니라, 각 중앙행정기관이 자율적으로 예산을 편성한다는 장점이 있다(Blondal, 2003).[8]

이러한 Top-down제도는 과거의 bottom-up제도보다는 총액 내에서 계층을 내려오면서 순차적으로 예산액을 정한다는 장점이 있지만, 실제로는 예산게임상 변화는 없다. 하부단위에 가용한 액수를 내려주는데 예산실이 사실상 각 행정기관의 세부사업까지 간여하는 행태가 계속되고 있기 때문이다.

중앙예산기구는 각 부처에게 예산총액 및 특정 사업의 금액을 미리 할당(fixed-ceiling)하는 전략, 부처의 총액한도는 제한하지만 개별사업에 대해서는 제한을 두지 않는 방법(open-end budgeting), 업무량 및 단위 원가를 결정하여 이를 토대로 예산안을 산정하는 방법, 전년도에 대비하여 증액된 항목만을 대상으로 사정을 하는 방법, 부처에게 사업 간의 우선순위를 명시하도록 하고 이를 반영하는 전략 등을 사용한다.

예산편성 단계에서 중요한 것은 예비타당성조사이다. 예비타당성조사는 엄격히 말하면, 예산편성 이전의 단계에서 필요한 것이다. 기존의 돼지(porkbarrel)식 예산증액 게임에서 생기는 예산 낭비와 사업 부실화를 방지하고 재정운영의 효율성을 높이기 위해 1999년 도입된 제도이다.

총사업비 500억, 혹은 국가재정지원 예산이 300억 원 이상인 건축토목 등 신규사업은 예비타당성조사 대상이다. 여기에는 국가직접시행사업, 국가대행사업,

---

8 우리나라는 이 새로운 제도를 도입하면서, 각 부처의 자율적 예산편성능력을 향상시킨다는 명분하에 각 부처의 과장급인 예산담당관을 국장급인 재정기획관으로 승격시켰다. 이면에는 관료팽창 경향도 엿볼 수 있다.

지방자치단체보조사업, 민간투자사업 등 정부 재정지원이 들어가는 모든 사업이
대상이다.

대상 사업에 대해 전문기관이 경제성, 정책성(사업추진 여건, 정책효과 등),
기술성, 지역균형발전 등을 종합하여 평가한다. AHP 평가점수 0.5 이상을 받은
경우에만 통과되어 예산편성 시에 고려된다. 즉, 미래비용이나 장기적인 효과가
어느 정도인가를 현재가치로 환산하는 과학적 분석(B/C분석과 같은 정책분석 기
법 활용)이 활용된다.

이것은 기본적으로 국가 돈은 내 돈이 아니기 때문에 임기 중 무조건 대형사
업을 벌이려는 도덕적 해이문제를 방지하기 위한 장치이다. 특히 차기 선거에서
표를 얻으려는 정치적 예산배분에 대한 견제장치이다. 행정학의 방법론을 이용한
과학적 대응방법이다.

간혹 예타면제라는 방법으로 이런 견제장치를 우회하는 전략도 사용된다.
정치인들이 과도한 포퓰리즘에 의해 무리하게 대형국책사업을 추진해서 생기
는 문제이다. 정부의 곳곳에 미시적 차원에서 예산절약을 위한 제도가 마련되
고 노력이 이뤄지지만 실제로 더 큰 예산낭비의 문제는 다른 데 있는 것이다.
Flyvbjerg(2014)는 이러한 문제를 이론적으로 지적하고 있다. 과학기술, 심리적,
경제적, 정치적 요인이다. 우리나라의 경우, 자신의 이름을 역사에 남기고 싶어하
는 심리적 요인과 그 지역의 표를 얻으려는 정치적 요인이 엄청난 예산을 낭비하
는 요인이다.

Ⅲ. 예산의 심의

민주주의제도는 행정의 관점에서 편성된 정부의 예산안을 입법부가 정치적
관점에서 검토하는 과정을 필수요건으로 한다. 행정부가 편성하여 제출한 예산안
은 국민의 대표 기관인 의회가 이를 검토하고 수정한 후 승인되어야 한다. 이는
재정민주주의의 중요한 요건이기도 하다.

정부가 제출한 예산안을 그대로 승인하기보다는 의회에 의해서 수정되는 것
이 보통이다. 의회에서 수정되는 정도는 정부형태(대통령 중심제와 합의제 모형,
웨스트민스터모델 등), 정당체제와 선거제도의 특징(양당제와 다당제, 소선구제와
비례대표제 등), 의회의 구성(단원제와 양원제), 의회 내 위원회제도의 특징, 의회
내 예산 관련 전문조직의 존재 여부에 따라 다르다. 한국의 경우, 보통 의회의 역

할은 '약간의 수정 후' 의결되는 것으로 나타났다(하연섭, 2022:143-154).

국회 내 예산심의과정은 대통령이나 국무총리의 시정연설 → 상임위원회의 예비심사 → 예산결산특별위원회의 종합심사 → 본회의 심의·의결로 이루어진다. 좀 더 구체적으로 살펴보면 정부가 9월 3일까지 국회에 예산안을 제출하면 국회 전체회의에서 보통 행정수반인 대통령이 정책방향에 대한 연설을 한다. 이 시정연설이 끝나면, 예산안은 각 부처를 담당하는 상임위원회가 소관 분야별로 나누어서 심의한다.

예산결산특별위원회는 각 상임위원회의 심사가 끝난 예산안을 종합하여 심사한다. 이 과정에서 이뤄지는 예산안조정소위원회의 회의는 각 사업별로 구체적인 예산금액을 조정한다. 우리나라 예산심의과정에서 가장 실질적이며 구체적인 금액조정이 이루어지는 단계이다. 이 과정에서 정부예산이 증액되는 부분에 대해서는 반드시 행정부의 사전 동의를 받아야 한다(헌법 제57조). 국회는 국민의 편에서 정부가 편성한 예산을 깎는 것이 본연의 임무라고 보는 것이다.

예산결산특별위원회의 종합심사가 끝나면 본회의에서 예결위의 안에 대한 질의 및 토론이 이루어지며, 마지막으로 국회 본회의에서 예산안을 의결함으로써 이듬해의 예산이 확정된다.

예산심의는 가을 정기국회 시 짧은 기간 내에 700조 원에 달하는 거대한 액수를 심사하는 과정이다. 그러나 시간이 부족하기 때문에 그리 용이한 작업은 아니다. 각 의원들의 보좌관은 물론이고, 각 상임위원회에 속해있는 전문위원, 그리고 예산정책처 직원들의 전문적 지원을 받는데도 말이다. 예산심의는 각 사업의 우선순위에 대해서 검토하고, 그 타당성을 심의하는 것이 주가 되어야 한다. 여기서 기재부 예산실 관료와 국회전문위원 간에 전문지식과 전문성 경쟁이 일어난다.

구체적 심의내용은 주로 각 사업별 예산의 규모가 적절한가를 보는 것이 중점이 된다. 한정된 자원을 가지고 사회의 많은 요구를 충족시키는 쪽으로 예산이 배분되어야 하기 때문이다. 재정의 건전성이라는 측면과 국민의 혈세를 낭비하지 말아야 한다는 필요성을 충족시켜야 한다. 특히 신규 사업비에 대해 관심이 집중되기 마련이다. 계속 사업비의 경우 그것이 중기재정계획과 연결되었는가를 검토한다.

주목할 것은 국회에서 이뤄지는 예산의 심의·의결의 과정은 국회의원 간, 그리고 여야 간 정치적인 과정이라는 점이다. 지역 간, 계층 간 균형이라는 가치도 중요하게 고려된다. 국회의원들은 자신의 지역구에 선심성 사업 예산을 확보하기 위해서 치열한 노력을 기울인다. 이 과정에서 능력있는 국회의원은 자신의 지역구에 많은 예산을 따내는 의원으로 여겨지기도 한다.

행정부의 예산안을 합리적으로 심의하는 것으로 보이지만, 실제로는 국회의원들의 개인적 이해관계가 철저히 작용한다. 합리성이 아니라 정치논리로 의결되는 경우가 많다(신가희, 2024). 이것은 국회의원이 선심성 예산 등 비합리적 예산심의를 하도록 하는 제도적 모순이 있기 때문이기도 하다(홍윤표, 2020). 국회의원들의 윤리성 제고뿐만 아니라 책임성을 증가시키는 제도개혁이 이뤄져야 한다. 책임성을 강화하는 미국의 제도인 'pay go'를 참고할 만하다. pay go제도는 '새로운 정책을 도입할 때는 소요되는 재원에 대해서도 대안을 제시해야 한다'는 것으로 예컨대 기존 정책폐지나 조세 증가 등의 방법을 생각할 수 있다.

Ⅳ. 예산의 집행

1. 예산집행의 원칙

아무리 이상적인 예산이 편성되고 국회에서 의결되었다고 해도, 그것이 실제로 집행되지 않으면 행정의 목적은 달성될 수 없다. 행정의 목적을 실현시키기 위해서는 돈이 실제로 쓰여야 한다. 구체적으로 예산의 배정, 자금의 배정, 재화와 서비스의 구매결정, 납품 및 검수, 수표의 발행 및 지급, 전자결재수단을 사용한 지급 등의 행위가 필요하다. 여기서는 실제로 돈의 흐름이라는 측면에만 국한하여 조명한다.[9]

국민의 혈세인 예산을 집행하는데 아무런 원칙 없이 이뤄져서는 안 된다. 예산집행 시 지켜야 할 원칙은 다음과 같다(하연섭, 2022: 6-178).

첫째, 입법부의 의도 준수이다. 행정부는 입법부의 의도를 준수하면서 예산을 집행해야 한다. 이때 입법부의 의도란 재정적 측면뿐만 아니라 예산에 담긴 정책적 의도까지 포함하는 개념으로서, 예산집행을 통해 입법부가 당초 의도한 정책목표를 실현할 수 있어야 한다.

둘째, 예산의 통제이다. 전통적으로 예산의 부적절한 사용과 낭비를 방지하고 예산절약을 해야 하는 통제의 원칙이 예산집행에도 적용된다. 예산을 제대로 통제하지 못한 정부는 국민들의 불신을 자초할 수밖에 없기 때문이다

---

9 예산의 집행은 제6장 '정책'의 정책집행론과 연결해서 생각하면 된다. 정책집행은 정책 혹은 정부사업, 프로그램 위주로 생각하는 것이다. 1년 단위로 마감을 해야 하는 예산집행과는 달리 시간적으로 볼 때, 정책집행은 1년 주기일 수도 있고 아닐 수도 있다.

셋째, 신축성의 유지이다. 이는 예산의 통제와는 반대되는 개념으로 예산안을 제출할 때와 예산을 집행할 때에 시차가 있고 미처 예상하지 못하였던 상황에 대해 신축적인 예산 운용이 필요하기 때문에 중요한 개념이다. 구체적인 예산의 신축성 유지 방법에는 이용(移用), 전용(轉用), 이체(移替), 예비비, 추가경정예산, 이월, 계속비, 국고채무부담행위 등이 있다.

예산집행의 신축성을 위한 제도

- 예산의 이용: 국회가 통제하는 입법과목 간(즉, 장, 관, 항)의 칸막이를 넘는 예산의 활용. 국회의 동의가 필요.
- 예산의 전용: 행정과목 간(즉, 예산의 세항, 목)을 넘는 예산의 융통성있는 활용. 예산담당 장관 승인 필요.
- 예산의 이체: 기구통폐합 등으로 예산주체가 변화되는 것.
- 예산의 이월: 다음 연도로 예산을 넘겨 사용하는 제도. 세출예산 중 경비의 성질상 연도 내에 지출을 끝내지 못할 것이 예측되는 때에는 그 취지를 세입세출예산에 명시하여 미리 국회의 승인을 얻은 후 다음 연도에 이월하여 사용할 수 있다(국가재정법 제24조).
- 추가경정예산: 예산의 집행과정에 다시 행정부에서 추가로 제출되는 별도의 예산. 국가재정법 제89조는 자연재해, 경제위기 등 대내·외 여건에 중대한 변화가 생겼거나 발생할 우려가 있을 때, 그리고 법령에 따른 의무적 지출경비가 발생하거나 증가하는 경우로 이를 제한.
- 계속비: 완성에 수년도를 요하는 공사나 제조 및 연구개발사업은 그 경비의 총액과 연부액(年賦額)을 정하여 미리 국회의 의결을 얻은 범위 안에서 수년도에 걸쳐서 지출하는 것. 규정상 국가가 지출할 수 있는 연한은 그 회계연도부터 5년 이내이지만 필요하다고 인정하는 때에는 국회의 의결을 거쳐 그 연한을 연장할 수 있다(국가재정법 제23조).
- 국고채무부담행위: 국가는 법률에 따른 것과 세출예산금액 또는 계속비의 총액의 범위 안의 것 외에 채무를 부담하는 행위를 하려면 국회의 의결을 얻어야 함.

넷째, 예산운용의 효율성과 효과성 제고이다. 예산의 목적을 충실히 달성하기 위해서는 투입에 대한 세부적인 통제로부터 벗어나 예산운용과정에서 집행기관에 상당한 자율성을 보장해 줄 필요가 있으며, 투입보다는 예산을 집행하여 얻은 성과에 초점을 맞춰야 한다.

2. 예산의 배정

예산이 국회에서 확정되었다고 해서 중앙행정기관이 금방 돈을 쓸 수 있는 것은 아니다. 1년치 세금이 1월 1일자로 모두 거둬져서 그냥 쓰기만 되는 것이 아니기 때문이다. 기획재정부는 예산배정계획을 세워 어떻게 예산을 연중 중앙행정기관에 내려보낼 것인가를 결정한다.

국가재정법에 의하면, 각 중앙관서의 장은 예산이 확정된 후 사업운영계획 등을 포함한 예산배정요구서를 기획재정부장관에게 제출해야 한다. 기획재정부장관은 이에 따라 분기별 예산배정계획을 작성하여 국무회의의 심의를 거친 후 대통령의 승인을 얻어야 한다. 이러한 절차를 거쳐 각 부처에 예산을 배정할 때에 기획재정부장관은 이를 감사원에 통지하여야 한다(국가재정법 제42, 43조).

예산배정계획이 있다고 해서 행정기관에 실제로 돈이 내려오는 것은 아니다. 서류상으로 돈을 쓸 수 있다는 권한만 내려온 것이다. 수립된 자금배정계획에 근거하여 기재부가 실제로 각 지출기관에 분기별로 돈을 보내야 지출이 가능하다.

예산 배정계획에 따라 해당 예산액을 배정받은 각 중앙행정기관 등 상위기관은 다시 그 실무부서와 하위기관에 예산을 재배정한다. 즉, 예산재배정은 각 행정기관의 내부에서 계층별로 이루어지는 절차이다. 행정부처의 장이 실무부서에게 지출을 할 수 있는 권한을 주는 과정인데 이는 월별로 이루어지는 경우가 많다.

실제로 세금 등 세입은 국고은행인 한국은행으로 모아진다. 그리고 자금배정계획에 따라 해당 국고관리대리점으로 이전된다. 각 행정기관은 보통의 시중은행중 국고대리지점에 계좌를 지정하여 운영한다. 이 은행이 한국은행 국고대리점 역할을 한다. 즉, 예산이 배정되어도 해당 행정관서가 직접 현금을 금고에 보관하는 것은 아니다.

3. 예산의 지출

이제 정말 돈을 지출할 차례이다. 그런데 여기에도 따라야 할 절차가 있다. 예산을 집행할 때에는 보수 등 법령에 따라 주기적으로 지급해야 하는 것과 계약, 주문, 구매 등의 별도의 절차를 통해 지출되는 것이 있다. 상급 행정기관으로부터 배정받은 예산을 실제로 지출이 이루어질 수 있도록 하는 행위를 지출원인행위라고 한다. 지출원인행위에 근거해서 법인카드를 사용하거나, 현금을 지급하거나, 계좌이체를 하는 것이 지출이다. 그리고 지출은 국고관리은행을 통해서 이뤄진다.

정부예산지출은 원칙적으로 지출원인행위와 실제지출을 각각 다른 사람이 하도록 하여 상호 견제하는 원리에 따른다. 규모가 작더라도 모든 행정관서에는 재무관과 지출관이 지정되어 있다. 보통 재무관은 그 기관의 기관장이고, 지출관은 회계담당 최고위 직원이다(즉, 보통 총무과장 혹은 회계과장이란 명칭). 즉 재무관과 지출관은 원칙적으로 겸임할 수 없도록 되어 있다. 이렇게 복잡하게 제도를 만든 이유는 돈에 관해서는 항상 사고가 날 수 있기 때문이다. 두 사람에게 권한을 나눠줌으로써 권력분리(separation of powers)의 원칙을 적용한 것이다. 즉, 지출을 하는 문서에는 이 둘의 서명을 함께 요구해 향후 책임도 함께 지게 한다.

지출관의 독립성을 보장하는 것은 매우 중요하다. 지출관은 오직 회계의 원칙(즉, 합법성)에 의해서만 지출을 통제하려는 성향이 있고 재무관은 기관의 임무를 수행하기 위해 좀 더 고도의 '정치적(?)' 판단을 하고자 하기 때문에, 상호 견제기능이 일어날 수 있다. 만약 총무과장이 기관장에게 맹종하는 관계여서 견제기능을 수행하지 못할 때, 효율적 예산집행이 이뤄지지 않고, 부패가 일어나기 좋은 구조가 된다.

Ⅴ. 예산의 결산

예산이 다음 해에 이뤄질 예산 사용에 대한 계획서라고 한다면(미래형), 결산은 이미 이뤄진 세입과 세출을 확정하는 것이다(과거형). 각 행정기관에서는 매년 말에 한 해 동안 지출한 것을 종합적으로 나타내는 결산서를 작성한다. 예산집행에서 설명한 재무관, 지출관을 통해 엄격히 이뤄진 지출행위가 일련의 과정의 마지막 단계는 아니다. 지출행위가 이뤄진 직후에는 필요한 증빙서류, 즉 영수증을 보관하도록 되어 있다. 따라서 정상적으로 작동하는 회계부서는 1년 동안 이뤄진 각종 지출행위에 대해서 각종 회계규정에 따라 관련 증빙서류를 모두 축적하고 있다.

그럼에도 불구하고, 1년 동안 이뤄진 지출행위를 문서로 총정리하는 결산서를 작성하는 작업은 상당히 많은 노력을 필요로 한다. 연말에는 많은 직원들이 결산준비 때문에 거의 정시퇴근을 하지 못할 정도로 바쁘다. 1년 단위로 매년 일어나는 이런 집계작업을 더욱 용이하게 하기 위해, 일반부서의 직원들은 지출원인행위를 좀 더 일찍(예컨대 12월 10일) 종료하도록 내부적으로 정하기도 한다. 시간을 행정편의로 악용하는 사례이다.

각 행정단위조직에서 작성된 결산서는 상위단위 조직으로 순차적으로 합산되어 결국 정부 전체의 지출로 모습이 나타난다. 행정부가 집행한 지출을 종합한 결산서를 국회가 승인을 해야 비로소 합법적으로 예산지출이 종결된다. 이는 재정집행에 대한 사후적 심의를 통하여 재정운용의 적법성과 타당성을 확인하고 재정집행을 최종 승인한다는 의미이다. 결산결과는 국회에 제출되기 이전에 먼저 감사원의 검사를 받아야 한다. 감사원은 회계통제의 전문성을 가지고 있는 기관이기 때문에, 이 과정을 통해 집행의 적법성과 회계의 적절성을 검증받는다는 의미가 있다. 따라서 국회의 전문성 부족 부분을 어느 정도 보완할 수 있는 제도적 장치인 셈이다.

전년도 국가결산보고서가 5월 31일까지 국회에 제출되면, 국회 내에서는 예산심의와 동일한 절차를 밟아 결산을 심의·의결한다. 그런데 결산은 사후적이기 때문에 이를 통해서 실질적 재정 통제를 하는 것에는 한계를 지닐 수밖에 없다. 결산은 이미 이뤄진 지출행위에 대한 사실 보고서이기 때문에 비록 잘못된 것이 있어도 그 자체로 강제력을 가지고 있지는 않다.

이를 해결하기 위해서 우리나라 국회법(제84조 제2항)은 결산의 심사결과 위법 또는 부당한 사항이 있는 경우 정부 또는 해당 기관에 변상 및 징계조치 등 그 시정을 요구할 수 있고, 정부 또는 해당 기관은 시정요구를 받은 사항을 지체 없이 처리하여 그 결과를 국회에 보고해야 한다.

결산에는 국가재정법과 국가회계법에 의하여 통제기능에 더하여 목표달성을 관리하는 기능도 있다. 2009 회계연도 결산부터 시작하여 정부가 국회에 제출하는 국가결산보고서에는 전년도 예산의 성과보고서를 포함해야 한다. 그리고 2011 회계연도 결산부터는 국가결산보고서에 재무제표를 포함하도록 되어 있다. 이러한 변화는 국회의 결산행위가 종래의 집행실적점검, 회계검사 위주에서 성과중심의 심사로 진화하고 있다고 볼 수 있다.

세무행정과 정부회계

재원의 동원

1. 조세의 발달역사

역사적으로 국가가 존재하는 순간부터 통치에는 다양한 물자와 용역이 필요하였다. 즉 '나라'라는 공동체를 운영하기 위하여 필요한 총 재원을 확보해야 한다. 전술한 예산서의 '세입부분'은 국가가 필요한 재원을 어떻게, 얼마나 동원(動

員)하느냐를 나타내는 계획이다.

국가재정이란 조세를 통해 공공재를 생산하는 것인데 이러한 책임은 정부에게 있다(Hillman, 2009: 246). 오늘날에는 화폐경제가 발달하고, 각종 재원동원이 도입되어 이제 국가가 필요한 재원의 동원방법은 다양화되었다. 그중에는 조세, 국채, 외국의 원조, 사용료, 화폐발행 등이 있다. 다양한 재원 중에서도 조세는 근대국가의 성립조건의 하나이기도 하다. 과거의 조세는 세금을 거두는 편의를 중심으로 형성되었다. 물론 그 이면에는 부자에게 세금을 거둔다는 원칙이 숨어 있었다.

세금을 부과할 수 있는 기준이 되는 세원(稅源)을 찾는 것이 어려운 과제였다. 18세기 영국에서는 벽난로에, 프랑스에는 창문에 세금을 매겼었다. 이 시기에는 난방수준이나 건축기술의 한계로, 벽난로를 만들거나 창문을 만드는 것이 돈이 있는 집에서만 가능했기 때문이다. 세금을 내기 싫은 국민들이 조세를 회피하기 위해 기존 창문을 메꾼 흔적을 간혹 볼 수 있다. 사실 오늘날에도 조세를 회피하려는 심리가 있는 것은 마찬가지이다(신방수, 2014).

사실상 조세는 국민 개개인의 사유재산권을 국가가 침해하는 것이다. 1773년 미국 보스턴 지역에서 당시 영국 식민당국이 영국동인도회사에 차수입을 독점시키는 관세법을 통과시킨 데 반발하여 342자루의 차를 바다에 던진 'Boston Tea Party 사건'이 발생하였다. 그때 구호는 "대표 없이 과세 없다"라는 문구였는데, 영국의회에 미국인 대표가 없는 상태에서 영국이 미국인에게 세금을 부과할 수 없다는 것이었다. 이것이 모든 근대국가에서는 주권의 대표기관인 국회가 그 내용을 동의해야 한다는 조세법률주의를 정착시킨 역사적 사건이다. 우리나라에서도 조세의 종류와 세율 등은 법에 의하여 자세히 규정된다.

조·용·조

중국에서 시작하여 우리나라에도 도입된 조·용·조(租庸調)제도가 대표적인 예이다. 조(租)는 토지를 대상으로 거두는 곡물이고, 조(調)는 가구(戶)를 대상으로 거두는 토산물이며, 국가에 노동력을 제공해야 하지만 실제로 노동력을 제공하지 않고 대신 물자로 대납하는 것을 용(庸)이라 하였다. 현재는 조세라고 하여 금전적인 부담이 일반화된 국가의 재원조달수단이다. 이외에도 젊은 아들을 병역현장에 보내는 것은 일반국민이 나라에 제공하는 가장 중요한 조세의 성격을 가진 것이었다.

로마의 국방세

현대의 세제는 복잡하고 기묘하다고들 하지만, 요약하자면 세금은 국가를 유지하고 운영해 나가는 데 필요한 경비를 국민이 부담하는 것이다. 그리고 그중에서도 절대로 빠뜨릴 수 없는 것이 국가 방위에 드는 비용이다. 로마에서는 국가 방위를 시민 자신이 직접 병역으로 치렀다. 그러니까 국방비를 금전이나 물건 대신 자신의 몸으로 지불하는 것이다. 실제 로마에서는 제정시대에서 지금의 우리가 소득세를 지불하는 것과 같은 형태의 직접세란 없었다. 라틴어에서 말하는 '혈세', 즉 병역으로 충분히 세금을 지불했다고 여겼기 때문이다.

"병역이 곧 세금이라면, 가난한 사람에게나 부자에게나 똑같이 과세하게 된다. 오히려 불평등한 게 아닌가?"라고 생각하는 독자가 있을지도 모른다. 그러나 그런 걱정을 할 필요가 없다.

제6대 왕 세르비우스가 정한 군제를 예로 들면, 시민을 자산의 정도에 따라 여섯 단계로 분류했다. 자산이 많을수록 군무의 부담도 커졌다. 그래서 더 많은 수의 병사를 제공하게 되어 있었다. 더욱이 제1계급과 제2계급의 사람들은 중장비 보병이나 기병으로서 참가해야 했다.

당시는 중장비 보병이 사용하는 고가의 장비나 무기를 자기 부담으로 직접 준비해야 했기 때문에 경제적 부담이 적지 않았다. 기병의 경우, 말도 자기 부담으로 준비해야 했으므로 비용이 만만치 않았다.

그에 비해 경장 보병으로서 군에 복무하는 평민일 경우는 몽둥이와 투석기 등, 장난감이 아닌 병기라고는 하지만 요컨대 놀이기구를 해도 될 정도의 군장 구비를 하는 것이어서 부담이 가벼웠다. 또한 재산이 없어 하루하루 근근이 살아가는 생활자이거나 집을 비우고 출정하는 것조차도 힘든 '프롤레타리'(재산이 전혀 없는 시민. 후대에 무산계급을 가리키면서 사용된 프롤레타리아의 어원)는 예비역이 되기도 했지만, 사실상 병역을 면제받는 것이다.

로마의 병제는 이처럼 '국가 방위는 시민의 의무'라는 이념과 로마의 현실이 잘 조합되어 있었다. 그래서 로마의 군대는 주변 여러 부족과의 전투에서 연전연승을 거둘 수 있었다.

출처: 시오노 나나미(2007: 5).

2. 조세부과의 원칙

조세란 국가가 국민으로부터 돈을 빼앗는 것이지만, 정부가 필요로 하는 재원마련이란 목적이 있다. 그런데 민주주의에서 법률이 조세제도를 마련할 때 추구하는 가치는 민주성 이외에도 여러 가지가 있다.[10] 정부가 결정하는 다양한 세율, 세율의 특징, 세율의 배분 등은 지대한 경제적 파급효과를 가져오기 때문이다

10 자유시장주의자인 R.A. Musgrave는 다음과 같은 조세원칙을 제시하였다. ① 공평성: 모든 사람은 공평하게 자기 몫의 조세를 부담해야 한다. ② 시장 간섭 최소화: 시장경제에 대한 간섭이 최소가 되도록 해야 한다. ③ 재정정책: 국가경제의 안정과 성장을 추구하는 재정정책에 부합되어야 한다. ④ 세무행정: 조세제도는 공평무사한 세무행정이 이뤄지도록 하며, 납세자가 이해하기 쉬워야 한다. ⑤ 행정의 용이성: 징세비용은 가급적 적어야 한다.

(Profeta, 2004: 55).

첫째, 조세는 무엇보다도 모든 국민에게 공평해야 한다. 언뜻 보면 빈부의 격차에 관계없이 모든 사람에게 동일한 세율의 조세를 부과하는 것으로 보일 수 있지만, '공평'이 무엇이냐에 따라 더 깊이 있는 해석을 해야 하는 문제이다.

둘째, 개인이 국가로부터 받은 이익에 비례하여 조세를 부담시키는 것이 공평하다고 보는 '이익설'이다.

셋째, 지불능력이 많은 사람은 조세를 더 부담하고, 그렇지 못한 사람은 덜 부담하자는 '능력설'이 있다.

어떤 특정한 조세수단이 위의 세 가지 가치를 동시에 추구하는 것은 쉽지 않다. 예컨대, 대중교통시설인 버스를 이용할 때 일정액의 교통세를 부과한다고 하자. 공평성 이론을 문자 그대로 적용한다면, 전 국민에게 일정액수를 똑같이 부여해야 할 것이다. 이익설의 입장에서 보면, 버스를 많이 타는 사람에게 더 많은 세금을 부과하여야 한다. 능력설에 의한다면, 부자에게 높은 교통세를 부과하고 가난한 사람은 면제시켜 줘야 한다. 가난한 사람이 특히 더 버스를 이용한다고 한다면, 이익설에 의할 때와 능력설에 의할 때 승차권 가격 면에서 완전히 다른 결과를 가져오게 된다. 사실 무엇이 가장 '정의(justice)'에 부합되는 조세인지는 각자가 보는 국가의 역할, 사회정의에 관한 이데올로기에 따라 달라진다.

정부는 조세에 관한 법률에 근거하여 매년 각종 경제주체에게 세금을 징수한다. 과세 또는 징세라고 불리는 조세부과실무는 주로 국세청과 관세청, 그리고 지방자치단체가 담당한다. 세무행정에서는 조세부과의 용이성과 명확성이 중요하다. 국가입장에서 보면, 조세는 거두는 데 행정비용이 덜 들면서 세입은 많을수록 좋다. 화폐경제가 발달한 이후 가장 보편적으로 사용되는 것이 소득세이다. 그러나 소득세제 자체도 여러 문제점을 가지고 있다.

조세를 부과하려면 명확한 기준이 필요하다. 소득 등 현금의 흐름 혹은 토지, 건물, 자동차, 부동산 등 과세의 대상이 되는 것을 세원(稅源)이라고 한다. 이중에서 일정한 세율을 곱하여 실제로 조세액이 계산되는 과세의 대상을 과세표준(tax base)이라고 한다. 예컨대 소득세의 경우 소득이, 그리고 부가가치세의 경우 판매액이 과세표준이 된다. 여기서 과표가 증가할수록 높은 세율을 적용하는 누진세를 실행하느냐 아니면 동일한 세율을 적용하느냐와 같은 문제가 생긴다.

경제주체의 하나인 법인(예, 기업)에 세금을 어느 정도 부과하느냐의 문제도 정치이념에 따라 입장차이가 크다. 기업이 투자를 많이 하도록 하기 위해서는 법인세를 줄여야 한다는 입장이 보수당의 입장이다. 기업이 노동의 대가를 제대로

> **그림 9-3 |** 세금으로 인한 개인 소득의 변화체계

출처: 크리스토퍼 피어슨(1998: 163) 수정.

지급하지 않고, 투자에도 기업이윤을 우선으로 하기 때문에 법인세율을 높여야한다는 반대 입장도 있다(송준걸, 2023). 그리고, 현금 또는 재화로 지불된 각종 사회복지혜택이 교육비 등 정책적으로 과세표준에 제외시키는 등 여러 가지 보정 작업을 거쳐서 실제 세금이 결정된다. 이 복잡한 과정이 어떤 사회적 영향을 가져 오느냐에 따라서 '정의로운 사회가 무엇인가'라는 질문을 하게 되고, 과세가 추구하는 가치에 대한 논쟁거리가 된다.

3. 우리나라의 조세체계

고대에는 조세체계가 단순하였다. 세월이 지남에 따라, 기존의 세금으로는 국가재정을 충분히 채울 수 없다는 판단하에 새로운 조세제도를 추가시켜 왔다. 이제는 조세체계 전체를 이해하는 것조차 쉽지 않을 정도로 복잡해졌다. 우리나

라의 조세구조를 보면 다음과 같다.

첫째, 조세를 부과하는 주체가 국가냐 지방자치단체이냐에 따라 국세와 지방세가 있다. 〈그림 9-4〉에서 볼 수 있는 바와 같이, 국세는 소득세, 법인세, 부가가치세, 교육세 등이 있고, 지방세로는 재산세, 주민세, 자동차세, 담배소비세 등이 있다. 세무행정을 담당하는 조직이라는 측면에서 보면 국세는 국세청이 부과하고, 지방세는 각 지방자치단체가 부과한다.

둘째, 직접세와 간접세가 있다. 직접세는 소득세와 같이 과세의무자에게 직

그림 9-4 I 우리나라의 조세구조

접 부과되고, 과세의무자가 그 액수를 부담하는 것이다. 간접세는 부가가치세와 같이 부과의무자는 상품이나 재화를 판매한 사람인데, 실제로는 조세전가현상으로 소비자가 부담한다. 우리나라의 직접세는 소득세, 법인세, 상속세이다.

직접세와 간접세는 소득재분배라는 측면에서 의미가 완전히 다르다. 직접세는 다른 사람에게 전가되지 않으므로 능력설에 기초한 과세가 가능하다. 대부분의 나라에서는 소득세에 누진세율을 적용하여, 소득재분배의 효과를 갖게 하고 있다. 법인세의 경우, 과연 진정한 의미에서 직접세인가에 의문을 가질 수 있다. 기업주가 법인세를 상품가격에 포함시키면 실질적으로는 소비자에게 전가하는 효과가 있기 때문이다.

이에 비하여 간접세는 일정 비율로 부과하기 때문에, 실질적으로는 소비자의 지불능력을 기준으로 할 때 역진적인 효과가 있다. 그러나 세무행정이 간단하고, 조세저항이 적다는 장점이 있어서 자주 이용하게 되는 조세수단이다(임도빈, 2025b).

셋째, 거둔 세금이 일반 예산의 지출로 들어가는 보통세와, 특별한 목적에서만 쓰이도록 하는 특별세가 있다. 이 구분은 조세의 공평성이나 경제적 효과와는 직접적으로 관련되어 있지 않고, 행정내부에서 징세된 세금을 어디에 쓰는지를 구속한다.[11] 지방세는 주로 보통세이고, 지역자원시설세와 지방교육세가 목적세이다. 국세는 교육세, 농어촌특별세, 그리고 교통·에너지·환경세가 목적세이다.

4. 조세부담과 경제활동

국가 기능이 증가하면 할수록 그만큼 재원이 필요하게 된다. 새로운 세원을 발굴하거나 조세율을 높이는 방법으로 조세를 증가시킨다. 조세를 어떻게 과세하느냐에 따라 기업이나 개인의 경제활동이 달라진다. 예컨대 법인세는 기업의 투자를 위축시키거나, 외국으로 이전을 유도한다.

어느 나라에서 세금을 얼마나 내느냐는 조세부담률로 나타난다. 조세부담률은 GDP에서 총조세(국세+지방세)가 차지하는 비율을 말한다. 우리나라의 조세부담률은 20% 정도로, 미국 20.12%, 영국 26.46%, 프랑스 28.63%에 비교하면 아직 다른 선진국에 비하여 높은 편이 아니다(연도별 수치는 http://www.openfiscaldata.go.kr 국제비교를 참조).

한편, 위와 같은 조세부담률은 실제 국민이 느끼는 세부담을 제대로 나타내

---

11 진술한 예산의 원칙 중에서 통일성의 원칙에 위반되느냐 여부에 의한 구분이다.

지 못한다는 비판도 있다. 소득에 따라 차등과세하는 누진세제도도 조세부담률과는 다른 느낌을 주고, 각종 감세제도, 사회복지 혜택 등이 있기 때문이다. 그래서 OECD는 민간부문의 미혼 무자녀 근로자 중 임금수준이 평균인 사람들을 기준으로 '세금부담률'을 산정하고 있다.

OECD의 세금부담률에는 소득세 이외에도 근로자 및 기업이 부담하는 사회보장관련 비용이 포함되어 있다. 우리나라에서는 이를 '국민부담률'이라고 하는데, 조세부담금+사회보장기여금 부담을 의미한다. 우리나라는 OECD 국가 중 중간쯤에 있다. 그러나 이러한 수치 자체가 그리 중요한 것이 아니기 때문에 시간변수를 봐야 한다. 특히 최근에는 그 증가속도가 높기 때문에 주의를 기울일 필요가 있다 (윤광재, 2011).

세금부담은 국민의 경제활동에 영향을 미친다. 경제주체인 기업과 일반국민은 조세를 비용으로 생각하기 때문에, 특정 경제활동을 증가시키든지 감소시킨다. 우리나라에서는 다음 세 가지 조세가 중요하다(김재진, 2018).

- 소득세: 근로소득을 얻는 사람에게 원천징수를 하는 것이다. 소득하류층의 경제활동을 장려하기 위해서 소득세 부과를 얼마의 소득부터 하느냐가 중요하다.
- 법인세: 영업수익에 대하여 부과하는 것으로 매출액이 큰 기업에 더 높은 세율을 부과한다. 기업의 투자의욕을 좌우한다는 시각이 지배적이다. 따라서 친기업적 정당일수록 법인세를 인하해야 한다고 주장한다.
- 부가가치세: 경제활동이 일어날 때마다 부가되는 것으로 실제로는 소비자가 부담한다. 균등세율은 작동되기 때문에 역진성이 있다.

이상의 세 가지 세금에 대한 세율이 정해지면, 특정 요건을 충족시키느냐 여부에 따라 세금공제가 이뤄진다. 정부가 여러 가지 이유에서 조세감면을 하기 때문에 현재는 너무나 많은 것이 쌓여있다. 따라서 실제 조세부담률은 공식적 조세부담률-조세감면율로 계산해야 한다. 나아가서 자본주의 경제체제가 계속되면서 고액 자산축적자가 양산되고 이에 따라 상속세가 양극화되면서 부의 대물림에 대한 문제가 큰 이슈가 되고 있다.

5. 세무행정의 서비스화

국세청과 관세청, 그리고 지방자치단체의 지방세 관련 행정조직은 세금을 부과하는 업무를 담당한다. 세금의 종류, 세율 등 조세의 큰 정책이 기획재정부 차원에서 이뤄진다면, 징세의 집행실무는 이들 행정기관이 담당한다. 집행공무원들도 직접 현금을 취급하지는 않는 것이 보통이다. 현금관리는 징세업무를 위탁받고 이 서비스의 대가로 정부로부터 수수료를 받는 시중은행이 한다.

국민의 입장에서 징세란 강제적 의무부과이다. 따라서 국민정서상으로 보면 세무행정을 '서비스'라고 표현하기 어색한 측면을 가지고 있다. 세금을 내기 좋아하는 사람은 없기 때문에 세금을 깎으려 들거나, 회피하는 행위들을 막는 것이 세무공무원의 임무이다. 이런 맥락에서 세무관료들에게 보통 불친절한 사람, 권위적이거나 부패한 사람이라는 부정적 이미지가 생기는 이유를 알 수 있다.

그러므로 징세의 방법을 고도화, 효율화하고, 각종 감세제도를 적극 활용하여 조세조항을 줄이는 것이 요구된다. 징세 과정을 과학화, 서비스화하여 행정부담(administrative burdens)을 줄여야 한다. 한편으로는 세수를 늘리면서 다른 한편으로는 개인이 부담해야 하는 액수를 최소화하고, 세금납부를 간편하게 해야 하는 등 두 마리의 토끼를 좇아야 한다.

과거 유럽에서 등장한 징세자가 징세를 편하게 하기 위해서 만들어진 세금제도에서 벗어나, 거꾸로 납세자가 충분히 납득하고(즉, 알권리 충족), 간편하게 납부할 수 있도록 해야 한다. 세무행정을 고객위주로 바꾼 것은 바로 전자정부화이다. 이제는 증명서 발급, 세무상담, 세금 납부 등 모든 업무를 인터넷으로 할 수 있게 되었다(www.hometax.go.kr 참조).

탈세나 납부지체를 막는 방법도 발달하고 있다. 공무원을 비롯한 봉급생활자는 매달 월급에서 예상되는 세금액수를 미리 징수한 후 그 나머지 액수를 받는다. 이를 원천징수라고 한다. 세금을 내야 할 사람은 직원(과세의무자)인데, 실제 세금은 회사(납세의무자)가 냄으로써 직접세 원칙인 양자일치의 조건을 위반하는 것이다. 전년도 기준으로 매월 공제한 세금액이 실제로 내야 될 세금액수보다 많거나 적기 때문에, 연말에 이 차액을 신고하는 절차를 거친다. 최종적으로 실제 세금을 확정하는 연말소득공제신고제도는 시간 차이를 활용하는 행정수단이다.

각종 소득세 공제제도는 개인별 소득세는 줄어들지만 국가적으로는 세금수입을 더 늘리는 행정수단(administrative tool)을 사용하기도 한다. 많은 기업이 현금거래를 통해 탈세하려 하는데, 모든 거래를 할 때 신용카드를 사용토록 하여 그 사용액수를 소득에서 공제하는 제도는 소비자 입장에서는 모든 거래에서 카드를 사용하게 하는 인센티브가 된다. 그 결과 카드의 사용이 늘고, 카드를 사용한 모든 상거래는 은행전산망의 데이터에 기록되며, 국세청은 이것을 근거로 세금을 부과하기 때문에 세원을 정확하게 포착할 수 있게 하는 효과가 있다.

세무행정당국이 사용하는 가장 강력한 수단은 세무조사이다. 강제하는 행위이기 때문에 당사자들이 싫어하는 행정행위이다. 세무조사에는 세무사찰과 일반세무조사가 있다. 전자는 처벌을 목적으로 하여 법원의 수색영장을 발급받아 하는 것이고, 후자는 해당 납세자의 승낙을 전제로 납세의무의 성립 및 이행여부를 검증하는 것이다. 일반세무조사는 정기적으로 이뤄지는 정기조사와 필요할 때 부정기적으로 하는 임시조사가 있다.

세무조사를 좋아하는 사람은 없다. '털어서 먼지 안 나오는 사람이 없다'는 속담과 같기 때문이다. 세무조사를 면제해 주는 것, 약하게 해 주는 것, 친절하게 해 주는 것을 바랄 뿐이다. 성실신고자는 정기세무조사를 면재해 주거나, 특정 업종이 어려움을 겪을 때 면제해 주는 것이 조사받을 '시간'을 면제해 주는 행정서비스인 셈이다. 반대로, 부정기적인 세무사찰을 받는 사람들은 정치적으로 탄압받고 있다는 불평을 하는 경우가 많다. 표적조사는 세무행정이 추구해야 하는 가치인 공평성을 위반하는 것이다.

II. 정부회계

1. 정부회계의 특성

정부가 활동하면, 마치 우리 몸에 피가 흐르듯이 돈의 흐름도 일어난다. 예산의 집행과정에서 지출관이 돈을 지출하는 행위를 기록으로 남기는 것이 바로 회계행위이다. 회계(accounting)란 어떤 경제조직에 관하여 이해관계를 가진 사람들에게 합리적인 의사결정을 하는 데 유용한 재무적 정보(financial information)를 제공하기 위한 일련의 과정 또는 체계를 말한다. 이런 회계행위의 결과, 문서로 종합적으로 정리하고 기록하는 장부와 같은 것이 필요하다. 공무원들이 마음대로 돈을 지출하지 못하게 하고, 이런 지출행위에 대해 필요한 정보를 축적하여 필요할 때 제공하는 것이 회계이다.

정부조직은 기업과 상이한 점이 많기 때문에 회계도 상이한 점이 많다. 예컨대 기업조직은 손익이 어디에 어떻게 생기느냐에 관심이 가장 크지만, 정부조직에서는 이익만을 추구하지 않는다. 일반예산의 경우 대부분의 재원이 세금으로부터 나와서, 그 해에 전부 지출하고 남기지 않는 것이 통상적인 관례이다.

예산이 차년도 정부활동을 나타내는 '미래'형이라고 한다면, 회계는 이미 집행된 것을 기록하는 '과거'형이다. 회계를 잘 해야 하는 목적은 정부의 예산이 어떻게 낭비 없이 소기의 목적에 맞게 잘 쓰여졌는가를 확인하기 위한 것이다. 적자재정을 운영해서는 안 되고 세입액과 세출액이 꼭 맞는 균형예산이 이상적인 것이다. 물론 균형예산 속에 숨겨진 궁극적 목적은 이윤추구가 아니라 국민 복리의 향상과 같은 행정의 목적달성에 있다.

2. 회계제도의 종류: 시간의 관점에서

정부의 규모가 커지고 지출하는 방식이 다양화되면서, 기존의 회계는 한계를 드러내기 시작하였다. 어떤 행정행위가 발생한 시점과 실제 돈이 지불된 시점 간에 차이가 있게 된다. 예컨대 큰 관공서 건물을 짓는 경우, 건축계획을 확정할 때는 돈이 한 푼도 지출되지 않는데, 실제 몇 년이 지나 공사 완공시점에는 거금을 지불하게 된다. 회계활동을 보고할 때 현금을 지불한 시점을 기준으로 할 것인가, 아니면 지출을 유발하는 행위의 발생시점을 기준으로 할 것인가에 따라 현금주의와 발생주의로 나뉜다(윤영진, 2014: 482).

현금을 받았을 때는 수익, 그리고 현금을 지불했을 때는 비용으로 인식한다. 현금주의(cash basis) 회계에서는 재화와 용역을 제공했다고 하더라도 현금으로 회수되지 않았을 때까지는 수익으로 인식되지 않는다. 마찬가지 이유로 재화와 용역을 제공받았다 하더라도 현금으로 지급되기 전까지는 비용으로 인식되지 않는다.

아직 지출하지 않은 비용과 아직 금고에 들어오지 않은 수익은 현금주의에서는 회계행위가 일어난 것으로 인식되지 않는 데 반해, 발생주의에서는 인식된다. 그리고 감가상각과 대손상각은 현금주의에서는 인식되지 않는데 발생주의에서는 비용으로 인식된다.

요약하자면, 현금주의 회계방식은 현금 수취 시, 지출 시에 각각 곧바로 수익과 비용으로 인식해 기록하므로 회계원리를 모르는 사람도 쉽게 파악할 수 있는 특징을 가지고 있다. 그에 반해 발생주의 회계방식은 거래나 사건 그리고 환경이 국가에 미치는 재무적 효과를 현금의 수취나 지급과 분리하여 거래의 발생시점에서 기록하는 회계방식이다. 발생주의 회계방식은 국가자산 및 부채를 일목요연하게 나타내어 재정현황을 종합적으로 파악할 수 있게 해준다는 장점을 가지지만, 회계원리를 모르는 사람은 이용하기 어렵다는 단점이 있다.

표 9-2 ㅣ 회계제도의 비교

구분	현금주의 회계	발생주의 회계
거래의 인식	현금을 출납한 시점	향후 자산과 부채에 영향을 미치는 행위를 기준
회계처리	수입과 지출을 기록하는 단순 회계 형식적 자산·부채 표시	실제 회수·지급할 금액으로 자산·부채 표시
수익·비용의 인식기준	현금의 수취·지출	수익의 획득·비용의 발생
선급비용·선수수익	수익·비용으로 인식	자산과 부채로 인식
미지급비용·미수수익	인식 안 됨	부채와 자산으로 인식

출처: 현금주의 회계와 발생주의 회계의 비교(임동완, 2008: 5)를 수정.

우리나라 역시 오랫동안 현금주의 회계방식을 채택하였다가 2010년부터 발생주의적 복식부기제도를 택하고 있다. 현금주의는 전통적으로 정부가 추구해 온 목적이 '합법성에 기초한 부정과 오류의 방지 및 적발'이었다는 점에 기인한다. 특히, 예산결산을 담당하는 입법부의 시계(time perspective)가 1년이므로 현금기준 회계방식이 편리하였다. 또한 감사 등 정부 통제작용은 현금을 기준으로 하고 있으므로 지출관리가 훨씬 용이하였다.

발생주의 회계가 국제적으로 권장되는 표준이 되었다. 발생주의 회계의 장점은 시간관리 관점에서 봤을 때 잘 이해할 수 있다. 정부의 대규모 사업들은 현금이 한꺼번에 많이 들어가는데, 효과는 10년 이상에 걸쳐 나타나는 정책이 많다. 예컨대 어떤 정책이 공익을 위해 꼭 필요한 일이었고 정책의 집행은 효율적으로, 그리고 효과적으로 이뤄졌다고 가정하자. 하지만 현금주의 회계방식을 적용할 경우, 이 정책은 비효율적으로 예산을 사용했다는 이유로 징계의 대상이 될 수 있다. 왜냐하면 현금이 들어오거나 나갈 때만 기록을 하는 현금주의의 특성상, 당해 평가에 있어 큰 액수의 돈을 쓰고도 효과는 조금밖에 얻지 못한 것으로 나타날 것이기 때문이다. 정책을 시행하고 나서 몇 년의 기간이 지나야만 모든 효과가 나타날 것이므로, 현금주의에는 이러한 종류의 사업 성과를 제대로 평가할 수 없는 것이다. 이러한 특성을 알고 있는 예산집행자라면 아무리 공익을 위해 꼭 필요한 일이라고 해도 그것을 실행에 옮기지 못할 것이다. 아무리 잘해도 효율적인 예산집행으로 평가받기 어렵기 때문이다.

현금주의의 문제점은 '실제 정책이 집행되고 정책 효과가 나타나는 시간의 길이'가 '예산이 집행되고 평가되는 시간의 길이'와 같지 않다는 데 기인한다.[12] 현금주의의 입장에서는 서로 다른 길이의 시간을 가지는 두 요소가 같은 길이를 가진 것으로 간주된다. 단순히 현금의 수취와 지급으로만 성과를 따지려고 하기 때문이다.

발생주의 회계방식은 이와 다르다. 정부는 재화와 용역을 구입하고, 현금을 보관하고 사용하며, 돈을 다른 곳에서 차입하기도 하고, 자산을 관리하기도 한다. 발생주의 회계방식에 의하면 이와 같이 그 해에 한꺼번에 지출한 현금은 당해에 한꺼번에 계상되지 않는다. 선급비용·선수수익 등의 미래를 나타내는 개념이 사용되기 때문이다. 따라서 수익·비용이란 두 가지 차원만으로 인식되지 않고 자산과 부채란 개념으로 인식함으로써, 그 해에 실제로 발생한 수익에 대응하는 비용만을 지출한 것으로 계상된다. 결과적으로 당해 예산을 평가하는 사람에게 비효율적인 예산집행을 했다고 비판받을 이유가 없어진다.

요약하자면, 발생주의 회계원칙은 '수익−비용대응 원칙'을 철저히 지킴으로써 예산집행의 성과를 제대로 반영할 수 있는 장점이 있다. 시간관리 관점에서 볼 때, '수익−비용대응 원칙'은 '실제 정책이 집행되고 정책 효과가 나타나는 시간의 길이'와 '예산이 집행되고 평가되는 시간의 길이'를 서로 일치시키는 효과가 있다. 일정한 시간 동안 발생한 정책 효과(수익)와 그에 따라 실질적으로 지출한 예산(비용)을 정확히 대응하여 계상하기 때문이다. 시간관리 관점에서, 발생주의 회계방식은 현금주의 회계방식의 시간관리상 문제점을 해결할 수 있는 바람직한 도구이다.

3. 문서방식: 단식부기와 복식부기

우리가 가계부를 작성하듯이 정부의 지출활동들에 대한 정보를 체계적으로 제공하는 문서가 필요하다. 이것이 회계장부이며, 회계장부를 정리하는 방식을 기장방식이라고 한다.

---

12 '실제 정책이 집행되고 정책 효과가 나타나는 시간의 길이'=10년
  '예산이 집행되고 평가되는 시간의 길이'=1년.

단식부기(single-entry bookkeeping)는 상술한 현금주의 회계방식에서 가장 쉽게 이용할 수 있는 방식이다. 즉 회계실체를 기준으로 할 때, '현금'이 '수익으로 들어온 것'과 '지출로 나간 것'을 장부에 기록하면 된다. 그런데 발생주의 회계에서 설명하였듯이 경제현실은 그리 간단치 않다. 이러한 복잡한 현실을 장부에 나타내기 좋게 한 것이 복식부기(double-entry bookkeeping)이다.

현금주의에서는 현금만 생각하는 경향이 있다. 행정기관의 자산(asset)은 순자산과 부채를 합한 것이고, 기업은 자본과 부채를 합한 것이다. 일반적으로 동산, 부동산, 금전, 채권, 물품 등 재산적 가치가 있는 것을 들 수 있다. 국가회계에서는 유동자산, 투자자산, 일반유형자산, 사회기반시설, 무형자산, 그리고 기타 비유동자산으로 분류한다.

부채(Liabilities)란 일상용어로 빚이다. 부채는 다른 회계주체에게 미래에 제공하기로 한 의무이다. 순자산(net asset)은 보통 기업회계에서는 자본(capital)을 의미한다. 기업에서 자본은 소유권을 표시하는데 국가회계의 순자산은 잔여재산의 성격을 가지고 있다.

행정기관을 운영하면서 생기는 회계상의 변동분은 수익(revenues)과 비용(expenses)이다. 수익은 재화와 용역을 제공한 대가로 받는 것과 법령에 따라 대가 없이 강제적으로 징수하는 것이 있다. 비용은 재화와 용역을 제공받은 대가로 혹은 반대급부 없이 지불하는 순자산의 감소를 의미한다.

위와 같은 기본개념을 가지고 복식부기 회계장부를 만드는 방법을 간단히 설명하면 다음과 같다. 회계활동을 보면, 빌리는 측면(the debit side)과 빌려주는 측면(the credit side)이 있다. 전자를 차변이라고 하고 후자를 대변이라고 하는데, 이 양자를 기입하는 것이 이중기입(double entry)이다. 여기서 양자의 각각은 항상 같아야 한다.

이러한 복식부기는 주로 기업에서 이용되어 왔는데, 최근에는 공공부문에서도 도입하고 있다. 국제공공회계기준(International Public Sector Accounting Standards)기구는 민간의 복식부기와 같은 기준을 공공부문에도 도입할 것을 권하고 있다. 대표적으로 유럽연합이 회원국가에게 이를 택하도록 권고하고 있다.

예산, 회계에서 주목할 만한 변화는 디지털화이다. 블록체인기술이 발달하면서 안전하고 편리하게 재무관리를 할 수 있게 되었다. 전통적 재무제표가 불신에 대한 통제의 원칙, 이중 안전장치를 구비하는 데 철저하였다면, 근거가 남는 블록체인기술은 혁신을 가져온다(Martins, 2024).

제 4 절   예산제도의 시간적 이해

I. 1년 제도의 문제점

정부예산활동은 1년이란 회계연도를 기초로 하고 있다. 이에는 많은 문제점이 있다.

1년이라는 기한을 두고 예산을 배분하고 운용하는 것은 예산의 집행과 기획에 있어 근시안적인 시각을 야기할 가능성이 높다. 예산의 집행에 대한 평가도 1년 단위로 이루어지기 때문에 예산집행자는 당장의 가시적인 효과만을 내는 데 집중하게 된다. 그러나 많은 행정활동은 1년 이상의 장기적 시간이 필요하다.

예산의 단기적인 운용은 행정의 안정성을 해칠 수 있다. 거의 모든 행정은 예산이 소요되므로, 예산 주기와 행정의 시간이 맞지 않으면 문제가 생길 수 있다. 예산 주기가 특정 정책이 집행되는 기간보다 짧을 경우, 예산은 그 정책이 집행되는 동안에 바뀔 수 있어 행정의 안정성을 해치게 된다. 정권이 바뀐 1년 차에 전 정권이 세운 예산을 집행하지 못하는 불용액이 많아지는 것이 한 가지 예이다(김봉환·이가희, 2019)

예산의 운용 기간이 1년으로 고정되어 있기 때문에 다년도 계약이 어렵다는 문제점도 있다. 즉, 단년도 현금으로 예산자원이 제공되는 까닭에, 예산집행자는 계약체결과 현금지출을 당해 회계연도에 완결하여야 한다. 이는 예산집행자로 하여금 다년도 계약을 꺼리게 하며 장기적인 투자로 얻을 수 있는 이익을 포기하게 한다. 이는 예산의 효율적 운용을 해치는 것으로 이어진다.

예산의 운용기간인 1년 내에 집행되지 않은 불용액은 차년도로 이월이 불가능하다는 점은 예산의 낭비를 조장할 가능성이 매우 크다(홍윤표, 2022). 예산을 남긴다는 것은 예산 배분권이 있는 자에게 '필요 이상의 예산을 배분해 주었다'는 신호를 전달하는 것과 같다. 따라서 다음 회계연도에 그 부처는 더 적은 예산을 배분받게 된다. 예산을 효율적으로 사용해서 칭찬받아야 하는데, 돌아오는 것은 예산삭감뿐인 것이다. 이러한 이유로 행정관료들은 차년도에 예산을 더 효율적으로 사용할 수 있음에도 불구하고, 남김없이 써버리려고 한다. 이는 큰 낭비가 아닐 수 없다.

시간관리 관점에서 봤을 때, 이상의 문제점들을 파생시키는 원인에 대해 2가지 분석이 가능하다.

우선 예산이 운용되는 시간의 길이가 고정되어 있음에 기인한다. 예산이 기획·집행되고 평가되는 시간의 길이가 고정되어 있기 때문에 비효율적이더라도 가시적인 효과를 내는 방식을 택하게 되고 단년도 계약 및 단기적 투자를 선호하게 되는 것이다.

실제 정책이 집행되는 데 필요한 시간과 예산의 운용기간이 불일치한다는 점에서도 원인을 찾을 수 있다. 특정정책의 집행에 있어, 그 정책의 시계적 제약을 고려하는 것은 매우 중요하다(임도빈, 2010: 283). 단년도 결산주의는 예산의 운용기간을 획일화시킴으로써 두 시간 간 길이 불일치문제를 심화시킬 가능성이 크다. 이러한 불일치는 많은 공무원에게 회계연도 말에 예산을 서둘러 집행해야 한다는 압박감을 주는 등의 문제가 크다.

Ⅱ. 단년도 예산을 넘어서

1. 중기재정계획

1년 주기의 예산회계제도의 단점을 보완하려는 노력 중 주목할 만한 것은 중기재정계획(Mid-term expenditure framework : MTEF)이다. MTEF는 5년 정도를 대상기간으로 한다. 사업의 투자 우선순위 및 시기를 중장기적 관점에서 검토하는 문서로서 재원배분의 일관성, 효율성, 건전성 등을 제고하기 위한 것이다.

중기재정계획은 A. Schick 등이 들고 있는 예산의 여러 기능 중 계획기능을 제고하는 제도의 하나이다. 국가재정법 제28조는 "각 중앙관서의 장은 매년 1월 31일까지 당해 회계연도부터 5회계연도 이상의 기간 동안의 신규사업 및 기획재정부장관이 정하는 주요 계속사업에 대한 중기사업계획서를 기획재정부장관에게 제출하여야 한다"라고 규정하고 있다. 중기재정계획은 법적 효력을 지니지 않는다. 국회에 제출되어 국회가 매년 예산을 심의하는 데 참고하기 때문에 중요하다.

제5차 경제개발계획이 시작되는 1982년부터 행정부 내에서 중기재정계획제도가 도입된 바 있는데, 강제성이 부족하여 실효를 거두지는 못하였다. 2004년부터 중기재정계획은 국가재정운용계획이란 명칭으로 바뀐다. 5년 단위 계획인 점은 동일하나, 매년 연결되어 수정되는 연동방식(rolling plan)이고, 계획은 수립시 관계 부처, 지방자치단체, 민간 전문가 등 많은 관련 행위자가 참여할 뿐만 아니라, 국회에 제출한다는 점에서 이전의 것보다 그 실효성이 높아졌다. 국회 심의 과정에 포함시키면서 기획과 예산을 시간적으로 맞추는 제도이다.

중기재정계획은 다음과 같은 중요한 기능을 한다.

거시경제 안정화 기능이 있다. 단년도 예산은 항상 균형예산으로 편성되는데, 실제로 그 해 경기의 호·불황에 따라 같은 방향으로 재정지출이 늘거나 준다. 이것은 결국 경기과열이나 불황을 부채질하는 셈이다. 중기재정계획을 통해 호황 때는 재정지출을 억제하여 경기안정을 시키고, 불황 때는 재정지출을 확대하여 경기를 진작시키는 효과를 가져올 수 있다.

국가재정을 건전화하는 기능도 있다. 중기재정계획은 선진국에서 복지지출의 과다로 재정위기가 나타남에 따라 하나의 대책으로 나온 것이다. 예컨대, 매년 퍼주기식 복지지출을 하는 것을 장기적으로 관리할 수 있다. 국가재정은 1년 사이에 급진적으로 바꿀 수 없는 경직성이 있으므로, 중기의 목표를 세워 놓고 매년 이에 맞춰서 예산을 운영하면 그만큼 향상된 행정서비스를 제공할 수 있다.

나아가서 전략적 자원배분 기능도 한다. 중기계획은 국가 비전과 우선순위를 반영하고 가용재원을 전망하여, 분야별 재원배분을 제시하기 때문이다. 따라서 중기재정운용계획은 하향식 예산편성방식을 채택해야 더 효력을 발휘할 수 있다. 따라서 1년 단위로 이뤄지는 예산운용을 효율성과 효과성 면에서 향상시킬 수 있다.

이러한 중기재정운용계획은 기존의 단기적 시각에서 벗어나 장기적 시각에서 정부경쟁력을 제고시킬 수 있다.

2. 특별회계와 기금

특별회계는 행정부의 재량권을 넓혀 주는 예산으로, 일정 목적의 사업을 집중적으로 관리할 필요가 있을 때 신설된다. 매년 일반회계에서 분리하여 별도로 국회의 승인을 받아야 하는 것은 동일하지만, 예산 과정에서 갑자기 그 사업이 없어지기는 어렵다는 점에서 1년이라는 한계를 넘어 지속성을 유지할 수 있다. 특별회계는 특정사업을 운영하거나, 특정한 용도의 자금을 운영하거나, 특정세입으로 특정세출을 충당하기 때문에 그 안에서 어느 정도 융통성을 발휘할 수 있는 것이다.

다음으로 기금이 있다. 예산은 1년을 주기로 정부의 금고에 돈이 들어왔다가

(세입), 돈이 나가는(지출) 유동(flow)개념이다. 그러나 정부가 일정액의 돈을 출연하여 기금을 조성하거나, 민간이 조성하고 운용하는 기금에 출연하여 일종의 저장(stock)되어 있는 돈이 있다. 이 거액의 돈을 자본으로 투자, 이자 등을 운용하여 일정한 목적의 정부기능을 수행하는 것이다.

기금도 국회의 통제를 받기는 하나, 별도로 관리하고 융통성이 있다는 점에서 특별예산과 마찬가지로 단일예산제도의 원칙을 벗어난다. 기금 내에서 수입, 지출이 일어나고 투자, 자산취득 등이 일어나는 융통성 있는 방법이다. 이와 같이 기금의 종류와 액수가 커지면서 '제3의 예산'이라고 불리기도 한다.

우리나라에는 현재 70개의 다양한 종류의 기금이 있다. 국민연금, 공무원연금 등 사회보험성기금 등이다. 특히 국민연금은 1,000조 원을 넘어서는, 세계 3위에 이르는 규모이다. 이것은 복지사회를 위해 불가피한 것이고, 어떻게 효율적으로 운용하느냐가 중요한 과제이다.

기금은 정부의 활동이 예산 이외의 방법으로 이뤄진다는 비판을 받을 만한 사업성 기금, 계정성 기금, 금융성 기금 등도 있다. 사업성 기금은 농어촌, 문화, 과학기술 등 특정정책을 진흥하기 위한 것이 많다. 예컨대 정보통신진흥기금은 국민이나 사업자가 정보통신 관련 서비스를 사용할 때 일정한 비율의 기금을 내도록 하고 이를 가지고 정보통신 관련 정책을 추진하는 데 사용한다. 금융성 기금은 수출입진흥 기금과 같이 일종의 은행과 같은 기능을 하는 기금이다.

기금은 긍정적으로 보면 정부가 비교적 안정된 재원을 가지고 융통성 있게 정책을 추진할 수 있다는 장점이 있지만, 부정적으로 보면 감시가 심한 예산제도를 벗어나 일종의 '편의적' 공공재원의 이용이라는 문제가 있다. 예컨대, 권위주의 시대에 생긴 공무원 연금, 군인 연금 등은 연금 수령 시를 위해 저축하고 투자된 것이 아니라, 일부는 고도 경제 성장을 위한 수단으로 사용된 적이 있다. 외화 안정 등 연금과는 관계없는 목적으로 사용되었기 때문에, 투자 재원으로 충분히 증식시키지 못하였다.

그러다 국민의 통제를 강화해야 한다는 재정민주주의 분위기가 제고되면서, 기금에 대한 국회의 통제가 강화되었다. 이에 따라 국가재정법 제68조는 기금운용계획안을 회계연도 개시 120일 전까지 국회에 제출하여 예산과 동일하게 국회의 통제를 받도록 하였다.

Ⅲ. 정치적 경기순환론

단년도 예산순기가 정부를 운영하는 시계의 중심축이지만, 정부의 예산 관련 활동에는 다른 시간적 주기도 작동한다. 정치적 경기순환론이 그 예이다. 대통령, 국회의원 등 선출직 정치인들은 선거를 앞두고 경기가 잘 돌아가는 것처럼 보이도록 확장정책을 사용하는 반면, 선거 후에는 물가 상승을 억제하기 위해 긴축정책을 펴기 때문에 정치적 경기순환이 이루어진다는 이론을 말한다(Nordhaus, 1975). 이 이론은 중앙정부뿐만 아니라 지방정부에도 적용될 수 있다.

경제는 시장원리에 의해 호황과 불황기를 순환하는데, 특히 불황기에 착시효과를 일으킴으로써 경제주기(economic cycle)를 교란하는 문제가 생긴다(Alesina et al., 1997). 이자율에 관해서도 유사한 주장이 가능하다(김행범, 2023). 정치인들은 선거를 앞두고 예산을 더 씀으로써 사실상 국고예산의 혜택을 받는 셈이며 이는 차년도의 인플레 등을 통해 국민경제에 해악을 끼치게 된다. 이러한 인위적·정치적 상태는 지속적이고 안정성 있는 정부경쟁력 유지에 악영향을 끼친다. 객관적이고 일관성 있는 지표로 평가받아야 하는 정부경쟁력이 선거라는 사건(event)에 영향을 받아 즉흥적으로 평가될 수도 있기 때문이다.

정치경기순환론과 직접적인 관련이 있는 연구로는 한정수(2007)와 조용석(2017)의 연구가 있다. 한정수(2007)는 지방선거와 지방자치단체의 세출예산과의 상관관계를 통하여 정치적 경기순환이 지방정부에서도 나타나는지에 대한 연구로 지방자치시대 개막 12년 차인 시점에서 정치적 경기순환이 일어날지를 검증하였다. 연구결과, 지방선거는 지방정부의 전반적 예산규모에 유의미한 영향을 미치며 다소 약하게나마 경제개발비를 통해 정치적 경기순환이론에서 말하는 선거주기가 나타나고 있다고 보았다. 조용석(2017)은 2008년에서 2015년 사이 16개 시·도지사의 업무추진비 세부지출내역을 분석하였다. 분석결과, 선거에서 후보자 간에 경쟁이 치열할수록 현직단체장의 업무추진비가 증가한다는 점을 발견하였다. 예산지출 항목 중 적어도 업무추진비는 '정치적 변수'임을 확인한 것이다.

정치적 경기순환론은 정치인의 이기적 동기에 의해 특정 시기에 재정정책을 동원하는 것으로, 바람직하지 않다. 국가경제의 장기적 시각에서 재정금융정책이 합리성을 가져야 한다.

참고문헌

강태혁(2013). 「예산제도와 재정관리: Budgeting system & fiscal management」. 서울: 율곡출판사.

김봉환·이권희(2019). "불용액의 정권 연차별 변화와 국회 예산심의의 효율성". 「재정학연구」 12(1): 27-53.

김재진 외(2018). 「세금, 알아야 바꾼다」. 메디치미디어.

김행범(2023). "오스트리아학파 경기순환론에 대한 공공선택학파의 대응". 「공공선택학저널」 2(1): 149-173.

루빈·아이렌(2001). 「미국예산정치론」. 서울: 대영문화사.

시오노 나나미(한성례 역)(2007). 「(또 하나의) 로마인 이야기」. 서울: 부엔리브로.

송준걸(2023). "법인세율의 역사와 그 구조에 관한 연구". 「조세연구」 23(2): 121-147.

신가희(2024). "의회 예산심의 과정의 정치 경제". 「재무행정연구」 3(3): 65-107.

신방수(2014). 「합법적으로 세금 안 내는 110가지 방법: 개인편」. 서울: 아라크네.

윤영진(2014). 「(새)재무행정학」. 서울: 대영문화사.

이남국(2006). "우리나라 책임운영기관 평가제도 및 운영의 개선에 관한 연구". 「한국거버넌스학회보」 13: 79-111.

이정희(2010). "최근의 주요 예산이론들의 비교, 평가 및 발전방향에 관한 연구". 「한국행정학보」 44(2):103-130.

이창우 외(2009). 「IFRS 회계원리」. 제3판. 서울: 박영사.

임도빈(2010). 「정부조직과 시간관리」. 서울: 서울대학교 출판문화원.

임도빈(2025a). 「비교행정학」. 서울: 박영사.

임도빈(2025b). 「대한민국을 바꾼 정책가」. 서울: 윤성사.

임동완(2008). 「외국의 발생기준 회계와 예산 제도 개혁과 시사점」. 서울: 국회예산정책처.

임동완(2019). "발생주의 정부회계제도의 토착화". 「한국사회와 행정연구」 30(1): 73-196.

장용근(2005). 「예산의 법적 성격 및 예산통제에 관한 연구」. 서울: 한국법제연구원.

정일환(2021). "머신러닝 접근의 재정관리: 세입추세 예측모형 연구". 「국정관리연구」 16(4): 1-18.

정해방(2004). "예산 총액배분 자율편성(top-down) 제도의 실태와 현황". 「지방재정」 2004: 13-22.

조용석(2017). 「업무추진비 지출에 미치는 정치적 요인에 관한 연구」. 서울대학교 행정대학원 석사논문.

최태현·임정욱(2017). "관청형성모형에 기반한 중앙정부 예산점증성 분석". 「한국행정학보」 51(2): 389-420.

하연섭(2022).「정부예산과 재무행정」. 제4판. 서울: 다산.

한정수(2007).「선거와 지방자치단체 세출예산의 상관관계에 대한 연구: 서울특별시 기초
자치단체를 중심으로」. 서울대학교 석사학위논문. 서울: 서울대학교 행정대학원.

홍윤표(2020). "국회 예산심의과정에서의 정치적 배분과 예산집행".「Doctoral dissertation」.
서울: 서울대학교 대학원.

Alesina, Alberto, Nouriel Roubini, and Gerald Cohen (1997). *Political Cycles and the
Macroeconomy*. Cambridge: MIT Press.

Blondal, Jon R. (2003). "Budget Reform in OECD Member Countries: Common Trends."
OECD Journal on Budgeting 2(4): 7–26.

Bryson, John M. (2011). *Strategic Planning for Public and Nonprofit Organizations:
A Guide to Strengthening and Sustaining Organizational Achievement*. San
Francisco: John Wiley & Sons.

Cozzetto, Don A., & Robert W. Kweit (1995). "Using Interactive Video Technology in
Graduate Programs in Public Administration." *Journal of Public Administration
Education* 1(2): 116–129.

Flyvbjerg, B. (2014). What you should know about megaprojects and why: An
overview. *Project management journal* 45(2): 6–19.

Hillman, AL (2009). *Public finance and public policy: responsibilities and limitations of
government* (2nd ed.). Cambridge: Cambridge University Press.

Holcombe, Randall G. (1996). *Public Finance: Government Revenues and Expenditures
in the United States Economy*. New York: West Publishing Company. USA.

Mikesell, John (2003). *Fiscal Administration: Analysis and Applications for the Public
Sector* (6th ed.). CA: Thomson–Wadsworth.

Musgrave, R. A. (1959). *The Theory of Public Finance; A Study in Public Economy*. N.Y:
McGraw–Hill

Nordhaus, William D. (1975). "The Political Business Cycle." *Review of economic Studies*
42(2).

Profeta, Paola (2004). Public Finance and Political Economics in *Tax Design and
Reforms. Tax systems and Tax Reforms in Europe*, Routledge: 55–75.

Resh, W., Ahn, Y., & Moynihan, D. (2023). "Populism and administrative dysfunction: The
impact of US government shutdowns on personnel and policy implementation."
Governance. 37(S1): S1–S17.

Rita Martin (2024). *Web3 in Financial Service*. N.Y: Kogan Page.

Rubin, Irene S. (1990). "Budget Theory and Budget Practice: Mow Good the Fit?."
Public Administration Review 50(2): 179–189.

Schick, Allen. (1966). "The Road to PPB: The Stages of Budget Reform." *Public Administration Review* 24(6): 243-258.

_____ (1998). *A Contemporary Approach to Public Expenditure Management.* Washington DC: World Bank Institute.

Schwepker Jr, Charles H., & J. David Good. (2007). "Sales Management's Influence on Employment and Training in Developing an Ethical Sales Force." *Journal of Personal Selling & Sales Management* 27(4): 325-339.

Shah, Anwar, & Chunli Shen (2007). "A Primer on Performance Budgeting." In Anwar Shah (eds). *Budgeting and budgetary institutions*: 137-178. Washington DC: World Bank.

Tobin Im, & Wonhyuk Cho (2010). "Time Factors in Policy Performance: The Korean Government's Economic Crisis Management in 2008." *The Korean journal of policy studies* 25(2): 103-128.

자료: 9장 도비라(간지) 이미지-기획재정부 제공

사람에 관한 행정

정부의 경쟁력은 인적 자원(human resource), 즉 공무원에 달려있다. 아무리 돈이 많아도 행정의 목표달성은 결국 사람이 열심히 하지 않으면 불가능하기 때문이다. 그러나 동물과 신의 중간 존재라고 할 수 있는 '사람'을 어떻게 다뤄야 하는가는 대답하기 힘든 질문이다. 그래서 '인사는 만사'라고 한다. 즉, 정부가 공무원을 어떻게 다루고 이들의 역량을 어떻게 100% 발휘하게 하느냐가 매우 중요하다.

본 장에서는 이러한 정부의 인사행정 전 과정을 1년 단위로 살펴본다. 즉 각 행정기관 내 직원들의 인사를 다루는 부서(인사과 혹은 총무과)가 1년 동안 반복적으로 하는 일을 중심으로, 새로운 사람을 조직 내로 유입하는 충원, 이미 있는 사람을 잘 활용하는 방법, 평가, 보상, 제재, 마지막으로 공직사회를 떠나는 퇴직을 중심으로 나누어 살필 것이다. 시간적 관점에서 보면 인사행정 활동들은 1년을 단위로 반복적으로 이루어진다. 그러나 한편 이것은 인사담당자의 관점이고, 공무원 당사자의 관점에서 보면 취직부터 퇴직까지 이르는 재직 기간(즉, 20–30년)이 주기이다.

제10장
사람에 관한 행정

인사행정의 특성

Ⅰ. 사람의 중요성

인사(人事)란, '조직을 구성하고 있는 인간(人間)에 관한 것(事)'이다(임도빈 외, 2023: 6). 인사행정은 공무원, 공직에 있는 사람을 관리하는 활동이다. 서구의 절대군주국가 시대에 관료는 군주의 사용인이었으며, 의회주의 시대에는 정당의 사용인이었다. 이 시기에는 정당정치에 예속되는(즉, 후술하는 엽관주의) 인사가 이루어졌다. 한편 산업혁명 이후 현대민주주의 국가에서 관료는 국민의 봉사자이기를 요구받고, 정파나 권력자와의 인연보다는 실력을 갖추는 것이 중요시되었다.

현재 우리나라에서는 공무원에 대해 '철밥통'이라는 표현으로 대표되는 부정적인 이미지가 있는 반면, 치열한 시험을 거쳐 정부 조직에 들어오면 국가지도자로 성장할 수 있는 권력의 자리로도 인식된다. 이러한 상반된 이미지는 공무원을 어떻게 관리하여 이들로 하여금 어떤 존재가 되게 하느냐에 따라 달라지는 것이다. 관료제 체계에서 공무원들을 잘 활용하고, 일을 열심히 하도록 만드는 기술이 인사행정이며, 공무원들은 관리의 대상으로 여겨졌다.

현대적 의미의 인사행정은 인간을 투자의 대상으로 보는 인적 자원(human resources) 혹은 인적 자본(human capital)의 관점이다. 그 바탕에는 미래에 달성할 목표를 위해 현 시점에 투자하듯이, 인적자본에 투자하면 미래에는 현재보다 더 나은 성과를 낼 수 있을 것이라는 전제가 있다. 고정된 물적 자원과는 달리 인적 자원은 고무줄과 같이 변화할 수 있다.

이러한 관점에서 교육훈련 프로그램도 다양화 되고 있으며, 공무원들 사이에서도 이를 통해 자기 계발 및 커리어 계발을 이루고자 하는 인식이 점차 확대되고 있다. 또한 채용에 있어서도 임기제 공무원, 민간경력자 채용 등 공무원 채용제도 선진화 방안들이 도입되면서, 공무원 내부에서의 경쟁 역시 치열함에 따라 과거보다는 공무원 개개인의 능력을 중시하게 되었다.

같은 사람이라도 누구하고 일하느냐, 무슨 일을 하느냐에 따라 완전히 달라진다. 그렇기 때문에 정부경쟁력을 높이기 위해서는 인적 자원을 관리하는 인사행정이 중요하다.

정부가 한 사회를 이끌거나 뒷받침하는 기능이 중요한데, 그 기능의 주체는 공무원이다. 정부경쟁력은 공무원 개인에서 시작하여 행정조직을 통해서 발현되는 것이다. 공무원은, 특히 일선공무원은 주민의 서비스맨이다. 일선공무원은 정부의 홍보대사와도 같다. 국민들이 마주하게 되는 일선공무원에 대한 이미지는 정부에 대한 평가, 신뢰 등으로 이어진다. 때문에 이들의 가치관과 태도, 기술, 지식에 대한 변화를 이끌어내는 방안을 연구하는 것이 인사행정이다.

다른 각도에서 보면 민주화가 되면서 공무원은 단순히 정권의 도구가 아닌 하나의 직장인으로서 헌법에 보장된 권리를 갖는, 권리를 가진 존재로 인정되고 있다. 민간과는 다른 정부는 노동집약적인 특성을 가지고 있다. 정부예산의 많은 비율이 인건비로 지출되고, 인건비를 받은 사람들이 정책집행의 주체가 된다.

Ⅱ. 인사행정의 권력성

입시 경쟁이 치열한 것처럼 좋은 자리를 향하는 우수하고자 하는 경쟁심은 공무원인사나 공직사회에서도 나타난다. 소수의 고위직을 향한 승진은 다수의 후보들의 경쟁심을 자극한다. 따라서 어떤 자리에 대한 임명권은 그 자리를 꿈꾸는 사람이 많은 한 매우 강력한 도구가 된다. 거꾸로 그런 자리를 탐하는 사람이 적으면, 오히려 인사권자가 적합한 자를 열심히 탐색하여 삼고초려해야 한다. 이 경우 인사권은 권력이 아니라 짐이 된다.

같은 맥락에서 볼 때 대통령의 제왕적 권력은 인사권에서 나온다고 해도 과언이 아니다. 그래서 대통령 선거를 몇 년 앞두고도 잠룡 후보자 밑에 들어가 일하는 사람들이 있다. 선거가 가까워질수록 소위 선거캠프가 차려지는데, 유력한 후보일수록 자천타천 많은 사람이 몰려든다. 이들 중 일부가 대통령직 인수위원이 되고 이들 중 수석 등 좋은 자리에 가는 행운을 얻는다. 자리에 대한 넘치는 수요에 비해 공급이 턱없이 맞지 않는 것이 문제이다. 대통령이 취임하면서 이들 중 누구를 기용하느냐는 여러 가지 기준에 의해서 결정될 것이다. 그중의 하나는 대통령 후보가 되기 이전부터 도와준(즉, 어려울 때) 사람에게 방점이 찍힐 가능성이 크다. 어쨌든 이런 과정에서 높은 자리를 탐하는 사람들이 서로 과도한 경쟁을 하면서, 대통령의 권력은 점점 커진다.

그렇다면 한 정권이 새로 들어서면 신임대통령이 바꿀 수 있는 자리는 어느 정도나 될까? 정권마다 약간 차이는 있지만, 장관급 40여 자리와 차관급 100여 자리, 공공기관의 장과 감사, 기타 일부 고위공직자 등을 합하여 500−600여 명 정도가 된다. 여기에 간접적으로 임명에 영향을 미칠 수 있는 국책연구원장, 공공기관의 장 등 자리를 포함하면 그 수는 훨씬 많아진다.

물론 이러한 수많은 자리가 대통령의 인사권만으로 좌지우지되는 것은 아니다. 공모과정 등 적절한 절차를 거쳐야 하고, 객관적인 기준을 만들어 평가하여 후보자를 소수로 줄인 후 대통령에게 올려야 하기도 하다. 즉각 새로 임명할 수 있는 자리들이 있는가 하면, 현직자의 임기만료까지 기다려야 하는 자리들도 있다. 또한 국무총리, 감사원장, 대법원장, 헌법재판소장 등은 국회의 동의를 받아서 임명해야 하는 자리들이다. 이들 모두 인사행정의 연구대상이다.

인사행정의 핵심 연구대상은 일반 공무원들이다. 정부에는 이들 '장(長)'뿐만이 아니라 그 밑에 많은 자리가 시험 등을 통해 채워진다. 사실 공무원, 즉 사람은 정부조직을 구성하는 요소이고, 이들이 위치하는 자리들이 정부조직 내 실, 국, 팀, 과 등과 같은 하위 단위부서를 구성하는 것이다. 이런 조직의 틀 안에 있는 지위(즉 자리)에 개인을 채워넣는 행위가 인사행정의 요체이다. 가장 적합한 사람을 그 자리에 앉히는 것을 적재적소(適材適所)라고 한다.

그러나 적재적소에 배치하는 것이 인사행정의 전부가 아니다. 그 자리에 배치되면 지위가 부여된 것이고, 실제로 대내외적으로 공무원으로서의 제 역할을 해야된다. 이렇게 조직의 틀에 의해 형성되는 지위와 직무, 규범 등이 사람과 작동하는 복잡한 과정을 통해 한 공무원을 열심히 일하게도 하고, 근무의욕을 상실하게 만들기도 한다. 그리고 이를 관리하는 총체적인 예술이 인사행정이다.

인사행정이야말로 정부경쟁력의 가장 핵심적인 요인이다. 여기서 강조해야 할 것은 적재적소의 원칙이 적절한 시점(timing)에서 이뤄져야 한다는 점이다. 때를 놓치면 적재적소의 인사행정을 해도 효과가 없어진다. 국가 전체의 인적자원을 보고 인구 유포, 인구 구성 변화, 인적자원의 질의 변화 등을 고려한 인사행정 개혁이 적시에 이뤄져야 한다.

Ⅲ. 인사행정의 주요 제도

한두 사람이 모여서 조직을 운영한다면, 인사제도는 그리 중요하지 않다. 서로 서로 궂은 일을 도우며 필요한 일을 하는 등 융통성 있게 할 수 있기 때문이다. 그러나 셀 수 없을 정도로 사람이 많아지면, 이 사람들을 체계적으로 관리하는 일정한 틀 내지 규칙(인사행정제도)이 필요하다.

1. 직업공무원제도

공무원을 전업직업(full time)으로 하여 평생 근무하는 사람이 직업공무원이다. 법률이 정하는 바에 의해 공무원의 신분이 보장되기 때문에 정권 교체와 같은 정치적 변화나 기타 개인의 의사에 반하여 해고되지 않고 고용을 유지할 수 있다. 직업공무원제가 성공하기 위해서는 공직에 대해 높은 사회적 평가가 이루어져야 하며, 젊은 사람을 채용해야 하고, 능력발전 기회의 공정성이 보장되어야 한다. 또한 보수의 적정성도 중요하다.

직업공무원제와 반대되는 개념은 공직을 잠시 머무는 자리이거나, 전업이 아닌 부업(part time)인 자리이다. 미국에서 1829년 취임한 잭슨 대통령 때 유행한 엽관제가 대표적인 비직업공무원 제도에 해당할 것이다. 또한 빈곤한 나라에서는 공무원의 보수가 월등히 낮아서 부업을 겸하는 관료들이 많다. 이들은 법적으로는 직업공무원제에 속하지만 사실상 직업공무원이 아니다.

모든 나라에서 모든 자리를 직업공무원으로 채우는 것은 아니다. 공무원 중 일부는 직업공무원이 아니다. 우리나라는 국가공무원법 제2조 제2항에 따른 경력직 공무원(일반직과 경력직)만이 직업공무원이다. 직업공무원이 아닌 공무원은 특수경력직(정무직, 별정직)과 임기제 공무원이 있다.

정무직 공무원에는 대통령이나 국회의원과 같이 선거에 의해 선출된 경우나 임명 시 국회의 동의가 필요한 공무원, 또는 담당 업무 성격상 중요 정책 결정업무를 담당하는 공무원으로서 법률이나 대통령령으로 지정하는 공무원이 있다. 대체로 관료제 피라미드 구조의 상위에 위치한 고위직들이 이에 해당한다. 대표적인 정무직 공무원에는 대통령, 국회의원, 각부 장·차관, 처의 처장, 청장 등이 있다. 별정직 공무원은 보좌업무 수행이나 특정 업무를 담당하기 위해 일반직 공무원과는 다른 별도 자격 기준으로 임용한다. 대체로 상술한 정무직 밑에서 직무를 수행하며 진퇴를 같이 하는 사람들이 이에 속한다. 그 예로는 비서관, 비서, 감사원 사무차장 등이 이에 해당한다. 임기제 공무원은 전문적인 지식이나 기술이 요구되거나 임용의 신축성이 요구되는 경우 일정기간 동안 국가나 지방자치단체와의 채용계약으로 공무원으로 재직하며 업무를 수행한다. 국가공무원법 제26조의5는 일반임기제, 전문임기제, 시간선택제임기제, 한시임기제로 나누어 관리하도록 하고 있다. 행정부의 직업공무원제는 입법부와 사법부에도 유사하게 제도화되어 있다.

전통적 직업공무원이 아니면서, 실제로는 거의 평생을 행정 분야에서 종사하는 사람들도 많이 있다. 정부에는 고유의 행정업무를 하는 사람들을 지원하고, 보조하는 사람들을 볼 수 있다. '행정 실무원'이라고 해서 사무보조, 민원상담, 조리 등의 지원을 하는 사람들, '시설관리원'이라는 명칭하에 건물관리, 기계나 장비관리, 전기통신 시설관리 등 기술을 가진 사람들이 있고, '환경미화직'에는 청소하는 사람들이 있다. 보조업무라고 하지만, 실제 행정이 제대로 운용되는 데 중요한 기능들이다. 이 중 많은 인력이 상시적이고 지속적으로 업무를 수행하지만, 보통은 1년을 기간으로 해서 매년 자동으로 고용계약을 연장하는 방식으로 이루어졌었다. 그로 인해 이들의 고용안정성이나 복지 측면에서는 문제의 소지가 많았다. 이런 문제를 해결하기 위해 도입한 근로기간의 정함 없이 무기계약으로 근로계약을 한 사람들을 '공무직 근로자'라고 한다. 신분상으로는 민간인으로 공무원법이 아닌 근로기준법이 적용되는 사람들인데, 실제 근무는 행정기관에서 하는 사람들이다. 이 외에도 일정 기간을 정하여 근무하는 '기간제 근로자'가 있다.

공무직은 공무원법이 정하는 공무원신분은 아니지만 무기직이기 때문에, 인사행정의 중요한 대상이다. 인사부서에서 총정원이라는 차원에서 종합적으로 관리하며 채용과정을 공정하게 진행하는 등 인사원칙이 지켜져야 한다.

여기서 중요한 것은 직업공무원제의 쟁점으로 첫째, 공무원의 대다수가 직업공무원으로 구성되느냐, 둘째, 공무원으로서 신분보장이 얼마나 되느냐의 문제이다. 특히 간부급 관료들이 어떠한 사람들로 구성되느냐가 그 나라 행정의 경쟁력을 좌우할 중요한 관건이 된다. 중하위직으로부터 시작하여 평생 공무원으로 일한 사람이 간부급으로 성공할 가능성이 높은지 외부에서 간부로 충원한 사람이 잘 할 가능성이 높은지의 문제이다.

직업공무원제도에는 장단점이 있다. 장점으로는 공무원의 사기증진, 행정의 안정성 및 일관성에의 기여, 그리고 경험 축적에 따른 고급공무원 양성에 유리하다는 점을 들 수 있다. 단점으로는 공직분위기 침체, 공직사회 입성 후 노력없이 무사안일주의로 일관하여 공무원의 수준이 저하될 수 있다는 점, 변화를 싫어하고 적극적으로 새로운 시도를 하지 않음에 따라 공무원 집단이 보수화되는 점, 그리고 부정적 의미로서의 관료주의 가속화 등을 들 수 있다.

강한 관료전통이 있는 우리나라에는 옛날부터 직업공무원제도가 형성되어 있었다. 과거시험에 합격하는 것이 가문의 영광이고, 높은 관직을 하는 사람은 족보에 올릴 정도로 공직은 명예로운 자리였다. 현재에도 이러한 직업공무원제도의 전통은 공무원들이나 일반국민의 생각 속에 깊이 뿌리박혀 있다(윤견수, 2011).

개방형직위제도 시행 20년의 '빛과 그림자'

개방형직위는 공직의 전문성 및 경쟁력 강화 등을 위해 공직 내·외부에서 인재를 선발해 채용하는 제도로 지난 2000년 2월 도입됐다. 제도 도입 후 급여·승진 등 처우 개선이 이뤄지면서 안정성이 높아지고 가시적인 성과도 창출했다. 다만 선발 과정에 수요기관 참여가 제한돼 적임자 선정 논란이 끊이지 않고, 채용 후 부적응 등에 따른 갈등이 생겨도 임기 보장을 이유로 교체를 요구할 수 없는 불합리한 요소가 상존해 부처들의 속앓이가 심각하다.

인사혁신처 등에 따르면 정부부처 개방형직위는 총 469개가 지정돼 있다. 과장급은 전체 직위의 10% 이상을 지정하고 있다. 고위공무원은 10% 기준은 폐지됐지만 10% 수준의 개방형을 운영 중인 것으로 나타났다. 개방형직위는 공무원과 민간인이 경쟁하는 일반 개방형직위와 민간인만 응시 가능한 경력 개방형직위가 있다. 469개 개방형직위 중 경력 개방형이 39.1%(183개)를 차지한다.

초기 개방형직위는 부처가 자체 선발했지만, 공정성과 투명성 문제 등이 제기되면서 2014년 7월 중앙선발시험위원회를 설치해 일원화했다. 민간인의 공직 유인 확대를 위해 3년 신분 보장뿐 아니라 우수 성과자는 승진 및 일반직 전환이 가능해졌다. 특히 급여와 관련해 연봉 자율책정 상한선이 고위공무원단은 170%에서 200%, 과장급은 150%에서 170%로 상향됐다.

그러나 성공의 이면에 가려진 그늘도 짙다. 현장에서는 검증 부족에 따른 자질 논란, 부처의 밥그릇 챙기기 등에 따른 무용론 등 다양한 문제점이 드러나고 있다. 외청에서는 일반 개방형으로 타 부처에서 옮겨온 과장이 직원들과 업무를 놓고 사사건건 갈등을 빚어 문제가 됐다. 기관에서는 교체를 원했지만 임기 2년이 보장돼 공무원 윤리강령 위반 등 중대 사유가 없는 한 재계약까지는 고스란히 짊어질 수밖에 없다보니 직원들이 근무를 기피하는 것으로 알려졌다.

정부부처 한 관계자는 "공정성을 이유로 일반 개방형 심사과정에 수요기관이 참여할 수 없다보니 검증이 안 되는 문제가 심각하다"라며 "현 제도하에서 임기 중반에 업무 역량이나 적응력을 평가할 수 있는 보완책이 필요하다"라고 지적했다.

특히 고위공무원단은 기술·교육 등 일부 직위를 제외하고 개방형직위로 부적합하다는 여론이 많다. 전공 분야에서 일부 성과를 낼 수는 있지만 본부 국장이나 소속기관장은 조직 관리뿐 아니라 예산·인사 등 역할이 필요한데 역량이 낮다는 것이 대체적인 평가다.

각 부처가 지정하는 개방형직위의 적정성 여부도 논란이다. 핵심·중요 업무나 민간이 경쟁력 있는 직위가 아닌 상대적으로 관심이 적거나 보편적인 업무를 지정하면서 민간의 공직 진출에 걸림돌이 된다는 지적도 제기된다.

세종청사에서 인사를 담당하는 한 간부는 "개방형직위에 대해 점수를 매긴다면 30점 이하로 조직에 필요성을 인정하기 어렵다"라며 "개방형 운영 자율성을 주고 임금 등 동일한 조건에서 공무원에게 기회를 준다면 훨씬 나은 성과를 낼 수 있을 것"이라고 지적했다.

출처: 서울신문, 2021. 6. 10. 일부발췌.

직업공무원제가 환경변화에 둔감하고 지나치게 관료들의 이익을 보호한다는 비판적 시각이 있다. 4차산업혁명시대에 평생직장이란 개념이 사라져 가는 것도 중요한 환경변화이다. 어려운 공무원 시험에 합격한 사람들도 3~5년만에 이직하는 비율이 높아지고 있다. 다른 한편으로는 고위직, 중간직에 공직이 아닌 민간출신을 고용함으로써 공직사회에 새로운 바람을 일으키려고 하고 있다. 민간경력자 채용이나 개방형 공모제 자리가 그것이다.

2. 실적주의는 만능인가

실적주의(meritocracy) 또는 실적제(merit system)는 기본적으로 채용의 공정성에서 시작한다. 그리고 일단 채용된 이후에 인사행정을 하는 데에도 '실력'을 위주로 하느냐, 아니면 실력 이외의 다른 요인을 중시하느냐라는 근본적인 구분을 하게 하는 기준이 된다. 실적주의를 인사행정 용어로 처음 사용한 것은 1883년 미국 펜들턴 법에서 독립적 인사위원회 설치, 공개경쟁채용시험 원칙, 그리고 공무원의 정치활동 금지를 규정하면서부터이다. 실적주의가 법에 명시된 이후, 1939년 Hatch법에서 공직에 대한 정당의 지배와 공무원의 정치활동 금지가 규정되면서 실적주의가 정착되었다.

우리나라는 실적주의 역사가 훨씬 길다. 음서제도[1] 등 예외적인 것은 있었지만, 조선시대 과거제도와 같이 유교적 관점에서 전인적 인격과 소양을 측정하는 시험을 통하여 관직을 충원함으로써 이미 실적주의가 확립되어 있었다.

실적주의적으로 관료를 채용할 때 기대할 수 있는 장점은 유능한 인재를 등용한다는 점이다. 인연, 배경이 아니라 실적주의에 의해 인재를 확보하면, 이들이 하는 행정행위에서 공정성 확보, 그리고 행정의 안정성과 계속성 확보를 할 수 있다.

실적주의가 장점만 있는 것은 아니다. '실적'이라는 것이 무엇이냐, 어떻게 측정하느냐 등 개념상의 문제부터 의문이 생긴다. 보통 실적에 의한 평가는 기회의 평등을 기반으로 하지만, 실력이 아닌 다른 요인(예: 사회계층) 때문에 기회가 주어져도 성취를 못하는 경우가 발생한다면, 이 원칙의 적용에 문제가 생기는 것이다. 또한 민주적 통제 부재의 문제가 있을 수 있다. 선거로 집권한 당이 막상 일을 하려고 해도 실적제 공무원이 말을 듣지 않으면 문제이다. 즉, 정당에의 충성도와 이에 파생되는 행정의 민주적 통제, 반응성이 문제가 되는 것이다. 나아가서 실적

---

1 고려·조선시대에 아버지나 할아버지가 관직생활을 했거나 국가에 공훈을 세웠을 경우에 그 자손을 과거에 의하지 않고 특별히 임용하는 제도를 말한다.

주의는 형식화와 비인간화를 초래할 수 있다는 우려를 낳고 있다. 실력으로 임용되어서 비인격적인 법령을 문자대로만 적용하려고 할 때 생기는 문제가 그러하다. 또한 실적주의로 인해 인사권을 쥐고 있는 인사기관이 법령에 따라 인사행정을 할 수밖에 없고, 그 결과 획일적 인사가 이루어질 우려가 있다.

실적주의에 반대되는 개념은 실적을 제외한 모든 다른 기준에서 인사행정을 하는 것이다. '기회균등'의 원칙이 그 예인데, 인사행정에 다양성, 대표성, 그리고 형평성을 제고하자는 것이다. 구체적으로 양성평등, 장애인, 지역균형, 이공계, 그리고 사회적 약자를 배려하는 것을 예로 들 수 있다.

3. 정실주의의 문제

정실주의란 실적이 아닌 다른 기준, 즉 인간적 기준에 의해 인사행정이 이뤄지는 것을 말한다. 대표적인 정실주의의 예는 엽관주의(spoils system)이다. 미국에서의 엽관주의는 7대 잭슨 대통령이 취임하면서 본격적으로 발달한 것으로, 집권 이후 공직의 대다수를 선거유세 동안 자신을 지지했던 사람들로 물갈이를 한 것에서 기인한다. 행정부문에서 시험이나 자격증 등 실적이나 능력이 고려되기 이전 시대에 발달한 제도이다. 당시에는 공무원들의 업무수행에 특별한 전문성이 필요한 것이 아니고 보통사람이면 누구나 할 수 있는 것이라는 믿음이 있었기 때문이다.

우리나라에는 미국식으로 선거에 따라 대대적으로 일반행정 공무원을 교체하는 엽관제가 등장한 적이 없다. 정무직 자리에만 한정되어 일어나고 있다.

깊이 들여다보면 우리의 정실주의는 대통령, 장관, 지방단체장 등 권력자와 학연, 지연, 혈연 등 특별한 관계가 있는 사람들에게 요직을 주는 방식으로 인사가 이뤄진다. 넓게는 집권여당에 대한 충성도와 공헌도를, 좁게는 선거캠프와 같이 권력자와의 특별한 인연이 인사행정을 지배하는 제도를 말한다.

현대민주국가에서는 정실주의가 실적주의에 비해 가진 장점은 거의 없다. 일정 수준 이상 실력을 갖춘 사람이 많이 있을 때, 이들 중 누구를 선별하느냐의 단계에서 정실주의가 개입될 가능성은 있다. 매스컴에서 특정 정당의 시각에서 의혹을 부풀리기도 하면서 나오는 '회전문인사', '코드인사'는 실적 기준을 어느 수준에 두느냐와 권력자에게 충성심이 높은 사람을 선호한다는 문제와 관련된다. 매스컴이 보도하는 인사문제는 대부분 일반 공무원이 아닌 정치적으로 임용되는 정무직(political appointee)에 관한 것이다. 대통령의 재량권에 의해 임명될 수 있는 자리이기는 하지만, 이들에게도 최소한의 전문성이나 능력기준을 적용해야 한다는 주장도 설득력이 있다.

엽관주의는 국민의 요구에 대한 관료적 대응성을 향상시킬 수 있고 행정의 민주화에 기여할 수 있으며, 대통령의 정책실현을 용이하게 한다는 장점이 있다. 특히 정권교체 후 집권자들은 일반공무원의 경우에도, 정당제도를 통해 국민의 뜻이 전달되어야 한다는 측면에서 일종의 엽관주의의 필요성을 제기하기도 한다.

정실인사는 행정의 능률성, 공정성, 계속성, 안정성, 일관성이 훼손되고 실적주의에 의해 임용된 관료들의 사기가 저하될 수 있는 문제가 있다. 나아가서 매관매직, 뇌물 수수 등 정치적·행정적 부패를 초래할 수 있고 정실주의 인사로 인해 권력자에게 과잉충성현상이 일어날 수도 있다. 정치과열현상이 나타나고 있는 우리나라에 엽관주의를 광범위하게 적용한다면, 엄청난 문제가 야기될 것이다.

Ⅳ. 공직의 분류

공무원들은 숫자가 많기 때문에 일정한 기준에 의해 분류를 하고, 그 하위 집단별로 다르게 관리해야 한다. 공직 분류란 정부에서 일하는 공무원을 채용과 대우 등의 측면에서 다르게 관리하기 위해 유형화하는 것을 말한다.

1. 공직 분류의 기준

우리나라의 경우에는 입법부, 행정부, 사법부, 헌법재판소, 중앙선거관리위원회 등 소속기관별로 공무원을 별도로 관리한다. 법적으로는 국가공무원과 지방공무원으로 분류되며, 각각 경력직과 특수경력직으로 분류된다.

신규채용이란 측면에 초점을 맞춘 공직구조 형성의 방법으로는 개방형 인사제도와 폐쇄형 인사제도가 있다. 개방형 인사제도는 공직의 계급이나 직위를 불문하고 공직 내외 모두로부터 신규채용을 허용하는 인사제도를 말한다. 폐쇄형 인사제도는 신규채용이 피라미드식 계서제의 최하위 계층에서만 허용되며 내부 승진을 통해 그들이 상위 계층까지 올라갈 수 있는 제도를 의미한다.

고용안정성이란 측면에서 볼 때, 경력직과 특수경력직으로 분류할 수 있다. 경력직 공무원이란 실적 및 자격으로 임용하여 신분이 보장되고, 평생 공무원으로서의 근무가 예정되는 공무원을 말한다. 앞서 설명한 직업공무원이 우리나라

인사법령상으로는 경력직 공무원이란 유형으로 표현된다. 경력직 공무원에는 일반직 공무원, 특정직 공무원이 있다. 일반직뿐만 아니라 특정직 공무원의 숫자도 매우 많은데, 군인, 경찰, 법관, 교육공무원 등이 있기 때문이다. 특수경력직 공무원은 경력직과는 달리 실적주의 및 직업공무원제의 획일적 적용을 받지 않는 공무원을 말한다. 즉, 직업공무원이 아니면서 공직에 근무하는 사람들을 나타내는 개념이다. 정무직 공무원, 별정직 공무원이 있다.

　　근무형태라는 기준으로 볼 때, 정규직과 비정규직으로 나눌 수 있다. 최근 고용의 유연성이라는 측면에서, 혹은 가족생활의 유형 변화로 인해 비정규직 공무원도 많이 생기고 있다. 한시적 고용을 의미하는 비정규직은 직업공무원제도에서 벗어나지만, 실질적으로는 계약이 갱신되어 고용이 장기간 유지되는 경우가 많다. 계약직이지만 실질적으로 평생근무하는 무기계약직도 있다. 비정규직도 공무원을 구성하는 중요한 부분이 되고 있다.

2. 계급제와 직위분류제

　　역사적으로 많은 나라에서 인구이동이 적은 안정된 농업사회를 배경으로 하여 인간 간의 관계를 규율하는 신분사회의 영향으로 계급제가 발달한다(임도빈 외, 2023). 조선시대의 정6품, 종6품제도 같은 것이 대표적인 예이다. 이를 계급제라고 하고, 개개인의 자격과 능력을 기준으로 계급을 관리하는 것을 말한다. 시대가 발전하면서, 부여되는 계급은 그 사람의 최종학력과 관련되는 방식으로 구분된다. 계급제에서는 계급 간의 차이가 크고, 계급 간의 승진을 특별히 어렵게 하는 것이 특징이다. 또한 폐쇄형 인사체제를 채택한다.

　　우리나라는 전통적으로 1급에서 9급까지의 직급으로 구성된 인사체계 바탕위에 9급, 7급, 5급을 채용하는 계급제를 택하고 있다. 그리고 고위직을 종합적으로 관리하기 위해 3급 이상은 고위공무원단제도를 운용하고 있다.

　　계급제를 택함으로써 얻을 수 있는 장점은 탄력적인 인사관리의 가능, 직업공무원제 확립의 용이, 공무원의 일체감 조성을 통한 능률성 제고, 다른 부서 공무원과의 원활한 협조, 그리고 공무원 신분보장이다. 우리나라 계급제는 공무원의 전문성을 저해한다는 비판과 함께 직위분류제 도입을 주장하는 사람이 많이 있다(임도빈 외, 2023). 이것은 계급제 자체의 문제가 아니고, 잦은 인사이동이 문제이다. 아직 계급제를 택하고 있는 많은 유럽국가의 공무원들이 전문성이 떨어진다고 할 수는 없다.

계급제의 단점도 많이 있다. 승진 등에서 객관적 기준보다 주관적이거나 편의적 기준으로 될 수 있다는 점, 계급군 간 승진이나 충원의 폐쇄성, 보수와 업무부담의 형평성 결여, 전문 행정가 양성에 곤란하다는 점이 단점으로 지적된다.

직위분류제는 사람보다는 자리(position)를 중심으로 조직 내 사람을 관리하는 제도이다. 우선 각 자리(직위)가 요구하는 일의 내용을 자세히 규정하는 것이 필수적이다. 나아가서 자리가 요구하는 책임과 권한을 명확하게 정의해야 한다. 계급제와는 달리 각 지위마다 직무기술서(job description)가 있어야 하고, 여기에 직무내용, 요건 등 직무특성을 정리하여 기술해 이를 인사행정에 활용한다. 따라서 직위분류제를 실시하기 위해서는 직무수행의 주요 임무와 책임, 그리고 필요한 자격을 결정하는 직무분석(job analysis)과, 직무가 가지는 상대적 가치를 평가하는 직무평가(job evaluation)가 선행되어 있어야 한다.

직위분류제를 통해 얻을 수 있는 장점은 다음과 같다.

첫째, 충원 및 인사배치를 할 때 더 구체적인 기준을 제공한다.

둘째, 자리가 요구하는 특성이 잘 규정되어 있어 현직자의 자질과 비교하면 훈련의 수요 파악이 쉽다.

셋째, 직무의 난이도에 맞는 급여를 부여하는 직무급 수립에 용이하다.

넷째, 권한과 책임의 한계를 명백히 설정하여 조직관리의 합리성을 제고할 수 있다.

그러나 단점도 많다. 우선 직무분석, 직무평가 등에 많은 시간과 노력을 필요로 한다. 행정의 수요는 시대에 따라 수시로 바뀌는데, 이에 따라 담당할 직위를 만들고 변경하기 위해서 항상 많은 노력과 시간을 요하기 때문에 비용이 많이 드는 제도이다. 또한 직무기술서에 따르는 업무만 만족시키면 되기 때문에 승진을 위해 경쟁을 하거나 일을 더 열심히 하려는 동기부여도 부족하게 된다. 따라서 실제 운영은 상당히 경직적이다.[2]

---

2 그러나 흔히 직위분류제를 이상화한 후 계급제를 비판하는 경우가 많아 주의를 요한다. 예컨대 계급제의 단점으로 인사운영의 경직성을 들고 있는 학자가 많으나, 실제로는 직위분류제에서 인사운영의 경직성 문제가 더 심각하다(임도빈 외, 2023).

제 2 절 인사행정의 주기

I. 인사행정의 시간모형

인사부서가 하는 행정활동은 몇 가지 하위요소로 구성되어 있다. 이들은 독립되어 이뤄지는 것이 아니라 서로 밀접한 관련성을 가지고 반복적으로 이뤄진다. 하지만 인사행정의 대상인 공무원의 입장에서는 충원과 같이 평생 한 번 일어나는 것도 있고 근무평가와 같이 매년 혹은 주기적으로 일어나는 것도 있다.

인사기관에 종사하는 공무원들이 관할하는 공무원들을 대상으로 1년 동안 수행하는 인사행정의 모형을 그림으로 나타내면 다음 〈그림 10-1〉과 같다. 물론 시차적으로는 중앙인사기관이 준입법기능을 통하여, 인사활동의 원칙을 바꾸거나 개혁하는 주도권을 쥐고 시작한다. 다른 인사기관들은 중앙인사기관의 지침에 따라 아래의 활동들을 매년 반복하며 시행한다.

인사행정기관은 그 조직에서 필요한 인력을 충원하고, 충원된 인력이 일정

그림 10-1 | 인사행정 시간모형

기간 동안 근무 후 퇴직하게 하는 일을 한다. 어떤 사람이 일단 공무원으로 채용되면, 인사행정기관은 공무원들로 하여금 성실하고 열심히 근무하도록 능력을 계발해줘야 한다. 일을 더욱 열심히, 잘하도록 만들기 위해 동기부여 방법인 당근(보상)과 채찍(제재)을 활용한다.

인사행정실무는 사실 관료들을 잘 활용하여 행정의 목적을 달성하게 하도록 하는 수단이다. 장기간 근무하는 공무원을 위해서는 교육과 훈련을 시키기도 하고, 다른 좋은 자리로 옮기는 보직이동도 시키며, 높은 자리로 승진도 시키고, 금전적 보상을 더 주기도 한다.

이를 위해서는 일을 효율적으로 하지 못하는 경우를 대비하여, 업무를 얼마나 잘 수행했는가를 주기적으로 평가하는 것이 중요하다. 그리고 공무원이 지켜야 할 의무를 부여하고, 이에 어긋나는 경우에는 적절한 제재조치를 취한다. 제재조치 중 가장 무거운 것은 공직에서 근무를 강제로 종료하는 파면이다. 이런 결과에 불만을 가진 공무원들이 의사를 표시하고 이를 처리하는 절차도 있다.

각 인사행정기관은 1년 동안 위에서 나열한 일들을 반복해서 수행한다. 인사행정의 객체인 각 공무원 개인의 입장에서 보면, 보수를 받는 것과 평가를 받는 것 이외에는 위의 인사행정 기능 중 어떤 기능은 어느 해에 자신에게 해당되는 사항이고 또 어떤 기능은 관계 없는 것이다. 공무원의 생애주기라는 장기적 측면에서 보면, 충원 → 퇴직은 누구나 겪는 과정이다.

II. 인적자원의 충원

가장 적합한 인적자원을 공직으로 유입시키는 것이 인사행정에서 가장 중요한 기능이다. 특히 우리나라와 같은 온정주의적 문화에서는 아무리 일을 잘 못해도 직원을 해고시키기 어렵기 때문에 더욱 중요하다.

1. 모 집

만약 백지상태에서 정부를 만든다면, 필요한 자리에 적합한 사람을 충원하기 위해 '모집'하는 것부터 시작해야 한다. 모집에는 적극적 모집과 소극적 모집이 있다. 소극적 모집은 채용계획을 일반대중에게 공개하고 지원자가 찾아오도록 기다리는 것이다. 반면 적극적 모집이란 젊고 유능한 인적 자원이 공직에 대한 매력을 느끼고 지원하도록 유도하는 활동으로 예컨대 대학에 찾아가서 공직채용박람회를 여는 것이다. 젊고 유능한 인재를 모집하는 것은 직업공무원제가 확립되기 위한 첫 발걸음이다. 직업공무원이 아닌 임기제 공무원 자리도 좋은 인재를 영입하기 위해서는 적극적 모집과정이 필요하다. 저출산으로 젊은 인적자원이 줄어들고, 공직의 매력이 떨어지기 때문에 이러한 변화가 필요한 것이다. 특히 개방형 직위나 경력경쟁채용의 경우, 민간의 헤드헌팅사를 이용하여 인재를 구하기도 한다.

우리나라의 공무원 모집의 경우 자격요건을 보면, 원칙적으로 학력요건을 요구하지 않는다. 그리고 형벌을 받고 공직취임이 제한되어 있는 사람이 아니어야 하는 등 법에서 제시한 결격사유에는 해당되지 않아야 한다. 국적조건으로는 대부분의 경우 대한민국 국민이어야 한다. 좋은 모집을 위해서는 미리 준비할 수 있도록 장단기 인력계획이 수립되고 시험의 정기적 충원실시가 필수적이다.

2. 선   발

(1) 공개채용과 특별채용

모집은 대상 집단이 막연하기 때문에 모집 결과가 성공적이었는가에 대한 평가가 곤란하고, 따라서 책임문제도 잘 일어나지 않는다. 이에 비해 지원자(후보자) 중에서 합격자를 선발하는 업무는 과연 최적의 인재를 뽑았는지에 대한 평가가 가능하다.[3] 우리나라도 매년 공무원을 선발하고 있다.[4] 5급, 7급, 9급 공개채용과 견습직원 채용, 민간경력경쟁자 특별채용시험 등을 사이버국가고시센터에 공고하여 공무원을 선발한다. 공개채용과 특별채용 방식이 있다.

- 공개채용: 일정한 자격을 갖춘 모든 사람이 지원하도록 하여 적격자를 선발하는 방식
- 특별채용: 공개채용이 부적합하거나 비효율적이라고 판단될 경우, 특정한 자격을 갖춘 사람만을 대상으로 채용하는 방법

헌법에 명시된 공직취임권을 위반하지 않기 위해서는 모든 국민에게 균등한 기회를 부여하는 공개채용이 대원칙일 수밖에 없다. 우리나라는 오랜 세월 진화해 온 선발과정이 매우 엄격하며 다양한 선발도구가 있다. 그런데 선발도구가 타당도

---

3 하지만 이를 과학적으로 평가한 실증연구는 드물다. 대부분의 인사자료는 '사생활보호'라는 가치가 우선시되어 자료접근이 어렵기 때문이다.

4 구체적인 정보는 사이버국가고시센터(www.gosi.go.kr) 참조.

와 신뢰도를 갖춘 선발도구인지 의문을 제기해 볼 필요가 있다.

행정이 다뤄야 할 문제가 복잡해져 감에 따라, 공무원의 전문성이 낮다는 비판이 커지고 있다. 따라서 특별채용의 비중이 높아져 가고 있는 추세이다. 보통의 공개채용자가 감당할 수 없는 특별한 전문성을 요구한다는 가정에서 출발하는 특별채용은 그 자리의 특수성을 잘 알고 있는 근무할 기관이 주도해서 선발하는 것이 원칙이다. 채용기관의 위상이 낮아지면 채용비리문제가 생길 위험이 커진다. 예컨대 이명박 정권의 외교부가 유명환 장관의 딸을 경력경쟁채용으로 충원하여 물의를 일으켰다. 이를 계기로 특별채용도 공개채용과 마찬가지로 중앙인사기관이 담당하게 되었다.

우리나라는 극소수를 대상으로 하는 특별채용은 받아들이기 어려운 문화 속에 있다. 즉 공과 사의 구분이 어렵고, 넓은 인맥관계로 움직이는 우리나라 사회에서 자격과 면접만을 가지고 이루어진 선발은 소위 정실인사가 개입될 개연성이 크다. 필기시험이 전문성을 측정한다는 점에서 타당성, 신뢰성이 의심된다고 이를 없애는 것은 특혜 시비를 낳게 할 가능성이 크다.

(2) 선발의 시간적 과정

선발과정은 일반적으로 지원서류전형, 선발시험, 면접, 신원조사 및 신체검사 등의 과정을 통하여 최종합격자를 선별한 후, 시보를 거쳐 임용되는 순서로 이뤄진다. 시간상으로 볼 때 일단 많은 지원서를 받아 서류심사를 하고, 선발시험을 통해 응시자 중에서 적격자를 순차적으로 좁혀가는 과정이다.

서류 심사에서는 특정 학연이나 지연이 영향을 미칠 수 있다. 이것은 실적주의에 반하는 것이다. 면접의 경우에도 외모나 임기응변, 말주변이 영향을 미치기도 한다. 이런 시비를 없애기 위해 블라인드 채용이 사용되기도 한다. 나아가 민간 등 일부 공공기관에서는 서류심사 혹은 면접을 인공지능(AI)을 통해 진행하기도 한다. 그러나 그 효과는 의심스럽다(권순원, 2021).

시험을 거치지 않고 서류심사 및 추천에 의해 공무원을 임용하기도 한다. 이 범주에는 지역인재 특별채용, 별정직으로의 임명, 내부승진도 포함된다. 이 경우에도 모든 선발과정이 면제되는 것이 아니라, 어떤 형태이든지 적합자를 가려내거나 검증하는 과정을 거치는 것이 일반적이다.

면접은 선발시험과 함께 직무수행능력을 측정하는 가장 중요한 도구로 점점 특성화되고 복잡하게 진화하고 있다. 단순히 면접관의 질문에 응답하는 형식보다는 집단토론 등 다양한 기법이 발달되고 있다. 공무원임용시험령 제5조에 따른 면접시험의 기준을 보면, 공무원으로서의 정신자세, 용모, 예의, 품행 및 성실성, 전문지식과 그 응용능력, 창의력·의지력 기타 발전가능성, 그리고 의사발표의 정확성과 논리성 등이 있다. 면접은 필기시험에 비하여 비용이 많이 들어 필기선발시험 합격자에게만 기회를 부여하는 것이 보통이다. 최종합격자 선발 시 면접점수만을 고려하는 경우와, 선발시험과 면접시험의 성적을 합산하는 방법이 있다.

후보자 입장에서는 면접까지 합격하면 선발과정이 끝난 셈이다. 이 과정까지 온 수험생은 전과기록 등 공무원으로 부적합한 과거의 행적이 있는가에 관한 신원조사를 받게 된다. 신원진술서를 작성하고, 개인정보 접근에 동의하면 경찰 등 관련 기관이 조사를 한다.

신원조사와 신체검사를 모두 마친 공무원들은 정식임용되기 전에, 마지막으로 일정기간 시험적으로 임용되어 검증받는다. 시보(probation)는 선발수단의 보완이라는 목적 이외에 후보자에게 기초 적응 훈련을 시킨다는 부수적인 목적도 가지고 있다. 유능한 직원이 조기에 조직을 떠나기도 한다. 새로운 직원이 조직에 들어온 첫날부터 적응할 때까지 도와주는 적응 프로그램(on boarding program)을 만들 필요가 있다.(perry, 2024). 시보공무원은 아직 임용되지 않았기 때문에 정규 공무원과 같은 신분보장이 아직 되지 않은 상태이다. 따라서 임명권자가 일방적으로 해임하더라도 소청 등의 구제수단이 없다.

모집에서 핵심쟁점은 선발의 적합성이다. 공직에 적합한 사람을 가려내기 위한 가장 확실한 도구는 지금까지 확인되지 않았다. 모든 도구는 장단점을 가지고 있다. 따라서 여러 가지를 조합해서, 여러 단계를 거쳐 선발한다. 그럼에도 불구하고, 모든 사람에게 동등한 기회를 주면서, 동시에 최적임자를 뽑았다고 자신할 수 있는 완벽한 방법은 없다. 선발도구로서 공정성, 효율성, 차별성을 갖추는 것이 과제이다.

Ⅲ. 동기부여

"사람을 어떻게 하면 일을 스스로 알아서 열심히 하게 만들 수 있을까?"라는 의문에 답을 해 주는 것이 동기부여이론이다. 일단 정부조직 내에 들어오면, 이들이 열심히 일할 수 있는 여건을 만들어 주고 최고의 생산성을 낼 수 있도록 하는 것이 중요하다. 동기부여이론은 크게 내용이론과 과정이론으로 나누어진다.

1. 무엇이 동기를 유발하는가

내용이론(contents theory)은 '무엇이' 개인의 동기를 유발시키는가에 대한 답을 찾는 이론이다. 사람이 필요로 하는 욕구가 무엇인지를 고민한 욕구이론(Needs Theory)이 있다. 매슬로우(Maslow)는 인간의 욕구를 5가지 '내용'으로 추출한 후 이들 간의 관계가 계서적인 것으로 파악했다.

1단계 욕구는 '생리적 욕구'로서, 먹고, 자고, 종족보존 등 최하위 단계의 욕구이다.

2단계 욕구는 '안전에 대한 욕구'로서, 추위·질병·위험 등으로부터 자신을 보호하는 욕구이다. 장래를 위해 저축하는 것도 안전욕구의 표출이라 할 수 있다.

3단계 욕구는 '애정과 소속에 대한 욕구'로서, 가정을 이루거나 친구를 사귀는 등 어떤 단체에 소속되어 애정을 주고받는 욕구이다.

4단계 욕구는 '자기존중의 욕구'로서, 소속단체의 구성원으로 명예나 권력을 누리려는 욕구이다.

5단계 욕구는 '자아실현의 욕구'로서, 자신의 잠재력을 충분히 발휘해서 자기가 이룰 수 있는 모든 것을 성취하려는 최고수준의 욕구이다.

매슬로우는 어떤 사람이 특정 시기에 원하는 것은 5단계 중 어느 한 단계의 욕구라고 보았다.[5] 특히 하위단계의 욕구가 충족되어야 그 다음 단계의 욕구가 발생한다고 보았다. 욕구는 행동을 일으키는 동기요인이며, 인간의 욕구는 병렬적으로 열거되어 있는 것이 아니라 낮은 단계에서부터 그 충족도에 따라 높은 단계로 변화해 간다는 것이다.

매슬로우의 이론은 많은 문제점이 있다. 인간의 욕구를 특정시기에 적용되는 고정적인 것으로 파악하였다는 것과, 상위 욕구의 달성으로 인해 하위 욕구가 소멸한다는 것을 전제로 했다는 것, 그리고 모든 사람의 욕구가 그가 말한 대로 계서적인가 등에 대한 비판이다.

허쯔버그(Herzberg)는 어떤 욕구가 충족되어도 동기부여가 되지 않는다는 점에 주목한다. 즉, 어떤 요구가 충족되었다고 해서 모두 동기부여로 이어지는 것이 아니라 단순히 불만감을 줄이는 효과밖에 없다는 것이다. 욕구가 충족되면 동기부여의 효과를 가져오는 요인을 동기요인(motivators)과 구분되는 단순히 불만예방효과만을 가져오는 요인을 위생요인(hygiene factors)이라는 개념을 개발한다.

---

5 한 나라 대부분의 국민이 이 중 어느 단계에 있느냐에 따라서 정부의 역할이 집중되어야 한다는 것이 정부경쟁력 연구이다(Im.T. et al., 2019). 예컨대 굶주리는 나라에서는 농업 식량정책에 정부가 경쟁력이 있어야 한다.

보건'위생'상태가 좋아지면 전염병에 걸릴 확률이 낮아질 뿐 건강 자체가 좋아지지 않는 것과 같은 이치이다. 육체의 기능이 좋아지려면(즉, 동기요인), 음식섭취나 운동이 중요한 것과 같은 이치이다.

맥그레거(D. McGregor)는 관리자가 직원에게 갖는 인간본질과 인간행태에 대한 두 가지 견해에 주목하여 인간관리전략을 제시하였다. 그는 전통적 관리체제를 정당화 시켜주는 인간관을 X이론이라 부르고, 인간의 성장적 측면에 착안한 새로운 관리체제를 뒷받침해 주는 인간관을 Y이론이라 명명하였다. 그리고 X이론에 입각하여 지시, 통제에 의존하는 관리전략의 경우 상위욕구의 충족을 원하는 현대인에게 동기유인을 제공하지 못할 것이라고 지적했다. 대신 인간의 고차원적 욕구를 충족시키는 차원에서 개인이 조직의 목적을 위해 자기통제와 자기책임하에서 협력하게 할 수 있는지 조건을 연구하였다.

요컨대 욕구이론의 발달과정을 보면 처음에는 인간을 단순한 것으로 파악했다가 점점 복잡한 존재로 파악해 가고 있음을 알 수 있다. 그의 극단에는 '복잡한 인간(complex man)'이론이 있다(Argyris, 1973). 이것은 인간의 욕구는 정해진 것이 없고 상황에 지배받는다는 점에서 앞의 것들과 구분된다. 때와 장소에 따라 달라질 수도 있고, 개인이 느끼는 감정 및 성격 등과의 복합적인 작용에 의해 동기가 유발된다.

2. 어떻게 동기부여가 되는가

과정이론은 욕구가 '무엇인가'를 파악하는 것보다는 '어떻게' 동기가 부여되는지에 대한 심리적 과정에 초점을 둔다. 과정이론들을 깊이 들여다보면, 관찰 가능한 과정을 기준으로 하는 것이 아니고, 사람의 머릿속에서 이뤄지는 사고과정을 유추한 것들이다. 즉, '인간은 생각하는 동물'이라는 측면에 초점을 맞춘 이론들이다. 내용이론은 인간의 동물적 특성(생리적 측면)에 초점을 둔 것이 많은 반면, 기대이론과 형평성이론으로 대표되는 과정이론은 인간으로서의 특성에 초점을 맞춘 것이 많다.

기대이론(expectancy theory)은 어떤 행동을 하기 전 그 행동의 결과가 가져오는 기대감에 의해 동기가 결정된다고 본다. 일정한 노력을 기울이면 근무 성과를 올릴 수 있으리라는 가능성에 스스로 부여하는 주관적인 확률이 '기대감'이다. 인간은 어떤 행동을 하기 전 마음 속으로 여러 대안을 비교하면서 자신에게 돌아올 보상을 놓고 어느 행동을 할 것인가 결정한다고 본다. 동기의 크기는 노력과

목표달성 간의 관계에 대한 인식인 기대치(E)와 실적과 보상 간의 관계를 나타내는 수단치(I), 그리고 보상이 자신에게 가지는 가치의 정도인 유인가(V)를 곱한 값으로 결정된다(Vroom et al., 2015).

형평성이론(equity theory)은 공정성이론(justice theory)이라고도 하며, 얼마나 정당한 보상을 받았다고 느끼는가가 그 다음 행동을 하는 데 동기를 부여하는 요인이라고 본다. 구체적으로 애덤스(Adams, 1965)는 직무수행에 동원한 노력, 기술, 경험 등이 보수, 승진, 즐거움 등으로 보상받는 체계 하에서 준거인물과의 비교로 인해 느껴지는 불형평성이 결정적이라고 보았다. 이 결과 불공평하다고 여겨지면 이의 해소과정에서 자신의 일에 대한 동기가 유발되거나 감소된다. 남보다 대우를 못받았다고 생각한다면 자신의 노력을 줄이고, 남보다 대우를 과분하게 받았다면 노력을 늘려서 심리적 안정을 찾는다. 각 개인의 인식수준으로 볼 때, 자신의 '노력=받은 보상'이라는 공평한 상태까지 노력한다는 것이다. "배고픈 것은 참아도 배아픈 것은 참지 못한다"라는 속담과 같이, 항상 남과 비교하는 경향이 있는 우리나라에서 더 설득력 있는 이론이다.

3. 공직의 동기는 다르다

지금까지는 주로 경영학분야에서 발달한 동기이론을 원용하여 설명하였다. 그러나 공사부문의 업무성격이 다르듯이, 공공부문에서 일하는 사람은 동기구조 자체도 다르다고 보는 입장이 있다. 공공봉사동기(Public Service Motivation)는 Perry와 Wise(1990)에 의해 처음 개발된 개념으로서, 공공조직에만 관련된 동기에 반응하는 개인의 기본적인 성향이다.

공공부문 종사자들은 일종의 공익추구라는 동기요인이 중요하고, 민간부문 종사자들은 사익추구를 하는 경향이 있다. 공공봉사동기는 타고나든지 개인의 성장과정에서 어느 정도 형성되어 공공조직에 참여하기 이전부터 가진다고 할 수도 있다(임도빈·유민봉, 2023: 329). 이 경우, 높은 PSM을 가진 사람을 선별해서 공직에 충원하는 것이 중요하다. 실제로 한국의 경영학 석사과정 학생과 행정학 석사과정 학생들을 비교해 본 결과, 행정학과 학생들의 PSM이 높았다(Christensen 외, 2013). 다른 이론들이 주장하는 동기요인을 인사행정이 잘 활용해야 하겠지만, 일종의 열정(passion)을 의미하는 공공봉사동기를 해치는 정도로 해서는 안 된다는 주장이다(perry, 2024).

4. 자기가 결정해야 한다

동기는 이미 각 개인의 내부에서 오는 것이지만, 어떤 행동을 했을 때 주어지는 보상이 내부(즉, 자기 자신의 마음)인가 아니면 외부(예, 물질적 보상이나 불이익)인가로 구분이 가능하다. 고전적 동기이론의 대부분은 외적 보상에 근거하고 있다. 그런데 Ryan, R. M., et al.(2021)이 주장하는 자기결정이론(Self-Determination Theory, SDT)은 내적인 동기에 집중한다. 즉, 인지적 차원에서 인간의 동기를 자율성(autonomy), 유능감(competency), 관계성(relatedness)이라는 세 가지 기본 심리적 욕구를 통해 설명한다. 공공부문에서 자율적으로 일할 수 있는 환경을 제공하고, 자신의 능력을 발휘할 수 있는 기회를 주며, 동료들과 긍정적인 관계를 형성할 수 있도록 지원함으로써 내재적 동기를 강화할 수 있다고 본다.

한 개인으로 볼 때, 자기결정이론의 강점은 외재적 보상 과 내재적 보상 간의 관계이다. 즉, 동기의 총량이 정해져 있다고 본다면, 만약 외부 보상이 커지면 원래 가지고 있던 내재적 동기를 약화시킬 수 있다는 구축효과(Crowding-Out Effect)가 나타난다(임도빈·유민봉, 2023: 325-329). 조직에의 헌신과 같은 집단주의문화가 감소하고, 개인의 이기심과 독자성이 강한 사람의 경우, 자율성 제고가 어떤 동기부여책보다도 중요한 역할을 할 수 있을 것이다(강혜진, 2022).

5. 한국인의 동기는 다르다

앞에서 설명한 서구식 이론이 우리나라에 적용될 수 있는 면도 있지만 적용될 수 없는 부분도 있다. 우리나라 사람들은 물질적 측면을 경시하거나 체면을 중시하는 등 서구와는 다른 문화와 사고방식을 가지고 있다(유민봉·심형인, 2011). 우리나라는 집단주의가 강하게 작용하며, 집단주위에서 중요하게 작용하는 것은 다른 사람들과의 비교이다(임도빈 외, 2023: 343). 집단주의 특성으로 인해 비롯되는 한국적인 동기요인을 몇 가지 살펴본다.

우선은 완장효과이다. 평범한 사람도 반장, 회장, 대표 등 자리(즉, 완장)를 주면 180도로 사람이 바뀌어 열심히 조직생활에 몰입하는 것을 발견할 수 있다. 조직입장에서는 금전적 비용을 안 들이고 동기부여를 할 수 있는 방법이다. 어떻게 보면, Maslow의 욕구요인 중 사회적 인정이나 자아실현 욕구가 복합적으로 작용한 것이기 때문이라고 생각할 수 있다. 결과적으로 무력한 사람에게 힘을 북돋아주는 것(empowerment)이 '완장'이다(임도빈 외, 2023: 343).

다음은 롤러코스터 효과이다. 현실과는 동떨어진 인위적 상황인 롤러코스터를 타서 상승할 때 붕 뜨는 느낌을 지칭한다. 이와 같이 공직사회는 공무원들에게 스릴(Thrill)을 느끼게 하는 경우가 많았다. 즉, 자기가 생각하는 자신의 능력보다 더 빨리 지위가 상승함으로 인해 극도의 희열감을 느낀다(임도빈 외, 2023: 343). 힘든 줄도 모르고 신바람이 나서 밤을 새워가며 일하는 것이다. 그러나 고도성장시대가 끝남에 따라 이런 경험을 하는 사람은 점점 줄고 있고, 하나의 신화와 같이 구전되고 있다.

마지막은 왕따현상이다. 집단 내에서 한명 또는 소수를 표적으로 지속적으로 부정적 평가와 제재를 가하는 것으로 외면, 무시, 폭언, 괴롭힘, 폭력 등이 그 수단이다(민진, 2011: 154). 집단주의문화에서 이탈자를 처리하는 메커니즘이기도 하지만, 사회적 악이기도 하다. 왕따현상이 발생하는 동기로는 먼저 가해자 측면에서 시기심, 사회적 기술 부족, 열등감, 이익보호 등이 있을 수 있고, 피해자 측면에서는 성격, 외모, 사회적 약자, 특수한 능력 등을 생각할 수 있다(임도빈 외, 2023: 343). 또한 왕따를 당하지 않기 위해 보이지 않는 노력을 함으로써 결과적으로 동기부여가 될 수 있는 것이다.

위와 같은 한국적 현상을 꿰뚫는 공통성은 경쟁심이다. 급속한 경제성장과정에서 남보다 한발 앞서야 생존할 수 있다는 것을 경험하였기 때문이다. 따라서 약간의 무리를 하더라도 남을 이기려는 경쟁심이 공직사회에서도 동기요인으로 작동하는 것이다. 경쟁심은 실제 한국의 성장과정에 큰 기여를 한 한국 정부의 경쟁력을 설명해주지만, 자신에게 기준이 있는 내재적 동기가 아닌 경우, 지속가능성에 한계가 있다(양인·임도빈, 2023).

Ⅳ. 인적자원의 계발 및 평가

확보된 인적자원에 대한 동기부여 활동도 중요하지만, 이들이 공직을 매력적인 직업으로 생각하고 이어나갈 수 있도록 그들의 경력을 개발해 주는 활동도 필요하다.

1. 경력개발

경쟁력 있는 조직이 되기 위해서는 개인이 목표로 하는 것과 조직이 목표로 하는 것의 차이를 줄이고, 개인이 달성하고자 하는 것이 곧 조직이 달성하고자 하는 것이 되어야 한다. 개인의 보이지 않는 가치(human capital)를 키우는 방향에서 장기적으로 인사관리를 하는 것이 경력개발이다.

직업공무원제를 택하고 있는 나라에서는 젊은 사람이 공직에 들어와서 평생을 근무한다. 그런데 하루하루 격무에 시달리다보면, 능력개발은 커녕 거꾸로 퇴보될 가능성도 있다. 따라서 각 공무원들이 경력개발목표에 부합되는 능력을 지속적으로 개발할 필요가 있다. 경력개발계획(Career Development plan: CDP)은 생애 각 단계별 경력목표를 정하는 문서이다. 이를 통하여 자아실현 욕구를 충족시키면, 개인은 계속하여 열심히 일을 할 것이고, 결과적으로 조직에는 이익이 된다. 전통적으로는 비공식적으로 '××는 장관감이다'라는 엘리트의식을 심어주는 방식으로 각 기관의 상급자들이 하급자들을 지속적으로 관리하는 것이 곧 한국적 경력개발제도라고 할 수 있다.

2. 교육훈련

오늘날과 같이 급변하는 행정환경과 이에 따른 행정수요의 변화에 대응하기 위해서는 적절한 교육과 훈련이 필요하다. 한번 공직에 들어오면 이직하는 사람이 적은 폐쇄형 공직구조를 가진 경우, 교육과 훈련을 통해 모든 사람들의 능력을 발전시키는 것이 매우 중요하다. 직업공무원제도와 계급제를 택하고 있기 때문에, 공무원의 능력과 전문성을 지속적으로, 그리고 단계적으로 계발시키기 위해 매년 100시간 이상의 교육훈련을 이수토록 강제하는 것도 이러한 이유에서이다.

일정한 근무기간이 지나면 장기해외연수 교육을 시키거나, 근무 중에 해외사례 조사 등으로 출장을 보내주는 것이 중요한 교육훈련이다. 우리나라는 경제사정이 어려운 60년대부터 공무원들을 해외대학에 장기교육훈련을 보내 왔다. 이들이 해외동향을 일반국민보다 먼저 파악하여 정책을 개발한 것도 정부주도형 국가발전을 이루는 데 도움이 되었다. 국가인재개발원과 각 부처의 교육원, 지방자치인재개발원, 그리고 각 시도 소속 교육훈련기관에서 공무원들을 중단기로 교육시키는 것도 이러한 차원에서 이뤄진다.

국가 전체 차원에서 인재개발정책을 수립하고 이를 실현시키기 위해 교육훈련계획을 세워야 한다. 교육훈련의 목적은 공무원에게 공직수행에 필요한 능력을 향상시키고, 궁극적으로는 정책결정과 행정서비스의 질을 높이는 것이다. 이상적인 교육훈련은 첫째, 교육훈련 수요조사 둘째, 프로그램 개발 및 교육훈련 실시

셋째, 효과성 평가와 환류의 과정을 거쳐 이뤄진다.

교육훈련 수요는 계급제보다는 구체적인 직무기술서가 있는 직위분류제에서 더 파악하기 쉽다. 적절한 방법으로 교육훈련의 수요조사를 통하여 교육훈련을 필요로 하는 대상공무원과 교육시킬 내용을 결정한다.

교육훈련 수요조사가 끝나면 수요를 충족시킬 수 있는 교육훈련 프로그램을 개발한다. 교육훈련을 통해 달성하여야 할 구체적인 상태인 프로그램의 목표를 설정하고, 교육훈련 중에 가르칠 교과목의 종류, 교육내용, 교육방법을 결정한다 (임도빈 외, 2023: 251).

또한 교육훈련이 실시되는 물리적 장소가 어디인가에 따라 두 가지 종류가 있다. 보통 교육훈련이라 함은 직장에서 벗어나 교육원 등 외부 교육장소의 인위적인 상황(강의, 실험)에서 이루어지는 외부훈련(Off-the-job Training: Off-JT)을 생각한다. 그런데, 직장 내 업무를 수행하는 과정에서 필요한 능력을 습득하는 직장훈련(On-the-job Training: OJT)도 있다. 외부훈련의 경우, 훈련내용이 실제 근무시에도 전이되어 발휘되느냐의 문제가 있다(즉, 전이효과). 그래서 우리나라의 경우 보직을 받은 이후 초기에 상관으로부터 일하면서 배우는 OJT가 중심을 이룬다.

온라인교육을 통한 자기계발도 발달되고 있다. 정부, 민간이 제공하는 온라인 콘텐츠를 활용하여, 개인 스스로 필요한 것을 학습할 수 있도록 디지털 인재개발 플랫폼을 제공하는 방향으로 진화하고 있다. AI와 Big data를 활용하여, 각자 필요한 모든 수요를 스스로 파악하고, 컴퓨터를 통해 능력을 개발하는 맞춤형 교육방식이다.

교육훈련을 실시한 후 의도했던 목표가 얼마나 달성되었는지를 평가하여 교육훈련을 수정하고 다시 설계해야 한다. 교육 참가자가 어떻게 생각하고 있는가에 대한 평가인 교육참가자 반응평가뿐만 아니라, 교육훈련이 실제 업무 향상에 도움이 되었는지를 보는 전이효과를 평가하는 것이 매우 중요하다.

3. 근무평가

인적자원을 유지하고 활용하는 활동이 끝나면 이들이 수행한 직무의 성과가 어느 정도인지를 평가한다. 주기적으로 공무원의 능력, 근무 성적, 가치관 및 태도 등의 변화를 평가하는 것을 근무성적평가라고 부른다. 간단히 '근평'이라고도 한다.

성과계약을 하는 사람들을 대상으로 이루어지는 직무성과의 평정은 매년 1월 1일부터 12월 31일까지 1년 단위로 이루어진다. 평정은 1차 평정, 2차 평정 및 성과관리위원회 평정의 순으로 순차적 실시한다. 그 외 5급 이하 일반직 공무원은 연 2회 근무성적평가를 한다. 1차 평정은 피평정자와 직속상사, 2차 평정은 1차 평정자의 직속상사를 지정하여 이루어진다.

어떻게 해야 제대로된 근무평가를 하느냐에 대해서는 논란이 많이 있다. 충 원에서 설명한 시험도구에 대한 논의를 그대로 적용할 수 있다. 즉, 평정도구는 타당도와 신뢰도가 높아야 한다. 아울러 동료들 간에 변별력이 있어야 한다. 평가 의 관대화와 집중화 문제를 해결하기 위해 최우수등급과 최하위등급을 몇 % 이상 으로 강제하는 방법이 변별력을 높이기 위해 사용되기도 한다.

근무평정 방법은 여러 유형이 있다. 평정을 평정대상자의 상관인 감독자가 행할 때에는 감독자 평정법, 동료가 행할 때에는 동료평정법, 부하가 상관을 평정 할 때에는 부하평정법이라 한다. 전통적으로 상관이 부하를 평가하는 감독자평정 법이 가장 흔히 쓰여 왔다. 부하는 상관에 복종해야 한다는 계서제적 사고가 그 속에 전제되어 있다.

성과를 과학적으로 평가하는 것은 쉽지 않다. 자신과의 관계 등 주관적으로 평가한다는 비판을 받을 여지가 있다. 특히, 승진을 염두에 두고 미리 고평가자를 정해놓은 채, 형식상으로 부분별 점수를 주는 '역산제'의 관행도 남아 있다. 서구 에서 들여온 정교하고 과학적인 평가체제에도 불구하고 역산제 때문에 타당도와 신뢰도가 의심될 때가 많이 있다.

이를 보완하는 방법으로 평정자 자신이 스스로를 평가하는 경우도 있다. 이 를 자기평정법이라 하고, 동료가 평가하는 것을 동료평가방법이라고 한다.[6] 상급 자·동료·부하·고객 등 여러 사람이 동시에 평가하는 것이 다면평가법이다. 다면 평가법 혹은 360도 평가란 근무성적 평가와 관련하여 평가의 객관성과 신뢰성을 확보 또는 보완할 수 있는 방법의 하나로서, 다양한 사람들로부터 입체적, 다면적 평가가 이뤄진다는 장점이 있다. 이 제도는 계서적인 관료문화에서 조직 내 상하 간, 동료 간, 부서 간에 원활한 커뮤니케이션을 가능하게 하고, 자기역량강화기회 를 촉진한다는 특징이 있다. 그러나 인기투표같이 된다는 문제점도 있다.

주기적 평가는 승진, 보수 등 인사행정의 도구로만 사용하기보다는 당사 자의 자기 발전에 사용되어야 한다. 자신이 알지 못하는 문제점을 발견하고, 이 를 보완하는 용도로 쓰는 것이 더 중요하다. 나아가서 한 사람이 달성한 성과

---

6 평가의 기능 중의 하나는 피평가자가 자신의 부족함을 발견하여 차후 이를 보완하게 하는 데 있다. 따라서 부하평점법의 경우에도 평정결과를 당사자에게 고지하고 본인확인을 하게 하는 것이 필요하다. 평정자와 피평정자가 서로 마주 앉아서 평정상담을 하는 것도 이러한 취지에 서 필요하다.

(performance)를 그 행정조직관리의 변수로 사용하는 방향으로 발전하고 있다. 인사행정에서는 이를 성과관리제도(performance management)라고 한다. 성과책임을 바탕으로 성과목표를 설정, 관리, 평가하고 그 평가결과를 보수를 비롯한 모든 분야에 연동시키는 일련의 과정을 말한다.

4. 인사이동과 승진

일정기간 근무 후에는 자리를 이동하는 인사이동이 이루어진다. '위'로의 이동을 말하는 승진 이외에도 모든 방향으로의 인적자원의 이동을 망라하는 개념이 인사이동이다.

수평적 이동에는 전직, 전보, 전입, 전출, 겸임, 파견 등이 있다. 전직은 상이한 직렬의 동일한 계급 또는 수평 이동하는 것으로, 예컨대 기술직에서 일반직으로 옮기는 것이다. 우리나라는 폐쇄형 계급제를 택하고 있기 때문에 원칙적으로 전직이 금지되어 있어 시험 등 별도의 절차를 거쳐야만 가능하다. 전보는 같은 직급 내에서 직위만 바뀌는 것을 말한다. 전입은 인사권을 달리하는 기관으로부터 들어오는 이동하는 것을 의미하며, 전출은 반대방향의 이동을 의미한다. 겸임은 한 사람의 공무원에게 둘 이상의 직위를 부여하는 것, 마지막으로 파견은 소속을 바꾸지 않고 다른 기관 및 단체에 근무하는 것을 의미한다. 파견은 반드시 수평이동뿐 아니라 수직이동하여 현 직급보다 높은 자리로 가는 경우도 많이 있다.

수직적 이동에는 승진과 승급, 강임이 있다. 승진은 상위직으로 이동하여 종전보다 무거운 직책을 담당하게 되는 것이고, 승급은 같은 계급 또는 등급 내에서 호봉이 높아지는 것을 의미하며, 강임은 일종의 징계로서 하위 직급으로 이동하는 것을 말한다. 특히 계급제에서, 하위 직급에서 한 직급을 올라가는 수직적 이동 승진은 매우 중요한 의미를 갖는다. 우리나라 공무원은 경쟁심이 강하기 때문에 승진에 몹시 민감하다. 특히 준거집단에 비하여 내가 얼마나 빨리 승진하느냐라는 형평성이론에 근거한 요인이 가장 큰 동기부여요인이다. 즉, 엄밀히 말하면 승진 자체보다는 승진 소요'시간'이 핵심이다.

개인이 느끼는 승진불만도는 기대 승진 대기기간에서 실제 대기기간을 뺀 것에 비례한다. 최저승진 소요 연수를 채우고도 승진이 되지 않을 경우 불만이 가중된다. 근무성적이 우수하거나, 포상받은 자, 중요한 제안을 한 자, 공무 중 사망한 자 등은 특별히 승진시켜줌으로써 조직을 관리한다. 특히 조직팽창기가 지난 오늘날 우리 공직사회에는 전반적으로 과거에 비하여 승진소요시간이 더 많이 걸린다. 즉, 이제는 롤러코스터 효과를 누리기 어렵게 되었다. 모두 자신의 승진이 늦다고 생각하는 경향이 있기 때문에 인사권자는 이들 기대를 어떻게 충족시켜주는가가 가장 큰 고민거리이다. 이와는 반대로 승진을 아예 포기하고, 현재의 자리에서 머무르려는 사람들이 많아지는 현상도 있다.

승진희망자는 많은 반면 승진의 기회는 제한되어 있기 때문에, 일종의 승진효과를 가져올 수 있는 한국적 인사제도도 있다. 법적으로는 수평적으로 같은 급의 자리로 이동하는 전보가 그것이다. 공직사회에는 같은 직급이 보임되는 자리라고 하더라도, 덜 중요한 '한직'과 더 중요한 '요직'이 있다. 조직구성원 사이에는 이러한 자리가 어느 자리인지는 알려져 있으며, 그 외에 중간정도의 자리가 있다. 따라서 한 공무원의 입장에서 보면, 밑의 직급에서 한직 → 중간직 → 요직을 거친 후, 상위 직급으로 승진하여 다시 한직 → 중간직 → 요직을 거치는 과정을 반복하게 된다. 이를 Z형 이동이라고 한다(임도빈, 2004: 339-341). 그러나 잦은 보직이동으로 전문성이 저하된다는 한국관료제의 문제점의 원인이기도 하다.

V. 보 상

행정이 공무원을 통하여 주민에게 필요한 업무를 수행토록 했으면 공무원이 사용한 시간에 대해 대가를 지불해야 한다. 이러한 보상은 '당근'에 해당하는 것으로서 해당 공무원에게 주는 긍정적 대가(reward)이다.

1. 보수의 이론적 논의

금전적 보상은 크게 직접보상과 간접보상으로 나누어볼 수 있다. 직접보상은 공무원에게 직접 금전의 지급이 이루어지는 것으로 봉급, 수당, 상여금 등이 있다. 보수와는 달리 매월 금전적 이전이 직접 이루어지는 것은 아니지만 공무원에게 연금, 의료보험, 주택지원, 금융공제, 유급휴가, 골프장, 콘도 등 공무원 휴가시설 이용, 복지포인트 등과 같이 실질적으로는 부가적인 금전적 편익을 제공하는 효과가 있는 것이 간접보상이다. 이 중에서 직접적 보상인 보수(pay)는 공무원이 근로한 대가로 정부로부터 받는 금전적 보상으로 가장 중요한 보상이다.[7]

이론적으로 볼 때, 공무원 보수는 개념상으로 민간부문의 임금과 유사하나 그 성격 면에서는 차이가 있다.

---

[7] 대부분의 나라는 매월 지급하는 월급제를 택하고 미국은 주급제를 택하고 있다.

첫째, 공무원의 보수에는 보수의 가장 일반적인 성격인 노무에 대한 반대급부적 측면 이외에도 '공무원과 그 가족의 최저생활을 보장하기 위한' 생활보장적 측면을 가진다. 이는 공무원이 부패에 물들지 않기 위한 최소한을 보장하고자 하는 하나의 방편에 해당한다. 최저생활비가 보장되지 않는 공무원들이 생계형 부패에 연루될 위험에 있기 때문이다.

둘째, 보수수준의 결정 과정에서는 법적, 정치적 요인을 고려해야 한다. 공무원 보수는 국민의 세금으로부터 나오며 법규정에 의하지 않고는 금전을 지급할 수 없다. 또한 공무원 보수는 한 해 동안의 정부예산에 속하며, 예산은 국회심의를 거치기 때문에 정치적 합의가 필요하다. 한편 공무원 보수는 때로는 선거를 앞두고 공무원으로부터 지지를 얻기 위해 정략적으로 결정되는 측면도 있다(임도빈 외, 2023: 503).

셋째, 경제적 요인이다. 정부가 적자재정일 때는 심지어 공무원의 월급을 주지 못할 수도 있다. 즉, 정부의 인건비 지불능력이 중요하다. 특히 세입규모는 세금을 얼마나 부담할 수 있느냐라는 국민의 담세능력에 좌우되는데, 이것은 국가의 전반적인 경제수준과 밀접한 관계가 있다.

아울러, 공무원의 임금은 그만큼 구매력을 증가시키는 등 경제정책 수단이기도 하다. 특히 공무원 보수인상율은 공기업 등 준공공부문은 물론이고 민간부문의 임금에 일종의 가이드라인 역할을 할 때가 많다.

공무원의 보수가 갖는 특성을 고려하여 과연 보수수준을 어느 정도로 해야 하는가도 이론적 쟁점이 있다. 가장 적게 주는 하한선으로는 사회윤리적 요소로서의 생계비를 고려해야 한다. 마치 민간부문의 근로자에게 최저임금법을 두어 최저생계비를 보장하듯이 9급 공무원의 경우에도 사회에서 인간다운 생활유지에 필요한 적정수준의 보수를 보장해야 한다. 즉, 직무의 경제적 가치나 공무원의 직급에 관계없이 인간다운 삶을 영위할 수 있도록 보수의 하한선을 보장해주어야 한다(임도빈 외, 2023: 508-509).

보수의 상한선도 논란의 여지가 있다. 여기서 선결되어야 하는 문제는 민간부문의 임금수준과의 비교이다. 특히 사기업에서 볼 수 없는 경찰, 소방, 국방 등과 같은 직무에 대한 근로가치가 어느 정도 되는지 계산할 수 없다. 근무가치를 정확히 계산하는 것이 불가능하고, 합리적인 보수수준이 어느 정도인지 결정하기 곤란하다(임도빈 외, 2023: 503). 그리고 민간 부문에서는 직무 가치 자체보다는 회사에 돈을 벌어오는 정도에 따라 매우 큰 액수의 보수를 주는 경우가 많아서 인재가 유출되는 문제도 있다.

2. 보수산출의 기준

공무원 한 사람이 받는 보수는 여러 가지 기준으로 산출된다. 이를 생활급, 연공급, 직무급, 직능급, 그리고 실적급으로 분류할 수 있다.

생활급은 공무원과 그 가족의 기본적인 생활 내지 생계유지에 필요한 액수를 중심으로 결정되는 보수이다. 기본급이 이에 해당한다. 매년 각 공무원 종류별로 호봉표가 작성되어 발표되는데, 이것이 기본급에 해당한다.

연공급과 직능급은 계급제에 더 부합되는 보수이다. 연공급은 근속연수, 연령, 경력, 학력 등 속인적 요소의 차이에 따라 보수의 격차를 두는 보수체계이다. 근무 연수가 올라갈수록 숙련도가 올라간다는 원리로는 매년 한 번씩 1호봉을 더 받는 것이 연공급이다. 이에 비하여 직능급은 공무원의 직무수행능력을 고려하여 그 능력이 우수할수록 보수를 우대하는 보수체계를 말한다. 보통 기술직의 경우, 상위등급의 자격증을 취득하면 이를 반영하여 임금이 더 주는 것이 이에 속한다.

직무급과 실적급은 직위 분류 체제에 더 부합되는 보수이다. 직무급이란 직무의 난이도와 책임의 정도에 따라 직무의 가치를 결정하고 그 가치를 보수와 연결시킨 보수체계이다. 벽오지에 근무하는 교사들이 받는 벽오지 수당이나, 승진을 하여 관리직이 되면 받게 되는 관리직 수당(예컨대 국장 수당)이 그것이다. 실적급은 개인의 실제 근무실적(성과)과 보수를 연결시킨 보수이다. 전년도 실적에 따라 차년도 연봉액수가 결정되는 연봉제는 대표적인 예이다. 성과에 따라 차등적으로 보너스가 제공되는 성과급적 보수가 기본급에 더해 주는 실적급적 보상이다.

공무원들에게 동기부여를 하는 취지에서, 호봉제에서 성과급제도로 변화되어 가는 것이 세계적인 추세이다. 그러나 성과급 개혁이 과연 소기의 성과를 거두는지는 의문이다. 성과급이 동기부여요인이 되기 위해서는 공무원이 금전적 보수를 얼마나 중요시 여기는지, 성과평가가 얼마나 공정하게 이뤄지는지 등이 결정적 요인이다. 실제로 각국의 성과에 관한 연구결과를 메타분석한 연구에서도 성과급과 실제 근무성과 간에는 밀접한 관계가 없음이 밝혀졌다(Perry 외, 2009). 이것은 금전적 보수가 위생요인일 뿐, 동기요인이 될 수 없다는 허쯔버그의 이론과 부합되는 결과이다.

한 공무원이 받는 월급은 위의 여러 가지 요소를 혼합한 형태로 구성되어 있다. 평상시에는 기본급을 대폭 올리는 것이 정치적인 이유로 쉽지 않기 때문에 각종 수당이 추가되는 방식으로 임금이 올라간다. 시간적 관점에서 보면, 임금체계는 각종 수당이 생겨 복잡화되는 때와 이것을 통합하는 때로 시계추와 같이 반복되는 경향이 있다. 우리나라는 경제성장을 하고 있는 나라이므로 임금은 계속 오르는 추세에 있다. 아직 삭감한 적은 없고 기껏해야 기본급이 동결되는 경우가 있었다. 평상시에는 기본급을 인상하는 방식이 아니고, 상여수당, 가계보전수당, 특수근무수당, 초과근무수당, 실비변상, 명절휴가비나 공무원의 이직을 막자는 취지에서 일정 기간 이상 근무한 사람에게만 주는 정근수당 등 각종 수당을 덧붙이는 식으로 보수가 늘어난다. 일정기간이 지나면 이것이 너무 복잡하다는 명분하에 통합하는 개혁도 일어난다. 대법원의 통상임금제 판결이 이런 제도변화에 따른 문제를 해결하는 것이었다.[8] 시간 외 근무수당 등 그동안 통상적 임금의 성격을 띠지만, 형식상으로는 수당으로 지급되던 것을 통상임금으로 산정토록 한 판례이다.

 VI. 퇴   직

1. 공직 떠나기

시작이 있으면 반드시 끝이 있듯이 공직자는 언젠가는 공직을 떠나게 된다. 인사행정은 보통 1년 단위로 반복되는 것이지만, 퇴직은 각 개인의 '생애주기'라는 장기적인 측면에서 봐야만 하는 중요한 문제이다. 젊어서 직업공무원이 되고, 법에 주어진 정년에 도달하여 공직을 떠나는 것은 정상적인 경로이다. 그러나 육체적으로나 정신적으로 계속 근무할 수 있음에도 불구하고, 생년월일을 기준으로 강제 정년 시키는 것은 실적주의에 어긋나는 연령에 의한 차별이라는 비판이 가능하다. 저출산으로 젊은 노동력 공급부족, 연금의 고갈, 수명연장 및 건강증진 등으로 정년을 연장하는 방향으로 가고 있다.

정년퇴직 이외의 이유로 공직을 떠나는 경우도 있다. 신규채용된 사람들이 얼마 안 돼서 공직을 떠나는 조기퇴직의 문제는 주목할 필요가 있다. 불만족스러운 자리에 억지로 남아있지 않고 직업을 바꾼다는 측면에서는 개인이나 조직에게 모두 바람직하다. 반면 직업공무원제를 활성화하고자 하는 정부 입장에서 본다면 새로 충원을 해야 되기 때문에 그만큼 비용이 드는 문제이다(임도빈 외, 2023: 550).

또 하나는 직무상 공무를 수행하는 중에 질병 또는 부상으로 계속해서 업무를

---

8 통상임금이란 근로자에게 정기적·일률적으로 소정근로 또는 총근로에 대하여 지급하기로 정해진 시간급금액·일급금액·주급금액·월급금액 또는 도급금액을 모두 포함한다.

수행할 수 없을 때 퇴직하는 경우도 있다. 적절한 치료보장이 이뤄져야 한다. 불행하게도 병이든 사고든 여러 이유에 의해서 사망한 경우에도 공직을 떠나야 한다. 자진해서 일정기간 근무 후 정년보다 일찍 공직을 떠나는 경우도 있다. 명예퇴직은 당사자에게는 조기 퇴직을 함으로써 제2의 생활을 미리 준비할 수 있는데 비하여, 조직에게는 젊은 사람들에게 그 자리를 기회를 제공한다는 장점이 있다.

2. 연금

정년퇴직의 경우, 제2의 인생을 잘 설계할 필요가 있다. 정년 후 사망까지 필요한 생활비를 보장해주는 것이 연금이다. 우리나라의 공무원 연금은 장기근무를 요하는 직업공무원제를 확립하는 차원에서 최초로 1960년 공무원 연금법이 통과되어 실시되고 있는 특수 직역 연금제도이다. 당시에는 다른 직종에 연금이 없었기 때문에 공직이 갖는 큰 매력이었다. 현재에는 국민연금제도가 실시되어 전 국민이 혜택을 받고 있다. 그럼에도 불구하고, 공무원들이 퇴직 후 받는 연금액수가 공직의 매력 중 하나로 꼽힌다.

우리나라 공무원연금은 사회보험원리와 부양원리가 혼합된 제도이다. 예산상으로는 별도의 기금으로 운영된다. 독일, 오스트리아, 프랑스 등 공무원에게 특수한 신분을 부여하는 유럽의 많은 나라가 매년 공무원연금지출을 정부일반예산의 '인건비'로 지출한다. 즉, 연금이 공무원 임금의 후불(deferred pay)라기보다는 보수의 연장(extended pay)이라는 의미가 강하다(이각희, 2018). 따라서 기금고갈이란 개념이 존재하지 않는다. 공무원을 일반 직장인과 유사한 직업의 하나로 보느냐, 특수한 임무를 수행하는 신분집단으로 보느냐의 차이이다.

공무원연금은 공무원의 퇴직 또는 사망과 공무로 인한 부상, 질병, 폐질, 재해 등에 대한 금전적 보상을 규정하고 있다. 연금급여의 종류는 〈그림 10-2〉과 같다. 이 연금기금의 관리는 공무원연금관리공단이 담당하고 있다.

문제는 재원이다. 연금은 본인의 부담금 9%와 국가의 부담금 9%로 구성된다. 그런데 연금수령연수가 증가하는 고령화와 공무원 자신이 재직 중 적립한 연금액보다 퇴직 후 더 많은 연금을 받아가는 구조로 되어 있기 때문에 국고로 보전하는 액수가 커지고 있다. 앞으로는 적자액이 커져서 결국 기금으로 적립한 액수자체도 고갈될 처지에 다다를 것으로 예측된다. 이의 근본적 해결책은 '적게 내고 많이 받는' 현행제도에서 '많이 내고 적게 받는' 제도로의 전환일 것이다. 정년퇴직 연령을 늘려서 적립기금을 늘리고, 연금수령개시 연령을 늦추는 방안도 고려되고 있다.

그림 10-2 | 연금급여의 종류

연금급여 ── 장기급여 ── 퇴직급여 ── 퇴직연금: 10년 이상 장기재직 후 퇴직한 때에 사망 때까지 매월 지급
├ 퇴직일시금: 10년 미만 재직 후 퇴직한 때
├ 조기퇴직연금
└ 퇴직연금공제일시금

퇴직수당: 1년 이상 재직하고 퇴직 또는 사망한 때의 수당

장해급여 ── 비공무상 장해연금
└ 비공무상 장해일시금

유족급여 ── 퇴직유족연금
├ 퇴직유족일시금
├ 퇴직유족부가금
├ 퇴직유족특별부가금
└ 퇴직유족연금일시금

단기급여 ── 공무원 요양비
├ 공무상 요양일시금
├ 재해부조금
└ 사망조위금

3. 공무원의 복지

한 주민으로서 공무원을 직업으로 선택하고 살아가는 대부분의 사람에게는 재직 기간 중 행복하고 의미 있게 시간을 보내는 것이 중요하다. 그 외의 휴가나 유연근무 제도, 공휴일 무근무 등 일반 기업도 있는 노동자로서 누릴 수 있는 복지제도가 행정부문에도 거의 다 있다.

여러 가지 이유로 정상적인 직무수행을 하지 못하는 사람도 많이 있다. 어려운 시간을 보내는 이들에게도 도움을 주는 재해보상제도가 있다. 공무원이 공무로 인해서 부상, 질병 또는 사망에 대해서 적절한 보상을 하고 공무상 재해를 입은 공무원의 경우 재활 및 복귀를 지원하고 하는 것이다. 더 나아가서 재해 예방을 위해서 여건을 조성하고 공무원의 그 가족들의 복지 향상에 힘쓰고 있다.

공무원 재해보상은 재해보상 급여, 부상, 질병, 장애, 사망부조 등이 있다. 부상 질병은 요양급여와 재활을 도와주는 것을 하고, 장애인의 경우는 장애인 등급에 따라서 기준 소득월액의 1%를 제공한다. 간병급여는 공무상 요양을 마치고 치

유후에도 계속해서 상실 또는 수시로 간병이 필요할 때는 간병급여를 지급하는 것이다.

부조급여는 재난부조금으로서 수해나 화재, 뜻밖의 재난으로부터 피해를 입었을 경우에 또 사망조의금은 공무원의 배우자 부모 또는 자녀가 사망할 때, 그리고 공무원 본인이 사망할 때 등 조의금이 지급된다.

 Ⅶ. 징계와 권리보호

1. 특별권력관계로서의 의무

적어도 조선시대부터 관료들에게는 높은 수준의 윤리를 요구해 왔다. 사회문화적 전통 때문이라는 논의 이외에도 공무원에게는 민간보다 높은 수준의 윤리를 요구한다는 법학적 이론도 있다. 공직에 입직하는 순간 국가의 특별한 행정규제를 받는 것에 묵시적 동의를 했다고 보는 특별권력관계설이다. 이에 대한 반대설로는 공무원도 일반시민과 마찬가지로 기본권을 향유할 수 있어야 한다는 주장이 있다. 여기서는 공무원의 행동규범이 일반시민과 전혀 차이를 둘 필요가 없다고 본다.

관료제로서 조직의 질서를 유지하기 위한 규범을 명시해 놓은 국가공무원법 제78조와 같은 내부규율도 특별권력관계설을 기반으로 한다. 이를 위반하는 행위가 바로 부정이라 할 수 있다. 부정은 그것이 공무원 혼자서 일방적으로 한 행위인지 아니면 둘 이상의 쌍방 간에 거래를 통해 이루어진 것인지에 따라 일방적 부정과 쌍방적 부정으로 나눌 수 있다(임도빈·유민봉, 2023: 361). 또한 해서는 안 될 일을 하는 행위인 적극적 부정과 당연히 해야 할 일을 하지 않은 행위인 소극적 부정으로 나눌 수도 있다.

직업공무원은 오직 '공무에만 전념'하라는 행동규범이 있다. 영리 업무 금지 및 허가 제도가 그 예이다. 영리라는 것은 지속적으로 재산상 이득을 얻는 행위인데, 상업, 공업, 금융업, 그 밖의 영리적 활동을 하는 것을 의미한다. 즉, 공무원은 부업을 할 수 없다.

공무원의 행동규범 중 반드시 사무실에서 있어야 하는 시간을 강제로 받게 되는 경우도 있는데, 구체적으로는 당직과 비상근무가 그것이다. 당직은 휴일 또는 근무시간 외에 여러 가지 사고의 경계와 긴급한 경우의 업무 연락을 위해서 당번을 정해서 사무실에 근무하는 것이다. 일직과 숙직이 있다. 민간기업은 경비회사에 맡기거나 CCTV로 하는 경우도 있지만, 계속성과 항상성을 유지하는 것이 필수적인 행정기관에서는 공무원이 직접 한다. 일직은 토요일과 공휴일의 정상근무시간 중에 하며 숙직은 정상근무시간 이외의 시간을 하는 것을 의미한다.

국가 전체가 필요한 경우에 모든 공무원이 따라야 하는 행동규범은 비상근무이다. 비상사태가 발생했을 때나 특별히 예방과 경계를 해야 할 필요성이 있을 때 이런 의무가 부과된다. 근무시간이 아닌데도 불구하고 지시하는 현장에 있어야 한다는 의무가 있다. 경찰, 소방관 등은 흔히 겪는 일이지만, 일반공무원도 비상근무를 해야하는 경우가 있다. 비상근무는 1호에서 4호까지, 비상사태 중에서 할 수 있다.

2. 권리의 제한과 보호

공무원은 정부에 고용된 피고용인으로서의 특별권력관계에 있지만 일반국민의 신분임을 부정할 수 없다. 공무원 또한 엄연히 대한민국 국민이기 때문에 헌법에서 보장된 정치적 자유, 표현의 자유, 사생활의 자유, 그리고 근로기본권 등 기본권의 보장을 받아야 마땅하다. 그러나 공무원의 신분이기 때문에 일부 권리들은 제한된다.

과거에 공무원이 정치에 동원된 경험이 있기 때문에 더 엄격히 정치적 중립성을 지켜야 한다. 정당 결성에 관여하거나 가입하는 것이 허용되지 않으며 선거에서 특정정당 또는 특정후보를 지지하는 것도 금지된다. 나아가서 정파성을 띤 정당이나 정치단체 또는 정당인을 위해서 정치문제에 대한 자신의 생각을 자유롭게 표현하거나 정치적 목적의 집회에 참여하는 것이 제한된다.

공무원은 사생활의 비밀을 보호받지 못하고 심지어 사생활의 자유 보장에서도 예외인 경우가 많다. 공직자 재산등록, 재산공개 등이 공무원의 사생활의 비밀과 자유를 보장받지 못하는 예이다. 또한 인사청문회에서 많은 사적인 정보가 언론에 공개되어 본인은 물론이고 가족까지 심적 고통을 받는 경우가 생긴다.

나아가서 법을 명백히 위반한 것은 아니지만, 윤리적인 기준으로 징계를 받는 경우도 발생한다. 예컨대 기혼 초등학교 여교사가 다른 남자와 동거생활을 한 경우에, 교사라는 직위의 성질상 항상 국민의 교감이 되어야 한다는 이유로 징계가 인정되었다.[9]

공무원은 특별권력관계론에서 볼 때, 국가(상관)에게 대체적으로 약자인 지

---

9 대판 1964. 12. 12. 64누82.

위에 있다. 따라서 부당하거나 억울한 처우를 받을 가능성이 있다. 국가공무원법과 지방공무원법에서는 공무원의 신분보장을 규정하고 있다. 즉, 부당한 사유로 정권에 의하여 자의적으로 해고되지 않도록 보장해 놓은 것이다. 공무원의 신분이 제대로 보장되기 위해서는 이에 대한 실질적인 법적 장치가 마련되어 있어야 한다. 이를 위해서는 공무원 신분의 변경과 소멸사유가 법에 규정되어 있어야 하고 (법적 사유의 원칙), 이 경우에도 정당한 법적 절차를 준수하도록 함으로써(적법 절차의 준수) 자의적인 신분조치를 막아야 하며, 불이익 처분의 법적 사유가 없는 경우에는 본인의 자유로운 의사에 따라 이루어져야 한다(자유의사의 원칙)(임도 빈·유민봉, 2023: 410). 이를 위반하였다고 생각되면, 일반국민으로서 법원이나 헌법재판소에 재판을 요구할 수도 있지만, 행정 내부에 권리보호 장치가 마련되어 있다. 특히 인사결정이나 근무조건 또는 징계수준 등 관료제 내부에서 권리가 침해되었다고 생각될 때 흔히 사용되는 고충심사와 소청심사제도가 있다.

고충심사란 심리적 불만이나 애로사항을 표현하고 해결하는 방법이다. 불만을 직속상관이나 기관장을 통해 비공식적으로 해결하기 어려울 때 소청심사위원회라는 제3의 위원회를 통하여 보다 중립적인 위치에서 공식적으로 처리하는 것이다. 소청심사는 중대한 불이익 처분을 심사청구의 대상으로 하나, 고충심사의 경우에는 인사, 조직, 처우 등 각종 직무조건과 기타 신상문제에 대하여 본인이 느끼는 불만이나 애로사항을 청구대상으로 한다는 점에서 다르다.

소청심사는 징계처분(파면, 해임, 정직, 감봉, 견책)과 본인이 원하지 않은 신분상 불이익(퇴직, 직위해제, 면직) 처분에 대하여 사법기관에 가기 전에 거쳐야 하는 사전 절차이다.[10]

공무원이 권리를 침해받았다고 생각되면, 고충심사, 소청심사, 법원제소, 경찰에 고발, 헌법재판소에 제소 등 다양한 방법으로 대응할 수 있다. 그러나 이런 보호제도에도 불구하고, 피해자가 권익을 보호받는 데까지는 많은 시간이 소요된다는 점이 문제이다. 흘러버린 시간에 대하여 금전적 손해배상을 해준다고 해도, 그러한 침해가 없었던 것같이 완전히 회복되지는 않는다는 데 한계가 있다.

3. 징계

관료도 일반인과 마찬가지로 실정법을 위반하면, 사법당국의 절차에 의하여

---

10 우리나라는 1963년 소청심사위원회가 설치되고, 1981년부터 고충처리심사제도가 도입되었다. 2008년에는 국민권익위원회가 설치되어, 공무원뿐만 아니라 일반 국민들의 부당한 처우에 대한 보호역할을 하고 있다.

처벌받는다. 선출직은 일정한 액수 이상의 벌금형을 받아도 그 직을 잃고, 일반 공무원도 금고 이상의 형을 받으면 공직취임권의 제한을 받으므로 파면된다. 어느 집단에서든 규범일탈자가 있으므로, 공직사회에서는 더욱 강한 징계가 처해진다.

공무원이 부정을 저지르게 되면 처벌이 가해진다. 부정을 저지른 공무원에 대해 그들이 소망하지 않는 내용의 제재를 하는 것이 징계이다. 예컨대 직무의 내외를 불문하고 그 체면 또는 위신을 손상하는 행위를 한 때에도 징계를 받는다. 공무원 징계의 종류에는 다음과 같이 파면, 해임, 정직, 감봉, 견책의 5가지 종류가 있다.

- 파면: 공무원 신분을 완전히 잃는 것으로 향후 5년간 공무원 임용이 될 수 없다.
- 해임: 파면과 같이 공무원 신분을 완전히 잃으며 3년간 공무원 임용의 결격사유가 된다.
- 직위해제: 공무원 신분은 유지하되, 담당하던 직위에서 물러나는 것으로, 예컨대 공무원이 중대한 위법사항으로 인하여 수사중일 때 직위해제를 한다. 만약 무죄이면 복직이 되고, 반대로 재판으로 일정 형량이상의 유죄판결이 나면 파면된다.[11]
- 정직: 공무원의 신분은 보유하나 직무에 종사할 수 없다. 신분보유면에서는 직위해제와 유사하나 정직은 미리 정한 기간이 지나면 자동으로 복직된다는 점이 다르다.
- 감봉: 보수에 불이익을 받는 것으로, 감봉기간 동안 보수액의 1/3이 감해진다.
- 견책: 잘못된 행동에 대하여 반성하도록 하는 것으로 6개월간 승진과 승급이 제한된다. 가장 가벼운 징계의 한 종류인데 말로만 해서는 안 되고, 잘못된 행동과 훈계내용이 인사처분 사유설명서로 교부되어야 한다.

징계는 공무원이 부정한 행위를 했을 때 그 행동을 제약하는 것이다. 그런데 공무원의 직무를 선의로 수행했음에도 불구하고, 실수나 불가피하게 법을 위반하여 징계를 받을 수 있는 상황도 생긴다. 이때는 법령을 위반하더라도 더 큰 행정의 목적을 달성하려고 적극적으로 노력한 경우, 징계를 면제해 준다. 이를 적극행정 면책제도라고 한다. 공무원이 가급적 징계를 받지 않으려고, 최소한의 업무 수행을 하는 관습을 타파하고자 생긴 제도이다. 예컨대, 당시에는 몰랐지만 추후 정기감사

---

11   즉, 첫째 직위해제를 한 사유가 소멸하고, 둘째 이에 따라 복직명령이 이루어져야 한다.

에서 징계의 대상이 되었을 때 이를 신청하면, 심사를 통해서 징계를 면제해준다.

거꾸로 징계면제의 차원을 넘어서, 적극적으로 행정문제를 해결하도록 조장하는 제도도 있다. 아무리 징계를 면제해준다고 해도, 공무원들은 규정의 숲을 헤쳐나가 적극적으로 행정에 임할 필요성을 느끼기 어렵다(최성욱, 2023). 따라서 적극행정을 하도록 발굴하게 하고, 좋은 사례를 포상하며, 이를 확산시키려는 노력도 한다. 과거의 관행에서 벗어나 미래지향적 행정을 하도록 하기 위한 개혁이다.

그러나 우리나라는 '좋은 게 좋다'는 온정주의적 문화 때문에 비록 잘못을 하더라도 이런 징계가 이뤄지지 않거나, 형식적으로 낮은 수준의 징계로 끝나는 경우가 많다. 즉, '솜방망이처벌'이 많은 것이 큰 문제거리이다.

4. 공무원 노조

노동자는 단결권, 교섭권, 그리고 단체행동권을 보호받는다. 공무원의 권리를 보호하기 위한 가장 효과적인 수단은 그들로 하여금 단체를 만들게 하는 것이다. 사기업과 마찬가지로 공무원도 노동권을 보호받아야 하는가는 논란의 대상이다.

유럽에서는 전반적으로 노조가 활발한 편이고 특히 공공부문의 노조가 파업을 하는 등 적극적인 편이다. 미국에서는 노조결성률부터 유럽보다 저조하다. 미국의 연방정부, 주정부, 지방정부의 노조가입률은 30~40% 정도에 이른다 (Berman et al., 2016: 447). 미국 공공부문에서 노조와 협상의 인정은 기존 전통적 인사행정에 하나의 커다란 패러다임의 전환이 요구되는 사안이었다. 실적주의를 기반으로 하는 미국인사행정제도는 임금 등 예산지출내역이 의회에서 결정권을 갖고 있어 과연 상급관리자와 노사협상을 벌일 가치가 있는가 등 제도 자체가 잘 맞지 않았기 때문이다(Mosher, 1982).

공무원은 특별권력관계에 있다고 보기 때문에 노조활동에 대해서도 서로 상반되는 견해가 존재한다. 간부공무원 등 입장에서 보면, 노조가 비효율의 대명사로 보이는 반면, 노조의 눈에는 간부가 권력의 시녀로 보인다. 노조간부들은 노조가입률 증대와 노조활동의 활성화가 관건이다. 그런데 일반 공무원들 눈에는 노조에 직접 참여하기보다는 노사협상의 혜택만 누리려는 무임승차자(free rider)가 되는 것이 합리적인 것처럼 보이기 쉽다.

우리나라는 오랫동안 공무원에게는 정치적 이유로 노동권을 많이 제한했었다. 행정에게는 노조라는 견제장치가 부담스러운 존재였다. 공무원은 법에 정하는 사유에 의하지 않고는 신분상 불이익을 받지 않아야 하는데, 특히 정권이 바뀔 때 신분의 안정성과 지속성을 위협받는 일이 생긴다. 그러나 한국사회 전반에 민주화가 실현되고 노동권의 신장으로 오늘날에는 과거 권위주의시대보다 현격히 발전하였다. 원칙적으로 6급 이하 공무원을 대상으로 하여 단결권과 단체교섭권은 허용하되, 단체행동권은 금지하고 있는 상황이다.

공무원의 입장에서 보면, 국가라는 커다란 가공의 권위체에 공무원 개인은 위협받을 수 있는 약한 존재이기 때문에 노동조합권의 보장은 중요한 이슈이다. 공무원노조는 이 밖에도 압력단체의 기능, 공무원의 욕구충족 기능, 행정의 민주화, 실적제 강화, 직업윤리 확립 등의 기능을 한다. 그러나 전교조와 같이 법이 허용하지 않는 시대에 결성된 데다가 사실상 정치문제로까지 그 영역을 확대하여 순수한 노조활동의 범위를 넘어선다는 비판을 받기도 한 경험이 있다. 권리보호가 지나치면 거꾸로 일을 제대로 하지 못하는 공무원도 파면하기 어려운 분위기를 만들어 소위 '철밥통'을 가능케 하는 문제가 있다.

제 3 절 새로운 인사행정

Ⅰ. 성과관리의 문제점

1. 성과평가와 역량평가

NPM의 영향으로 인사행정분야에도 성과를 올리려는 제도개혁이 많이 이뤄지고 있다. 동기부여 면에서 매년 초 일정한 목표를 설정하게 하고 이의 달성도에 따라 다음연도 연봉수준을 결정하는 것이 그 대표적인 예이다. 성과목표와 성과급을 연계시키는 것이다. 적지 않은 실증연구들이 성과관리제도가 긍정적인 효과를 가져오는 것처럼 주장하고 있다(한인근, 2013: 87-115; Lavy, 2007; Otley, 1999: 63-382; Propper, 2006: 87-109; Verbeeten, 2008: 427-454). 그런데 이들 연구의 발견들을 실제 인사행정 현장에 적용하기에는 많은 문제점이 있다.

민간부문과는 달리 공공부문에서는 성과가 무엇인가에 대한 논란의 여지가 있다. 한국적 문화에서는 부정적 인센티브도 성과관리에 활용할 필요가 있다. 성과평가가 좋지 않은 사람들에게 임금을 동결하거나 삭감하면 강력한 부정적인 제재가 된다. 특히 빌런으로 여겨지는 극심한 저성과자에 대한 제재도 중요한 의미가 있다. '누가 ××징계를 받았다'는 소문 자체가 다른 사람들이 경각심을 갖게 하는 효과가 있다. 당사자에게 미치는 경제적 영향 자체보다는 주위 사람들에게 체면을 잃는 등 심리적 혹은 상징적인 제재효과가 더 크다.

그러나 성과측정이 어려운 점이 많기 때문에 성과평가 제도를 엄격하게 적용하기는 쉽지 않다. 즉 우리나라와 같은 집단주의적 업무수행 방식 때문에 성과측정과 지급단위가 개인이 되기 쉽지 않다. 그래서 개인성과급과 집단성과급으로 분류하여 양자를 활용하기도 한다.

성과급은 개입이나 집단이 달성한 근로의 성과를 측정하여 그 결과에 따라 보수를 차등적으로 지급하는 방식이다. Maslow의 욕구단계설의 주장과 같이 외부적 보상으로 더 주어 동기를 부여하자는 이론적 배경을 근거로 하고 있다. 그러나 Perry et al.(2009: 39-51)의 메타연구에 의하면, 성과급(pay for performance)과 실제 성과와의 관계에서 유의미한 관계를 발견하기 어렵다. Herzberg의 이론에 따른다면, 돈은 동기요인이 아니고, 위생요인이기 때문이라고 해석할 수도 있다.

한편 고위공무원단 제도를 도입하면서, 중간관리직과는 차별되는, 조직목표 달성에 핵심이 되는 특별한 행동특성이나 태도가 무엇인가를 고민하게 되었다. 이를 개인이 가진 특성이면서 동시에 잠재력으로 보고 역량(competency)이란 개념을 고안하였다. 그리고 4급에서 고위공무원단으로 진입할 때, 역량평가를 의무화하였다.

여기서 역량은 문제인식, 전략적 사고, 성과지향, 변화관리, 고객만족, 조정·통합 등 총 6개 항목으로 평가한다.

- 사고력: 문제를 적시에 인지하고, 이와 관련된 측면을 분석하여 문제의 핵심을 규명하는 능력
- 전략적 사고: 장기비전 혹은 장기목표를 설정하고, 이를 달성하기 위한 방법의 대안 중 우선 추진방안을 확정하는 능력
- 업무추진력: 주어진 업무의 성과를 극대화하기 위한 방법을 강구하고, 효과적이고 효율적으로 목표달성을 할 수 있는 능력
- 변화관리능력: 환경 변화의 방향과 흐름을 이해하고, 이에 적절하게 대응하는 능력

- 관계성: 고객의 중요성을 이해하고 상호작용하여, 고객이 원하는 요구를 충족시키는 능력
- 조정·통합력: 다양한 이해당사자의 이해관계를 파악하고, 공정한 관점에서 합리적 해결책을 제시하는 역량

이상의 역량개념은 개념적 차원에서 이해가 되지만, 실제 역량평가에서 얼마나 정확하게 측정할 수 있느냐의 문제가 있다. 보직이 주어졌을 때 이런 능력이 적절하게 작용하는지도 알기 어렵다. 이런 시험을 통하여, 자신의 능력을 한번 점검해 보고, 향후 보완할 점을 찾는다는 의의는 있다.

2. 설문지 방법에 의한 성과측정

대부분의 연구는 변수 간의 관계를 직접적으로 측정한 것이 아니라, 설문을 통해 인식의 세계를 측정했기 때문에 측정의 오류가 있을 가능성이 있다. 특히 '성과'라는 추상적 개념을 정확히 측정하지 못하고, 많은 유사개념을 대신 사용하고 있다.

첫째로 사람의 '직무만족'이란 개념으로 측정하는 설문지를 사용한다. 미네소타 직무만족 설문지(Minnesota satisfaction questionnaire)는 원래 100개 문항으로 구성되어 있는데, 이를 20개로 줄여 사용하는 것이 보편화되어 있다. 이 중 12개 문항은 내적 동기(잠재능력발휘)이고, 8개 문항은 외적동기(임금만족, 승진가능성, 감독)로 구성되어 있다. 사실 동기는 복잡한 심리적인 구성물(construct)이다. 그렇기 때문에 이를 본인의 응답으로 측정한다는 한계가 있다.

임금에 관해서도 심리적 측정이 이루어지고 있다. 사실 임금은 금액이므로 측정이 필요없는 객관적 데이터가 있다. 그런데 동기를 측정하기 위해서는 액수자체보다는 개인이 느끼는 만족도가 중요하다고 보기 때문에 설문지를 개발하였다. Heneman와 Schwab(1985)가 개발한 임금만족도 설문지는 임금수준, 최근임금인상액, 부가수혜, 임금구조에 대한 만족도를 측정하는 문항으로 구성되어 있다.

직무만족도를 성과라고 보는 시각도 있다. 직무만족도(job satisfaction)는 성과와도 높은 관계가 있다고 보기 때문이다. Ostroff(1992)는 조직단위로 비교하여 평균직무만족도가 높은 조직이 성과가 높다는 것을 증명하였다. 이때 직무만족도는 직무몰입(commitment), 결근율, 이직의도, 실제이직 등을 묻는 질문으로 측정한다(Agho, Mueller & Price, 1993). 그러나 성별, 나이, 교육, 호봉(pay grade) 등

개인적 특성은 직무만족도면에서 설명력은 낮은 것으로 나타났다. 직무만족과 유사한 개념으로서 조직몰입(Organizational Commitment)이 있다.

직무만족(즉, 성과)를 결정하는 변수로서 직무의 '특성'을 측정하는 노력도 다각도로 이뤄졌다. Krasek R. A.(1979)는 업무량 요건(job demand), 기술적 재량(skill discretion), 권한(decision authority)을 묻는 문항으로 측정하였다. Hackman & Oldham(1980)은 자신의 일에서 의미를 찾을 수 있고, 결과에 대해 책임을 진다는 느낌을 가지며, 일의 결과에 대한 정보를 제공받을수록 직무만족이 높다고 본다. 이것은 K. Marx가 언급한 바 있는 소외(alienation)를 줄이는 방향임을 알 수 있다. 또한 다양성(skill variety), 직무정체감(task identity), 직무의미(task significance), 자율성(autonomy), 업무피드백(job feedback) 등 직무특성요인이 높으면 내적 동기가 높고 직무성과가 높은 것으로 나타났다(Hoch-warter, Zellars, Perrewe, & Harrison, 1999).

한국에서도 서구에서 만든 설문지를 번역하여 사용하고 있다. 설문으로 이들을 측정할 때 생기는 문제는 시간적 특성을 제대로 고려하지 않는다는 점이다. 어떤 인사제도 개혁을 한 후, 그 결과가 성과향상에 기여했는지 여부를 상술한 직무만족도 문항으로 평가하는 방식이다. 그런데 어떤 제도가 도입되어 정착되지도 않는 상태에서 그 효과를 묻는 설문으로 측정하기 때문에 생기는 문제가 있다.

목표관리제(MBO)같은 것도 시간관점에서 보면 문제점이 많다. 전보되어 1년도 안되어 있는 데다가 예산도 전년도에 짜여진 상태에서 목표를 설정하게 하고, 그 사람의 성과를 측정하는 식이다. 즉, 제도의 도입, 실시, 효과의 시간적 특성이 서로 부합되지 않는데 마치 성과가 있는 것처럼 주장한다.

이들 서구식 설문지를 이용한 측정의 이면에 중요한 점도 놓치고 있다. 사실 한국인의 경쟁심이나 질투심을 가정해서 볼 때, 형평성이론이 가장 큰 요인이라고 할 수 있다. 그런데 이러한 성과중심의 인사행정이 과연 공무원들에게 공평하다는 인식을 높였는지 아니면 근로동기를 부여했는지는 의문이다.

II. 시간 관점에서의 인사행정

1. 인사행정에서 시간

미국의 행정학이 도입된 이후, 우리나라 인사행정의 실무계나 학계에서 미국의 각종 제도를 도입하는 데 급급했던 것은 사실이다. 그런데 인사에 대한 실제 관행과 사람들의 사고방식은 그리 쉽게 변하는 것이 아니라서, 실제와 이론(혹은 제도) 간 괴리가 많았다.

미국의 인사행정제도를 도입하려면, 적어도 두 가지의 근본적인 요건이 같아야 한다. 첫째는 미국은 고용보장이 되어 있지 않다. 대부분 자리가 없어지면 직원도 해고되는 직위분류제를 근간으로 하고 있다. 이 점은 사실상 정년보장이 되어 있고 직업공무원제도를 근간으로 하고 있는 우리나라와는 다르다. 둘째, 직업 간이동(job mobility)이 심하다. 우리나라는 공무원 이직률이 극히 낮은 편이다. 이 두 가지 점에서 우리나라 인사행정은 시간이 길고, 미국의 인사행정이 시간이 짧기 때문에 제도나 이론의 상호 호환성이 떨어진다.

시간성과 관련하여 보수형태의 구분으로서 시간급의 성격을 주목할 필요가 있다. 시간급은 작업의 양이나 질을 고려하여 실제 일한 시간에 따라 계산하여 보수를 지급하는 방식이다. 우리나라는 월급제이기 때문에 기본적으로 월 단위를 생각하고, 평생직장이기 때문에 매 시간마다 열심히 일해야 한다는 성격은 약하다. 미국 등 서구에서는 실제로 근무한 시간을 중심으로 임금이 계산되는 시간급제를 엄격히 적용하고 있다. 우리나라는 시간단위(hour)로 엄격히 계산하는 문화가 아직 정착되어 있지 않다.

궁극적으로 노동시간의 양과 질이라는 측면에서 봐야 한다. 즉, 시간(hour)단위의 노동이란 차원을 더 중시해야 한다. 따라서 탄력시간제, 시간제 전임고용, 시간기준관리 등이 강조될 것이다.

한국사회의 전통적 문화가 점점 약화되는 가운데, 인구구성의 변화에 따라 세대 변화라는 시간 차원도 중요한 변수이다. 세월이 흐르면서 신세대 문화의 등장도 깊이 고려해야 할 요소이다.

첫째, 경제적으로 여유 있는 환경 속에서 한 두 자녀를 둔 부모의 관심 속에서 자라서, 물질적 풍요를 즐기며, 동시에 경제적 이기주의적으로 행동한다.

둘째, 자기중심적이고 개인주의적이다. 자신의 삶에 대한 행복이나 성공에 대한 기준이 자신에게 있다고 믿는다. 일이나 직장보다는 자신의 가치나 삶을 더 중시한다.

셋째, 대면보다는 비대면 의사소통이 편하다. 디지털 매체를 활용한 정보 습득, 학습 및 커뮤니케이션 스타일에 익숙하다.

넷째, 이전 세대에 비하여 다양성과 협력에 매우 개방적이다

이러한 하부문화적 특성을 고려하여 MZ세대라고 칭하기도 하고, M세대와 Z

세대 간 차이를 강조하기도 한다. 이들은 한마디로 자기중심적이라고 요약할 수 있는데, 각 개인의 다양성 때문에 인사행정적 측면에서 특징을 한마디로 요약하기 어렵다. 부분적이나마 기성세대가 보기에 뚜렷하게 구분되는 몇 가지 특징은 다음과 같다(임도빈 외, 2023: 32-34).

- 다른 사람과 관계 맺기를 가급적 피한다.
- 자신이 주목받는 것을 싫어한다.
- 문제가 생기면 내 탓부터 한다.
- 자신에게 엄격하다.
- 실패를 싫어한다.
- 정확한 금전적 보상을 기대한다.
- 사람과의 갈등을 회피한다.

이상의 특성은 혼자 있기를 좋아한다는 것으로 요약할 수 있다. 즉, 공동체를 중시하는 문화가 사라지고 있기 때문에, 이런 유형의 인적자원에 적합한 인사행정제도를 만드는 것이 중요하다.

2. 생애주기와 일-가정의 양립

우리나라에서는 공직에 들어오는 것을 출세로 생각한다. 위험회피 성향이 강하고 타인에 대한 배려심이 강한 사람이 민간보다는 공공부문에 들어오는 경우가 많다(임현경, 2018). 유교적 윤리로 무장하여 진정한 의미의 공공'봉사'가 내재되어 있기는 하지만, 겉으로는 직업안정성과 이기적인 출세욕도 작용하는 것이다.

일단 공직에 들어오면, 이직하지 않고 평생을 공직에 머무는 경향이 있다. 그것도 한 기관(부처)에서 자리를 옮기면서 Z형 인사이동을 경험한다. 공무원 각 개인의 입장에서 보면 공직에 머무는 20-30년이라는 재직기간, 즉 장기적 시각으로 관리되어야 한다.

보통 관료가 되어 생활하는 생애주기를 예시하면 다음과 같다. 물론 사람마다 각기 달라서 요약하는 것은 많은 과잉단순화의 문제점이 있다는 점을 감안해야 할 것이다.

우선 가정, 학교, 그리고 시험준비 기간에 외부사회화가 이뤄진다. 개인적 가치관과 성격이 형성된다. 이 시기에 막연하게나마, 공직에 대한 가치관이 어느 정도 형성되는 사람이 많다. 시험의 경쟁률이 치열하기 때문에 오직 합격에 대한 집념으로 제대로 공직관이 형성될 기회나 정보가 주어지지 않는다.

시험에 합격하여 신임 공무원이 되면, 그동안의 시험준비에서 쌓인 스트레스가 풀리고 주위의 부러움을 사는 시기를 거친다. 물론 고시생의 경우, 연수과정을 거치기 때문에 또 다른 경쟁의 시기를 보낸다. 그러나 일단 배치가 되면, 실제근무를 통해 일을 배우는 기간(OJT)이 된다. 주위 사람들도 대체로 환영하는 분위기이기 때문에 즐거운 나날이 된다.

취업의 기쁨으로 나날을 보내다가 어느 순간인가 공직사회의 한계를 느끼게된다. 선배들의 경우로 비쳐봐서, 자신의 장래가 대체로 어느 정도인가를 예상할수 있다. 뭔가 중요한 일을 하고, 나름대로 기여한다는 희망도 느끼지만, 역시 거대한 관료제에서 자신이 무력한 존재라는 좌절감을 느끼기도 한다(노한동, 2024). 이 과정에서 관료적 성격(bureaucratic personality)이 형성된다. 그럼에도 불구하고 각자의 성격과 의지에 따라서 각각 다른 관료유형이 된다.

- •출세형: 관료로서 남보다 빨리 승진하고, 좀 더 영향력을 미치기 위해 적극적 태도를 갖는 공무원. 윗사람들에게 잘보이기 위한 대인관계 기술을 발달시키고, 필요한 지식도 습득한다.
- •체념형: 공직사회에 대한 부정적 이미지를 갖고 있거나, 현실의 커다란 제약에 순응하는 유형. 조직몰입이 약한 편이다.

이 양극단의 유형을 기준으로 여러 중간 유형이 있을 수 있다. 조직입장에서보면, 스파이더맨, 관료화된 인간, 화학비료형, 퇴비형 인재 등이 있을 수 있다(이건희, 1997). 어떻든 승진소요기간 때문에 대부분은 10여 년을 조직내부에서 시키는 일을 하면서 그럭저럭 일상적인 나날을 보낸다. 사람에 따라서는 해외연수 기회도 주어지고, 교육훈련 기회도 갖는다. 개인적으로는 결혼도 하고 육아도 하고 바쁜 생활을 한다.

고착기가 되면, 출세형이든, 체념형이든 모두 이제 자신의 종착지를 어느 정도 느끼면서 생활한다. 출세형으로 승승장구하는 사람들은 매일 같이 정신없는 하루를 보낸다. 체념형은 체념형대로 하루하루 지낸다. 자녀도 성장하여 돈도 많이 드는데, 주위에 잘 된 친구들을 보면 심리적으로 위축되기도 한다.

노력도 중요하지만 관운(官運)이 좋아야 한다는 사실도 절감한다. 이 기간이얼마나 길게 갈 것인가는 사람에 따라 다르다. 장차관까지 올라간 사람은 퇴직준비기간인 말기가 없이 공직에서 물러난다. 그러나 대체로는 아직 체력이 있는데 이제 남은 인생을 어떻게 보낼지 걱정한다.

표 10-1 | 관료의 생애주기

	외부사회화	내부사회화			
	학교	신입	형성기	고착기	말기
시간	25-30대	1-2년	10년	10년	5년
내용	시험준비	공직알기	자신의 유형	소일	퇴직준비
심리	인내, 초조	기쁨	희망-좌절	유지	불안

현재 한국사회 전체가 변하고 있다. 인력수요공급이나 공무원의 역할 등에 변화가 오고 있는 것이 사실이다. 일-가정양립(work family balance)도 점점 중요해진다. 과거에는 합숙도 많이 하면서 근무하고, 집은 하숙집같이 생활하였다. 현재 한국사회 가정의 모습은 남편은 돈을 벌고 부인은 가사와 육아를 하던 전통적 가정의 모습과는 달라졌다. 따라서, 일보다는 가정이 더 중요해진다. 여러 가지 정책이 시행되고 있으나, 그 적합성에는 많은 문제점이 있다(유자영·권혁주, 2020).

Ⅲ. 공정성과 대표관료제

1. 왜 문제인가

특히 민주주의가 발달함에 따라, 그동안 등한시되어 온 사회집단들이 불평등을 인식하고, 자신들의 권리를 주장하게 되었다. 인사행정은 이런 사회변화를 주목해야 한다. 특히 공직 임용 시 사회구성집단의 비율에 따라 임용되어야 하는 대표관료제를 주목할 필요가 있다.[12]

선출직 고위직들도 관료제 내에 다양한 사회계층을 골고루 충원하는 데 실패하였다는 비판도 많이 있다. 선거제도가 관료제 내 민주성을 제대로 확보하고, 정

---

12 원래 대표관료제는 20세기 초 영국 관료제가 Ox-Bridge(옥스퍼드와 캠브리지대학) 출신들에 의하여 독점되고 있는 점에 주목하고 정부관료제의 인적 구성이 그 사회의 인적 구성을 반영하게끔 관료제를 구성함으로써 관료제 내에 민주적 가치를 주입시키려는 의도에서 생긴 제도이다.

치·행정 2원론에 의하여 정치적 결정이 행정부의 충실한 집행으로 실현될 수 있다면 대표관료제가 굳이 필요하지 않을 것이다. 이런 전제하에, 실적주의적 인사행정을 중요시하였다.

사회적 불평등이 심한 나라에서는 실적주의가 형평성의 장애물이 될 수도 있다. 실적주의가 기계적으로 적용되면 사회적 강자가 더욱 유리해질 가능성이 있다. 예컨대 교육에 대한 기회균등이 보장되지 않은 상태에서 실적주의적 공개경쟁채용시험제도는 이미 차별성을 가지고 있다. 이렇게 되면 국민 전체의, 특히 소수집단의 입장을 충분히 대변하지 못할 가능성이 농후하다. 즉, 대표관료제는 관료적 대응성을 국민 전체에 대해 효과적으로 확보하자는 취지이다.

대표관료제가 없어도, 출신에 관계없이 교육이나 법적인 장치를 통해 다양한 집단들을 충분히 배려하는 관료를 만들 수 있다는 반론이 가능하다. 그러나 인간의 행태를 좌우하는 가치관은 개인의 성장배경, 사회화과정 등에 의해 형성된다는 입장이 대표관료제의 필요성을 대변해준다. 즉, 각 집단에 대해서 책임 있는 행정이 이뤄지려면 관료제 내부의 구성 비율이 출신 집단별로 적정성을 갖추어야 한다는 것이다. 보건, 복지, 교육 분야의 중하위직 수준에서 대표관료제가 이뤄지면, 국민의 삶의 질이 향상된다는 것을 국제비교를 통하여 증명한 연구가 있다(김두래, 2017).

2. 대표관료제 실현방법

블라인드 채용도 사회적 편견에 의한 소수그룹의 채용가능성을 억제하여 대표관료제를 실현하는 방법이다. 더 적극적인 방법은 충원 시 과소대표된 집단의 응모자들을 우선적으로 선발하는 적극적 충원(affirmative action)이다. 미국에서는 백인이 과도대표된 분야에서 아프리카계, 아시아계 등 유색인들을 일정 숫자 쿼터로 충원하는 방법으로 사용되고 있다. 우리나라에서도 대표성을 확보하기 위해서 인사균형 제도가 많이 발달되었다.

남성 위주의 사회제도를 비판하는 시각에서 등장한 것이 양성채용목표제이다. 특히 고위직으로 갈수록 남성의 비율이 절대적으로 높아 이를 해결하기 위한 방법으로 여성채용목표제가 시행되었고, 2003년에 양성채용목표제로 전환되었다. 이 제도는 고등고시, 7·9급 공채를 대상으로 어느 한 성의 합격자가 채용목표 비율에 미달할 경우, 하한성적 이상인 해당 성의 응시자 중에서 성적순으로 목표미달인원만큼 추가로 합격처리하는 제도이다. 장애인 의무고용제도 있다. 국가 및 자치단체장은 장애인을 소속 공무원 정원의 3% 이상 고용하여야 하고, 각 시험실시기관장은 장애인이 신규채용 인원의 3% 이상 되도록 시험을 실시하여야 한다. 그러나 실제로 공공기관도 잘 지키지 않고 있다.

한국 정치의 고질적인 병폐는 지역주의이다. 행정학적으로 가장 차별이 심하다고 느끼는 요인은 수도권과 지역 간의 차이이다. 이에 대한 해결로 지방인재채용목표제를 실시하고 있다. 이것은 서울시를 제외한 지방소재 학교 출신 합격자가 일정비율에 달하면, 그만큼 추가적으로 더 선발하는 제도이다. '지역인재추천채용제'로 7급 공무원을 선발하는 제도가 한 예이다. 지역 학교장의 추천을 받아서 선발하는 제도인데, 견습으로 일정기간을 거친 후 정식공무원으로 임용될 수 있는 제도이다.

한국 사회의 인구학적 변화도 대표관료제를 발전시키는데 고려되어야 한다. 저소득층, 세계화로 인해 늘어난 다문화가족, 북한이탈주민 등에게 공직기회를 부여한다. 아울러 외국인 장기거주자수가 늘어남에 따라 다문화사회가 되면서, 우리나라도 미국 등 선진국에서 오랫동안 논의되어 온 종교나 인종요인에 대한 논의가 필요해졌다.

장기적 시계에서 미래를 고려한 인사제도 운용은 미래 관점의 정부경쟁력 향상에 기여한다. 당면한 문제해결에만 급급하는 것은 정부경쟁력에 부정적 영향을 끼칠 것이다. 특히 사람을 다루는 인사행정은 대부분의 정책 및 제도의 시계가 장기적이라는 점을 고려하여 한 발 앞서 나가야 정부경쟁력 향상에 도움이 될 수 있을 것이다. 다양성을 갖춘 대표관료제가 그렇지 않은 관료제보다 혁신성이나 효율성 등에서 우수할 수 있다(이민아 외, 2023).

3. 대표관료제 논의의 정치화

우리나라 정치분열의 원인은 뿌리 깊은 영호남차별을 중심으로 한 지역감정에 있다. 또한 충청, 강원 등 다른 지역도 마찬가지의 지역감정을 가지고 있다. 대통령 선거 후에 관가에는 인사에 대한 소문이 파다하다. 진퇴가 이뤄지는 고위직인사의 뒷배경에 특정지역의 사람이 '중용된다'든지 '소외된다'는 해석이다. 선거후 논공행상과정에서 정무직 자리에 대해 마치 대표관료제의 문제인 것처럼 이슈화되어 정치적 거래의 대상이 되는 것이다.

이러한 맥락의 대표관료제 관련 논란은 대부분의 경우 실적주의를 부정하는 정치적인 담론이다. 즉, 정무직 차원에서 논의되는 대표관료제는 정치적 중립이나 능력·실적 중심의 인사제도와는 다른 문제다. 이런 논의에서는 정치와 행정과의 차이도 인정해야 한다. 마치 관료제가 정치체와 같이 될 수 있으리라고 보면 안 된다. 물론 정무직 기관장 자리에 대표 관료제에 의한 사람을 임명하면, 그 기관장이 하는 내부 인사에서 정치적 요인이 크게 작용할 것이라는 우려가 있다.

가장 근본적으로 고민해야 할 것은 우리사회에 정말 어떤 불평등이 어느 정도 존재하느냐이다. 보는 기준에 따라 다르겠지만, 영호남이 정말 차별을 받았느냐의 의문이다. 지역균형정책이 실시된 지도 오래 되었다. 세상에는 완전히 동일한 것은 존재하지 않는 법인데, 어느 정도가 과연 심각한 차이인가, 그리고 그 문제가 과연 대표관료제로 해결될 문제인가를 심각히 고민할 필요가 있다.

다른 한편으로는, 헌법에서 모든 국민에게 보장한 공직담임권이란 시각에서 대표관료제문제를 볼 필요가 있다. 전제부터 잘못된 것에 기인한 대표관료제는 역차별을 낳고 사회분열을 조장할 수 있다. '다른 것은 다르게'라는 말과 같이, 수직적 공평만을 강조한 나머지 동일한 능력을 가진 자를 역차별한다면 자유주의나 기회균등이라는 수평적 공평을 저해한다는 비판 등 위헌 논란의 소지가 있다.

법적인 접근에서 벗어나 정치적 차원의 논의도 필요하다. 역대 정권에서 추진된 포용정책, 공동체우선정책 등의 효과에 대해서도 종합적으로 고려할 필요가 있다. 보이는 차별보다 보이지 않는 차별을 더 깊게 들여다보아야 한다.

참고문헌

강혜진(2022). "공무원의 직무자율성과 직무만족: 채용형태의 조절효과를 중심으로". 「한국 사회와 행정연구」 33(2): 1−21.

권순원(2021). "블라인드 채용은 공정한가". 「경영연구」 36(1): 87−98. 10.22903/jbr.2021. 36.1.87.

김두래(2017). "정부의 대표성은 국민삶의 질을 향상시키는가?". 「한국정책학회보」 26(2): 311−334.

노한동(2024). 「나라를 위해서 일한다는 거짓말」. 서울: 사이드웨이.

유민봉·심형인(2011). "공무원이 조직생활에서 경험하는 체면현상과 행위에 대한 질적 연구". 「한국행정학보」. 45(1): 199−225.

유자영·권혁주(2020). "한국 일·가정 양립 지원정책의 확대와 정책 정합성에 관한 연구". 「한국행정학보」 54(3): 253−280.

윤견수(2011). "한국행정학의 영역찾기: 공직과 자리개념의 재발견". 「한국행정학보」 45(1): 1−22.

이각희(2018). 「공무원 연금제도론」. 서귀포: 공무원연금관리공단.

이건희(1997). 「생각 좀 하며 세상을 보라」. 서울: 동아일보사.

이민아·전예진(2023). "공무원의 다양성 확보 제도가 혁신행동에 미치는 영향: 대표관료제 및 다양성 관리제도를 바탕으로". 「행정논총」 61(4): 213−237.

이윤식 외(2006). 「정부성과관리와 평가제도 ─ 주요 선진국 사례를 중심으로」. 서울: 대영 문화사.

임도빈(2004). 「한국지방조직론」. 서울: 박영사.

_____(2009). "관료제를 위한 변론: 한국관료제의 성과제고 방안". 「한국조직학회보」 6(3): 173−209.

_____(2025). 「비교행정학」 서울: 박영사.

임도빈 외(2023). 「인사행정학」. 서울: 박영사.

임현경(2018). 「한국적 맥락의 공직선택동기 탐색 ─민간 영역과의 비교를 중심으로─」. 서 울대학교 행정대학원 석사논문.

최성욱(2023). "소극행정의 전략적 설정 게임과 제도·문화적 맥락: 공무원은 왜 적극행정 을 선택하지 않는가?". 「한국거버넌스학회보」 30(3): 1−24.

Adams, J. S. (1965). "Inequality in Social Exchange." *Advances in Experimental Social Psychology* 2: 267-299.

Agho, A. O., Mueller, C. W., & Price, J. L. (1993). "Determinants of employee jobsatisfaction: An empirical test of a causal model." *Human Relations* 46(8): 1007-1027.

Argyris, Chris (1973). Some limits of Rational man Organizational theory, *Public Administration Review* 33(3): 253-267.

Berman, Evan, J. S. Bowman, J. P. West & M. R. Von Wart (2016). *Human Resource Management in Public Service.* London: Sage.

Christensen, Robert K., Steven W. Whiting, Tobin Im, et al. (2013). "Public Service Motivation, Task, and Non-task Behavior: A Performance Appraisal Experiment with Korean MPA and MBA Students." *International Public Management Journal* 16(1): 28-52.

Hackman, J. R., & Oldham, G. R. (1980). *Work redesign.* MA: Addison-Wesley.

Heneman Ⅲ, H. G., & Schwab, D. P. (1985). "Pay satisfaction: Its multidimensional nature and measurement." *International journal of Psychology* 20(2): 129-141.

Hochwarter, W. A., Zellars, K. L., Perrewè, P. L., & Harrison, A. W. (1999). "The Interactive Role of Negative Affectivity and job Characteristics: Are High-Na Employees Destined to Be Unhappy at Work? 1." *Journal of Applied Social Psychology* 29(10): 2203-2218.

Im, Tobin et kris Hartley, (2019) Aligning needs and capacities to boost government competitiveness, Public organization Review. 19: 119-139

Lavy, Victor (2007). Using performance-based pay to improve the quality of teachers. *Future of Children* 17(1): 87-109.

Mosher C. Frederick (1982). *Democracy and the Public Service: The Collective Services.* NY: Oxford University press.

Ostroff, C. (1992). "The relationship between satisfaction, attitudes, and performance: An organizational level analysis." *Journal of Applied Psychology* 77(6): 963.

Otley, David (1999). "Performance management: a framework for management control systems research." *Management accounting research* 10(4): 363-382.

Perry, James L., & Lois Recascino Wise (1990). "The motivational bases of public service." *Public administration review* 50(3): 367-373.

Perry, James L. (2024). (이진수·오윤이 역). Managing Organizations to Sustain Passion for Public Service (공공봉사동기). 서울: 윤성사

Perry, James L., Engbers, T. A., & Jun, S. Y. (2009). "Back to the Future? Performance Related Pay, Empirical Research, and the Perils of Persistence." *Public Administration Review* 69(1): 39-51.

Propper, Carol (2006). "Are public sector workers motivated by money?." *CHERE Distinguished Lecture Bristol.* 17(1): 87-109.

Ryan, R. M., Deci, E. L., Vansteenkiste, M., & Soenens, B. (2021). a science of motivated persons: Self-determination theoryempirical approach to human experience and the regulation of behavior." *Motivation Science.* 7(2): 97.

Verbeeten, Frank H. M. (2008). "Performance Management Practices in Public Sector Organizations: Impact on Performance." *Accounting, Auditing & Accountability Journal* 21(3): 427-454.

Vroom, V. H. Porter, L., & Lawlev, E. (2015). Expectancy theories, in Organizational Behavior 1. Routledge. p. 94-113. NY: John Wiley & Sons.

조직에 관한 행정

제 1 절   행정조직과 시간
제 2 절   한국행정의 조직론적 특성
제 3 절   조직의 관리
제 4 절   행정조직의 성과관리

좁은 의미의 정부경쟁력은 곧 행정부를 구성하는 '조직'의 경쟁력을 의미한다. 대한민국의 행정조직은 국제환경 속에서 우리나라라는 공동체의 목표를 달성하기 위한 수단으로 탄생한 것이다. 한 나라의 정부조직은 하나같이 보이지만, 다시 그 안을 들여다보면, 벌집과 같이 여러 단위조직이 속해 있는 복합조직이다.

이들 조직이란 하나의 기계 혹은 유기체와 같은 측면을 동시에 가지고 있으며, 정체상태인 측면과 함께 역동적이고 변화하는 측면을 모두 가지고 있다. 조직은 사회적 실체이고, 목표 지향적이며, 구조화된 행위체제(action system)이다. 정부조직의 계층화된 조직구조를 '관료제'라고 한다. 관료제 조직은 의도적으로 정립한 체계화된 구조에 따라 구성원들이 상호작용하며 경계를 가지고 외부환경에 적응하는 인간들의 사회적 집단이나 협동체계이다. 외부인이 구별 가능한 경계(boundary)를 가지고 있다.

앞서 살펴본 인사행정과 재무행정은 각각 정부관료제 내에 있는 사람과 돈에 관한 활동을 나타내었다. 이제 행정조직 자체를 살펴보고자 한다. 행정조직의 내부는 양파와 같이 중첩적 구조이다. 즉, 공무원인 한 개인은 계에 소속되어 있고, 과에 속해 있으며, 국조직의 구성원이고, 부처의 구성원이다. 나아가 가장 크게는 대한민국의 공무원이다. 관료제를 어떻게 관리하면, 국민들에게 더 좋은 서비스를 제공하느냐가 행정조직론이 해결해야 할 가장 큰 과제이다.

제11장
조직에 관한 행정

행정조직과 시간

I. 시간적 변화

1. 경로의존성

조직이란 한번 탄생하면 소멸하기 쉽지 않고, 근본적인 것은 바뀌지 않는 영속성이 있다. 국가의 영속성을 전제로 하는 정부조직도 예외는 아니다. 고조선 시대 이후 초보적이나마 정부조직이 있었다고 추측된다. 그 후 세대가 바뀌면서 사람은 바뀌었지만, 통치를 위한 조직은 점점 체계를 갖추는 방식으로 진화하였다. 조선 시대에는 비교적 체계적인 조직이 되었다(차세영, 2011).

한반도는 제2차 세계대전의 종전과 더불어 갑자기 독립을 맞이하게 되었으며, 미군정은 손쉬운 방법으로 일제강점기 시대의 조직을 그대로 쓰는 것을 선택하였다.[1] 좌우대립의 혼란 속에서 권력구조를 정하는 헌법제정을 둘러싼 격론 끝에 1948년 제헌국회에서 헌법안이 통과되었고, 그 후 약 2주라는 단시일 내에 정부조직법 초안을 통과시켜 엉겁결에 근대적인 정부조직이 탄생되었다(조석준·임도빈, 2019). 이 정부조직법 제정에 참여한 사람들은 과거 일본의 체제에 익숙했던 사람들이었다. 결과적으로 과거 일본의 조직체계가 거의 그대로 독립 한국의 정부조직에 전승된 셈이다. 그나마, 미군정이 도입한 일부 새로운 조직원리도 1948년 정부조직법 제정과정에서 무시되었다. 그후 우리나라에 미국식 행정학이 도입된 1950년대 후반부터 미국식 관리기법이 도입되기 시작하였으니 거의 50년 동안 일본식 행정조직이 지속되었던 것이다.

이러한 지속성 때문에 구습은 타파되지 않고, 새로운 행정조직관리 기법의 직접 도입으로도 근본적으로 바뀌지는 않고 있다. 역사적 신제도주의에 의한다면 일본식 틀에 미국식 개혁들이 혼합되고 누적된 것이 오늘날 한국행정조직이라고 하겠다. 근본적으로는 대륙법계 법구조(일본식)에 영미법계 조직관리 방식을 이식시키는 것이어서, 양립불가능한 것들이 끝없이 시도되고 실패하는 과정을 겪는다.

---

1 남한에 주둔한 미국 군정청은 1946년 직위분류제를 전면적으로 도입하는 등 미국식 행정조직 기법을 사용하였다.

2. 조직의 변화성

조직은 개인들의 총합이지만, 일단 탄생되면 개인 차원과는 다른 새로운 힘이 생긴다. 조직의 지속성이라는 근본적 제약 속에서도 정부조직은 매번 변화를 시도하고 있다. 주로 새로운 정부가 들어설 때마다, 소위 '새 술은 새 부대에'라는 생각에서 조직개편 혹은 조직개혁이 시도된다. 어느 부처가 통폐합되고, 이름이 어떻게 바뀌느냐가 초미의 관심사가 된다. 새로운 정권에서 강조할 정책 분야를 담당하는 조직을 신설하거나 강화하고, 그렇지 않은 분야는 폐지 또는 축소하는 방법이 사용된다. 이를 다른 각도에서 보면, 새로 들어서는 정권은 조직의 틀을 흔들어서 변화를 주는 동시에 이 틀에 자기 사람들을 배치시켜 조직을 장악하려고 한다.

정권교체기가 아닌 평상시에도 정부조직에는 나름대로 스스로 변화하려는 힘이 있다. 매년 이런저런 이유 때문에 정부조직개편의 문제가 거론되는데, 이는 조직을 확장하려는 움직임과 함께, 다른 한편으로는 정부의 효율성이라는 목표를 위해 이를 억제하려고 하는 양면성이 존재한다. 최대한 조직을 확장시키고 싶어하는 것이 관료팽창론이다(Niskanen, 2017). 부처 관료들과 달리 대부분의 대통령은 우선 '작고 효율적인 정부'를 표어로 내세운다. 국민이 이를 원하기 때문이다.

이러한 힘겨루기로 인해 조직은 정체해 있지 않고 변화하기는 하지만 1년 주기로 이뤄지지는 않는다. 변화의 속도가 느려서, 미세조정에 해당하는 조직개편도 2–3년은 걸리는 것이 보통이다. 각 (부처)조직들이 총무부서의 조직팽창을 억제하려는 힘에 대응하여 사용하는 전술의 예를 들면 다음과 같다(조석준·임도빈, 2019: 600–606).

- 추가재원을 필요로 하지 않는 개편을 요구했다가 이것이 실현되면 후년에 예산을 요구하는 방법
- 한시 조직으로 설치했다가 나중에 영속화하는 방법

이것은 조직의 틀, 즉 조직도표가 바뀌는 것을 의미한다. 조직 운영의 실제와 문화는 영속성과 변화라는 특성을 동시에 갖는다. 부처 행정조직의 팽창이 불가능한 상황에서는 우회적인 방법도 사용된다. 준공공기관, 공기업 등 소위 그림자 행정조직을 늘리는 것이 대표적인 방법이다. 행정조직을 연구할 때 이제는 민간조직에 대해서도 알아야 하는데 공공조직도 민간경영의 원리가 많이 도입되었을

뿐만 아니라, 양자의 중간형태에 해당하는 것도 많이 등장했기 때문이다.

조직의 실체는 사람이다. 즉, 실제로 사람이 바뀌고 조직문화가 바뀌어야 조직도 바뀐다고 할 수 있다. 조선시대의 유교적 학문을 중시하는 관료적 전통, 일제 관료조직에서 중시한 법령의존 전통, 그리고 개발연대 효율성을 중시하는 기술관료제라는 세 가지 전통(박종민 외, 2014)은 누적되어서 우리행정조직의 근저를 이루는 영속성이다. 일반적으로 조직은 조직구성원의 시간사용을 계서제적으로 통제한다는 특성을 가지고 있으며, 그 통제방법은 다양하다(임도빈, 2009).

이에 반해 장관의 임기는 사람에 따라 다르지만, 1년에서 3년 정도이다. 국장급 인사이동이 제일 빈번하여 1년 6개월 정도 되고, 과장 이하의 직급은 이보다 길다. 사람이 바뀜에 따라 한국행정조직의 내부운영은 미시적 차원에서 약 2–3년 정도의 주기로 바뀐다고 볼 수 있다.

시간통제와 조직권력

우리나라와 같이 국가전체도 조직의 한 유형이다. 조직이 통제되는 것은 구성원인 개인의 시간이 통제되는 정도와 관계가 있다. 어떻게 보면 그리니치 자오선의 설정이 전 세계가 하나의 시계권으로 묶이는 약한 수준의 통제권을 형성한 것이라고 할 수 있다.

각 국가 단위의 시간체계, 즉 표준시간도 나라에 따라 다르다. 각 나라의 정치적 목적에 따라 표준시간체제가 다르다. 예를 들어 중국은 북경시간 하나이다. 북경이 아침이면, 신장·위구르 쪽은 밤인데도 불구하고 그리하는 것이다. 이렇게 한 이유는 중앙집권의 욕심 때문이었다. 전 시간을 황제의 중심으로 통일하려는 것이었다.

영토가 광활한 미국의 경우, 건국초기에는 시간대를 어찌할 지도 몰랐었다. 당시 미국은 시간대가 100여개 정도 있었다고 한다. 광활한 영토를 과거의 교통수단으로 이동해 본 경험을 통해서 적당히 시간대를 나누어 만든 것이다. 그런데 이렇게 하다 보니, 문제가 생겼고, 지금은 기본적으로 4개로 나뉜다(동부, 중부, 서부, 하와이).

이러한 시간이 나누어지는 과정 등도 행정이 한 것이다. 국가, 행정이 이러한 작업을 한 것이다. 같은 면적이라면 통일되어 하나로 유지되는 국가일수록 국가의 힘이 강하다고 할 수 있다.

이보다 더 중요한 것은 국가가 국민의 시간에 대해 통제를 많이 하면 할수록 국가행정의 힘이 크다는 것이다. 가장 많은 통제가 있는 나라가 바로 북한이다. 입법부, 사법부 등의 기관분화는 없는 것이나 마찬가지이다. 노동당과 군대가 큰 힘을 가지고 있다. 북한은 일하는 시간은 물론이고, 하루일과가 끝나고 자아비판 시간을 두는 등 매우 강한 통제가 이루어진다. 특히 몇만 명의 학생들을 동원하는 매스게임의 경우, 연습량과 시간을 보면 이는 매우 비인간적인 것이다.

그러니 한 국가 전체가 병영과 같은 것이다. 이를 두고 미셸 푸코는 <감시와 처벌>이라는 저서에서 교도소, 군대 등을 조직으로 묘사하였다. 한 사회에서 국민들이 하는 모든 활동들을 국가가 통제하는 것이다. 과거에만 해도 군대에서 군가를 부르고, 단체로 시간을 정해 식사를 하였다. 기상부터 취침까지 통제하는 방식으로 사회를 움직인다. 이렇게 되면 정신마저 자율성을 잃어버린다는 것이다. 이처럼 정신까지 길들이는 원리를 푸코는 잘 묘사하고 있다.

반대로 국가가 국민들을 자유롭게 두고, 가급적 통제를 안 하는 나라가 이른바 자유국가이고 민주국가라고 할 수 있다.

II. 정부조직의 경계

1. '행정관청'이라는 전통

행정관청은 한국적인 독특한 개념으로서, 일상용어인 조직인 부, 처, 청, 도청, 군청 등을 말하는 것이 아니다. 대륙법계에서 발달한 개념으로서 일본을 거쳐 우리나라의 조직에 도입되었는데, 곧 그 조직에서 일어나는 모든 사안에 대하여 대외적으로 뿐만 아니라, 법률적으로도 책임을 지는 추상적인 자리로서 기관장을 의미한다. 관청으로서 장은 외부에 대하여 모든 책임을 져야 하므로 당연히 권한을 집중하게 된다(조석준·임도빈, 2019: 49).

행정수반으로서 대통령 이하 대통령이 임명하는 사람(즉, 관청)들과, 이렇게 임명받은 사람들이 다시 그 권한을 위임받아 임명하는 사람들의 총체가 우리나라 정부조직이다. 우리나라 정부조직의 조직도표(organization chart)는 대통령실 홈페이지를 보면 알 수 있다(http://www.president.go.kr). 대통령은 도표에서 정점에 위치하고 있다.

관청으로서 정부조직으로는 중앙행정기관과 특별지방행정기관이 있다. 이들은 정부조직법과 행정기관의 조직과 정원에 관한 통칙, 각 행정기관의 직제 등에 근거한다. 중앙행정기관조직의 대표적인 예는 부, 처, 청이다. 그리고 합의제 행정기관으로서 '위원회'가 있다. 위원회는 특별법에 의해 설치되고, 위원장은 국무회의의 위원이 아니다. 이것은 기존의 장관 밑에 설치되는 단두제형 행정기관의 단점을 극복하기 위해 설치되는 것이다.

지방에는 특별지방행정기관과 지방행정기관이 있다. 전자는 중앙행정기관의 지방 소재 사무소를 의미한다. 지방국세청, 지방검찰청 등 그 예이다. 후자는 시·도·군·구청 등 지방자치단체의 사무를 담당하는 행정기관을 말한다.

협의의 정부조직으로는 중앙행정조직과 지방행정조직이 있지만, 광의로 보면 공공서비스문제를 다루는 여러 가지 형태의 조직이 있다. 이들의 법적 지위는 정부조직법에서 규정한 행정기관은 아니지만, 실제적으로는 정부가 해야 하는 일의 일부를 담당한다. 이 안에도 다시 여러 종류의 조직이 있다. 이를 제3섹터 혹은 그림자정부라고 한다.

2. 정부조직의 진화

세월이 지나면서 국가와 지방자치단체의 행정기관이 아닌 조직이 생겨나서 국가의 업무를 수행한다. 관도 아니고 민도 아니면서 제3섹터라고도 하고, 준공공부분이라고도 한다. 그런데 이런 준공공부문 기관들은 협의의 행정기관을 규정하는 법률에는 보이지 않는다. 그래서 그림자 행정조직이라고 지칭한다(조석준·임도빈, 2019). 구체적으로는 공공기관(공기업, 공기업이 다시 투자하는 정부투자기관 등) 그리고 법적으로는 민간조직이면서 정부의 감독을 받고 있는 국책연구소 등 준정부조직이 있다.

가장 중요한 것이 공공기관, 특히 공기업이다. 공기업이라는 것은 정부부처가 아니면서 공공서비스를 제공하는 기업과 같은 것이다. 한국전력, 철도공사, 공항공사 등이 대표적인 예이다. 철도청과 같이 역사적으로 보면 과거에는 행정관청의 형태를 띠었던 것들이 변모한 것이 많이 있다(조석준·임도빈, 2019). 소유주가 국가인가의 여부는 물론이고, 정부가 간여하는 정도에서도 다양한 형태가 있다. 소유의 형태만 하더라도 정부가 100%의 주식을 소유하는 경우에서부터 50%이상 혹은 50% 이하지만 최대주주로 있는 경우 등 다양하다. 공기업은 정부가 기업을 완전히 사기업과 같이 행동하지 못하도록 제약을 두고, '기업'의 효율성과 '행정'의 공공성을 결합시켜 관리하기 위해 존재한다.

이들 공기업이 다시 투자한 기관들인 투자기관이 있다. 정부투자기관은 직접적으로 기획재정부 등 각 관할 행정부처조직의 감독을 받고 있는데, 이들 간접투자기관에 대해서는 정부투자기관을 통해서 감독한다. 기획재정부 등 한 행정부처조직의 조직적 실체를 알기 위해서는 그 부처에 어떤 정부투자기관이 소속해 있는가를 파악해야 할 뿐만 아니라, 그들은 다시 어떤 간접투자기관들을 가지고 있는가를 아는 것도 필요하다.

법적으로 공공기관이나 공기업에 속하지 않지만 행정조직의 감독을 받고 있는 조직들도 많이 있다. 소위 준정부조직(quasi-governmental organizations)이

이에 속한다. 준정부조직은 법적으로는 공공부문의 조직이다. 이 중에서 가장 대표적인 것이 KDI 등 국책연구소들이다. 서울대학교, KAIST, GIST, UNIST 등의 과학기술대학과 같이 법인격이 국가로부터 독립된 조직도 준정부조직이라고 할 수 있다.

정부가 직접 만든 경우도 있고 민간조직을 사용하는 경우도 있는 많은 조직들이 있다. 이들이 하는 일은 공적인 기능, 특히 규제활동을 하는 경우가 많다. 구체적으로 검사와 시험업무, 교육훈련업무, 지원업무, 지도감독업무, 시설관리업무, 심사 및 조정업무, 보험연금업무, 보증업무, 금융과 신용 기타 경제사업, 민간기금 관리 및 운영, 정책절차상의 업무, 기타 공익사업 등 그 내용은 다양하다.

이 외에도 정부의 보조를 받는 조직뿐만 아니라, 자기의 수입을 확보하고 있는 조직도 많다. 특별법에 의하여 만들어지는 경우도 있고, 민법이나 상법에 의하여 설립된 것들도 있다. 이들은 설립과정과 조직형태, 명칭, 법적 지위, 공공성의 정도, 자율성의 정도, 재원구조, 업무의 성질 등에 있어서 매우 다양하다.

흔히 말하는 관변단체라는 것들도 여기에 속한다. 넓게 보면, 정부업무를 위탁받아 수행하는 민간기업도 그 업무에 관한 한 정부조직이라고 할 수 있을 것이다. 이들 기관은 어느 특정부처와 특별한 관계를 갖고 있다. 업무상 규제를 받거나 혹은 재원의존이라는 측면에서 그렇다.

요컨대, 정부조직의 변화는 시간과 밀접한 관계가 있다. 시간이 지나면서 행정조직의 종류는 많아지고 관여범위는 확장되어 오는 추세가 있다. 이제는 경계선 자체가 애매모호해지는 부분도 생기게 되었다. 행정관청은 한편으로는 그림자조직을 신설하고, 다른 한편으로는 통제함으로써 권력을 유지하고, 증대시킨다.

III. 부처직원의 시간적 안목

행정조직은 각각 다른 시간적 감각이나 비전을 가지고 작동한다. 일반적으로 행정과정은 사기업에서의 업무처리에 비하여 더 많은 시간을 요구하는 것으로 알려져 있다(Bozeman and Bretschneider, 1994; Pandey and Bretschneider, 1997). 행정관료제 내부에서의 시간소요와 지체는 Red tape라고 하여 많은 학자가 비판하고 있다. 물론 Red tape를 권력의 자의적 행사에 대항하여 공익을 지키는 일종의 안전장치라고 보는 시각도 있다(Kaufman, 1977; Goodsell, 1985).

그러나 더 중요한 것은 관료들이 얼마나 긴 시간적 안목 혹은 비전을 가지고 일하느냐이다. 행정조직은 기업조직과는 달리 무조건 빠른 시간 내 생산을 많이 한다고 해서 좋은 것이 아니다. 마치 대학입시정책은 적어도 수험생인 고1의 학생들이 적응할 수 있도록 3년 이상의 안목을 가지고 세워야 하고, 쌀 농사에 관한 농업정책은 1년 이상의 안목으로 세워야 하는 것과 같이 부처마다 요구되는 적절한 시간적 안목(time perspective)이 있다.

따라서 조직의 주요 미션이 요구하는 당위적인 시간에 맞게 실제로 각 부처 직원들이 일하는 방식이 달라져야 할 것이다. 예컨대 정책형성을 위해서 장기계획, 중기계획, 단기계획과 같은 꼭 필요한 절차나 검토를 위한 회의도 시간적 특성을 고려해서 개최되어야 한다.

이 문제를 일목요연하게 보기 위해 부처 직원이 업무처리 시 필요하다고 생각하는 당위시간과 그날그날 업무를 수행하는 실제시간의 차이를 부처조직 간 비교해 보기로 한다.[2] 모든 부처에서 당위시간이 실제시간보다 길고, 부처 간 차이가 있다.

먼저 '부'단위를 살펴보자. 자기 부처의 업무특성상(즉, 당위적으로 본 시간) 긴 시간적 안목이 필요하다고 본 부처는 환경부, 국방부, 외교통상부, 통일부, 보건복지부이다. 당위시간이 짧은 부처는 기획재정부, 지식경제부, 행정안전부, 여성가족부였다. 당위시간이 긴 부처의 특징은 외교, 국방, 통일 등 안보 관련 부처였고, 당위시간이 짧은 부처는 기획재정, 지식경제 등 경제 관련 부처였다.

이것은 해당부처 공무원들의 인식을 측정한 것이다. 즉, 이 결과 하나로 반드시 각 부처 관료들이 적절한 시간적 안목으로 일을 한다고 판단하기는 어렵다. 예컨대, 외교안보 분야에서는 일반적으로 30-100년의 긴 안목으로 정책을 추진해야 하는데, 그렇지 않다는 비판을 많이 받고 있다. 즉, 국제사회에서는 일시적으로 적과 동지가 바뀌어 혼돈스럽거나 이율배반적인 것처럼 보이더라도, 장기적으로 우리나라의 존립이나 발전에 도움이 되는 방향으로 정책일관성이 유지되어야 한다. 외교부 관료들은 평균 약 32개월의 시간적 안목으로 사고하고 있음이 밝혀졌고, 실제 시간은 당위시간보다 상당히 짧음을 알 수 있다. 이러한 문제는 모든 행정조직에서 유사하게 나타나고 있다.

다음으로는 '청'단위를 보기로 한다. 부가 정책업무를 주로 한다면, 청은 집행업무를 주로 한다. 따라서 청 단위의 시간적 안목과 실제 운영이 상대적으로 짧을 것으로 예상할 수 있다. 조사결과, 청에서는 검찰청이 매우 짧은 당위시간 안목을 가지고 있었다. 하지만 검찰이 설문에 답변하기보다는 총무과 직원에게 편중되어

---

2 각 부처 공무원들에게 '핵심업무를 수행하는 데 필요한 시간적 안목(당위시간)'과 '업무를 수행하는 데 실제로 갖고 있는 시간(실제시간)'을 설문조사하였다.

표본이 추출되었으므로 검찰청 전체를 대표한다고 볼 수는 없다. 청 단위에서 당위시간이 긴 부처는 방위사업청과 병무청으로 중앙부처와 동일하게 안보 관련 부처였다. 반면 문화재청은 당위시간이 가장 짧았다. 당위시간의 분포에 비해서 실제시간의 분포는 편차가 적은 편이다. 또한 부처와 청에 비해서 위원회, 처, 실 단위 부처는 당위시간이 상대적으로 짧았다.

제2절 한국행정의 조직론적 특성

I. 행정관료제

1. 왜 조직이 중요한가

정부조직을 행정관료제라고 하고 한국어에서 관료는 공무원과 거의 비슷한 말로 쓰인다. 특히 공무원을 평생 직업으로 생각하는 직업공무원을 의미한다. 또한 한국에서는 공직자와 공무원이라는 말을 자주 혼용해서 쓴다(윤견수, 2015). 이들로 구성된 정부의 조직이 협의의 정부조직이다. 흔히 관료제라고 불린다.[3]

정부관료제라고 하면 마치 군대와 같이 일사분란하게 움직이는 관료들을 떠올릴지도 모른다. 하지만 실제로는 그들도 보통 사람들이다. 대표적인 관료제 조직인 군대나 경찰조직 내부도 자세히 들여다보면 다양한 갈등과 불협화음이 존재한다. 여기서 '여러 사람을 공동의 목표달성을 위해 일을 하도록 하면 과연 그 조직의 성과는 올라가는가'에 대한 의문을 제기할 수 있다.

조직이 왜 중요한가는 집단의 규모(구성원의 수)와 집단을 위한 개인의 노력 및 성과 간 관계를 보면 알 수 있다. 그림과 같이 집단적 과업 수행 시 구성원의 수가 증가할수록 개인의 노력 및 성과의 양은 감소한다.[4] 즉, 집단 내에서 다른 사

---

3 1745년 프랑스의 구르네(Gournay)가 'Bureau'라는 말에 'cracy'란 단어를 합성하여 처음 사용하였다. 당시 관료들이 권력을 쥐고 있던 Prussia정부를 'Bureaucracy'라고 부르면서 정치적인 의미로 사용된 데서 유래하였다. 정치적 의미로 사용되던 관료제가 사회학적 의미의 특정한 조직형태로서 체계화된 것은 베버(Weber)에 의해서였다.

4 1913년 Max Ringelmann은 한 사람이 동아줄을 끌어당기는 경우와 여러 사람이 끌어당기는 경우를 실험한 바 있다. 실험결과, 한 사람이 잡아당기는 경우 63kg의 힘을 썼으나, 세 사람이

람의 노력에 무임승차하려는 현상이 있다. 즉 사람들은 집단에 있을 때 자신이 게으름을 피우고 빈둥거려도(사회적 빈둥거림, social loafing) 다른 사람이 노력하여 성과를 낼 것이라고 생각하기 때문이다. 이러한 사회적 빈둥거림의 행태가 발생하는 원인은 다음과 같다(윤재풍, 2014: 322).

첫째, 집단에서는 개인적 책임감이 상대적으로 낮아지기 때문이다. 단독으로 일을 하는 경우보다 다른 구성원에게 책임을 전가할 수 있다.

둘째, 개인적 노력과 집단적 성과의 관계가 불분명하기 쉬워 개인적 노력에 대한 평가가 제대로 이뤄지지 않기 때문이다.

셋째, 사람들은 집단에서 함께 일하는 동료들의 능력이나 노력을 자신과 비교하면서 행동하기 때문이다.

넷째, 개인주의적 문화의 영향으로 집단 전체의 성과보다는 개인적 이익을 추구하는 성향이 있기 때문이다.

이와 같은 현상을 극복하여 일을 잘하게 하는 것을 연구하는 학문이 조직론이다. 그 방법 중의 하나는 다른 조직과 경쟁을 시키는 것이다. 우리가 줄다리기 시합을 하면, 개인이 혼자 내는 힘보다 훨씬 더 큰 힘을 낼 때가 있다. 구령에 맞춰서 모두가 같은 시간대에 힘을 주면 '젖 먹던 힘'까지 나오는 것이다. 이것이 바로 조직의 힘이다. 정부의 경쟁력을 향상시키는 방법으로 활용할 수 있다.

그림 11-1 | 집단의 규모와 개인의 노력 및 성과 간의 관계

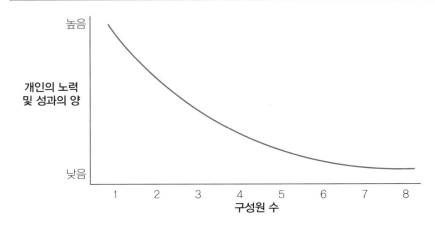

출처: 윤재풍(2014: 322) 일부수정.

함께 잡아당기는 경우 평균 53kg의 힘을 썼고, 여덟 사람이 함께 잡아당기는 경우에는 평균 31kg의 힘을 썼다(윤재풍, 2014: 322-323).

2. 관료제이론

베버(M. Weber)는 역사적 관점에서, 과거에 존재했던 전제군주, 봉건영주 등을 비교론적으로 연구하였다. 베버의 관료제는 독일을 위시한 유럽의 당시 정치·경제적 현실과 프러시아 관료제에 대한 연구 모형이므로 경험적인 것이 아니라 추상적인 이념형(ideal type)이다.

베버의 관료제론은 사실적인 모형도 아니며 규범적인 선호상태도 아니다. 그럼에도 불구하고, 공·사행정을 막론하고 모든 대규모 조직이 베버가 주장한 계층제 형태를 띤 관료제 구조라고 볼 수밖에 없다는 점에서 그 설명력과 이론적 가치가 크다.

베버는 근대적 관료제구조는 봉건시대 통치조직이나 왕조조직 등 다른 관료제 조직에 비하여 효율적이라고 보았다. 정부관료제는 그 정당성을 부여하는 권위의 근거가 전통적이거나 카리스마에 있는 것이 아니라, 합리성에 기초한 합법성으로부터 나온 것이어서 목적합리성을 추구해야 한다. 관료제는 계층제에 의해서 명령→복종 관계가 작동하기 때문에 능률적이고, 합리적인 조직이라고 본다. 베버는 서양사회가 동양사회보다 빨리 발전한 이유를 법적 정통성을 기반으로 성립하는 근대관료제에서 찾고 있다. 이런 관료제는 다음과 같은 특징을 가진다.[5]

- 관료권한의 법정화
- 계층제
- 모든 직무활동은 서류나 문서에 의거함
- 전문화
- 전임성(full-time)
- 규칙과 표준화된 운영절차, 비정의성(impersonality)

관료제 안을 시간관점에서 들여다보면, 한 사람의 근무시간을 요하는 '자리(position)'들로 구성되어 있다. 일정한 시간(근무시간)만 조직에 몰입하고, 나머지 시간은 자유롭게 쓸 수 있는 자리로 구성된 것이 관료조직이다(공사 시간 구분). 다시 말해 부하들이 근무시간동안 자신의 시간을 전적으로 조직에 투입하도록 설

---

5 우리나라는 전 세계 어느 나라 못지않게 오래전부터 정부 내 관료체제를 갖춘 나라이다. 예컨대 백제는 고이왕(A.D 260년 경) 때 율령체제를 정비하여 중앙집권체제를 갖춘 것으로 알려져 있다. 관직에 16등급을 주고, 이를 3그룹으로 나눠 계급에 옷의 색깔을 달리한 계서제를 운영한 것이다. 베버는 역사적으로 존재한 동서양의 조직유형들을 보고 이를 이론화했을 뿐이다.

계되어 있으며(즉, full time 자리), 하급자일수록 근무시간 중 시간사용이 더욱 경직적으로 통제되는 경향이 있는 계서적 구조를 가지고 있다. 이 자리들을 채운 사람들에 의해서 조직이 움직이는데, 각자가 가지는 책임과 권한이 다르다.

3. 관료제에 대한 비판

베버가 칭찬한 근대 관료제에 대한 비판은 수없이 많다(임도빈, 2000). 따라서 많은 외국어에서 bureaucracy는 긍정적 의미보다는 부정적 의미가 더 크다. 예컨대 프랑스등 유럽의 공무원들은 자신을 '관료(bureaucrate)'라고 칭하면 불쾌하게 생각할 가능성이 크다.

1940년대부터 지적되어 온 관료제의 역기능들은 오늘날에도 여전히 모든 나라의 정부관료제에서 나타난다. 관료제 규모가 커지면서, 개인의 목표와 조직의 목표가 괴리되고 목표와 수단의 대치 현상이 일어난다. 여기에 관료의 전문성이 증가하고 권한위임이 증가하면서 통제가 어렵게 된다. 이런 병리를 해결하기 위해 내부규칙을 강화하고 다시 상부의 통제권을 강화하는 악순환이 초래된다. 조직의 체질을 바꾼다는 의미에서 조직 전체의 탈관료제화 필요성에 관한 논의는 이러한 맥락에서 등장한다.

관료제에 대한 비판은 그 범위와 내용이 매우 다양하며 그 근거도 가지각색이다. 겉으로는 나라를 위한다고 하면서도, 내부용 서류작성 등 상관의 비위를 맞추는데 많은 시간을 낭비하면서 정작 국민들에게 필요한 일은 하지 않는 현상도 비일비재하게 나타난다(노한동, 2024). 시대와 환경의 변화에 둔감하여 철밥통이라는 것이 대표적인 비판이다. 하지만 이것은 대체로 민간조직은 시장변화에 따라 구조조정을 하지 않으면 도산하는 데 비해, 행정은 항상성을 유지해야 하기 때문에 비효율적 조직도 그대로 유지해야 하는 경우가 많다는 점을 간과한 면도 있기는 하다. 나아가서 세금으로 관료제가 운영되기 때문에 그만큼 국민들의 관심도 크고 매스컴의 비난의 대상이 될 가능성도 높다. 우리나라도 예외는 아니다(임도빈, 2006).

특히 민간부문의 조직을 미화하면서 정부관료제를 비판한다. 즉, 관료제의 문제를 해결하기 위한 대안적 조직을 민간조직과 같이 만들자는 주장이다. 주로 관료제의 병폐로서 관료적 엘리트주의, 관료의 부패와 복지부동, 시민권리와 공공성의 상실화, 창의성 부재, 조직 운영에서의 경직성·폐쇄성·획일성 등이 거론된다.

관료제에 대한 비판은 관료혐오까지 가져오기도 한다. 관료제 구조를 완전히 타파하지 못한다는 한계가 있기 때문에 정부관료제가 민간조직과 혼합되는 하이브리드조직이 되기도 한다(Jean-Louis Denis et al., 2015). 이는 특히 행정서비스를 제공하는 데 나타나는 현상으로, 민간의 손을 빌려서 행정기능을 수행하는 것이다(Kettle, 2015).

우리나라의 행정관료제는 유구한 전통을 가지고 있고 오랜 시대를 거쳐 나름대로 변화되어 왔다. 많은 사람들로 구성되는 대조직이 관료제 이외의 다른 방식으로 존재하기는 어렵다. 서구에서 생긴 관료제의 역기능론을 우리나라에서 무비판적으로 받아들여서는 안 된다. Clegg과 Dunkerly(1980)가 정리한 베버 관료제에 대한 기존 연구들의 주요 쟁점들을 중심으로 재조명해 보기로 한다.

먼저, 행정조직 속의 개인은 자동화된 기계가 아니다. 초기의 조직이론과 관료제 이론이 기계적 패러다임으로 이해되었기 때문에 개인은 비인격적 환경 내에서 비인간화된 방식으로 행동하기를 기대받는 부속품으로 인식되었다. 즉, 개인을 합리적이고 비인격적 태도를 지닌 존재로 전제하는데, 사실은 인격과 감정을 가진 존재로 행동한다. 개인의 인격적 또는 성격적 특성들이 작용하기 때문에 관료제가 의도하지 않은 결과를 가져올 수 있다고 보는 것이 과학적 태도이다.

행정조직에서 사용하는 법규정이 예외적이고 우연한 상황까지 고려하고 있는 것은 아니다. 관료제는 업무를 루틴화시키고 이를 통해 효율적으로 수행할 수 있도록 규정을 만들지만, 우연히 발생할 수 있는 예외적 상황의 가능성까지 모두 예측하고 규정을 만든다는 것은 사실상 불가능하다. 즉, 업무의 루틴화는 이와 같은 예외 상황과 우연한 사건의 발생에 대해서는 설명의 한계가 있는데도 불구하고, 예외적인 사건을 마치 일반적인 것처럼 비판하는 경향이 있다.

나아가서 호손 효과에서 볼 수 있는 것처럼 비공식 집단의 존재는 중요하다. 그런데 이러한 비공식 집단은 관료제 조직의 목표 달성에 큰 영향을 미친다.

한편 관료제 비판에서 사용되는 효율성과 혁신은 동의어가 아니다. 정부 내에는 혁신적 사고보다는 안정적이고 보수적인 사고가 필요한 부서도 있다. 변화가 필요한 환경에서 조직이 살아남고 발전하기 위해서는 더 유기적인 형태를 갖춰야 한다. 기계적 조직으로서의 관료제는 효율성이좋을지 몰라도 내부적으로나 외부적으로 변화가 일어날 경우 그 적응에 한계가 있으며, 조직변동 시에 조직의 효율성을 감소시킬 수 있다. 그리고 조직 자체보다는 개인 행위자도 의사결정자가 될 수 있기 때문에 혁신이 가능한 경우도 있다. 조직의 업무가 루틴화되는 측면이 있지만, 개인이 조직에서 의사결정을 수행할 필요성은 흔히 존재하며 이것은 경찰, 교사, 사회복지 공무원과 같은 일선 관료들에게 더욱 그렇다. 고전 관료

관료제의 역기능에 대한 비판의 요지는 다음과 같다.

- R. Merton의 비판
: 최고관리층의 통제 욕구(demand for control)에서 비롯됨
: 표준운영절차(SOP)와 규칙의 제정과 통제 → 경직성 초래 → 고객불만 → 경직성 강화
: 최고관리층의 지나친 통제 욕구로 인해 관료제가 더욱 경화되는 역기능 초래

- P. Selznick의 비판
: 통제의 욕구를 완화하기 위해 권한을 위임
: 권한위임을 제도화 → 부문주의(하위목표의 내면화, 하위조직 중심의 의사결정) → 하위
  조직 간의 갈등 유발
: 관료제의 부문주의로 인해 권한위임은 원래의 의도를 달성하지 못하고, 하위조직의 하
  위 목표만을 추구하는 목표−수단 도치현상이 발생

- E. Gouldner의 비판
: 통제의 욕구 때문에 규칙을 강화
: 비인간적인 규칙의 사용 → 권력관계의 가시성(可視性)을 감소시키나 규칙이 정한 수준
  이상의 일은 하지 않으려고 함 → 관리자의 철저한 감독 → 권력 관계의 가시성은 다시 증
  가, 조직 내의 대인관계에 긴장감 증가 → 다시 엄격한 규칙 적용의 악순환

- M. Crozier의 비판
: 의사소통의 문제
: 상하계층 간 의사소통의 단절. 공식적 직위체제 이외 비공식적 관계가 성립. 고객과의 관
  계에서 통제강화를 위해 법규범 양산

- Thompson의 비판
: 관리제의 병리현상
: 조직목표와 개인목표 간의 갈등에서 비롯되는 개인이 겪는 불안, 조직이 요구하는 표준
  운영절차에서 초래되는 조직의 경직화, 관례의 준수에서 비롯되는 변화에 대한 저항, 고
  객에 대한 무관심과 거만함 그리고 그들과의 갈등, 권한만을 주장하는 현상

제 모형은 관료 개인에게 재량권을 부여하는 것을 부정적으로 본다. 경험적으로
도 조직 규모의 확대로 인해 조직이 공식화되고 루틴화되는 경향을 부정하기 어
렵다. 규모가 작고 복잡성의 정도가 낮은 조직은 고전적 관료제적인 특성이 감소
되고, 그 역도 성립한다. 소규모로 조직을 분화시키는 방법으로 정부조직의 관료
제화 문제를 해결할 수 있다.

Ⅱ. 조직의 권력론적 접근

1. 조직과 권력

1960년대 이후 우리나라의 '행정주도형 경제발전'의 기적은 바로 일반행정가 (generalist)적인 관료(bureaucrats)들로 구성된 행정조직에 의해서 추진되었다. 구체적으로 정부부처 수준의 조직 신설이 환경에 의하여 수동적으로 이뤄진 것이 아니고, 정부가 미리 미래의 사회문제를 예견하여 부처조직을 신설하는 방식으로 이뤄졌다(임도빈, 2014). 많은 경우 환경변화보다 앞서 조직이 신설되는 선제적 조직개편이 이뤄졌었다.

행정조직이 생기면 조직에 권한이 부여되고, 이 권력이 행사되는 과정에서 권력관계가 생긴다. 조직의 소속 관료들이 새로운 정부기능을 창출하고, 정책을 집행하는 역할을 하기 때문이다. 예컨대, 과학기술 분야의 역대 장관들은 기회 있을 때마다, 연구조직을 신설하여 오늘날 한국이 R&D 강국이 되었다(임도빈, 2025). 부처가 신설되면 고위직 자리가 늘어나서 권력이 증가한다고 느낀다. 그런데 그만큼 부처 간 권력관계도 달라진다.

정부조직의 가장 높은 수준에서는 부, 처, 청 등을 어떻게 구성하는지의 문제가 있다. 부처의 수가 많으면 소관 분야가 좁아져서 집중하여 일을 할 수 있게 하는 장점이 있는 반면, 이들 부처 간 조정비용(coordination cost)이 높아지게 된다. 부처수준의 부분 목표가 정부 전체의 목표와 부합하도록 조정하는 것이 중요해진다. 대부처주의는 이런 부처 간 갈등의 소지를 내부화함으로써 조정비용을 낮춘다.[6] 실제로 역사상 일어난 정부조직구조의 역사를 보면 '분화'와 '통합'이 반복되는 변주곡(變奏曲)이라고 할 수 있다.

정부 내에서 조직의 통합과 분화는 부처 간 권력관계를 변화시킨다. 특정부처를 설치하면 전문성 제고뿐만 아니라, 권력균형이라는 효과를 가져오기도 한다. 예컨대 산업통상자원부가 기업 경영진의 입장에서 산업발전 및 경제성장을 다룬다면, 고용노동부는 노동자의 입장에서 노동자 보호정책을 수행한다. 정부 내에서 두 부처가 서로 대립하고 타협한 결과가 정부의 노동정책이라고 볼 수 있다.

행정조직의 분화는 독재나 권위주의에서 정치민주화에 중요한 기여를 할 수

---

6 어느 것이 효율적인지 여부, 어느 것이 더 바람직한지 여부는 매우 복잡한 문제이기 때문에, 여기에서는 이런 문제에 답을 주려는 것이 아니고 구조가 중요하다는 논리만 보여주려는 것이 의도이다.

도 있다. 중앙선거관리위원회 조직이 대표적인 성공사례이다. 많은 개발도상국은 내무부(그리고 산하의 경찰조직)와 같은 조직에서 선거관리를 하기 때문에 부정선거에 간여하기 쉽다. 우리는 4.19 혁명을 가져온 부정선거, 그리고 오랜 관권선거의 경험이 있었다. 그러나 대통령으로부터 독립적인 중앙선거관리위원회가 생기고, 실제로 선거관리를 담당하는 선관위 행정조직이 전국적으로 설치됨으로써 중립적이고 효율적인 선거관리가 가능해졌다. 부정선거가 정치후진국이 오랜 시간을 지나도 고치지 못하는 고질병이라고 한다면, 선거관리를 전담하는 행정조직의 분화가 빠른 시간의 해결책이 될 수 있다.

2. 부처의 권력순위

정부(조직)에는 서열이 있다. 광의의 정부에서 서열은 대통령이 1위이고, 국회의장, 대법원장, 헌재소장, 중앙선관위장 등의 순이다. 협의의 정부 내부에도 대통령 유고 시 권력을 대행하는 순서로서 국무총리 이하 국무위원 순서가 명시되어 있다. 의전상 서열은 대통령 탄핵소추로 권한 정지가 되면 '대행'으로 실제 권력순위가 될 수도 있고 잠재적인 권력순위이다.

평소에 중앙정부조직도 행정관청을 단위로 다소간 서로 경쟁관계에 있다. 다른 부처에 비하여 권력을 더 키워야 그만큼 영향력이 커지기 때문에 각 정부조직은 조직의 크기, 자원, 예산, 하부기관 등을 늘리려 한다. 이러한 관점에서 중앙부처 간 권력의 크기를 경험적으로 측정해 볼 수 있는데, 이를 측정한 오재록(2014)의 연구가 있다. 그는 정부부처의 권력을 구성하는 다섯 가지 차원을 인적·물적 자원, 자율성, 네트워크, 잉여력, 잠재력 등으로 나누어 객관적, 주관적 자료를 수집하였다. 이를 근거로 정부부처의 '권력지수(power index)'를 측정하여 비교하였다.

부처 간 수평적 관계를 보면, 법률적으로는 동급인 부처조직이지만, 기재부와 같이 권력의 크기면에서는 지배적인 위치에 있는 부처가 있다. 모든 부처가 서로 견제를 할 수 있을 정도로 평등한 상태라기보다는 지배-복종관계가 생길 만큼 권력차이가 있다. 여기서 중요한 논점은 한국행정조직에서 흔히 볼 수 있는 권한책임일치의 원칙에 어긋난다는 문제이다. 대체로 힘이 센 조직이 권한은 행사하면서 문제가 생겼을 때, 책임은 힘이 약한 조직에게 떠넘기는 관행이 있다(조석준·임도빈, 2019). 가장 대표적인 것이 대통령이 책임져야 할 정도로 여론이 악화되었을 때, 총리가 물러나는 것이다. 이와 유사한 현상은 행정조직 내부에서도 드물지 않게 발견된다. 따라서 권력이 센 기획재정부나 검찰청이 정부 내 의사결정 과정에 지나치게 영향력을 미치는 것을 어떻게 방지하는가가 과제이다.

3. 조직구조변수: 복잡성

똑같은 사람들을 가지고도 조직화를 어떻게 하느냐에 따라서 오합지졸이 될 수도 있고, 세계 최강의 조직이 될 수도 있다. 마찬가지로 정부의 조직이 얼마나 일을 잘하는지, 즉, 정부경쟁력의 수준은 조직의 구조(organizational structure)를 얼마나 잘 짜느냐에 따라 달라진다.

관료제 조직의 구조는 보통 피라미드형을 띠지만, 실제로 그렇지 않은 경우도 많이 있다. 조직의 구조가 어떠한가를 나타내는 구체적인 변수로서 복잡성, 공식성, 집권성, 규모 등이 있다. 이들 변수를 중심으로 조직구조의 특성과 다른 변수 간의 관계를 연구해 오고 있다.

조직구조의 복잡성(complexity)이란, 조직의 내부가 마치 벌집과 같이 하위단위로 얼마나 분화되었느냐의 정도를 말한다. 여기에는 수직적 분화와 수평적 분화의 두 가지가 있다. 수직적 분화란, 계층화의 정도 내지는 계층의 수를 의미한다. 계층간에는 상명하복의 권력관계가 존재한다. 우리나라에는 장관, 차관, 차관보, 실장, 국장, 과장, (계장), 직원 등 약 7개 단계가 있다. 계층수가 많으면 의사소통의 왜곡과 누락이 생길 가능성이 커진다.

계층의 수는 통솔범위(span of control)와 역의 관계가 있다. 즉, 동일한 수의 직원을 가정하는 경우, 계층수를 늘리면 통솔범위가 줄어들고, 그 역도 성립한다. 계층수가 늘어나면, 상하 간 관계수가 늘어나서 의사소통의 문제가 생길 수 있다.

수평적 분화란 수평적으로 하위조직이 얼마나 분화되어 있는지를 말한다. 보통 횡적분화와 전문성과는 양의 관계가 있다. 40여 개의 부처로 분화될 때는 20개 안쪽일 때에 비해 수평적 분화가 심화되어, 정부조직 구조가 더 복잡해진다. 수평적 분화가 심화되면 상관의 통솔범위가 넓어져서 관리의 어려움이 생긴다. 동일 위상의 부서 간에도 권력차이가 존재하는 것이 일반적이다. 수평적 분화는 다시 직무의 분화와 사람의 전문화로 나뉜다.

4. 조직구조변수: 공식화

공식화(formalization)란 조직 내의 직무가 정형화·표준화·법규화·루틴화된 정도를 말한다.[7] 관료들이 그때그때마다 마음대로 하여 다른 사람들이 예측할 수 없는 상태인 '비공식화'의 반대개념이다. 공식화는 관료들의 자의적인 권력을 제한하는 효과가 있다. 우리나라 정부는 계급제를 택하고 있기 때문에, 직위분류제에서와 같은 세분화된 직무기술서가 없다. 그러나 위임전결규정, 사무처리규정, 예시 등 여러 규정들이 있다. 관료들은 규정에 없는 일을 할 수 없으므로 법규의 숫자는 곧 공식화 정도라고 할 수 있다.

공식화는 장점과 단점을 모두 가지고 있다. 장점은 조직 내 개인적 요소에 의해 불확실성이나 행동의 변이성을 감소시켜 조직행동의 예측과 통제가능성을 높인다는 점이다. 개인이 좌우하는 것보다는 조직자체가 문제를 해결하도록 하는 것이다. 가장 큰 단점은 예측불가능한 상황에 대한 대응성이 낮아진다는 것이다. 즉, 조직변동이 곤란하고 유동적인 상황에서는 탄력적 대응성이 저하된다. 문서주의나 번문욕례의 폐단이 발생할 가능성이 높다. 관료제의 역기능을 비판한 Gouldner가 이 문제에 초점을 맞춰 비판한 바 있다. 조직이 경화되면, 민원인에게는 행정부담(administrative burden)이 커질 가능성이 있다.

다른 시각에서 보면 공식화는 조직화 혹은 조직의 경화(硬化)정도라고 할 수 있다. 전술한 관료제화라고도 할 수 있다. 일반적으로 공식화에 관해서는 다음의 법칙이 있다.

- 단순하고 반복적 직무일수록 공식화가 높아진다.
- 조직의 규모가 클수록 공식화가 높아진다.
- 안정적 조직 환경일수록 공식화가 높아진다.
- 오래된 조직일수록 공식화가 높아진다.
- 공식화와 집권화는 긍정적 상관관계가 있다.

신설조직은 공식화 정도가 낮다가 점점 높아지는 경향이 있다. 내부규율이 점점 많아지기 때문이다. 따라서 일정 정도까지는 공식화가 효율성에 도움이 되지만, 그 이상의 시점에서는 오히려 관료제의 경직성이 나타날 것이다.

---

7 민간조직에서는 감독의 정도, 종업원과 경영자들에게 주어진 재유재량권의 정도, 작업표준화의 정도, 법규가 존재하고 강요되는 정도 등을 공식화로 이해하기도 한다.

5. 조직구조변수: 집권화

집권화란 조직 내의 상하 간 권력배분양태에 관한 것으로 권력중추로부터 일선관료까지 어떻게 권력이 분산되어 있는가를 말한다. 조직의 상층부로 의사결정권한이 집중되어 있으면 집권성이 높고, 하층부로 위임되어 있으면 집권성이 낮다(즉, 분권화). 장관들이 법이 부여한 재량권을 행사하지 않고 대통령의 의중만 살피면 제왕적 대통령과 관련한 문제가 생긴다.

조직 내에서의 집권화 문제도 있지만, 본청과 지방청 간의 관계에서도 집권화 문제도 있다. 지방선거제도 실시 이전에는 대통령이 지방자치단체장을 임명함으로써 권력집중현상이 두드러졌다. 1990년 실시한 지방자치제도 개혁은 집권화된 정치권력구조에서 분권화된 구조로 바뀐 것이다.

집권화는 조직활동의 통일성·일관성에 대한 요청이 커지고, 상층부의 권력이 신속히 집행될 필요성이 높을 때 강화된다. 전쟁이나 재난 시 비상사태가 선포되면 국가원수에게 모든 권한이 집중되는 것이 그 예이다. 이와 반대로 분권화는 조직이 처한 환경변화가 심하여 상층부가 일일이 파악하고 대응하기 어려울 때, 조직의 적응성과 융통성을 제고하기 위해 요구된다. 특히 행정조직의 경우, 사회의 민주화가 촉진되면 될수록 사회의 다양한 요구에 부응하기 위해 일선조직에 권한을 부여하는 분권화가 더욱 요구된다. 재난이나 응급상황 발생 시 현장에 가장 가까운 조직이 '선 조치, 후 보고'를 하라는 것은 분권화된 조직 구조여야 가능하다.

6. 조직구조와 조직규모

조직의 규모는 단위조직의 수로 알 수 있지만, 정부의 규모(size)는 일반적으로 공무원의 수를 말한다. 보통 정규직(full time) 공무원의 규모인 총 공무원수(중앙공무원+지방공무원)를 지표로 사용한다. 그러나 시간제 등 다양한 고용형태가 있으므로 정규공무원 수는 조직규모를 정확히 나타내주지 못한다. 따라서 예산규모로 대신 측정하는 경우도 있다.[8]

조선시대에는 약 1만 명이던 관료의 수가, 일제시대에는 약 7만 6천명, 1953년 약 20만 3천 명으로 증가하였고, 개발연대 이후 급속히 증가하였다. 즉, 행정권의 증대와 정부조직규모와는 어느 정도 비례관계가 있는 것으로 보인다. 공무원

---

8 사기업에서는 조직의 범위와 그 책임, 사업의 규모, 업무량, 물적 수용능력, 고객의 수, 순자산 등도 조직규모의 측정 지표로 사용한다.

총 정원수로 나타난 정부조직의 규모는 1960년대 이후 계속적으로 증가하여 왔다. 현재 우리나라의 공무원 총 정원 수는 백만 명을 능가한다. 여기에 그림자 정부조직의 정원까지 합하면, 공공부문의 인력규모는 상당히 크다.

공무원 전체의 규모가 증가하면 조직의 복잡성은 커진다. 조직 내 부서의 수도 증가하는 경향이 있기 때문이다. 보통 전문성 제고를 내세워 횡적 분화를 하기 시작한다. 이에 더하여 상위직이 증가해야 승진 가능성이 높아지기 때문에 조직의 틀을 크게 하려는 힘이 작용한다. 우리나라 중앙부처는 새로운 정부기능을 추가하며 조직 팽창을 거듭하여 왔다.

인건비 부담이 되므로 조직규모 증가에 소극적인 민간조직과는 달리, 행정조직은 인건비를 예산에서 충당하므로 계속하여 규모가 증가되는 경향이 있다. 영국 해군성의 사례를 보고, 업무량의 증가가 산술급수적이라면 공무원의 수는 기하급수적으로 증가하는 현상을 희화하여 꼬집은 것이 '파킨슨(Parkinson)의 법칙'이다.

정부 내에서도 행정조직 내 각 부서는 자신들의 존재를 정당화하기 위해, 가능한 사업예산을 극대화하려는 경향이 있다(Nikskanen, 1971). 따라서, 공공부문에서는 자원이 최적점에서 배분되지 않고 항상 과잉배분된다는 이론이 '관료팽창론'이다. 공공부분의 효율성이 민간부문에 비하여 떨어지는 이유이다.

한편, 미시적 수준에서 '조직규모는 다른 조직구조 변수에 영향을 준다'고 보고 많은 연구가 이뤄졌다. 실증연구에 의해 밝혀진 조직규모와 조직구조와의 관계에 관한 법칙은 다음과 같다.

- 규모가 커지면 계층의 분화, 수평적 분화가 이루어져 복잡성이 증대한다.
- 규모가 커지면 공식화되는 경향이 있다.
- 규모가 커지면 구성원의 수가 늘어나 분권화되는 경향이 있다.

규모가 커지면 조직의 인사·구조, 재무 등 관리와 지원업무가 커진다. 주요 업무와는 관련이 적은 부수적인 업무, 즉 막료기능의 일종인 유지관리부문이 많아져 행정농도(administrative density)가 높아진다.

규모가 작으면 모든 조직원 간 상호작용이 가능하며 인간적인 조직이 된다. 2천 명의 조직보다는 20명의 조직일 경우에 구성원 서로에게 만족감을 주어서 바람직하게 근무할 가능성이 커진다. 반대로 조직의 규모가 클수록 구성원들의 만족도 및 조직몰입도나 응집성이 저하될 가능성이 크다. 공식화된 관리가 불가피하여 직원의 부품화, 비인간화 등 관료제의 역기능이 증대될 것이기 때문이다.

조직과 환경

조직구조를 관리자가 바꾼다는 시각과는 달리 환경이 결정적 변수라고 보는 일련의 이론을 '상황적응론(contingency theory)'이라고 한다. 여기서 상황이란 환경 또는 기술을 의미한다. 환경이란 조직 경계 밖의 영역으로 조직에 영향을 미칠 수 있는 모든 요소를 말한다. 환경의 불확실성의 구성요소에는 복잡한가 단순한가의 차원과 변화가 심한가 안정적인가의 차원 두 가지가 있다. 복잡하고 불안정한 환경은 불확실성이 높은 환경이라고 할 수 있고, 단순하고 안정적인 환경은 불확실성이 낮은 환경이라고 할 수 있다. 또한 기술이란 조직의 투입물을 산출물로 변화시키는 데 이용되는 지식, 도구, 기법 등 모든 활동을 말한다. 이러한 조직이 사용하는 기술을 중시하여 조직구조를 연구하는 학파가 영국의 Aston Group이다.

조직이 사용하는 기술과 환경 간의 관계를 다룬 Thompson의 기술유형론을 주목할 필요가 있다. 그에 따르면 다음 세 가지 유형의 기술이 있다.

- 중개적 기술: 은행, 직업소개소, 부동산 등과 같이 중개하는 기술로서, 단위부서 간 과업의 관련성이 거의 없으며 조직의 공통목표에 독립적으로 공헌하는 집합적 상호의존성을 띤다. 독립적인 부서가 고객들을 서로 중개하는 업무를 수행하는 과정에서 공간적·시간적으로 광범위하게 분산된 고객들을 연결시키기 때문에 중앙집권적으로 표준화된 규정과 절차를 통하여 효과적으로 조정이 가능하게 된다. 이 유형을 중개적 기술이라고 하는데, 의사소통의 빈도는 낮고 부서 간 갈등의 소지도 낮다.
- 길게 연결된 기술: 대량생산에서 사용되는 일관작업체제에 쓰이는 기술로서, 여러 가지 행동이 순차적인 의존성을 띠고 표준화된 한 가지의 상품을 반복적으로 생산한다. 따라서 부서 간에 필요한 자원을 서로 교환하기도 하며 연속적인 활동에 대한 조정과 의사소통이 필요하다.
- 집약적 기술: 예를 들어 환자에게 투약·입원·내과·방사선과 등 다양한 의료서비스를 동시에 제공하는 업무에서 요구되는 기술로서 호혜적·교호적 상호의존성을 띤다. 각 경우에 따라 서로 도움을 주는 의존관계가 달라지기 때문에 집권화·표준화하기가 어렵고 비정형적이며 부서 간에 긴밀한 상호작용과 의사전달로 조정이 이루어진다. 또한 다양한 집약형 기술은 고객의 성격과 상태에 따라 맞춤형으로 배합하여 서비스하기 때문에 일반적으로 고비용이 발생된다.

Ⅲ. 환경과 조직혁신

조직화(organizing)는 개인의 불필요한 업무활동을 조정하여 조직의 목적달성을 효과적으로 하기 위한 과정이다. 조직화는 진행되는 과정에서 어느 시점까지는 조직의 생산성과 효율성은 올라가다가(1기), 일정 시점부터는 오히려 저하되기 시작한다(2기). 즉, 조직을 세밀하게 관리하면 어느 시점부터 조직의 경화문제가 생긴다. 효율적으로 하려는 인사배치, 조직구조, 집권적인 권위, 명령통일원칙에 의한 보고, 각종 법규, 내부문화 등이 지나치면 오히려 방해가 되는 것이다.

그림 11-2 | 조직화 정도와 생산성과의 관계

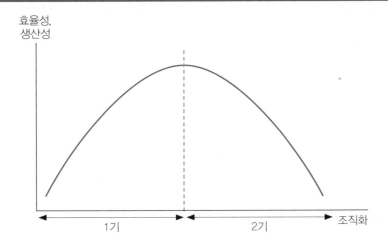

유연한 조직을 만들기 위한 노력은 여러 방면에서 시도되고 있다. 조직발전(organizational development), 조직변동 등이 그 예이다. 그럼에도 불구하고, 민주적 통제를 요구하는 사회분위기변화와 책임성과 투명성의 증대로 조직내부인 입장에서는 조직운영은 경직적으로 운영하도록 유인하는 힘이 있다. 조직이 스스로 혁신할 수 있는 학습능력이 있느냐의 문제에 대한 견해는 나눠진다. 조직이 경화되어 조직의 효과성이나 생산성을 저해하는 시점부터는 인위적으로도 조직개혁이 이뤄져야 한다. 이에 대한 접근법과 견해는 〈표 11-1〉과 같다.

표 11-1 | 조직환경과 조직개혁

Greiner의 6단계 모형	조직개혁의 접근법
1. 압력과 각성(pressure and arousal) 2. 조치와 방향설정(intervention and reorientation) 3. 진단과 인식(diagnosis and recognition) 4. 발견과 실행(invention and commitment) 5. 실험과 조사(experimentation and search) 6. 강화와 수용(reinforcement and acceptance)	**구조적 접근법** 조직의 구조적 특성이나 전체적인 조직 짜임새를 변화시키려는 방법 **기술적 접근법** 기술의 변화를 통해서 조직을 변화시키려는 테일러(F.W.Taylor)의 과학적 관리로부터 시작. 기술혁신은 조직변화를 가져옴. **행위적 접근법** 구성원들의 생각과 행동을 변화시킴으로써 조직의 운영에 변화를 가져옴.

특히 오늘날과 같이 사악한 문제(wicked problem)가 많아지는 사회에서는 관료제 조직, 즉 전통적인 조직이 적합하지 않다는 비판을 많이 받고 있다. 전혀 예측하지 못한 문제가 무엇인지도 애매모호하고, 불확실한 환경에 변화가 있기 때문이다.

조직구조의 유형으로서 유기적 조직(organic organization) 대 기계적 조직(mechanical organization)으로 대비한다면 환경변화에 적응하는 것은 전자가 적합하다. 시간적 관점을 좀 더 강조해서 볼 때 유기적 조직도 변화무쌍한 환경변화를 받아들이기에 부족한 개념이다. 이런 맥락에서 2010년대부터 경영학 분야에서 나온 개념이 애자일 조직이다.

애자일(agile)이란 민첩하다는 뜻으로, 변화에 재빨리 적응하고, 기회를 포착하며, 손실과 비용을 절감하자는 것이다. 변화 혁신을 조직에 내재화하자는 개념이라고 할 수 있다. 이런 측면에서 성공한 기업들은 대체로 인터넷 플랫폼 기업들이다. 마이크로소프트가 대표적인 예로 꼽힌다. 한국의 네이버, 카카오 같은 기업도 유사한 조직 구조를 가지고 있다. 이런 조직의 특성을 보면 다음과 같다.

첫 번째로 정보통신기술의 신기술(ICT)을 활용하여 모든 사람이 실시간으로 연결돼서 즉시 컴퓨터로 확인할 수 있는 동시성이다.

두 번째로는 중앙 집권적인 구조가 아닌, 구성원들이 자율적으로 권한 위임을 받는 분권형 조직이다. 극단적으로는 행정관청론에서 보는 권위를 가진 중앙 권력, 즉 구심점이 없는 조직 구조를 의미한다.

세 번째로는 빠른 의사결정을 하고 금방 즉각적인 피드백을 받아서 학습하여,

변화를 내재화한 것이다. 그러므로 반복되고 루틴화된 업무를 수행하는 데에는 적합하지 않다.

다음으로는 사람 중심이다. 조직 중심보다는 모든 사람의 개성과 일하는 스타일이 중요하다. 빅 데이터나 AI를 이용하긴 하지만 창의적인 것은 사람으로부터 나온다고 한 측면에서 인적자원을 중시하는 것이다. 전 세계에서 이러한 조직 구조를 행정조직에 적용하려고 노력하고 있다. 그 내용을 보면 다음과 같이 고려할 수 있다(Ines Mergel, Yiwei Gong, John Bertot, 2018 참조).

- 비주얼 플래닝 사용: 업무 상황을 모든 팀원들과 공유하여 상황을 실시간으로 확인
- 권한 위임과 네트워크 구조: 수평적 조직문화와 개개인의 오너십
- 빠른 의사결정과 학습: 명확한 시한과 반복 주기를 통해 빨리 의사결정하고, 이를 학습
- 역동적인 사람 중심: 모든 사람을 역동적으로 참여시킴
- 신기술 활용: AI, Big Data

덴마크가 지방정부에 도입한 사례가 가장 주목할 만하다. 신기술을 어떻게 도입하느냐, 활용하느냐에 대한 방안으로서, 시사점은 다음과 같다(Dittrich, Y., Pries-Heje, J., Hjort-Madsen, K. 2005).

변화해야 할 방향이 맞으면 빨리 도입해야 된다. 늦을수록 비용을 그만큼 지불하는 것이다. 많은 인력의 전환이 있다. 기존 행정서비스 제공의 범위 같은 것도 애자일 조직에서는 다르게 수행하는 등 기존 틀을 벗어나는 개혁을 해야 한다.

행정조직에 단시일에 전면적으로 도입한다는 것은 쉬운 일이 아니다. 왜냐하면 행정은 국가성, 즉 권력의 강제성과 민주적 통제가 필요하기 때문이다. 플랫폼 기업과 같이 새로운 비즈니스 영역을 창출하고, 끝나면 그 부서를 없애고 다른 일에 투입한다든지 하는 방식을 행정조직에 도입하는 것은 한계가 있다. 연속성을 담보해야 하는 행정영역은 전면적인 애자일 조직이 되기는 쉽지 않다.

코로나19의 발발로 인해서 각국의 민첩한 대응에 대해 자율 조직의 필요성이 많이 논의된 바 있다. 매우 특수하고 예외적인 경우로, 팬데믹 시기의 변화경험으로부터 교훈을 얻을 수 있다. 이미 그런 융통성이 내재화되어 있는 부분도 있지만, 실제로 해고나 직장 이동이 자유롭지 않은 공공에서 플랫폼 기업의 애자일 조직 같이 되는 데에는 한계가 있을 것이다.

제3절 조직의 관리

I. 구조론적 조직관리

1. 고전적 원칙

많은 조직이론가가 어떻게 하면 조직을 효율적으로 만들 수 있는지를 연구해 왔다. 고전적 조직관리이론에 속하는 학파는 크게 두 가지로 구분할 수 있다. 첫째가 Taylor를 선구자라고 할 수 있는 과학적 관리학파(scientific management school)이고, 둘째는 Gulick, Fayol 등이 선도한 행정관리학파(administrative management school) 또는 관리과정학파(management process school)이다.

신대륙의 발견을 통해 건국된 미국에서, 대량생산방법을 통하여 산업혁명을 이루는 데에는 Taylor 이론이 크게 공헌했다. Taylor는 관리자는 과거의 인습적 방법인 주먹구구식 관리에서 벗어나, 합리적인 규정, 규칙 및 원리 등을 갖춘 진정한 관리이론을 개발하고자 하였다(Fremont E. Kast and James E. Rosenzweig, 1985). 노동자와 관리자 간에 과업과 책임의 공정한 분배를 한다. Taylor는 조직관리를 달리함으로써 당시의 비능률적이고 낭비적인 업무수행을 제거하였으며, 노사 갈등을 해결하였다. 시간과 동작(time and motion)을 분석하여, 합리적으로 분업 조직을 만들면 생산성이 향상되고, 그 결과 노동자에게는 임금의 상승을, 경영자에게는 이익의 증대를 가져오게 될 것'이라는 테일리즘이 미국은 물론 전 세계에 파급되었다.

Taylor와 마찬가지로 프랑스의 국영기업관리자인 Fayol의 사상 또한 과학으로서의 조직이론 발전에 커다란 영향을 미쳤다. 그는 자신의 경험을 통하여 오늘날의 조직관리에 중요한 지침이 되는 원칙들을 만들었다. 합리적인 분업(전문화)과 분업화된 일들의 집단화, 그리고 조정에 의하여 능률을 제고시킬 수 있다고 믿었다. 즉, 분업과 조정을 조직관리의 핵심적인 요소로 보고 그에 연관된 분업의 원리, 명령통일의 원리, 통솔범위의 원리, 조정의 원리, 계층화의 원리, 참모조직의 원리 등을 발전시키는 데 주력하였다. Taylor의 이론은 주로 생산공장의 수준에서 조직구조에 관한 것인 데 반해, Fayol은 조직의 상위계층의 관점에서 이론을 전개시켜 나갔다는 차이가 있다.

고전적 주요 조직관리 원칙

– 계층제의 원칙

직무를 권한과 책임의 정도에 따라 등급화하고 상하 계층 간에 지휘 · 명령복종관계 또는 단일의 의사결정 중추를 확립하는 수직적 분업관계다.

– 전문화의 원리

업무를 종류와 성질별로 구분하여 조직구성원에게 가급적 한 가지의 주된 업무를 분담시킴으로써 조직의 능률을 향상시키자는 것이다. 전문화에는 수평적 전문화와 수직적 전문화로 나눌 수가 있다. 즉, 조직구조의 측면에서는 부서수가 옆으로 늘어나는가 아니면 수직적으로 늘어나는가의 문제이다. 수평적 전문화는 직무의 범위가 얼마나 분업화되어 있는가를 의미하고 수직적 전문화는 직무의 깊이가 얼마나 분업화되어 있는가를 의미한다.

– 명령통일의 원리

누구나 한 사람의 상관에게만 보고하고 명령을 받아야 한다는 원리이다. 조직 내 혼란을 방지하고 질서유지 및 책임한계의 명확화, 심리적 안정감 및 업무의 신속성 · 능률성을 확보할 수 있다.

– 통솔범위의 원리

1인의 상관 또는 감독자가 효과적으로 직접 감독할 수 있는 적절한 부하의 수(예, 30명)가 있다는 원리이다. 이후, 적정한 통솔범위가 몇 명인가에 대한 연구가 이뤄졌으나 합의된 법칙으로서 수치는 제시되지 않았다.

– 부성화의 원리

한 조직의 내부에서 분업화를 위한 하위조직단위를 만드는 데 있어서 4p의 원칙을 적용한다. 즉, 주요 고객을 기준으로 하는 사람(people), 조직의 주요 목적(purpose), 지리적 위치(place), 그리고 업무처리 과정(process)을 기준으로 이루어진다.

고전적 조직관리론은 '각 조직에 최상의 조직구조가 존재한다'는 믿음에 기초하고 있다. 조직구조를 바꿈으로써 조직의 효율성은 높아진다는 이론이다. 오늘날에도 조직컨설팅이 많이 이뤄지고 있다. 외국의 유명 컨설팅 회사들이 경영진단을 하고 처방을 제시하였지만 이들의 내용도 실제 따져보면 이런 원리를 응용하는 것에 지나지 않았다(임도빈, 2007).

2. 조직구조의 민주화: 위원회 조직

'관청'개념에서 알 수 있듯이, 기관의 장에게 권한이 집중되는 독임제 조직 구조를 택하고 있다. 계층제의 원리, 명령통일의 원리 등 고전적 조직원리는 장(長)이 하나인 단두제적 조직구조를 상정한다. 그런데 민주화 등 행정환경의 변화로 인해 독임제 행정조직의 한계가 드러나고 대안으로 등장하는 것이 '위원회' 조직이다. 합의제 행정기관으로서 '위원회' 기관장 한 사람에게 모든 권한이 집중되는 과도한 집권화 문제를 해결하기 위한 것이다. 실제로는 위원회라는 명칭이 혼돈스럽게 사용되고 있는데, 법적으로는 행정위원회와 의결위원회, 자문위원회가 있다.

- 행정위원회: 정부조직법 제5조에 따라 소속기관 사무의 일부를 독립하여 수행하기 위해 설립되는 합의제 행정기관
- 의결위원회: 개별법에서 행정권한의 일부에 대해 위원회의 의결을 거치도록 한 경우 이를 심의하는 기관
- 자문위원회: 정부조직법 제4조에 따라 행정기관의 소관사무에 대한 자문을 얻고자 설치한 기관으로서 심의·조정·자문 등의 기능을 수행하며, 행정기관은 위원회의 결정에 구속되지 않음

위원회는 그를 보좌하는 사무기구를 두고 있다. 즉, '사무조직의 자율성'과 '조직 설립의 법적근거'라는 두 가지 차원에서 조직론적 특성에 따라 유형화 해보면 〈표 11-2〉와 같이 9가지가 있다(조석준·임도빈, 2019: 186-187).

표 11-2 | 위원회의 유형

사무조직 \ 법적 근거	헌법	법률	명령·규칙 등
독립적 단위조직	I	II	III
사무처	IV	V	VI
기존 부서조직	VII	VIII	IX

출처: 조석준·임도빈(2019: 187).

사무조직의 자율성(organizational autonomy)은 계선기관과 참모기관을 모두 갖는 독립적 단위조직인지, 행정지원만 하는 참모기관(사무처)만을 갖는 조직인지, 별도의 조직이 없이 기존 행정기관에 겸무시키는 조직인지로 구분된다. 이들 사무기구는 고전적 조직원리에 의한 구조이고, 상층에 위원회를 부가한 중층 구조이다.

우리나라 법체계상 Ⅰ유형은 선거관리위원회가 유일하다.

Ⅱ유형은 공정거래위원회, 금융위원회, 방송통신위원회 등이 있다. 이 유형은 기본적으로 정부부처와 유사한 구조를 가지지만 장관이란 독임제가 아니라, 복수 이상의 위원이 있다는 특징이 있다. 주요 결정을 하는 데 있어서 좌우파 편향 등 논란이 일어날 가능성이 높은 분야이다.

Ⅲ유형은 행정조직 법정주의에 의하면 존재할 수 없다.

Ⅳ, Ⅶ유형은 헌법상 자문기관인 국가안전보장회의, 민주평화통일자문회의, 국민경제자문회의, 국가교육과학기술자문회의가 있다.

Ⅴ, Ⅷ유형에는 노동위원회, 토지수용위원회, 소청심사위원회, 행정심판위원회와 같은 준사법적 기능이나, 규제개혁위원회와 같이 준입법적 기능을 하는 의결위원회가 포함된다.

Ⅵ, Ⅸ유형은 개별 부처 내의 자문위원회로 구성된다.

이 중 한 번도 회의가 소집되지 않는 경우도 있는 등 문제가 많이 드러나기도 한다. 이렇게 위원회가 난립하여 설치될 수 있는 이유는 Ⅸ유형과 같이 '명령·규칙 등'을 통해 개별 부처가 용이하게 설립할 수 있기 때문이다.

각종 위원회는 행정과정에 시간을 지체시키고, 행정비용을 증가시키지만 행정의 민주화에 기여한다. 각 기관들이 평가위원회, 자문위원회 등을 우후죽순적으로 설립하는 이유는 기관장이 독단적으로 결정하지 않는다는 책임회피용이기도 하다.

행정의 외부통제 제고, 민주성과 전문성을 제고하여 결정을 한다는 측면에서 긍정적인 변화이다(조석준·임도빈, 2019: 492). 민간이 참여하는 위원회를 통해 중요한 의사결정권을 부여하여 민·관협치를 중시하는 신거버넌스이론이 설득력을 얻기도 한다.

하지만 위원회에 대한 비판의 목소리도 크다. 합리적 근거의 이면에는, 실제 운영을 들여다보면 정치적 이유가 크기 때문이기도 하다. 많은 자문위원회는 상징적 기능에 머무른다. 자문위원회를 구성하고 명망있는 인사를 위원으로 임명함으로써 민주적이고 공정한 절차를 거친다는 이미지로 비춰질 수 있기 때문이다.

실질적으로 결정은 이미 해놓은 상태에서 이해관계자나 전문가인 위원의 자문을 거침으로써 정당성을 높이는 용도로 많이 사용된다. 민주화됨에 따라 이해관계자들 간 논란으로 결정이 어렵거나 향후 정책실패 시, 위원회로 책임을 전가하는 용도가 되기도 한다.

위원회를 설치함으로써 조직의 권력이 증대 된다. 정책의 이해관계자, 전문가를 자문위원으로 임명하여 조직의 지지기반을 확대하는 것이다. 보통은 위원회의 인원이 일정 규모 이하이기 때문에, 그 산하에 소위원회나 전문위원회를 두기도 한다. 이렇게 하여 민간인 참여자 수를 높일수록 그만큼 조직은 커지고 영향력 범위는 늘어난다고 할 수 있다. 또한 정책 반대자를 위원으로 포섭하는 흡수(co-optation)전략에 활용되기도 한다.

위원회는 특정인사에 '자리'를 마련해 주는 기능도 있다. 대통령 선거에 열성적으로 도와주는 등 정치적으로 큰 기여를 한 사람들에게 장차관이나 정규직 공직을 제공해 줄 수 없는 경우 그 대용으로 위원회(특히, 대통령 직속)를 활용한다. 상임위원 자리도 있지만, 비상임 위원의 경우도 수당, 관용차, 비서 등 각종 혜택이 주어지는 경우가 있다.

과거 협의의 부처조직만 있던 때에 비교한다면, 일종의 그림자 조직(shadow organization)이 생겼다고 볼 수 있다. 행정조직의 민주화 등 긍정적 기능을 하는 경우도 많이 있지만, 조직팽창이라는 비판을 면하기는 어렵다. 정치적 중립을 지키기 위해 설치된 위원회도 실제로는 정권에 따라 입맛에 맞는 위원장이 임명되는 등 편향적이라는 비판을 면하기 어려운 경우도 많다. 조직론적 입장에서는 위원회의 결정 사항이 일반 행정기관의 손을 거쳐야 집행되기 때문에 생기는 문제이다. 많은 위원회는 심의나 결정만 하고 집행의 책임을 지지 않는다는 문제가 있다.

Ⅱ. 조직행태론적 관리

1. 경험주의적 연구방법

조직이론 분야에서 경험주의적 연구방법론에 관하여 기여를 한 사람은 Herbert Simon이다. 그는 고전적 관리의 원칙(422쪽 읽을거리 참조)은 과학적 이론이 아니라, '서로 모순되는 속담에 불과하다'고 비판하였다. 가치(value)와 사실(fact)를 엄격히 구별하여, 후자에 한정하여 논리적 실증주의에 바탕을 둔 경험주의적 접근방법을 따라야 조직과학 또는 행정과학을 발전시킬 수 있다고 주장하였다.

조직연구에서 사실(fact)은 조직구성원의 행태(behavior)를 의미한다. 이후 설문조사를 통해 조직구성원의 행태를 간접적으로 측정한 후, 이를 근거로 조직의 특성을 파악하는 연구가 양산되기에 이르렀고, 예컨대, 행정학에서 관심있는 주요 변수인 조직의 성과도 조직구성원의 인식을 통해 측정하기 시작하였다. 이 분야의 학문적 발전은 주로 미국 학자들을 중심으로 한 설문지 개발이 큰 성과였다. 설문지의 타당도와 신뢰도를 통계적으로 검증한 표준화된 측정도구들이 만들어졌고, 여러 학자가 다양한 조직을 대상으로 연구하였다.

행태 주의적 시각에서 조직학 연구를 가능케 한 것은 개념의 도입과 조작화(operationalization)의 덕분이다. 변수 간 관계에 관한 가설검증을 엄격하게 함으로써, 일반화(generalization)를 향한 이론발전이 이뤄지고 있다. 이 접근법은 개인의 특성을 종합한 것이 조직의 특성이라는 방법론적 환원주의에 기초해 있다.

2. 주요 개념변수

행태론적 시각에서 조직관리를 할 때, 과연 조직의 성과를 무엇으로 정의하느냐의 문제가 생긴다. 개인 차원에서 측정된 직무만족(job satisfaction)과 조직몰입(organizational commitment) 등을 합한 것은 조직성과로 보고 이를 향상시키는 방법에 대한 연구가 축적되고 있다.

조직구성원의 직무만족도(job satisfaction)가 높으면 더욱 열심히 근무를 할 것이고 결과적으로 그 조직의 성과가 향상 된다고 본다.[9] 예컨대 목표가 얼마나 구체적인가, 시간압박이 얼마나 큰가, 작업 환경이 어떠한가, 상사 등 인간관계가 어떠한가 등 직무특성(job characteristics)이 직무만족에 영향을 미친다. 조직구성원의 사회경제적 특성이 직무만족에 영향을 미치는지에 관해서도 많은 연구가 이뤄졌다. 연령, 근무연수, 직급, 결혼여부와 자녀수, 정규직여부, 출퇴근시간, 교육수준, 근무지 등이 연구가설에 자주 포함되는 변수이다. 직무만족은 조직보다는 개인의 차원에 초점이 있다.

직무만족이 인사행정에서도 사용되는 개념이라면 조직몰입(organizational commitment)은 문자 그대로 조직행태론에서 조직관리 시 사용하는 주요 변수이다. 가장 잘 사용되는 설문지는 그 하위구성요소인 정서적으로 최선을 다하는 '감정적 몰입', 조직에 남아서 계속 일을 할 수 있는 '지속적 몰입', 그리고 '도덕적 의

---

9 자세한 것은 제10장 동기부여이론 부분을 참조할 것.

무감'에서 최선을 다하는 규범적 몰입의 세 가지 차원으로 구성된다.

성과 측정이 어려운 행정 분야에서는 조직몰입이 높으면 그 사람이 일한 결과로 조직성과가 높다는 논거하에 조직성 몰입을 성과변수로 본다. 조직몰입을 결정하는 독립변수가 무엇인가를 파악한다면, 이를 변화시킴으로써 조직성과를 높일 수 있다. 직무특성이 조직몰입에 중요한 결정요인이라고 보는 연구가 있다. 조직구성원들에게 목표를 구체적으로 알기 쉽게 해주고, 어느 정도 재량권을 주며, 자신이 하는 일이 무엇인가를 알게하는 등의 처방을 생각할 수 있다. 그런데 목표의 명료성에 관해서도, 조직의 미션을 이해시키는 차원의 목표는 조직몰입에 도움이 되지만, 조직의 평가에 사용할 용도로서 명료성은 오히려 반대의 효과를 가져온다는 연구도 있다(김진·금현섭, 2017).

조직몰입의 선행요건으로서 조직정체성(organizational identity)이라는 개념을 주목할 필요가 있다. 조직에서 소외를 느끼는 것과 반대의 개념이 조직정체성이다. 이는 '자기가 속한 조직에 대해서 자신을 동일시(senses of oneness)하는 정도'라고 할 수 있다(Ashforth and Mael, 1989). 구성원의 조직에 대한 정체성이 높을수록 성과가 높고 바람직한 조직이 될 가능성이 높다. 또한 조직정체감이 강하고, 다른 조직과의 경쟁심이 강하면, 그 조직의 성과는 더욱 올라갈 가능성이 크다.

문제는 직무만족이나 조직몰입은 모두 민간기업에서도 사용되는 것으로서 공공조직의 조직성과를 측정하는 데 만족스러운 개념은 아니라는 점이다. 공무원은 주어진 직무 이상으로 열심히 일하는 것이 바람직하다. 수동적이고 제한적인 개념인 '조직몰입'과 대비한 개념이 조직시민행동(organizational citizenship)이다. Van Dyne, Cummings, and Park(1995)은 조직시민행동을 첫째, 관계를 맺으려는 성향(affiliative)과 둘째, 보통 금지된 것으로 보이는 관행 같은 것에 도전하는 성향(prohibitive)의 두 가지로 나눈다. 후자를 지칭하는 구체적인 개념이 '변화지향적 조직시민행동(change oriented organizational citizenship behavior)'이다. '자신이 약간의 위험을 감수하더라도 조직의 비효율적인 측면을 변화시켜 보려는 행태'라고 정의할 수 있다.

Jesse Campbell(2014)은 한국중앙공무원을 대상으로 조사한 설문지를 가지고 구조방정식 방법론을 통해 이들 변수 간의 관계를 검증하였다. 개인의 조직정체성이 높으면 높을수록 변화지향적 조직시민행동의 가능성이 높아진다는 결과가 나왔다. 여기에는 성과를 중시하는 조직관리가 매개변수로 작용한다. 거꾸로, 개인의 정체성이 낮은 상태에서 성과관리를 강도 높게 하는 경우에 그 개인이 주어진 과업 이상으로 조직을 위해 봉사하는 조직시민 행동은 낮아진다.

이론적으로 보면, 공공봉사동기(PSM)이 높은 사람을 정부 조직에 많이 일하도록 하면, 조직몰입, 조직성과가 높아질 수밖에 없다. 슈나이더와 골드슈타인(Schneider & Smith, 1995)의 매력 → 선택 → 이탈 이론(attraction-sellection-attrition theroy: ASA)이 있다. ASA 이론은 조직에 적합한 인재를 조직에 남게 함으로써 조직 내 동질성이 올라가고, 그 결과 조직성과가 올라간다고 본다. ASA 이론은 개인-조직 적합성이론(person fit theroy)이 말하는 개인 성향과 일하는 환경이 맞아야 한다는 주장과도 일맥상통한다(kristof-brown, zimmerman and johnson, 2005)

Ⅲ. 조직문화론적 관리

1. 조직문화의 차원

인류학 등 여러 분야에서 사용하는 문화라는 개념은 다양한 의미를 담고 있기 때문에 엄밀성을 요구하는 학술의 장에서는 주의해서 써야 된다. 지나치게 문화결정론적 견해를 취하면 구조론적, 행태론적 조직이론은 힘을 잃게 된다(Ott, 1989). 조직문화는 다차원적인 개념이므로, 어느 차원에서 바라보느냐가 중요하다. 마음 속 깊은 곳에서 수천 년 동안 흐르는 가장 추상적인 것에서부터 시작하여 오늘날 특정 리더에 의해 조직분위기를 바꾸는 정도인 것에 이르기까지 다양하다. E. Schein(1985)는 첫째, 인간의 본성에 대한 가정과 같은 '기본적 믿음과 전제'를 나타내는 차원, 둘째, 구성원 간 옳고 그름을 나타내는 '가치관', 그리고 셋째 표어, 상징물, 행동양식 등에서 나타나는 '인공물(artifacts)'이라는 세 가지 차원으로 구분한다. 우리나라의 경우, 첫째, 한민족으로서 인간성을 중시하는 등 수천년을 통하여 내려오는 한민족의 문화(혹은 전통)가 있고, 둘째, 어른을 공경하고, 상사의 명령에 복종하는 것이 반항하는 것보다 낫다는 권위주의적 가치관이 있으며, 셋째, 상관은 회의석상에서 좋은 자리에 앉고, 좋은 관용차를 타는 것과 같은 인공물이 있다.

근본적인 차원에서 보면, 조직문화란 빙산(iceberg)과 같아서, 보이는 부분이 보이지 않는 부분보다 더 적다. Ott(1989)의 견해와 같이, 조직문화는 단시간에 변화시킬 수 없는 것으로 거의 영구히 변화하지 않는 것이다. 이 입장에서 보면, 조직문화란 처치를 할 수 있는 독립변수가 아닌 종속변수로 봐야 한다. 조직마다 변화하지 않는 종속변수로서 조직문화를 밝혀내고, 이의 결정요인을 찾아보는 정도의 연구를 할 수 있을 뿐이다.

다른 한편으로는 그 적용되는 범위에 따라 관료로서 개인이 속한 조직의 단위인 과(課)와 같은 최소단위가 있고, 인사의 기본단위조직으로서 부처가 있으며, 마지막으로 대한민국 정부 차원에서 독특한 문화가 있다. 마치 양파와 같은 구조로 중첩적으로 하위문화가 존재된다. 부처 수준에서 가치관을 의미하는 하위문화 차이로는 경제성장을 중시하는 기획재정부의 문화, 평등을 중시하는 보건복지부의 문화를 들 수 있다. 한국의 행정조직을 연구할 때 G. Hofstede(2001)의 국가 간 문화유형론은 맥락적 지식으로 의미있는 이론이다. 그에 의하면, 우리나라는 다른 나라에 비하여 남성중심적이며, 상하 간의 권력차가 크고, 위험을 회피하는 성향이 크다.

그럼에도 불구하고 대통령이나 기관장이 바뀔 때마다 조직문화를 바꾸겠다고 천명하는 경우가 많다. 이 경우의 문화란 관료들의 사고방식이나 집단적으로 당연하게 받아들이는 관행을 의미한다. 조직문화개혁을 옹호하는 학자들은 조직관리의 차원에서 조직문화를 측정하는 설문지를 개발하고, 이를 실제 조직관리에 활용한다. K.S. Cameron & R.E. Quinn(2005)은 어느 조직에서 구성원에게 자율권을 부여하는 정도와 내부지향적인 정도를 기준으로, 계층제 문화, 시장 문화, 공동체 문화, 애드호크라시 문화로 구분하였다.

- 계층제 문화(hierachical culture)는 조직의 안정과 통제, 그리고 조직의 내부 중심과 통합을 강조하는 문화로, 전형적인 관료제 조직에서 나타난다.
- 시장 문화(market culture)는 조직의 안정성과 통제, 그리고 외부 중심과 통합을 강조하는 문화로, 경쟁지향적인 기업조직과 시장에서 나타난다.
- 공동체 문화(clan culture)는 유연성과 자유재량, 그리고 내부 중심과 통합을 강조하는 문화로, 가족 및 씨족 문화라고도 한다. 이 문화에서는 구성원들의 참여와 협동지향적 행동이 중요시된다.
- 애드호크라시 문화(adhocracy culture)는 조직의 유연성과 자유재량, 그리고 외부 중심과 통합을 강조하는 문화로, 창의성을 지향하고 문제해결을 중요시하는 조직에서 나타난다.

조직의 임무와 환경을 고려할 때, 적합한 유형의 문화가 있을 것이다. 현재의 조직문화 유형을 잘 진단하고, 바람직한 문화로 혁신하는 것을 추진해야 한다.

그림 11-3 | Cameron & Quinn의 조직문화 유형

	내부 중심과 통합	외부 중심과 통합
유연성과 자유재량	공동체 문화	애드호크라시 문화
안정성과 통제	계층제 문화	시장 문화

출처: 윤재풍(2014: 275) 재인용.

2. 한국문화와 조직관리

　　서구의 조직문화이론은 우리의 집단주의적 문화, 정(情)적인 인간관계를 중시하는 문화를 전근대적인 것으로 보고 바꿔야 될 문화로 지적하고 있다. 그러나 한국사회는 아직도 전통적 집단주의적 문화가 많이 있다. 조석준(2004)은 한국의 정부조직 내부가 마치 씨족마을의 인간관계와 같이 되어 있다고 분석하고 있다. 예컨대 똑같은 아들이라도 장손이나 맏아들에게 더 큰 책임과 권한을 주는 문화가 행정조직에서 '주무'국(과)장이 더 높은 책임을 맡는 것과 같다고 본다. 연공서열에 의해 수직적으로 업무를 분담하는 것도 마찬가지이다. 이것은 자기가 속한 조직을 하나의 '가족'과 같이 보는 집단주의적 문화가 조직의 실제 모습임을 나타낸다. 과연 비인간적일 정도로 차갑고 객관적이며, 개인주의적인 조직문화가 행정의 목적을 달성하는 데 바람직한 것인가에 대해 의문을 제기할 필요가 있다.

　　집단주의 문화가 개인주의적 문화보다 나은 점도 있다. 개인주의적 문화가 지배적인 서구에서 조직시민행동이나 팀워크(teamwork) 등 집단주의 문화를 강화하려는 노력이 있는 것을 보면 알 수 있다. 이미 한국사회도 과거보다는 서구사회의 문화로 많이 변하였다. 핵가족화되었으며, 가부장적 문화가 많이 완화되었다. 특히, 소위 MZ세대 문화가 점점 전통문화를 대체하는 현상이 계속되고 있다. 따라서 기존의 좋은 문화를 잘 유지하고 발전시켜야 한다.

　　무엇보다도 자신이 속한 조직에 대한 긍지를 높인다든지, 조직과 개인은 하나라는 일체감을 높이는 것이 중요하다. 관료를 마치 비윤리적 집단으로 '관료후려치기'를 하면 조직일체감은 줄어들 것이고, 이것은 행정조직의 성과에 부정적인

영향을 미칠 것이다.

한국문화의 특성 중의 하나인 체면의식이나 순응주의도 서구문화에서 찾아보기 힘든 것이다. 한국의 권의주의 문화의 부산물인 순응주의는 Hirshman의 '떠날 것인가, 남을 것인가(Exit, Voice, Loyalty)'와는 다르다. 즉, 상관의 권위, 체면을 생각해서, 아니면 상관과의 정이나 의리를 중시하기 때문에 순응하는 것이다(고대유·강제상, 2017). 나아가서 한국의 순응주의는 오히려 침묵을 지킴으로써, 마치 아무 문제가 없는 것처럼 인식하게 할 수 있다(한명선·나해준, 2023). 조직에 불만이 있으면 이를 표출하여 조직혁신의 계기가 되도록 하는 것은 것이 필요하다.

이러한 조직문화는 조직 내 구성원 간 상호작용에 배경적 요소로만 작용하기도 한다. 물 속에서 헤엄을 치는 물고기와 같이 조직구성원의 입장에서 보면, 조직문화란 물과 같다. 마치 연극배우가 연극을 하듯이, 물고기와는 다르게 인상관리를 하면서 상호작용한다(여영현, 2014).

제 4 절 행정조직의 성과관리

 I. 조직성과관리의 문제점

1. 성과개념의 모호성

특정시점 t_1에서 정부조직을 잘 관리하면 일정기간이 지난 후(t_2) 좋은 성과 혹은 결과가 산출된다. t_2시점에서 높은 성과를 내기 위하여 하는 모든 활동을 성과관리(performance management)라고 한다. 성과관리는 고객을 무조건 만족시켜서 이윤을 극대화하고자하는 경영분야에서 발달하여 총체적 품질관리제(Total Quality Management: TQM), 불량률을 거의 0에 가깝게 한다는 '6 시그마' 등 구체적 방법도 사용되고 있다.

행정부문에서 사용되는 성과관리는 크게 세 가지 차원에서 할 수 있다. 첫째, 공무원 개인의 차원에서 이뤄지는 성과관리로서, 인사행정에서 다룬 실적주의와 깊이 관련된다. 두 번째는 조직이나 부서의 차원에서 일정기간 노력을 하여 어떤 성과를 산출했는가를 생각할 수 있다. 마지막으로 재무행정의 관점에서 예산 얼마를 투입하여 얼마의 결과를 냈느냐를 생각할 수 있다.

행정조직의 운영특성상 어느 수준을 분석단위로해야 가장 적합할까라는 문제 이외에도 과연 성과가 무엇이냐는 여전히 논란거리이다. 조직의 산출(output), 조직활동의 결과(outcome), 조직활동의 영향(impact) 등 유사하지만 다른 개념이 있기 때문이다.

이런 맥락에서 조직효과성(organizational effectiveness)을 조직성과(organizational performance)와 같은 개념으로 사용하기도 한다. 이때, 조직효과성이란 목표달성도를 의미하는 동시에 투입 대 산출도 고려하는 개념이다. '성과'에 대한 개념이 애매모호하고, 주관적·객관적 평가가 섞여 있으며, 과정이냐 결과(산출)냐 등 여러 가지 문제점을 갖고 사용되고 있다(B. Lotte et al., 2016).

조직의 성과를 어떻게 높이는가도 중요한 연구과제이다. 변화주도자(change agent)를 지정한다든지, 교육훈련을 한다든지, 보상체계를 보완한다든지 등의 방법이 있다. 어떻게 보면, 행정학의 모든 연구가 행정조직의 성과를 올리기 위한 것이라고 볼 수 있다.

2. 한국적 성과관리

한국 정부조직에서 성과관리를 하는 것은 생각보다 쉬운 일이 아니다. 우선 '공공부문에서 산출이 과연 무엇인가'를 정의하는 문제가 있다. 예컨대 유럽의 대중교통인 철도의 경우, 정시 운행률을 성과지표로 사용한다. 그렇다면 각 철도역에 기차가 정시에 도착하는 경우가 100%라고 해서 그 조직은 최고의 성과를 낸 것이라고 할 수 있는가? 정시에 운행하느라고 거동이 불편한 사람이 제때에 못 내려 다음 역에서 내렸다고 하면 어떨까? 이런 문제점을 고려하면, 철도서비스에 대한 고객만족도라는 결과(outcome)가 더 좋은 성과지표라고 할 수 있을 것이다. 그렇다면 고객들이 철도서비스에 만족한다고 그 조직이 성과가 높은 조직이라고 할 수 있는가? 반드시 그렇다고 하기는 어려울 것이다.

집단주의적 업무문화가 있는 우리나라에서 조직의 성과를 정확히 측정하는 것은 더 어렵다. 왜냐하면 한국행정은 원자화된 개인보다는 부서나 부처단위로 이뤄지는 것이 대부분이기 때문이다. 예컨대 품의제도와 같이 계서제를 통해 여러 사람이 공동으로 업무를 수행하는 것이 보통이고, 불법행위단속 같은 것은 혼자하는 경우보다 여러 사람이 같이 하는 경우가 많다. 따라서 개인의 성과의 총합이 조직의 성과라기보다는, 조직의 성과는 존재하는데 이를 어떻게 개인의 몫으로 분리하느냐가 어려운 과제이다.

인사이동이 잦은 우리나라에서는 시간적 요인도 매우 중요하다. 조직의 성과는 조직구성원들 여러 명이 일정한 기간동안 업무를 수행한 결과인데 1년 동안에 조직구성원이 전보, 신입, 퇴직 등으로 교체되기도 한다. 나아가서 특정시점의 성과란 단지 지난 1년의 성과라고 단정하기 어렵고, 과거 몇 년의 누적이라고 봐야 한다. 그리고 조직의 성과는 시간에 따라 비례하여 상승할 수도 있고, 불규칙적으로 상승할 수도 있다.

만약 상급자가 평소에 리더십을 발휘하지 않고 자유방임적이었다가 사후에 성과관리만을 한다면 문제가 있을 수 있다. 한국 문화에서는 이런 상관이 존재하기도 어렵지만, 무책임한 관리자라는 비판을 받을 것이기 때문이다. 평소에 동기부여를 하고, 성과가 잘 나지 않은 부분에 대해 예방적 조치를 하는 것이 조직성과를 올리는 더 나은 방법이다. 즉, 시간적 관점에서 볼 때, 사후 약방문 같은 식의 방식은 그 피해를 회복하기 어렵다는 점에서 바람직하지 않다.

특히 행정의 성과특성을 고려하면, 비교적 중기 이상의 시간적 안목에서 관리하는 것이 중요하다. 단기적 시각에서는 별다른 성과가 없어 보여도, 중단기적으로는 의미 있는 경우가 있기 때문이다. 거꾸로 1년 이하 단기적 시각에서는 성과가 있는 것이 보이는데, 5년 정도의 중기적 관점에서 보면 이룬 것이 없을 수도 있다. 예컨대 정책방향의 일관성이 없어서 해가 바뀜에 따라 정반대 방향으로 노력을 하여 각 년도에는 성과가 있었는데, 종합해보면 서로 효과가 상쇄되는 경우를 생각할 수 있다. 어떻든 조직의 성과를 어떻게 관리하느냐의 논의가 조직의 성과관리(performance management)이다.

안보, 국가정보와 같은 성과를 측정하기 매우 어려운 조직은 어떻게 관리하느냐는 가장 어려운 문제인데, 어렵다고 해서 그냥 방치할 수도 없다. 특히 국민의 권리를 침해할 소지가 있는 권력기관의 경우, 철저히 관리해야 한다. 이런 조직의 성과관리에 대한 최소접근법으로 권력이 다른 권력에 의해 얼마나 통제 또는 견제되고 있는가를 파악하는 방법을 생각할 수 있다.

II. 목표에 의한 조직관리

조직이 달성할 목표를 설정하고 이를 달성하기 위해 조직을 관리하는 방법을 목표관리제(Management by Objectives)라고 한다. 목표는 시간적으로 장기목표, 중기목표, 단기목표일 수도 있고, 조직전체의 거시목표(예: 부처의 미션), 중간단계의 목표(예: 국의 전략), 하부조직의 목표(예: 과의 목표)일 수도 있다. 하나의 조직에 관한 다양한 목표가 각각 다르게 설정되지 않고, 서로 연계되도록 하는 것이 중요하다. 상위목표와 하위목표 간에는 목표-수단 관계로 연계되어 있는 것이 바람직하다.

목표관리제로 조직을 관리하려면 리더의 역할이 중요하다. 기존의 일방적·지시적인 관리방식을 탈피하여, 조직의 상·하구성원들이 공동참여하여 자발적으로 조직단위와 구성원 개인의 목표를 명확하게 설정하는 것이 첫 번째 요건이다. 그리고 목표에 따라 업무를 수행하도록 한 후 목표달성 여부를 기준으로 성과를 측정·평가·환류함으로써 관리의 효율화와 조직 전체의 생산성 향상을 도모하는 상향적 관리기법(bottom up approach)이 바람직하다.

목표관리제(Management by Objectives)는 다음과 같은 특징이 있다.

- 일부 구성원이 아닌 모든 조직구성원이 참여한다.
- X이론적인 통제적·하향적 지시 방식에서 벗어나, Y이론적 관점에서 하급자가 스스로 상급자와 합의하에 목표를 설정하고 집행한다. 직원은 참여를 통하여 설정된 목표를 정당한 것으로 인정함으로써 직무만족도가 향상될 뿐만 아니라, 목표를 설정한 직원에게 수단을 선택하게 하는 재량권이 부여되어야 한다. 따라서 업무의 성취의욕을 높이고 동기유발을 촉진시킴으로써 조직목표와 개인목표를 조화시킨다.
- 투입과 업무수행과정보다는 목표달성이라는 성과를 중시한다.
- 성과목표와 평가를 중시한다. 목표는 측정 가능하여야 하므로 단기적·계량적 특성을 지닌다.
- 평가는 전 과정에서 수시로 실시하며, 환류를 중시한다. 환류를 통하여 집단의 문제해결능력과 개인의 직무수행능력의 향상시킨다.

MBO의 성공여부는 과연 목표를 어떻게 정하느냐에 달려 있다. 예컨대 한 조직이 수행하는 것은 매우 많으므로, 이 중 어느 것을 목표로 설정하느냐가 중요하다. 목표의 숫자가 너무 많아도 문제이기 때문에, 가급적 관리가 용이한 4-5개 정도로 하되 그 조직이 수행해야 할 가장 핵심적인 미션을 포함해야 한다는 의미에서 핵심성과지표(Key Performance Indicator: KPI)를 선정한다. 그리고 중요도나 달성난이도에 따라 목표 간에 가중치를 주어, 총합성과점수를 산출하기도 한다.

한국행정에서 MBO에 가장 가까운 것은 고위직공무원에게 적용하는 성과연봉제이다. 직속 상관과 상의하여 목표를 설정하고, 구체적인 평가기준을 설정한 후, 이를 기준으로 달성 여부를 평가하고, 평가결과에 따라 차년도 연봉액이 결정된다. 인사행정 분야에서의 목표관리제이다. 조직차원에서 목표관리제라고 볼 수 있는 것도 있다. 예컨대 연초 대통령이 각 부처로 업무보고를 받는데, 이때 그 해에 각 부처가 추진할 목표치를 제시한다. 이것은 대통령의 눈치를 보는 문화에서는 목표 달성을 할 수 있는가장 유효한 성과관리 방법이지만, 목표 설정 단계에서 자발성이 결여된 경우에는 진정한 HBO라고 보기 어렵다.

III. 균형 있는 성과관리

Kaplan과 Norton(1996)은 기업들의 기존 성과관리가 재무측면만 보는 것을 비판한다. 단기이익만 보는 편협한 평가를 하여 성과가 좋은 기업도 얼마 안 가서 어려움에 처하는 경우도 많기 때문이다.

구체적으로 4가지 관점의 성과지표를 도출하여 이들 성과를 균형 있게 관리하는 균형성과기록표(Balanced Scorecard: BSC)라는 성과관리시스템을 주장한다. 단기적 성격의 재무적 목표인 당해연도 회계장부상 나타나는 이윤창출은 기업의 건강성을 보여주기 어려웠다. BSC는 단기적 재무적 관점에 3가지를 더하여 장기적 목표와 균형(Balanced)을 이루도록 관리하는 것이다.

- 재무적 관점(Financial): "돈을 투자한 우리 회사의 주주들이 궁금해하는 것은 무엇일까?"
- 고객관점(Customer): "고객이 우리 회사를 어떻게 보고 있을까?"
- 내부절차관점(Internal Business Processes): "조직 내부 절차상 무엇이 뛰어날까?"
- 학습과 성장관점(Learning and Growth): "어떻게 하면 스스로 더 개선하고 성장할 수 있을까?"

'일목성과요약표'라고 번역되기도 하는 BSC는 4가지 관점에서 조직의 성과를 요약적으로 보여준다는 장점이 있는데, 행정조직에도 도입되었다.[10] 그러나 막상 BSC를 도입해보니, 기업조직과 달리 행정조직에서는 재무적 관점이 별로 도움이 되지 않는다는 점이 드러났다. 행정조직은 예산을 배정받아 전부 지출하는 것이 관행이고, 기업의 이윤창출 같은 것은 보여줄 것이 없기 때문이다. 내부절차 관점은 정부조직혁신에서 항상 다뤄지는 것이어서 새로운 것이 아니었다. 그러나 고객관점을 비롯하여 학습과 성장은 과거 편협한 성과보다는 성과를 보는 지평을 넓혀주는 데 유용하다. 시간의 관점에서 보면, 장기적인 차원이 들어가 있는 학습과 성장관점이 매우 중요하지만 행정조직에서 이를 실천하는 것은 쉽지 않은 문제이다.

 ## IV. 평가공화국

우리나라 정부는 '평가공화국'이라고 할 만큼 너무 많은 평가제도가 존재한다. 인사평가, 정책평가 등 행정기관 내부에서 이뤄지는 것도 있고, 언론 등 외부에서 이뤄지는 평가도 있다. 바람직한 성과관리는 조직이 평가에서 좋은 점수를 받는 것보다는 성과평가를 통해 문제점을 발견하고 개선하는 데에 중점을 둔다.

우리나라 정부의 평가는 상급감독기관이 하급기관을 평가하는 하향식으로 되어 있어 하급기관 간 경쟁심을 활용한다. 집단주의적 조직문화를 가지고 있기 때문에 개인단위보다는 단위조직에 대한 평가가 유효하기 때문이다. 중앙정부가 매년 지방자치단체를 평가하는 것, 300여 개의 공공기관에 대해 실적을 평가하는 경영평가 등이 그 예이다. 「정부업무평가 기본법」에 따라 국무조정실에서 정부 부처 차원의 '평가업무'를 체계적으로 하고 있다. 실제 평가지표의 구성과 평가실무는 행정학 교수 등 외부전문가들이 한다. 또한 평가지표에는 BSC적 요소가 많이 들어가 있다.

그러나 평가가 정부조직을 바람직하게 관리하는 마술방망이는 아니다. 평가제도가 있으면, 각 피평가자들은 이를 대비한다. 그 결과에 따른 신상필벌이 클수록, 대비하는 데 더 노력을 기울인다. 평가에서 점수를 잘 받기 위해 평가대비

---

10 한국정부에서는 2005년 변화혁신관리 사업의 하나로, 서울대학교 행정대학원이 당시 행정자치부의 용역으로 조직진단을 하면서 정부에 본격적으로 도입되기 시작하였다. 당시까지만 해도 조직진단과 개혁은 주로 불필요한 일 줄이기, 내부업무절차 개선이나 조직도표를 개편하는 데 중점을 두었는데, 다른 3가지 관점을 도입한다는 데 의의가 있었다.

에만 전념하는 별도의 부서를 연중 가동시킴으로써 조직 본연의 업무를 소홀히 하는 문제점도 생긴다. 즉, 평가를 위한 평가가 되는 목표수단 도치현상(Goal-means displacement)을 발견할 수 있다. 평가피로증도 생긴다.

따라서 실적평가가 그 목적상 좋은 제도라도 과유불급이란 말과 같이 지나치면 문제가 생기는 것이다(박성민·최유진·유상엽, 2022). 나쁜 평가결과가 가져올 손해가 클수록, 각종 우회적 방법으로 좋은 점수를 얻어내는 메커니즘이 발달하고 있다(Im, 2017). 평가에서 좋은 점수를 잘 받으려 과도하게 인위적으로 관리하기보다는 문제점을 발굴하여 이를 시정하는 학습의 기회로 사용해야 한다. 그로 인해 평가제도가 원래 취지에 맞게 운영되는 것이 바람직할 것이다.

신상필벌이 만능인가?

조직의 로마를 말할 때 빠뜨린 것이 하나 있다. 바로 로마에서는 전투에서 졌을 경우에도 패한 군대의 지휘관을 처벌하지 않았다는 사실이다.

비록 로마군이 패전에 패전을 거듭했다 해도 —이것은 나중에 설명하는 한니발과의 싸움에서 실제로 일어난 일이지만— 지휘관은 바닥날 염려가 없다. 또한 패전 지휘관도 실패 경험을 다음 전투에서 활용할 수가 있다. 즉 패전 경험에서 다음 승리를 이끌어 낼 수 있는 효과도 있다는 것이다.

그러나 이것은 어디까지나 결과론이고, 로마인들이 그러한 효과까지 고려하여 패장을 재판하지 않았던 것은 아니다. 이렇게 말하는 것은 원래 로마인의 관념에서 보면 패장을 해임하거나 혹은 처벌할 필요성은 처음부터 고려되지 않았기 때문이다.

이미 말했듯이 공동체 의식이 강한 로마에서는 무엇보다도 명예를 존중했다. 일단 전쟁이 나면 귀족도 평민도 모든 것을 내던지고 국가 방위에 나서는 로마인이었다. 귀족과 평민의 항쟁이 좀처럼 결론에 도달하지 못했던 것도 그 때문이었다.

그러한 로마인이기에 자신에게 주어진 임무를 완수하지 못하여 패전의 책임자가 된다는 것은 가장 견디기 힘든 치욕이었다. 이것이 당시 로마사회의 상식이었다.

그러니 '죽고 싶을 정도로 치욕스럽다는 생각을 하고 있는 지휘관을 굳이 재판할 필요가 없지 않은가?' 이렇게 생각했기 때문에 로마에서는 패장의 책임을 거론하지 않았다. 이미 그는 패장이 된 시점에 수치라는 큰 벌을 받은 셈이니까.

미국식 경영 이론서의 첫 페이지에는 큰 고딕 문자로 '신상필벌'이라는 말이 쓰인 경우가 많다. 그것을 보면 나는 놀려 주고 싶기도 하다.

과연 명예심 따위를 약으로 쓰고 싶지 않은 현대 조직의 운영에서는 신상필벌은 매우 중요하며 꼭 필요한 규칙일 것이다. 그러나 이 규칙을 일부러 꺼내 들지 않아도 잘 움직인 조직이 실제로 존재했던 것이다.

출처: 시오노 나나미(2007: 113-115).

참고문헌

고대유·강제상(2017). "한국의 행정문화를 적용한 침묵현상의 개념화의 측정도구 개발". 「한국행정학보」 51(4): 29–55.

김진·금현섭(2017). "조직목표 명료성의 다차원성과 친조직적 부정행위의 관계에 관한 연구". 「한국행정학보」 51(4): 149–179.

노한동(2024). 「나라를 위한다는 거짓말」. 서울: Sideway.

박성민·최유진·유상엽(2022). "실적 중심의 성과평가체계 개선방안 연구: 중앙행정기관 성과평가제도에 관한 FGI 분석을 중심으로". 「한국인사행정학회보」 21(4): 305–317.

박종민·윤견수(2014). "한국국가관료제의 세 가지 전통". 「한국행정학보」 48(1): 1–24.

시오노 나나미(한성례 옮김)(2007). 「또 하나의 로마인 이야기」. 서울: 부엔리브로.

오재록·박치성(2018). "한국 중앙부처의 네트워크". 「한국조직학회보」 15(1): 1–30.

윤견수(2015). "한국공직문화의 원형: 자리문화". 「한국행정학보」 49(4): 1–28.

여영현(2014). "한국 공무원의 조직 드라마투루기(dramaturgy)의 활용과 수용: 인상관리, 계층제 옹호, 그리고 대응양식연구". 「한국행정학보」 48(1): 49–72.

윤재풍(2014). 「조직론」. 서울: 대영문화사.

이제윤(2011). "조직문화 유형이 조직효과성에 미치는 영향에 관한 연구: 공항운영 공기업을 대상으로". 서울대학교 석사학위논문. 서울대학교 행정대학원.

임도빈(2000). "신공공관리론과 베버 관료제이론의 비교". 「行政論叢」 38(1): 51–72.

_____(2006). "관료제를 위한 변론". 「한국조직학회보」 6(3): 193–221.

_____(2007). "정부조직진단 사업의 조직사회학적 분석". 「한국행정학보」 41(4): 89–112.

_____(2009). 「정부조직과 시간관리」. 서울: 서울대출판문화원.

_____(2012). "중앙부처 관료의 정책시간안목에 관한 연구". 「한국행정논집」 24(3): 615–642

_____(2014). "한국중앙부처조직의 개편에 관한 연구: 역사적 시각에서". 「한국조직학회보」 11(1): 1–45.

_____(2025). 「대한민국을 바꾼 정책가: 정치성인가 전문성인가?」. 서울: 윤성사

임현경(2018). 「한국적 맥락의 공직선택동기 탐색」. 서울대행정대학원 석사학위논문.

조석준(2004). 「한국행정과 조직문화」. 서울: 대영문화사.

조석준·임도빈(2019). 「한국행정조직론」. 제2전정판. 파주: 법문사.

차세영(2011). 「조선초기 중앙행정기구의 네트워크 구조에 관한 연구」. 서울대행정대학원 석사학위논문.

한명성·나태준(2023). "한국 공무원의 조직침묵에 관한 연구: 압력, 눈치, 열의, 스트레스의 역학". 「현대사회와 행정」 33(3): 173–208.

Anderson, lotte, B. et al. (2016). "Performance in Public Organizations: Clarifying the Conceptual Space." *Public Adminictration Review.* 76(6): 852-862

Ashforth, B. E., & Mael, F. (1989). "Social identity theory and the organization." *Academy of management review* 14(1): 20–39.

Bozeman, Barry, & Stuart Bretschneider (1994). "The 'publicness Puzzle' in Organization Theory: A Test of Alternative Explanations of Differences between Public and Private Organizations." *Journal of public administration research and theory* 4(2): 197–224.

Clegg, Stewart, & David Dunkerley (1980). *Organization, Class and Control.* London: Routledge & Kegan Paul.

Crozier, M. (1968). *Bureaucrat Phenomenon.* IL: University of Chicago Press.

Denis, Jean–Louis et al. (2015). "Understanding Hybridity in public Organizations." *Public Administration* 93(2): 273–289.

Dittrich, Y., Pries–Heje, J., Hjort–Madsen, K. (2005). "How to Make Government Agile to Cope with Organizational Change." In: Baskerville, R.L., Mathiassen, L., Pries–Heje, J., DeGross, J.I. (eds) *Business Agility and Information Technology Diffusion. TDIT 2005. IFIP International Federation for Information Processing.* MA: Springer: 333–351.

E. Schein (1985). *Organizational Culture and Leadership.* CA: Jossey–Bass.

Kast, F. E., & Rosenzweig, J. E. (1985). *Organization And Management: A Systems And Contingency Approach*1 NY:Mcgraw Hill Series In Management.

French, Wendell L., Fremont Ellsworth Kast, & James E. Rosenzweig (1985). *Understanding Human Behavior in Organizations.* NY: Harper & Row

G. Hofstede (2001). *Culture's consequences: comparing values, behaviors, institutions, and organizations across nations.* CA: Sage publications

Goodsell, Charles (1985). *In Defense of Bureaucracy.* NJ: Chatham House Publishers.

Gouldner, Alvin W. (1968). "The Sociologist as Partisan: Sociology and the Welfare State." *The American Sociologist* 3(2): 103–116.

Greenberg, J., & Baron, R. A. (2003). *Behavior in Organisations: Understanding and managing the Human Side of Work.* (8 international edition). NJ: Prentice Hall.

J. Campbell. (2014). "Identification and performance management: an analysis of change–oriented behavior in public organization." *Public Personnel Management* 44(1).

kristof–Brown et al. (2005), "Consequences of Individual's fit at work: A Meta–Analysis of Person–job, Person–organization, Person–group, and Person–supervisor Fit." *Personal psychology.* 58: 281-342.

Im, T. (2017). *Public organizations in Asia.* London: Routledge.

Im, T., Campbell, J. W., & Cha, S. (2013). "Revisiting Confucian Bureaucracy: Roots of the Korean Government's Culture and Competitiveness." *Public Administration and Development* 33(4): 286-296.

Ines Mergel, Yiwei Gong, John Bertot (2018). Agile government: Systematic literature review and future research. *Government Information Quarterly Volume* 35(2): 291-298.

Kaplan, Robert S., & David P. Norton (1996). *The Balanced Scorecard: Translating Strategy into Action*. MA: Harvard Business Press.

Kaufman, Herbert (1977). *Red Tape, Its Origins, Uses, and Abuses*. Washington. DC: Brookings Institution Press.

Kettle, D. F. (2015). "The job Government: Interviewing Public Functions and Private hands." *PAR* 75(2): 219-229.

Merton, Robert K. (1940). "Fact and Factitiousness in Ethnic Opinionnaires." *American Sociological Review* 5(1): 13-28.

Niskanen, Jr. (2017). *Bureaucracy and Representative Government*. London: Routledge.

Ott, J. S. (1989). *The Organizational Culture Perspective*. Chicago: Dorsey Press.

Ouchi, W. (1981). Theory Z: "How American business can meet the Japanese challenge." *Business Horizons* 24(6): 82-83.

Pandey, Sanjay K., & Stuart I. Bretschneider (1997). "The Impact of Red Tape's Administrative Delay on Public Organizations' Interest in New Information Technologies." *Journal of Public Administration Research and Theory* 7(1): 113-130.

Polanyi, K. (2024). *The Great Transformation: The Political and Economic Origins of Our Time*, with introduction by Gareth Dale. London: Penguin Books.

Schneider, Benjamin et al. (1995) "The ASA Frame Work: An update." *Personnel psycology* 48: 747-773.

Selznick, P. (1949). *TVA and the grass roots: A study of politics and organization* (Vol. 3). CA: University of California Press.

Thompson, V. A. (1961). *Modern organization* (Vol. 13). NY: Knopf.

Vandyne, L., Cummings, L. L., & Parks, J. M. (1995). "Extra-role behaviors-In pursuit of construct and definitional clarity (a bridge over muddied waters)." *Research in Organizational Behavior: An Annual Series Of Analytical Essays And Critical Reviews* 17: 215-285.

W. A. Niskanen (1971). *Bureaucracy and Representative Government*. IL: Aldine-Atherton.

Weber, M. (1978). *Economy and society: An outline of interpretive sociology*. CA: University of California Press.

행정철학과 공공가치

시대를 초월하여 변하지 않는 사회 및 인간의 본질이 무엇인가라는 질문을 할 필요가 있다. '본질'을 논하는 데 도움이 되는 시간의 차원은 100년, 1,000년 이상의 장기적 관점이다. 시간에 따라 변하지 않는 것은 철학적 본질에 중요한 시사점을 준다.

철학은 팽이의 축과 같이 우리 사회의 중심을 잡아주는 역할을 한다. 철학과 윤리는 하루 아침에 변하기 보다는 오랫동안 변하지 않고 지속되는 불변의 진리로 여겨진다. 철학이 잘못되면 우리 사회 전체가 기울어져서 수정하는 데 많은 시간이 소요된다. 또한 이것이 견고하지 못하면, 팽이가 돌지 않는다. 다시 말해, 눈에 보이지는 않지만 우리 사회를 이끌어 나가는 중심축이 되는 것이 행정철학인 것이다.

우선 행정학이 추구해야 하는 이상향이 무엇이냐는 질문이다. 행정이 그리는 이상적 상태를 실현시킬 키워드가 공공성이라고 보고 현실행정의 본질적 문제를 고민해야 할 것이다.

이런 이상적인 기준을 가지고 행정이 나아가야 할 가치판단으로 사용하고, 지켜야 할 윤리를 추출할 수 있는 것이다. 이상적인 기준으로 행정의 존재 이유를 보면, 공무원이 지켜야할 윤리가 무엇인지 도출된다. 모두가 행복한 사회가 되려면, 사회적 자본인 신뢰가 쌓여야 된다. 장기적으로 한 국가의 정부경쟁력을 높이기 위해서는 정부신뢰를 높여야 한다.

제12장
행정철학과 공공가치

행정이 추구하는 이상향

I. 모두가 잘 사는 나라

1. 고전의 지혜

공자(孔子, B.C. 551-B.C. 479)는 인간사회에 평화를 가져오고 번영을 누리게 하는 것이 통치자의 '덕(德)'이라고 보았다. 그가 중시한 덕은 마치 아기가 우물가에 기어가면 누구든지 달려가서 끌어안아 구해 주는 마음인 '인(仁)'이다. '인'을 최고의 가치로 하여 통치자들이 끊임없이 수양하고 그 덕을 이루는 방향으로 통치하면, 모든 사람이 혜택을 누리는 이상적인 사회가 되리라고 설파하였다. 공자가 그리는 이상향은 덕이 있는 관료들이 앞장서서 행정을 베풀고, 백성들이 3강 5륜에 따라 인간관계를 맺는 계서제적 윤리공동체이다.

공자의 유교사상은 조선시대의 이율곡, 이황 등의 대학자들에 의해 더욱 완성된다. 이들은 유교사상을 국가의 통치철학과 행정에 실제로 적용해 본 것이다. 동양에서 군주의 덕을 중시하는 것은 서양의 권력론과는 대조되는 사상이다. 예컨대 가장 훌륭한 왕으로 칭송받는 세종의 경우, 그 통치체제는 서구의 통제받지 않는 군주와는 달리 의정부와 같은 엘리트 관료들에 의해 견제를 받는 집단체제였다(차세영, 2011).

우리나라에서 이상향은 고통이 없는 '무릉도원'으로 요약된다. 박지원의 『허생전』에서 나오는 '무인공도'가 한 예이다. 사방 천리나 되는 면적의 나라에서 빈부의 차가 없으면서 동시에 국가가 무역을 통해 물질적 풍요를 누리게 하는 중상국가이다. 허균은 홍길동전에서 서얼의 차별이 없는 '율도국'을 이상향으로 그린다. 즉, 물질적으로 풍요하고, 평등한 사회를 꿈꾸었다.

서양에서는 플라톤(Plato, B.C. 428/427-B.C. 348/347)의 '국가론'이 정치적 이상향을 그리고 있다. 이 책은 한 사회의 사람들이 역할분담을 하는 정의사회를 주장한다. 평생을 동굴 안에서 사는 평민과는 달리 동굴 밖을 아는 철인들이 극도의 자기절제(윤리)를 통해 사회를 이끌어야 한다고 본다. 그러나 지배층이 철학하는 내용이 무엇인지는 제시하지 않았다는 점에서 '어짊(仁)'을 제시한 공자에 비하여 실용성은 약하다고 하겠다.

토머스 모어(Thomas More, 1477-1535)는 인클로저 운동으로 농토에서 쫓겨나 가난과 권력에 신음하고 있는 16세기 영국인들을 보고, 이상적인 국가가 무엇인가에 대한 고민을 '유토피아(Utopia)'라는 저서를 통해 서술하였다(황문수 역, 2008). 유토피아는 사유재산이 폐지되고, 사형제가 없는 나라이다. 지나친 물질적 풍요를 견제하고 적당한 정도의 소비를 하며 질적인 행복을 누리는 삶을 추구하는 사회이다. 모든 사람은 하루 6시간만 일하도록 하고, 나머지 시간에는 일하는 것도 금지되어 있다. 평등하게 물자를 공급받고, 모든 생각을 자유로이 표현할 수 있다. 평등을 주장한다는 점에서 일종의 사회주의 국가와 비슷한 부분도 있다. 모어도 왕과 통치자들이 제대로 통치하기 위해서 철학을 해야 한다고 주장하였다.

동서양을 막론하고 국가행정이 추구해야 하는 이상향으로 제시되는 것에는 몇 가지 공통점이 있다.

정치적으로는 폭군과 같은 독재권력으로부터 자유로운 것을 꿈꿨다. 그런데 국민을 지켜주는 견고한 울타리 이상의 역할을 할 국가(지배자)를 상정하고 있다는 점을 주목해야 한다. 즉 행정이 존재하지 않는 무행정(無行政)을 전제로 하는 주장은 찾아보기 힘들다.

경제적으로는 모든 사람들이 가난에서 벗어나 물질적 풍요를 꿈꿨다. 이를 위해 항상 국민을 중심에 놓고, 국민들이 편안하게 생활을 영위하는 것을 국가의 임무라고 생각했다. 빈부의 차가 없는 사회, 부자가 가난한 사람을 착취하지 않는 사회를 꿈꿨다.

사회적으로는 개인보다 함께 어울려 사는 사회를 꿈꿨다. 즉, 극단적인 개인주의나 이기주의보다는 공동체주의 내지 사회주의적 사회를 이상적으로 보았다. 어느 누구도 행정이 국민을 억압하거나 괴롭히는 것을 이상향으로 그리지는 않았다. 오히려 개인이 어떤 위협을 받는 경우에 강력히 보호해 줄 수 있는 강한 행정으로 묘사되는 것이 많았다.

2. 자유시장주의와 공유지의 비극

이상향에서는 공통적으로 왕(권력자)의 권력을 절제해야 한다고 하는데, 민주주의가 발달하면서 그 왕의 권력조차 국민에게 돌려 주는 것으로 제도화된다. 그렇지만, 민주주의에 대조되는 권력으로서 자본의 힘, 즉 시장의 힘이 커지고 있다. 시장주의자들은 이기심을 기반으로 서로 경쟁하여 균형점을 찾는 시장

(market)을 이상향으로 한다. 모두가 잘 사는 나라는 시장원리에 따라 경제가 작동하게 해야 한다. 자유시장주의 사상에서는 공동체와 평등보다는 개인의 자유를 더 중시한다. 밀턴 프리드만(M. Friedman) 같은 자유주의 경제학자들이 이론 발달을 주도한다.

미국은 자유시장주의가 꽃피운 나라이다. 청교도들이 신대륙에 정착하여 국가를 건설할 때부터 영국의 왕정을 거부하는, 반국가적 사고가 내재되어 있었다. 행정은 개인의 자유를 구속하는 존재로 보고, 작은 국가(최근의 용어로는 규제완화)를 이상적으로 보았다. 권력기구로서 국가를 부정하는 무국가성(無國家性)을 이상향으로 본 것이다(정용덕, 1996).

이를 국가정책 분야에 응용한 것이 공공선택론(public choice)과 탈규제론(deregulation)이다. 뷰캐넌(J. M. Buchanan)과 털록(G. Tullock, 1962)은 시장모형의 경제학과 개인주의적 가정을 미국 정치 체제의 작동에 적용할 것을 주장하였다. 국민 개개인이 자기 이익의 추구를 필수 요건으로 내세울 수 있도록 하는 민주적인 정부는, 어떻게 하면 수요-공급의 원칙이 공공부문에도 작동하도록 조직하느냐의 문제라고 본다. 즉, 시장이 행정기능을 대체할 수 있다고 생각하며, 국가의 인위적 개입을 죄악시한다. 시장중심의 사상은 미국뿐만 아니라 전 세계적으로 더욱 꽃을 피우게 되었고, 많은 나라에서 경제성장을 통한 풍요한 사회를 이상향으로 가지고 있는 지도자들이 활약하게 된다.

현실을 보면 자유시장주의가 모두가 잘사는 나라를 만드는 데 큰 결함이 있다는 것을 알 수 있다. 주기적으로 경제불황이 생기기도 하고, 사회 양극화도 생긴다. 이를 보완하는 방법으로서 복지국가론 등 여러 이론이 발달한다. 국가도, 시장도 모두 불완전한 이상향을 만들기에는 결함이 있음이 드러난다. 특히 2009년 노벨경제학상을 받은 공공선택론자인 오스트롬(Ostrom, 2010)부부는 '공유의 비극을 넘어(Governing the Commons: The Evolution of Institutions for Collective Action)'를 통해 자유시장주의가 가진 허점을 지적한다. 개인의 이기심에 의존하면 삼림, 유전, 해양 등 주인 없는 공유재의 경우에는 자기 소유분만 아끼고 공유재는 마음대로 방치하거나 악용하여 결국 황폐화되는 현상을 지적하였다. 개인이 사익만을 추구하다보면 모두가 패자가 된다는 점을 경험적으로 주장한 것이다.

오스트롬은 공유지의 비극을 해결하는 방법도 발견하였다. 사례연구를 통해 공유지의 비극 문제를 해결하기 위해서 지역주민들의 자발적인 공동체가 형성(즉 공공성)됨을 발견하였다. 자발적 공동체가 실제로 작동하는 현장에는 자율적 규칙이 생긴다. 즉, 초보적이나마 관리 또는 거버넌스현상이 나타나는 것을 볼 수 있다. 예컨대, 제주도에서는 주민들이 국유인 해안선을 따라서 타인이 어업을 하지 못하도록 불법(?) 점유해 오는 전통이 있다. 마을 해녀들이 담당 해안구간을 지정하여, 자원이 고갈되지 않도록 작업시간을 조절하는 방법으로 어자원 보호와 삶의 지속성을 유지한다. 여기에는 '어촌계'라는 자발적 규율기관이 있다.

II. 공공성의 중요성

1. 공공성이란 무엇인가

한 사회에서 과연 모든 사람이 아무런 제약 없이 개인의 욕망을 추구하는 것이 가능한가라는 질문을 생각해 봐야 한다. 그 답은 사회적 제약을 만드는 어떤 주체가 필요하다는 것이다. 즉 개인의 사적 가치(privateness)를 초월하는 추상적 개념인 공공성(publicness)을 추구해야 한다.

공공이란 말은 한 국가 내 모든 사람들을 의미한다. 육체적·감정적·지적으로 다양한 수준의 사람들과 더불어, 자기 자신의 이익뿐만 아니라 다른 사람들의 이익을 또한 배려하고 돌보라는 의미이다. 공공성의 개념은 나라마다 다양하게 발전되어 왔다.

미국의 경우, 헌법 원리에서 공공성의 내용을 찾을 수 있다(John Rohr, 1979). 미국헌법은 미국의 연방정부를 건국하려는 선각자들의 치열한 고민에 의해서 나온 것으로 그 가치를 인정받고 있다. 영국에서 발달한 국민 주권의 원리, 대의정부, 권리장전에 포함되어 있는 시민의 권리, 정당한 절차, 권력의 균형 등이 포함되어 있다. Rohr는 국가가 헌법의 이상을 실현하는 자체가 모든 것을 초월하는 가치라고 본다. 즉, 민주적 절차에 급급하는 것보다 더 우위에 있어야 하는 가치로 본다. 선출되었든, 지명되었든 공직자는 다수결이라는 절차보다 헌법적 원리를 더 중시해야 한다고 본다. Frederickson(1997: 43-47)은 헌법적 가치추구에 더하여 자비와 사랑을 꼽는다.

미국보다 더 긴 역사를 통하여 공동체에 관해 고민한 것은 유럽이다. 프랑스 혁명기인 1789년에 공포된 인권선언(Declaration des droit de I'homme et du citoyen)은 자연법 사상과 계몽사상을 총체적으로 담아낸 것으로 인간의 개방, 인간의 자연적 권리를 문서화한 것이다(임도빈, 2025). 제1조에 '인간은 나면서부터 자유로우며 평등한 권리를 가진다'고 표현한 것이 공공성 개념의 출발점이라고 할 수 있다. 이를 보장하는 주체가 국가라고 본 것이다. 즉, 자유, 평등, 박애가 공공성의 구성요소라고 하겠다.

우리의 역사와 문화에서도 훌륭한 공공성 개념을 찾을 수 있다. 한민족으로서 유구한 역사를 가진 우리나라는 홍익인간(弘益人間)의 정신이 곧 공공성의 기반이 되는 사상적 기초이다. 즉, 인간이 중심이 되어, 인간성을 확립하며, 우리 모두가 잘 사는 나라를 만드는 것이 곧 한국식 공공성이다.

2. 관료의 공공성

공공성은 모든 국민이 추구해야 하는 가치이다. 무엇보다도 관료가 공적인 업무수행시 추구해야 할 변치 않는 가치관이다. 공직자가 여러 가지 정책결정 및 집행을 하게 되는데, 이때 '공공성', 즉 '공정한 사회의 실현'이라는 가치관이 뚜렷한 관료와 그렇지 않은 관료 간에 차이가 있을 것이 분명하다.

공공성을 실현시키는 주체로서 관료는 스스로 공공성을 체득한 사람이어야 한다. 무엇보다도 임무수행을 할 때 실현해야 할 상태로서 이상향을 기억해야 한다. '효율성'이나 부처이기주의, 개인이익 등은 수단적인 것으로 더 큰 가치인 공공성, 즉 홍익인간의 가치를 소홀히 할 위험이 있다.

관료들은 국민 전체를 위해 일하는 정부의 일원임을 잊지 말아야 한다. 국민 개개인이 중요한 존재라는 인식하에서 공공성을 해치는 모든 요소에 대해 적극적으로 대처해야 한다. 예컨대 폴라니(2009)가 주장한 노동, 토지, 화폐와 같은 '허구적 재화'에 관해서, 시장에게 모든 통제권을 양보한다면, 자본의 남용이 일어나서 결국 인간의 존엄성을 해칠 수 있음을 잊지 말아야 한다.

관료는 사회적 강자보다는 약자의 입장에서 직무를 수행해야 한다. 특히 일부 정치적, 경제적, 문화적 권력자가 개인의 인권을 침해할 때, 국가를 대신하여 굳건히 지켜주는 것이 관료의 책무이다. 즉 관료는 국민 모두에게 인간답게 생존할 수 있도록 해주고, 보장해줘야 한다. 공공성이란 정의롭지 못한 상태를 바로잡으려는 적극적 중립성을 의미하는 것이기 때문이다. 직업공무원들이 신분을 보장받는 것은 이런 역할 때문이다.

관료의 공공성은 모든 것을 스스로 처리해야만 가능한 것은 아니다. 공공부문의 운영이 투명하고, 모든 국민이 참여하도록 해야 한다. 비록 시장과 시민사회에 공공문제 해결을 일부 맡기더라도, 취약계층의 입장에서 전 과정을 이해할 수 있도록 투명하게 하고, 원할 때 언제든지 직접 참여할 수 있도록 보장해야 한다.

공공성은 시간적으로 장기적 안목을 필요로 한다. 시간 관점에서 관료는 '지속가능성(sustainability)'을 추구해야 한다. 이는 사익을 추구하는 소수가 단기적 시각에서 이익을 추구하는 기존의 발전(즉 성장) 개념에 비판을 가하는 개념이다. 즉 어느 사회의 활동이 장기적으로 그 사회를 유지하지 못하고 쇠퇴 혹은 멸망에 이르게 한다면 공공성에 반한다. 이러한 점에서 지속가능성은 공공성을 시간적으로 담보할 수 있는 원칙이다.

제 2 절 행정의 철학·윤리적 차원

I. 행정의 철학적 고민

1. 정의로운 국가

행정의 철학적 고민은 국가가 존재하는 이유를 다루는 존재론(ontology)이나 행정에서 각종 의사결정을 할 때 직면하게 되는 가치판단의 바람직한 기준에 따라 이뤄지고 집행되어야 한다는 실천론(practical philosophy; praxis)으로부터 시작된다. 실천론은 다시 가치론과 윤리론으로 구분된다.

행정이 추구해야 하는 가치는 정의와 공익성 실현, 즉 공익보호이다.[1] 어떤 국가의 일부 개인이 아닌 전체의 장기적 이익을 '공익'이라 정의하자. 쟁점은 과연 공정한 분배에 관한 '절대적' 정의기준이 존재하는가의 문제이다. '절대기준이 존재한다'는 측은 이해관계로 어지럽혀지는 경우는 있을지언정, 구성원이 도달하는 원칙은 존재한다고 본다. 이에 반해 회의론자들은 정의/공정성이라고 하는 것은 사람에 따라 다르기 때문에 정의할 수 없다고 본다.

정의로운 국가를 위해서 롤스는 정의의 2가지 원칙을 제시했다.

첫째, 평등한 자유의 원칙(equal liberty principle)이다. 개개인은 가장 광범

---

1 하지만 공익을 구체적으로 실현하는 방법면에 있어서 입장의 차이가 있다. 강한 개념정의로는 공익과 사익을 엄격하게 구분하고 공익이 사익에 우선해야 한다는 시각이다. 하지만 약한 개념정의에서는 개인들의 사익만 인정하고 공익은 사익의 집합과 동일하다고 인식하는 것이다. 공익을 달성하는 방법은 다르지만 공익이 중요하다는 것을 강조하는 점에서는 동일하다.

위한 차원에서 인간으로서 기본적 자유를 향유해야 한다. 그리고 이러한 자유권은 타인과 평등하게 소유한다.

둘째, 불평등의 원칙이다. 사회적·경제적 불평등은 다음 두 가지 하위 원칙하에서만 허용된다. 우선 모든 이에게 직업/직위에 대한 균등한 기회를 부여하는 공정한 기회균등 원칙(fair equality of opportunity)과, 다음으로 사회적으로 가장 불리한 자들에게 최다 편익을 부여하는 차별의 원칙(difference principle)이다.

이처럼 일견 명확하게 보이는 원칙들도 관료들이 실제현장에 적용할 때 모호성으로 인해 어려움이 발생한다. 따라서 관료들은 이러한 원칙들을 어떻게 일상업무에 적용할지를 늘 고민한다.

그림 12-1 | 롤스의 정의론의 집

관료들이 업무상 무엇이 정의인지 판단하기 어려울 때 사용할 수 있는 관련 판단기준이 있다. 판단이 어려운 이유는 개인의 이기심, 편견, 선입관, 가치 등이 장애이기 때문에 정보를 차단할 '무지의 장막 뒤에서(behind a veil of ignorance)' 생각하는 것이다. 즉, 사회의 기본구조 질서에 관한 정의 문제를 고민할 때 이른바 '원초적 지위(original position)'에서 고려해야 한다는 정의원칙이다.

정의로운 국가가 추구하는 가치는 이러한 정의의 원칙 위에서 행정활동이 이뤄져야 실현된다. 민주국가에서는 합법성, 민주성, 효율성, 공정성(형평)이 가치기준이 되는데, 여기서 공정성은 배분적 정의를 의미한다.[2] 그럼에도 불구하고, 정치, 경제, 사회적으로 양극화가 심화될 때, 이 모든 가치에 대하여 국민들이 의문을 갖게 되어 정부불신이 커진다.

---

2 배분적 정의는 유형, 무형가치의 공정한 분배의 결정을 위한 기준이다. 공정성(fairness), 형평성(equity)이 기본이 된다. 배분적 정의론은 고대 그리스 시대의 아리스토텔레스와 사회계약론자인 롤스가 주장하였다.

II. 행정의 윤리적 고민

1. 행정적 악

행정의 철학적 가치를 실제 현실에서 어떻게 실현하는가라는 실천적 수단들에 관한 고민이 필요하다. 윤리는 공무원들의 마음, 즉 내면의 세계를 중심으로 접근하는 방법과 공무원의 외적 행태, 즉 외면의 세계를 접근하는 방법이 있다.

외면적 접근을 하는 행정윤리는 관료들의 '마음'보다는 '행태'를 통제하려는 입장이다. 먼저 공익을 실현시키는 도구격인 공직자들이 지켜야한다는 일련의 행동준칙들을 만든다. 이를 공직자들이 어기면 처벌을 받는다. 이에 더하여 계서제 속의 인간으로서 상관의 명령에 복종하고, 법규정을 충실히 따르도록 하는 각종 제도 등이 이러한 행동준칙에 해당한다. 이렇게 함으로써 베버가 말하는 관료제의 합리성(즉, 효율성)이 높아진다.

내면적 접근법은 행정의 철학·윤리적 차원을 관료들의 마음속 내면화시키려 한다. 관료들이 '인간존중'의 정신으로 무장하여, 일상 업무에 임하도록 하면 된다.

그런데 근대관료제에서 외면적 접근과 내면적 접근은 서로 충돌할 가능성이 있다. 좁은 의미의 기술적 합리성(technical rationality)을 추구하면서 특정 행동을 규제하면 광의의 공공성을 해칠 수도 있다. 예를 들어, 나치 시대 유대인 학살을 담당한 관료들은 명령복종을 했기 때문에 협의의 윤리적 잣대로는 문제가 없었으나, 광의로 보면 엄청난 악을 저지른 것이다. 관료제에서 내부의 규칙과 윤리규범에 부합되는 업무처리가 이뤄졌는데도, 결과적으로는 인간존중의 정신에 어긋나는 부정적 결과를 가져오는 것을 행정적 악(administrative evil)이라고 하고, 이를 피하는 것이 진정한 행정윤리라고 본다(Danny L. Balfour & Guy B. Adams et al., 2019). 작은 일상사에서도 국민의 입장에 서서 적극적으로 문제를 해결하는 행정인이 행정적 악을 피하는 길이다(최태현 외, 2020).

2. 법과 윤리의 사이에서

사기업 종사자에 비하면 관료들은 많은 제약 속에서 일한다. 제약은 크게 법과 윤리, 두 가지가 있다. 법과 관련된 제약을 다룬 대표적인 이론이 베버의 관료제 이론이다. 업무처리는 법적 근거가 있어야 가능하다. 즉 법조문의 명시적 조문이 있어야 행정행위를 할 수 있다는 법치행정이 행정의 근간을 이룬다. 다른 제약으로서 철학·윤리적 제약은 동서고금을 막론하고 적용되어야 할 '인간 존중'이라는 근본적 가치이다. 이를 '공공선'이라는 개념으로 실현시키기 위해 행정인은 '마음이 살아있는' 관료가 되어야 한다.

두 가지 제약의 관계는 무엇일까? 일반적으로, 법을 최소한의 지켜야할 기준으로 제시한다고 한다면, 윤리는 법이 규율 영역을 넘어서 최선의 상태(즉, 이상향)를 지향한다(임도빈·유민봉, 2023: 351-359). 철학·윤리가 단기간에 변하지 않는 근본적 가치에 관한 것이라면, 법은 때로는 잘못될 수도 있고, 제때에 개정되지 않아서 그대로 적용할 수 없을 때도 있다. 행정윤리(최선의 상태)와 법률과의 관계를 중심으로 관료가 처하는 상황을 다음의 〈그림 12-2〉와 같이 유형화해 볼 수 있다.

첫째, Ⅰ사분면은 합법적이면서 동시에 윤리적인 경우를 의미한다. 행정윤리라는 측면에서 관료는 큰 고민 없이 업무를 처리할 수 있다. 문제는 '악법도 법이다'라는 말과 같이, 법치행정이라는 명목하에 악법을 그대로 적용해야 되는 경우에는 법집행을 지연시키고, 법개정에 앞장서는 것이 윤리적 관료의 자세이다.

둘째, Ⅱ사분면이 나타내는 '합법적이지만 비윤리적'인 상황이다. 주관적으로는 나치 정권의 아이히만의 경우를 생각할 수 있고, 오늘날에도 흔히 찾아볼 수 있는 '행정적 악'의 상황이다. 관료들이 적극적으로 피해야 할 부분이다.

셋째, Ⅲ사분면은 불법적이면서 동시에 비윤리적인 상황을 나타낸다. 당연히 현대 민주국가에서는 없어져야 할 행정현상이다.

그림 12-2 | 법적 합리성/ 윤리적 합리성 간의 관계 유형

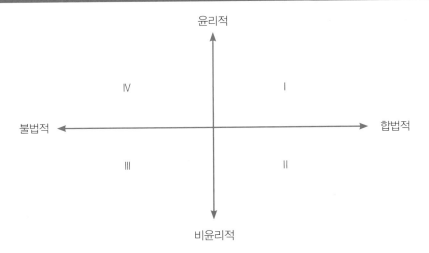

넷째, Ⅳ사분면이 나타내는 불법적이지만 윤리적인 상황이다. 법치행정과 윤리적 행정이 충돌하는 상황이다. 합법성을 중시하는 관료는 불법이므로 아무 행동을 취하지 않아 공공성을 해치는 결과를 초래한다. 윤리성을 중시하는 관료는 법률을 위반하면서라도 직무를 수행을 할 것이므로 처벌받아야 하지만, 공공성이 증진되는 결과를 초래하기 때문에 윤리적이다.

3. 옳고 그름의 판단기준

행정관료들이 직무를 수행할 때, 옳고 그름을 판단하는 기준들이 무엇일까. 공공가치(public values) 혹은 윤리사상(ethical thought)이 시각에서 끊임없는 고민거리이다. 동서고금을 통해 발달해 온 옳고 그름에 대한 믿음의 체계를 유형화하면 다음과 같다.

옳고 그름에 대한 절대적인 기준을 주는 시각이 있다. 절대주의(칸트주의) 윤리관이 대표적인 예인데, 도덕의 목적이 어떤 결과를 얻기 위한 것이 아니라 인간이라는 조건하에서 자신의 욕구나 편향성을 극복하기 위한 선의지(good will)에 있다(Kant, 1986). 인간은 다른 사람들이 자신에게 하지 않기를 원하는 것이 있듯이, 스스로도 남에게 그러한 행위를 하지 말아야 한다. 특히 인간을 어떠한 경우에도 '목적'으로서, 즉 인간 그 자체로서 대해야 하지 수단으로서 대해서는 안 된다. 칸트의 정언명령은 어떠한 조건이 없이 인간에게 부과하는 의무이다. '…해야 한다'는 의무를 부과하는 방식으로 윤리에 접근한다고 하여, 의무론적 윤리(deontological ethics)라고 한다. 결과가 어떻든지 사람의 행위동기가 중요한 것이다. 유교의 '인', 불교의 '자비'를 예로 들 수 있다.

이를 행정학에 적용해 보면 공무원은 국민을 '인간 자체'로 생각해야 함을 의미한다. 롤스의 평등한 자유의 원칙도 이와 상통하는 원칙이다. 자신에 대한 의무를 지키는 것도 중요하지만, 정책형성과 집행에 있어서 타인에 대한 의무도 준수해야 하는 것이다(임도빈, 2002). 자신의 출세를 위하여 공익에 반하는 정책을 구체화하는 업무를 하는 관료는 비윤리적이다.

행위의 의도가 중요한 것이 아니고, 결과가 중요하다는 시각도 있다. 공리주의(utilitarianism) 윤리관이 대표적인 예인데, 어떤 행위가 결과적으로 인간의 행복을 증진시키고 불행을 감소시키면 윤리적으로 바람직한 것이고, 그 반대의 것은 옳지 않은 것으로 본다. J. J. Smart는 공리주의를 개별행위 공리주의(act utilitarianism)—개별행위자체가 가져오는 결과의 공리주의적 기준-, 일반적 공리주의(general utilitarianism)—어느 사례의 경우에 모든 사람이 그렇게 행동한다면 사회전체에는 어떤 결과가 될 것인가를 고려—, 그리고 법칙 공리주의(rule utilitarianism)—어떤 윤리적 '법칙'을 준수한다면 그 사회에 어떤 결과가 초래될 것인가를 고려—세 가지로 나눈다(임도빈, 2002).

공리주의 사상은 '최대다수의 최대행복'으로 요약할 수 있다. 롤스의 '불평등의 원칙'도 이와 일맥상통하는 개념이다. 최대다수의 행복을 목적으로 직무를 수행하면 윤리적으로 옳은 것이라고 본다는 점에서 목적론적 윤리(teleological ethics)이다. 목적론적 선을 행정에 실현시키는 방법을 제시한 이론은 Buchanan과 Tullock으로 대표되는 공공선택이론이다(임도빈, 2002). 공공선택이론은 개인들

킬링필드(killing field)

캄보디아의 폴 포트(Pol Pot, 1928~1998)는 1975년 미군의 베트남 철수에 힘입어 론 놀 장군의 친미정권을 몰아내고 정권을 잡았다. 캄보디아 국민들은 미군의 캄보디아 공습으로 인해 이미 반미감정을 갖고 있었고, 론 놀 장군의 부패와 친미정권에 대한 염증을 느끼고 있었다. 때문에 공산혁명을 통해 캄보디아 사회를 노동자와 농민들을 위한 이상적인 사회주의로 개조하고자 하는 폴 포트의 크메르루주(붉은 크메르) 정권을 환영하였다. 하지만 급진 공산주의 정권 크메르루주는 정상적인 방법으로는 사회주의로의 완전 개조는 불가능하다고 판단하고 극단적인 공포정치를 펼친다. 그리하여 크메르루주 정권은 1975-79년 4년에 이르는 기간 동안 영화 '킬링필드(killing field)'로 알려진 대학살을 자행하는 극단적인 방법을 선택한다.

대학살의 희생자의 구체적 인원에 대한 의견은 분분하지만, 당시 캄보디아 인구를 700만여명으로 보고 그 중 4분의 1이 넘는 200만명을 처단한 것으로 알려지고 있을 정도로 그 규모는 상상을 초월하는 대규모였다.

학살의 잔혹함은 이루 말할 수 없을 정도였다. 의사, 교사, 기자 등의 지식인들은 모두 무참히 학살당했으며, 글을 읽을 수 있는 사람, 얼굴이 하얀 사람, 안경 쓴 사람들 역시 지식인으로 간주하여 살해했다. 뿐만 아니라 부유한 사람들에 대한 적개심과 증오심으로 인하여 프놈펜을 중심으로 도시 지역에 사는 사람들을 학살하기도 했다. 역설적이게도 농민들에게 이상적인 사회를 만들어주겠다고 했던 이들은 농촌사회를 중심으로 사람들에게 강제노역을 시킨다. 도시민들을 강제노역을 시키기 위해 농촌으로 데려오는 과정에서도 물이나 식량 배급을 하지 않아 많은 사람들이 목숨을 잃었다. 어린이도 예외 없이 무자비하게 고문을 당하고 살해되었다. 어린이를 야자수나무 아래로 데려가 나무로 머리를 쳐서 죽이면서 그 소리가 들리지 않도록 확성기로 큰 음악을 틀었다는 증언은 그 무자비함이 어느 정도인지 말해준다.

캄보디아 대학살은 나치의 유대인 학살과는 달리 같은 민족을 대량학살했다는 점에서 차이가 있다. 인간이 도덕성과 윤리를 벗어나 악행을 저지르는 행위를 극단적으로 보여주는 사례이기도 하다. 자신의 정치적 이상을 실현시키기 위해, 국민을 '수단'시한 것이다.

의 이기적인 선택을 통해 정책결정을 하자는 것인데, 그 사회의 구성원들의 만족을 극대화할 정책의 결과는 곧 전체 사회의 이익을 증대시킬 것이라는 공리주의에 입각하고 있다(Pops, G. M., 1994: 159). 공공부문 내부에서의 경쟁을 중시하고 수요자인 국민의 선택권을 강조하는 신공공관리론(New Public Management) 또한 공리주의적 윤리에 기초하고 있다.

절대주의와 공리주의는 옳고 그름의 기준이 있다고 본다는 점에서 유사하다. 윤리적 상대주의(ethical relativism)와 공동체주의(communitarianism)는 반대의 입장을 취한다. 사회마다 그 사회 고유의 관습이 있고, 관습은 환경으로부터 얻은 지혜와 같기 때문에 상대성을 인정해야 한다는 것이다. 베네딕트(Ruth Benedict)에 의하면 황홀함(trance)을 경험하는 것, 동성애자들에 대한 평가 등 갈등은 그 자체가 (윤리적으로) 나빠서가 아니고 '그 지역이기 때문'에 발생한다.

공동체주의는 개인은 사회에 의해서 만들어지는 존재로 본다(Walzer, 1983). 하지만 개인을 경시하는 것은 아니고, 개인과 공동체 간의 변증법적 상호작용을 통하여 인과관계가 형성된다고 본다(임도빈, 2002). 공동체주의에 따르면 공적원조(ODA) 업무를 담당하는 공무원은 수혜국의 윤리기준을 충분히 고려하여 임무를 수행해야 한다.

윤리란 개인의 욕심을 버리고 이타성을 강조하는 것이다. 인위적이고 실현시키기 어려운 이타주의적 윤리관보다는 인간본능에 부합하는 이기주의를 전제로 직무를 수행하면 좀 더 현실적인 행정이 실현될 수 있다고 본다. 이를 바탕으로 이기주의(egoism) 윤리관 정립도 가능하다(박흥식, 2003: 211-225).

이기주의 윤리관은 이기주의적 욕구를 죄악시하는 이타주의 윤리관에 대해, '목적과 수단의 설정이 잘못된 것'이라 비판한다. 예컨대 어떤 사람이 돈을 버는 기계라고 비판하려면, 그의 돈을 벌겠다는 이기심보다는 돈을 벌기 위한 방법이나 수단에 대해 비판을 해야 한다(Ayn Rand, 1986).

이러한 네 가지 윤리관은 선(good) 혹은 악(evil)의 문제가 아니고, 옳고 그름의 문제이다. 나아가서 옳다는 말은 도덕적 판단이 들어가지 않고 정상적(normal)이라는 뜻을 지니고 있다. 그리고 윤리관 논의는 서로 명확하게 구분되지 않고 중첩되며 한 개인이 이러한 윤리관 중 하나만을 지닌 것도 아니다. 관료들이 윤리적으로 행정업무를 수행하기 어려운 것이 이 때문이다. 또한 이 윤리관들이 한국행정에서 필요한 윤리적 관점을 포괄한 것이라고 단언하기도 어렵다(임도빈, 2002). 국민들도 각자 나름대로의 윤리관을 가지고 관료들을 비판한다. 윤리에 관한 논쟁이 끊이지 않는 것은 이러한 이유에서이다.

Ⅲ. 공직부패

1. 부패의 원인

부패(corruption)는 개발도상국은 물론이고, 서구 선진국에도 아직 남아 있는 심각한 문제이다. 이러한 문제의식에 따라 국제투명성기구(transparency international)는 각국의 부패인식지수를 발표하고(http://www.transparency.org), 이를 통제하기 위한 법과 제도를 많이 마련하고 있다.

박정희 정권 이후 고도성장기에는 경제수준은 좋아졌지만, 관료부패는 더 심화된다. 성공을 위한 경쟁이 치열했기 때문에 생긴 부산물이기도 한다. 규칙을 지키고 윤리적이기보다는, 편법으로 성공에 가까워지는 경우가 더 많았다. 특히 인허가, 인사청탁 등이 문제가 되었다. 법과 제도가 제대로 갖춰지지 않은 개발 시대에 뇌물은 일종의 윤활유와 같이 행정이 돌아가게 하는 기능을 했다고 할 수도 있지만, 행정윤리 측면에서는 근절되어야 할 문제이다(정성호, 2010; 김택, 2017).

부패가 생기는 원인은 크게 보면 권력욕과 돈 욕심이다. 전자는 공직자에게 직무상 부여된 권한을 오·남용하여 행사를 하는 것이고, 후자는 국민세금을 다루니 그것이 눈먼 돈이라고 생각하여 사적으로 사용하려 하기 때문에 생기는 문제이다. 직위를 이용하여 인사에 관여한다든지, 이권에 개입한다든지, 알선을 한다든지, 청탁행위를 한다. 여러 가지 은밀한 방법으로 향응이나 금품을 수수하기도 한다.

부패를 통제하기 위한 외부통제장치가 많이 있다.[3] 언론은 공무원들을 늘 감시하는 역할을 한다. 정부가 투명해짐에 따라 언론이나 시민단체 등의 통제가 더욱 힘을 받는다. 정부조직에는 국민권익위원회, 감사원, 대통령실과 국무총리실의 공직자 부패통제를 담당하는 조직이 있다. 국회의 인사청문회도 향후 정무직을 꿈꾸는 공직자들의 마음에 경종을 울려주는 역할을 한다.

문제는 동서고금을 막론하고 공직부패는 끊이지 않는다는 데 있다. 금전과 같은 재화가 관련된 부패는 보이지 않는 권력남용과는 달리 증거가 명확한 편이다. 직무와 관련하여 금전적 이익을 취하는 뇌물수수, 공금횡령과 공금의 부적절한 사용은 공직자가 범하는 대표적인 부패이다. 공금횡령, 공금유용은 범죄이지만, 예산의 부당지출, 목적 외 지출, 과다지출 등은 윤리적 문제이다.

---

3 부패방지위원회, 국민권익위원회 등 명칭은 변화되었지만 관련 기구도 설립되고, 부패방지 관련법도 많이 마련되었다.

- 공금횡령: 국가나 공공단체의 운영을 위하여 마련한 자금을 개인이 불법으로 가로채어 가지는 일
- 공금유용: 국가나 공공단체의 운영을 위하여 마련한 자금을 개인이 사사로이 사용하는 것.
- 부당지출(부당집행): 지출이 원래의 목적에 사용되기는 하였으나 미리 정해준 기준에 부합되지 못하는 것
- 목적외 지출: 공공재원의 지출원칙에는 부합되나 원래 목적에 위배되는 것 (예: 서류상으로는 여비 한도 등 여러 기준에 부합되지만 실제는 관광목적의 의원들의 공무출장)

이런 금전적 부패가 일어나는 근본적인 원인은 무엇일까 고민해 볼 필요가 있다(임도빈·유민봉, 2023).

부패의 원인을 개인적 특성에서 찾는 접근법이 있다. 원래 가난한 사람이었든지, 아니면 윤리의식이 낮아서 민원인들의 유혹을 못 이기는 것이다. 생계형 비리가 이에 속한다. 개인의 일탈현상이므로 공무원 개개인의 윤리의식을 높이는 것이 그 해결책이 된다.

부패를 개인적 차원보다는 행정의 조직차원으로 볼 수도 있다. 어느 행정조직의 구성원이 거의 모두 연루된 것으로서, 상하 간, 그리고 조직원 간 협조를 기반으로하는 집단적 현상으로 보는 시각이다. 사람이 바뀌어도 계속되는 일종의 조직구조의 문제라고 볼 수도 있다. 공금이든, 뇌물이든 일정한 액수의 자금을 조성하여, 회식비 등 조직관리에 사용한다든지, 상관에게 상납하는 방식으로 나눠갖는 것이 그것이다.

특정행정을 넘어서 그 나라 사회전체의 문화로 부패 원인을 찾을 수도 있다. 국가 차원의 공공성보다는 가족과 주변 사람과의 사적 이해관계를 더 중시하는 사회문화가 문제이다. 공과 사를 엄격히 구분하는 합리적인 관료는 차가운 사람으로 여겨지는 반면, 주변사람의 편의를 봐주는 것이 더 선행으로 보일 뿐만 아니라, 의리있는 공무원으로 인정 받는다(임도빈, 2002: 367-369).

2. 김영란법

고도 경제성장을 하고 행정국가화되면서 발생한 권력의 사유화와 이에 따른 금품수수 내지 접대 못하는 한국 문화의 일부로 여겨진 정도로 고질병이었다.

2015년 9월 18일에 발효된 소위 「김영란법」은 부패와의 전쟁을 선언한, '인천상륙 작전'에 비유할 수 있는 획기적인 법안이다. 기존의 방식과는 다음과 같은 점에서 차이가 있다.

과거에는 금품과 특혜와의 인과관계를 증명해야 처벌이 가능했는데, 이제는 이런 문제가 없어졌다. 부패는 특혜를 먼저 주고, 대가는 상당한 시간이 지난 후 받는 등 다양한 형태로 교묘하게 이뤄지고 있다. 이런 경우도 처벌하기 위해, 공직자가 100만원 이상의 금품을 받으면, 대가성 여부에 관계없이 처벌하도록 규정하였다. 당시 국민권익위원회 위원장의 이름을 붙인 '김영란법'은 행정윤리를 공무원의 외면적 행태 차원에서 통제하려는 극단적인 조치다.[4]

종전의 법은 공직자만 처벌하였다. '김영란법'은 공직자는 물론이고, 언론사 임직원, 사립학교와 유치원의 임직원, 사학재단 이사장과 이사까지 적용대상을 넓혔다는 특징이 있다. 우리 사회에서 언론사, 교육자들의 막강한 권력과 영향력을 염두에 둔 것이다. 나아가서, 금품을 제공한사람도 처벌토록 하였다.

정에 의해 명절 선물을 주고받고, 밥을 같이 먹는 한국 문화의 특성도 고려해 법조문을 만들었다. 직무 관련성이나 대가성이 없는 경우라고 하더라도 1인당식사비, 선물 (농수산물은 더 높은 액수), 경조사비에 명확한 한도를 규정하였다. 직무에 관련되어 있는 관계라면(즉, 갑-을 관계), 단돈 1원도 받지 못하게 되어 있는 매우 엄격한 변화이다.

솜방망이 처벌이 갖는 한계를 극복하기 위해 획기적으로 도입된 이 정책은 공직사회에 큰 변화를 가져왔다고 평가된다. 과거에는 부패 연루 당사자가 숨기는 것이 유리한 제도였다면, 이제는 발각될 확률이 훨씬 높아졌다. 정확한 액수를 제시하는 것이 지나치게 경직적이라는 비판도 있지만, 명확한 판단기준 때문에 사람들의 행동이 바뀌고 조직문화가 바뀌기도 한다. 즉, 공직자의 윤리적 행동규제를 한층 고도화했다(임도빈·유민봉, 2023: 462-468).

반면에, 전통적 행정문화 중 긍정적인 것도 사라져 갔다. 민원인과 밥을 먹거나 신입직원을 위한 환영회나, 저녁회식을 하는 일도 줄었다. 소위 더치페이 (dutch pay)가 보편화되었다. 경조사 및 단체 식사로 주요 매출을 올리는 식당, 꽃집, 농수산업자들이 타격을 받아 경제적 영향도 있다.

---

4 정확한 법안 명칭은 '부정청탁 및 금품등 수수의 금지에 관한 법률'이다.

Ⅳ. 한국관료의 윤리성 문제

1. 권력과 윤리성

한국행정관료들의 윤리적 상태는 실제로 어떻게 되어 있을까. 이에 대해 연극의 배역을 제시하고 그중 하고 싶은 역할이 무엇이냐는 설문을 통해서 측정해 본 것이 있다(임도빈, 2003). 연극배역에는 다음 네 가지 유형도출이 가능하다.

첫째, '일단 연극이 성사되는 것이 중요하기 때문에 다른 친구들 모두가 맡기 싫어하는 역'은 전체를 위해 자신을 희생하려는 태도를 나타내기 때문에 '봉사형'으로 명명하기로 한다. 둘째 응답지인 '살인하거나 폭력을 휘두르는 비인간적인 역'은 비록 연극이기는 하지만 평소에 칸트적 인간존중의 가치관을 측정한다. 셋째, '악역, 선한 역 등 여러 가치관을 가진 여러 인물과 잘 조화하는 역'은 폭넓은 이해를 하는 사람으로 자기의 가치관을 뚜렷이 가지고 있지 않거나 나타내기 싫어하면서 동시에 남을 존중하는 태도를 '원만형'으로 명명한다. 네 번째로 제시한 '관객의 주목을 받고 모든 사람이 하고 싶어 하는 주인공역'은 일종의 스타의식 내지 남이 무엇을 하든 자신이 하고 싶은 역을 하고자 하는 이기형이라고 명명한다.

공무원을 대상으로 실제 설문조사한 결과는 봉사형 118명(26.8%), 칸트형 15명(3.4%), 원만형 239명(54.2%), 이기형 69명(15.6%) 그리고 무응답 9명 등이다. 한국관료들은 원만형과 봉사형이 주를 이룬다. 그리고 본인을 드러내고 싶어하는 자기과시형 혹은 이기주의형도 전체의 15%에 이름을 알 수 있다. 이들은 인간을 목적으로 보지 않고 수단으로 이용할 가능성이 있는 집단이다.

같은 연구(임도빈, 2003)를 통해 나타난 공무원들의 다른 윤리적 특징을 살펴보면 다음과 같다. 전체적으로 공무원들은 민족우월적 성향을 지니고 있고, 비폭력적인 특성을 가지고 있다. 흥미로운 것은 자신이 아주 윤리적이라고 생각하는 비율이 낮은 편인 것으로 나타났다는 점이다.

공직자의 윤리성은 개인 성격적인 차원에서 보는 것에 그치지 않고, 권력자와의 관계로 보는 것이 중요하다. 우리나라의 경우, 출세지향적인 공직자가 권력자(혹은 미래 권력자)에게 지나치게 충성하는 것이 비윤리적인 행위를 낳을 수 있기 때문이다. 즉 공무원의 정치적 중립이 중요한 과제이다(임도빈·유민봉, 2023: 346-352).

공무원은 공공문제에 대해서 행사할 수 있는 합법적 권한을 가지고 있는 사람들이다. 이들 중 권력을 많이 가진 사람과 그렇지 않은 사람이 있다. 다른 한편으로는 윤리의식, 즉 자신이 사욕을 버리고 공공성을 추구하는 성향이 높은 사람과 낮은 사람이 있다. 이 권력의 크기와 윤리수준을 조합하면, 다음 표와 같이 4유형이 나온다.

표 12-1 | 권력과 윤리간 관계유형

윤리의식 / 권력	강	약
강	모범적 공직자	청백리 상
약	위험한 공직자	관원형

사용 가능한 권력이 많으면서 동시에 윤리의식이 강한 사람은 모범적 공직자라고 할 수 있다. 주로 고위직에 있는 사람들에게 더 강한 윤리가 요구되는 것이 이러한 이유에서이다. 이와 반대되는 사람들이 동원할 수 있는 권력이 강하면서 윤리의식이 낮은 사람들이다. 공공성을 확보한다는 측면에서 보면, 위험한 공직자이다. 사실 이런 부류의 사람들이 없도록 하는 것이 행정윤리연구의 지향점이다.

동원 가능한 권력이 적음에도 불구하고, 윤리의식이 강한 사람들은 청백리라고 하여 매년 표창을 수여한다. 경찰 중에서도 순경과 같이 일선현장에서 공익실현을 위해 최선을 다하는 사람들을 말한다. 사용가능한 권력도 적고, 윤리의식도 낮은 사람들은 평범한 관원(官員)형이다.

요컨대, 인사행정에서는 주어진 권력(권한)은 상대적으로 강하지만, 윤리의식이 약한 '위험한 공직자'의 윤리성 증진 방법을 강화해야 한다. 주어진 권력에 취하여 오·남용하는 사람들이 문제이다. 이들이 스스로 '무지의 베일'로 행동하기를 상정하는 것은 비현실적인 전제에 가깝다. 공무원이 정책결정을 할 때 자신이 조금이라도 이해관계가 있으면 이 사실을 스스로 공지하고 그 업무수행과정에서 배제되어야 한다는 이익충돌(conflict of interest) 금지원칙이 중요하다.

'이익충돌(conflict of interest) 금지'의 첫 번째 원칙은 공무원 스스로 자신의 사익과 사안이 되는 문제의 공익 간 상충관계가 있을 경우를 피하도록 하는 것을 의무화하는 것이다. 예컨대, 대학입시에서 자신의 가족이나 친척 중 응시생이 있는 경우 윤리적 관점에서 볼 때, 입시전형위원이 되지 않겠다고 스스로 사양해야 한다. 즉, 입시위원이 된 자체로 문제시하는 것이다. 이미 이런 규정이 있는 사안도 있지만, 규정이 되지 않은 사안에도 천명하는 것이 윤리적 행정이다. 둘째로

이 기준을 위반한 모든 행동에 대해서 처벌을 해야 한다.

사실 이익충돌금지의 원칙이 서구에서는 유용한 윤리적 잣대이고 운영원리이지만, 한국의 문화에서는 다른 의미도 있다. 예컨대, 우리는 각자 상당히 넓은 네크워크를 가지고 있는 사회이기 때문에, 입시, 취직 등에서 많은 특혜의혹을 갖게 한다. 그런데 미국사회에서는 명문대에서 기부금을 많이 낸 동문의 자녀를 입학시키는 것은 이익충돌의 문제 자체가 되지 않는다. 이러한 문화 차이에도 불구하고, 공공성의 보호라는 입장에서 보면 이익충돌금지의 원칙의 실효적 적용이 중요하다. 한국행정의 현실에서는 학연, 지연, 혈연 등의 뿌리 깊게 자리잡고 있어서 아무리 서약을 받아도 이익충돌 방지의 원칙이 제대로 지켜지지 않는다.

2. 무사안일과 적극행정

법치주의와 공직윤리의 강화는 공직사회에 의도치 않은 결과도 가져온다. 법적·윤리적 책무를 지나치게 준수하려고 하니, 주어진 업무조차 제대로 수행하지 않는 도덕적 해이를 가져올 수도 있다. 업무수행을 최소한만 함으로써, 국가사회에 불편함을 초래하거나 귀중한 혈세를 낭비한다. 이를 감사원에서는 '무사안일' 행정으로 명명하는데, 그 유형은 다음 네 가지가 있다(박천오, 2016:11-12).

- 보신적: 자리보전을 위하여, 적당하게 일을 처리하는 행태
- 형식적: 규정이나 절차를 지나치게 중시하거나 얽매여서 상황에 적절한 대응을 하지 못하는 행태
- 권위적: 상관의 권위에 맹종하여 계서제 질서에 지나치게 순응하고, 부하나 민원인에게도 적당히 대하는 행태
- 자의적: 자기 조직이나 자신의 입장이나 이익을 우선시하여 업무처리를 합리적으로 하지 않는 행태

공직자가 자신의 자리를 보전하기 위해 소극적 업무처리를 하여 적발된 경우가 많다. 권위적, 자의적 무사안일 행태는 기본적으로 관료의 부적절한 특권의식에서 비롯되는 것이라 해석할 수 있다.

생텍쥐페리가 쓴 『어린왕자』에는 권력만 추구하는 사람(왕), 허영심 많은 사람, 술꾼, 돈만 추구하는 사람(사업가), 매일 똑같은 일만 반복하는 사람(가로등 점등인), 현실을 모르는 사람(지리학자)이라는 유형의 인간이 나온다. 관료가 상대하

는 민원인들이 이런 다양한 유형의 사람이다. 그러나 매일 주어진 일만 하는 '가로 등 점등인'은 대표적인 관료주의적 행태를 나타내는 표현이라고도 할 수 있다.

이런 무사안일 행태에서 벗어나 실제 행정현장에서 적극적으로 행정의 목적을 달성하는 것이 윤리적 태도이다. 비록 직급이 낮더라도 '자신이 하고 있는 일이 매우 중요하다'고 인식하는 것이 적극행정을 하게 만드는 결정적 요인이 된다. 사례를 통하여 귀납적으로 추출한 적극행정의 종류를 보면 업무추진방식에 관한 것과 서비스의 효과를 높이는 두 가지 유형이 있다(원혜연 외, 2024: 203-204).

공무원이 업무를 추진하는 방식 면에서 관료적 답습주의에서 벗어나서 적극적으로는 해야 한다. 예컨데, 새로운 것을 발굴하는 것, 성과를 고도화하는 것, 불편을 해소하는 것, 선제적으로 대응하는 것, 협력을 강화하는 것, 규정을 우회하는 것 등이 있다.

행정서비스의 성과와 효과를 높이려 노력하는 것이 적극행정이다. 예컨대, 서비스를 홍보하는 등의 방법으로 이용률을 더욱 높이는 것, 내부과정을 효율화하여 업무효율성을 높이는 것 등이다.

우리나라 나름대로의 윤리체계를 만드는 것은 한 차원 높은 윤리 접근방법이다. 예컨대 공직자의 자부심을 고양시키고, 고위공무원에게는 엘리트 의식을 심어주는 것을 생각할 수 있다. 근거 없는 자만심이나 교만심을 갖는 것과는 다르다. 엘리트들이 남에게 창피함을 더 느끼고 더 큰 체면의식을 가지는 것은 윤리적 관료를 만드는 데 도움이 된다. 즉, 역사적으로 관료란 국가를 이끄는 막중한 책임자로서 보통사람과 다른 모범을 보여야 한다는 '공직관'을 부활시키는 방법이 있다. 엘리트의식이라는 것은 관직에 들어온 이상, 사회로부터 일종의 특권을 부여받은 것이기 때문에 사회에 환원해야 하고, 이제 더 이상 국가로부터 얻을 개인적 이익은 없다고 보는 의식이다. 관료란 국가를 이끄는 막중한 책임자로서 보통사람과 다른 모범을 보여야 한다는 '공직관'을 부활시키는 방법이다. 이러한 관직의식이 곧 공직사회의 윤리적 상태를 제고시킬 수 있다.

반면에, 정치적 이유로 '관료후려치기'와 같은 방법으로 공무원의 자부심을 해치지 않아야 한다. 개발도상국에서는 법체계의 미비 때문에 관료부패가 생긴다면, 선진국에서는 너무 많은 법규범 때문에 무사안일로 행정을 마비시킬 가능성이 크다. 규제가 중첩적으로 이뤄져, 관료들이 법규만 찾으면 항상 복지부동할 수 있는 도피구가 있을 정도이기 때문이다. 이것은 진정으로 행정의 도움이 필요한 국민들을 외면함으로써 국민들에게 행정부담(administrative burden)을 증가시킨다.

주어진 재량권을 적극 활용하여 행정의 문제를 해결하려 하는 것이 아니고,

오히려 자유로부터 도피를 하는 것이다. 이것이 현대 한국사회관료의 '행정적 악'
이 아닌가 한다. 문제를 스스로 찾아서 해결하는 진정한 엘리트의식을 갖고, 적극
적으로 행정윤리를 실현시키려는 노력이 필수적인 것이 이러한 이유에서이다. 즉,
무사안일은 '선진국형 비윤리'라고 할 수 있다. 결국 선진국이든 후진국이든 부패
문제의 해결을 비롯한 윤리의식의 고양은 정부경쟁력의 근본적 향상을 위한 필요
불가결한 요인이다.

제3절 사회자본과 정부신뢰

I. 사회자본의 중요성

국민들 간에 상호신뢰하여 협력하는 나라와 서로 시기, 질투, 갈등하는 나라
의 미래는 천양지차로 달라진다. 사회구성원들이 공동체의 문제를 해결하는 데
적극적으로 참여하는 사회의 조건 또는 특성을 마치 개인이 가진 자본과 같이 보
는 것이 '사회자본(Social capital)'이다. 사회적 자본은 인적 자본(Human capital)
과 밀접하고, 자연자원, 경제적 자원, 인적 자원과는 매우 다르다. 사회자본은 사
람들 사이의 협력을 가능케 하는 한 집단의 회원들 사이에 공유된 비공식적인 가
치 또는 규범 내지는 심리적 상태이다.

이 개념을 처음 주장한 Putnam(1995)은 네트워크, 규범 그리고 사회적 신뢰
와 같은 사회적 특성을 주목한다. Fukuyama(1997)는 사회자본 중 사회 내에 존재
하는 신뢰를 중시한다. 신뢰는 종교, 전통, 또는 역사적 관습 등과 같은 문화적 메
커니즘에 의해 생겨나고 전파되기 때문에 다른 형태의 자본과는 다르다고 주장한
다. 이들 학자들은 모두 사회 전체를 추상적 존재로 보고, 일반적 개념 혹은 정치
적 개념으로 사회자본을 보고 있다.

신뢰는 사람들의 머릿속에 있는 심리적인 상태이지만, 그것이 공유됨에 따라
그 사회 내에서 각종 인간관계에 필요한 거래비용을 감소시킨다. 상거래를 할 때,
신뢰가 높은 사회에서는 그냥 말로 하면 되지만, 신뢰가 낮은 나라에서는 자세한

계약서도 쓰고, 이를 위반했을 때 해결할 수 있는 제도도 필요하다. 한국은 오랜 민족국가로서 사회자본이 튼튼한 나라였다. 즉, 한민족이라는 강한 공동체 의식이 있었다. 친구끼리 '네가 하는 것은 무조건 믿는다'는 말이나 '의리'와 같은 단어 등이 바로 우리만의 특유한 사회자본이라고 할 수 있었다.

급속한 경제발전과정에서 치열한 경쟁이 심화되었고, 그 결과 불신이 만연하게 되었다. 즉, 발전의 사회적 비용은 그동안 쌓여진 사회자본의 감소 내지 상실이었다. 결과적으로, 이웃 간, 동료 간, 사회구성원 간, 관민 간 불신이 증대되었다. 이것은 곧 우리 사회 전체를 고비용구조로 만들고 있다. 최근 불신을 넘어 분노가 표출되는 상태가 됨은 매우 우려스러운 부분이다.

사회자본은 하루아침에 생기는 것이 아니고, 오랜 기간을 통해 축적되는 것이다. 공공가치가 중시되는 문화가 사회자본을 만드는 하나의 조건이다. 팽이가 쓰러지지 않고 지속적으로 회전하려면 안정적인 회전축이 있어야 하듯이, 그 사회자체의 정신적, 심리적 안정성이 있어야 한다. 회전축을 지탱해 주는 것이 사회적 자본이다.

II. 정부신뢰

1. 정부신뢰의 종류

신뢰는 어떤 대상에 대해 가지고 있는 긍정적 믿음이다. 그때그때마다 일어나는 긍정적, 부정적 사건들에 약간의 영향을 받기는 하지만, 크게 영향을 받지 않고 일정하게 유지되는 마음의 상태가 신뢰이다. 마치 누구에게는 믿고 돈을 빌려주고, 다른 사람에게 그렇지 않듯이, 신뢰는 사회 생활에 중요한 요소이다. 단순한 긍정적 인상을 갖는 것을 넘어서 비록 돈을 떼일지도 모르지만, 믿고 빌려주는 것이 신뢰이다. 신뢰를 행정학에서 본격적으로 사용한 것은 벨기에의 학자 Geert Bouckaert 교수이다.

신뢰는 '누가', '누구'를 신뢰하느냐의 문제에 따라 각각 다르다. 신뢰의 높고 낮은 정도는 그 사람의 감정적 특성, 이성적 특성 및 선천적 특성 등 개인적 차이가 있다(Greg Porumbescu, 2013). 정부신뢰(trust in government)는 국민이 가지는 정부에 대한 믿음의 정도이다. Bouckaert 교수는 주체와 객체를 기준으로 이러한 정부신뢰를 다음 세 가지로 구분한다.

- 정부신뢰(Trust in government): 일반국민들이 자신의 정부에 대해 신뢰하는 정도
- 국민신뢰(Government's trust in people): 정부가 국민(또는 시민)들에게 주는 신뢰의 정도
- 기관신뢰(Government's trust in government): 공공부문 내에서 기관 혹은 개인 간 갖는 신뢰의 정도. 예컨대 입법, 행정, 사법부 간의 신뢰일 수도 있고, 행정부처 내에서 부처 간, 중앙-지방 간, 정부-공기업 간 등의 신뢰 등을 생각할 수도 있다.
- 정치신뢰: 일반국민이 정치인이나 정치제도에 갖는 신뢰의 정도

그림 12-3 | 신뢰의 종류

기호설명: ⟷ 은 기관신뢰를 의미

기관 간 신뢰는 비교적 연구가 덜 이뤄졌다. 윤석열 대통령이 선관위의 선거관리를 신뢰하지 않는 것이 대표적인 예이다. 사법부에 대한 정부의 신뢰도 저하된 면이 있다. 기재부의 과도한 권력에 대해 타 부처가 신뢰하지 않는 경향도 커지고 있다. 국민이 주인이라는 민주주의적 관점에서는 단지 국민의 정부에 대한 신뢰가 중요했고, 이를 제고하는 방법에 관심이 집중되었다.

정부의 효율성이나 경쟁력이란 관점에서 보면, 위의 네 가지의 신뢰가 모두 높아야 광의의 정부신뢰가 달성됨다. 간접민주주의가 전 세계적으로 결함을 드러내면서 정부신뢰는 중요한 이슈가 되었다. 미국, 영국, 프랑스, 이태리 등 많은 선진국에서도 정부신뢰가 추락하는 경향이 나타나고 있기 때문이다. 신뢰는 민주주의 사상이 보급되고, 국민들의 주인의식이 높아짐에 따라 정부를 움직이는 핵심변수가 되었다. 정부의 경쟁력을 보여주는 주요 요인이 된 것이다.

2. 정부신뢰의 국제비교

한국인의 정부신뢰수준은 다른 나라에 비하여 낮은 편일까, 아니면 높은 편일까. 미시간 대학에서 조사하는 World Value Survey에 의하면 다른 나라에 비하여, 한국인의 정부에 대한 신뢰는 그리 낮은 편은 아니다. 그런데 Fukuyama가 사회전체 수준에서 볼 때 일본은 고신뢰사회, 미시간대학이 한국은 저신뢰사회라고 단정한 것과는 다른 결과이다. 이 차이는 조사 방법상의 문제일 수 있다.

고도 경제성장으로 치열한 경쟁 속에 살아온 한국의 경우 사회적 자본이 낮은 편이다. 군사 정권을 무너뜨리고 서구 민주정치제도로 전환하는 과정에서 겪은 갈등과 양극화 등으로 모르는 사람을 신뢰하지 않는 경향이 있다. 특히, 정치신뢰가 낮은 편이고 관료에 대한 신뢰는 상대적으로 높은 편이다. 미시간 대학이 행정관료에 대한 신뢰와 국회에 대한 신뢰를 각국 국민에게 설문조사한 결과를 그림으로 보면 〈그림 12-4〉와 같다.

그림 12-4 | 관료에 대한 신뢰와 의회에 대한 신뢰

    추세선에서 볼 수 있는 바와 같이, 대체로 관료에 대한 신뢰와 의회에 대한 신뢰는 비례한다. 한국의 경우(○표시 부분) 의회에 대한 신뢰정도가 관료에 대한 신뢰정도보다 훨씬 낮다. 의원들이 국익보다는 자기 지역구 이익을 더 중시하고, 나아가서 자기 자신의 개인적 이익을 추구하는 모습이 국민들에게는 부정적으로 작용하기 때문이 아닌가 한다. 그리고 사법부(특히 검찰)에 대한 신뢰도 상당히 낮을 것으로 짐작된다. 이러한 것들이 모두 정부 운영에 장애요인이 된다. 의회, 검찰, 사법부의 윤리성을 제고하는 개혁이 필요하다.

    정부신뢰는 정부정책의 집행 시 순응(compliance)에 영향을 미친다. 신뢰가 높을수록 서로 소통이 잘 되고 정책을 용이하게 결정하고, 집행할 수 있다. 정책순응도가 높아지면 정부가 쉽게 정책목표를 달성할 수 있을 것이고, 결과적으로 정부신뢰를 높일 것이다. 반대로 신뢰의 정도가 낮을수록 서로 의심하고, 순응하지 않는다. 일단 정부가 하는 일에 대해서 정부안팎에서 서로 의심하거나 무조건적으로 저항할 것이기 때문이다.

    신뢰를 높이기 위해 정부는 정책홍보에 많은 비용을 쏟아붓는다. 우리나라에서 정치가 과열되고, 사건사고가 터질 때마다 인터넷을 통해 음모설이 유포되는 것은 모두 신뢰의 부족에서 온다. 정부신뢰가 낮은 것은 정부활동의 장애요인임은 두말할 필요조차 없다.

Ⅲ. 정부신뢰의 영향요인

1. 이론적 측면

행정학에서는 일반국민의 행정부에 대한 신뢰를 높이는 방법을 찾아야 한다. 물론 World Value Survey와 같이 사회의 신뢰를 설문조사를 통해 측정하는 것은 많은 문제점을 안고 있다. 정부신뢰에 영향을 미치는 요인은 다음과 같다.

우선 정치가 정부신뢰도에 영향을 미치는 혼란변수이다. 국민에게 '정부'는 곧 정치인으로 대변되어 인식되는 경향이 있다. 여론조사로 신뢰도를 물어 보면 응답자는 대체로 가시성이 높은 대통령, 국회의원 등 정치인들의 인기도, 정치 스캔들 등에 영향을 받아 답하는 경향이 있다. 즉, 고위 공직자들의 일탈행위는 국민들이 공직사회 전체에 대한 윤리적 수준을 판단하고 신뢰하는 데 결정적으로 작용한다. 정부신뢰는 그 나라의 민주화 정도는 물론이고, 당시 집권당의 지지도 등에 상당한 영향을 받는다. 국민들은 '정치'와 '행정'의 차이를 잘 구분하지 못하기 때문이다. 이는 단지 국민들이 접하는 정보의 부족 때문만이 아니고 실제로 양자는 업무상 매우 밀접히 연결되어 있기 때문이기도 하다.

정부 신뢰를 높이려면, 정부가 일을 잘해야 한다. 행정부가 제공하는 서비스에 대한 만족도가 정부신뢰에 영향을 미치기 때문이다. 여기서 공공서비스란 대중교통, 인허가 등 좁은 의미의 서비스뿐만이 아닌, 안보, 국가이미지 등과 같이 좀 더 포괄적인 개념이다. 국민들은 공공서비스를 통해 행정부에 대한 직접·간접적 접촉을 경험하고, 이를 바탕으로 정부에 대한 신뢰를 형성한다.

행정서비스 만족도를 측정하는 설문지 방식이 가지는 문제점도 많다. 공공서비스는 다수의 국민에게 만족도를 물어보는 방식으로 측정되는데, 대부분의 응답자는 실제로 중앙부처를 방문하거나 서비스를 이용한 직접 경험이 없다는 데 문제가 있다. 응답자들은 매스컴의 스캔들 보도 등 여러 요인에 의해 이미 행정에 대해서 부정적인 인상을 가지고 설문에 응답하는 경우가 많다. 정치성향에 의한 선입견이 행정서비스 만족도를 평가할 때 낮은 점수를 주도록 영향을 미친다. 행동행정학의 연구에 의하면, 긍정적 선입견(positive bias)이 있는 사람에게 더 긍정적 정보가 추가될 때 증가되는 만족도 개선의 크기는, 부정적 편견(negative bias)을 가진 사람에게 추가적으로 부정적 정보가 주어졌을 때 가져오는 서비스 불만족도 증가보다 작다(Olsen, 2004). 즉, 부정적 선입견이 미치는 영향력이 긍정적 선입견에 미치는 것보다 크다.

심리적 기대감도 정부신뢰조사결과에 영향을 미친다. 기대이론은 공공서비스의 수준이 높을수록 기대수준이 더 올라간다(Greg Porumbescu, 2013). 시간적 안목에서 볼 때, t_1 시점에서 아무리 정부가 높은 품질의 서비스를 제공해도 t_2 시점에서 가지는 기대수준이 올라가기 때문에 국민들의 정부신뢰는 비례하여 증가하지 않을 수 있다.

신뢰는 심리적 상태이기 때문에 복잡한 메커니즘이 작용한다. 정부를 신뢰할 때는 정부에 대한 정보를 가지고 합리적인 판단을 하지만, 신뢰하지 않을 때는 관료와의 접촉이나 다른 사람들에게 들은 이야기를 근거로 감정적 판단을 하기도 할 것이다. 신뢰는 개인적 성향 차이가 있을 수 있다. 남을 잘 믿는 사람이 있고, 계속 불신하는 경향이 있는 사람도 있다. 타고난 성격적 요인이 작용하는 것이다. 아울러 그 사람이 살아온 오랜 과거의 경험이 누적되고, 사회화된 결과이기도 할 것이다.

2. 실제적 측면

해방 후 짧은 기간에 민주화와 근대화를 이루는 과정에서 정부의 역할이 컸다. 서구 어느 나라와 비교해도 우리 행정의 수준이 그렇게 열악하지 않음에도 불구하고, 정부에 대한 신뢰는 여전히 낮은 편이다. 많은 격변기를 겪으면서 국민들이 정부를 신뢰하지 않는 경향이 생겨나지 않았나 생각한다.

정부신뢰가 낮은 이유는 행정의 실제보다는 담론 수준에 관한 것이기도 하다. 예컨대 신공공관리론 등 시장지향적 행정개혁이 공공부문을 희생양으로 하였다(오석홍, 2005). 경쟁성, 능률성, 생산성, 수익성과 같은 기업적 규범을 공공부문에서도 중요한 가치로 강조하고 있지만, 대표성, 책임성, 평등성, 불편부당성, 공개성, 대응성, 정의 등 공공부문에서만 주로 강조되는 기준들이 폄하되고 있다.

기업인과 규제론자들을 중심으로 정부역할에 대한 폄하로써 시장주의자들의 영향력이 커지고 있다. 정부역할이나 공공부문이 해야 하는 영역을 최소화하고 시장이 이를 대치해야 한다는 생각이 점점 설득력을 얻고 있다. 특히 규제완화론자들은 정부실패를 과장하며, 정부역할 자체의 축소를 주장한다. 이것은 정부신뢰를 저하시키는 중요한 요인이다. 즉, 경영의 잣대로 행정을 재단하는 풍조가 만연해 있고 시장을 미화하는 경향도 일조하고 있다.

일부 공직자들의 극단적 비윤리성과 무책임성이 국민들의 신뢰에 큰 영향을 미친다. 일부 일탈자들의 행태가 곧 정부 전체의 신뢰에 영향을 미친다. 또한 행정책임에 관한 전통적 문제인 관료적 권력, 기능적 복합성, 사회적 고립, 비밀주의, 언론통제, 정치적 억압 등이 빚어낸 문제들이기도 하다. 무책임한 사람들이 여러 가지 스캔들을 일으킬 때마다 매스컴이 정부 전체의 신뢰문제로 확대시키고 있는 것이다. 이런 것들이 국민들의 뇌리에 축적되어 정부신뢰를 이와 같이 극히 저조한 상태로 만든 것이다.

정부신뢰를 단시일에 회복시킬 수 있는 마술방망이는 존재하지 않는다. 오히려 국민들의 기대수준이 올라감에 따라 신뢰는 점점 낮아질 수밖에 없을지도 모른다. 그럼에도 불구하고 가장 중요한 것은 사회적으로 공공성의 재확립과 윤리성의 회복이 필요하다는 것이다(Chapman, 1993: 155-171).

설문조사에서 정부 신뢰가 낮은 이유를 방법론적으로 설문 문항에서 찾을 수도 있다. 한국어는 영어의 trust와 달리 '신뢰하느냐'는 질문에 '싫어하지 않는다' 정도의 감정일 때도 긍정적으로 답하기 때문에 변별력이 낮을 수 있다. 정부신뢰와 정부불신이 동일 차원의 개념인지 여부도 고민할 필요가 있다. 우리나라의 경우, 신뢰보다는 불신이 큰 것 같고, 따라서 우선 정부불신을 감소시키는 것이 중요하다. 강혜진·이하영(2021)의 연구에 의하면, 정부신뢰와 불신의 결정요인은 '여당의 지지여부'이다. 즉, 정치가 가장 중요한 요인이다. 좀 더 세분해보면, 정부신뢰에는 정부의 능력 그리고 윤리성이 모두 중요한 반면, 정부불신에는 정부의 부패가 중요하다.

정부신뢰는 오랜 시간을 통해야 축적될 수 있지만, 정부불신은 하루아침에 커질 수 있다. 국민을 위한 정부가 정파적 이해관계에서 벗어나 일반국민의 행복을 추구할 때, 정부(행정)신뢰가 쌓이는 것이다. 투명성, 참여, 절차준수 등이 그 수단이 될 수 있다.

참고문헌

강신택(2013). 「행정사상과 연구의 논리: 한국행정의 역사적 맥락에서」. 서울: 조명문화사.

강혜진·이하영(2021). "정부신뢰와 불신의 메커니즘에 대한 탐색적 연구". 「한국정책학보」 30(2): 49-72.

김영명(1991). "행정철학의 개념 및 접근방법에 관한 연구". 「한국행정학보」 24(3): 1355-1372.

김충남(2006). 「대통령과 국가경영: 이승만에서 김대중까지」. 서울: 서울대학교출판부.

김택(2017). "경찰부패 인식도 연구: 경찰공무원을 중심으로". 「한국부패학회보」 22(1): 55-72.

남궁근(2007). "사회자본의 형성과 효과에 관한 경험적 연구의 쟁점". 「정부학연구」 13(4): 297-325.

박정희(1962). 「우리 민족의 나갈 길: 社會再建의 理念」. 서울: 東亞出版社.

박흥식(2003). "행정윤리 접근법의 모색: 이기주의적 시각". 「한국행정학보」 37(2): 211-225.

엘리너 오스트롬(윤홍근 외 1명 역)(2010). 「공유의 비극을 넘어(Governing the Commons: The Evolution of Institutions for Collective Action)」. 서울: 랜덤하우스코리아.

오석홍(2005). 「행정학의 주요이론」. 파주: 법문사.

_____(2007). 「행정학」. 서울: 박영사.

원혜연·이하영·이수영(2024). "중요사건기법을 활용한 적극행정의 영향요인 탐색: 성공·실패 사건의 비교를 중심으로". 「한국행정학보」 58(2): 189.

이명석(2001). "신공공관리론, 신거버넌스론, 그리고 김대중 정부의 행정개혁. 「한국행정학회 학술대회 발표논문집」. 305-321.

이수인(1989). 「한국 현대정치사」. 서울: 실천문학사.

이장규(2014). 「대통령의 경제학」. 서울: 기파랑.

임도빈(2002). "행정윤리관의 분석틀 모색: 서양철학이론을 중심으로". 「행정논총」 40(3): 69-95.

_____(2003). "한국 공무원의 윤리적 특성에 관한 연구". 「행정논총」 41(2): 1-29.

_____(2007). "관료제, 민주주의, 그리고 시장주의: 정부개혁의 반성과 과제". 「한국행정학회」 41(3): 41-65.

_____(2008). "역대 대통령 국정철학의 변화: 한국행정 60년의 회고와 과제". 「행정논총」 46(1): 211-251.

_____(2025). 「비교행정학」. 서울: 박영사.

임도빈·유민봉(2023). 「인사행정학: 정부경쟁력의 관점에서」. 서울: 박영사.

임의영(2010). "공공성의 유형화". 「한국행정학보」 44(2): 1–21.

정성호(2010). "거버넌스가 경제성장에 미치는 영향". 「한국행정연구」 19(3): 171–202.

정용덕(2003). 「현대국가의 행정학」. 파주: 법문사.

_____(1996). "미국의 행정(학) '무국가성'이 한국의 행정(학) 발전에 미친 영향". 「행정논총」 34(1): 33–50.

차세영(2011). "조선초기 중앙행정기구의 네트워크 구조에 관한 연구: 사회연결망 분석을 중심으로". 서울대학교 행정대학원 석사학위논문.

최태현·정용덕(2020). "적극행정의 철학적·윤리적 토대의 검토". 「한국행정연구」 29(1): 1–30.

토머스 모어(황문수 역)(2008). 「유토피아」. 파주: 범우.

폴라니(홍기빈)(2009). 「거대한 전환(The Great Transformation)」. 서울: 길

플라톤(이환)(2014). 「국가론」. 돋을새김.

Badaracco, Joseph L. (1997). "The Internet, Intel and the Vigilante Stakeholder. Business Ethics." *A European Review* 6(1): 18–29.

Buchanan, James M., & Gordon Tullock (1962). *The Calculus Of consent.* MI: University of Michigan Press.

Chapman, Richard A. (1993). Ethics in Public Administration. in Chapaman (Ed). *Ethics in Public Service.* ON: Garleton University Press.

Danny L. Balfour, Guy B. Adams, & Ashley. E. Nickels (2019). *Unmasking Administrative Evil.* NY: Routledge.

Foucault, Michel (1975). *Surveiller et Punir.* Paris: Gallimard.

Frederickson, H. G. (1997). *The spirit of public administration.* CA: Jossey–Bass Publishers.

Fukuyama, Francis (1997). *The End of Order.* London: Social Market Foundation.

Henderson, Gregory (1968). *Korea: The Politics of the Vortex.* MA: Harvard University Press Cambridge.

Hirschman, Albert O. (1970). *Exit, voice, and loyalty: Responses to decline in firms, organizations, and states.* Vol. 25. MA: Harvard university press.

John Rohr (1979). Ethics for Bureaucrats: Laws and Values. In Shafritz, J. M. et al. (Eds.), *Public administration: Classic readings.* CA: Wadsworth.

Kant, Immanuel (1986). *Prolegomena: To Any Future Metaphysics That Can Qualify as a Science.* IL: OpenCourt Publishing.

Klitgaard, R. (1998). *Controlling Corruption.* CA: University of California Press.

Olsen, Asmuns Leth (2015). Citizen (Dis)satisfation: An Experimental Equivalence Framing Study, *PAR* 76(3): 469–478.

Pops, G. M. (1994). A teleological approach to administrative ethics. In T. Cooper (Ed.), *Handbook of administrative ethics* (pp. 157−168). NY: Routledge.

Porumbescu, Gregory A. (2013). "(An) assessment of the impact of citizens' use of e−government and online mass media on their levels of trust in government." 서울대학교 행정대학원 박사학위논문.

Putnam, Robert D. (1995). "Tuning In, Tuning out: The Strange Disappearance of Social Capital in America." *PS: Political Science & Politics* 28(4): 664−683.

Rand, Ayn (1986). *What Is Capitalism? Capitalism: The Unknown Ideal.* NY: Signet Publishing.

Shamsul Haque (2001). "The Diminishing Publicness of Public Service under Current Mode of Governance." *PAR* 61(1): 65−82.

Smart, J. J. C. (1961). *An outline of a system of utilitarian ethics.* VIC: Melbourne University Press on behalf of the University of Adelaide.

Van de Walle, S., & Bouckaert, G. (2003). "Public service performance and trust in government: the problem of causality." *International Journal of Public Administration* 26(8−9): 891−913.

Walzer, Michael (1983). *Spheres of Justice: A Defense of Pluralism and Equality.* NY: Basic Books.

정부의 경쟁력

지금까지 우리는 팽이모델을 이용하여 한 나라 행정의 모습을 그려보았다. 이번 장에서는 팽이모델의 어느 한 부분이 아닌, 팽이의 전체를 다룰 것이다. 미국이나 중국과 같은 초대형 팽이가 옆에서 돌고 있고, 간혹 이들 간 팽이싸움이 벌어진다. 즉, 정부 간 치열한 경쟁이 이뤄진다. 과거보다 전쟁의 위험성은 낮아졌지만 동력을 잃지 않고 계속 돌아야 살아남을 수 있다.

　　팽이싸움에서 이기려면, 팽이가 강력한 추진력으로 돌아야 한다. 이 추진력이 정부경쟁력이다. 우선, 다른 팽이보다 모양도 좋고 단단해야 한다. 단군 이래 최대의 역사적 번영을 누리고 있는 우리나라의 경우, 그동안 상대적으로 경쟁력 있는 팽이였다고 하겠다. 1960년대 이후 한국정부의 경쟁력은 놀라울 정도로 높아졌다. 하지만 이제는 그 성장모델이 한계에 부딪힌 듯 많은 문제가 드러나고 있다. 현재 우리가 안고 있는 문제를 악순환모델로 설명하고자 한다.

　　나아가서 악순환모델의 문제를 해결하기 위해서 어떻게 해야 하는지를 고민해 본다. 즉, 선순환모델의 본질적인 특징이 무엇인지를 살펴보고, 앞으로의 과제를 고민해 보도록 하자.
이를 팽이모델로 도식화하면 아래와 같다.

제13장
정부의 경쟁력

제1절 성장모델의 한계

I. 한국사회의 모순

1960년대 우리나라의 경제발전시기에 정부의 역할은 대단하였다. 당시에는 시민사회가 성숙해 있지 않은 데다 국민 대다수가 절대빈곤층에 속하였기 때문에, 정책집행에 저항을 적게 받으면서 추진할 수 있었다. 특히 박정희 대통령은 경제개발 5개년계획을 기반으로, 효율적이고, 효과적인 행정부를 만들 수 있다. 1차적인 목표는 빈곤으로부터의 탈출이었지만, 정부는 식생활문제 해결에 그치지 않고 사회인프라 구축, 각종 정치·경제제도의 형성까지 점점 다양하게 발전행정을 주도하였다.

민주화 이후에 나타난 역대 정권 역시 유사한 정책을 추진하였다. 적어도 경제성장에 정책의 최우선 순위를 두었다는 점에서 정책의 일관성을 유지하였다. 다만 김영삼 정부 이후 서구식 민주주의 제도의 확립과, 김대중 정부 이후 복지제도의 확립과 같은 정책, 노무현 정부 이후 사회적 형평성 정책 등이 점점 부가적으로 추가되었을 뿐이다. 만약 경제성장에만 국한시켜 말한다면, 우리 정부의 경쟁력은 세계 최고였다고 해도 과언이 아닐 것이다. 실제로는 관료주도이면서, 외형적으로는 다양한 행위자를 참여시키는 방법도 사용하였다(윤견수·박진우, 2016).

그런데 경제발전 과정에서 겪은 급격한 산업화는 많은 문제점을 누적시켰다. 시간을 갖고 내실을 다지기보다는 시간에 쫓겨 선진국 제도를 따라잡기에 바빴다. 경제성장위주의 발전행정론적 정부경쟁력에 많은 한계점이 노정된 것이다.

우선 모든 면에서 규모가 커지고, 복잡해져서 효과적인 관리가 어려워졌다. 원자력발전소와 같은 각종 사회인프라나 대형 시설물, 자동차와 기차 등의 대중교통 수단 확충이 가져온 안전불감증문제가 대표적인 것이다. 작은 물레방아는 쉽게 관리할 수 있지만, 대형 발전소는 평범한 개인이 관리하기 어렵다. 이런 변화가 행정의 전문성을 요구하게 되었다.

더 심각한 문제는 많은 성과가 과거에 부실한 상태로 만들어졌다는 점이다. 남에게 과시하기 위해 나온 거품도 많다. 예컨대 재난관리가 중요함에도 불구하고, 이를 철저히 예방할 수 있는 설계와 건축이 제대로 되지 않은 경우가 다반사이다. 소위 말하는 '빨리빨리' 문화로 많은 부분이 급속하게 진행되었기 때문에, 우리 사회 곳곳에 위험이 도사리고 있다. 선진국이 쏟은 시간을 절약한 '압축'성장이 가져오는 비용을 혹독히 치를 때마다 행정을 비난하곤 하였다. 수단이나 과정을 중시하지 않은 채 빠른 시일 내의 목표달성 그 자체만을 중요시하던 행정관습이 생겼다.

세월이 흐르면서 그동안 서구 선진국의 것을 거의 모방하다시피 하여 추진하는 것은 우리 사회에 잘 맞지 않는다는 한계를 깨닫게 된다. 행정이 사용하는 법률의 내용을 보면 많은 부분이 일본, 미국, 유럽 등 선진국의 내용을 번역하거나 참고한 것이 많다. 경제규모가 작고 산업화 수준이 낮을 때는 법 규율과 현실 간 괴리가 크게 부각되지 않았고 대충 넘어가도 큰 문제시되지 않았다. 하지만 경제규모와 각종 시설이 늘어나고 우리만의 독특한 사회의 도시화, 복잡화 등이 진행될수록 참고로 할 만한 선진국모델을 찾을 수 없게 되었다.

한국사회의 민주화로 행정의 일방적 주도가 점점 어려워졌다. 시민사회의 성장 등 민주화가 가져온 변화이다. 행정주도형 발전모델은 행정이 목표를 설정하고 관이 주도해 작동하는 체제였는데, 거버넌스에 문제가 생긴 것이다. 이념화된 언론들이 행정의 모든 것을 감시하고, 이의를 제기하며 정치적 이슈화한다. 관료제의 투명성이 증대되고 민주행정체제가 확립되고 있다. 정책과정모델에서 살펴본 바와 같이 과거 내부주도형에서 외부주도형으로 전환이 이루어지고 있는 상황이다.

정책을 산출하는 활동은 거쳐야 할 과정도 많아졌고, 갈등을 조정할 필요성도 높아졌다. 행정부 조직 내부에서 뿐만 아니라 그 외의 정부를 구성하는 법조계, 국회, 언론 등 조직 간의 상호작용이 복잡하게 이뤄진다. 정치권은 큰 사회문제를 해결하기 보다는 갈등을 키우는 역할을 하고, 행정부와 의회 사이에서 경쟁이 일어나며, 이 과정에서 언론이 국민들 간의 상징적 상호작용을 증폭시킨다. 경제규모가 커지고, 기업들이 중요한 경제행위자가 되면서 정부의 존재 자체를 부정하는 시장주의자들, 60년대의 사고를 지닌 보수주의자들과 민주화 이후 등장한 진보주의자들이 각각 목소리를 내며 대립하고 있다. 스마트폰과 같은 ICT가 발달함에 따라 행정조직 내·외부에서 이루어지는 다양한 행위자 간의 상호작용은 실시간으로 여과 없이 전파되고 있다.

요컨대 행정 과정에서 갈등이 많아졌고 소요되는 시간이 현저히 길어졌다. 새로운 행정학은 이런 변화를 담아내야 한다. 전통적 행정학은 공공부문의 문제를 이해하기 위해서 이러한 모델 내에 일어나는 상호작용의 가장 핵심인 관료제 내부 구성원 간의 대면 상호작용에 관심을 기울여 왔다. 즉, 행정 조직의 틀 내에서 구성원, 즉 공무원을 중심으로 일어나는 행위에 주목해 온 것이다. 이제 행정학은 우리나라 전체 사회의 작동과 관료제 내부를 동시에 조망할 필요가 있다.

Ⅱ. 악순환모델의 굴레

1. 한국인의 모순성

한국인의 전통적인 사고방식은 근대적인 사고방식으로 많이 변화하였다. 조선시대의 계급사회가 무너지고 민주사회가 되면서 상대적으로 모든 사람들이 평등하다는 생각을 갖게 된 것이다. 이것은 서구민주주의의 사상이 들어오기 전부터 있었던 우리 한국인 고유의 특성이라고 할 수도 있다.

"배고픈 것은 참아도, 배 아픈 것은 못 참는다"라는 특성으로 말미암아, 급속한 경제성장 속에 모든 것을 남과 비교하는 경향이 생겨났다. 즉, '평등'을 당연한 기본권으로 생각하게 된 것이다. 이에 대해서 이론적으로는 인사행정이론의 Justice theory, 즉 형평성이론으로 설명할 수 있다(임도빈 외, 2023).

다른 한편으로 사람들은 타인과의 경쟁에서 항상 특별한 대우를 받든지, 아니면 남보다 우월하다는 것을 보여주려 한다. 어릴 때부터 학교에서 치열한 경쟁을 하면서, 끊임없이 자기우월성을 증명해야 한다. 사회에 나와 승진, 부의 축적 등을 위해 노력하는 것도 마찬가지이다. 치열한 경쟁상황에서 간발의 차이가 승패를 결정짓기 때문에 초조함과 불안감이 축적되고, 분노로 발산되기도 한다.

변화무쌍한 모습을 긍정적인 의미에서 Dynamic Korea로 표현하기도 한다. 그 이면에는 평등주의와 우월주의가 겹쳐서 분출되는 경쟁의식이 있다. 적어도 물질적이고 가시적인 측면에서는 남과 평등하기를 원하나, 반대로 내면 깊은 곳에서는 경쟁심리가 자리잡고 있어 여건과 기회만 되면 남들보다 우월해지려는 우월의식이 있다. 제로섬 게임에서는 모두가 평등하면서 동시에 우월할 수 없다. 논리적 모순이 있는 것이다. 전체의 파이가 커지는 성장시기에는 제로섬 게임이 아니면 평등과 우월은 공존할 수 없는 논리적 모순이 생긴다. 선진국이 되면서 경제성장은 둔화되고 사회가 안정화되면서, 사람들의 기대 수준은 점점 더 올라간다. 모든 것이 항상 불만족스러울 수밖에 없다.

문제는 이런 불만을 개인차원에서만 해결하려는 것이 아니고 국가에 기대한다는 데 있다. 한편으로는 정부로부터 멀어지고 싶어 하면서, 다른 한편으로는 사회 모든 문제를 해결할 수 있는 존재로서 강력하고 전지전능한 정부를 희망하는 경향이 있다. 마음 속에 과거 섭리주의 국가모델이 자리잡고 있어서, 문제의 원인을 국가로 돌리는 것이다. 자기 자신의 문제뿐만 아니라, 사회에서 일어나는 크고 작은 사건에 대해서도 정부 탓을 하는 것이다. 정부신뢰가 지속적으로 내려가는 이유 중 하나는 이 때문이다.

많은 사람의 마음 속에는 정부가 기능을 축소하고 시장에 맡겨야 한다는 시장주의와 정부간섭주의 간 모순이 존재한다. 큰 사회문제가 발생할 때마다, 시장의 실패를 막지 못한 정부를 탓하면서 정부가 제대로 돌아가길 원한다. 다른 한편으로는 정부가 시장보다 못하니 차라리 손을 떼라는 식의 규제완화론을 주장한다. 어느 누구도 자기의 책임이라는 생각으로 희생해서라도 공공문제를 해결하겠다는 자세를 보이지 않는다. 이런 불만을 정치가 해결하지 못하고, 사람들의 비판은 정부에 집중되어 관료는 '동네북'이 된다.

2. 전략 행위분석(SAA)

행정활동은 국민에게 만족을 주기 위한 것으로, 관료들에게 국민은 환경이자 대상이다. 국민들은 어떤 측면에서는 전통적 규범에 따라 행동하고, 또 어떤 측면에서는 서구문화에 따라 행동하는 이중적인 행태를 보인다. 편의에 따라 취하는 자세가 달라지는 것이다. 표면적으로는 능력주의, 경쟁의 원리에 의해 부와 사회적 지위의 배치가 공정하게 이루어지는 것처럼 보기도 하지만, 많은 국민들은 자신들의 기대에 못미치는 현실에 불만을 갖고 있다. 그러나 국민들의 내면에는 여전히 공동체주의적 요소도 자리잡고 있기 때문에 더 많은 평등을 주장하기도 한다(임도빈, 2007: 6). 결과적으로 정부는 이러한 모순된 욕구를 충족시켜야 한다.

국민들의 평등성과 우월성이라는 서로 모순되는 두 욕구로부터 나타나는 불만을 바로 정부, 좁은 의미의 관료제가 해결해야 한다. 이를 위한 각종 정책을 집행하여 우리 국민의 특성을 보완하자는 요구가 있어 왔지만, 관료제 내부에서도 지위에 따라 상대하는 국민의 층이 달랐는데, 고위층들은 현실에 맞지 않는 제도개혁을 끊임없이 시도하고 있다. 선거 때마다 정치인들은 과감한 개혁을 주장하고, 당선된 후에는 공약 실천 과제를 수행해야 한다.

정치를 비롯한 모든 정부의 활동은 이를 떠받들고 있는 관료제가 수행한다.

관료제 내부의 행정활동을 수평적·기능적으로 분류하여 예산과 회계, 인사, 조직으로 나누어 설명했지만, 수직적으로는 그 위상이나 역할에 따라 고위층, 중위층, 하위층으로 분류해 볼 수 있다. 이 세 가지 유형은 분석대상을 어떻게 정하느냐에 따른 상대적인 것이다. 정부조직 피라미드라는 측면에서 고위층은 대통령, 장관, 단체장 등을 의미하며, 중위층은 시·도 국장급, 군 과장급, 하위층에는 이외 일반 공무원이 해당된다. 기관으로 볼 때, 고위층은 중앙부처와 시·도청 등의 기관, 중위층은 시·군·구청 등의 기관, 하위층은 읍·면·동사무소가 해당한다.

'관청' 개념에 기초한 한국행정기관에서 기관장은 환경(주민, 정책대상)과 연결되는 연결핀(link pin) 역할을 한다. 특히 대통령과 같이 행정조직의 정점에 가까울수록, 시간제약으로 인하여 고위층은 '평등주의'적인 성향이 있는 추상적인 일반국민들과 매스미디어를 통해서 간접적이고 상징적인 상호작용을 한다. 반면에 하위층 관료일수록 우월의식을 가진 구체적인 개인을 상대로 직접적인 상호작용을 해야 한다. 각 행위자들은 나름대로 계산하여 전략적인 행위를 한다.

전략행위분석법은 먼저 행위자(개인 또는 집단)를 규정한 후, 이들이 스스로 의식하여 행동하는 행위(action)를 분석한다.[1] 모든 사람은 자신이 처해 있는 불확실성 영역(uncertainty zone)을 최소화하여 이익을 극대화하려는 속성이 있다. 한편으로는 다른 사람으로부터 불확실성 영역을 줄여 예측 가능성을 높이려 한다. 주어진 제약하에서 동원할 수 있는 물질적, 비물질적 자원과 수단을 활용하여, 자신의 목적을 달성하기 위한 행동을 결정한다.

'전략'이란 개인이 과거에 행동한 것들 속에서 찾을 수 있는 일정한 경향, 혹은 규칙이다. 즉, 일회성이 아닌 성향이기 때문에 연구자는 전략을 파악함으로써 조직과 관련된 개인들 간의 관계를 알 수 있다. 이 관계의 속성은 각자 가진 다른 자원을 가지고 상호작용하는 데서 생기는 권력이다. 상대방의 불확실성 영역을 통제할 수 있는 가능성이 커질수록 권력의 정도는 커진다.

전략행위분석법은 각 행위자들 간 여러 가지 방법으로 자기이익을 극대화하기 위해 협력 혹은 갈등하는 관계를 분석한다. 전략개념으로 공무원의 행동유형과 조직구조적 성격을 규명하면 공적 영역의 사회현상을 이해하는 데 큰 도움이 된다(임도빈, 2004).

먼저, 고위층은 임기와 선거라는 제약요인 속에서 전략적 게임을 하는 행위

---

1 전략행위분석법(Strategic Action Analysis: SAA)은 프랑스의 관료제를 연구한 Crozier 교수가 만들어 낸 것으로 각 행위자들이 자신의 목적을 달성하기 위해 특정한 방향으로 행위하는 경향인 전략을 통하여 조직을 연구하는 방법론이다.

자이다. 임기 동안의 직무수행에 대한 국민들의 평가는 다음 선거에 중대한 영향을 미친다. 다음 선거에서 본인과 소속 정당에 유리하게 만들기 위해 고위층은 임기 내에 가시적인 결과를 내야 한다. 환경과의 관계에서 자신이 가진 정책최종결정권을 행사한다. 고위층은 예산 결정과 집행, 조직 구성, 인사 등에 최종 결재권을 가지는데, 이것은 그들에게 가장 중요한 자원이다. 여론이 악화되는 것은 가장 큰 불확실성 영역이다. 따라서 적극적 행정행위자인 언론과 유기적 관계를 맺기도 하고, 국민 여론 형성에 힘쓴다. 반대로, 위기가 발생했을 시에는 책임을 회피하는 전략을 취한다.

다음으로 중위층은 상하 중간적 존재로서 샌드위치 신세이다. 중위층의 인사권은 고위층이 갖고 있고, 하위층을 관리하며 문제를 해결해야 한다. 중위층은 상하의 압력을 동시에 받기 때문에 실무지식을 바탕으로 고위층을 만족시키기 위한 단기 정책을 개발하고, 하위층에게는 책임을 전가하는 행태를 보인다. 현실과 이상 사이에서 시간을 무기로 처신해야 한다.

마지막으로 '제6장 정책'의 일선 관료(Street-level bureaucracy)의 정책집행에서 다루었듯이, 하위층은 일반 시민들과 끊임없이 상호작용을 하기 때문에 현장감이 풍부한 행위자이다. 이들은 재량권이 적기 때문에 상관의 관료제적 운영에 따를 수밖에 없다. 따라서 민원인이 불만을 제기하게 되면 해결책을 적극적으로 찾기도 하지만 결국 한계에 부딪치게 되기 때문에, 무사안일, 소극 행정으로 대응하기도 한다. 혹시 물의가 일어나면 성적평정에서 낮은 평가를 받아 승진에 불리하게 되므로 보신주의나 최소업무처리 등 수동적으로 대처하는 전략을 취한다.

표 13-1 | 행위자 유형별 전략적 위치

분류	제약	자원	불확실성 영역	전략
고위층	임기, 선거	예산, 조직, 언론	사회문제화	홍보효과 극대화, 책임회피
중위층	중간적 위치	실무지식, 시간	상관, 부하의 불만	단기정책개발, 책임전가
하위층	낮은 직위	현장감	상관의 감독, 민원불만	소극 행정

출처: 임도빈(2004: 441) 수정.

3. 악순환모델

행위자들이 어떤 전략을 구사하느냐에 따라 문제가 일시적으로 해결하기도 하지만, 대체로 근본적인 해결책을 찾지 못하여 모순을 재생산하는 악순환(vicious cycle)을 반복한다.

(1) 거시차원의 악순환

정책과정이라는 측면에서 볼 때, 섭리국가 역할을 수행해야 하는 행정우위모델인 정부는 결정-선언-방어(Decide, Announce, Defend: DAD)라는 특성을 보이고 있다. 거시차원의 악순환은 고위층과 일반국민 사이의 상징적 상호작용과정에서 나타난다. 정부와 국민 사이에는 언론과 SNS가 매개 역할을 한다. 고위층의 기관이나 관료는 상징성(즉, 대외적 체면)을 중시하기 때문에 정책실패를 인정하거나 실패에 따르는 책임을 지려고 하지 않는다. 언어적으로 점점 강한 표현을 쓰고, 같은 문제가 반복하여 발생할 때에는 목표를 상향조정한다. 정책실패로 인식되는 사건이 반복적으로 발생될 때마다 평등의식을 가진 국민들에게 환심을 사기 위해 언어를 통한 상징적 상호작용을 반복한다.

그 예로 개인정보 유출로 인한 대책을 들 수 있다. 국민의 여론이 들끓고 있을 때 정부는 '금융회사 고객정보 유출재발방지대책'을 발표한다. 발표한 대책이 국민의 기대수준을 미치지 못한다는 비난이 일자 '개인정보 불법유통, 활동 차단조치'를 발표한다. 얼마 지나지 않아 또 다시 카드 3사의 개인정보 유출 사건이 발생하였고, 이에 정부는 '금융분야 개인정보 유출재발방지 종합대책'을 발표한다.

조금씩 강한 용어를 사용하면서 여론의 지지를 받으려고 하는 것이다. '나라 바로 세우기', '근본적 대책', '획기적', '전수조사', '발본색원', '적폐', '국가개조' 등과 같이 강한 표현을 찾아낸다. 큰 문제가 생길 때마다, 그리고 유사한 사건이 반복될 때마다 "모든 책임을 지겠다"라고 공언하지만, 실제 사표를 내지 않는 경우가 대부분이다. 해결하겠다는 명분으로 목표와 슬로건은 상향조정되었지만 여전히 근본적 해결책을 찾지는 못한다.

이러한 선언(announcement)은 일시적으로 여론을 잠재우기 위한 수단으로 평가되며 포장만 바꾼 것이 아니냐는 비판을 받게 된다. Brunsson(2019)이 제창한 대로 정치인은 문제가 있을 때마다 말(talk)과 정책결정(decision) 단계에만 머물고, 실제 행동(action)에 들어가는 경우가 적다. 그러므로 공표하는 말(talk)로는 더 강력한 정책을 제시한다. 제도를 바꾸는 노력을 하지만, 행정환경에 적합성이 떨어지는 제도들이 중첩적으로 도입된다(엄석진, 2016). 따라서 정부신뢰는 떨어지고, 그만큼 정부의 경쟁력은 약화된다. 문제는 현실상황은 단기에 크게 달라지지 않는데, 국민들을 안심시키기 위해 더 강력한 정치적 수사(political rhetoric)를 구사해야 한다는 데 있다. 이 와중에서 관료는 항상 희생양이 된다.

(2) 미시차원의 악순환

거시차원에서 고위층이 언론보도를 통하여 일반국민들에게 상징적으로 대응할 때마다 국민들은 실망하기도 하고, 희망을 갖기도 하지만, 결과적으로 행정에 대한 기대수준은 높아진다. 민원인을 접하는 규칙이 존재하는 일반적인 상황에서는 그대로 하면 되지만, 예외적인 경우에 대한 대응성은 부족하기 마련이다. 예외적인 경우에 '규정이 없다'거나 '규정에 따른 것'이라고 하는 정도이다. 고위층이 대외적으로 공표한 것이 일선 관료의 업무에 적용되기까지는 상당한 시간이 지체되는 경우가 다반사이다. 규정을 넘어 민원인들 개개인이 만족하는 수준으로 업무를 처리하기 어려운 때가 많다. 또한 관료제 내부에서는 관료들에 대한 충분한 인센티브도 작동하지 않는다. 느리게 변화하는 행정과 접촉하게 될 때 체감하는 불만족은 그만큼 더욱 커진다.

그림 13-1 | 악순환모델

출처: 임도빈(2007: 23).

민원인이 불만을 제기했을 때 이를 원만히 해결한 관료는 조직 내부에서 우대받을 수 있지만, 물의를 야기하게 되면 인사상의 불이익을 받을 수 있기 때문에 누구도 특수한 민원을 처리하기 위해 발 벗고 나서려 하지 않는다. 더군다나 최근에는 인터넷 언론이나 국민 신문고를 통해 민원을 정보교류가 실시간으로 이뤄지기 때문에 관료들은 더욱 보수적으로 업무를 처리하려는 경향이 커진다. 관료들의 보신주의로 인해 재량권 행사를 적극적으로 하려고 하지 않기 때문이다(조원혁, 2012).

고위직과 하급직 사이에 낀 중위직이 하는 일은 시간끌기가 대부분이다. 현실과 이상 간의 괴리를 단숨에 해결할 수는 없기 때문이다. 일단 현황 파악을 하기 위해서 조사, 각종 회의, 해외사례 조사, 공청회, 전문가 자문 등을 한다. 전문가에게 연구용역을 발주하기도 한다. 이와 같이 '쓸데 없는 일'에 시간을 보내다 보면, 문제는 그대로 있는데 여론의 관심은 줄어든다(노한동, 2024: 148-158).

국민들은 미시적 악순환 고리 속에서 살면서, 거시적 악순환 고리 수준에서 생각하며 비판한다. '공정성'이란 잣대로, 자기 자신의 일에는 우월주의, 다른 사람과의 관계에서는 평등주의를 내세운다. 즉 소위 '내로남불' 식으로 행동하는 사람이 많다. T_1에서 T_2로 시간이 흐르면서, 현실은 획기적으로 개선되지 않을 뿐만 아니라 간혹 더 악화되는 경우도 있다.

제도와 규제는 더 복잡하게 발달하고, 외형적인 것은 달라진 것처럼 보이는데, 실제 관료들의 문제해결력은 기대수준에 비하면 오히려 부족하다. 거시게임에서, 큰 사건이 터질 때마다 유사한 것이 재발하지 않도록 개혁을 했다고 발표하는데, 미시게임에서 보는 현실은 변화가 느리다. SNS로 찬반의 댓글이 각각 양산되면서, 공정성에 대한 의심은 더욱 커진다. 불만과 갈등이 증폭되어 간다.

국민들 각자가 하고 싶은 일을 마음껏 할 수 있도록 해주는 행정을 구현하는 데에는 너무나 한계가 있다. 국민의 기대수준은 점점 올라가는 데 비하여, 많은 민원인들이 느끼는 미시게임에서의 만족도는 그러하지 못하다. 이 미시게임과 거시게임이 교차되면서, 선거 등 정치적 기회가 오면 불만과 분노가 표출되는 악순환이 반복된다. 큰 위기가 있을 때마다 많은 사람들이 시위에 참여하는 광장 정치가 이뤄지는 이유이다(Kim. P. et al. 2022).

Ⅲ. 선순환모델을 향하여

1. 악순환모델의 한계

이렇게 악순환모델이 작동함에도 불구하고, 우리나라가 그동안 발전을 해 올수 있었던 이유는 무엇일까? 그 근본적인 원인은 경제의 고도성장에 있다. 공공부문을 비롯하여 민간부문도 커지고, 모든 파이(pie)가 커졌기 때문에, 이런 악순환과정이 있음에도 불구하고 한국사회 전반적인 상태는 향상되었다. 세계 어느 나라 보다도 더 빠른 성장을 했기 때문에, 개인들에게 더 많은 기회가 돌아갔고, 행정이 요구를 일부 충족시키지 못해도 악순환모델은 작동하였다. 그동안의 발전은 나라 전체의 경제가 발전함에 따른 자원의 증가 때문이기도 하고, 시간의 흐름에 따른 성숙효과인 경우도 많다. 상징적인 것과 실질적인 것이 엇박자로 돌아가며 그나마 전체적으로는 발전되는 양상을 보여 왔다.

악순환모델이 한계를 드러내는 원인은 성장이 둔화되었고, 사회가 복잡해졌기 때문이다. 국제화, 탈국가의 자본주의 발전과 ICT 활용으로 국민들의 생각은 행정에서 점점 멀어지고 자율성을 가지려는 원심력이 커진다. 의식과 기대하는 수준이 증가하는 속도와 실제 현실의 발전속도 간 차이가 발생하기 시작한 것이다(〈그림 13-2〉의 실선). 기대와 현실 사이의 차이가 커지면 커질수록 불만은 높아지고, 이 불만의 화살은 정부부문, 즉 관료제에 돌아가게 되었다.

그림 13-2 ┃ 선순환으로의 전환

또 하나의 원인은 바로 민주주의 제도의 발전이다. 과거의 권위주의 세계에서는 이런 불만을 표출할 기회와 메커니즘도 없었고, 또한 국민들의 주권의식도 거기에 상응하지 않았다. 민주주의적 사고가 발전하고, 인터넷, 스마트폰 등 정보통신수단이 발달하면서 이런 불만이 표출될 기회도 많아졌고, SNS를 통해 빨리 전파되게 되었다. 하지만 현실개혁은 느리게 진행되고 개선된 각종 제도도 현실의 다양성을 충분히 담아내지 못하고 있다(엄석진, 2016). 시간적 관점에서 볼 때, 발전속도의 기대수준과 현실의 차이가 점점 커지면서 개혁을 개악으로 인식하는 한계점에 이르게 된 것이다. 슈퍼 부자가 생기는 동시에 노숙자가 양산되는 극단적 양극화가 일어나고, 헬 조선으로 분열되어 가고 있다(임도빈, 2022: 19-23)

2. 선순환모델의 요건

악순환모델을 선순환모델로 바꾸려면, 현실세계에서 먼저 변화(개혁)가 일어나야 한다. 이때 새로운 세대의 등장과 AI, Big data와 같은 변화도 충분히 고려해야 한다(임도빈, 2023b: 548-557). 겉핥기 개혁이 아니라 진정한 문제해결이 일어나야 하고, 그렇기 때문에 과거보다 시간이 더 걸린다. 다음으로 개혁이 집행되는 것보다 좀 시차를 두고 기대가 올라가야 한다. 즉, 개혁과 기대 간의 시간차이가 중요하다.

무엇보다 국민 각자가 남을 탓하기 전에 자신의 역할에 충실해야 한다. 자기 자신의 역량을 파악하고, 욕심을 줄여야 한다. 평등주의와 우월주의의 모순적 성격보다는 남의 장점을 인정하는 포용력이 필요하다. 편협하고 단기적인 안목에서 남을 누르려는 잘못된 경쟁심보다는, 정정당당하게 이기려는 공정한 경쟁심이 생겨야 한다.

양적인 사회 발전과 더불어 질적인 변화가 필수적이다. 경쟁의 중심도 남보다는 자기 자신으로 바뀌어야 한다. 경쟁심은 다른 사람을 이기려는 '대인적' 경쟁심과 자신의 목표를 설정하여 이를 달성하려는 '자기계발적' 경쟁심이라는 두 가지가 있다. 운동선수가 상대선수를 염두에 두고 그를 이기려고 노력하는 것과 운동자체에 흥미를 느끼고 자신의 기량을 늘리려는 경우가 있을 수 있다. 양인(2016)의 연구에 의하면, 자기계발적 경쟁심이 대인적 경쟁심에 비해 '성취감'에 더 큰 영향을 미친다고 한다.

기대수준을 낮춰야 한다. 모든 것을 조급하게 생각해서 남보다 빨리, 남보다 더 많이 가지려는 욕심을 줄이고, 현실에 만족하고, 물질적인 것보다는 행복, 정신건강 등 비물질적인 측면이 더 중요함을 깨닫는 것이 필요하다. 결국은 비정상적인 허위의식이나 위선의식을 버리고 실제에 충실하는 것과 같은 모습이 필요한 것이다. 기대를 낮춘다는 것이 포기하자는 것은 아니다. 그동안 성장기에 가졌던 과도하고 비현실적인 기대수준을 낮추자는 것이다. 정부가 전지전능하지 않고, 할 수 있는 일에 한계가 있으며, 시간도 걸린다는 점도 인정해야 한다.

물론 아직까지 우리 경제수준이 세계적으로 최고수준의 선진국 대열에 올라가지 못했기 때문에, 경제 분야뿐만 아니라 다른 모든 부문의 발전도 계속되어야 된다. 경제성장이나, 기타 사회 발전의 둔화를 숙명으로 받아들이지 않고, 어떻게 하면 이를 계속해서 발전시키느냐도 정부가 생각해야 할 가장 큰 과제 중에 하나가 될 것이다. 사회를 앞서가는 공적인 리더가 필요하다. 과거에도 어려움의 고비마다 시대를 앞서가는 비전을 가지고 온갖 장애물을 극복하고 개혁을 이룬 남덕우, 이헌재, 이어령, 정근모 등 지도자가 있었다(임도빈, 2025a).

나아가서 사고방식을 바꾸는 것이 필요하다. 시간적 측면에서 볼 때는, 장기적 안목에서 행동하고 사고하는 것이 필요하다. 또한 빨라야 하는 것은 더 빠르게, 필요에 따라 느려야 하는 부분은 더 느리게 조화를 이루도록 하여야 한다. 현재의 한국 사회는 모든 것이 빨리빨리, 즉 느린 것이 좋다는 생각이 들지 않도록 작동을 하고 있지만, 어떤 정책 분야나 국민의 삶에 있어서 어느 부분은 오히려 느린 것이 중요하다는 것을 깨달을 필요가 있다.

지식과 정보의 축적과 활용이 행위자를 더욱 합리적으로 만든다. AI와 Big data로 과학적 분석을 통한 문제파악과 대안모색이 용이해졌다. 이를 실시간으로 공유하면 정부의 투명성이 증가하고, 그만큼 DAD모델이 작동할 여지가 줄어들 것이다.

3. 행정적 전문성

그동안의 근시안적이고 인기영합적인 개혁 패러다임을 버리고, 미래 사회의 변화를 선제적으로 대응하는 예방국가(Preventive State)가 되어야 한다. 미래 한국 사회의 도전은 정치, 경제, 사회, 문화 등 모든 면에서의 양극화이다. 이를 위해 장기적이고 전략적인 시각에서 진정성 있는 행정개혁을 해야 한다. 실효성 있는 개혁을 반드시 적기에 추진해야 한다. 예를 들어 교육은 백년대계라고 하는데 교육정책이 DAD 방식으로 매년, 혹은 정권마다 바뀌는 것은 좋지 않다. 빠른 시일 내 문제를 처리하고 싶어하는 정부와 일반국민의 욕구를 모르는 바는 아니다. 하지만 이제는 무조건 빨리 바꾸어 버리는 것이 능사는 아니라는 것을 명심해야 한다. 장기적으로 볼 때 조금씩 바꾸면서도, 단기적으로는 변화를 못 느낄 그런 정도의 접근 방식이 '빈수레가 요란하다'는 식의 개혁보다 더 낫다. 또한 그동안에 법적 제도, 외형적인 것을 바꾸는 것을 가장 중요시하였다면, 이제는 비가시적인, 문화적·심리적·성격적인 측면을 바꾸는 것에 중점을 두어야 할 것이다.

정치가 과열되고, 정치문제를 사법기관에 넘기는 일이 생기고, 그 결과 사법부의 신뢰도 저하된다. 역대 대통령이 임기 후 불행한 시간을 보냈고, 탄핵 소추도 3번이나 이뤄진 점도 깊이 생각해야 한다. 대중사회에서 포퓰리즘에 의한 정치는 악순환모델을 강화시키는 요인이다. 한국인의 조급성 때문에 여론의 관심이 집중되면 정부는 빠른 시간 내에 해결 방안을 제시해야 한다. 때문에 어떤 이슈가 부각되었을 때 정부는 해결방안을 충분히 탐색하지 못한 채 성급하게 정책을 입안하고 이를 매스컴에서 대대적으로 보도하지만, 실제로는 비슷한 문제가 반복적으로 발생하는 악순환의 늪에서 벗어나지 못하는 것이다. 특히 관료뿐만 아니라, 언론과 정치인들의 윤리의식이 많이 제고되어야 한다.

행정개혁은 가능한 관료 자신들도 미처 모를 정도로 천천히 개혁을 하여, 저항감이 없을 정도로 차근차근 추진해 나가야 한다. 관료제 개혁이 너무 언론에 노출되면, 훌륭한 관료들의 자존심도 상하고, 개혁대상인 관료들은 개혁의 대상이 되지 않으려고 대책을 세우게 되기 때문이다. 특히 관료들의 재량권이 증대되고, 그들의 자부심이 고취되어야 한다. 고위직의 책임의식이 커져야 한다.

외국제도를 단순모방하고, 서류작업만 과다하게 되는 데서 오는 개혁 피로증이 없어야 한다. 개혁을 위한 개혁, 보여주기식 개혁은 개혁에 대한 저항감만 기른다. 마치 민간의 경영기법의 도입이 관료제의 역기능 문제를 해결할 만병통치약 같은 것이라는 생각도 버려야 한다(임도빈, 2007). 행정과 경영 간의 차이가 있음을 인정하고, 양자의 장점을 잘 활용해야 한다. 성과평가라든지, 겉으로 내세우기 쉬운 것보다는, 보이지 않는 저력을 바꾸는 것이 점차 더 중요해질 것이다.

악순환의 고리가 끊어지면 상황은 개선될 수 있을 것이다. 다만 고리를 끊기 위해서는 사회변혁이나 정치변혁이 필요하고, 악순환이 계속되는 상태에서 행정 자체의 자정능력을 기대하기에는 어려움이 크다(임도빈, 2004). 따라서 개혁방법론에 대한 발상의 전환도 필요하다.

예방국가의 관료는 과거보다 더욱 막중한 임무를 담당한다. 미래의 공직자는 장기적 안목에서 한국 사회를 보는 '정책적 비전'을 가져야 하고, 비전을 실현 시키기 위해 필요한 분야의 '전문성'을 구비해야 하며, 행정조직을 중심으로 하여 관련 행위자를 통하여 정책을 추진하는 '집행력'을 갖춰야 한다.(임도빈, 2025a) 이러한 세가지 요건을 갖춘 '행정적 전문가'로서의 인재를 기르는 것이 무엇보다 중요한 과제이다.

발상의 전환

1998년 뉴질랜드 정부는 'E-commerce: 21세기 냉동선(Freezer Ship)'이란 제목의 글을 경제인들에게 보냈다. 그 내용인즉, 1세기전 SS Dunedin이라는 최초의 냉동선이 얼음에 얼린 고기를 싣고 처음으로 우리의 시장인 영국에 도착하여 뉴질랜드의 부를 일으켰다는 것이다(NZ Ministry of Commerce, 1998. Electronic Commerce: The 'Freezer Ship' of the 21st Century. Wellington: Ministry of Commerce, p.1).

바로 디지털 혁명이 이와 같은 역할을 할 것으로 홍보하는 것이다. 마치 조선시대 한강의 얼음을 겨울부터 보관했다가 여름에 먹은 것과 같이, 북반구와 남반구에 위치한 두 나라의 기후 차이를 이용하여 win-win 전략을 형성한 것이다. 장기를 항해할 수 있는 배라는 이동수단이 있어야 하고, 이런 기후차이를 활용할 발상의 전환이 중요하다. 행정개혁은 항상 먼 곳에 있는 것이 아니다. 모든 관료가 모두 발명왕이 될 필요도 없다. 다수의 윤리로 무장한 관료들이 헌신적으로 봉사하면 된다. 그 위에 창의적인 사고를 하는 몇 사람만 있어도 충분하다. 인기영합적인 수박겉핥기식 개혁이 나중에 보면 결국 문제의 원인임이 밝혀져 왔다. 행정개혁은 행정을 잘 아는 전문가가 해야 한다.

제 2 절 정부경쟁력

I. 이론적 논의

1. 개 념

그간 사용되어 온 국가경쟁력 개념은 국가 경제의 전반적인 힘과 능력을 나타내는 것으로서, 정의를 내리는 주체에 따라 개념은 상이했다. IMD, WEF 등의 국가경쟁력(national competitiveness) 지표들은 '국가'경쟁력이지만, 사실상 그 내용은 경제발전에 국한된 경제적 경쟁력에 집중하고 있다.[2] 그러나 '기업하기 좋은 나라'를 만드는 경제발전이 곧 국가경쟁력이라고 하기에는 무리가 있다. 이것은 자유경쟁시장에서 정부의 역할을 최소화시키거나 혹은 부수적이라 여기는 이념적 기반에서 비롯된 것이다. 나아가서 도출된 국가경쟁력 지수를 활용함에 있어서도 전략적 차원에 대한 대안이 없어 경쟁력 순위를 매기는 것에 그친다는 문제가 있다(Im T. & Choi, 2017).

시민권 개념이 정치권, 사회권으로 발달하고, 21세기에는 행복권으로까지 진보하면서 새로운 지표들도 등장하고 있다. 부탄이 세계 1위인 '국민총행복지수(Gross National Happiness: GNH)', 영국 정부의 Well-being 수준 측정 지표, 영국 NEF의 지구행복지수(HPI) 등이 그 예이다. 이러한 움직임들은 국가의 경제수준을 넘어서 '국민들의 생활수준(standard of living)'이 주관심사로 부각되고 있음을 보여준다. 그러나 새로운 지표들 역시 정부의 역할과 기능의 중요성을 간과하고 있다는 점이 한계이다.

이러한 맥락에서 '정부경쟁력(Government Competitiveness)' 개념은 국가 전반의 양적·질적 성장을 모두 포함할 수 있는 새로운 경쟁력 개념을 제시한다. 즉, 기존 국가경쟁력과는 달리 국가 발전단계를 고려하여 '정부'의 경쟁력 개념을 도입한다. 정부경쟁력은 국가를 기본분석단위로 하되 정부를 입법부, 행정부, 사법부의 3부로 나누었을 때 행정부를 중심으로 본다. 또한 미래지향적이며, 노력에 의해 변화가 가능한 것에 의미를 두고, 국가 간 비교를 전제로 한다.[3] 정부경쟁력을 유사한 개념과 비교하면 다음과 같다.

- 정부성과: 조직성과(organizational performance)라는 개념을 한 나라 정부 전체차원으로 확대해 볼 수 있다.[4] 최근에는 BSC(균형성과표)의 틀을 활용하기도 한다. 그러나 일상생활에서 사용될 뿐, 실제로 이를 연구한 지표는 거의 없다.

---

2 국제경영개발원(IMD)은 "영토 내 활동 중인 기업들이 국내외 경쟁력을 유지할 수 있는 제반 여건들을 창출하고 유지할 수 있는 국가의 능력(IMD, 2009)"으로 국가경쟁력을 정의하면서, 경제성과, 정부효율, 기업효율, 인프라 등 4개 분야로 나누어 매년 국가경쟁력 순위를 발표한다. 세계경제포럼(WEF)은 "한 국가의 생산성 수준을 결정하는 제도, 정책 및 요소들의 집합체(WEF, 2008)"로 국가경쟁력을 정의한다. 그리고 평가에 있어서는 기본요인, 효율성 증진, 혁신 및 성숙도의 3개 요소를 통해 평가한다(Ho·임도빈, 2013: 3).

3 위의 조건들을 고려하여 "정부가 주어진 제약을 바탕으로 국내외 자원을 동원하여 사회·경제·문화적 조건들을 향상시키고, 전체적으로는 그 사회의 질을 제고하여 미래의 바람직한 방향으로 이끌어내는 힘"으로 정부경쟁력을 정의한다(임도빈 외, 2014).

4 조직성과는 목표대비 달성도를 의미하는 효과성과 투입대비 지출을 의미하는 효율성을 모두 포괄하는 경우가 많다.

- 정부의 질: 스웨덴 괴텐베르크 대학에서 제시한 개념으로 불편부당, 부패의 부재, 관료의 효과성, 그리고 민주주의를 중요한 구성요소로 보고 있다(김선혁, 2011).
- 정부역량: 정부의 인적, 조직적, 재정적 관리능력을 의미한다.
- 정부경쟁력: 위의 개념들과 크게 다르지 않지만 국가(즉, 중앙정부)가 기본 단위라는 점, 정부가 투입-산출을 하는 과정과 인과관계를 본다는 점, 그리고 다른 나라 정부와의 비교라는 점에서 구분된다.

2. 이론모델

정부경쟁력은 정부의 역할에 관해서는 몇 가지 이론을 기초로 하고 있다(Im T. and K. Hartley, 2017). 다른 국가경쟁력 지표에는 이런 이론적 논의가 없다.

시대의 발전에 따라 정부가 해야 할 기능에 관해서는 '제10장 사람에 관한 행정'에서 다룬 Maslow의 욕구단계이론을 기초로 한다. Maslow의 욕구단계이론은 개인의 욕구에 관한 이론이지만, 그 관점을 국민 전체의 욕구로 확장해 볼 수 있을 것이다. 이를 정부욕구단계이론이라고 칭할 수 있다. 정부는 국민이 필요로 하는 욕구를 충족시켜주는 역할을 해야 하며, 국민은 이러한 욕구의 충족을 정부에 요구할 수 있다는 것이다. 욕구는 Maslow의 욕구단계이론과 마찬가지로 단계별로 순차적으로 생겨난다. 즉, 한 나라 정부는 다수 국민이 필요로 하는 단계의 욕구를 충족시킬 수 있을 때 경쟁력이 있다고 할 것이다.

정부경쟁력 개념은 시간적 차원을 중시한다. 국가발전단계(즉, 시간)에 따라서 국민들이 필요로 하는 욕구(needs)가 다르고 이에 부응하여 정부의 기능과 역할은 변해야 한다. 정부가 가장 절실한 사회문제 해결에 부합하는 적합한 정책목표를 세우고, 이를 집행하는 것이 정부경쟁력을 구성하는 핵심요소이다. 예컨대 프랑스는 115년, 미국은 94년 걸린 고령화사회로의 진입은 한국은 26년밖에 안 걸렸다. 이러한 인구구조 변화는 사회전반에 큰 변화를 가져오고, 정부가 미리 예방해야 할 문제에도 변화가 발생한다. 이것이 바로 한국정부의 경쟁력 요소를 다른 나라와는 다르게 봐야 하는 이유이다.

고도성장을 경험한 우리나라의 역사를 기준으로 국가 발전단계를 구분해 보면 도입기와 도약기, 성숙기 등 3단계로 나뉜다. 이에 더하여 체제이론을 포함한다. 발전단계별로 정부가 투입(input)해야 하는 요소와 전환(throughput), 산출물(output), 그리고 결과(outcome)를 유형화하였다. 이들 국가발전단계별 구성요소의 예시는 〈표 13-2〉과 같다. 산출(output)과 결과(outcome)는 혼동되기 쉬운 개념이다. 산출은 정부활동으로 직접 산출된 것인 반면, 결과는 정부정책과 기타 모든 상호작용결과 이뤄진 변화이다. 즉, 전자는 정부가 이뤄 낸 것이라면, 후자는 정책대상집단의 변화이다.

표 13-2 | 국가발전단계별 구성요소

	발전단계		
	준비기	도약기	성숙기
투입 (input)	정부지출/ 외국으로부터의 원조	정부규모/정부지출/ 조세수입	법치주의/민주주의
전환 (throughput)	관료의 교육수준/리더십/ 공직몰입	경제적 규제/리더십	비전, 전략체계/교육훈련 투명성/의사결정과정/ 사회적 규제/선거제도/ 공직윤리/부패정도
산출 (output)	예방접종/상하수도 건설/ 교육시설 확대/ 의료시설확충/가족계획/ 평균수명연장	사회간접자본확충/ 댐건설/도로건설/ 교역조건/무역장벽 완화	물가안정/도시디자인/ 공원조성/인터넷접근율 제고/ 문화시설/정책홍보/친환경, 재활용, 분리수거 R&D
결과 (outcome)	빈곤해소/기아/ 주택보급/질병예약/ 의무교육 확대	무역증진/내수확대/ 국민소득 증대/ 고등교육 제공	정부신뢰/시민참여/행복/ 삶의 질/환경보호/인권보호/ 국가브랜드/평등/정신건강/ 여가/외국과의 관계
관심영역	식품, 위생, 건강	경제발전	웰빙(well-being)

출처: Ho·임도빈(2012: 29).

정부경쟁력을 높이려면, 시간뿐만 아니라 공간적인 차원도 고려해야 한다. 정부경쟁력 개념은 중앙정부만을 대상으로 하는 것이 아니다. '제8장 지방정부'에서 다루었듯 지방정부는 공간분할 그 이상의 의미를 갖는다. 중앙정부와의 관계, 자치권 행사, 주민 참여 등을 고려했을 때, 지방정부의 경쟁력 역시 중요하다. 따라서 정부경쟁력 개념은 중앙정부와 지방정부를 포괄하고, 서구 및 동양과 같은 지역도 포함한다. 즉 서구 중심의 시각에서 획일적으로 접근하는 것이 아니라 각 지역, 국가의 특수성을 고려해야 한다.

전년도 정부경쟁력을 정확히 평가하는 것을 기반으로 하여 각국의 미래 정책 방향을 제시하는 것이 더 중요하다. 즉 현재 시점에서 국가별 정부경쟁력을 비교하고, 미래를 예측하는 것만이 정부경쟁력 연구의 목적은 아니다. '제2장 세계 속의 행정'에서 보았듯 각 팽이의 표면은 세계환경에 둘러싸여 있다. 국가별 빈부격차가 심화됨에 따라 국제협력행정, 개발협력행정의 중요성은 더욱 부각되고 있고, 우리나라 역시 ODA사업에 뛰어들고 있다. 빠른 근대화와 경제발전을 이룩한 우리나라의 경험을 토대로, 한국 정부경쟁력에 대한 연구는 저개발 단계에 머물러 있는 국가들이 벤치마킹할 수 있는 정보를 제공해 줄 수 있을 것이다.

Ⅱ. 정부경쟁력의 국제비교

정부경쟁력은 '세계'라는 환경하에서 각국 정부의 상대적 경쟁력을 비교한다. 팽이모델에서 정부를 하나의 팽이에 빗대어 본 것을 생각해 보자. 정부경쟁력의 국제 비교는 각각의 팽이가 세계에서 돌고 있을 때 어느 팽이가 가장 힘 있게, 그리고 오랫동안 돌아가는지를 판단하는 것과 같다. 현재의 팽이를 파악하면 미래에 대한 경쟁력을 확보하기 위해 어떤 부분을 다듬고 개선해야 하는지 알 수 있을 것이다.

우리나라는 국제무대에서 치열한 경쟁을 하고 있다. 그리고 이 경쟁의 가운데에 시간변수가 있다. 어느 시점에서 정부가 간여해야 할 역할 분야가 어디까지인가에 대한 질문에 정답은 없다. 하지만 자원이 부족하고 강대국에 둘러쌓여 있는 우리나라는 다른 나라에 비하여 좀 더 높은 경쟁력을 지닌 정부가 필요하다는 점은 분명하다.

우선 정부경쟁력 비교의 대상으로 OECD 국가를 대상으로, 핵심이 되는 정책 분야를 선정한다. OECD 가입을 위해서는 일정 조건을 충족시켜야 하기 때문에, 시간적으로 볼 때 비OECD 국가에 비해서 앞서 있다고 볼 수 있기 때문이다. 국제 비교를 위해 경제, 교육, 보건복지, 농업 식품, 거버넌스, 연구개발(R&D), 정보통신기술(ICT), 재난관리환경, 문화관광, 재난안전 분야 등 총 11개의 정책 분야에서 구체적인 하위 분야지표를 선정하였다. 그리고 이들 11개 정책 분야 모두 합하여 국가별 종합 정부경쟁력을 산출하였다.

한편 개발도상국 정부는 OECD국가가 처한 상황과는 다른 문제들에 직면해 있다. 따라서 농업식품, 경제, 교육, 환경, 정부총괄, 보건복지, 인프라, 정보통신기술(ICT), 재난관리 등 9개 정책 분야를 달리하여 평가한다. OECD국가에 비해서 문화관광이 제외된 반면, 인프라가 추가되었다. 그리고 개도국의 경우, 각 정부

그림 13-3 ㅣ 개발도상국 정부경쟁력 크기(예시)

의 제도화 수준이 낮은 편이므로, 투입-전환-산출 중 전환과정을 세심히 분석할 필요가 있다. 예컨대 정부의 역할이 중요하기 때문에, 개발원조(ODA)도 그 나라 정부의 경쟁력을 어떻게 하면 제고시킬 수 있는가라는 관점에서 이뤄져야 한다.

9개 정책분야를 9각형으로 보았을 때 각 해당 순위에 점을 찍어 선으로 연결하면 〈그림 13-3〉과 같은 모양이 나온다. 모든 분야에 1위를 차지하게 되면 총면적이 가장 넓은 9각형이 될 것이고, 9각형의 형태에 따라 다른 국가에 비해 상대적으로 경쟁력이 강한 분야와 약한 분야를 파악할 수 있다.

Ⅲ. 정부경쟁력의 3차원

Waldo(1948)에 의하면 민주주의는 전문적이고 효율적인 행정을 필요로 한다. 사회계약론에서 말하는 정부는 민주적이어야 하고, 주권행사의 중요한 도구가 된다(조긍호·강정인, 2012). 그런데 의원내각제, 대통령제 등의 정부형태와 상관없이 전 세계적으로 '행정국가화(administrative state)' 현상이 나타난 바 있고, 이런 추세에 따라 확대된 정부의 기능과 권한이 쉽사리 줄어들 것 같지 않다. 물론 지방정부의 경쟁력도 중요하다(Nasi et al., 2023).

미래사회에는 AI(인공지능)를 비롯한 4차 산업혁명이 고도화되면서 사회 곳곳이 서로 복잡하게 연결되어 이전과는 양적·질적으로 전혀 다른 차원의 '사악한 문제(wicked problem)'가 출몰할 것이다. 한 개인이나 기업, 조직이 감당할 수 있는 사안이 아니고 정부를 중심으로 제도적으로 해결해야 하는 사회의 구조적인 문제인 것이다. 새롭게, 또는 변형 및 강화되어 발생하는 공공성이나 공공재에 대한 요구(needs)는 스마트한 섭리국가(providential state)로의 회귀가 될 것이다.

행정개혁은 그 나라의 역사문화적, 정치체제적 특성에 맞게 이뤄져야 한다(Ho et al., 2015). 정부의 경쟁력은 나라마다 다른 수평적 간여 범위, 수직적 간여 방법, 그리고 정부의 능력이라는 3가지 차원에서 향상될 수 있다(임도빈, 2023a).

첫째, 수평적 간여 범위의 추세는 작은 정부를 지향하는 자유주의적 논의가 여전히 건재함에도 불구하고, 실제 현실은 점점 정부의 간여 범위가 넓어지고 있다. 전통적으로 사적인 영역이 정부의 간여 범위에 들어온다. 예를 들어 보면, 그동안 결혼, 출산, 육아, 요양 등과 같은 요구는 가족, 혈연집단 또는 시장을 통해 해결되는 것으로 여겨졌지만, 이제는 정부가 간여하여 제공될 수 있고 또 제공되어야만 하는 필수 사회서비스가 되고 있다(김준현, 2014). 심지어 반려동물에 관한 규제와 관리도 정부의 업무가 되었다. 예측하기 어려운 미래의 환경변화도 정부의 수평적 간여 범위를 넓히고 있다. 특히 4차 산업혁명의 도래에 따라 고용시장, 국민들의 삶에 대한 정부의 개입이 요구되고 있다.

둘째, 수직적 개입방법에 관해서는 과거에는 단순한 직접개입의 형태가 주를 이루었다면 현대 사회로 올수록 다차원으로 접근하고 있다. 비용을 줄이려는 목적도 있지만, 정책의 효과성을 높이기 위해 간접적 행정수단을 쓸 수밖에 없는 경우도 많다. 간접수단 중 신공공관리론(NPM)은 국민들이 '고객'이 아니라, 한 사람의 '시민'으로서 반응한다는 점을 간과하는 문제점이 있다(임도빈, 2018: 127-128). 고객이 아닌 시민으로서의 국민은 현대 국가의 근간인 민주주의 원리를 이해하고, 공공성의 가치에 따라 공공서비스를 받아들이고 생산하는 등 새로운 방법에 의한 사례가 많이 있다.

이상의 두 가지 차원, 즉 본 수평적 차원(정부의 간여범위)과 수직적 차원(정부의 간여수단)을 연결시켜 보기로 한다. 가상적인 정부를 정부의 수평적 간여 범위인 정부활동의 범위(X축)와 직접적 개입방법 비율(Y축)에 그린 것(〈그림 13-4〉)이다. 정부의 직접적인 개입 정도가 너무 많으면 공산국가이고, 너무 적으면 무정부 국가가 될 것이므로 그 나라의 역사와 상황에 따라 적정한 점을 찾아야 한

그림 13-4 | 정부의 유형1

* 구안의 알파벳은 가상의 국가, 숫자는 정부역량의 정도를 의미한다.

다. 정부개입의 방법도 직접 개입은 너무 비용이 들고, 효과성도 의심될 때가 많으므로 간접방법 등 다양하게 사용해야 할 것이다. 이 양자를 결합하여 역사적 발전과정을 보면, 원시시대에 간여를 못하지만 전쟁 등 직접 간여만 하던 시대에서 점점 간여 범위가 넓어지고 간여 수단도 다양해지는 U자 형태를 보일 것이다.

　세번째 차원인 정부의 능력(capacity)은 그 나라의 맥락적 요소를 고려한 정부경쟁력에 중요한 요소이다(Christensen et al., 2022). 정부의 능력(힘)은 정책을 형성, 결정, 집행하여 실제 국민생활에 변화를 가져오는 능력을 말한다. 극단적으로 단순하게 말하면, 유능한 관료제이냐의 문제이다. 그림에서 원의 크기는 정부의 능력이다.

　정부의 역량은 정부의 간여 범위, 간여 방법과 유의미한 관계가 없다. 한 나라에서도 새로 집권하는 정부에 따라, 장관에 따라 그 능력은 다양한 차이를 보일수 있다. 정부가 직접 하지 않고 협치를 하는 능력도 정부능력에 포함된다. 이상적으로는 정부의 능력은 클수록 좋다. 정부가 꼭 담당해야 할 기능만이라도 잘 수행할 능력이 필수적인데, 이것마저도 무너진 국가의 국민들은 난민의 형태로 전 세계를 떠돌 수밖에 없는 현실이다.[5] 아무리 선진국이라고 해도 치안문제가 불안한 미국 등 서구국가의 정부능력은 약하다고 할 수 있다. 세계화시대에는 인적자원의 국제 이동이 활발하므로 능력 있는 인재를 정부에 영입하는 것은 정부의 능력을 키우기 위해 중요한 조건이다.

정부가 상대적으로 중간 정도로 개입해야 하는 기능 분야에서는 정부 혼자의 능력뿐만 아니라 시장, 시민사회의 능력이 조화를 이루도록 하는 것이 중요하다. 정부가 정책을 직접 형성, 집행하는 능력이 다소 낮더라도 다양한 행위자에 대한 조정자 역할을 잘 수행한다면 큰 문제는 없을 것이다.

시장과 정부와의 관계에 대해서는 Fukuyama의 국가기능론을 참고할 수 있다. Fukuyama(2005: 24)는 국가의 기능을 최소기능, 중간기능, 적극적 기능으로 분류한다. 최소기능은 국방, 치안 및 순수공공재의 제공을, 중간기능에는 독점 규제, 교육 및 환경, 사회보험 등이 있다. 또한 적극적 기능에는 산업정책과 부의 재분배 등이 포함된다. 이를 욕구단계이론에 적용해 보면, 최소기능이 달성되었을 때 중간기능에 대한 논의가 대두되고, 중간기능이 달성되었을 때 정부의 적극적 역할에 대한 국민의 요구가 대두될 것이라 볼 수 있다.

역사적으로 정부가 반드시 수행해야 한다고 여겨지는 최소기능이라 불리는 국방, 재산권 보호, 공중보건 등의 기능이 있다. 인류역사상 나타난 부강한 나라들은 경쟁과 혁신이라는 공통점을 보이고 있다(조홍식, 2022). 자본주의가 발달한 오늘날에는 국가운영을 시장에 전적으로 맡길 경우에는 시장실패가 발생할 가능성이 높다. 특히 저개발 및 개발도상국에서는 성숙한 시장 여건이 형성되어 있지 않은 경우, 정부가 직접 개입하는 것이 바람직하다.

최소기능을 시작점으로 해당 국가가 현재 필요로 하면서도, 불가피하게 시장이나 민간이 수행하기에 부족하다고 여겨지는 부문을 정부가 얼마나 잘 수행할 수 있는가가 정부의 능력이다. 특정 시점에서 특정 문제(예, 재난)에 대해서 가장 적절한 속도로 개입하여 최선의 효과를 얻어 내야 한다.

---

5 많은 국가, 특히 개발도상국에서 정부가 취약하거나 무능할 경우 또는 안보 불안은 심각한 수준이다. 단적인 예로 여전히 중동, 남미, 사하라 이남의 아프리카 국가들에서는 전쟁과 기아뿐만 아니라 AIDS 관련 질병의 확산으로 국민들의 존엄성이 심각한 수준으로 파괴되고 있다. 소위 비통합모델의 국가에서는 정부의 힘이 매우 약하다(임도빈, 2025).

참고문헌

기획재정부(2011). 「2011년 국가경쟁력보고서」.

김선혁(2011). "정부의 질과 시민사회". 「정부학연구」 18(2): 49-79.

김일영(1995). "한국의 정치·경제적 발전경험과 그 세계사적 위상". 「한국정치외교사논총」 13: 453-512.

노한동(2024). 「나라를 위해서 일한다는 거짓말」. 서울: 사이드웨이.

알프레드 Ho·임도빈(2012). "정부경쟁력(Government Competitiveness)의 개념정립: 시간과 공간의 관점에서". 「행정논총」 50(3): 1-34.

엄석진(2016). "한국행정의 역량". 「한국행정학보」 50(4): 91-137.

이승종 편(2014). 「지방자치의 쟁점」. 서울: 박영사.

양인(2016). 「공기업종사자의 경쟁심이 내재적 동기에 미치는 영향」. 서울대 행정대학원 석사학위논문.

윤견수·박진우(2016). "개발연대 국가관료제의 정책집행에 관한 연구". 「한국행정학보」 50(4): 211-242.

임도빈(2004). 「한국지방조직론」. 서울: 박영사.

_____(2007). "한국 행정현상에 대한 설명모델을 찾아서: 악순환 모델". 「한국거버넌스학회보」 14(1): 1-30.

_____(2022). 「더 좋은 나라, 이렇게 하면 어떨까?」. 서울: 윤성사.

_____(2023a). "정부의 개념: 추상적 개념에서 구체적 개념으로". 「한국사회와 행정」 33(3): 1-29.

_____(2023b). 「인사행정학」. 서울: 박영사.

_____(2025a). 「대한민국을 바꾼 정책가: 정치성인가 전문성인가?」. 서울: 윤성사.

_____(2025b). 「비교행정학」. 서울: 박영사.

임도빈 외(2013). "정부경쟁력의 국제비교: 구성지표와 평가". 「한국비교정부학보」 17(2): 95-124.

임도빈·김순은·고길곤·조원혁(2014). 「정부경쟁력: 이론과 평가지표」. 서울: 박영사.

조긍호·강정인(2012). 「사회계약론 연구-홉스·로크·루소를 중심으로」. 서울: 서강대학교 출판부.

조석준·임도빈(2019). 「한국행정조직론」. 파주: 법문사.

조홍식(2022). 「부의 세계사: 역사의 흐름을 지배한 7가지 부의 속성」. 파주: 웅진지식하우스.

Alfred HO & Im (2015) "Challenges in Building Effective and Competitive Government in Developing Countries: An Institutional Logics Perspective." *The American Review of Public Administration*. 45(3)

Brunsson, Nils (2019), The organization of hypocracy, Samfundslitteratur

Christensen, R. K., Im, T., & Porumbescu, G. (2022). "Softening Performance's Pitfalls by Integrating Context and Capacity: A Government Competitiveness Framework." *Public Administration Review* 82(5): 887-892.

Easton, David (1979). *A systems analysis of political life*. IL: University of Chicago Press.

Fukuyama, Francis (2013). "What is Governance?. Governance: An International Journal of Policy." *Administration, and Institutions* 26(3): 347-368.

_____ (2005). *State Building: Governance and World Order in The 21st Century*. 안진환 역. 「강한국가의 조건」. 서울: 황금가지.

Im. T. & Choi (2016). "Rethinking National Competitiveness: A Critical Assessment of Government Capacity Measures." *Social Indicators Research* 135(2): 515-532.

Im, T. & Hartley, K. (2019). "Aligning Needs and Capacities to Boost Government Competitiveness." *Public Organization Review* 19(1): 119-137.

Kim, P. and Im, T. (2022), "Legitimacy as Resource: How Did the Presidential Impeachment in South Korea Succeed?" *Korean Review of Organizational Studies* 19(2): 55-86.

Krugman, Paul (1994). "Competitiveness: A Dangerous Obsession." *Foreign Affairs* 73(2).

Maslow, A. (1954). *Motivation and Personality*. NY: Harper & Brothers.

Nasi, G., Choi, H., Cucciniello, M., & Christensen, R. K. (2023). A systematic literature review of city competitiveness: A 30-year assessment and future agenda for public administration. *Public Management Review* 25(8): 1562-1586.

Rawls, J. (1971). *A Theory of Justice*. MA: Harvard University Press.

Tiebout, C. (1956). "A pure theory of local expenditure." *Journal of Political Economy* 64(5): 416-424.

Porter, Michael E. (2009). 「국가 경쟁우위: 글로벌 경쟁력 강화를 위한 경영전략」. 문휘창 역. 파주: 21세기북스. (원제: *The Competitive Advantage of Nations*, 1990, London: Maxmillan Press).

Waldo, D. (1948). *The Administrative State: a Study of the Political Theory of American Public Administration*. NY: Ronald Press Co. (Revised ed., 1984, NY: Holmes & Meier).

찾아보기

저자 소개

임 도 빈

서울대학교 사회교육과
서울대학교 행정학대학원 석사
프랑스 파리정치대학원(I.E.P. de Paris) 사회학 박사
IEP, IUPUI, KU(Leuven), George Mason대 교환교수
한국행정학회 정산행정학저술상 수상
한국정책학회 학술상 수상
서울행정학회 학술상 수상
서울대 학술연구상 수상
프랑스 AIRMAP 학술상 수상
한국행정학회 회장 역임
서울대 행정대학원 원장 역임
현 서울대학교 행정대학원 교수
　정부경쟁력연구센터 소장
　Journal of Ploicy Studies 편집위원장
　한국행정연구소 겸무연구원

제3판
행정학 : 시간의 관점에서

초판발행	2014년 9월 15일
제3판발행	2025년 2월 25일
지은이	임도빈
펴낸이	안종만 · 안상준
편 집	박세연
기획/마케팅	최동인
표지디자인	임수진
제 작	고철민 · 김원표
펴낸곳	㈜ **박영사**
	서울특별시 금천구 가산디지털2로 53, 210호(가산동, 한라시그마밸리)
	등록 1959. 3. 11. 제300-1959-1호(倫)
전 화	02)733-6771
f a x	02)736-4818
e-mail	pys@pybook.co.kr
homepage	www.pybook.co.kr
ISBN	979-11-303-2251-3　　93350

정 가　38,000 원